功利主義と政策思想の展開

音 無 通 宏 編著

中央大学経済研究所
研究叢書 51

中 央 大 学 出 版 部

序　文

　本書は，中央大学経済研究所に設置された研究チーム「功利主義と経済学の諸類型研究部会」の3年間（2007年4月～2010年3月）にわたる研究成果の一部として刊行される。中央大学経済研究所に所属する経済学史・思想史研究グループによるものとしては，先に刊行された『功利主義と社会改革の諸思想』（2007年3月）に次ぐ2冊目ということになる。『諸思想』の時点とは，部会名も異なり，メンバーにも若干の変動はあるが，基本的には同じグループによるものである。主査（音無）の身辺に生じた諸事情のため，部会活動としては必ずしも十分でなかったにもかかわらず，本書の刊行には，先の『諸思想』の場合よりもむしろ多数の部会メンバー，とりわけ多くの若手メンバーに参加していただいたことは特筆すべき点であり，そのことが本書を斬新なものにしている理由でもある。本書の刊行とそのための執筆に協力いただいたこれらの方々に感謝申しあげる。

　さて，部会としては研究テーマをかかげ，年度毎に課題を設定して研究活動を進めるわけであるが，そのことはもとより参加者の研究内容や研究視角までも拘束するものではない。現状では，研究テーマや研究内容まで同じくする研究者を個別の大学ないし研究機関に結集することは事実上不可能である。研究会その他を通じて相互に研究内容等を点検しあうにしても，あくまでも参加者の自発性や独自性が基礎である。むしろそうした自発性や独自性を十分に尊重し，それらを基礎としつつ共同研究が推進される。本書の刊行も例外ではない。むしろ上記のような現状，すなわち1研究機関としての限界を反映して，本書は多様な内容と分析視角からなる論文集としての性格を持っている。とはいえ，本書は，程度の差はあるにしても，それぞれ多かれ少なかれ今日的な問題意識を反映しつつ，独創的で開拓者的な内容をもつ諸論文から構成されてい

る。

　本書は 16 編の論文からなり，分量的にもすでにかなりの量に達している。それゆえ，本書をさらに大部なものにしないためにも，ここでは個々の論文について立ちいった論述は行わないこととし，全体の構成と特徴について若干述べておくにとどめることにしたい。

　本書は，全体が 3 部から構成されている。

　第 1 部は，主として功利主義ないし功利主義論にかかわる研究からなっている。いうまでもなく，近代功利主義はジェレミ・ベンサムによって体系化されていらい，同じ功利主義の内部でも様々な変容をこうむってきた。第 1 部は，そうした功利主義の変容と展開に重点がおかれた構成となっている。ただし，前述のように執筆者の自主性が尊重されているため，例えば第 4 章（和田論文）と第 5 章（音無論文）との間に見られるように，類似した対象と内容について論じながら解釈の相違が生じている場合でも，あえて解釈ないし論述を統一することはなされていないことをお断わりしておきたい。また，19 世紀功利主義の変容と展開において不可欠の存在である J. S. ミルに関する章が欠落している点も編者として自覚している。

　第 2 部は，政策論的含意をもった諸研究から構成されている。見られるように，この第 2 部は本書においてもっとも多くの章から構成されている部分であり，そこでは多様な人物が取り上げられている。第 11 章（八田論文）や第 12 章（井上論文）のように新たな問題意識にもとづく斬新な分析が含まれるとともに，他の諸章もけっしてありきたりのものでなく，それぞれ従来の研究水準をこえる開拓者的な研究成果を示している。

　第 3 部には，主として方法論的な含意をもった諸論文が配列されている。第 13 章（中川論文）は，長年 19 世紀英文学研究にたずさわってきた著者の論文であり，その意味で本書においてやや異質ともいえる。しかし，19 世紀後半のイギリスにおける保守主義の立場からの功利主義（＝「平俗主義」）批判の論理と思想を分析しているという意味で貴重である。他の諸章は若手研究者の手になるものであり，いずれも大変興味深い内容を展開しており，さらなる研究

と開拓が期待される分野である。

　以上のように見てくると，本書はおおよそ倫理（第1部），政策（第2部），方法（第3部）から構成されているといえる。その意味で，本書はむしろ表題を「功利主義と経済学の諸相―倫理・政策・方法―」とでもすべきだったかもしれない。にもかかわらず，「功利主義と政策思想の展開」としたのは，第3部に配列された諸論文をけっして無視ないし軽視するものではなく，先の『諸思想』の場合よりも，政策論的志向をより強く持った部会活動の精神をより忠実に表現することを意図したものであることをご了解いただきたいと思う。

　最後に，本書の刊行に協力いただいた部会メンバーである執筆者の方々に再度お礼申し上げるとともに，本書のような研究叢書の刊行を財政的に支援していただいている学校法人中央大学ならびに中央大学経済研究所に感謝の意を表したい。とくに経済研究所の三輪多紀さんには事務的な面で大変お世話になった。また，本書の刊行にあたり，中央大学出版部の小島啓二氏には一方ならぬお世話になったことを記し，お礼を申し上げる。

　2011年2月15日

　　　　　　　　　　　　　功利主義と経済学の諸類型研究部会
　　　　　　　　　　　　　　　　　主査　音　無　通　宏

目　次

序　文

第１部　功利主義：形成と変容

第１章　ベンサムの間接立法論 ………………………板井広明… 3
　　は じ め に ………………………………………………………… 3
　　1．テクスト問題 …………………………………………………… 5
　　2．擬制的言語論 …………………………………………………… 9
　　3．「新しい科学」と公私区分 …………………………………… 14
　　4．矯正とサンクション …………………………………………… 19
　　5．法 典 化 ………………………………………………………… 23
　　お わ り に ………………………………………………………… 26

第２章　ウィリアム・トンプソンにおける功利主義と
　　　　　経済思想………………………………………土方直史… 31
　　は じ め に ………………………………………………………… 31
　　1．日本におけるトンプソン研究の特徴 ………………………… 34
　　2．トンプソンの経済思想 ………………………………………… 39
　　3．トンプソンの功利主義と幸福論 ……………………………… 58
　　4．トンプソンの協同コミュニティの思想 ……………………… 65
　　お わ り に ………………………………………………………… 76

第３章　シジウィック・ムーア・ピグー
　　　　　――功利主義・利己主義・正義の観点から――……山崎　聡… 83

はじめに……………………………………………………………… 83
　1．シジウィック倫理学の体系………………………………………… 84
　2．ムーアによるシジウィック利己主義批判とピグー……………… 91
　3．正義をめぐるシジウィックとピグー……………………………… 93
　　おわりに……………………………………………………………… 105

第4章　G. E. ムーアとJ. S. ミルの功利主義論……… 和田重司… 109
　　はじめに……………………………………………………………… 109
　1．欲求の対象と原因…………………………………………………… 112
　2．「望む」ことと「望ましい」こと………………………………… 116
　3．高級な快と低級な快──快の質の違い…………………………… 119
　4．手段と目的との混同………………………………………………… 124
　5．有機的複合体について……………………………………………… 127
　6．正義と義務…………………………………………………………… 131

第5章　「理想的功利主義」と正義論……………… 音無通宏… 141
　　はじめに……………………………………………………………… 141
　1．ラシュドール『善悪の理論』……………………………………… 143
　2．心理的快楽主義批判──ベンサム，ミル論……………………… 146
　3．合理主義的功利主義批判──シジウィック論…………………… 152
　4．理想的功利主義……………………………………………………… 162
　5．正　義　論…………………………………………………………… 171
　6．価値の通約可能性…………………………………………………… 186
　　おわりに……………………………………………………………… 190

第2部　経済政策論：自由と公正

第6章　ジェイムズ・ステュアートにおける
　　　　「国民の精神」と経済政策……………………八幡清文… 197

　はじめに…………………………………………………………… 197
　1．「国民の精神」の概念………………………………………… 199
　2．「国民の精神」と為政者……………………………………… 202
　3．市場経済と経済政策………………………………………… 216
　おわりに…………………………………………………………… 229

第7章　デュガルド・スチュアートの穀物貿易論と
　　　　啓蒙社会の構想………………………………荒井智行… 235

　はじめに…………………………………………………………… 235
　1．スミス自由貿易論の継承とマルサス………………………… 238
　2．穀物貿易の政治論…………………………………………… 245
　3．「世論」の啓蒙と啓蒙社会の構想…………………………… 258
　おわりに…………………………………………………………… 263

第8章　リカードウ『原理』最終章の検討
　　　　――第3版改訂の契機と意義――……………益永　淳… 267

　はじめに…………………………………………………………… 267
　1．マルサスとリカードウの地代・価値把握…………………… 270
　2．穀物価格変動の二要因――一国の租税支払い能力への影響……… 275
　3．労働者階級による純収入の取得可能性…………………… 281
　4．マルサスの農業投資重視論への批判……………………… 289
　5．『原理』第3版改訂の時論的意義…………………………… 292
　おわりに…………………………………………………………… 299

第9章　F.リストと主著『経済学の国民的体系』……片桐稔晴…305

　はじめに……305
　1．『経済学の国民的体系』の課題……306
　2．リストの経済発展段階説と「ドイツの状態」……307
　3．リストの生産諸力の理論—①国民的生産力と国民的分業……308
　4．リストの生産諸力の理論—②リストのいう精神的生産とは……312
　5．リストの生産諸力の理論—③国民的分業の担い手たちとは……315
　6．リストの生産諸力の理論—④国民を育成する原理……317
　7．リストの生産諸力の理論—⑤作業継続の原理と保護関税制度の要求……321
　おわりに……323

第10章　L.ワルラスの土地国有化政策
　　　　　——動学理論から社会問題へ——……髙橋　聡…325

　はじめに……325
　1．先駆者—オーギュスト，J.ミル，ゴッセン……328
　2．純粋経済学から社会経済学へ……336
　3．社会経済学から応用経済学へ……355
　おわりに……362

第11章　C.A.R.クロスランドの資本主義体制の変容に関する分析について
　　　　　——イギリス労働党におけるケインズ主義的社会民主主義の前提——……八田幸二…367

　はじめに……367
　1．第2次世界大戦後の政治経済状況……368
　2．イギリス資本主義体制の変容に関する分析……374
　3．第2次世界大戦後の経済体制に対する評価……385

おわりに ………………………………………………………… 389

第12章　J. E. ミードにおけるベーシック・インカム論と
　　　　　　協働企業論の相補性 ………………………… 井 上 義 朗 … 393
　　　は じ め に ………………………………………………………… 393
　　　1．社会的配当論について ……………………………………… 396
　　　2．協働企業論について ………………………………………… 410
　　　おわりに …………………………………………………………… 423

第3部　方法論的基礎：批判と認識

第13章　ヴィクトリア朝中期におけるヘレニズム
　　　　　── M. アーノルドの場合 ── ………………… 中 川　　敏 … 431
　　　は じ め に ………………………………………………………… 431
　　　1．知性による解放──ヘレニズム …………………………… 433
　　　2．平俗主義と批評 ……………………………………………… 439
　　　3．『教養と無秩序』におけるヘレニズム ……………………… 446
　　　4．クルティウスとともに ……………………………………… 451
　　　おわりに …………………………………………………………… 462

第14章　J. M. ケインズと帰納法 ……………………… 泉　　慎 一 … 465
　　　は じ め に ………………………………………………………… 465
　　　1．ケインズの帰納法の適用範囲について …………………… 470
　　　2．純粋帰納法（Pure Induction）について …………………… 472
　　　3．帰納的議論（推論）と類推 ………………………………… 476
　　　4．ネガティブ・アナロジーについて ………………………… 482
　　　5．帰納的議論（推論）の妥当性 ……………………………… 487

第 15 章　効用の個人間比較
　　　　──論争で何が明らかになったか？── ………比嘉文一郎… 497
　はじめに……………………………………………………………… 497
　1．効用の個人間比較──否定論の理論構造……………………… 499
　2．効用の個人間比較──肯定論の理論構造……………………… 508
　3．論争の核心………………………………………………………… 517
　　おわりに…………………………………………………………… 524

第 16 章　帰納と経験
　　　　──R.F. ハロッドにおける帰納法の展開──……伊藤正哉… 529
　はじめに……………………………………………………………… 529
　1．ハロッド帰納論理の成立背景…………………………………… 532
　2．経験の原理………………………………………………………… 537
　3．サンプリング帰納………………………………………………… 544
　4．帰納と経験………………………………………………………… 557

第 1 部

功利主義：形成と変容

第 1 章

ベンサムの間接立法論[1]

はじめに

　国家統治の法的正当性は当該地域の人々の安全や自由，権利を保障することである。しかし諸個人の身体や財産の安全を保障することと，それらの自由を保障することとは往々にして両立し難い[2]。国家による所有権の保障は，治安を含めた諸制度の整備を必須とするが，それは諸個人の財産から税金として徴収することで行われるからである。一方で，アーレントが指摘するように，18世紀において，モンテスキューやベンサムなどは，安全と自由は両立可能な概念であり，また自由は安全の制約下にあると考えた。とりわけベンサムは諸個人の自由は保障されねばならないが，諸個人は社会秩序の下で他者とともに自らの生を営んでいるのであって，そこで各人が絶対的な権利・自由を主張し始めれば無秩序に陥ると考えた[3]。彼の『人権宣言』批判の論拠のひとつも，こ

---

1) 本章は Itai（2002）を大幅に改稿したものである。
2) ここには，安全と自由は本来的に対立する概念であるのか，あるいは，安全は自由を包摂する概念であり，自由は本来的に制約された概念であるのかという問題や，自由を支える論拠として自然権と実定的権利のどちらを想定するかといった問題がある。
3) 日本のベンサム研究を牽引してきた永井義雄氏は，アレヴィ以来の自由と干渉と

の生得的にして絶対不可譲の権利なるものは存在しないという自然権批判にあった。その意味で，ベンサムの功利主義は全体のために個を犠牲にする思想であるわけではない[4]。また国家はできるだけ小さい方がよいとした。ベンサムの快苦的世界観からは，国家は人々に快楽を提供することよりも，刑罰や税金という形で苦痛を与えることで，人々のよき生を保障するものだからである。人々の幸福を増大させるためには，国家によって人々に課される苦痛は最小化されるべきであった。

　さて，昨今，ベンサムに投げかけられる問題のひとつに，ベンサム功利主義はリベラルな思想なのかというものがある[5]。従来リベラルは消極的自由を標榜するものとされていたが，昨今では消極的自由と積極的自由の間に第3の共和主義的な自由を指摘する見解もあるし，リベラルそれ自体も多義的な概念なので，リベラルかどうかと問うことは，ベンサムという功利主義思想家を理解する上で，それほど生産的な問いではない。しかし公私区分を危害原理によって明確化し，私的領域の自由を最大限擁護するベンサムの功利主義は，ミルとは異なって一切の道徳的権威主義から自由という意味でリベラルなものであるとも言える。ただそのリベラルなベンサムの公私区分は，それほど明確なものでもなかったし，フーコーを端緒とする権力による規律という別の問題もある。この小論では，間接立法論というベンサムの独自な理論枠組みの検討を通じて，公私区分の揺れと内面への権力の介入に関する彼の思想の特質に迫ってみたい。

　　　いう二分法を棄却し，規制のない自由はあり得ないという点からベンサムを見ようとしている（永井（2003），viページ）。
4) ベンサムは自由と平等を調停しようとした古典派の最後の思想家ともいえる（スターク（1943），90-91ページ）。
5) 「（最大多数の）最大幸福」という標語をもつベンサム功利主義は統治の学であり，少数者の犠牲をも辞さない点でリベラルな思想ではないという批判が繰り返されてきた。それに対して，人権を否定しつつも「一人は一人として数えよ」という平等算入公準を基礎にして，分配的原理をもつリベラルな思想としてベンサムを解釈するのが『新ベンサム全集』公刊以降の「修正主義」的流れだった。また近年では，安藤馨氏がベンサムを範型とする功利主義リベラリズムを積極的に打ち出している（安藤（2007））。

1. テクスト問題

　まず概括的に，ベンサムの思想形成過程を見ておこう。L. J. ヒュームはベンサムの思想形成過程と構造をやや図式的に3期に区分・整理している。第1期は功利性の原理や普遍的法学（法律言語論）をはじめとする普遍的原理を探求した時期であり，第2期は刑罰と報償の理論や間接立法といった個別的な原理論の考察，第3期はパノプティコン・救貧院・学校施設・議会改革といった諸原理の応用・実践時期である。ただし功利性の原理の定式化が処女作『統治論断片』から最晩年の『憲法典』に至るまで一貫してベンサムの思索を方向づけたし，言語論などをはじめ普遍的な原理の探求が晩年にも行なわれているように，これはベンサムの思想形成過程を年代記述的に整理したものではない。もっとも，普遍的原理が考察された第1期と，救貧院施設の提議や議会改革論といった第3期とを繋ぐ重要な時期として，第2期の間接立法論をヒュームが位置づけている点は重要であり[6]，そもそもこの第2期のベンサムの思索の展開は彼の功利主義思想を決定づけた重要な時期なのである[7]。

　以下，ヒュームのこの間接立法の位置づけを踏襲しつつ，ベンサム功利主義の内在的な分析から間接立法の位置づけを行うことで，ベンサムのリベラルな特質を明らかにしたい[8]。その際，間接立法論をベンサム功利主義の初期と後期とを繋ぐ媒介項をなすものとして理解し，間接立法に付与された統治的機能の意義を中心に秩序形成の問題も検討することにしたい。ヒュームの図式でいえば，功利性の原理や普遍的法学の構想という普遍的原理と刑罰や報償に関わ

---

[6] Hume (1981), pp. 12-13.
[7] 間接立法論と並んで重要な思索的展開は『パノプティコン』と『高利の擁護』である。この2つのテクストがもつ重要性については，板井（2005）を参照。
[8] この作業は初期啓蒙専制主義者から後期急進的人民主権論者へという図式で理解されてきたベンサムの思想像の再検討を含意するが，ベンサムのフランス革命論に後期に展開される議会改革論および人民主権論を読み込み，その思想的連続性を指摘する解釈は採らない。この連続説については，Mack（1963）を参照。また最終的にはマック説に反対の立場をとる Burns（1966）；James（1986）；Schofield（1999）も参照。

る個別的原理，そして実際の改革論とが，どのような意味で連関し，整合的で一貫性（consistency）を持ったものであるのかを，間接立法論に着目して分析する。

さて，ベンサムの「間接立法」にはテクスト上の問題があり[9]，公刊されたテクストとしては，現在2種類のものがある[10]。第1は1802年に出版された『民事および刑事立法論』（以下『立法論』と略）第3巻所収の「刑法典の諸原理」第4部「違法行為を防止する間接的諸手段について」である。これは評論家ヘイズリットがベンサムを「草稿著述家」[11]と揶揄した如く，ベンサムの草稿をもとにしてジュネーヴ人デュモンがフランス語に翻訳・編集したものである。第2に1838年に出版されたバウリング版『ベンサム全集』第1巻所収の「刑法の諸原理」第3部「違法行為を防止する間接的諸方法」がある。これはベンサムの草稿とデュモン編『立法論』から編集されている。

この2つの間接立法に関するテクストは内容および目次構成の上でほとんど相違がない。しかしこれら公刊された著作とベンサム自身が遺した間接立法に関する草稿[12]とでは内容構成上に若干の相違が見られる。目次では，ベンサム草稿が全19章・序論・構想・結論・12の補論から構成されているのに対し，『立法論』は全22章・緒論という構成である[13]。ベンサム草稿全19章と比較し

---

9) 現在刊行中で，全60巻ほどを予定している『新ベンサム全集』編集責任者のロンドン大学UCL教授F. スコフィールド氏によれば，間接立法についてのベンサム草稿は，かつてこの草稿に関わった編集担当者および編集上の事情から，相当後の巻に収録されることになるという。

10) デュモン『民事および刑事立法論』の英訳であるヒルドレス訳（R. Hildreth. 1864年），アトキンスン訳（C.M. Atkinson. 1914年）のどちらをも参照しない。それらはここでの問題関心であるベンサムの間接立法論の分析には直接関連しないからである。

11) Hazlitt (1825), p. 15, 訳, 32ページ。

12) ここで利用するベンサム草稿はロンドン大学UCLにあるベンサム・プロジェクトが『新ベンサム全集』（*The Collected Works of Jeremy Bentham*. 1968-）刊行のために作成したタイプスクリプトである。大量のコピーをさせて頂いたスコフィールド氏に感謝申し上げる。

13) 草稿「間接立法について」
　　序文

て[14]，『立法論』では全22章構成となっている点が異なる。内容的にはベンサム草稿の第19章（これは『立法論』第21章に該当する）を除いて，デュモンはベンサムの草稿を相当程度自由に要約し編集しているので，分量としてはベンサ

構想
第1章　違法行為への性向に対する諸方策
第2章　悪を行なう力に対抗する諸方策
第3章　犯罪に必要な知識［を手に入れること］に対抗する諸方策
第4章　犯罪への動機付けを回避すること
第5章　刑罰より報償という形での誘引の提示すること
第6章　様々な欲望の傾向を牽制すること
第7章　より容易な欲望で充足させること
第8章　従犯禁止を拡大すること
第9章　［人々の］想像力への刑罰の印象を強化，或いは苛酷な色合いの刑罰を誇示すること
第10章　発見のための犯罪事実の暴露
第11章　発見のための犯罪者の暴露
第12章　諸法の執行妨害をするものの除去
第13章　諸法に関する知識の普及
第14章　慈愛の原理の育成
第15章　道徳的サンクションの育成
第16章　宗教的サンクションの育成
第17章　自然的サンクションの力の適用
第18章　犯罪という害悪と戦う諸方策
第19章　失政に対する諸方策
結論

『立法論』第3巻第4部「違法行為を防止する間接的諸手段について」
緒論
第1章　有害な肉体的力を除く諸手段
第2章　他の間接的手段。人々が有害な部分を引き出すことのできる知識の獲得を妨げること
第3章　違法行為を犯す意思を防止する間接的諸手段について
第4章　危険な願望のコースを迂回させること，公益により適合する娯楽へ性向を向けること
第5章　所与の願望が損害なく，或いはできるだけ最小の損害で充足されるようにすること
第6章　犯罪を奨励することを回避すること
第7章　有害な誘惑により多く晒されるにつれて増大する人々の責任
第8章　誘惑に関する感受性を減少させること

ム草稿の方が圧倒的に多い。これは1802年にデュモンが出版した『立法論』が，民法典や刑法典，パノプティコンといった一連の作品を全3巻に盛り込むという編集上の制約があったためだろう。またベンサムのやや冗長な文章が一

> 第9章　想像力に及ぶ刑罰の印象の強化
> 第10章　罪体の知識を容易にする
> 第11章　多数人に違法行為を防止する利益を与えることによる違法行為の防止
> 第12章　個人を再認し，再発見する手段を容易にする
> 第13章　違反者に対して脱走の困難を増すこと
> 第14章　訴訟手続きと刑罰の不確実性を減らすこと
> 第15章　主たる違法行為を防止するため，付随的違法行為を禁止する
> 第16章　慈愛の育成
> 第17章　名誉の動因，すなわち民主的サンクションの使用
> 第18章　宗教の動因の使用
> 第19章　教示の力から引き出せる効用
> 第20章　教育の力についてなされる用途
> 第21章　権威の乱用に対する一般的警戒
> 第22章　既遂の違法行為の悪い結果に対してとられるべき諸策——本巻の結論

14)　またベンサム草稿「間接立法について」の執筆時期についても触れておく。以下は間接立法に関する草稿の執筆年代順一覧であり，草稿は主として1780年代から1790年代にかけて執筆されている。なお厳密な執筆年代が特定できないのは，草稿に日付がないためであり，使用された紙質とインク，筆跡などから判断されているようである。

「間接立法」執筆年代順

c. 1773. Appendix I [xcvi. 96-254-262.]

c. 1780. ch. xv. [lxxxvii. 87-18. 19.] ch. xvi. [lxxxvii. 87-20-22. 25. 26.] ch. xvii. [lxxxvii. 87-40. 41.]

　　Appendix D [lxxxvii. 87-29-39.] Appendix E [lxxxvii. 87-42.]

c. 1780-90. ch. i. [lxxxvii. 87-43] ch. ii. [lxxxvii. 87-89. 92. 91. 89. 90. 91. 89. 93. 94. 93.]
　　ch. iii. [lxxxvii. 87-95. 96. 101. 97-99.] ch. iv. [lxxxvii. 87-44-56.]
　　ch. v. [lxxxvii. 87-142-145. 148. 146. 147.]
　　ch. vi. [lxxxvii. 87-62. 60. 63. 66. 63. 64. 65. 61. 57. 58. 59.]
　　ch. vii. [lxxxvii. 87-68. 69. 88. 69. 70-78. 77. 79-87.] ch. viii. [lxxxvii. 87-172-175. 177. 176.]
　　ch. ix. [lxxxvii. 87-137. 139. 138. 140. 141.] ch. x. [lxxxvii. 87-153-156. 155. 157-170.]
　　ch. xi. [lxxxvii. 87-135. 136.] ch. xii. [lxxxvii. 87-185. 187. 188. 181-184.]
　　ch. xiii. [lxxxvii. 87-186.] ch. xiv. [lxxxvii. 87-27. 28.]
　　Appendix B. [lxxxvii. 87-11-15.] Appendix C. [lxxxvii. 87-178. 179.]
　　Appendix F. [lxxxvii. 87-191.] ch. xviii. [lxxxvii. 87-127-130.]

般受けしないことをデュモンが懸念したためでもある。彼自身言うように，彼はベンサムの「言葉ではなく，観念を翻訳したのである。」[15]

しかしデュモンの主観的意識がそうであったとしても，ベンサムの概念枠組みを客観的に解釈する作業は，客観性が常に解釈者の価値前提を離れては成立しないように，デュモンの翻訳・編集によるベンサム間接立法論の質的変容を免れない。

ここではデュモンがベンサム草稿を編集・翻訳する際に，どのようなバイアスをかけてしまったかという興味ある論点には深入りしないが，1点だけ言及しておこう。『立法論』編集に際して生じたベンサムとデュモンとの認識のズレは[16]，ベンサムの言語論の中心的概念であるフィクション概念をデュモンが理解しなかったこと[17]，そしてそれゆえに『立法論』での文章が「普遍的法学」の点でベンサムの他の著作と比較して厳密さを欠くことが挙げられる。フィクション論を法律言語論として展開したベンサムにとって，『立法論』での法律論に厳密さが欠如することは大きな欠陥であったと思われる。

2. 擬制的言語論

間接立法の草稿が準備・執筆されていた1780年〜1790年の時期は，ベンサムがそれに関わる重要な著作にとりかかっていた時期でもあった。間接立法論

---

　　　　　ch. xix. [lxxxvii. 87-102. 103. 122. 104-106. 123-126. 107. 109-115. 117. 120.]
　　　　　Conclusion. [lxxxvii. 87-193. 194.] Appendix H, ch. xii. [lxxxvii. 87-185]
　　　　　Appendix J. [lxxxvii. 87-185. 187. 188. 181-184.]
　　　　c. 1790. Prefat. [lxxxvii. 87-10] Plan. [lxxxvii. 87-2-5] Appendix A. [lxxxvii. 87-7-9.]
　　　　1792. Appendix L. [cviii. 108-111.]
　　　　c. 1795. ch. xi. [lxii. 62-182-191. 193-195. 179-181.] [lxii. 62-197. 198. 196.]
　　　　　Appendix for ch. xi. [lxii. 62-199.] Appendix H. [xcix. 99-110-134.]
　　　　　Appendix G. [xcix. 99-109.]
15)　Bentham (1802), vol. i, p. ix, 訳, 3 ページ。デュモン編『立法論』におけるベンサム草稿の編集上の問題について，長谷川正安はデュモンをバウリングと同様にベンサム思想の歪曲者として扱う一般的見解に反対していたが，資料的な根拠は示していない（長谷川（2000），73ページ）。
16)　長谷川（2000），184-190ページ。
17)　Ogden (1932), p. xxix.

へとベンサムの関心が向かった契機について，1780年に印刷されながら1789年まで出版されなかった『序説』での間接立法への言及から見て行こう。

　「ここ［第10章「動機について」］で動機の善悪について論じたことは…さまざまな偏見を消滅させるために必要となるであろう。」「…動機という主題は，その源泉において犯罪と戦うために提案される諸手段に判断を下す上で，精通することが必要なのである。」[18]

　この箇所に付された注で，ベンサムは「間接立法論」への参照を求めていることから[19]，ここで言う「諸手段」が間接立法であることがわかる。したがって間接立法論と『序説』第10章での動機論とは密接不可分の関係にあり，動機論は間接立法論への重要な一前提であった。
　この『序説』で展開されている動機論も少し見ておこう。ベンサムが『序説』第10章第3節で挙げている快苦に対応する動機の目録の中の「金銭的関心」を例にとる。富の所有に由来する快楽を得ようとする動機は，悪い意味では「強欲」「貪欲」「搾取」「利欲」「吝嗇」と呼ばれ，善い意味では「経済」「節倹」「勤勉」と呼ばれる。しかしこれらはすべて「富の快楽」の獲得を指す言葉であり，その言い換えに過ぎない。したがって，これらの動機の名称は「金銭的関心」という富の快楽の「中立的な用語」に変更すべきだとベンサムは主張する[20]。
　各々の言葉に含まれる価値前提を脱色して，無色透明な言葉を使用すべきだという主張である。「［動機の］分析は有用なものだが，少なからぬ困難を伴う

---

18)　Bentham (1789), ch. x, 46.
19)　Bentham (1789), ch. x, 46n (k2). この注は1783年のものである。『序説』第39章を構成するものとして「間接立法」は構想されていたが，ベンサムは1782年の夏，それを独立のものに切り離すことにした (Bentham (1789), ch. x, 46n (k2) n.1.)。
20)　Bentham (1789), ch. x, 19, ch. x, §, iii. ベンサムの動機のより詳細で立ち入った考究については『行為の動機表 A Table of the Springs of Action』(Bentham (1983)) を参照。このレトリカルな表現に関しては，Burke (1950), pp. 90-101. を参照。

問題であることが分かるであろう。それは主として，あらゆる言葉について多かれ少なかれ見られる，構造上のある種の歪みに拠る。」[21]「構造上のある種の歪み」は日常的に用いられる様々な動機の名称が善い悪いという判断を暗々裡に負荷することから生じる[22]。

ベンサムは善悪判断を予め負荷した言葉を排除し，中立的な意味合いの動機の名称を用いることで，行為の判断を──『序説』では，犯罪行為の量刑──公正に行なおうとした。しかし「大きな困難は言葉の性質のせいである。そのような困難を生む言葉は様々な擬制的存在（fictitious entity）の名称に他ならない」[23]とする。

ここで言及されている擬制的存在という概念はベンサム言語論の要諦をなすフィクション論である[24]。彼は社会（community）を個々人から形成された擬制的身体（fictitious body）とする[25]。社会という擬制的存在が諸個人という現実的存在に言及されずに，何らかの行為・政策の正当化に援用され個別利害や団体利益を隠蔽する場合，擬制論はそれを暴露する機能を有する[26]。「フランス人権

---

21) Bentham (1789), ch. x, 13.
22) Bentham (1789), ch. x, 13.
23) Bentham (1789), ch. vi, 6n (c).
24) 「フィクション（Fiction）」と「擬制的存在（fictitious entity）」との区別，それらと現実的存在との関係など，ベンサム言語論については，Tyler（2003）と高島（2002）を参照。
25) Bentham (1789), ch. i, 4.
26) 社会という擬制的存在の概念があたかも自存する実体概念に変容され権威・象徴と化すことで権力関係を生成し，人々への抑圧を招来してしまうことへの批判である。ベンサムが共同社会は独立自存した諸個人の総和を超越した何かではなく，諸個人の総和にすぎないと強調する所以はこれである。
　このように社会を諸個人へ，快苦は単純なものへと要素主義的に還元して，複雑な事象を再構成する「ベンサムの方法論の核心には，人間が知り得ることは究極的には単純な個々の対象或いは実体から構成されているという経験論の原則がある」。「ベンサムは明らかに…世界の経験主義的見解にコミットメントしているにもかかわらず，リアリティが確固たる構造をもっている…と決め込んでいた」（Hume (1981), pp. 58-60.）から，ロック以来のイギリス経験論が帰結したイデアリスムス（鈴木（1992），74-91 ページ），といった「哲学上の難問を断固無視した」（プラムナッツ（1949），96 ページ）という一面はあろう。
　土屋恵一郎氏はベンサムが批判した社会契約や自然法といった負の「虚構」と権

宣言」批判の文書の中で，ベンサムが「契約に政府が起源をもつとは純粋なフィクションである。……その主張は誤謬および混乱へと臣民を巻き込むことによって害をなし，また何らかのよい目的にとって，必要でも有用でもないものである」[27]と述べる時，彼は社会契約という概念枠組みが孕む問題性を指摘することで，いわばフィクション論をイデオロギー暴露の装置として利用していた。J. S. ミルが象徴的に描いたコモン・ロー・システムの不合理性に対して[28]，「ベンサムは立法の悪弊と同様，言語の悪弊とも戦ったのである。」[29]

もっともベンサムは擬制的存在を有用でないものとして拒否したのではない。「……複合・群・抽象の現実の実在をベンサムは否定したが，それらを考察から全く除外したのではなかった。（中略）それら『言葉上の，或いは擬制的な存在』は考察や議論に便利なものとして役立つが，常に少なくとも原理的には現実的存在に還元されて扱われるものであった。」[30]

擬制的存在は現実的存在（快苦など）に還元するパラフラーシス（言い換え）という手続きを経た上で分析概念として利用され得る[31]。つまり自然法や社会

　　利などの正の「人為」とに区別される「フィクションの両義性」をベンサム言語論の特質と捉えている（土屋（1985），x ページ）。

27)　Bentham (2002), p. 331.
28)　Mill (1838), p. 145, 訳，60 ページ。ベンサムのコモン・ロー批判については，石井（1980），戒能（2007）31-37 ページを参照。
29)　Stark (1952), p. 35. スタークは『高利の擁護』の主要な点は，ベンサムが高利という言葉にまつわる様々な偏見を抉り出していることにあるとされる。
　　ベンサムの言語批判の背景について，K. バークは「ベンサムが子供のとき幽霊を異常と思えるほど恐れ，そのため成人の後，実体はないにもかかわらず，あたかも存在するかに見えている架空の事象に対し，暴露的な名をつけることに異常とも思える情熱を抱き続けた」としている（バーク，K. (1945) 180 ページ）。またオグデン（1932）170 ページ；Harrison (1983), pp. 24-105.; Champs (1999) を参照。
30)　Hume (1981), p. 59.
31)　パラフラーシスとは「第1の命題においては説明を要する擬制的存在の名称が指導的な言葉」であり，「第2の命題においては同じ意味の内容が表されるが，命題の核心にある用語は擬制的存在の名称ではなくて現実的存在の名称」によってなされるものである（Dinwiddy (1989), p. 44, 訳，71-72 ページ）。権利を例にとって，この手続きを簡単に見てみよう。1. A が B に対して権利をもっているとは B が A に義務を負っているとの謂である。2. B は義務を果たさなければ罰せられる。3. 刑罰の概念なくして権利や義務といった概念は意味をもたない。4. 言葉を定義す

契約といった観念は現実的存在に依拠しない「虚構」として退けられる一方，権利や義務といった「人為」としての擬制はパラフラーシスの手続きを介して分析概念に転用されるし，人間が使用する言葉の多くは，擬制的存在だというのである[32]。

フィクション論に含まれる「虚構」と「人為」との 2 側面は，「虚構」において行為・政策の正当化言明が隠蔽する個別利害や団体利益のイデオロギー暴露の営みとなり，「人為」においては，擬制的概念が依拠すべき諸個人の快苦という現実的存在を参照することを要求し，その上で幸福計算の手続きを経るように，人々を討議へと開くものである。

このような擬制的存在の議論[33]は法律言語論として「虚構」を排して「人為」に依拠した中立的名称の使用を主張する点で，動機論と間接立法論における人々の一般的偏見の矯正という論点と関連があることが看取されよう。「あらゆる国民はそれぞれの偏見と気紛れとをもちやすいが，それを発見し，研究し，矯治するのは立法者の仕事なのである。」[34]

したがって立法者は適切な言語の運用を促し，十全な「最大多数の最大幸福」実現のために被治者の偏見の動機分析を行ないつつ，その矯治手段として間接立法を広範囲に実施する結果，被治者の道徳的感受性が陶冶され，功利性

ることはそれの属する理念を単純なものへと解きほぐすことである。5．倫理や法理学において，義務・権利・権力・権原などの語を記述する唯一の方法はパラフラーシスに拠る（Bentham (1776), ch. v, 6n）。こうしたベンサムの方法論に関する整理は，坂本（1994），高島（2007）を参照。

32) 土屋恵一郎氏の整理によると，ベンサムのフィクション論は負のものとしての「虚構」と，正のものとしての「人為」とに区別される点で，「フィクションの両義性」として性格づけられる（土屋（1985），x ページ）。

33) これらの細部にわたる分析はここでの議論に不可欠ではないため行わない。ベンサムの擬制論については，Ogden (1932) に最もよくまとめられている——その大部分は『存在論断片』（1813，1814，1821 年）に含まれているし，『論理について』（1811，1814-1816，1826，1831 年）や，また『動機表（*A Table of the Springs of Action*）』（1815，1817 年），『義務論（*Deontology*）』（1819-29 年），『クレストメイシア（*Chrestomathia*）』でも扱われているように，ベンサムの方法論的機軸をなすものである。

34) Bentham (1789), ch. xv, 24.

の原理の受容が促進されることで，諸個人の幸福の増大という統治目的が実現されることになる。

3. 「新しい科学」と公私区分

『序説』の続編として執筆された『法一般論』[35]の末尾部分では，より明瞭に間接立法の構想が述べられている。社会の存続と安定化の保障は立法者が制定する政治的サンクションに拠るが，この立法技術には2種類の一般的対象および目的がある。「社会の幸福を増加するための直接的積極的立法と，社会の幸福を損なういかなる行為をも回避するための間接的消極的立法」[36]である。

ベンサムが用いる軍事的メタファーによると，立法者が社会の幸福を増大させる手段たる直接立法は「広い戦場で立法者の軍隊の主力部隊によって行なわれる正式の攻撃」であり，社会の幸福の減少を防止する手段としての間接立法は「戦略の途中で行なわれる，連結した長期共同作戦の中のひとつの秘密計画すなわち小戦闘である。」[37]直接立法たる刑罰が犯罪という人々の行為選択へ事後的に介入するのに対し，間接立法は人々の行為選択それ自体の秩序づけを志向する[38]。その目的は外面的直接的規制だけではなく，内面的確信を伴う自発性を利用した犯罪抑止によって社会の安全をより確実に維持することにある[39]。間接立法は「人々を悪に染まらないようにし，自分自身にとっても他人

---

35) なお刊行中の新ベンサム全集では，1970年のハート編『法一般論（Of Laws in General）』が編集に問題があるとして，2010年7月にスコフィールド編『法理学の刑法部門の限界について（Of the Limits of the Penal Branch of Jurisprudence）』とタイトルを変更した改訂版が出されている。

36) Bentham (1970), p. 289.

37) Bentham (1970), ch. xix, 9.

38) 害悪のより少ない犯罪へと仕向けるのは直接立法でも可能だが，禁酒などは間接立法によって行われる。行為の禁止（直接立法）と，代替行為への誘導（間接立法）とがあり，パノプティコンを含むベンサムの間接立法論は代替行為への誘導を行うものである。
　「立法者は意図を隠し地下道を掘り，スパイから情報をもらう。敵のやり口を妨害し密かに敵意をもつと思える者とも同盟関係を保とうとする」（Bentham (1931), p. 359.）という間接立法のメタファーは18世紀的というよりも，現代的であるとも言われる（土屋（1993），200-201ページ）。

にとっても，最も有益な方向を指し示すために，主として人間の性向に働きかける」ものとして構想された。「深遠な熟考を必要とするゆえに，他の分野より遅れて開拓された」間接立法は「新しい科学」であった[40]。通常の立法が社会にとって害悪となる行為を直接禁止・処罰するのに対して，間接立法はそれを代替行為へと誘導し，間接的に当の行為を禁止する点に特徴がある[41]。

民衆の偏見を矯正する役割は立法者にあるが[42]，ベンサムが理想的な開明的君主を想定していたわけではない[43]。だから「間接立法は1．犯罪行為（delinquency）と，2．失政（misrule）に対して向けられている。」[44] 間接立法の対象には統治者も含まれるのである[45]。「言い換えれば，無秩序と専制との間に政治的安定の状態を保持する」ことが間接立法の機能であった[46]。

このように間接立法の規制対象が統治者と被治者であることは，この時期のベンサムの統治構想が《相互的啓蒙》と《相互的規律》のネットワークであった点と関連している[47]。立法の課題は国家における公共的害悪の減少（＝社会の

---

39) 直接的積極的立法は「強制と報償」の手段を用いるが（Bentham (1970), p. 289.），『序説』でベンサムは立法者の手段である「刑罰と報償」の欠陥を補うものとして，宗教，すなわち「至高の不可視の存在」の力を利用して犯罪抑止に役立たせるべきであるとしている（Bentham (1789), ch. xvi, 18.）。支配権力が長期的安定を保つために被治者の自発的服従に依拠する必要があるのは，権力が腐敗する法則と同じく普遍的命題である。

40) UC, lxxxvii, 42. ; Bentham (1802), vol. iii, p. 1, 訳, 581 ページ。

41) UC, lxxxvii, 42. ; Bentham (1802), vol. iii, pp. 1-2, 訳, 581-582 ページ。「社会の幸福を増加するための直接的積極的立法と，社会の幸福を損なういかなる行為をも回避するための間接的消極的立法がある」。

42) Bentham (1789), ch. xiv, 28, ch. xv, 24, ch. xvii, 20. ベンサムのこの時期の民衆に対する態度については，Harrison (1983), pp. 195-224. を参照。

43) Bentham (1789), ch. xvii, 16.

44) Bentham (1971), p. 127.

45) Bentham (1802), vol. iii. pp. 1-207, 訳, 581-710 ページ。もっとも，後期には失政に対する比重が増す（Schofield (1996), pp. 223-234.）。間接立法の様々なアイディア，例えばチューブ監視網の全社会的整備という発想も，後期には単なる行政府内の連絡網へと機能転換する（土屋（1993），363-72 ページ）。

46) Long (1977), p. 136. 間接立法は後期ベンサムでも用いられる概念である（Bentham (1983), pp. 213, 369, 401. ; Bentham (1989), pp. 10, 28, 285. などを参照）。

47) この点については，板井（1998）を参照。

幸福）であり，公共的害悪は災害（calamity）・対立（hostility）・犯罪行為（delinquency）・失政（misrule）という4源泉からなり，間接立法の対象はこのうち犯罪行為と失政に向けられるのであった[48]。

では，どのような立法・行政・司法の諸施策・諸制度が望ましいのか。ベンサムは次の7条件に基づくという。社会の幸福と人々の一般的期待との適合性とによって，また法律が人々の期待の形成に先行すること，法律が既知であること，法律間の首尾一貫性があること，功利性の原理に拠って法律が作成されていること，単純な形式の法であること，人々の精神に即して遵守される法律であること，条文通りに施行されることである[49]。

このような統治論を展開するベンサムの構想の中で，間接立法はどのような特質をもったものといえるのかを見ておこう。立法領域の全体的な観点からいえば，間接立法は立法の一領域をなし，その立法は「倫理」の一領域をなしている。「倫理（ethics）は一般にその利害が考慮される部分に関して，可能な限り最大量の幸福を生み出すために人々の行為を導く技術（art）と定義され」[50]，教導すべき行為の対象が自己に対してか，他者に対してかによって，私的倫理（private ethics）＝自己統治術（the art of self-government）と立法＝統治術（the art of government）とに区分される[51]。

立法の干渉領域は他者の行為に関連する範囲に限定され，刑罰を規準にすると，刑罰に根拠・効果・利益・必要のいずれかの条件を満たす場合，立法の干渉が許容される[52]。

ベンサムが「私的倫理術と立法術との間の限界に関する明確な概念」[53]として挙げているのが，自己に対する義務と他者に対する義務に関する議論であ

---

48) UC, lxxxvii, 2-4. 政府の部門はこれらに政治経済を付け加えた5部門に分けられる。失政に向けられた立法の領域は後期ベンサムの議会改革論や官僚制論の中心的課題となるので，その比重が高まってゆく。
49) Bentham (1802), vol. ii, pp. 95-109, 訳, 351-360 ページ。
50) Bentham (1789), ch. xvii, 2.
51) Bentham (1789), ch. xvii, 1-3.
52) Bentham (1789), ch. Xiii.
53) Bentham (1789), ch. xvii, 15.

る。第1の自己に対する義務は「慎慮（prudence）」で[54]、これは当該個人のみに関わり、立法との関連はないに等しい。「人が自己についてあまりに知らなさ過ぎる」としても、「立法者は諸個人については何も知ることができない」ので[55]、諸個人が自ら不幸な帰結を招いたとしてもそれは行為者の責任とされる。この義務はいわば自己責任の範疇に属する私的倫理の問題なのである。

第2に他者に対する義務は「隣人の幸福が減少するのを避ける」という「消極的な仕方で履行する誠実（probity）」の義務である[56]。「隣人を傷つける人を罰する便益」において、また財産の侵害への救済・財産の承認に立法の介入が必要とされる点で、この義務においては立法が前提となる。

以上の2つの義務、「慎慮」における立法の非介入と「誠実」における立法の前提的介入に関しては、概ね近代国家の公私二元論、すなわち個人の内面の問題を国家は問わないという原則を踏襲している。問題は第3の「隣人の幸福を増進することを目的」とした「積極的な仕方で履行する慈善（beneficence）」の義務である[57]。慈善の行為は本質的に私的倫理の枠内における行為でありながら、遵守が期待される道徳的行為に対して人々が動機・感受性を欠如させている場合には立法の干渉が必要であるというものである。その場合、私的倫理と立法の領域とは重なり合い、その境界が茫漠としてしまう。ベンサムはこの領域に関する立法の限界はこれまで以上に拡大されるべきであるという。自己の生命に対する脅威がなくとも他者の生命が危険に晒される状況ならば、その危険回避に尽力する慈善の義務が各人に求められるからである[58]。

立法が私的倫理の領域へと越境することになる慈善の義務の拡大は、立法の目的である社会の幸福という規準によって正当化される。「立法術（法理学とい

---

54) Bentham (1789), ch. xvii, 6.
55) Bentham (1789), ch. xvii, 15. 個々人にとって、何がよいことなのか、何が望ましいことなのかを判断するのは立法者ではなく、あくまで個人であるという認識がベンサムの基底にはある。
56) Bentham (1789), ch. xvii, 6.
57) Bentham (1789), ch. xvii, 6.
58) Bentham (1789), ch. xvii, 19.

う科学の一部門と見做されるもの）は社会を構成する人々の多数が，立法者によって適用される動機の手段によって，いかにして社会全体の幸福に最も役立つ行動を概ね追求するよう気質づけられるかを教えるものである。」[59]

　ここで言及されている「動機の手段」には間接立法も含まれるが，立法者によって常に社会全体の幸福に最も資する行動を選択するよう社会構成員の気質に影響するという立法術の本質からすれば，慈善の義務の拡大は社会の幸福の増大という観点から当然のことともいえる。

　もっともベンサムは立法者が社会成員の性向への方向づけを行うことに慎重な態度を示していたことには留意しておく必要がある。立法者は偏見や感情的理由から往々にして許容限度以上の干渉（つまり私的倫理への越境）を行うことで，人々の自由を制限してきたからである[60]。「立法者が（少なくとも直接的な仕方で，個人の特定の行為に直接適用される刑罰の手段によって）社会の個々の成員の行為を指導することを試みるべきではないような事例が存在する」[61]のである。

　被治者に対する立法者の干渉には限界が必要であるとされていたが，いま引用した文章の括弧内にある「直接的な仕方で」という限定は間接立法との関連で重要である。この但し書きはベンサムが構想していた間接立法の性格を考慮すれば，人々の行為への間接的な仕方での立法干渉は可能であるということを示唆しているからである。

　つまりベンサムが設定する判断規準には個々人の内面への絶対的な不干渉という原則はない。他者への（直接的・間接的）加害可能性がある場合，すなわち社会の幸福が減少する恐れのある場合，その問題の原因が例えば人々の偏見や心性にあるならば，間接的にではあれ個々人の心性という内面まで立法行為によって干渉し得るのであり，その実践的手段として間接立法は構想されていたのである[62]。

---

59) Bentham (1789), ch. xvii, 20.
60) Bentham (1789), ch. xvii, 16.
61) Bentham (1789), ch. xvii, 8.
62) 間接立法が「超越的」と形容されることは示唆的である（UC, lxxxvii, 11）。土屋恵一郎氏は，人々の道徳判断・性向を背後から知られぬうちに変容させることを目

4. 矯正とサンクション

ベンサムの統治論における間接立法の位置を確認したので，間接立法の具体的な内容をベンサム草稿および『立法論』を参照しながら論じて行きたい。

ベンサムは間接立法の諸方策が規制すべき対象として，性向（inclination），知識（knowledge），力（power）を挙げる。犯罪の実行には犯罪行為への意思，犯罪行為に関する知識，犯罪行為実行のための力が必要だからである[63]。犯罪行為に関する知識は『立法論』第3章で，犯罪行為実行のための力に関しては第2章で主に扱われる[64]。残りの大半の章が犯罪行為への意思・性向についてであり，これがベンサム草稿および『立法論』で主に議論される主題であり，間接立法の対象は人々の性向の改善にあることが分かる。

間接立法が対象とする3点について，まず犯罪行為を実行するための「力」から見て行こう。ベンサムは力を「内部の力」と「外部の力」とに分類する。「内部の力」とは「個人に内在する能力に依存する力」であり，それを立法が規制して奪い去ることはできない。「悪をなす力は善をなす力と分離できない」からである。唯一正当化可能な例外は有罪の判決を受けた犯罪者に適用される投獄であるという。「外部の力」は個人の「外部の人や物に依存し，行動するために必要となる力」である[65]。具体的には貨幣鋳造やその用具の販売製造，毒薬の所持などの禁止といったことが立法のなし得る領域である[66]。

的とする間接立法を現代に通じる社会管理の理論であると特徴づけ，大衆の登場と情報社会の時代に社会生活への予防的介入の危険と慈善という二面性をもつ社会理論が間接立法論であるとする（土屋（1987），623-644頁）。また間接立法への言及が見られる同氏の『ベンサムという男』（青土社，1993年）は知られざるベンサムの優れたパーソナリティー論である。

63) UC, lxxxvii, 2-4. ; xcix, 110. ; xcix, 118.
64) 『立法論』では「知識」は第2章，「力」は第1章で扱われている。
65) Bentham (1802), vol. iii, pp. 9-10, 訳, 586ページ。
66) Bentham (1802), vol. iii, pp. 10-11, 訳, 587ページ。UC, lxxxvii, 89-2-3. 法律が両立し得ないとする職業に関しては，ベンサムは次のように述べている。「イギリスでは多くの裁判職は検察官の身分と両立し得ない。右手がひそかに左手のために働くのではないかと恐れられる」（UC, lxxxvii, 89-5）。

犯罪行為に関する知識について，ベンサムは何らかの知識が犯罪行為の動因となるという想定には否定的である。「知識の伝播は違法行為の数を増やさなかった……，ただ違法行為を生む手段を多様化した」[67]だけだからであり，人々が有し獲得しようとする知識に対して立法が干渉することは「書物の検閲を作り出し，異端審問を作り出した。人類の永遠の愚昧化を作り出すであろう」[68]からである。

したがって人間の性向に対する影響が間接立法の主要な対象となる。ベンサムは間接立法のそうした営為を「意思の論理」と呼ぶ[69]。犯罪行為に至るまでの矯正手段としてのサンクションから分類すると，政治的サンクションだけでなく，物理的サンクション[70]，道徳的サンクション，宗教的サンクションといった他のサンクションを有効に利用して，それらの競合状態を犯罪抑止の目的へと方向づけ，諸サンクション相互の対立傾向を減少させるところに間接立法の特質がある[71]――ベンサム草稿では，4サンクションだけではなく，1．道徳的サンクション，2．宗教的サンクション，3．慈愛の原理，4．政治的サンクション，5．物理的サンクションが挙げられている[72]。

諸サンクションの作用については，『序説』で格好の事例があるので，取り上げておこう。まず人間の行為選択は政治的サンクションという「自己保存の動機」に作用することで最も強く規定される傾向にあり，通常，4サンクショ

---

67) Bentham (1802), vol. iii, pp. 17-18, 訳, 591 ページ。
68) Bentham (1802), vol. iii, p. 15, 訳, 590 ページ。
69) Bentham (1789), p. 8.
70) 物理的サンクションを「慈愛の動機」という形で理解すれば（Bentham (1789), ch. xii, 8.; ch. x, 25, 35.; UC, lxxxvii, 27.)，第 14 章も物理的サンクションに類別される。
71) Bentham (1802), vol. iii, p. 24, 訳, 596 ページ。
72) UC, lxxxvii, 7-8; xcix, 110 (1). 但し「慈愛の感情は，一般的功利性の原理から遠ざかる傾向がある。…。「私は，私より私の家族を，私の家族より私の祖国を，そして，私の祖国より人類を選ぶ」」(UC xiv, 4.) とベンサムが述べるように，単なる慈愛は，功利性の原理とは対立するものと考えられている。功利性の命令は「最も広範囲の，開明的な（すなわち熟慮された）慈愛の命令」だからである（Bentham (1789), ch. x, 36.)。

第1章　ベンサムの間接立法論　21

ンは競合して行為者に作用するという[73]。このサンクションの競合という論点に関連する『序説』第10章第5節第45項にあるのが，シャルル9世から新教徒のコリニ暗殺の命を受けた旧教徒のクリニの例である。クリニはコリニ暗殺の命を受けるが，政治的・道徳的・宗教的サンクションという3サンクションが競合する中で，命令の受諾か拒絶かという選択を迫られる。クリニはまず名誉の命令＝道徳的サンクションの命令に，次に慈愛の命令＝物理的サンクションの命令に従おうとしたという[74]。

ここで興味深いのは，クリニを動かしたサンクションが通常最も優先的に作用する政治的サンクションではなかったことである。最も人間性に訴える自己保存の動機に作用する政治的サンクションが有効に機能しなかった例を，ベンサムがここで挙げているのはやや奇妙に思われるが[75]，常に政治的サンクションが優先的に機能するわけではないことを立法者は考慮しなければならないということでもある[76]。「政治的官憲の機能はこれら［道徳的サンクション・宗

---

73) Bentham (1789), ch. xiv, 26. 他のサンクションは量・質・価値の点で計量困難であるため，立法者の手段は政治的サンクションが主なものとなる（Bentham (1789), ch. xiv, 26）。「…法の雷が無力であるならば，単なる道徳性の囁きはわずかの影響ももちえないことは明白である」（Bentham (1789), ch. xvii, 11）。

74) Bentham (1789), ch. x, 45. 『序説』編者の注によると，史実においてクリニは旧教と君主制の積極的な擁護者であり続けたが，シャルル9世によるコリニ暗殺の命令は拒絶している（Bentham (1789), ch. x, 45n (1).）。陳は「［『序説』］第3章のサンクション論は第5章の快苦論を媒介にして，第10章の動機論の基礎になっている」（陳 (1980), 197ページ）と指摘しているが，それに加えて快苦の感受に影響を与える諸個人の感受性を論じた第6章も媒介項として考慮する必要がある。サンクションによる快苦および動機づけは各人の感受性を媒介にして作用するからである。

75) 別の例を引用すると，貧乏な貿易商からの負債と，他の貴族との勝負事から同額の負債を負った貴族が，一方の負債分の財しかない場合にどう行動するかを検討した箇所では，負債を支払わねばならない貴族の内面に働く原理として，よい評判（或いは名誉）の原理（＝道徳的サンクション・恥辱の恐れ），慈愛の原理（＝物理的サンクション・慈愛の動機），利己心の（自己顧慮的）原理（＝政治的サンクション・自己保存の動機）があるとし，それらが競合的な関係にあるものと考えられている（Bentham (1789), ch. xi, 20.; ch. xii, 8.）。

76) サンクションとして優れ，また特定の行為と犯罪との関係で重要なのは，1. 政治的サンクション，2. 道徳的サンクション，3. 宗教的サンクションという順だが，犯罪者が罪を感じる度合いは，逆の順になり，宗教的サンクションが最も重要

教的サンクションという〕2つの外的力によって援助または妨害を受けることが多く…。これらの力を計算の外におくことがあったならば，ほとんど必ず結果において間違いを犯すであろう」[77)]とされる。立法者は「同盟軍である」道徳的・宗教的サンクションを考慮せねばならず[78)]，それを怠ると社会の幸福を損なう結果を招きかねない。このように立法者は政治的サンクションのみを考慮すればよいわけではなく，他のサンクションが人間行動に与える影響をも考慮に入れなくてはならないという点に，間接立法の議論の意味があるとも言える。

　例えば，社会にとって危険な願望を抱かせることを回避するために，衣服や娯楽，庭園の美化，音楽，演劇，芸術，科学，文学の教養などが推奨された[79)]。慈愛心の育成のために「動物の虐待禁止の直接的な法律が，人間の虐待禁止の間接的な法律になる」[80)]のである。また「子供が爪をかむのを防ぐために母親が子供の指先にアロエをすり込むこと，東インドの総督の給料を歳入と人口に比例したものにすること，脱走を防ぐために兵士に褒賞を与えること」[81)]，商品の高価格化を防ぐための有効な手段としての資本家間の自由な競争の保障[82)]などがあった。単に政治的なサンクションだけでなく，他のサンクションをも動員しつつ，外的環境の整備によって人間行為の方向性を制御しようとするのが間接立法であった。

　　　になるともベンサムは書いている（UC cxxii, 3 (44))。
77) Bentham (1789), ch. iii, 12.
78) Bentham (1970), ch. xix, 9.
79) Bentham (1802), vol. iii, part iv, ch. 4.
80) UC, lxxxvii, 27 (3). またアルコールではなく，コーヒーや紅茶の奨励，衣服や娯楽の美化，音楽・演劇・芸術・科学・文学の奨励などの諸策も挙げられている（UC, lxxxvii, 63-4；Bentham (1802), vol. iii, pp. 32-3, 訳, 600-602 ページ)。
81) UC cxii, 8. ここで挙げられているように，間接立法のアイディアは，国家的統治だけではなく，家庭における統治にも適用されるものでもあった。
82) Bentham (1802), vol. iii, p. 24, 訳, 584 ページ。これはまた『高利の擁護』(1787 年)での経済取引の自由とも関連する論点である。Engelmann (2003) も参照。

5. 法 典 化

『法一般論』の末尾では，間接立法とともに「完全な法典のモデル」が出てくる。完全な法典のモデル化において，ベンサムは次のような手続きを踏むべきだと論じる。まず例示のために特定の一国民の事情に合わせた法典のモデルを作成し（これはむろんイングランドがモデルとなる），それを各国の風俗・感情・諸事情に適合させて完全な法典を作成する[83]。この論点と関連して，ロングが「間接立法」は『立法における時間と場所の影響について』という『立法論』所収の論文と重ねて理解すべきだということ，つまり間接立法は功利性の原理に立脚し，諸国民の差異を考慮した国際的な法典作成の理論的枠組みとして理解すべきであるという解釈を提示しているが，当を得ている[84]。ベンサム自身も「どのような主題であれ，時と所の諸事情によって提示可能な相違に気を配る普段の習慣」[85]があったことを 1811 年のデュモン宛の手紙で書いている。

1782 年にベンサムが記述的個人主義から規範的個人主義へ，また法分析・心理学者から社会学者へという方法論的転換を行った契機が間接立法であり，被治者の情念を操作しようと考える間接立法の討究が，彼を諸国民の文明状態や習俗の問題へと導いたとマックがいうのは，この点に関連している[86]。それまで「伝統や歴史に無関心だった単純な合理主義者ベンサム」は歴史や伝統を考察する必要に迫られたのだった[87]。

---

83) Bentham (1970), ch. xix, 8.
84) Long (1977), pp. 135-149. 確かに間接立法論と『立法における時間と場所の影響について』とは伝統・習俗・偏見という主題において相互に密接に関連し，出版の自由や公論による民衆の陶冶という課題も重要である。しかし他方で自国民における道徳判断の立法的陶冶の側面があることを強調すべきであろう（プラメナッツ（1949），189 ページ）。また戒能（2007），120-142 ページも参照。
85) Bentham (1988), p. 165.
86) Mack (1963), p. 325. またこの点について，ハイエクがベンサムを「設計主義的合理主義」の範型として捉えることへの反批判としてベンサムにおける「慣習」の意義を強調する研究もある（立川（2003）。また Dube（1991）を参照）。
87) Mack (1962), p. 294. ベンサム自身は歴史や伝統について固有の議論を展開したわけではなかったが，刑罰論という枠組みからであれ，間接立法論のアイディアがベ

したがって間接立法は初期ベンサムの企図した法典化構想の実践的諸部門を構成するものである。『序説』に挙げられている民法・刑法・訴訟手続き・報償・憲法・政治的技術・国際法・財政・政治経済・普遍的法学という10部門にわたる完全な法典は[88]、間接立法によって補完されるものとしても構想されていたからである[89]。

ディンウィディは「ベンサムがこの著作［『間接立法について』］の中で行っていることは，政府が採用すべき一般的な綱領を提唱することではなかった。彼は可能性のある雑多な諸施策を集めていた」といい，間接立法論を諸政策の目録であるとして，その理論的位置づけを行わず，軽視していることには賛成できない[90]。間接立法論は単なる例示に留まるものではないし，それが一見，例示に留まるのは，実際の適用において，当該対象地域の状況に依存するものだからである。

その意味で，これまで概観してきたように，間接立法論は初期ベンサムの理論的到達点であるとともに，後期ベンサムの議会改革論や憲法典への布石という理論的位置づけを持つものなのである。例えばベンサム草稿第19章で挙げられている失政に対する諸方策を列挙しておこう（【】で括っているものは『立法

ンサムをして当該地域の歴史や伝統というものをある程度意識させ始めたのは事実であろう。

また，マックは「社会治療の科学」の一環として間接立法を位置づけ，それをベンサムの未来社会像として描く。間接立法の世界は「復讐，公平な刑罰，そして未来の予防の時代」という法の3段階の最終局面であり，文明史の4段階で言えば，「道徳的想像力と，刑罰や恐怖なしに平和裏に共生するための自己管理とを十分に発展させた」段階であると言う。間接立法はいわばそうした「約束の地」を実現する手段として発明されたものであるとマックは解釈する（Mack (1962), pp. 291-295.）。これはベンサムの夢想する統治が長い年月をかけて行われた結果，そのような文明段階へと移行することが企図されていたという解釈として首肯できる。

[88] Bentham (1789), p. 6.
[89] UC, Lxxxvii, 2-4.
[90] Dinwiddy (1989), pp. 90-91, 訳，148-149 ページ。しかしこれは現段階での通説的見解を代表していると言えるし，ベンサム自身もそのような言い方をしている。ただ留意すべきは，間接立法は当該地域の諸事情に勘案して行われるべきものであり，その意味で，一般的な枠組みの議論しかできないのだという断りをベンサムはしている点である。

論』には存在しない節である）――様々な部門へ権限（power）を分割する，個々の部門の権限をそれぞれ異なる分担者へ分配する，罷免権と任命権とを別の権限にする，統治者が同一地域に長期間留まることを禁止する，持ち回りによって統治組織構成員を処分する，秘密情報を認容する，籤引きによる主権者への請願を検討する，出版の自由を確立する，【点検されるべき立法】，国家行為が基礎を置いている理由の公開をすること，またそれらの理由によって言及された資料も公開すること，【専断的影響の領域を縮小する】，恣意的な権限行使（power）を排除する，規則と手続き（formality）による権限行使を指導する，【決闘に寛大であることを見せる】，武装し，結社を作る権利を確立するといったものが列挙されている[91]。これらは後期ベンサムの議会改革論や憲法典構想に連接するものである。

　では，このような間接立法論は当時としてどこまで独自性のあるものだったのか。アイディアそのものは，18世紀中庸のヨーロッパ大陸で刑法改革を盛り上げたベッカリーアの『犯罪と刑罰』第41章「どのように犯罪を予防するか」であると言われている[92]。ベッカリーアはそこで，法律の簡潔さ，法律の厳格な遵守，法における個々人の平等，相互監視による腐敗の防止，報償の奨励，被治者の教育，政府の性質について議論している。これはまさに間接立法の主題であり，ベッカリーアの契約論的発想は退けたであろうが，ベンサムがベッカリーアから大いに学んだことは事実である[93]。

　また当時のイギリス社会の情況もベンサムの立法構想において間接立法が要請された要因として挙げられる。ベンサムが最大幸福の実現として「安全」を最重要視するに至った経緯については，マックが指摘するようにゴードン暴動

---

91) UC, lxxxvii, 102. 103. 122. 104-106. 123-126. 107. 109-115. 117. 120. このように被治者の犯罪だけではなく，統治者の失政をも予防する手段として構想された間接立法は，「立法措置」ではなく「行政措置」に分類されるという解釈もある（永井（2003），71-72ページ）。

92) Hume (1981), p. 74. 間接立法の教育的手段はルソーの『エミール』に由来するとされる。

93) 犯罪と刑罰の均衡や幸福計算の手続きにおいてもベッカリーアから着想を得ている。

に代表されるロンドンでの民衆暴動の頻発という背景がひとつにはあった。社会的不満を予防するには「例示，教育（Instruction），勧告」という間接的手段が法律に優先して用いられるべきなのであり[94]，社会的無秩序に対する処方箋という役割を間接立法は担っていたと言える。コモン・ロー法曹界による「暗闇の混沌」を打破し，人間の恣意性に左右されない機械的な「確実性」[95]と法秩序を樹立するには直接立法と並んで，間接立法による補完が必要だったのである。

おわりに

最後にベンサム統治論における間接立法論の意義を確認して本章を終えることにしたい。彼がコモン・ローの法体系を抜本的に改革するために構想した中で出てきた間接立法というアイディアは，明確な法が制定され，人々の権利や自由が確定された世界で，それでもなお生じる危険や社会の幸福増大への障碍をいかにして回避すべきかという問題意識から生まれた[96]。しかし間接立法論は『立法論』に所収されただけで，全面的な展開がなされることはなかった。『序説』と『法一般論』および間接立法の草稿をそのままにして，ベンサムは1785年8月～1788年2月に弟サミュエルを訪ねてロシアへ行き，1790年代前半にはフランス革命の影響下，パノプティコンや国制論に関心を寄せ，1790年代後半は救貧問題などに没頭した。19世紀に至って，パノプティコン建設計画に奔走する傍ら司法改革問題などに関心を寄せ，そのままイングランドの議会改革論やギリシャなどの国制論，オーストラリアへ植民論に関心を移したまま最晩年を迎える。

間接立法の主要な2つの対象である犯罪と失政という観点から考えると，犯

---

94) Bentham (1802), vol. iii, p. 360, 訳, 812-813 ページ。もっともここでの間接立法への言及は「法の移植に関するルール」の第7番目のものとしての言及である。
95) Mack (1962), ch. 2.
96) 諸個人の自由を損なわない範囲で，間接的に人々の行為選択に介入するという間接立法的方法は，昨今のアーキテクチャーの議論やリバタリアン・パターナリズムとも重なる（Thaler & Sunstein (2008)）。

罪行為の間接的予防を検討していた時期には，人々の性向を功利性の原理に則して教導するというのが主要な問題だったが，その後，失政の防止という国制の問題へとシフトしていく中で，いかに統治機構を制度設計し，立法者や行政官の恣意や専断を規制するかという外面的規制へと問題関心が移っていった。

このように見てくると，ベンサムは初期には諸個人の性向という内面性への介入を志向して間接立法論を構想したように思われるかもしれない。しかし人間が社会的な環境によって性格形成されるという視点を織り込みつつ，外的な制度・環境を整備することで，自由を侵害されているとは意識させず，人々の自発的な選択によって望ましい行為へと秩序づけるのが間接立法の特徴であったことからすれば，犯罪行為に人々を向かわせる性向を方向づけるのも，失政へと人々を向かわせるのを防止するのも，同様の外的手段によって行われたという点では，間接立法は機能的に等価のものであったといえるだろう。間接立法の手段によって公私区分が曖昧化される場面は確かにあったわけだが，それは放任されるならば人々の幸福を減少させたであろう行為を抑制するために，言い換えれば，社会の幸福最大化のために，行為を望ましい方向へと間接的に秩序づける必要があったからである。その意味で，ベンサムの間接立法論は『パノプティコン』や『政治論』に継承され，最晩年の大作『憲法典』に結実する。

道徳的権威主義を拒否し，趣味・嗜好といった私的領域での最大限の自由を確保しつつ，物理的・外的環境を整備することで，人々の自由を損なわない形での自発的な動機に基づく行為によって社会の幸福増大を導こうとしたベンサムの間接立法論の思想的境位は，アーキテクチャー論の原型ともいえ，したがって現代社会をも射程に収めた革新的なものであったといえるだろう。われわれはいまだベンサムの思想の圏内にいるのである。

参 考 文 献

Bentham, J. (1789), *An Introduction to the Principles of Morals and Legislation*, eds. J. H. Burns and H. L. A. Hart, London : The Athlone Press, 1970 ; Paperback edition, Oxford, Clarendon Press, 1996.（邦訳）『世界の名著 38　ベンサム　ミル』関嘉彦ほか，中

央公論社, 1967 年。

――― (1983), *Constitutional Code Vol. 1*, eds. F. Rosen and J. H. Burns, Oxford : Clarendon Press.

――― (1971), *Correspondence of Jeremy Bentham*, Vol. iii, ed. Ian R. Christie, The Athlone Press.

――― (1988), *Correspondence of Jeremy Bentham*, Vol. viii, ed. Stephen Conway, Oxford : Clarendon Press.

――― (1983), *Deontology together with A Table of the Springs of Action and Article on Utilitarianism*, ed. A. Goldworth, Oxford : Clarendon Press.

――― (1989), *First Principles preparatory to Constitutional Code*, ed. P. Schofield, Oxford : Clarendon Press.

――― (1776), *Fragment on Government*, in Jeremy Bentham, *A Comment on the Commentaries and A Fragment on Government*, eds. J. H. Burns and H. L. A. Hart, London : The Athlone Press, 1977.

――― (1970), *Of Laws in General*, ed. H. L. A. Hart, London : The Athlone Press.

――― (2002), *Rights, Representation, and Reform : Nonsense upon stilts and other writings on the French revolution*, eds. P. Schofield, C. Pease-Watkin, C. Blamires, Oxford : Clarendon Press.

――― (1931), *Theory of Legislation*, ed. C. K. Ogden, London : Routledge & Kegan Paul Ltd.

――― (1802), *Traités de législation civile et pénale*, ed. E. Dumont, Vol. i, Paris, p. ix. (邦訳).『民事および刑事立法論』長谷川正安訳, 勁草書房, 1998 年。

Burke, K. (1950), *A Rhetoric of Motives*, University of California Press.

Burns, J.H. (1966), "Bentham and the French Revolution", ed. Parekh, B. (1993), *Jeremy Bentham Critical Assessments*, Routledge, 1993, Vol. iii, pp. 1029-1045.

Champs, E. (1999), "The Place of Jeremy Bentham's Theory of Fictions in Eighteenth-Century Linguistic Thought", *Journal of Bentham Studies*, no. 2.

Dinwiddy, J.R. (1989), *Bentham*, Past Masters Series, Oxford University Press. (邦訳)『ベンサム』永井義雄・近藤加代子訳, 日本経済評論社, 1993 年。

Dube A. (1991), *The Theme of Acquisitiveness in Bentham's Political Thought*, Garland Publishing.

Engelmann, S.G. (2003), ""Indirect Legislation" : Bentham's Liberal Government", *Polity*, Vol. 35, No. 3, April, pp. 369-388.

Harrison, R. (1983), *Bentham*, Routledge & Kegan Paul, pp. 24-105.

Hazlitt, W. (1825), *The Spirit of the Age : The Complete Works of William Hazlitt*, Vol. xi, London, 1932. (邦訳) 神吉三郎訳『時代の精神』講談社学術文庫, 1996 年。

Hume, L. J. (1981), *Bentham and Bureaucracy*, Cambridge University Press.

Itai H. (2002), "Bentham on Indirect Legislation"『横浜市立大学大学院生論集』第 8 号。

James, M. (1986), "Bentham's Democratic Theory at the Time of the French Revolution", ed. Parekh, B. (1993), *Jeremy Bentham Critical Assessments*, Routledge, Vol. iii, pp. 608-620.

Long, D.(1977), *Bentham on Liberty : Jeremy Bentham's Idea of Liberty in Relation to His Utilitarianism*, University of Toronto Press.
Mack, M. (1963), *Bentham : An Odyssey of Ideas 1748-1792*, London : Heinemann Educational Books Ltd.
Mill, J.S. (1838), "Bentham", *Jeremy Bentham Critical Assessments*, 4 vols, ed. B.Parekh, Routledge, 1993.
Ogden, C.K. (1932), *Bentham's Theory of Fictions*, Kegan Paul.
Schofield, F. (1999), "Political and Religious Radicalism in the Thought of Jeremy Bentham," *History of Political Thought*, Vol. 20, pp. 272-291.
────── (1996), "Bentham on the Identification of Interest" in *Utilitas*, Vol. 8, No. 2.
Stark, W. (1952), "introduction" *Jeremy Bentham's Economic Writings*, vol. 1, ed. W. Stark, London : George Allen & Unwin Ltd.
Thaler, R. H. & Sunstein, C. R. (2008), *Nudge : Improving Decisions About Health, Wealth, and Happiness*, Yale University Press.
Tyler, C. (2003), "Jeremy Bentham, Social Criticism & Levels of Meaning," *Journal of Bentham Studies*, No. 6.
安藤馨（2007），『統治と功利─功利主義リベラリズムの擁護』勁草書房。
石井幸三（1980），「ベンタムのコモンロー批判」『日本法哲学会年報　法と言語』。
板井広明（1998），「初期ベンサムの統治構想～開明的立法者と公衆」『イギリス哲学研究』第 21 号。
────── (2005),「ジェレミー・ベンサム─利益・エコノミー・公共性の秩序学」鈴木信雄編『経済思想　経済学の古典的世界 (1)』第 4 巻，日本経済評論社。
オグデン，C. K. (1932),「ジェレミィ・ベンサム　1832-2032 年」山下重一訳，『國學院法学』第 17 巻，第 3 号。
戒能通弘（2007），『世界の立法者，ベンサム』日本評論社。
鈴木信雄（1992），『アダム・スミスの知識＝社会哲学』名古屋大学出版会。
スターク，W.（1943），『経済学の思想的基礎』杉山忠平訳，未来社，1984 年。
バーク，K.（1945），『動機の文法』森常治訳，晶文社，1982 年。
坂本洋一（1994），「ベンサム主義的社会科学方法論に関する一考察」『成蹊大学法学政治学研究』第 13 号。
高島和哉（2002），「ベンサムの法理論における事実と規範─フィクションの理論と功利の原理」『社会科学研究科紀要（別冊）』第 9 号。
────── (2007),「言語・発明・想像─ベンサムの科学方法論に関する一考察」『イギリス哲学研究』第 30 号。
立川潔（2003），「ベンサムは設計主義者か？─理性と偏見」『成城大学　経済研究』第 160 号。
陳文政（1980），「J・ベンサム立法理論の一考察─自由と法との限界について」『日本法哲学会年報　法と言語』。
土屋恵一郎（1985），『社会のレトリック』岩波書店。
────── (1987),「ベンサムの「間接的立法論」について─「地下道」のネットワーク」『立石龍彦教授古稀記念論文集（明治大学法律論叢）』第 60 巻，第 2・3 合併

号。
———（1993），『ベンサムという男』青土社。
永井義雄（2003），『ベンサム』（イギリス思想叢書7）研究社。
長谷川正安（2000），『わたしのベンタム研究』法律文化社。
プラムナッツ，J.（1949），『イギリスの功利主義者たち』堀田・泉谷・石川・永松訳，福村出版，1974年。

第 2 章

ウィリアム・トンプソンにおける功利主義と経済思想

はじめに

　イギリス社会主義の先駆者の一人，ウィリアム・トンプソン（William Thompson, 1775-1833）は，一般に「リカードゥ派社会主義者」として著名であり，同時に，功利主義者としての顔をもっている。社会主義は，イギリスにおいて功利主義を一つの思想源泉として誕生したともいわれている。彼の思想を検証してみると，社会主義と功利主義の関連はかなり明瞭に読みとれるように思われる。ところが，日本におけるトンプソン研究をみると，両者の関連が意識的に検討されてきたとはいえず，カール・マルクスとの関係が重視される傾向がきわだっていたことに気づかされる。今日，「利潤本位主義」に翻弄される市場経済の弊害の顕在化とロシア型社会主義の崩壊という現代世界のありようの変化の中で，トンプソンの自由競争批判と協同コミュニティの構想を検討することは，市場経済の弊害とそれへのオルターナティヴを考察する意味で，現代的課題の原初形態を知るために有意義であるように思われる。

　課題を検討するに先だって，従来のトンプソン研究に伏在する二つの疑問を指摘したい。その一つは，マルクスの経済理論を基準に設定してトンプソンを評価するという視点にまつわる問題である。そもそも「リカードゥ派社会主

義」という名称の発端は，マルクスが剰余価値研究のなかで，19世紀20年代を中心にイギリスで誕生した一群の社会主義者たちに共通する特徴を，古典派経済学者，デヴィッド・リカードゥの「労働価値論」と結びつけて理解したことにはじまる。たしかにトンプソンの自由競争批判は痛烈で，労働者の権利擁護を説く労働全収益権の思想は，マルクスの「労働価値論」に先行する性格を示している。それゆえ，トンプソンの経済理論は，一般に，リカードゥの「労働価値論」とマルクスのそれとのいわば中間理論，あるいは前者から後者への発展を仲介する理論として位置づけられてきた。とりわけ日本において，マルクスの経済理論を基準として描く傾向が顕著であった。しかし，このトンプソン像では，後述するように彼の歴史的位置づけが曖昧となり，その変革思想としての意義を見失う危険が生じるように思われる。

　もう一つは，トンプソンに先行する功利主義者，ジェレミー・ベンサム（Jeremy Bentham）との関係についての問題である。すでに多くの研究者は，トンプソンが自由放任の経済理論の擁護者ベンサムから「最大多数の最大幸福」の原理を受けとめつつ，しかしそれに飽きたらず，労働者の「最大幸福」を実現するために，オウエンが提唱した協同コミュニティの思想圏にたどりついたと説明している。この経緯をあたかもベンサム功利主義からの離脱の結果であるかのように描く傾向があった。しかし，それはトンプソン像の歪曲といえないであろうかという疑問である。

　じつは，従来の研究から生じる上記の二つの疑問は，ともにトンプソンの思想の基礎となる哲学，すなわち功利主義への根強い偏見から生じているのではないかと考えられる。この偏見が支配的になった主要な原因は，ベンサム研究の立ち後れという事情から生じているように思われる。第一に，ベンサムに関する研究が文献的に著しく制約されてきたという事情がある。彼自身は，膨大な草稿を残したものの，生前にそれが著作となって刊行されることはまれであった。公刊された著作も，その多くが弟子たちによって編纂・刊行され，しばしばオリジナルテキストに編者が修正を施し，ベンサム自身の意に沿わないものさえあったといわれている。第二に，この事情はベンサムの思想体系全体に

ついての正当な理解を妨げる重要な要因になった。彼の功利主義はさまざまな批判と中傷にさらされ，適正な評価を受けることなく，誤解され続ける状況を再生産してきた[1]。周知のように，19世紀には，トマス・カーライルらはベンサムの哲学を「俗物の哲学」とか「豚の哲学」などと揶揄し，カール・マルクスは「自由・平等・ベンサム」とブルジョア哲学の権化であるかのように批判した。20世紀の後半期にも，ジョン・ロールズやアマルティア・センらは，ベンサムの「最大多数の最大幸福の原理」には，幸福総量の増大のために少数者の利益が犠牲になる危険が潜むとの危惧を感じている。ミシェル・フーコーによるベンサムの監獄改革案「パノプティコン」への痛烈な批判をあげることもこの状況を知るうえで有益であろう[2]。

しかし，いまベンサムをめぐる研究環境は大きく変わりつつある。『ベンサム著作集』(*The Collected Works of Jeremy Bentham*) の刊行事業が，1960年代末にはじまり，1980年代から軌道に乗りつつある。ベンサム再評価はこの事業の進展につれ確実にすすんでいる。1993年から94年にまたがる1年間，筆者はたまたまこの編集・刊行事業をすすめている「ベンサム・プロジェクト」(ロンドン大学ユニヴァーシティ・カレッジに設置され，当時の所長はフレデリック・ローゼン教授であった) のエディトリアル・ミーティングに参加し，作業の進行状況

---

1) 池田 (2006) を参照。
2) 20世紀の後半期にも，ミシェル・フーコーの批判は最も辛辣であり，誤解にもとづくとはいえ，痛快であるとさえいえる。刑罰制度の監視モデルとなる「パノプティコン」は，伝統社会におけるコントロールよりも，遙かに大きな力で社会を統制する新しい「精神的・道徳的テクノロジー」の典型として描かれている。そこにはフーコーの近代刑罰制度批判にとって見過ごすことのできない重要な指摘がある。彼は，啓蒙のユートピアは，近代ブルジョア文化による「規律・訓練の社会」の形成に通じるという見解を用意した。ジャネット・センプルは「フーコーとベンサム」という論文で，フーコーが述べる搾取・抑圧の可能性に対し，世論の監視下にある代議制民主主義は共通の善の実現に努め，その弊害を危惧するに及ばないと弁護している。Semple (1992), pp. 110-120. いま，マルクスの功利主義観について再検討がはじまっている。松井曉氏は功利主義を帰結主義・厚生主義・総和主義の三要素からなるものと理解し，マルクスの社会発展論と関連づけて，マルクスが功利主義を柔軟に解釈していたことを指摘している。マルクス論の新しい可能性を期待したい。松井 (2008)。

をつぶさに観察する機会をえた。すでに膨大なマニュスクリプトの整理はほぼ終えている。だが，その解読作業は容易ではない。変色したオリジナル・ペーパーには略語，新造語が多数含まれ，しかも随所に省略箇所がみられる。それを解読し，トランスクライブすることは，ベンサムの筆記の癖を心得たベテランの担当者によってのみ可能である。一流のベンサム研究者といえども容易に近づきがたい代物なのである。その作業は文字通り地を這うような努力によってつづけられているとはいえ，総数60巻を超えるかもしれないという『著作集』全巻が完結するまでに数十年を要することは間違いない。

知の巨人，ベンサム自身の問題関心は多面的で，論述は緻密である。その全貌の一端が明らかになりつつある。その成果はトンプソン研究にも反映されつつある。1996年に，D. ドゥーリー（Dolores Dooley）がトンプソンとアナ・ドイル・ウィラーの協力関係を追いながら，女性解放思想とコミュニティ論とを関連づけて論じた『コミュニティにおける平等』（*Equality in Community ; Sexual Equality in the Writings of William Thompson and Anna Doyle Wheeler*）を出版した。彼女は「ベンサム・プロジェクト」を訪ねて史料収集を行ったといわれている。新しいベンサム研究の成果がトンプソン研究に取り入れられるのはこの頃からである。

1. 日本におけるトンプソン研究の特徴

アントン・メンガーは彼の著作『労働全収権史論』の中で，「労働全収権を中心とするかぎり，社会主義思潮は，ウィリアム・トムプスンの諸著作において完成された形であらわれている」と述べ，さらに，「すべての労働者に彼の労働の全収益が帰属するという命題」を正当化した彼を「科学的社会主義のもっとも卓越した創立者」であると評価した[3]。メンガーの議論を契機に，「リカードゥ派社会主義者」の存在が注目され，社会主義史におけるイギリス社会主義の意義と役割とが見直されてきた。しかし，近年，これら一群の社会主義者

---

3) メンガー (1971), 76ページ。

の主張とリカードゥ経済学との関係に疑問が示され,「リカードゥ派社会主義」という名称そのものを見直す必要があるとの見解があらわれている。

名称の見直し問題はすでに多くの論者によって語られているので,詳論する必要はないが,後述するユートピア社会主義者ロバート・オウエンとの関係から,グレゴリ・クレイズの見解を紹介しておこう。彼は,「リカードゥ派社会主義者」と名づけられた思想家を再検討したとき,この思想家群を総体的にみるとリカードゥよりもオウエンのそれに親和的であると主張し,トマス・ホジスキンを除く人びとを「オウエナイト・エコノミスト」と再規定することを提案している[4]。彼らに共通する理想的コミュニティの構想を摘出するならば,その性格規定を変更することは当然である。だが,クレイズの問題提起も功利主義の影響に注目するものの,ベンサムの恩恵が誇張されすぎないか危惧している[5]。十分にその関連を論じることはなかった点で,なお道半ばといわざるをえない。本論は,ある意味でそれへの回答を用意するものとなっている。

ヨーロッパの思想家を研究する場合,日本の研究者が多かれ少なかれ,欧米の研究水準に制約されることは避けがたい。トンプソン研究においても,次のような特徴を示してきた。第一に,その基本的性格をメンガーにしたがい,「リカードゥ派社会主義者」の一人として理解する傾向である。第二は,いずれも,トンプソンの議論へのベンサム的功利主義の影響に言及するものの,それが彼の協同コミュニティの思想にどのような特性をもたらしたのか,ほとんど関心を示さないという特徴である。これらは,基本的に欧米のベンサム研究の立ち後れの反映であり,避けがたい結果であったといえる。第三に,日本の研究者は,マルクス主義との関連性を過剰に重視する傾向があったという特徴

---

4) クレイズのいわゆる「リカードゥ派社会主義」の思想源泉についての記述は, Lockean, Smithian, Ricardian, Owenite との関連で論じている。Claeys (1987), pp. xxii-xxvi. J. F. C ハリソンは「リカードゥ派社会主義」と呼ばれたこれらの人びとをリカードゥとの関係がなかったとの理由で,クレイズに先立って「オウエナイト・エコノミスト」(Owenite Economists) と名づけて論じている。Harrisn (1969), pp. 67-69.

5) Claeys (1987), p. 107.

がある（前述）。トンプソンの労働全収益権論がいかにマルクスの搾取理論や階級闘争論に近づいているか，いいかえればプロレタリア革命論をいかに予感させているかという視点からの接近である。そのような視点は，近代イギリス社会主義の源流の一つとして位置づけられるはずのトンプソンの歴史的意義を正当に評価することを妨げてしまった。この特徴は，21世紀においても，社会主義の可能性についての議論の貧困化を招く一因になっているという意味で，見過ごすことができない重い課題を提起しているように思われる。

　日本の社会主義研究では，社会主義の性格を規定する基準が，エンゲルスの著作『ユートピア社会主義から科学的社会主義への発展』で示された見解，すなわち「ユートピアから科学へ」と進化・発展するものとの見解を一種のテーゼとして受けとめ，それに強く影響されてきた。マルクスやエンゲルスはユートピア社会主義者たちの歴史的限界を指摘しながらも，正当な評価に努め，彼らに深い敬意を示してきた。ところが日本では，形容詞「ユートピアン」・「ウトーピッシェ」は「空想的」と訳され，「科学的」性格の対立概念となる。空想性と科学性を評価する基準として，この概念が一種の否定語の役割を果たしてきた。「空想的」と規定されると，ユートピア社会主義の豊かな発想も，その射程の長い理想社会も，非現実的な遺物のように見捨てられる運命となった。それは学問の寛容性を希薄にする傾向を助長しないだろうか[6]。

　日本におけるトンプソン研究は，次の三つの学問分野ですすめられてきた。多かれ少なかれ，その社会主義像は，基本的にエンゲルスによる性格規定を基準に判断されてきたようにみえる。その代表的な研究例について若干言及しておこう。第一の分野は経済学史研究者たちによるものである。労働全収益権思想によって，資本主義制度の根源にかかわる批判理論の役割を果たしている点

6）　ヨーロッパ，アメリカでは，1980年代からそれぞれ「ユートピア学会」（ヨーロッパ系は The Utopian Studies Society，アメリカ系は The Society for Utopian Studies の名称で組織されている）が設立され，活発に活動している。日本にはこれに類する学会は存在しない。また，海外のこれらの学会への日本人参加者は，欧米諸国と比べきわだって少ない。広い展望，長い射程，学問の寛容性という意味から，この事態を考える必要があろう。

に注目し，マルクスの剰余価値論・搾取理論と対比し，どの程度マルクスに先行するのか，いいかえれば，どれほどマルクスに及ばなかったのかを問う。彼の経済理論が一方の極，古典派経済学（ブルジョア的）から，他方の極，マルクス経済学（プロレタリア的）との中間に位置づけられ，それぞれの両極への距離が測られることになる。階級的視点にたって分析するとの方法的立場の表明であるから，プロレタリア階級とブルジョア階級及び両者の中間に位置する小生産者階級への階級的立場を解明することが重視された。なぜなら，階級的立場の確認こそ，その思想家の本質を明示するとの信念からである。そこに焦点を当てれば，彼らが活躍していた社会から切り離して観察することになるし，哲学的基礎からその総体を解明することが制約されることは不可避だった。結果的には，トンプソンは「弁証法的唯物論・史的唯物論」を展望しているか，「プロレタリア独裁」の認識にいたっているかなどの点検を主要な関心事としてきた。

　鎌田武治氏[7]，上野 格氏[8]，蛯原良一氏[9]などの研究は，それぞれのトンプソンの評価は異なるとはいえ，このような観点からすすめられてきたという共通の特徴を示している。鎌田氏は彼の経済理論を古典派理論とマルクスのそれと比較し，緻密な分析を試み，2000年には，『市場経済と協働社会思想―イギリス資本主義批判の思想的源流―』を刊行され，この分野をリードされてきた。さらに最近，氏はベンサマイトの研究にまで視野を広げている。（註7参照）上野氏は「保障と平等」をキーワードにしてトンプソンの歴史観を解明し，またオウエンとの関係を重視すべきとの提言をされている。蛯原氏は，トンプソン

---

7) 鎌田（1968）。鎌田氏は2010年7月31日，明治大学で開催された「リカードウ研究会」（第20回）で，「ウィリアム・トムプソンの協働社会思想」と題して報告され，ベンサム及びベンサマイトのパトリック・カフーン（Patrick Colquhoun）の貧民法論を紹介し，トンプソンへのベンサムの影響についてに言及し，新しい領域への意欲を示された。イギリス初期社会主義形成にあたってのベンサム功利主義の影響について，筆者はユートピア学会（ヨーロッパ系），イギリス協同組合学会などでの指摘をおこなってきた。土方（2003），Hijikata（2005），（2007），（2008）。
8) 上野（1961）。
9) 蛯原（1994）。

の著作全体を通覧し，彼の労働者観が生産関係論のなかで理解され，小生産者的性格を脱していることを評価している。

　第二の分野は協同組合思想史，第三の分野は女性解放思想史の領域である。これらの分野での研究はごくかぎられているとはいえ，経済学史研究におけるアプローチに強く制約されていた。中川雄一郎氏は，『イギリス協同組合思想研究』[10]において，経済学史研究の成果を継承し，さらに協同組合思想の研究へとつなげている。すなわちトンプソンの著作『コミュニティ設立のための実践的指針』の紹介にかなりのスペースをさくことによって，彼の思想を総合的に検討する可能性を示している。同時に，オウエンとの関係を視野に入れ，協同組合運動内部の事情をも明らかにしている。また，女性の経済的従属の原因を自由競争制度に求めて，男女の平等のもとでの相互協同の制度を提案したことを評価するなど，研究の幅を広げるという貢献をされた。

　第三の女性解放論の領域では，ほとんど水田珠枝氏の研究[11]にかぎられている。欧米のトンプソン研究には，多くの女性研究者が参入し，ジェンダー論史の一翼として重要な位置を占めている。後に言及するように，トンプソンの女性論の意義がますます重視されてきたからである。この分野でも，日本の研究の立ち後れがきわだっているといえよう。水田氏は主として『人類の半数を占める女性の訴え』を紹介しながら，トンプソンが，教育の改善，参政権の獲得，経済的自立の必要を訴えるが，それは女性が男性と等しい幸福に到達することは可能であるとの立場からであると指摘している。特に，家事労働を家族その他の機能とともに，コミュニティに移すことによって，家事労働が社会化され，女性の解放が達成される点を紹介している。さらに家族単位の生活の解消によって，家族の機能そのものが失われるという根源的な問題提起がなされていると論じている。ここで，「女性と男性の等しい幸福の可能性」の追求を示唆していることは，トンプソンの思想を功利主義と関連させて検討する可能性に近づいたという意味で貴重な貢献だったといえる。なぜなら幸福論の検証

---

10) 中川（1984）。
11) 水田（1979）。

こそ，ベンサム的功利主義の哲学的性格を解明する手がかりとなるはずだからである。しかし，歴史的限界に阻まれて，水田氏もこの問題をさらに深めることがなかった。

　率直にいうことが許されるなら，日本の研究は，マルクスを下敷きにトンプソンを上紙にしてなぞり，ここが出っぱり，かしこが凹んでいると描き出すことに傾きすぎていたかもしれない。マルクスとの比較が貴重な論点を引きだす意義は認めなければならないが，トンプソン独自の歴史的意義を明らかにしなければ，イギリス社会主義の源流としての役割は見えてこないといったらいい過ぎであろうか。このような疑問をふまえて，筆者はオウエンならびにトンプソンにおける社会主義と功利主義との関係について，若干の機会に検討を試みてきた。それらは次節以降で述べる議論を用意するものとなったことを付言しておきたい（註 7 参照）。

2. トンプソンの経済思想

2-1 社会科学と道徳の科学

　経済思想の検討に先だって，あらかじめその枠組をささえるトンプソンの社会思想の独自性を指摘しておくことが必要であろう。周知のように，それは労働全収益権を根拠にした社会関係を前提にして，地域的な「協同コミュニティ」を設立し，理想的な社会秩序の総体を構想するものである。産業革命期に創出された労働階級をその貧困・労働苦・疎外された状態から解放することを目指したユートピア社会主義の一種である。その意味で，この思想は当時のいわゆる「リカードゥ派社会主義者」や「オウエナイト・エコノミスト」など一群の思想家たちと多くの共通した特徴をもちあわせていた。

　しかし，そのなかでもトンプソンをきわだたせる独自性を見過してはならない。その一つは，ジェレミー・ベンサムとの親交と不可分な関係にある人間論・幸福論であり，もう一つは，その幸福を各人が自らのものとしてエンジョイするための不可欠な条件として，個々人の「自立」を強く意識していた点にある。この点は個々人の「自立」を基礎にするラディカルな個人主義を主張す

ると同時に，それを前提とした労働者の「階級的自立」の思想となって結実することになる。この「自立の思想」こそ，社会変革の方法として経済的漸進主義の可能性を信じるオウエナイトに共通した視点となるとともに，その独自性ゆえに，皮肉にもこのグループの主唱者ロバート・オウエンと鋭く対立する分岐点ともなったのである。

　トンプソンの経済思想は，主著『富の分配の原理に関する研究』(An Inquiry into the Principles of the Distribution of Wealth Most Conducive to Human Happiness ; applied to the Newly Proposed of Voluntary Equality of Wealth, 1824. 以下『分配の原理』と略す）及び『労働報酬論』(An Inquiry into the Principles of the Distribution of Wealth Most Conducive to Human Happiness ; applied to the Newly Proposed of Voluntary Equality of Wealth, 1827) に，その主要な論点が述べられている。

　前者『分配の原理』は600ページからなる大作で，彼がベンサム邸に滞在中に執筆を継続し，翌24年に出版した。その第1章の冒頭で最も重要な原則を述べている。「この研究においては，善か悪か，直接的か間接的か，あるいは最大可能なものを絶えず追求するのか，その結果を判断（計算）する功利が主要な原理であって，たえず考慮されることになり，その他の事柄は副次的なものに過ぎない」という[12]。この「功利の原理」の重視が，トンプソンの社会理論において，どのような意味をもつか検討しよう。

　この著作には，「準備的考察」と題する序文があり，社会科学の方法論が検討される。当時の著名な二人の思索家ウィリアム・ゴドウィンとトマス・ロバート・マルサスを取り上げて，前者は主知主義者 (the intellectual) の代表であり，後者は機械論者 (the mechanical) の代表とされ，それぞれの方法上の欠陥が指摘される。一方の主知主義者とは，「共感や知的文化からえられる自分自身の快楽の感情に頼って，自分たちの動物的要求に関心を示さず，物理的自然法則，人間の肉体的構造をほとんど研究しようともしない。物的な下位の作用因からほとんど無関係に自分の精神力のみに頼って幸福を手に入れることがで

---

12) *Ibid.*, p. 1. トンプソンはベンサムの招きに応じて，1822年10月10日より翌年2月22日までベンサム邸に滞在した。Pankhurst (1954), p. 12, Dooley (1996). pp. 85‑91.

きるかのように考えている」人びとを指し，人間の自然的側面に関心をもたず，自然の法則たる経済学に理解を示さない人びとであるとする。他方の極にいる機械論者は，「知的力と共感は人間という被造物のどの部分をも形成しておらず，彼はなにからなにまで機械的な行為者 (a mechanical agent) である。……彼らによって，知性，慈愛，相互協同，完全可能性などといった高尚な観念は，物笑いの種にされている」[13] 人びとなのである。いいかえれば，彼らは人間を知的・道徳的存在として認めず，崇高な目標となる協同の精神や完全可能性といった理想を追求することにまるっきり無関心だと揶揄しているのである。

　そこで，主知主義者と機械論者とが，ともに社会科学の担い手として不十分であると批判して，トンプソン自身の第三の立場を提示することになる。その内容に立ち入る前に，この著作が目指す社会科学の目的を確認しておこう。「われわれの目的は，確固たる真理，すなわち経済学を社会科学に適用し，……人間の幸福にもっともよく資するよう正しい富の分配に役立たせることである」[14] と。つまり，社会科学の目的は，第一に，「幸福に資する」ために，「最大多数の最大幸福」の実現を目指すことである。そのために第二に，経済学および「他のすべての部門の知識」を適用して，第三に，これまでの政治経済学者が目指してきた「富の生産」の原理ではなくて，「正しい富の分配」の原理を析出することであるとしている。

　トンプソンの第三の方法は，前二者と異なる人間観を前提にしている。主知主義者を批判する意味で，「動物の最善の組織と同様に，人間は身体の異なった部分に感覚器官と名づけられた器官をもち，それぞれが異なった種類の神経の末端組織につながり，楽しさや苦痛をもたらすさまざまな原因物質 (sources)

---

13) *Thompson* (1824), p. v-vi.
14) *Ibid.*, p. x. 次の文章も，主知主義者と機械論者のそれぞれの一面性を批判したものである。「道徳家は，その大部分が自然科学と政治経済学の真理について無知であり，…政治経済学者は生産と富の蓄積にのみ注意を向け，それが再生産と蓄積にさらなる影響を及ぼすかもしれないのに，分配の問題に関心を示さない…」(*Ibid.*, p. ix)。

に服している。同様に，…体内の分泌液から生じるある種の刺激に服している……」と強調して人間の機械的側面を示す。それゆえ，まず，生命を維持するに必要な外的物質に服するという意味で，動物と人間とを同一のレベルの存在と理解する。しかし，同時に機械論者を批判して，外的物質の作用に機械的に反応するとはいえ，たんなる機械ではなく，「人間は複雑な存在である」と考える[15]。もし，その複雑さに絶えず言及しなければ，「政治経済学の気高い発見」が社会科学にとって有益でなくなるし，「規制的な功利の原理」が犠牲にされ，年々の富の蓄積や生産物の限りない増大が人類の大多数を労働苦の悲惨な状態へ追いやるという[16]。「複雑な存在」がこれほどに強調されていることに注意を向けておこう。

　トンプソンは上記のように主知主義と機械論の双方を批判しているが，それぞれの主張の核心部分を否定しているとは思えない。そこで，17世紀初頭に，「帰納法」を主張してイギリス経験論哲学の基礎をきずいたフランシス・ベーコンが示した途をたどることを推奨している。その理由は，ベーコンが自然科学への貢献にもまして道徳科学に大きな功績を残しているからであると語る。しかし，この説明だけでは，なぜ17世紀のベーコンの方法を19世紀の同時代人マルサスのそれと対比するのか，いささか唐突な印象をあたえるきらいがある。『分配の原理』やその他のトンプソンの著作を含めて，ベーコンに重要な位置をあたえているようには思えないからである。その謎を解くカギはベンサムによるベーコンへの賛辞にかくされているかもしれない[17]。ベーコンへの評価へのベンサムからの影響を直接示す証拠はあきらかではないが，トンプソンは社会科学と道徳の科学とを同義に位置づけている[18]。つまり，第三の方法と

---

15) *Ibid.*, p. vii.
16) *Ibid.*, p. viii, p. ix.
17) *Ibid.*, p. xviii, x. ロデリック・マンディは，イギリス法制度改革の一つとして，ベンサムによる『法律年鑑』(the Year Books) の改善提案がベーコンの改革論と類似しており，ベーコンを強く想い出させると指摘している。Munday (1992), pp. 310-313.
18) *Thompson* (1824), pp. ix-x.

は，社会科学の方法としてそれらが単独で適用されたとき，一面性を免れず，不適切であるため，両者の長所を統一あるいは融合することが必要であると結論づけたのである。

2-2. 富・労働・労働生産物

富の生産ではなくて，「富の分配」こそ幸福実現にとって重要であるとするトンプソンの経済思想は，富と労働，そして労働生産物との関係から理論を展開する。「富はそれを使用あるいは消費することによって，安楽あるいは享受の手段となるという観点でのみで生産されているので，同様に，富は消費するために分配されなければならない。すなわち，分配は，富を生産する人びと，社会，コミュニティに最大可能な量の幸福をあたえる最善のものでなければならない。」[19] ここから，「富の分配」以上に興味深く，正しく取り扱われるとすれば，この問題以上に有益なものはないと述べて，分配の重要性を主張する[20]。

なぜなら，「最大幸福」の実現はコミュニティに属する人々の肉体的安楽だけではなく，知的楽しみと同様，徳性の大きさ 共感・慎慮（分別）・慈愛の快感の大きさも，その到達範囲内にある知的楽しさの程度も，つまるところ「正しく賢明な富の分配」にかなり依存しているからであると[21]。このように論じて，「最大幸福」実現のために生産にではなく，分配に重心を移すことの重要性を訴え，経済学のパラダイム転換を提唱することになる。

分配に関する考察は，「富の分配の自然法則」と名づけて『分配の原理』の中心的テーマへと導かれる。ここにいう「自然法則」は 17 世紀以降のニュートニアンに共通した法則理解を継承しているので，その基礎となっている命題は誰でも同意できる明白なものだし，普遍的に適用できると考えられている[22]。

---

19) *Ibid.*, p. 18.
20) *Ibid.*, p. 17.
21) *Ibid.*, p. 1.

つづいて，分配の対象となる富＝幸福を約束する財貨の定義に移る。「富（wealth）という言葉は，生きているにせよ，生きていないにせよ，自然の素材あるいは生産物を使って，人間の労働と知識によって産出する物的素材あるいはエンジョイメントの手段の一部」を意味する。あるいは「富はエンジョイメントのための物的手段あるいは素材に限定されている。労働あるいは肉体的活動は物体（物質的なもの physical things ―筆者）のみに働きかける。……物的自然の手段と並んで，手に触れたり，目で確かめたり，あるいは何かほかの感覚器官を通じて幸福を生み出すエンジョイメントのための，たくさんの手段が存在する」と[23]。つまり，富は，第一に，自然の素材あるいはその生産物からなるという意味で，幸福を感じ取る生命を再生産するための必須の条件であり，第二に，幸福という感情を生みだす，広い意味でのエンジョイメントの手段を提供するものとされる。

ところで，トンプソンのいずれの著作にも，次の二つの言葉が多用されていることに注意を促しておこう。その一つは，幸福を構成する要素として「快楽」と並んで「エンジョイ」(enjoy) や「エンジョイメント」(enjoyment) という語が頻繁に用いられていること。もう一つは，幸福を獲得する手段としての「知識」(knowledge) という言葉である。英語圏では，「エンジョイメント」は日常語としてよく用いられる言葉であるが，日本語ではこれを一般に「享受」と訳すことが多い。それが誤りとは思えないが，ここでは，文意によってカタカナで表記するか「楽しみ」などの訳語を使用した方が，彼の意図を積極的に表現できると考えている。「エンジョイメント」はエンジョイするという動詞で表現されるなんらかの行為を通じてえられる楽しさや満足などの充足感として知覚される。一時的・通過的な感覚としてえられる快感よりも，さまざまな感覚・感情からなり持続的・複合的性格をもつ。それゆえ，快感・快楽を幸福感情へつなげる媒介的役割を果すので，しばしば快楽の同義語あるいは幸福の同義語として用いられることがある。トンプソンのこの語の使用法は，J. S. ミ

---

22) *Ibid.*, pp. 2-3.
23) *Ibid.*, pp. 6-8.

ルに継承されたといえよう。(註108を参照のこと) もう一つの言葉「知識」は，それを習得し，そのおよぶ範囲の拡大と，その応用による認識能力の向上を期待するという意味で多用されている。とくに明示的ではないが，それによって様々な快楽とそれがおかれている状況を比較・考量する能力，すなわち「計算」する能力の向上を期待していたと解釈してよいと思われる。また労働階級全体への「知識の普及」によって生産的・知的・道徳的能力の高度化をはかり，社会総体の質的転換を目指すという大きな目標を予示した「知識」の多用なのである。環境・教育の改善が性格形成に決定的な影響をあたえるとのオウエンなどの初期社会主義者の理論におけるトンプソン的表現でもある。

　古典派経済理論の投下労働価値説を援用し，「富は労働によって生産され，なんらかの願望の対象を富の対象とする労働以外になんの要素を含むものではない。労働は唯一の普遍的な尺度である…」，また「労働は富の唯一の親である」[24]と理解される。さらに，富と労働の関係は，次のようにいいかえられている。「土地，空気，熱，光，電流，人間，馬，水などはいずれも富の呼称で数えられない。これらは願望と幸福の対象かもしれないが，変換を促す労働の手にふれられるまでは富ではない。これらについて，…願望と功利の対象であり，健康のためだけではなく，生命の保全にとって必需品だとしても，富の対象ではない。」なぜか？ それらのものを享受するために労働を必要としていないからであると[25]。真理とされる「自然法則」の根本を示すテーゼである。

　この議論につづけて，すぐに交換価値に言及している。「交換価値はほとんど常に富の観念に付随しているとはいえ，富の観念に不可欠ではない。なぜなら，小共同体はなにも交換しなくても，共同の労働によって豊かであり，幸福である。…交換価値がなければ，それを所有している人にとって大いに望ましい物品で，しかも，彼の労働をふんだんに投じて生産したとしても，なんら市場価値をもちえない」，「それをほしいと思う人びとがいなければ，市場に並べられることはない。労働なしに富は存在しない。労働はそのきわだった特質で

---

24) *Ibid.*, p. 6.
25) *Ibid.*, p. 7.

ある」[26]と簡単な説明にとどめている。市場における需要と供給の関係のなかで交換価値が生じるのであって，小共同体では，それ以前の歴史段階を意識しているかのように，交換関係が成り立つ必然性がないという。トンプソンが投下労働価値説に依拠したとはいえ，貨幣を媒介にした商品交換は念頭になく，市場で交換される商品の流れを追って商品の再生産過程を分析することには関心が向くはずがない。科学としての経済理論を高く評価しても，物々交換の議論では，使用価値視点の枠組みにとどまり，スミスやリカードゥの経済理論を前提にして交換価値を論じる契機は生まれていなかった。

したがって，交換価値はトンプソンのシステムでは，主役として登場することはない。自由競争の原理が否定され，新たな協同コミュニティが設立され，そこで余剰生産物が交換されるまで，この問題はしばらく後景に退くことになる。むしろ，富の正しい分配を妨げている労働と資本，労働者と資本家との利害の対立関係こそ分析を先行すべき課題であった。そのためには「安全」の観念を理論に組み入れることが必要であった。

2-3 「安全の原理」

市場経済の分析と価値論は主要な関心事ではなかった。トンプソンの関心事はなにか？　それは「最大幸福」を労働者にも実現するために彼らの権利を明確に設定し，その安全の確保と保証を原理的に説明することであった。その説明は，「安全の原理」に概括される。トンプソンの思想の全体像にとって，「安全」の観念は最も重要な要素の一つである。それは二つの源流から発している。一つは，17世紀のジョン・ロックの「所有の安全」であり，他の一つが，ベンサムの功利主義におけるそれである。前者，ロックの観念は私的所有権を神聖視する議論として，啓蒙主義の時代をリードした。労働の対象となる自然は万人に等しく神の恩恵としてあたえられるがゆえに，万人の共同の所有物であり，これに各人の「労働」を投下してえられる生産物は，それを投じた個々

---

26) *Ibid.*, p. 6.

人自身の所有物として認められるとのロックの主張が，いわゆる「労働にもとづく所有」論として「リカードゥ派社会主義」の労働全収益権思想の理論的基礎であることは多くの論者が指摘しているところである。

後者，ベンサムの「安全」に関する議論はトンプソンにとって重要である。ベンサムが神による自然の創造に懐疑的になり，自然法・自然権の思想を拒否したことに同調して，トンプソンも，ロックの所有権論を神によって正当化されているとは考えていない。むしろ社会の自然法則を発見する経済学とベンサムの道徳哲学に依拠する方法を選んだからである。ここでベンサムの「功利の原理」についてあらかじめ検討しておくことが必要である。「最大多数の最大幸福」の原理は，社会全体の幸福の大きさを快楽の総計として計算可能と考えることから出発したとはいえ，彼はこれでは万人の「最大幸福」と定義できないなどの曖昧さを残していると意識して，この原理から「最大多数」というフレーズを削除して，たんに「最大幸福の原理」と改めた。フレデリック・ローゼンは削除された時期を 1824 年から 27 年頃と考えている。この欠点を補い，実用的性格を示すために，「功利」ないし「効用」を「最大化」(maximization)・「最小化」(minimization) なる概念を用いて，統治行為の適正さを判断する方法を開発した[27]。

ベンサムはさらに，「功利の原理」を第一原理として確認した上で，いわば第二原理として，「安全・生存・豊富・平等の補助的原理」(the subsidiary principles of security, subsistence, abundance and equality) をもうけ，その理論的な不十分さを補っている。この一連の経緯を解明することは，F. ローゼンやポール・ケリーなど「ベンサム・プロジェクト」研究者の新しい成果のなかでも，ベンサムに対する誤解と偏見を改める上で最も重要な成果といえよう[28]。その理論の形成・変転の説明は，本論の主題の枠を超えるので，ここではこれ以上論じ

---

27) Rosen (1983), pp. 201-203, 音無 (2006), 104-120 ページ。
28) *Ibid.*, pp. 55-75, Rosen (1970), pp. 168-206, Kelly (1990), pp. 110-122. ベンサムの分配的正義についてのケリーの見解をデヴィッド・ライオンズは行為功利主義理解の欠陥として批判している。Lyons (1992), pp. 323-327. Schofield (2006), pp. 38-40.

ない。彼らの見解にさらに M. クインによるベンサムの救貧法論などを加えて詳細に論じた音無論文がこの事情を知る上で貴重である[29]。

　この「補助的原理」に示されている四つの観念，安全・生存・豊富・平等は，ベンサムによれば，幸福の実現にとって最も重要な項目として重視されるものであり，その優先順位を意味している。その中でも，「安全」こそ最も重要な関心事であるとされ，これが確かでなければ，たとえ「平等」が実現していたとしても満足は一時的に過ぎず，将来に不安を抱え幸福感をえることはできないと考えたからである。トンプソンにあっては，労働全収益権を安全と平等の矛盾した観念と結びつけて正当化しつつ，やがて理想社会が論じられるとき，これらは矛盾することなく両立する新たな原理となって再び姿を現すであろう。

　それでは，リカードゥの理論はこれ以降トンプソンの関心のまったく外にあったのかといえば，そうではない。さらに後に検討するように，「個人的自由競争」と特徴づける社会における資本と労働の関係を分析し，その根源に階級的利害の対立を鮮明に摘出することになるが，リカードゥの理論が描く「賃金・利潤の相反関係」の認識がベースになっている。

　労働は，幸福を最大化するという合理的動機にしたがって，最大生産を目標として投じられる。それは人間の本性にふさわしい行為である。第1章，第6節，7節で，最大生産を促す動機を検討し，「生産への最も強い刺激は，それらを生産する人びとへの労働生産物の完全な使用の『安全』(security) である」[30]という。また，「富の生産物を自発的に交換することはすべて，受けとるものとあたえるものの双方で，富から幸福を増大する傾向があり，そのことから，その生産への動機を高める傾向がある」と述べて，「自発性」並びに「安

---

29) 音無 (2006), 104-120 ページ。なお，「補助的原理」について「ベンサム・プロジェクト」を中心とした研究者がこれを初めて論じたわけではない。すでにパンクハーストもトンプソンの分配論における「安全」に言及しているが，それによってベンサムとトンプソンの功利主義理解に相違が生じたとしている。Pankhurst (1954), pp. 25-26.

30) Thompson (1824), p. 35.

全」の議論をすすめていく[31]。

ここにいう「安全」とは,「最大多数の最大幸福」を目指して,生産者が自分の生産物を自分の意志にしたがって使用すること,自由で自発的に処分する権利を「保証」することを意味する。鎌田武治氏は「安全がたえず彼の脳裏に去来して離れない点」に関して,トンプソンは「産業革命の進展中に分解しつつあった小生産者層の危機感を思想的に反映した…」との階級的視点から説明している。その理由は,パンクハーストによる「安全」についてのベンサムとトンプソンの関心のありようが異なるとの見解,つまり前者にあっては財産所有者の安全を,後者にあっては労働者のそれを保証しようとしていたという相違についての見解を紹介し[32],安全は有産階級にとって重要な関心事であるが,プロレタリアートは「所有の安全」には無縁であるからと述べて,両者の中間に位置する小生産者層の過渡的性格と規定している[33]。これは「所有の安全」についてのロック的見解に依拠した説明といえよう。トンプソンは,ブルジョア的思想環境で産声を上げたこの原理を,労働者階級の「自立の思想」を導くための指針として採用しているから,社会の「最大多数者」たる労働者の幸福を目指す立場から「最大多数」のフレーズを削除することにためらいがあったと思われる。すでに述べたように,ベンサムが削除をおこなったのが,1824-27年(前述)とすれば,『分配の原理』を出版した年にかかる。トンプソンは彼の邸を去ったあとも「最大多数」にこだわっている。それゆえ,ベンサム理論に修正を加えることは必然的な結果であったといえよう。

2-4 労働生産物の横奪

これらの議論をへて,『分配の原理』第1章,第8節で,労働者にその所有権が帰属するはずの労働生産物を資本家が力ずくで横取りする問題,すなわち

---

31) *Ibid.*, p. 45. ベンサムは分配的正義の理論のなかで,「所有の安全」にもとづく経済的自由を主張している。しかし,トンプソンは労働生産物の使用・交換の「安全」を分配的正義として論じている。Kelly (1989), p. 78.
32) Pankhurst (1954), pp. 30-33.
33) 鎌田 (1968), 16-17ページ, 206-207ページ。

それが利潤となって搾取される問題が論じられる。「労働生産物，富の対象であり幸福の手段を，いずれの個人からであれ，労働生産物の強制的な抜き取り (the forced abstraction of the productions of labor) はそれを獲得している人間にとって，幸福の増大ではなくいっそうの幸福の損失をもたらすであろう」[34]と述べる。

このように労働者と資本家との利害の対立を論じることによって，強制的抜き取り＝横奪を不正義であると糾弾し，全収益権論を正当化する議論をはじめる。生産された財が，ある人の手から他の人へ移されても，財そのものが変化するわけではない。動物の場合，それを食べても味が変わるわけではない。しかし，人間の場合はどうだろう。横奪したものを食べても将来の結果が気になって，その動物的消費がつづく間，彼の心の中に彼の肉体的組織から生じるに違いない感情が付随すると考えられる。「たとえ大変粗野だとしても，そのような楽しみと必然的に結びつく『連想感情』(the associated feelings) を作り出さない人間的動物 (human animal) はいない。」[35]その行為から「連想感情」がなにかしら働くに違いないという。この指摘から，人間は，快・苦のような物的刺激に機械的反射する動物ではなく，心の内部で感情と意識とが相互に関連しあい，さまざまな感情と意志とが交錯する「複雑な存在」との理解がしだいに深められていくであろう。

強奪した人間は，「自分の正しくない役割に責任があると感じるし，盗み取った品物が生産者に奪い返される機会があるかもしれないことを知っている。さらに，自分が不正義を働いたと感じているし，ときには自分が不当な扱いをした相手方にたいして後悔し，同情の念をいだくのである。」[36]それは観念連合の心理学が論じられていた時代の一つの理解といえるかもしれない。しかし，「連想感情」の働きがどれほど事態の改善に寄与するか，大きな期待がかけられるはずはなく，体制の根源的な転換の検討は不可欠であることをトンプソンはよく理解していた。「連想感情」についての指摘は，後述するように，人間

---

34) Thompson (1824), pp. 58.
35) *Ibid.*, p. 59.
36) *Ibid.*, p. 59.

本性に根ざした感情，例えば共感感情と同様に，さらに深化した感情，他人への思いやり，自愛心などへの連結を予想しての作業だったようにみえる。ジョン・ロックにおける「内省」，「内なる私たち自身の心の作用」[37]のはじまりと同様の働きを，トンプソンも意識していたことを示唆している。

　この種の「連想感情」への言及を，「横奪」を拒否する理由を示す次の文章につなげている。「楽しさを増大させたいとの思いから勤勉，あるいは自発的労働の名の下で生み出されるものは，いずれも労働者がそれをただ享受したいとの願望を動機にして製造した物品である。それは多少にかかわらず彼から力ずくで横取りすることになじまない」[38]と。労働者の権利侵害は，労働者の幸福の増大を妨げ，低下させることは必然であるとの論点が，第9節では，後の時代に「効用逓減の法則」と名づけられた方法，これもまたベンサムの方法を受け継いで説明される[39]。

　例えば，横奪される労働者の被害を減ずるための便宜的方法として，略奪される対象をできるだけ小さな部分に分けて，損害を小さくし，拡散しても，その効果は期待できないという[40]。また，富者の強欲は産業が死滅するまで衰えることがないが，貧者からの小部分の控除は富者からの同量の控除より深刻である。富裕な強奪者と貧しい生産者とでは欠乏状態についての感覚が著しく異なるからである[41]。貧者から富がたとえ小部分でも強制的に控除されることは，幸福量の総量からみれば，同じ量を富者から控除した場合と比べ，著しく減少させることになる。つまり，絶対的な平等は実現困難であるが，できる限り平等が促進されることが望ましいとトンプソンは結論する[42]。

　ここでトンプソンは平等な分配と安全の両立による解決を次のように唱えることになる。「富を構成する素材である労働生産物は，エンジョイメントをで

---

37) Locke (1689), pp. 105-106.
38) Ibid., p. 65.
39) Rosen (1983), pp. 214-216.
40) Thompson (1824), pp. 68.
41) Ibid., pp. 72-74.
42) Ibid., p. 95

きるかぎり平等にし，できるかぎり生産を促進するという二重の目的を達成するように分配されるべきである。すなわちできるかぎり分配が平等となるよう促進することは安全と両立するし，安全はただすべての有益な人間の肉体的・知的エネルギーの完全な発展を生じさせるからである。」[43] たしかに，平等と安全の両立は理想的な状態ではあるが，この両立は最も困難な課題であると認識されている。

2-5 労働と資本の対抗関係

『分配の原理』第1章，第12節では，労働者と資本家との利害の相剋を明白に理解するため，「階級」という観念にいっそう依存して説明するようになる。労働階級と資本家階級との対立が「階級的利害の相反関係」として把握される。「安全」の解釈をめぐって，日本のトンプソン研究はここで分岐点にたたされた。一つは，「安全の原理」はそもそもブルジョア的観念であって，ブルジョア的「所有の安全」，すなわち彼らの自由の擁護者の影を引きずるがゆえに，トンプソンは未だ労働者階級と所有者階級の中間地点にたつ中産階級の利害の擁護者にとどまっているとの見解である。もう一つは，労資の階級対立をはっきりと浮かび上がらせたことをもって，トンプソンの社会理論のさきに「階級対立」が「階級闘争」論へと転嫁する条件が整い，それを視野に入れたと評価する見解である。マルクスの階級闘争論への発展の可能性を積極的に読み取ろうとする見解である。

　正しい分配を達成するために，トンプソンがこだわっているのは，意外にも生産物の自由な交換である。これを論じるために，彼は第12節（103-144ページにわたる長い節）を用意し，その自由な交換を促すためには，「奨励することも，規制することもせずに」交換できる条件を整えるべきだと主張した。奨励

---

43) *Ibid.*, p. 90. パンクハーストはトンプソンがリカードゥの賃金基金説とマルサスの人口論を功利主義者が受け入れたために「自由放任」のベンサム的信念を放棄したというが，事実は異なる。ここからベンサム主義との訣別を求めることはできない。Pankhurst (1954), pp. 14-15.

も規制もしない交換という考えを述べるにあたって,彼が依拠した理論的根拠は,またもやベンサムの経済思想の要点である経済的自由主義であったことは興味深い[44]。本来,競争は自由かつ公正であるべきで,もし規制や奨励を政策的におこなえば,当事者へ特別な恩典を付与することになるというベンサムの次のような見解を受け継いでいる。一つには,「所有の安全」を基礎にした経済的自由主義の見解である。ケリーはこの問題について,ベンサムがあらゆる人間の諸権利を所有権に要約して理解し,富の物質的所有は利害の形成と満足の物的条件であり,商業・交易の自由は将来に期待される well-being の基礎として重視したと整理する。「期待の安全」を保証するために,統治者は規制策・奨励策など採用して直接幸福量を操作すべきでなく,経済的自由主義の擁護を主張したというのである[45]。もう一つは,スコフィールドが明らかにしている「邪悪な利害」(sinister interest) が統治に割り込むことの危険についてである。権力者とその周辺の人びとの利害=「邪悪な利害」は公正な統治を妨げるので,排除しなければならないという道義的見解が働いている[46]。

これを受けて,トンプソンは自発性にもとづく交換=自由処分こそ崇高な正義であって,「富の本性にふさわしい」[47]という。一見,自由競争論批判者が逆戻りをしたような印象をあたえかねないが,政策的公正の論点を導入することによって,社会理論の中での政治的正義の意義と役割とを論じる準備が整いつ

---

44) 上野氏は,「安全と平等の原理」を基準に整理したトンプソンの歴史観を高く評価している。「階級支配の観点で,奴隷制から資本主義までの歴史を一貫して叙述したものといえる。」歴史は「保障と平等の拡張,あるべき保障と平等への漸進的な接近の過程」ととらえているが,「必然性の明示されぬ生産関係変遷史ととらえることができる」。つまり,「生産力の視点から歴史を捉えるまでにふかめられていない」と述べ,それが過渡的性格にとどまっていると指摘している。ここでの「保障と平等」は本論での「安全と平等」を指している。日本の研究で,この原理が重視されていることは大いに評価されるべきである。しかし,上野氏も,ベンサムの「功利の原理」との関係にはふれず,「空想的社会主義」から「科学的社会主義」への過渡的性格との規定にとどまっている。上野 (1961),190-192 ページ。
45) Kelly (1989), pp. 78-80. 音無 (2007), 130, 141-157 ページ。
46) Schofield (2006), pp. 111-136.
47) Thompson (1824), pp. 104-105.

つあることを示している。つまり，この困難な課題が手放しの自由競争ではなく，互いに矛盾した平等と安全の原理とが調停され，調和されることによって，この逆戻りの懸念を打ち消している。このようにして経済と政治の両面からの議論が不可欠となる。

　公正さを欠く利害の侵入は，政治を恣意的に操作する階級の存在を示すものであり，政治における階級対立の顕在化を意味している。この対立の基礎に，生産物の分配をめぐる両者の見解の相違があるとトンプソンは考えている。労働者が機械や原料の形の資本を所有していないので，それを使用するためにどれほどの量の労働生産物が控除されるべきか。つまり資本家に使用料としてどれほどの額を支払うべきか。その答えは，両者の立場の相違によって二つに分かれるという。労働者の立場での見解は「労働者の基準」に，資本家のそれは「資本家の基準」に整理される。

　一方の「労働者の基準」は，「資本が消費されるときまでに，その資本の出費と価値とが償却されると考える総額に，さらにその資本の所有者および監督者にたいして，より活動的に雇用されている生産的労働者と等しい安楽な生活が送れるような補償を追加した総額からなっている」。他方の「資本家の基準」は「…機械あるいはその他の資本の使用の結果，同量の労働によって生産された追加的価値である。いいかえれば，資本家のすぐれた知識と技術によって，蓄積され労働者に前貸されたか，あるいはそれを使用した結果として生みだされる資本家によって享受されるべき剰余価値の全体である。」もし，「これら二つの基準にしたがって，労働者が自分の生産力を行使するに必要な資本の使用のために支払うとすれば，両者の総額の差は莫大なものとなる。それはほとんど完全な平等と富裕と貧困との両者の超過分との差に等しい」と結論づけている[48]。

　この問題設定の仕方をみると，「労働者の基準」で想定されている労働者は，あたかも独立小生産者のごとく，資本家の生産手段を借り受けて，生産活動を

---

48) *Ibid.*, p. 167.

営んでいるように描かれている。独立小生産者の利害をトンプソンは代弁しているとの解釈ができそうな想定である。また，剰余価値の概念も，マルクスがそれを剰余労働時間の搾取とした規定とは異なっている。しかし，全体としみれば，資本家が蓄積した資本の使用によって生まれる生産物からの，強制的横奪という搾取論を引きだしていることは明らかで，両者の階級対立の経済的基礎であるとの理論は，マルクスが敬意を表すに十分な成果だったといえよう。

これら二つの基準の矛盾した主張にたいして，正義はどう答え，功利はどう答えるのかと問いかける。その答は，「まさに平等は生産的労働者の利益になると訴える。安全が両方の陣営に強制力に訴えることを禁じるので，中立的となる。」もし，「資本家の基準」が極端に追求されると，「果てしない蓄積願望に酔いしれて，彼の周囲の極貧の人びとへのわきまえを失って，蓄積の願望がエンジョイメントの愛さえ資本家に取って替わらせてしまう。」この願望が支配的な情熱になり，才能も徳も犠牲にして，暴力と奸計がこの盗みに当てられ，ついには生産そのものを死滅させるだろうと予見する[49]。これに対し，「労働者の基準」が優勢になれば，労働者を生産的にするのに必要な手段を超過するような蓄積は，その動機を失って，蓄積の願望は相対的に弱まるだろうと予想している[50]。

体制転換の難事業がこのような予想にしたがって遂行できるのか，いかにも非現実的な希望的観測といえようが，さらにトンプソンの考えを追ってみよう。生産物の横奪が不正であることを認め，その重大な被害を回避して，正義や功利が働くためには，労働者が知識を習得し，それを普及することが絶対に必要な要件とされる。「もし，生産的労働者が知識を習得し，労働生産物からの利潤という名目でなされている莫大な横奪を追及できるならば，彼らはかかる制度が不正であることを理解し，資本と名づけられている財を，すなわち彼らの労働を生産的にするために必要な財の使用を意のままにしている手段を，自分たちが所有するように努力するに違いない」[51]と。労働と資本の利害の対

---

49) *Ibid.*, pp. 170-171.
50) *Ibid.*, p. 169.

立の議論は，こうして知識の習得・普及によって労働者自身が自立し，資本による横奪の克服が可能になるとの主張に発展する。そして，ついには労働者自身が資本家に転じて「資本家的労働者」(the capitalist-laborer)[52]へと変身するという筋書きが描かれていく。

この対立・矛盾の議論は注意深く読む必要がある。トンプソンの正義感に満ちた情熱的な文章は，論理的に整理して叙述されず，しばしば，あちこちへと論点が拡散して思想総体を理解するのが容易ではない。『分配の原理』では，この議論は資本家と労働者の敵対的集団による葛藤として描かれ，暴力的対抗手段が不可欠であるとさえいう。「…利己的で短絡的な雇い主の合法的略奪と暴力を減殺するために生産的労働者によって追及されなければ，社会の労働者は気力を失った不幸な状態に沈み込むだろう」[53]と。さらに『労働報酬論』では，社会の二大陣営を勤労階級と生産階級との階級関係によってとらえなおし，「知識をえて，勤労階級は力，万人の公平・平等な幸福を促進するために，全国規模でしかも直接的な効果に結びつけて，自分たちの知識を利用できるようにするために，彼ら自身の手の中に社会機構の力すべてを獲得しなければならない」[54]と力説する。あたかも，「プロレタリア国家」を展望するかのように，労働階級の読替としての勤労階級が社会機構のあらゆる権力を彼ら自身の手中に掌握することを印象づける。

しかし，トンプソンの移行論は，この引用文の冒頭に示されているように，「知識をえる」ことが何よりも優先されるべき条件であった。「理性が強制力の唯一の後継者である」[55]と力の行使を戒め，「堅忍不抜の自制心」[56]を涵養して，労働者による正義と功利の自覚が決定的に重要であると主張する。彼の真意を

---

51) *Ibid.*, pp. 165-166.
52) トンプソンは labor/laborer とアメリカ式でつづっている。アメリカ民主主義への憧れを表していると思われる。
53) *Ibid.*, p. 258.
54) Thompson (1827), p. 73.
55) Thompson (1824), p. 223.
56) *Ibid.*, p. 262.

見誤ると，代議制民主主義を基礎とする功利主義の統治論へつなげて理解することはできないであろう。では，どのように正義を実現してゆくのか，節を改めて論じることにしよう[57]。

2-6 「富の分配の自然法則」

『分配の原理』第 1 章では，約 180 ページにわたって，労働全収益権の思想がどのように正当化されるかを論じて，末尾の第 15 節で，労働と資本の対抗関係の議論は，三つの法則からなる「富の分配の自然法則」として要約された。

第一法則　すべての労働は，その赴く方向と継続性において，自由かつ自発的であるべきこと。
第二法則　すべての労働生産物は，それらの生産者が獲得すべきである。
第三法則　これら生産物の交換はすべて，自由かつ自発的であるべきこと[58]。

第一法則では，人間の生命維持活動にとって不可欠である労働は，本来，労働者自身の判断にもとづき，自由かつ自発的に遂行されるべきことを確認し，各人の主体的・自発的活動が強調される。この自由と自発性を主張することは，労働の自立性の肯定と隷属性の否定を意味するものであり，彼の労働思想

---

57) 蛯原氏は，トンプソンが新しい協同組合社会を労働者自身が小額資金を持ちより，株式会社など平均的手段によって，建設するとの提案を紹介している。しかし，その難点として，労働者階級が「国家権力を資本家階級や地主階級等の手から彼らに移行させる必要があったことについて明確な理解が欠けていた」と権力移行論の不十分さを指摘している。それはマルクスの階級闘争論を基準とした評価になるだろう。トンプソンの社会主義の性格について，「空想的社会主義」とはいえず，かといってマルクスの「科学的社会主義」とも規定できない，「科学的社会主義の形成に貢献した先駆者」と評価している。蛯原（1994），162 ページ，168-170 ページ。

58) Thompson (1824), p. 178.

の根幹を要約している文言である。この主張がやがて「労働階級の自立」をもとめる根拠となることは後述するとおりである。第二法則では，すべての労働生産物＝労働の成果は，労働主体に属するもの，すなわち労働者の所有となるべきとの，労働全収益権論の中心的観念が提示される。ここから，労働の成果が労働者の手から資本家によって横奪されるという搾取論の根拠が明らかにされる。第三法則では，生産物の消費過程への流れも，また生産者が主体的に処理すべきであるとの思想が明示される[59]。「富の分配の自然法則」を明らかにすることによって，資本家による労働者からの労働の生産物の搾取が解明された。マルクスはこの理論が剰余価値論・搾取理論の先駆となることを高く評価し，従来のトンプソン研究もこの点に注目してきた。たしかに，それは彼の経済学および資本主義観と階級観を基礎づけるきわめて重要な側面ではある。

このように，「分配の自然法則」は功利主義的人間観と幸福観を基礎にして，労働全収益権の思想を総括したものであるから，その内容を次に検討することが，トンプソンの思想の全体像を理解するために不可欠となろう[60]。

3. トンプソンの功利主義と幸福論

3-1 幸福論と世俗的功利主義

まず，ベンサムの功利主義にみられる二つの世俗的特徴について触れておきたい。一つは，快楽の量的理解とその計算可能性へのこだわりの問題である。量的把握への第一の理由は，彼の方法が対象をくまなく網羅して，あらゆる多様性に対応しうる準備をするという姿勢に由来していよう。市場経済を前提して考えれば，現在の快楽の連続として，その総量によって幸福の大きさを判断

---

59) *Ibid.*, p. 6, p. 178.
60) 鎌田氏は労働全収益権の思想が「ほんらい個人主義的な権利の主張であり，小生産者的観念の産物である」といわれる。鎌田 (1968)，207ページ，210ページ，222ページ。この解釈では「分配の自然法則」に示された資本家階級による「搾取」の解明と労働者階級の「自立」の意義と契機を過小に見積もることになりそうである。蛯原氏による階級的視点からのアプローチでは，後に検討するマイノリティ全体を含む市民感覚に基礎をおく「世論」による権力の監視を評価することが困難となろう。

するというのが「功利の原理」の特徴である。だが，将来が不透明ならば，手近な目標の追求に関心が向かいがちとなる。幸福量を最大化するためには，将来への配慮すなわち「期待」が「安全」であることを願う[61]。市場の予測は量的に表現されることを求めている。予測が安定的であれば，投資が「安全」であると判断されるからである。

　第二の理由は，多様な人間の存在と意識の移ろい安さへの配慮から生じる。ベンサムの刑法論に例をとろう。量刑と犯罪者の心理的対応の相関関係は，「動機」の多様性を考慮してみるとじつに複雑な方程式のように煩雑である。彼は教育刑思想の立場から，受刑者の苦痛の「最小化」を保ち，かつ更生へと導くために，量刑は判断されるべきだと考えた。そのために快楽と苦痛を数十種類に分類し，対象が含みうる条件や状況の変化を想定し，事態をくまなく網羅するという方法を採用した。そのうえで，量刑と苦痛との比較考量がなされるべきだという信念があった。つまり，個々人の感性の多様性を承認したうえで，「移ろいやすい感情」を数量化する困難な作業にベンサムはあえて挑戦したのである。

　世俗的性格についてのもう一つの特徴は，長い歴史の過程を背景にして形成された「エピキュリアン伝統」を負っていることから生じる。ベンサムの功利主義は，ギリシャのエピクロス派の伝統を継承しているとF.ローゼンは主張する[62]。エピクロス，ルクレティウスなどは原子論を基礎にした快楽論を唱えた[63]。この哲学者たちは，人間の感情・意識・精神の物質的・肉体的基礎を解明して，唯物論的人間観を提唱した。彼らの切実な願い，一切の宗教的幻想を振り払って，現世の幸福を肯定する論理を追求する必要を感じていたからである。しかし，彼らの快楽論は，第一に物質的欲望の重要性を肯定したとはい

---

61) Rosen (1970), pp. xxxv-xxxvi.
62) Rosen (2006), ch. 1, ch. 2, ch3.
63) エピクロス (1959)，全ページ，ルクレーティウス (1961)，全ページ。エピクロス派の原子論を基礎とする快楽主義が，ストア派のセネカに継承されて，「幸福な生」の観念に吸収されて，禁欲的なアパティアの世界を形成する過程は功利主義理解にとって興味深い。セネカ (2005)，315-335ページ。

え，幸福は物質的欲望の充足によってのみ達成されるものではなく，精神の安定・平静・静穏の状態こそ真の永続的な幸福にとって最も好ましい状態であるとの認識をえていた[64]。その後，この快楽論はローマ時代のセネカなどストア派をへて，エピクロス派の伝統となって継承され，近代へ持ち込まれたのである。19世紀にあびせられた快楽論への嘲笑の原型は，早くもキリスト教形成期にあらわれていた。パウロの禁欲的倫理は，小アジアへの布教活動のさい，エピキュリアン哲学者たちとの論争をへて形成されているように思われる。その後，キリスト教世界のなかで，エピキュリアンの快楽主義は消え失せることなく一つの伝統となって脈々と流れ続けた。ベンサムの功利主義は，来世の幸福を唱えるペイリーの神学的功利主義への拒絶意識，国教会による不寛容と精霊信仰や彼岸性への批判を併せて考慮しないと理解しにくい。初期マルクスのエピキュリアンへの関心をこの状況と関連させてみると興味深い[65]。

　世俗的性格にまつわるベンサム主義の二つの特徴は，トンプソンの身体論にはっきりと受け継がれている。すでに第2節2-1で述べたように，人間は，生命を維持するに必要な外的物質に服する存在とみなされるが，ただ外的物質の作用に反応して動くたんなる機械ではなく，「複雑な存在」であった。したがって「複雑な人間」の幸福観は複雑になる。

　「幸福は心地よさをあたえる異なった種類の感情から構成されている安楽・安寧（well-being）の継続の状態」を意味していた[66]。well-beingは単純な一種類の感覚の総計・継続される状態ではなく，さまざまな感情から構成された複雑な心理状態によってえられる「心地よさ」の感情である。なぜなら，幸福は物質的な快楽のみに依存しているだけでなく，「共感感情，慎慮，慈愛などの徳性の量にきわめて大きく依存している」[67]からである。つまり，肉体的快楽を前提にしつつ，さらに知的快楽・道徳的快楽など，多様な快楽からなる複合体

---

64) *Thompson* (1824), p. 33, p. 316, p. 322.
65) *Ibid.*, pp. 34, 15, 134. マルクス（1976），pp. 13-292.
66) *Ibid.*, pp. 9-17.
67) *Ibid.*, pp. 17-18.

であるという認識である。快楽の多様性に着目することは，それぞれの快楽の質的差異を視野に入れ，高度な精神的快楽に注目することを可能にした。豊かで充実した人生を目標としていたといえよう[68]。

「社会のすべての成員は，肉体的組織において同じように構成されているので，同じように扱えば，等しい割合の幸福を享受できる能力がある。健康な個人はすべて，等しい割合の富から等しいエンジョイメントを引きだす能力がある」[69]として，すべての人間が，等しい量の富から等しいエンジョイメントを引きだす能力をもつ可能性を認めて，平等な分配を正当化し，あわせて社会的差別を否定する平等主義の基礎を引きだしている。また，「身体組織は，さまざまな原因から発する快楽と苦痛とを経験することのできる知覚力をそなえた存在」[70]であることを確認し，人間に限らず動物においても，知覚の能力をさらに発展させる潜在能力があることを示唆する。とくに「人間の身体組織は，動物の組織よりもさらに広い範囲の幸福と上手く適合できるよう構成されている」[71]と，動物と人間とが程度は異なるとはいえ，同じ潜在能力の保有者として，同一の地平で議論することができると考えている。ここにも，ベンサムによる「動物の権利」への配慮が伺える。

しかし，エンジョイメントを引きだす能力が平等だからといって，人間の感覚・嗜好の多様性が否定され，その働きが画一的な結果になるというわけではない。それとはまったく対照的な個人主義が導かれる。例えば，タバコの味とタマネギの味についての各人の違い，同じ人間でも，それを感じる時や場所が異なれば，異なった結果がえられるとの例をあげ，個々人の感覚・嗜好における個性的多様性と移ろいやすい流動性を指摘している。ダグラス・ロングは，

---

68) Thompson (1830), pp. 33, 225-226.
69) Thompson (1824), p. 21.
70) Ibid., p. 17. なお，ドゥーリーは，若き日のトンプソンがフランスの進化論者，「獲得形質の遺伝」と呼ばれた説を唱えたラマルクの影響を受けたという。彼の身体論にはその自然的・物的環境を重視する考えが残されている。Dooley (1996), p. 34.
71) Ibid., p. 18.

「19世紀功利主義の急進的個人主義」について論じ，ベンサムは「社会（コミュニティ）は仮想体（a fictitious body）」であるにすぎず，個々人の利害を考慮することなしに，「社会の利害」をあたかも実体があるかのように論じることは無意味であるとの見解を紹介し，公衆の一要素として個人が理解されていたという[72]。つまり，快楽を基礎にして幸福を論じることは，個々人の絶え間なく変化する感覚の移ろいやすさを考慮に入れて，考量・計算するという原則であるから，当然のこととして，各人それぞれの感覚・嗜好の違いは尊重される。しかし，個人の感覚の尊重は公衆の一要素としての資格においてであって，たんなる利己的振舞がそれによって容認されないことは次の共感感情の検討によってあきらかとなろう。功利主義の哲学的基礎は，こうして個人主義の身体的相違を承認するところに成り立っているといえよう。

3-2 幸福と自制・共感・慈愛の感情

人間の性格はその人を取り巻く環境・教育によって決定されるという，いわゆる「環境決定論」の思想を，1810年代の中頃，ロバート・オウエンは『新社会観』のなかで「性格形成の原理」として定式化した。この思想はオウエンの独自の発想にはじまるものではなく，近代では，ジョン・ロックの「白紙説」が啓蒙思想家たちに継承され，19世紀に社会改革論者の間で多くの共鳴者をえて普及していた。トンプソンの人間論には，この思想の影響が強く残されているし，オウエンよりもこの理論を発展させているように思われる。

「環境決定論」の思想は，人間の性格の善し悪しが，先天的に社会的地位・身分によって宿命的に定められているものではなく，生来，人間の本性は善であることを認め，性格は後天的に可変であることを主張する。その意味で，近代啓蒙思想にふさわしく，博愛主義の倫理とつながりやすかった。トンプソンの人間論もこの系論に属している。（註73参照）

「われわれの本性についての最も一般的な原理はアソシエーションの原理で

---

[72]　*Ibid.*, p. 22. Long (1990), pp. 35-37.

あり，相互安寧のために慈愛，あわれみ，関心を著すやり方で，他人とかかわろうとする願望である。」[73]との見解を示している。アソシエーションの原理によって，生来，人間は相互理解・相互尊重そして相互に協同するよう定められているという楽観論がある。「連想感情」も共感感情もここに確かな基礎をもつといえる。「思考の感情 (the feeling of thought) が依存している組織にかなり大きな不平等の傾向がみられても，その組織の生来の不平等は，感覚器官の場合よりも，教育や環境によって修正され，改善されやすい。」[74]ややわかりにくい文章だが，知的・道徳的行為を導く感情や嗜好をつかさどる器官，精神的活動をつかさどる器官は，外的・物的刺激に直接反応する器官よりも，環境・教育によって後天的に改善されやすいということである。彼にとって，知的快楽・道徳的快楽は肉体的なそれにまさって「高尚な快楽」(elevated pleasure) となってエンジョイできる性格であるから，この潜在能力が向上することは重要な関心事といえよう。

　幸福とは，「さまざまな個別的な快感感情からなる複合体」と理解されたから，快楽の多様性に注目したのは当然の成り行きといえる。オウエンはすべての人間が抱く利己心は，環境が改善されれば，おのずから他人への配慮，慈愛心，利他心へと深化・発展するものと結論づけていた[75]。その移行過程を楽観する点ではトンプソンもなんら異なるところはない。しかし，トンプソンは，利己心の移行を観察するさいに，人間，特に労働者の「自立」(independent) と「共感感情」(sympathy) という二つの概念と関連させることによって，利己心が動機の形成に積極的に働きかけ，さらに知的関心を刺激するばかりか，広く道徳的行為へと深化・発展する過程を整理することができた。とりわけ「自立」の概念は，やがてオウエンとの対立を鮮明にする役割を果たすであろう。

---

73) *Ibid.*, pp. 192, 209, 418. 人間本性論的にアソシエーションの原理を理解する立場は，人間の性格形成の後天性・可変性についての理論と不可分である。J. F. C ハリソンはこの分野でトンプソンはオウエンの曖昧さを克服し，明確化することに貢献したという。Harrison (1969), p. 80.
74) *Thompson* (1824), p. 22.
75) 土方 (1993)，第4章，第4節参照。

また、「共感感情」は、スミスの「同感」と訳される概念を超えた展開をみせるであろう。

　ベンサムを深く敬愛し、彼の命題の忠実な継承を志したとはいえ、トンプソンの功利主義は、「自立の思想」と重なることによってそれを修正して、幸福論において独自な性格を示すことになる[76]。すでにウィリアム・ゴドウィンは、ヒュームやスミスの共感の観念を引き継ぎ、コンヴェンションの側面から考察する視点をえていた。そして「共感の快楽」を肉体的快楽よりも上位の精神的快楽の一つとして位置づけ、快楽の質的区別の議論を展開していた。トンプソンは、ゴドウィンのこの観念にしたがって、「共感」がさらに高度の快楽に結びつき、「慈愛心および慈善心が形成される基礎である」[77]とみなした。ところで、sympathy の訳語として、「同感」という言葉が一般に用いられている。アダム・スミスの『道徳感情論』におけるこの概念を理解するために、水田洋氏が提唱されたことが契機となって、広く支持されたように思われる。たしかに、スミスのケースでは、市場経済を前提として、その中での各人の振る舞いを判断することが求められるから、この感情は善悪よりも、他人の感情と自分のそれとを比較・考量するさいに働くとされる。その意味で、中立的な「同感」という訳語は適切といえるかもしれない。しかし、トンプソンの sympathy は、この感情そのものが快楽となり、しかも肉体的快楽よりもすぐれた善となり、さらに高位の慈愛の快楽を導く契機となる。その意味で、中立的な「同感」よりも、「同情」や「共感」あるいは「共感感情」とする方がふさわしいように思われる。

---

76) Thompson (1825), p. ix.
77) Thompson (1824), p. 159. sympathy の概念について、ベンサムは『道徳及び立法の原理序説』のなかで、道徳原理の一つとして「共感及び反感の原理」と名づけて、これを「気まぐれの原理」と呼んで、原理に採用することを拒否したことは周知である。児玉聡氏は英米の倫理学の歴史を功利主義と直観主義の対立の視点から整理し、「共感及び反感の原理」は何が正しく、何がまちがいかの基準を観察者の主観的判断に依存する直観主義に属するものとしている。児玉 (2010)、43-47 ページ。

4. トンプソンの協同コミュニティの思想

4-1 「平等な安全の原理」と「資本家的労働者」

最大の幸福を生みだすことのできる「分配の完全な平等」が保証される一つのユートピア「相互協同コミュニティ」構想が,『分配の原理』, 第6章で詳述される。

そのコミュニティの概要は次のようになる。構成員（300-2000人規模）は, 一人当たり£40の基金を出資し, 土地を購入あるいは借地して, 幸福に資する最大限の富を生産する。労働を欲しないものは毎年一定額を支払う。また, コミュニティの経営は, 少額の貯蓄（週1ペンスから1シリング）をして, 株式（£5から£100の株券）を取得してこれを組織する方法も考慮される。それは「平等な人びとによる株式会社（Joint-stock Company of Equals）」と呼ぶにふさわしい経営体という。コミュニティにおいては, 共同労働・共同生活を営むことによって, 農業と工業に交替で従事し, 三つの幸福の基本的条件（1. 健康, 2. 個人的・人間的自立性, 3. 社会的・知的エンジョイメントと改善）が満たされる。したがって, 思想と信仰の自由, 脱退の自由などの人権は当然のこととして保証される。住居についても, 青少年は共同宿舎に入り, 独身者には1室, 既婚者には2室が用意される。自由競争制度のもとでは, 労働と知識が分離され資本の意のままに用いられてきたが, ここでは, 知識の習得・普及の原則にしたがって, 知識と技術は相互に伝達され, その高度化と生産力の向上に役立てられる。女性の地位も劇的に改善される。児童の教育と炊事が共同化（社会化）され, 女性は育児と家内労働から解放されて, 男性と対等に有用労働を担当することが期待される。そして最後に, 協同コミュニティのガヴァナンスについて, トンプソンは完全な自治が不可欠であると締めくくっている[78]。

---

78) *Ibid.,* pp. 387-391, 488, Thompson (1830), p. 15. トンプソンのコミュニティ論は, フーリエのファランジュやオウエンのパラレログラムの構想と軌を一にする。しかし, 構成員の資格からみると, フーリエとオウエンの場合, 富裕層（資本家を含む）の参加を許容しているが, トンプソンは「資本家的労働者」（前述）に限定して考察している。これらユートピンの議論はいずれもアソシエーション論の先駆と

コミュニティでは,もはや「安全」と「平等」は対立概念として区別する必要はなく,両者は一つに融合して,新しい概念「平等な安全」(equal security) へと変容するという[79]。もはや,たんなる幸福の条件ではなく,それは「分配の自然法則」とならぶ基本的「原理」と理解され,「平等な安全の原理」と名づけられる。「分配の自然法則」と併せてこの原理を維持すれば,経済的メリットは大きい[80]。すなわち,「平等な安全の原理」と「分配の自然法則」が支配する状態のもとでは,構成員は共感・慈愛の精神によって,相互に助け合い,情報を交換し,技術を向上する機会をえて,自己の労働の生産性を高める手段を手にすることができる[81]。それによって,労働生産物の蓄積が増大するから,協同労働の優秀性が顕著になると説明する[82]。

「平等な安全」という新たな原理が優勢となる状況の中で,労働生産物の分配の問題はどのように解決されるのだろうか。トンプソンの分配論は,労働にもとづく所有を前提にするから,各人が生産物を取得する原則は各人の能力にしたがうことになる。熟練労働の評価の問題は,この原則に則る処理にかかわっていた。各人の能力と努力にたいする平等な扱いを主張する「機会の平等」論といえる。では,コミュニティにおける共同労働・共同生活が営まれるとき,成果が享受される生活の場で,能力と努力の差をどのように示しうるのか。事実上,それは容易ではないだろう。

協同コミュニティ間の余剰生産物の交換はどうなるか。生産物の交換の原則は,市場の販売を媒介としない物々交換なので,労働対労働の公正な等しい量でおこなわれるはずであると考えられている。交換は「それぞれの商品に費やされていると想定される労働量を基礎にして」おこなわれる。しかし,「もし,正確な評価がえられず,その商品に示されている労働量では交換が懸念さ

しての役割を果している。なお,サン・シモニアンのアソシエーション論との対比については,高草木光一氏の論文を参照されたい。高草木(2005)。

79) Thompson (1824), p. 90.
80) *Ibid.*, p. 97.
81) Thompson (1830), pp. 242-243.
82) Thompson (1824), pp. 223-239, 597.

れる場合には，両者が満足するように，お互いの善意と信頼によって調整されるであろう。」そのさい調整のために「管理人」が選ばれ，適切な労働量を探ることになるという[83]。公正で等しい労働量にもとづく交換は，結局は善意と信頼による調整に委ねられる。オウエナイト社会主義者，すなわちオウエン自身やジョン・グレイ，ジョサイア・ウォレンなどは交換の不公正の防止と需要と供給の一致による需要の拡大を目標に，現行の通貨制度を廃止して，「労働価値標準」の採用を訴えた。労働生産物に投じられた労働時間を表示した「労働券」（labour note）を発行して，それを交換手段にするという提案である[84]。しかし，トンプソンはオウエンらが試みた「労働券」の提案には同調しなかったから，経済理論としての交換価値の問題はこれ以上の考察に及ばないことになる。

「ひとたび平等な安全が確立すれば，社会の生産的労働を担う貧民，無知なもの，悪徳に染まったもの，悲惨なものたち，いまこれらの貧窮の状態にある人たちが，自分たちの生産力を発動するために資本家たちの気まぐれな援助に頼らずに，徐々に協同労働の大組合（large union）を結成するに必要な小資本を獲得するだろう。」[85]「平等な安全の原理」の優位性を求めて，労働者の資本からの「自立」を達成するために，彼ら自身が小額の資金を貯蓄して，協同コミュニティを設立するという戦略，それは株式会社の経営体を想定しているのだが，そこではもはや，蓄積された資本はかつてのような不正をはたらかせることなく，生産活動に必要なたんなる手段となる。「…誰でも自分の労働を生産的にするために必要な物的・精神的手段を所有するようになり，すべての労働者が同時に資本家となるから，これらの大量の被害は疑いもなく消滅するだろう。」[86]労働者は資本家から完全に「自立」して，「資本家的労働者」へ転身することになる。これと同時に，労働者は生産者であると同時に消費者となり，

---

83) *Ibid.*, pp. 526-528.
84) Harrison (1969), pp. 72-73, 202-207, Claeys (1987), pp. 44-45, 西沢（1994），149-155 ページ，結城（2006），19-31 ページ．
85) Thompson (1824), pp. 597-598.
86) *Ibid.*, pp. 374-375.

自分の生産物を自ら取得し、処分できるようになるから、彼らを苦しめた害悪は消滅するであろうと[87]。

だが、研究者はこの概念に悩まされてきたように思われる。一個人の内に資本と労働の二つの階級的要素とをあわせもつ人格は、両者の非和解性を強調する立場では理解しにくいことになる。むしろ彼らをいわゆる「大塚史学」が唱えてきた「独立小生産者」と理解すれば、伝統的解釈となじみやすく、この思想は資本家階級と労働者階級との中間に位置する「小生産者階級」のイデオロギーであると規定できるかもしれない。しかし、トンプソンにあっては、この概念は労働者が自立して資本家からの搾取＝害悪から解放された、経済学的な解明からえられた「理想像」である。この像を描くことができたからこそ、社会システムの総体を根源的に変革しようとの革命的目標をいただきながら、それを実現する方法として、非政治的で漸進的な自己解放の道筋、経済的手法による社会改革論が描けたのである。

「資本家的労働者」像は、その意味で、ただ二つの性格をあわせもつ折衷的な存在ではない。経済的には、労働と資本の相反関係にある概念が併存するが、トンプソンはそれにとどまらず、政治的、道徳的な意味でも理想的な解釈を加えている。「二つの偉大な恵み、平等な安全と代議制統治＝自治とは密接に関連し、相互に依存的である。すなわち一方の確立は必然的に他方の確立を含んでいる。平等な安全なしには、代議制統治は継続できず、代議制統治なしには、安全は継続しない。」[88]と述べて、統治の重要性を指摘している。

『富の分配の原理』を執筆していたころ、前述のように、トンプソンはベンサム邸に滞在するが、その期間は、ベンサム自身が『憲法典』の構想に没頭していた時期と重なる。1820年代のはじめからの10年間、彼は人民の中に主権をおくという志を一貫して保持して、普通選挙権の要求、秘密投票、平等選挙区など、公正な選挙制度にもとづく代議制民主主義を主張すると同時に、民主主義の「壊れやすさ」とその予防策をあれこれと思案していた[89]。トンプソン

---

87) *Ibid*., pp. 424, 598.
88) *Ibid*., p. 267.

の平等思想には，この時期のベンサムの統治論，民主主義論の多くの論点が反映していることがわかる。新しいベンサム研究は，この民主主義の意義と「壊れやすさ」への彼の思索の解明をすすめ，大きな成果をおさめてきた。パンクハーストは，ベンサムとトンプソンの二人の功利主義者がそろってこれらの著作をしかも別個のテーマで執筆していたことは誠に興味深いと述べ，ドゥーリーは，『憲法典』で考察されている問題は，すべてトンプソンによって共有されていると語っている[90]。

本論ではそれを詳述するゆとりがないので，主要な論点のみを列記することにしよう。(また，ベンサム邸で，生涯の親密な友となるアナ・ウィラー(Anna Doyle Wheeler)と出会い，彼女との交友を通じて，彼自身の女性解放の思想をいっそう確かなものにした。その成果として刊行された『人類の半数を占める女性の訴え』では，討論の相手となった彼女への謝辞をその序文に記した[91]。この書物で展開された女性論については稿を改めて論じたい。)

ベンサムの統治論における最重要な論点は，フランス革命の理念，「人民主権論」を承認しながら，民主主義に内在する問題をいかに解決すべきかという点であった。人民の意識の移ろいやすさ，そして政治的指導者の権力への執着や権力者がいだく「邪悪な利害」(sinister interest)の侵入などが民主主義を脅かす，とベンサムは考えた。彼はそれを民主主義のfragility (「もろさ」，「壊れやすさ」あるいは「崩れやすさ」)と表現し[92]，それへの対応を熟慮した。検討された

---

89) Bentham (nd), p. 25.
90) Pankhurst (1954), pp. 14-15, Dooley (1996), pp. 181, 272, 366n.
91) Thompson (1825), pp. v-vi. トンプソンの『人類の半数を占める女性の訴え』は，ジェームズ・ミル(James Mill)の『政府論』に示されたベンサマイト・グループの普通選挙権要求から女性を排除する主張に反論した著作である。当時，ミルはこのグループの中心的リーダーと目されていた。彼の女性排除の論理は功利主義的に展開されたものと主張されたが，トンプソンはそれを功利主義を裏切り，悪用するものと厳しく批判した。そして自らは，ベンサム主義を擁護する旨を鮮明にしている。(Ibid., pp. 3-20.) 選挙権問題をめぐって発生した彼らの意見対立は，実は，ベンサムのこの問題に対する複雑な対応とあわせて検討しなければ理解しにくい。板井広明氏の論文「ベンサムの女性論」は「代償差別」という論理を導入して，この複雑さを解明する手がかりを提供している好論文である。板井(2009)。

課題を要約すると以下のようになる。第一に，近代社会には，平等な人権の主張にもかかわらず，女性をはじめ弱者にたいする差別の問題が根強く残されている。したがって社会の全成員の利益の擁護の問題。第二に，この欠陥を補うための施策の考案。公務員採用の民主的試験制度，利害関係者への説明責任を担保するための諸制度，政府が所有するすべての情報の開示，新聞報道の自由など多岐にわたる行政の透明性を確保する施策[93]。第三に，統治方式の中心的関心事として，統治による利益を最大化し，必要なコストを最小化する方法の探求，すなわち「公職能力の最大化・費用の最小化の原則」の採用を訴えていた[94]。いずれも「ガヴァナンス」の理解にとって重要な問題提起であった。

これら三点に限ってみても，トンプソンのコミュニティ・ガヴァナンスへのベンサムの影響は大きい。第一の差別の問題は，前述のように，『分配の原理』において家事労働の社会化と女性の男性との社会的快楽・教育・職業活動などの対等性の主張がなされることによって，『人類の半数を占める女性の訴え』で展開される女性解放論の骨子はすでに十分成熟していた。第二の透明性を確保する施策についても，たとえば，世論を重視し，その力が道徳的制裁として正義・公正の実現に貢献するとの見解となっている。ベンサムは，「功利の原理」を立法論の基本原理として設定するために，「共感と反感の原理」をそれと対照的に論じているが（前述），トンプソンは共感感情についてスミス，ベンサムの概念を超えて積極的に展開した。

世論にかんしていえば，共感感情は，知識の習得と公正・正義の擁護を促し，道徳的制裁の役割を果たすと考えている。「それは世論を通じての追及と意見表明によって，私生活の取り扱いと同様に，公的問題の審判者（the arbiter of public affairs）となる。」[95] 世論の役割を担うものとして，ベンサムは観念上の集合体「世論の法廷」（the Public Opinion Tribunal）[96] を想定し，これが人民の判断

---

92) Rosen (1983), pp. 33-38.
93) Bentham (nd), ch. 3, pp. 22-23, ch. 6, pp. 83-85.
94) Ibid., p. 163.
95) Thompson (1824), pp. 223, 505, 509.
96) ベンサムは「世論の法廷」について，道徳的制裁の制度的表現や情報公開と関連

を適正に反映することを期待した。他方で，トンプソンはこの機能を擬人化して「審判者」といったが，それを重視する論理はまったく同一であった。人民と統治者の関係は，前者が後者を批判的に観察・監視し，マイノリティ全体を含む市民感覚に基礎をおく「世論」を通じて正義が漸進的に実現すると理解している。

　また，コミュニティの規則の制作者は，彼らが代表している人たちの利害の真の誠実な統制下に入るべきであり，共感感情と「責任」(accountability)の両方が不可欠であるという。その意図は，たんに法律を制定する立法者に限らず，行政の担当者も厳粛な責任を負っているとの判断である[97]。さらに第三の問題，統治による利益を最大化するために，必要なコストを最小化する方法を探求するというテーマも，トンプソンに受け継がれている。「分配の自然法則」が実現すれば，あらゆる統治機構に必要な経費を最低限に引き下げ，労働者の報酬を引き上げることが，その付随的効果として期待できるという[98]。今日，この「責任」という言葉は「説明責任」と訳されているし，行政コストの削減も課題とされている。

　二人の統治論を比べてみると，このように多くの共通点を指摘することができる。しかし，看過できない重大な相違点が残されている。ローゼンはベンサムが決して人民の統治能力を過重に評価していなかったという[99]。代議制度を擁護しながらも，人民が重要な政策決定に直接関与するのではなく，「世論の法廷」を通じて，統治者を指導することを期待した。それにたいし，トンプソンは「協同コミュニティ」が設立され，労働者が知識を習得すれば，自治能力を発揮する資質を獲得できると楽観的に期待した。この比較では，前者は国家的規模の政策決定を，後者はコミュニティレベルの自治を想定しているとはいえ，自治能力あるいは統治への参加の可能性についてのそれぞれのイメージに

　　　して重視し，多数のページを割いて言及している。Bentham (nd), pp. 24-25, 35-37, 39, 158, 288-289.
[97]　Thompson (1824), p. 210.
[98]　*Ibid.*, p. 223.
[99]　Rosen (1983), pp. 39-40.

隔たりがあることが確認できるであろう。

彼らの議論になお曖昧さ，不十分さは残るものの，情報の開示（publicity）による透明性の確保，世論による批判，あるいは公的問題への積極的参加などと，現代民主主義が掲げる課題の数々が対象となっていたことは明瞭であり，その議論のはじまりを19世紀の功利主義者たちの思想的営為に求めることができる。彼らの政治論は，人民主権論を肯定し，「壊れやすい」民主主義を守り，その基本理念を実現する途の模索を通じて形成されたといえる。やがて，それは広い意味で「参加型民主主義」と呼ばれる「コミュニティ・ガヴァナンス」の統治手法へと収斂してゆく「漸進主義的変革論」であった。トンプソンの階級対立の認識は，コミュニティの構成員となる「資本家的労働者」がそのガヴァナンスの主体となり，変革の担い手になることを展望していたのである。

4-2 快楽の多様性と「高尚な人間」

「資本家的労働者」像は，道徳的な意味でも理想的な存在となる。共感感情が高度化するためには，個人が自立的な存在であることが必須の前提条件となる。「資本家的労働者」は，上記のように経済的にこの条件をクリアすることができると考えられた。そして，社会的存在として自己のアイデンティティを確認しつつ，自愛心・自制心によって，堅忍・自尊心・自己統制など自律し，さらに教育と鍛錬によって徳性を高めることが可能となる[100]。

トンプソンの議論をみると，本源的に利己的な存在である人間は，共感感情を媒介として，一種の上向発展がプログラミングされた階梯に乗せられるように描かれている。まず，利己心が不屈の精神・自制心を習得して，一定の徳性へと高められる。ついで，その徳性を知的・道徳的能力に変えれば，「普遍的共感感情」（universal sympathy）を獲得する力をあたえられ，慈愛心・慈善心への向上の途が拓かれる。このプロセスをたどれば，やがて「完璧な信念を備え

---

100) *Ibid.*, pp. 262-263.

た人間」＝「高尚な性格」(elevated character)・「高尚な人間」(elevated person) への到達も可能であると想定していた[101]。かくして，最終到達点，高度な幸福を獲得する能力に至り，階梯は閉じられる。環境決定論を受け入れていたトンプソンには，共感感情を媒介とする人間の「完成可能性」への信頼が息づいていた。「共感はアソシエーションの不思議な活動力を必然的に湧き出させる感情である」と述べ，コミュニティに不可欠な能力を付与するという。かくして「普遍的共感」はコミュニティの構成員にとって精神的基盤と位置づけられる[102]。

　共感感情の働きをトンプソンは二つの側面から追求している。一つは，それが他人の幸福に快楽を，他人の苦難に苦痛を感じさせるように誘う[103]という社会的側面からである。「賢さと結びついた利己心」，あるいは「改善された知性」が「普遍的共感感情」へと高められる。「ある人が他人に配慮し，関心をいだき，感謝するなどの対応は，関係した人びととの間に自尊心 (self-esteem) をはぐくむことを助ける。彼は他人とのあいだに，自尊心と共感との相互関係の性質があることに敏感な理解を示す。自分を尊敬すること（忍耐の快楽＝the abiding pleasure）は，あらゆる快楽の快楽を楽しむことである。」[104] これは功利主義の理解にとって，きわめて重要な指摘である。トンプソンの自尊心は，J. J. ルソーのそれが人間を堕落へ導く契機となって文明の負の側面を助長するのにたいして，共感と結びついて，社会進歩を促す契機と理解される。

　この議論は，「功利の原理」が指示する行為の影響が及ぶ範囲を示すベンサムの功利主義の定義，すなわち「利害関係にある人びとの幸福を増大させるか減少させる傾向にしたがって，いかなる行為といえども是認あるいは否認する原理」を基礎として，それをさらに「高尚な人間」像へと発展させることを可能にした。行為の道徳的正しさが人びとの幸福にあたえる影響を結果において

---

101) *Ibid.*, p. xiii, p. 522.
102) Thompson (1830), pp. 234-240.
103) Thompson (1824), p. 456.
104) *Ibid.* p. 459.

判断するという意味で、ベンサムの功利主義は帰結主義 (consequentalism) と特徴づけられる。このようにして、帰結功利主義は人間の下等な欲求に訴えるという非難がくりかえされてきた。しかし、快楽は知性によって「普遍的共感感情」に高められ、「高尚な人間」像へ発展するという指摘は、古典的功利主義者自身によってこの非難を反駁していたのである。スコフィールドは、「功利の原理」を説明するさいに範囲の問題はベンサムにとって中心的な関心事であったし、この議論から、少数者の犠牲を容認する考えは生まれないという[105]。この点について、トンプソンは、「その影響の及ぶ範囲内のすべての人間利害を評価しつつ、広く計算してそれを求める」と表現している[106]。この観念は現代のコーポレート・ガヴァナンスの一つの原則、「関係者全員の利害への配慮」につながっている。もう一つは、自尊心と共感との相互関係から、忍耐の快楽あるいは「快楽の快楽を楽しむ」ことなど、複雑で多様な快楽の楽しみの可能性の広さを追求する側面である。人間を「複雑な存在」とみていた意味はこのような展開を予想していたからである。

　この上向発展のプログラムの原型は、すでに中世カトリック神学を体系づけたアウグスティヌスの「愛の階梯」や、16世紀のトマス・モアの「ユートピア人」の快楽論にあった。肉体的快楽から趣味・娯楽など精神の快楽をへて、ついに神の愛を楽しむ平静・平安の世界に達するとみるカトリック的ヒエラルヒーの秩序論である。トンプソンはこれを世俗的に転換した。この伝統的愛の秩序論をベンサムが知らないはずはなかったと考えて誤りではないだろう。しかし、彼は人間の環境・教育による改善を認めてはいたが、それが完成の域に達するとは考えず、リアリストにとどまった。オウエンやトンプソンとは異なって、「協同コミュニティ」のユートピア・プランに同調しなかった理由がここにある。

　快楽の多様性の議論は、さらに「デリケートな快楽」あるいは「副次的・娯

---

105) Bentham (1970), pp. 11-12. トンプソンの帰結主義については Dooley (1996), pp. 109-120. Schofield (2006), pp. 38-39.
106) Thompson (1824), p. 446.

楽的・装飾的な快楽」('secondary or lighter pleasures' called 'ornamental or those of taste') へと進められる。絵画，彫刻，音楽，作詞などの趣味・娯楽からえられる快楽はそう名づけられた[107]。貧困にあえぐ労働者には次のような期待を提供することになる。「協同コミュニティ」においては，労働者からなる住民は「資本家的労働者」となり，労働と生活条件が改善され，個性に応じた趣味・娯楽を選択でき，'high quality' の充実した生活を享受できるのだという希望である。

のちにJ.S. ミルが「精神の危機」を克服したのち，快楽における質的区別，すなわち「低次の快楽」と「高次の快楽」の区別を導入することによって，功利主義の可能性を広げることになる。快楽に質的差異の議論を導することについて，ロバート・ホーグやロデリック・ロングらは，肉体的快楽にたいし，精神的快楽の優位性を認めることにつながると述べている[108]。つまり，ある種の快楽が他のものと比べ，望ましいとか価値があるとか評価されることになる。同時に，そのような優位にある快楽がヘドニズムと矛盾するものでないことも，この議論と不可分である。

精神的快楽の優位性を認めるからといってそれを狭く解釈してはならない。たとえば，コミュニティのメンバーが，こぞって絵画を描き，音楽を奏ね，作詩に興じたからといって，ただちに道徳的に質の高い人間となり，社会正義の実現を約束するものではない。コミュニティ（社会）のなかでの知的修練や統治への参加など，アソシエーションをよりたしかなものとする多様な活動とあわせてはじめて質の高い道徳的価値を示すであろう。トンプソンの「高尚な人間」の創出への期待はこのようなアソシエーションの働きを前提に構想されていたといえよう。かくして，トンプソンは，ベンサムとJ.S. ミルの中間に位置して，労働者に豊かで充実した人生，「質の高い人生」を保証する方向を模索することによって，両者の幸福論を媒介することになった。

---

107) Thompson (1825), p. 184, Thompson (1824), p. 519.
108) Mill, (1861), ch 2. ミル，名著，第2章。Hoag (1992), pp. 248-250, p. 254 ; Long, R. (1992), pp. 280-284.

おわりに

　ユートピアに生きる人間をトンプソンはどのように想像していたのだろうか。それは彼自身の生活信条とかけ離れてはいないはずである。絶対禁酒協会のメンバーで，菜食主義者だった彼は，過去14年か15年間，肉食をたっており，酒を口にしたことがないといい，「真のエピキュリアン的快楽」(the real Epicurean pleasures) をエンジョイしていたと自己紹介をした。ドゥーリーが引用する書簡にそのように記されている[109]。

　本論は，トンプソンがベンサム功利主義を継承していたことをさまざまな側面から紹介し，両者の密接な関係を強調した。同時に，トンプソンがオウエンのコミュニティ論に傾斜し，社会ヴィジョンではベンサムのそれと著しい相違を示し，功利主義を修正していったことも明らかにした。

　それは19世紀社会主義に新たな可能性を拓くことへの貢献であった。一つには，トンプソンが労働者の経済的自立の思想を功利主義道徳と結びつけることによって，その可能性を広げ，よかれ悪しかれ，社会主義へのパラダイム転換を試みた点が注目されよう。彼の経済思想はベンサムの精緻な経済理論と比べ，はるかに未熟かつ素朴であったが，それゆえに，労働者の資本からの経済的自立が可能だと結論づけることができた。それは，オウエナイトに共通の確信であり，ユートピアン・コミュニティへの期得の原点といえよう。トンプソンのオウエンへの憧れの契機はこのロマン主義であった。もう一つの可能性の拡大は，社会主義への転換と密接にかかわる問題であるが，人間論・幸福論の新たな展開を示唆した点である。快楽における質的区別の導入は，個々人によって快楽が多様であり，精神的快楽の深みを享受する可能性を教え，ポスト工業社会の生活スタイルのあり方に示唆をあたえるであろう。

　最後に，ベンサム，オウエン，トンプソンの三人の関係に言及しておきたい。「富の分配の自然法則」には，ベンサム主義を受容したトンプソンが，さ

---

109) Dooley (1996), p. 10.

らにオウエンの協同コミュニティの思想に傾斜した要因が含まれていた。労働者階級の「自立の思想」を導き，「平等の思想」を理論化する契機をはらんでいたからである。トンプソンは，最大の賛辞を込めてオウエンを称えていった。「いかにしたら完全な安全（security）を確保しながら分配の平等と和解させてゆくことができるのか」，「この厄介な問題の解決を，ある人物が合理的原理にもとづいて勇敢に引き受け，それを推進している様子がみえてくる。この人物こそ，スコットランド New Lanark のオウエン氏である。」[110]『分配の原理』には，しばしばオウエンへの言及がなされている。いま，それを紹介するゆとりはないが，概ねオウエンへの共感が貫かれている。ニューハーモニー実験のために大西洋を渡ったオウエンは，トンプソンの『富の分配の原理』を多数持参し，各地でそれを配布し，推奨したという[111]。

　皮肉なことに，やがてコミュニティ運動の実践をめぐって，賞賛しあっていた両人は鋭く対立することになるが，その要因もまたこの「自然法則」の理解に胚胎していた。1827年に出版された『労働報酬論』においては，オウエンへの礼賛は後退し，不協和音が全体に響くことになる。

　ところが，思想と生活信条への絶大な影響にもかかわらず，ベンサムへの賛辞をトンプソンは直接話法の形でほとんど述べていない。なぜそうなのか。あれこれと想像するところはあるが，それは謎であるとしておこう。遺言によって，ベンサムの遺体は科学の進歩のために献じられ，遺骨は彼自身の生前の着衣をまとい「オートアイコン」となって残された。（日本ではこのオートアイコンはミイラだと伝えられているが，それは誤りである。）いまも，それはユニヴァーシティ・カレッジの廊下に座して研究者を見守っている。トンプソンも同じ趣旨の遺書を書いて「オートアイコン」を残したが，その所在はわかっていない。彼らがこのような意志を示したのは，死後の教会とのいざこざを予見していたからであろうか。他方，オウエンは，不信仰運動のリーダーの役割を果たして

110）Thompson (1824), pp. 384–385.
111）Pankhurst (1954), pp. 21–22 ; Dooley (1996), p. 28. オウエンとロマン主義との関係については土方（1993），33-34ページ，159-161ページ，179ページ。

いたので，しばしば無神論者として激しく教会勢力から中傷されてきた。葬儀にあたって，生地の教会は埋葬を拒否した。ジョージ・エイコブ・ホリヨークらのオウエナイトが教会に頭を下げて，ようやく教会の墓地から外れた一角に埋葬の許しをえた。

　自立と自治の問題をめぐって，トンプソン亡き後も，オウエンとオウエナイトのあいだで戦略的な意見の対立を繰り返すとはいえ[112]，彼らの思想はイギリス社会主義を特色づけるという役割を果たすことになる。暴走する市場原理主義への対応に「協同と参加の民主主義」は有効性を主張しうるのか。啓蒙のユートピアはいかなる意義をもちうるのか。功利主義研究の課題は山積しているといえよう。

参 考 文 献

Bentham, Jeremy. [n. d.] 1970. *An Introduction to the Principles of Moral and Legislation*, ed. J. H. Burns and H. L. A. Hart, London. ベンサム，ジェレミー「道徳及び立法の原理序説」『世界の名著』第49巻　中央公論社　1979.
―――― [n. d.] 1983. *Constitutional Code*, Vol.1, ed. F. Rosen and J. H. Burns, Oxford.
―――― [n. d.] 2006. *First Principles Preparatory to Constitutional Code*, ed. P. Schofield, Oxford.
Birchall, Johnston. 2005. "Business Ethics : Case of the UK Co-operative Bank", *The Emergence of Global Citizenship : Utopian Ideas, Co-operative Movements and the Third Sector*, ed. C. Tsuzuki, N. Hijikata and A. Kurimoto, Tokyo.
Claeys, Gregory. 1987.*Machinery, Money and Millennium, from Moral Economy to Socialism, 1815-1860*, Polity Press, Cambridge.
Dooley, Dolores. 1996. *Equality in Community : Sexual Equality in Writings of William Thompson and Anna Doyle Wheeler*, Cork University Press, Cork.
Harrison, J. F. C. 1969. *Robert Owen and the Owenites in Britain and America ; Quest for the New Moral World*, Routledge, London.
Hijikata, Naobumi. 2005. "Utopianism and Utilitarianism in Robert Owen's Schema" in *The Emergence of Global Citizenship : Utopian Ideas, Co-operative Movements and the Third Sector*, ed. by Chushichi Tsuzuki, Naobumi Hijikata and Akira Kurimoto, Robert Owen Association.
―――― 2007. "Utopianism and Utilitarianism in William Thompson's Idea", the 8th Annual

---

112)　土方（2003），151-162ページ。

Conference of the Utopian Studies Society, University of Plymouth. (unpublished)
―――― 2008. "Rethinking Co-operative ideas and Utilitarianism in Owenite Socialism", the UK Society for Co-operative Studies, New Lanark. (unpublished)
Hoag, Robert. 1992. "J. S. Mill's Language of Pleasures", *Utilitas*, Vol. 4, No. 2, Oxford.
Kaswan, Mark. 2008. "Happiness, Well-Being, and William Thompson's Social(ist) Utilitarianism" *University of California, Los Angeles*, ‹http://repositories.cdlib.org/kadish/isus_x/by_Kaswan/›
Kelly, Paul J. 1989. "Utilitarianism and Distributive Justice : The Civil Law and the Foundation of Bentham's Economic Thought", *Utilitas, A Journal of Utilitarian Studies*, Vol. 1, 1989. Oxford.
―――― 1990 *Utilitarianism and Distributive Justice, Jeremy Bentham and the Civil Law*, Oxford,
Locke, John. [1689] 1975. *An Essay Concerning Human Understanding*, ed. Peter H. Nidditch, Oxford. ロック「人間知性論」『世界の名著』第 32 巻　中央公論社 1980.
Long, Douglas. 1990. "'Utility' and the 'Utility Principle' : Hume, Smith, Bentham, Mill", *Utilitas*, Vol. 2, No. 1, Oxford.
Long, Roderick T., 1992. "Mill's Higher Pleasures and the Choice of Character", *Utilitas*, Vol. 4, No. 2, Oxford.
Lyons, David. 1992, "Bentham, Utilitarianism, and Distribution", *Utilitas*, Vol. 4, No. 2, Oxford.
Mill, John Stuart. 1861. *Utilitarianism, The Collected Works of John Stuart Mill*, Vol. x, ed. J. M. Robson, Toront, 1969. ミル，「功利主義論」伊原吉之助訳，『世界の名著』第 38 巻中央公論社 1967 年。
Munday, Roderick. 1992. "Bentham, Bacon and the Movement for the Reform of English Law", Utilitas, Vol. 4, No. 2, Oxford.
Owen, Robert. [1813-14] 1816. *A New View of Society : or Essays of the Principle of the Formation of Human Character, Preparatory to the Development of a Plan for gradually Ameliorating the Condition of MANKIND*, Selected Works of Robert Owen, G.Claeys, Vol. 1, Early Writings, William Pickering, London, 1993.
―――― 1821. *Report to the County of Lanark of a Plan for relieving Public Desstress and removing Discontent*, Selected Works of Robert Owen, G.Claeys, Vol. 1, Early Writings, William Pickering, London, 1993.
Pankhurst, Richard. [1954] 1991. *William Thompson, Pioneer Socialist*, Pluto Press, London.
Rosen, Frederick. 1970. "Introduction", Bentham, Jeremy. [nd] 1970. *An Introduction to the Principles of Moral and Legislation*, ed. J. H. Burns and H. L. A. Hart, London.
―――― 1983. *Jeremy Bentham and Representative Democracy ; A Study of the Constitutional Code*, Clarendon Press, Oxford.
―――― 2006. *Classical Utilitarianism from Hume to Mill*, Routledge, London.
Schofield, Philip. 2006. *Utility and Democracy, The political Thought of Jeremy Bentham*, Oxford,

Semple, Janet. 1992. "Foulcault and Bentham : A Defence of Panopticon" *Utilitas*, Vol. 4, No. 1, Oxford.

Spear, Roger. 1995. "Social Audit and Social Economy ; Approaches and Issues", *The Corporate Governance in the Co-operative Union an Social Assessment*.

────── 2005. "Impact of the Third Sector in Europe", *The Emergence of Global Citizenship : Utopian Ideas, Co-operative Movements and the Third Sector*, ed. C. Tsuzuki, N. Hijikata and A. Kurimoto, Tokyo.

Thompson, William. [1824] 1963. *An Inquiry into the Principles of the Distribution of Wealth Most Conducive to Human Happiness ; applied to the Newly Proposed of Voluntary Equality of Wealth*, Longman, Hurst Rees, Orme, Brown and Green : London.

────── 1825. *Appeal of One Half the Human Race, Women, Against the Pretensions of the Other Half, Men, to Retain Them in Political, and thence in Civil and Domestic Slavery*, Longman Hurst Rees, Orme, Brown and Green : London.

────── 1827. *Labor Rewarded. The Claims of Labor and Capital Conciliated : or, How to Secure to Labor the Whole Products of Its Exertions*, Hunt and Clarke : London, [reprint, 1969].

────── 1830. *Practical Directions for the Speedy and Economical Establishment of Communities on the Principles of Mutual Co-operation, United Possessions and Equality of Exertions and the Means of Enjoyments*, Strange and E. Wilson, London.

エピクロス［不詳］［1959］．『エピクロス―説教と手紙―』出隆，岩崎允胤訳　岩波文庫

ルクレーティウス［不詳］1961．『物の本質について』樋口勝彦訳　岩波文庫

セネカ［不詳］［2005］．「幸福な生について」大西英文訳：『セネカ哲学全集』第1巻　岩波書店

マルクス，カール［不詳］1976「エピクロス派，ストア派，および懐疑派の哲学へのノート」『マルクス―エンゲルス全集』（マルクス初期著作集）第40巻　大月書店

メンガー，アントン［1904］1971『労働全収権論』未来社

板井広明　2009「ベンサムの女性論」『歴史における〈理論〉と〈現実〉』（叢書アレテア 10）お茶の水書房

上野　格 1961「タムスンの『富の分配』」成城大学『経済研究』第14号

────── 1962「タムスンとオウエン―労働の把握と労賃・利潤論―」成城大学『経済研究』

鎌田武治 1968『古典経済学と初期社会主義』未来社

────── 2000『市場経済と協同社会思想―イギリス資本主義批判の思想的源流―』未来社

フーコー，ミシェル 1977『監獄の誕生―監視と処罰』田村俶訳　新潮社

水田珠枝 1979『女性解放思想史』筑摩書房

中川雄一郎 1984『イギリス協同組合思想史研究』日本経済評論社

土方直史 1993『協同思想の形成―前期オウエンの研究―』中央大学出版部

────── 2003『オウエン』（イギリス思想叢書）研究社

蛯原良一 1994『リカードウ派社会主義の研究―イギリス初期社会主義論―』世界書院
西沢　保 1994『異端のエコノミスト群像―9 世紀バーミンガム派の経済政策思想―』岩波書店
高草木光一 2005「『アソシアシオン』概念をどう捉えるか」『ロバアト・オウエン協会年報』第 30 号
────　2007「サン・シモンの『ヨーロッパ』概念」『三田学会雑誌』第 99 巻第 4 号
池田貞夫 2006「功利主義の正議論」『功利主義と社会改革の諸思想』（音無通宏編著）中央大学出版部
音無通宏 2006「ベンサム功利主義の構造と初期経済思想の展開」『功利主義と社会改革の諸思想』（音無通宏編著）中央大学出版部
結城剛志 2006「R・オウエンと J・ウォレンの労働証券論」『経済学史研究』48-2
────　2008「ジョン・ブレイの労働証券論：貨幣と労働の関連性」『国学院経済学』第 55 巻第 3・4 合併号
松井　曉 2008「マルクスと功利主義」『専修経済学論集』第 101 号
児玉　聡 2010『功利と直観―英米倫理思想史入門―』勁草書房

第 3 章

シジウィック・ムーア・ピグー
―― 功利主義・利己主義・正義の観点から ――

は じ め に

　ピグーはシジウィックの倫理学から基本を学び，マーシャルの経済学をベースとして厚生経済学を構築したと通常いわれている。例えば，オドンネルは，このことを指して，「結果として，マーシャル流の方法論で表現されたシジウィック哲学となった」[1]と評している。

　しかしながら，通説的な理解に反して，少なくとも倫理学の側面に限っていえば，シジウィックとピグーとは大きく2つの点で異なっている。1つは，シジウィックが快楽主義の立場を取ったのに対し，ピグーは非快楽主義の立場を取ったこと。もう1つは，シジウィックが利己主義の原理を功利主義の原理と並ぶ究極原理として認めた（併置）ことに対し，ピグーは前者を拒否して後者のみを認めていることである。いうまでもなく，第1の相違点は倫理学上の価値論（内在的善），第2の相違点は倫理学上の広義の義務論（行為の正邪）に関わる問題である。

　両者のこうした相違を説明するキーパーソンとして登場するのがジョージ・

---

1) O'Donnell (1979), p. 588.

エドワード・ムーアである。彼は，先のシジウィックによる価値論（快楽主義）および利己主義の双方を激しく論難したことでもよく知られている。そうしたムーアの要素がほとんどそのままピグーの道徳哲学に継承されていることは偶然ではなかろう。シジウィック，ピグー両者の第1の相違点については，既に拙稿[2]で検討済みであるので，本章では，第2の相違点，すなわち功利主義と利己主義とをめぐる両者の論理的な問題を分析することにしたい。その上で，それぞれの経済理論との関わり，主に分配上の正義を考察する。

1. シジウィック倫理学の体系

シジウィックは，倫理学を「個人がなすべきことの学」であると位置づけており，現代的な用法とは若干異なっている。彼が，功利主義と並んで利己主義の原理をも究極原理として認めたのは，まさに倫理学，個人的次元の当為においてであったのである。ところが，経済[3]や政治[4]を論じる公共哲学のコンテキストにおいても，功利主義の原理が用いられている。要するに，功利の原理は，個人レベルから公共レベルにまで適用され得る規範原理という位置づけなのであり，これはベンサムやミルらと基本的に変わりがない[5]。

公共政策，公共哲学の次元において功利主義が統一原理であることについては，シジウィック，ムーア，ピグー三者間で相違はないが，文字通りの個人道徳（シジウィックのいう倫理学）においては，功利主義と利己主義とが対等の原理として置かれている点にシジウィックの最大の特徴が存する。

以上の事柄を簡潔に図示すれば以下のようになっている[6]。

---

[2] Yamazaki (2008), pp. 57-75.
[3] 主に『経済学原理』(Sidgwick (1901))。
[4] 主に『政治学原理』(Sidgwick (1908))。
[5] この点については，以下の文献を参照。Lyons (1973), 内井 (1988)。
[6] 厳密にいえば，シジウィックの功利主義は「快楽主義的」功利主義であり，ムーアおよびピグーのそれは「理想的」功利主義であると解される。この点に関する詳細な議論は，前掲の拙稿（Yamazaki (2008)）を参照。なお，今回の議論では，この功利主義の種差はさしたる影響を持たないので，一律に「功利主義（原理）」と表記した。

	シジウィック	ムーア	ピグー
個人レベルの道徳原理	功利主義 利己主義	功利主義	功利主義
公共レベルの道徳原理	功利主義	功利主義	功利主義

ところで,何故に,シジウィックの倫理学では功利主義のみならず利己主義までもが対等原理として位置づけられているのであろうか。この点は重要な点であるので,少々立ち入って論じておくことにしよう。

シジウィックは,妥当な道徳原理の決定に当たって,メタ倫理学上の直覚主義の方法を取っている。彼はこれを特に哲学的直覚主義と呼んでおり,我々が通常抱いている常識道徳をリファインして,妥当な原理を抽出しようとした。未整理なまま混在している常識道徳は,シジウィックの哲学的直覚主義が課す次のテスト[7]をパスしなくては生き残れない。つまり,「用語の明晰性」,「内省による自明性」,「命題間の無矛盾性」,「プロ(哲学者など)による合意」,「非同語反復」をクリアしなければ,妥当な道徳原理とは見なされないのである。シジウィックの考察によれば,結果として,以下の3つの命題[8]が普遍的原理として生き残る運びとなる[9]。

1 正義の原理:
「ある者のある行為が彼にとって正しいのならば,同じ行為は同様な状況に置かれた同様な人すべてにとって正しい(道徳判断の普遍化可能性)。」
2 合理的自愛(慎慮)の原理:
「(自分という固有の存在のみを考慮すれば)人は自己の全体としての善を目指

---

[7] Sidgwick (1907), Bk. III, Chs. 11 ; 13.
[8] 1は類似した諸個人から成る「論理的全体」を,2および3は善という「数学的全体」を考慮することによって得られる命題だとシジウィックは説明している。両者の違いがシジウィック解釈にとって重要な意義を有することを指摘した研究として,奥野(1999)がある。
[9] Sidgwick (1907), Bk. III, Ch. 13.

すべきである（時間の不偏性）。」
 3　合理的博愛（仁愛）の原理：
「宇宙（公平）の観点から見れば，如何なる個人の善も他者の善よりも重要ではあり得ない。そして，理性的な者は，一般の善を目指すべきであって，単に特定の一部を目指すべきではない（諸個人の善の扱いの不偏性）。」

　2と3は仮言命法の形式を取っているため，論理的には互いに無矛盾であることに注意すべきであろう[10]。そして，それぞれに，善に関する快楽主義，最大化原理が加わることによって，利己主義，功利主義の原理が導出されるのである。しかしながら，抽象的な論理の次元では無矛盾であったとしても，実践における行為を指令する原理ないし方法という次元になると，利己主義と功利主義とは一致しないことになる。シジウィックはこれを「実践理性の二元性」[11]と呼び，彼の倫理学体系の最大の難問として残されたのである。
　雑多な要素から成る常識道徳から，哲学的直覚主義の方法によって究極原理を抽出した後は，逆にその究極原理によって，様々な具体的道徳を説明ないし正当化するという作業をシジウィックは行っている。これがいわゆる「内省的均衡」と呼ばれるものである[12]。その結果，功利主義と常識道徳とはおおよそ一致する，つまり，未整理で雑多な常識道徳は功利主義によって整理され，正当化され得ることをシジウィックは説いた（内省的均衡）。常識道徳に含まれる直覚的に自明な規準（狭義の直覚主義）は，功利主義とは相容れないという従来の見解に対して，彼は，前者が派生，後者が本質（根拠）という意味において両者が調和することを示したのである。よって，残された課題は，功利主義と利己主義との関係であり，願わくは，常識道徳の場合同様，利己主義が功利主義に還元され得ることを証明することであった。そこで，利己主義に対する功

10）　奥野（1999），133ページ。
11）　Sidgwick (1907), p. 404.
12）　シジウィックにおける内省的均衡の考察としては，以下の文献などを参照。Singer (1974)，塩野谷（1984），内井（1988）。

利主義の優先性を証明するに当たり，シジウィックは次の2つの点を区別する。

Ⅰ「もしも利己主義者が，自分自身の幸福ないし快楽を自分の究極目的と見なさなければならないという確信を述べることに厳密に固執しているなら，如何なる議論をもってしても，彼を第一原理としての普遍的快楽主義〔功利主義〕に差し向ける余地はないように思われる。彼自身の幸福と他者の幸福との相違が彼にとって重要でない，ということを論証することは不可能である。」[13]

Ⅱ「利己主義者が，彼の幸福または快楽は彼にとって善いだけでなく，宇宙の観点から見ても善いと暗黙裡にまたは明示的に主張している場合には，……普遍的な見地から彼の幸福または快楽が他者の同等の幸福よりも重要な部分ではあり得ないということを彼に指摘することは適切となる。こうして，彼自身の原理から出発しながら，彼は普遍的幸福ないし快楽を絶対的かつ無条件に善ないし望ましいものとして受け入れるよう導かれる。」[14]

利己主義のベースは上記の慎慮（合理的自愛）の原理である。シジウィックによれば，利己主義者が慎慮の原理を信奉しながらも，Ⅱの場合のように仁愛（合理的博愛）の原理（功利主義のベース）をも受け入れる余地があるとすれば，彼を功利主義に賛同させること（証明）ができるが，Ⅰの場合のように，慎慮の原理に固執して，仁愛の原理がいう「宇宙の観点」を取らないと主張するならば，功利主義への改宗は原理的に不可能となる[15]。これについて，シジウィック自身は次のようにいう。「自己の最大幸福を目指すことが理に適っていると考える人が正しい行為の究極的規準として，自己の最大幸福ではなく普遍的幸福を採用しようと決心するに至るような合理的過程〔利己主義に対する功利

---

13) Sidgwick (1907), p. 420. 傍点原典イタリック。
14) Ibid., pp. 420-1. 傍点原典イタリック。
15) 塩野谷 (1984), 196ページ。

主義（の優先性）の証明〕……この過程を適用するためには，利己主義者が，彼自身の最大幸福が単に彼にとっての合理的究極目的であるのみならず普遍的幸福の一部でもあることを暗黙裡にまたは明示的に認める必要がある。彼はそれを拒否することによって功利主義の証明を避けるかもしれない。ある個人と他者との間の相違は現実的にして基本的であり，したがって，……この相違を基本的ではないとどのように証明すべきか私〔シジウィック〕には分からない。」[16] このように，シジウィックは，原理の次元において功利主義と利己主義との調和は不可能であることを認める。当然，両原理からそれぞれ処方される実践同士も不調和を来たすこととなる[17]。

　さて，上述のように「証明」が失敗に終わるとなると，我々はどうするべきなのか。シジウィックは，証明失敗を受け，両原理のアドホックな調和を図る窮余の策として「強制力（sanction）」を持ち出してくる[18]。強制力とは，法的，社会的，宗教的賞罰の設定により，利己主義から処方される行為を功利主義のそれと一致させる試みである（これは，ベンサムにも見受けられる）。つまり，自分の最大幸福をもたらす行為が全体の最大幸福をもたらす行為と合致するようにメカナイズするのである。しかしながら，畢竟，これも完全な解決策とはなり得なかった。それ故，晩年のシジウィックは，自愛と仁愛とを調和させる来世信仰や神の介在に頼るようになっていったのである[19]。

---

16) Sidgwick (1907), pp. 497-8.
17) 中井氏（中井大介 (2009)，第3章）は，「普通の人間」は功利主義と利己主義とを併せ持つ（葛藤する）存在だと規定しているが，上記のシジウィックの言明によれば，「普通の人間」は功利主義に改宗することが可能となるように思われる（心理的事実としては，葛藤があるとしても，道徳原理としては葛藤が解消されることになる）。さらに，功利主義と利己主義との対立でシジウィックが問題としているのは，両方を併せ持つ「普通の人間」ではなく，利己主義プロパーな人間（宇宙の観点を取らない人）である。もしも現実が「普通の人間」で構成されているならば，「実践理性の二元性」は解消されるはずであろう。一般的観点から，常識道徳内に両原理が混在していることがいえても，個々人が両原理を併せ持つかどうかは不明である。
18) Sidgwick (1907), pp. 503-9.
19) これについては，例えば，Dostaler (2007) を参照。

強制力による両原理の調和の試みは，決して原理そのものにおける調和つまり実践理性の二元性の解消を意味しない。シジウィック自身がいうように，利己主義は原理的に功利主義と並存可能なのである。要は，法や慣習などにより個人の幸福追求と全体の幸福とを（結果的に）調和させることをもって実践理性の二元性（原理的不調和）が解決されたことにはならない，ということである。塩野谷氏は，そのことを明瞭に指摘している。「功利主義のもつ社会的強制力のために，それに従って行動することから生ずる快楽とそれを守らないことから生ずる苦痛とを示すことによって，利己主義者にも利己的な計算に基づいて功利主義的行動を行わせることはできよう。しかし，これは，利己主義者が全体的幸福をみずからの究極目的として原理的に承認したものではなく，利己的幸福のための手段として便宜的に用いたにすぎず，『証明』にはならない。」[20]

以上のことを簡潔にまとめると以下のようになる。

公共レベル（政治や経済のコンテキスト）	個人レベル	A	B	C
究極的規準：功利主義 ⇔	究極的規準：功利主義	○	×	○
⇔	究極的規準：利己主義	○	○	×

個人Bは利己主義者，Cは利他主義者，Aは混合（中井氏（2009）がいう「普通の人間」）にそれぞれ該当する。シジウィックによれば，功利主義の証明はBには不可能である（Bは宇宙の観点を取らない）。経済アートや政治などの公共レベルでは，様々な政策や処方が功利主義原理に基づいてなされ，その結果，諸個人にも何らかの義務が課される場合が生じる。功利主義原理を受け入れるAおよびCに対してその義務を課すことは問題がなくとも，利己主義者Bにそれを課してしかるべきことは一体何によって，どのように正当化されるのであ

---

20) 塩野谷（1984），195ページ。

ろうか。

　個人のなすべきことの学である倫理学と公共哲学である彼の政治学および経済学におけるアートとの間の論理的な架橋はどのようになされているのであろうか。この問題点は従来のシジウィック研究では希薄であるように思われる（研究の分断化によるため？）。個人レベル（シジウィックのいう倫理学）において利己主義に独立の地位を認めておきながら，公共レベルではあっさりと功利主義に一元化しているという彼の不整合をどう理解すべきなのであろうか。

　最初，ミルの倫理学説に心酔しながらも，ミルが説く「自己犠牲」にシジウィックは違和感を覚えるようになった（シジウィックの哲学的直覚主義が自愛の原理を妥当と見なしたことと関係があるといえる）。「私は，あの種の英雄〔自己犠牲者〕になろうとさえも希望しなかった。あの種の英雄は，如何に称賛されても，確かに哲学者のそれではないように私には見えた。」[21] ミルに対して異議を唱えていたコンテキストにおいて明らかなように，シジウィックは，功利の原理が時として個人に対して過酷な義務を課すことがあり得ることを認めていたのである。要するに，博愛の原理に基づく功利主義が時として個人に要請する犠牲に対して，個人を防御する理論的根拠をシジウィックが模索していたことは明らかであり，それが利己主義（個人の相違性）を（直覚的に自明な）1つの究極的規準として最終的に規定したことの理由であると考えられる。

　しかしながら，上述のように，自愛の原理による利己主義を個人道徳レベルにおいて究極原理の1つとして確立しておきながら，シジウィックは，公共レベルでは功利主義に一元化しているのであった。とすれば，公共レベルの功利主義一元化の中で上記の利己主義に担わされた個人の防御はどのように保証されているのかが非常に重大な論点となる。この点は，シジウィックの哲学体系の総体的な理解に関わるものであるが，未だ十分には追究されていないように思われる。

---

21)　Sidgwick (1907), p. xvi.

2. ムーアによるシジウィック利己主義批判とピグー

　上記のシジウィックの利己主義を批判した人物として，筆頭に挙げられるのは G.E. ムーアである。ムーアによる批判の要点をまとめておこう。彼によると，利己主義の原理では，各人の利益が唯一の善，普遍的善だと見なされており，これは自己矛盾だというのである[22]。そして，ムーアは独自な普遍化可能性を用いて，次のように論を展開する。もしある個人の利益がその者にとって善であるならば，その個人の利益は他のすべての人々にとって善でなくてはならないという。しかも，そのことは（普遍化によって）あらゆる個人の善についても妥当しなくてはならないので，「膨大な数の異なったものがそれぞれ唯一の善であるという利己主義の基本的矛盾が生じる」[23]とムーアは断言する。

　だが，こうしたムーアの独自な利己主義解釈，異色な普遍化可能性の論理は友人のラッセルから疑問を持たれた。そして，ピグーもラッセルに追随してムーアの論理に疑問を呈するのである[24]。だからといってピグーはシジウィックに同調して利己主義原理を認めるわけではない。「しかしながら，ここで私〔ピグー〕は，本当にシジウィックを擁護するつもりはない。」[25] シジウィックは，彼自身主張したように，2つの道徳的指令の等しい妥当性を直覚していた[26]。1つは，個人は，彼自身の全体としての善を追求すべきであるということであり（合理的自愛の原理），もう1つは，個人は，彼自身の善だけを考慮することなく，全体の善を追求すべきであるということである（合理的仁愛の原

---

22) Moore (1903), pp. 96-104.
23) Ibid., p. 101. 傍点原典イタリック。
24) 「この〔ムーアの〕推論が正しくシジウィックの要点を衝いているとは私〔ピグー〕には思われない。その著者〔ムーア〕は，『私はAの幸福のみを専ら追求すべきである』が『Aの幸福のみが唯一の善である』ことを必然的に含意するとでも考えていたのであろうか。一般的にはムーア氏に同意しているラッセル氏であるが，彼は，ムーア氏の『善』と『べき』との関係についての論理的見地を，真っ向から，そして私が思うに適切に批判している。」(Pigou (1908a), pp. 91-92.)
25) Ibid., p. 92.
26) Sidgwick (1907), Bk. III, Ch. 13.

理)[27]。これらは，Aの善が，何であれ彼以外の何もののためにも決して犠牲にされるべきではないという（権利基底的な）意味において，Aは内在的な目的であるということを認めつつ，同時にBに関しても全く同様のことを認めるという主張と同じである，とピグーは解釈している[28]。個人の善の追求と他者の善の追求とが，個人に対して同一の行為の選択を指令することで一致しない限り，2つの命題が調和することはあり得ない。これらの命題を調和させることの必要性が，果たして未来における予定調和の仮定（シジウィックが悲観的に行ったもの）を是認するのに十分な根拠を形成するか否か，ということをピグーは問題とする[29]。

ピグーの観点からすると，原理間の矛盾——その解消のためにシジウィックは予定調和の新しい世界到来の必要性を暗示した——は全く存在しない。ピグーは，個人が他者の善を顧みることなしに自己の善を追求すべきであるとは直覚しないし（つまり，ピグーは，シジウィックが自明の公理として自愛と仁愛の原理を掲げ，両者を等しく直覚の対象としたことを批判する），先に規定されたような（権利基底的な）意味においてすべての個人が彼ら自身において目的である，とは認めない[30]。ピグーは，倫理学における目的論の一種である利己主義の原理を認めないのである。

結論として，ピグーは，様々な人々の諸善が互いに衝突する可能性を認めることは何ら矛盾を伴うものではないと言明している[31]。ここでピグーがいう「矛盾」とは，個人個人の善の実現をめぐって，それらが互いに衝突し合う事態が発生する潜在的な可能性や事実に関わるものではない。シジウィックは，個人の善の実現を追求すべしという原理（利己主義）と社会全体の善の実現を

---

27) ただし，合理的自愛には，時間を通じた善のウエイト付けの不偏性が，合理的仁愛には，異なった人々の善のウエイト付けの不偏性がそれぞれ伴う。シジウィック功利主義の詳細な分析として，上記の塩野谷氏の研究以外にも，例えば，Schneewind (1977) や Schultz, ed (1992) などがある。
28) Pigou (1908a), p. 91.
29) *Ibid.*, pp. 91-92.
30) *Ibid.*, p. 92.
31) *Ibid.*, p. 92.

追求すべしという原理（功利主義）とを，ともに直覚的に自明な対等原理として規定した結果，両原理間の実践における矛盾（実践理性の二元性）に苦悩することとなった。ピグーが矛盾は伴わないと言明していることの含意は，彼がシジウィックとは異なり利己主義の原理を妥当な規範原理として直覚せず，ただ，後者の原理のみを唯一妥当な原理として認めたことを意味している。

3. 正義をめぐるシジウィックとピグー

シジウィックは，功利主義と利己主義との原理的不一致を念頭に置きながらも，他方では，実践次元でサンクションなどにより各人の利己心を充足させることで公利と私利との調和を図ろうとした[32]。功利主義（博愛）が時として個人に要請する犠牲に対して，個人を防御する理論的根拠を利己主義（慎慮）に見出そうとしたシジウィックであったが，果たして，上記のサンクションで個人の防御は保証されるのか。既に説明したように，個人の防衛としての利己主義は，シジウィックのいう道徳，つまり個人的次元の規範に立脚するものであったので，公共レベルにおける個人の防衛の問題は，（公共レベルにおける利己主義が存さない以上）公共レベルにおいては唯一の規範原理であるとされた功利主義に担わされることになるはずである。結局のところ，それは，シジウィックの功利主義と正義の論点に行き着くことになる。そこで，以下，シジウィックの（分配[33]を含めた）正義論の概要を検討しておこう[34]。

シジウィックは，正義の観念を2つに大別した上で，さらにそれらを細分化している。それらの輪郭は，① 保守的正義（a 法律および契約の遵守，b 自然的期待の充足）と，② 理想的正義（c 個人主義的理想，d 社会主義的理想）から成っている[35]。この分類は，シジウィックが正義の問題を分配のそれとして考察を始

---

32) Sidgwick (1907), Bk. IV, Concl. Ch. 塩野谷．(1984) 196-197 ページ。
33) クィントンは，分配原理の重視という点でシジウィックが古典的功利主義からは離れていると説明している（Quinton (1989), pp. 87-92）。
34) 以下，シジウィックの正義論については，拙稿（山崎 (1999)）に一部依拠している。
35) Sidgwick (1907), Bk. III, Ch. 5.

めていることに因る。すなわち，分配の観念とは，望ましいもの（貨幣，幸福のための物資，自由，権利など）と望ましくないもの（負担，制約，苦痛，損失など）とを社会構成員に割り当てる際の適切さを示す規準として考えられている[36]。もう一方で，シジウィックは，（通常，人々が抱く）「自然的期待」という観念における「自然」という概念に注目して，常識レベルでは未整理なまま使用されているが，自然という概念には異なった2つの意味が内在していることを指摘する。彼によれば，自然という概念には，「～である（事実）」と「～べきである（理想）」の両者の意味合いが含まれているとされる。これが先の正義観念の大別，①②にも表れているとシジウィックは説明する。

> 「……我々は，『自然』という用語の異なる2つの意味の間における対比と対立とをよりよく理解し，それに対応した正義に関する常識的感覚における2つの要素間の対立をも理解するのである。ある一方の観点に立てば，障害と苦痛と同様に，権利，善，ならびに特権というものに関する慣習的分配を自然で正しいものと見なそうとし，大抵そうであるように，それを法によって維持すべきだと考えるようになる。他方の観点に立てば，かつては存在しなかったけれども，存在すべきものとしての分配規則の理想的システムを受容するように思われ，そして，この理想に合致する度合いで法の適切さを判定するのである。」[37]

ここで言及されている前者の正義概念をシジウィックは「保守的正義」，後者を「理想的正義」と呼んで分類している[38]。

保守的正義は，既存の慣習や制度を前提とするもので，その維持は社会的効用（幸福）によって評価されなくてはならないとシジウィックはいう。このような保守的正義に対して，理想的正義がある。これは既存の制度，現実を修

---

36) *Ibid.*, pp. 265-266.
37) *Ibid.*, p. 273. 傍点原典イタリック。
38) *Ibid.*, pp. 268-290.

正・改良することを意図して，何らかの望ましい規準を提示するものである。シジウィック自身の倫理観が表れているのはむしろこちらの正義観念であろう。理想的正義には，個人主義的なものと社会主義的なものの2つがある。それぞれ簡単に見ておこう。

個人主義的理想：個人主義的な理想的正義の観点からは，諸個人の自由が重視され，自由の公平性が説かれる。この考え方によれば，実際に見受けられる不平等が恣意的でないのは，各自の活動の自由を保障した結果だということになる。シジウィックは，「行動の自由は，行為する人々にとって幸福の重要な源泉であり，彼らの活力を引き出す社会的に有用な刺戟である」といい，「この〔自由の〕完全な達成は正義の完全な実現であろう——正義が目指すと考えられる平等は自由の平等というこの特殊な意味において解釈される」[39]ことから，自由が重視されなくてはならないのである。しかし，無制限の自由を容認するわけにもいかず，ある一定の制約は常に課されなくてはならないが，その原理は自由の原理（公平な自由）自体からは導かれない。それは，功利主義原理によって規定されるとシジウィックはいうのである。

社会主義的理想：もう1つの社会主義的[40]と呼ばれる理想的正義は，功績（desert）に応じて報酬を与える（功績応報）原理である。上記の個人主義的理想（としての正義）が行為の前提を問題としているのに対し，これは行為の帰結を問題とする点が対照的である。自由の保障は功績応報を実現するための条件となり得るが，必ずしも常にそれを実現するとは限らない。功績に対する報酬とは，行為がもたらす価値（社会的効用）に比例して分け前を受け取るという原理であるが，幾つかの問題がある。そもそも功績とはなされた活動（努力）そのものを意味するのか，あるいは厳密に成果（実績）だけを意味するのかが曖昧であるし，また功績が先天的な能力，教育環境，幸運などによってもたらさ

---

39) Ibid., p. 274.
40) シジウィック自身の説明によると，「社会主義的」という観念は，「その第一義的な目的は，他者を犠牲にすることによって共同体のある部分を利することではなく，共同体の成員全般に分配するのに役立つよう，共同体全体の利益を確保すること」であるという（Sidgwick (1908), p. 154）。

れた場合，それらすべてを功績として認めることができるかという問題も生じる。なお，功績応報システムとして競争市場メカニズムを採用した場合，そこで決定される均衡価格は必ずしも社会的幸福への真の貢献度を正確に反映していないという難点も出てくる。

さらに，功績応報の原理に加え，シジウィックは，それとは別の「適合 (fitness)」という原理も考察している[41]。適合の原理とは，生産手段，役割，その他の財をそれらを最も効率良く使いこなせる者，あるいは最も高く評価できる者に分配するという原理である。これは明らかに先の功績応報とは異なり，場合によっては対立する。適合の原理による分配では，それを受け取る者が過去においてそれに見合う功績を社会に与えたとは限らないからである。適合の原理は，生産最大化ないし総効用最大化をダイレクトに目指したものである。それ故，シジウィックは，適合の原理を，正義が適切に解釈された一部というよりは，分配において素朴な功利主義原理が適用されたものだと見なしている。彼によれば，正義を適切に実現するのは，適合ではなく，功績応報の原理のほうだとされる。

シジウィックの正義論の骨子は，結局，平等な自由および功績応報による分配準則である。そこで問われるべきことは，この正義と功利主義との論理関係であろう。結論からいってしまえば，シジウィックの正義論は，功利主義とは独立の原理ではなく，それに基づくものであるとされる[42]。個人主義的理想（平等な自由）についていえば，それによって効率的な生産，延いては社会幸福量の増進がもたらされるという根拠であり，社会主義的理想（功績応報）は，生産活動や幸福増進のための有効な刺戟となるという根拠である[43]。

しかしながら，シジウィックの正義論については，例えば以下のような批判がある。「……シジウィクは，……自由を尊重する姿勢を示している。しかしわれわれはシジウィクの基本的な立場が，自由を絶対的なものとしてではな

---

41) Sidgwick (1907), p. 283.
42) 行安（1992），361ページ。
43) 山崎（2010），81-82ページ。

く，一般的な幸福や安寧に従属するものとして捉えようとしていた点にあったことを忘れてはならない。このような立場を貫くとすれば，自由を犠牲にしたり，自由を抑圧したりすることに反対するのは自由そのものの価値のためではなく，そのような犠牲や抑圧が，一般的な幸福をよりいっそう減少させるからである。それでは逆に，そうした犠牲や抑圧により，一般的な幸福が増進されるとすればどうなるのか。そのような抑圧は是認されるのか，それともやはり拒否されなければならないのか。利便性 expediency を基準とするシジウィクの国家干渉論は，この問題に対して筋道のとおった考え方を提供することができない。したがって，単なる経験的洞察以上のものを求める者にとっては，シジウィクが取り組まなかった，原理的，体系的考察に向かうことが必要になる。」[44]

こうして見てみると，個人レベル道徳の利己主義が代弁していた個人の防衛という理念は，公共レベル道徳である彼の功利主義および正義論に十分に反映されているとはいい難いように思われるのである。

今度は，ピグーの正義について見てみよう[45]。彼は，シジウィクとは異なり，個人レベル，公共レベルともに利己主義を最初から原理的に承認せず，功利主義のみを妥当と見なしていた。では，シジウィクの体系では利己主義に担わされていた（全体の利益に対する）個人の保護は，ピグーの場合，どのように取り扱われているのだろうか。結論からいえば，ピグーは，功利主義の理論的枠内で（ミニマム，必要充足を通じて）個人の保護を社会的に保証しようとしている。

功利主義における，従来の典型的な正義の議論は，効用関数の同一性と限界効用逓減の仮定に頼って，人々の間で平等に分配したほうが，総効用が相対的に高くなる故に正義が正当化されるというものであり，また，そのような議論において，ピグーの第2命題が参照されるケースも存在する[46]。だが，ここで

---

44) 萬田 (1992), 67ページ。シジウィクの分配的正義に関しては，先の塩野谷氏を始め，パーフィットなども懐疑的である (Parfit (1984), Ch. 15)。
45) 以下のピグーの正義の議論は，山崎 (2005) に一部依拠している。

は，もっとピグーにおける正義[47]の本質に迫る箇所に注目する。それが，『厚生経済学』第Ⅳ部における「ナショナルミニマム」の議論である。

ピグーによればミニマムとは次のようなものであった。「それは主観的な最低満足ではなくして，客観的な最低条件であると考えねばならない。その上，またその条件は生活の一部面だけに限られるものでなく，一般的な条件でなくてはならない。ミニマムの中には，家屋の設備，医療，教育，食物，閑暇，労働遂行の場所における衛生と安全の装置等についてある一定の量と質とが含まれる。さらに，ミニマムとは絶対的なものである。」[48]

ピグーは，さらに次のように述べていた。「実践的な博愛家たちは，何人にも極端な欠乏の起こることを許さぬ程に十分な高い水準に，あるミニマムの条件を定めるべきであるとし，これを確保するために相対的富者から相対的貧者への資源の移転がどれ程であろうとも，国民所得の大きさへ及ぼすかもしれない有害な結果を顧みることなく，必要とせられるという点で一般的に一致している。……この政策は分析によって正当化される。すなわち，もし我々が，極端な欠乏から個々人の蒙る悲惨が無限に大きいと信ずるならば，それ〔資源の移転〕は，全体として経済的な厚生に資することができるという意味において正当化される。何故かというと，その際極端な欠乏をなくすることの善さは，分配分の減少が起こった場合に生ずるかもしれない何らかの害悪とは通約不可能 (not commensurable) であるからである。」[49] そして，「ナショナルミニマムによって，生活の全部門における客観的なミニマム——如何なる市民であってもそれ

---

46) 例えば，Brandt (1979) や Shaw (1999) を参照。

47) ピグーの正義（平等な権利）を論じるに当たっては，最初に義務を確立しなくてはならない。例えば，ミルなどは，「ただ主張されるだけで，社会が擁護しない『権利』は，『権利』とは見ていない」（馬渡 (1997)，358 ページ）。恐らく，ミルと同様に，ピグーも権利をアプリオリな実体とは見なしていない。例えば，所有権に関して，ピグーは，それがあくまでも社会的な産物であることを強調している (Pigou (1947), pp. 4-5)。よって，社会において義務が確立しなくては，権利も確立されないことになる。論点を先取りしていえば，各人の厚生のために義務が生じ，それに対応して権利が成立するのである。

48) Pigou (1952a), p. 759. 下線引用者。

49) Ibid., pp. 760-761. 下線引用者。

以下に落ち込むことを許してはならない——という意味が理解される」[50]ので，政府には「ミニマムを制定して，如何なる個人も如何なる事情においてもそれ以下に低下させないように」[51]配慮する義務が生じる。つまり，「悪い結果から防いでやることが国家の義務」[52]なのである。

　先の引用において，ミニマムの保障が「全体として経済的厚生に資する」と述べられていたが，ミニマムの意図するものがすべて経済的厚生に還元されると理解すべきだとは思われない。何故なら，ミニマムが「主観的な最低満足」ではなく，「客観的な最低条件」であるからである。ピグーは次のような例を挙げて説明している。例えば，アルコール中毒者が「〔健全な〕人間としての習慣にとって相応しくない住居に甘んじるという代価で，酒盛りのために貯蓄する」[53]ことは許されない。また，貧者が良好な家屋に住むための支出が強制されている時，彼がそれよりも劣悪な家屋を選択し，それで節約した所得を良い食物に投じたほうが満足はもっと大きくなる，ということは確かであるが，それを容認することはできない[54]。要するに，この場合，本人がどう満足を感じるかということは基準とはされないのである（ここでの満足は，定義からいって経済的厚生を意味する）。したがって，ミニマムによって実現が意図される対象は，各人の多様で主観的な嗜好や欲求を基底とした経済的厚生（満足）であるとは限らない[55]。

　ミニマムが意図する対象が経済的厚生とは一致しないのであれば，何になるのであろうか。先に述べたように，それは「必要 (needs)」[56]の充足（で得られる厚生）である。ピグーは何箇所かにおいて，「必要」の基準に訴えている。例えば，「緊要さの大きい必要」，「欲求される以上に必要でさえある」[57]，「第一

---

50) Pigou (1912), p. xxvi.
51) Pigou (1952a), pp. 758-759. 下線引用者。
52) Ibid., p. 760. 下線引用者。
53) Ibid., p. 759.
54) Ibid., p. 759.
55) 「各個人の気質……は非常に異なっている」(Ibid., p. 759) とピグーは考えており，個々のケースでは満足享受能力が人々の間で異なることを認めている。
56) Ibid., p. 759.

義的身体的必要」[58],「緊要な必要」[59],「すべての人々の最小限の必要の充足」[60],「客観的必要」[61],「精神的必要」[62]などがある。そして,必要の内容としては,次のように書かれている。「非常に不平等な所得配分が害悪である理由は,その結果として,緊要さの大きい必要が無視され」ることによって,人々が「不適当な食料,衣服,家屋,教育しか享受できないことになる」[63]からである。先に挙げた「ミニマムの中には,家屋の設備,医療,教育,食物,……」との類似性は明らかである。結局,ミニマムによって実現が意図される対象は,各人の多様で主観的な嗜好や欲求に基づく経済的厚生(満足)ではなく,「必要」の充足(で得られる厚生)である[64]。

ピグーによれば,(例えば)「まず,命そのものがなければ,善なる人生を送ることはできない」[65]ことから,善=厚生のための<u>必要条件</u>がピグーのいう「必要」だと理解される。通常の人間の厚生や幸福を基準に,その実現のため

---

57) Pigou (1937), pp. 21, 23.
58) Pigou (1912), p. 10.
59) Pigou (1935), pp. 120-121.
60) Pigou (1952b), p. 210.
61) Pigou (1955), p. 80.
62) Pigou (1951), p. 287.
63) Pigou (1937), p. 21.
64) 必要充足原理の存在を仄めかしているという点で,ピグー研究の有力者コラードによる次の指摘は大変興味深い。「さらなる平等を……求める論拠は,もちろん,限界効用逓減であった。しかしながら,限界効用逓減が政策手段となった時,ピグーの平等主義はほとんど消滅してしまった。彼は,マーシャルに倣って,好みと同様に必要なものも人によって異なるという理由で不平等が正当化されることを認識していた。『重い責任を負い,頭脳をより多く使う人々には,彼らの効率性を維持するためにより広い居住空間,いっそうの静寂,より消化され易い食物,いっそうの状況変化が未熟練労働者に較べて必要である』」(Collard (1981), p. 112)。だが,上記のピグー引用箇所 (Pigou (1953), p. 51) に基づくコラード解釈では,ミニマムとか権利といった概念には結びつき難い上に,場合によっては,(いわゆる)ユーティリティー・モンスターを認め,分配が歪む可能性を排除し切れていない。とはいえ,本章でいう客観的必要としてのミニマム,およびそれが正義や権利へとつながるような観点はないものの,経済的厚生(限界効用に基づく分配原理)以外の分配原理をピグーが採用していたことをコラードは指摘している。
65) Pigou (1965), p. 81.

に何が不可欠であるかという観点から規定されたものが必要の内容だといえるだろう。また，既述のように，ミニマム＝必要の充足であるので，それにより経済的厚生が増加するかどうかは不明である（ピグーはむしろ経済的厚生が減少する可能性があることを認めている）。必要が厚生（善）増大のための必要条件であるということは，必要の充足自体で積極的な厚生の増大・最大化がもたらされるというわけではなく（無論，必要の充足により何らかの厚生への貢献があることは確かであるが），それなくしては，如何なる価値追求も不可能だという意味である。

　拙稿でも指摘したように，ピグーのミニマムに関する議論は，重要な点においてミルの正義論と関連性が存する[66]。ミルによれば，功利に基づく正義には，他のものと異なり，絶対的な義務性が伴う。この完全義務性の根拠は，正義に関わる功利の性質に存するという。ミルが規定するところでは，正義に関わる功利は，生命，身体の安全等，「人間の幸福における本質的なものに深く関わっている」[67]ものであり，「正義とは，……生活を指導する他の如何なる規則よりもさらに緊密に人間の福祉（well-being）の本質に関わり，したがって絶対的な義務性を伴う。」[68] この「さらに緊密に人間の福祉の本質」に関わっている功利は，「程度の相違が事実上の種類の相違になっている」功利であり，「絶対性の性格，明瞭な無限性，および他のすべての考慮との通約不可能性（incommensurability）」[69]を有するという。馬渡氏によれば，「『絶対性』とは人にとって欠かせないということだし，『無限性』とはその欠如はかぎりない苦痛になるということだし，『通約不可能性』とは他の種類の功利では代置出来ないということである。この功利を功利のなかの『絶対的な功利』と呼んでおくと，人間は，この『絶対的な功利』を侵害されては存在自体があやうくなるので，その侵害をしないという点では，特有の絶対的な義務，完全な拘束性がでてくる」[70]

---

66) 山崎（2005），52-53ページ。
67) Mill (1863), p. 250.
68) *Ibid.*, p. 255.
69) *Ibid.*, p. 251.
70) 馬渡（1997），357ページ。

ということになる。さらに，このような完全な義務性が社会において確立したとすれば，成員はそれに応じた「権利」を有することになる[71]。「『絶対的な功利』は，『絶対性』『無限性』『通約不可能性』をもっていて，ある人の絶対的な功利の欠如は，これを満たす人のどんなゆるやかな功利の倍加によっても，償えないだろうから，まずすべての人の絶対的功利がみたされないと，社会的な功利（最大幸福）は満たされない。まさしく『最大幸福』のために，絶対的な功利に関する限り，すべての人は，まったく『平等な権利』をもつのである。」[72]

以上の叙述より，ピグーのミニマムの議論がミルの正義の議論とほぼ完全に対応していることが理解されるであろう。すなわち，ピグーの文脈における，「絶対的」，「無限」，「通約不可能」という観念は，ミルにおけるそれらとほとんど同義である。要するに，ここでのピグーの主旨は，ある個人がミニマム以下の厚生状態である，すなわち彼の必要充足（絶対的な功利）[73]が阻害されている場合，（相対的に富裕な）他者の経済的厚生（ゆるやかな功利）の如何なる量をもってしてもそれを埋め合わせることができない，通約できないということであろう。そして，（先の繰り返しになるが）ピグーによれば，政府は，「ミニマムを制定して，如何なる個人も如何なる事情においてもそれ以下に低下させないように」[74]配慮しなくてはならないので，これに対応して，各個人は，保障を享受する「権利」を平等に持つことになるといえる。

しかしながら，ここで直ちに問題とされるのは，先ほどのシジウィックの場合同様，正義および平等な権利と，効率（効用最大化）との論理関係であろう。例えば，ハートなども指摘しているように，「利益の集合として捉えられた一

---

71) 馬渡（1997），358ページ。平尾（1992），300ページ。
72) 馬渡（1997），359ページ。
73) 実際，ピグーが考える必要充足（で得られる厚生）には様々なレベルがあると考えられる。生存や健康から始まり，市民として有すべき一定の品性（非経済的厚生）といった内容まで含まれているからである。ピグーの必要に含まれる「教育」が目指すのは主に後者であるといえよう。
74) Pigou (1952a), pp. 758-759.

般的功利は,社会の全成員に……基本的権利を平等に分配することにより最大化される,という点を立証していない」[75]といわれている。要するに,正義や平等な権利と社会的効用最大化が理論的に同値でない以上,功利主義原理は正義や権利を基礎づけられない,という通説的な批判である。

だが,このような批判や功利主義理解は一面的なものであって,功利主義本来の意図を必ずしも捉えきれてはいない。この点は,「功利主義の重層的理解」[76]に関わってくるものである。本章では紙幅の都合上この点に立ち入ることはできないが,ピグーに関しては,以下のように論じることができる。

そもそも,ピグー自身が社会改良を目指した動機は次のようなものであったことを再確認されたい。「我々を取り巻く悲惨と野卑,一部の富裕家族による有害な贅沢,多くの貧困家族を蔽う恐ろしい不安——これらは無視するにはあまりにも明白な害悪である。我々の科学が求める知見によって,これらを抑止することは可能であろう。」[77] ここで「科学」とは経済学を意味し,かつ経済は倫理の僕であることから[78],上記の社会改良の動機は,ピグー自身の根本的な倫理観を表明したものと捉えられる。よって,ピグーの功利主義はこの社会改良の動機[79]とのつながりにおいて理解されるべきものである。

上述のように,最重視される規準は社会における「悲惨の除去・害悪の防止」である[80]。たとえ集計的効用がより増大(最大化)する別の選択肢があっても,そこにおいて誰かしらの不幸が伴うならば,それは選ばれないであろう[81]。「平均的な人間は,社会を一挙に変革するのでなく,むしろ人間生活を

---

75) Hart (1983), p. 190.
76) Riley (1988) および音無 (2001) 参照。
77) Pigou (1952a), p. vii.
78) Pigou (1908b), p. 14.
79) 「彼〔ピグー〕の二重の規準〔ピグーの2つの基本命題〕において貧者の所得が中心となっているのは,疑いもなく,貧困に対するピグーの誠実な関心が反映されたものである。」(Collard (1981), p. 113. 下線引用者)
80) 「道徳とは……少なくとも人生が悪くならないことを保証することに関わっているのだ,ということが厚生主義の根幹的命題である。」(Sumner (1996), p. 191. 下線引用者)
81) 何故このようにいえるかについては,山崎 (2005) を参照。

徐々に少しずつ改善するべく奮闘するように創られている。その方法は，破壊的実験を含まない緩やかで慎重なものでなくてはならない。……彼〔理想を実現する者〕が役立ち得る一番明白な方法は，大衆の身体的苦痛を緩和することである。何故なら，肉体的欲求の充足よりも高次なものが存在することは全く真実であるとしても，人間の肉体が飢えればその魂を滋養することは不可能となるからである。」[82] すなわち，「悲惨の除去・害悪の防止」なくして社会的厚生はあり得ず，また，「破壊的実験を含まない緩やかで慎重な」方法からして，いわゆる「功利主義的犠牲」や常識道徳に著しく反する方途は除外される[83]。その社会において根づいている通念と抵触することが社会不安を惹き起こすならば，それ自体が反価値（悪）となるからである[84]。したがって，功利主義の処方が我々の持つ一般的常識観念と反するということは，（たとえ単純な）功利計算からしても，ほとんどあり得ないであろう。ピグーが「漸進的」に行うこと[85]を常に重視するのはこのためである。

以上より，ピグーが構想する功利主義原理とは，まず各人の惨状の解消（もっといえばミニマムの確保）に満遍なく配慮しつつ，その後より高い水準に全体を押し上げていこうとする考え方だといえよう。要するに，社会的最大厚生を目指すといっても，元々のピグーの意図によれば，その実現の仕方には上記のような原則があるということである（功利主義の重層性）。究極原理としては，

---

82) Pigou (1901), p. 130.
83) 「功利主義の原理は……如何なる善人が容認するよりも遙かに多くの詐欺，嘘，そして不公平な行為をもたらす」(Ewing (1953), p. 41) ということはあり得ない。「我々の幸福の原則的大前提をなす人間的生存ということの決定的条件は，社会的統合の確立であり安定した社会秩序の維持」（平尾 (1992)，310 ページ）であるので，ユーイングに類似するような功利主義批判が的を射ているとは思われない。また，正義に悖る扱いは，「不安感を至るところに引き起こす。というのも，誰しも次の犠牲者が自分かもしれないと感じるからである。」(Pigou (1947), p. 6)「そのような社会に一日たりとも安心して住むことはできないし，法秩序は崩壊するであろう。」（平尾 (1992)，314 ページ）したがって，そのような社会自体が反功利的となる。似たような観点からベンサムおよびミルの功利主義について論じたものに Kelly (1990) がある。
84) Pigou (1947), p. 6.
85) Pigou (1937), pp. 137-139.

「社会的最大厚生」というシンプルな観念で叙述されるが，それに込められたピグーの意図は，上で見たようにもっと複合（重層）的なものである。したがって，彼が元来持っていたこのような根本的構想を踏まえるならば，厚生の単なる総計値がすべてである，というような解釈にはならないであろう[86]。

お わ り に

従来の素朴な見方に反して，シジウィックとピグーとは，道徳哲学の側面に限っても大きな点で異なっているといえる。すなわち，両者とも道徳原理としては，目的論としての功利主義原理を取りながらも，快楽主義か非快楽主義か，利己主義を認めるか否かという道徳理論的にはかなりメジャーな項目において異なる持論をそれぞれ有している。その2人の相違を説明する人物として，ムーアの存在は無視し得ないであろう。ピグーは，倫理学の基礎をシジウィックの書物から学んだと述べているが[87]，トータルで見てみれば，シジウィックとムーアそれぞれから取捨選択して，彼自身の道徳哲学を練り上げていったと理解すべきであろう。

本章では，後者の論点，すなわち，利己主義の是非をめぐり，ムーアを仲介としながら，シジウィックとピグーとの比較再構成を行ったわけであるが，結論としてはややパラドキシカルにならざるを得ないように思われる。というのも，既述のように，シジウィックは，全体の利益のために個人が犠牲となることは不合理であると見なし，利己主義原理を唱えたにもかかわらず，彼の公共レベルの道徳（功利主義的正義論）では個人の保護が十分に基礎づけられていな

86）「この（平等と公平という）偉大な道徳的義務は，道徳の第一原理から直接発したものであって，二次的または派生的な教義の単なる1つの論理体系ではない。それは，『功利性』または『最大幸福原理』の意味そのものの中に含まれる。」(Mill (1863), p. 257)「ハートやロールズのような立場の人にとっては認めたくないことであろうが，功利主義の基礎には契約論の思想が考えうるよりもさらに深い根拠からする平等な自由の思想があると考えなければならないのである。そうした思想を『功利性の原理』の核心をなすものとしてとらえるのは，決して恣意的な解釈ではない。」(池田 (2007), 24 ページ)

87）Pigou (1908a), p. viii.

いからである。逆にピグーについていうと，彼は利己主義原理を認めなかったにもかかわらず，公共レベルの道徳（功利主義の重層性）において，（主としてナショナルミニマム論によって）個人の保護をシジウィック以上に強固に基礎づけようとしていると解されるのである。

参 考 文 献

Brandt, R. B. (1979), *A Theory of the Good and the Right,* Oxford : Oxford University Press.
Collard, D. (1981), "Pigou", D. P. O'Brien, D. P. and John R. Presley eds., *Pioneers of Modern Economics in Britain,* London : Macmillan.
Dostaler, G. (2007), *Keynes and His Battles.* Cheltenham : Edward Elgar.
Ewing, A, C. (1953), *Ethics.* London : English Universities Press.
Hart, H. L. A. (1983), *Essays in Jurisprudence and Philosophy,* Oxford : Clarendon Press.
Kelly, P. J. (1990), *Utilitarianism and Distributive Justice : Jeremy Bentham and the Civil Law,* Oxford : Clarendon Press.
Lyons, D. (1973), *In the Interest of the Governed : A study in Bentham's Philosophy of Utility and Law,* Oxford : Clarendon Press.
Mill, J. S. (1969 [1863]), *Utilitarianism, The Collected Works of John Stuart Mill,* Vol. X, Toronto : University of Toronto Press.
Moore, G. E. (1903), *Principia Ethica,* Cambridge : Cambridge University Press.
O'Donnell, M. (1979), "Pigou : An Extension of Sidgwickian Thought", *History of Political Economy,* Vol. 11.
Parfit, D. (1984), *Reasons and Persons,* Oxford : Oxford University Press.
Pigou, A. C. (1901), *Robert Browning as a Religious Teacher,* London : C. J. Clay and Sons.
―――― (1908a), *The Problem of Theism, and Other Essays,* London : Macmillan.
―――― (1908b), *Economic Science in Relation to Practice,* London : Macmillan.
―――― (1912), *Wealth and Welfare,* London : Macmillan.
―――― (1935), *Economics in Practice,* London : Macmillan.
―――― (1937), *Socialism versus Capitalism,* London : Macmillan.
―――― (1947), *A Study in Public Finance,* 3rd ed., London : Macmillan.
―――― (1951), "Some Aspects of Welfare Economics", *American Economic Review,* Vol. 41.
―――― (1952a), *Economics of Welfare,* 4th ed., London : Macmillan.
―――― (1952b), *Essays in Economics,* 2nd ed., London : Macmillan.
―――― (1953), *Alfred Marshall and Current Thought,* London : Macmillan.
―――― (1955), *Income Revisited : Being a Sequel to Income,* London : Macmillan.
―――― (1965), *Essays in Applied Economics,* 2nd ed., London : Frank Cass.
Quinton, A. (1989), *Utilitarian Ethics,* 2nd ed., London : Duckworth.
Riley, J. (1988), *Liberal Utilitarianism : Social Choice Theory and J. S. Mill's Philosophy,* Cambridge : Cambridge University Press.
Schneewind, J. B. (1977), *Sidgwick's Ethics and Victorian Moral Philosophy,* Oxford :

Clarendon Press.
Schultz, B, ed. (1992), *Essays on Henry Sidgwick*, Cambridge : Cambridge University Press.
Shaw, W. H. (1999), *Contemporary Ethics*, Oxford : Blackwell.
Sidgwick, H. (1901), *The Principles of Political Economy*. 3rd ed. London : Macmillan.
―――(1907), *The Methods of Ethics*, 7th, ed., London : Macmillan.
―――(1908), *The Elements of Politics*, 3rd. ed., London : Macmillan.
Singer, P. (1974), "Sidgwick and Reflective Equilibrium", *Monist*, Vol. 58.
Sumner, L. W. (1996), *Welfare, Happiness, and Ethics*, Oxford : Clarendon Press.
Yamazaki, S. (2008), "Pigou's Ethics and Welfare", *Lecture Note* (Young Scholars' Seminar, Japan Society of Economic Thought), Vol. 1.
池田貞夫（2007），「功利主義の正義論」（音無通宏編『功利主義と社会改革の諸思想』中央大学出版部）。
内井惣七（1988a），『自由の法則・利害の論理』ミネルヴァ書房。
―――（1988b），「ロールズの正義論」（『人文研究』第40巻第4分冊）。
奥野満里子（1999），『シジウィックと現代功利主義』勁草書房。
音無通宏（2001），「J. S. ミル『功利主義論』の構造と問題―功利主義の多元的・重層的理解のために―」（『中央大学経済研究所年報』第32巻）。
塩野谷祐一（1984），『価値理念の構造』東洋経済新報社。
中井大介（2009），『功利主義と経済学』晃洋書房。
平尾透（1992），『功利性原理』法律文化社。
馬渡尚憲（1997），『J. S. ミルの経済学』御茶の水書房。
萬田悦生（1992），「立法の問題とシジウィクの政治論」（行安茂編『H・シジウィク研究』以文社）。
山崎聡（1999），「ヘンリー・シジウィックにおける正義論と経済学」（『一橋論叢』第122巻6号）。
―――（2005），「ピグーにおける正義」（『経済学史研究』第47巻1号）。
―――（2010），「シジウィック―アートとしての経済学」（小峯敦編『福祉の経済思想家たち』増補版，ナカニシヤ出版）。
行安茂（1992），「シジウィクとJ・ロールズ」（行安茂編『H・シジウィク研究』以文社）。

第 4 章

G. E. ムーアと J. S. ミルの功利主義論

はじめに

　ムーアの倫理学は「理想的功利主義」といわれることが多いように思われる。しかし，ムーアを読んでみた時の印象は，彼の倫理学は理想主義的功利主義などではなくて，れっきとした功利主義批判だと考えられる。理想的功利主義といえば，彼の倫理学は，功利主義思想を改良し理想化したもののような印象をあたえるであろう。しかしムーア以前の倫理学説に対するムーアの批判的な意気込みは，功利主義の建設的改善の意図をもつものではなく，むしろはっきりした批判と思考方法の大きな転換を宣言しているように感じさせる。

　もちろん，改良だ理想化だという場合には，ムーアの倫理学は19世紀的な功利主義の継承発展を意味しているかのような印象をあたえるが，逆に批判だ転換だといっても，そのことは功利主義をかなぐり捨てたことを意味するものではない。功利主義を批判するためには功利主義を問題にしなければならず，功利主義を転換するには功利主義のどこをどのように転換するかを問題にしなければならないのであるから，ムーアが功利主義を批判しその思考方法を転換したといっても，功利主義と格闘しているのであって，功利主義とまったく別の思想を提示したわけではない。功利主義に含まれる混乱や矛盾を1つ1つ取

り出して，それを批判しそれらに対する新しい解決方途を示そうとしたのである。その考え方を修正したのである。それでも，ムーアの倫理学を「理想主義的功利主義」と規定するのと，功利主義の批判とその思考方法の転換を図ったとするのとでは，思想史上のムーアの位置づけは大いにちがってしまうだろう。そもそも19世紀から20世紀にかけての思想史の転換の意味づけがちがってしまうだろう。

　本章は，以上のようなムーア評価の違いを踏まえて，ムーアの思想史上の位置づけをどのように考えたらいいかを問題にする。それにしても，なぜ，どのような観点で，このような問題の立て方をしなければならないか。この点については，本論に立ち入る前に，ここでまず簡単な説明をしておかなければなるまい。

　私は，倫理学の専門家ではなくイギリス経済思想史を主として勉強してきたのであるが，イギリス経済学説は，20世紀に入って，特にケインズによって大きな転換を経験している。スミス以降アルフレッド・マーシャルまでの古典派・新古典派的な自動的に均衡可能な市場論が，ケインズによって大きな転換点を迎えた。今ではもはや自動的な均衡市場論といわれうるようなものは，もはやその姿を消したといっていいような状況であるが，こうした状況への明確な舵の切り直しが，ケインズに始まることは論を要しない。

　一方でこのような経済思想史の変遷があるわけだが，振り返ってみると，経済思想史上の諸学説は，それぞれに対応した倫理思想，もっと広くいえば社会思想と手を携えている。各時代の代表的な経済理論は，その著者の，あるいはその時代の経済思想に関連し，経済思想はそれぞれそれに対応する社会思想をもっているし，この社会思想はまたそれに対応する倫理思想と手を結んでいる，というのが実情である。

　スミス経済学説にはスミス『道徳感情論』(1759) があり，リカードウの自由主義的市場経済発展理論には，ベンサムの功利主義が対応している。ジョン・ステュアート・ミルは『経済学原理』(1848) の著者であると同時に，『代議制論』(1861) や『自由論』(1859) や『功利主義論』(1861) の著者として名

高い。ヘンリー・シジウイックは『倫理学の諸方法』(1874) を書いた後,『経済学原理』(1883) をものした。ところで, ムーアの『倫理学原理』Principia Ethica (1903) は, ジョン・メイナード・ケインズの『確率論』(1921) に大きな影響力を持っただけではなく,『一般理論』(1936) のいわゆる不確実性の理論にも大きな影響を及ぼしていると考えられる[1]。

　私が経済思想史を専攻してきたにもかかわらず, なぜ, ムーアの倫理学の思想史上の位置づけに格別の関心をもたざるをえないかというと, それは以上の経済思想史の転変と社会思想史ないし倫理学史との間に相関的な関連が見られるからである。

　そのうちスミスに関しては, その『国富論』(1776) と『道徳感情論』との関係は, いわゆる「アダム・スミス問題」をめぐって, すでに1世紀余にわたってまことに精細に検討されてきている。また, スミス経済学からジョン・S. ミル経済学への変遷も, ベンサム——ミルの功利主義や政治的急進主義, さらには初期社会主義というような19世紀的諸思想に媒介されるものとして, 説明され検討されてきている。しかし, 経済学史上スミスに匹敵するほどの重要性をもつケインズに関しては, いわゆる新古典派からケインズ経済学への転換は, ほとんどもっぱら理論史的な追跡に明け暮れている観を免れない。私は本章で, 19世紀の経済学とは違って不確実性とか不均衡論として特徴づけられることのあるケインズの経済思想の背景の, 少なくとも重要な一翼をなしたムーアの倫理学を, まさに上述の相関的な関連を念頭において, その社会思想史上の位置づけを明らかにしてみたいと思うのである。すなわち, 均衡理論的な経済理論を支えてきた1つの柱としての功利主義に対して, ムーアが, 倫理学の立場でどのような批判を展開したかという問題を検討してみたいのである。

---

1) 和田 (2010), 第9章「G. E. ムーアの倫理学と J. M. ケインズの資本主義観」参照。

1. 欲求の対象と原因

　ムーアは『倫理学原理』第3章「快楽主義」§42で，ミルは欲求の対象と原因を混同しているといって批判している。ムーアは，欲求の対象とその原因を区別しようとしている。ムーアの議論ははなはだ晦渋であり，同じ箇所を幾度も読み返させられてしまう。しかし，現在の期待と未来の結果とは，確率論的な齟齬を持っているという，ムーアの基本的な主張と関連させて解釈すると，彼が欲求の対象と原因の区別を主張する場合の，一貫した意味が判明するように思われる。

　身近な例に託して，ムーアのいわんとしていることを描きだしてみよう。

　ミル的にいえば，我々がポートワインを欲するという時，我々が欲求しているのは，身近な未来に我々が手にするグラス1杯のポートワインが我々にあたえるであろう快であろう。この快は，詳しく分析してみると，我々の欲求の対象とされているのか原因とされているのか，実はいずれであるのか判然としない。判然としないままに，それが欲求の目的でもあり，我々の心を揺り動かしている動機あるいは原因でもあるかのように前提されている。

　ところで，ムーアの批判的な疑問は次の通りである。我々がグラス1杯のポートワインを欲求しているときに，我々が心に描いている快なるものは何であろうか。その快は，まもなく（つまり近い未来に）手にするワインによってあたえられる快であろうか。そうではない筈だと，ムーアは考える。なぜなら，まもなく（近い未来に）手にはいるワインのあたえる快なるものは，我々にとっては，未来の出来事であり未知のものであるからだ。期待した通りのワインが目の前におかれ，期待した通りの味わいを楽しむことができるとは限らないからだ。それでは我々が期待している快なるものは，一体何であろうか。ムーアがいうには，それは，我々がすでに経験し味わったことがあり，しかもそれに快を感じたことのある，その快だというのである。我々はすでに経験し知っている快に動かされて，あるいはその記憶に動かされて，重ねてもう1度，似たような快を感じたいと欲求する。

したがって，我々が現在すでに知っている快の感情が，グラス 1 杯のワインを飲んでみたいという場合の欲求の原因だというのである。欲求のあり方を詳しく分析すると，現在我々がすでに知っている快の感情が，以上のような意味での欲求の原因であるということが浮かび上がってくる。このことは欲求の対象，この場合には，いつかどこかで目の前に提供されることが期待されるグラス 1 杯のポートワインとは，区別されなければならないとムーアは考える。なぜかというと，仮に時間が経ってそのときになって，実際に目の前にグラス 1 杯のポートワインが提供されたとしても，そのワインが期待通りの快を感じさせてくれるかどうかは未知である。期待はずれになるかもしれないし，期待以上になるかもしれない。あるいは，我々の欲求の原因になった既知の（経験済みの）快そっくりの快の感情をもたらしてくれることもないわけではないだろう。しかしいずれにしても，欲求の原因になった快の感情と，実際に手にはいった対象から得られる快の感情とが一致するかどうかは，蓋然的な関係にあるにすぎない。したがって欲求の原因と欲求の対象とは区別しなければならないと，ムーアはいうのである。そしてミルの説明・表現は，欲求の原因とその対象とを混同していると批判するのである。

　ムーアは，§42 で，上記のように解釈できる区別立てを，難解，晦渋な文章でくだくだしく述べている。一読，一体何を狙っているのか不可解な穿鑿をしているようにも思えて，読者を（倫理学の専攻者ではないからかもしれないが）困惑させる。しかしこの §42 の穿鑿は，次のような，ムーア『倫理学原理』の主要な主張になっている重要な論点を念頭において解釈すると，ムーアの意図がはっきりする。ムーアは第 5 章で，現在の期待と未来の結果とが蓋然的な関係しかもちえないということを論じているが，上記の欲求の分析は，この観点からなされていることがはっきりする。第 5 章の論題は，現在の行為の未来における諸結果は，なかなか期待通りというわけにはいかないということを主張している。すなわち現在私が，私の利益になると同時に社会の利益にもなると信じられる行為を行ったとしても，実際には，そのことは，様々な諸事情の様々な影響を受けるから，最終的に，期待通りの社会的善をもたらすとは限ら

ないというのである。

　第3章§42ではまだこうした行為の理論までは話が進んでいない。そのような議論は後回しにされている。その上で，ミルのdesireと言葉の分析をしているのであるが，上記の第5章行為理論へつながるものとして（若干先回りになるが），§42を解釈してみると，その意図，その論脈は首尾一貫したものであることが判明する。

　ここで，欲求の原因とその対象を区別したのは，第5章の行為理論の現在の行為と未来の結果との区別に対応している。後者においては，現在ある意図を持って行う行為の未来における実際の結果は，なかなか期待通りではあるまいというのであるが，欲求分析においては，現在の快の知識を基にしてある期待をある対象に託したとしても，実際に対象を手にした時には，それが当初の期待通りであるかどうかは保証のかぎりではないということをいっている。つまり，これら2つの箇所で，ムーアは同じようなことをちがった事例について語っているにすぎないのである。

　このように解釈した上で，ムーアのミル批判を経済思想史の問題に関連づけてみよう。ミルのように，現在我々が知っている快の感情を基にして何かを欲求し，それを手にいれることができ，しかもその場合に我々の欲求の原因，あるいは欲求の動機通りの対象が手にはいって，期待通りの快の感情が楽しめたとしよう。あるいはこのような考えを下敷きにして，欲求の原因と欲求の対象の概念が同一視されたのだとしよう。こうした考えを功利主義の一般原則に照らし合わせてみると，このことは行為の私的な動機（原因）は，その行為が社会的功利をもたらしうると期待して行われる場合には，期待通りの結果（社会的功利）を実現し，そうすることによって，我々は所期の功利主義的な目的を果たすということになろう。社会的条件が整えられている場合には，私的利益は社会的功利と合致することになる。自由競争とフェア・プレイの私的な経済行動が市場の均衡を結果するということになろう。ムーア倫理学は，こうした経済観に実質上異議を唱えるものである。均衡市場論的な経済観に対して，行動倫理学の側からそれを実質的に批判することになる根拠を提示しているので

ある。この倫理学史上の問題提起は，明らかに，アルフレッド・マーシャルまでの市場均衡論の経済思想史上の伝統を，ケインズ的な不均衡論へ転回させるきっかけになったと考えられる。ケインズ自身は，功利主義と均衡理論的な限界理論との関連についてこう述べている，「限界理論の当初の諸仮定は，功利主義倫理学あるいは功利主義心理学から生まれてきた」と。また，ムーアの圧倒的な影響下にあったアポスルズの会での若き日の信条を回想して，彼はこういっている，「我々は，我々の世代でベンサムの伝統から脱却した最初の，おそらく唯一のグループに属していた」と[2]。

　すなわち，現在の行為は，仮にそれが社会的功利の実現を目指したものであっても，所期の目的通りの結果をもたらすとはかぎらないというのである。そして，この観点から，ムーアは，ミルの倫理説を批判する気になっているのであり，その1例が，大変卑近なポートワインの事例においても読み取れる上述の欲求分析なのであろう。

　ポートワインに快を求めるという小さな事例に関しての快の期待＝原因と期待の対象＝目的との混同批判は，実は功利主義の「基本原理」に対するムーアの根本的な批判と結びついている。このことの理解は，以下に検討するようなムーアの『倫理学原理』の様々な諸問題を理解する上での基本的な視点をなすことであるから，ベンサム功利主義の基本原理についてのムーアの理解について，若干言及しておかねばならない。

　ムーアは「倫理学の主題」と題する『倫理学原理』の第1章§14[3]で，シジウィックのベンサム批判を学びつつ，ベンサムの「道徳体系の基本原理」を「最大幸福は人間行動の目的であり，この行動は一般的幸福に導く」という命題にまとめている。あるいはベンサムの「基本原理は，関わりのあるすべての人々の最大幸福は，人間の行為の正しくまた固有の目的である」という命題にまとめている[4]。ムーアは第2章以下の諸章で，この命題が真であるかどうか

---

2) Keynes (1972), pp. 260, 445, 訳，344, 580 ページ。
3) Moore (2000), §14, 訳，§14. 以下 *Principia Ethica* からの引用は，Moore (2000), §14 のように表示する。

を検討すると宣言している[5]。このことはムーアがベンサム以来の功利主義に関して，功利主義のどの問題，どの側面に批判の目を集中させているかを物語っている。

　もちろん彼は上記の命題を激しい言葉で非難している。その理由は，この基本命題には，目指した目的が実現するかのように前提されているからである。最大幸福は人間行為の目的であるだけではない。「この行動は一般的幸福に導く」conducive to the general happiness とされている。ムーアの基本的な見解は，仮に人間の行為が一般的幸福を目指したとしても，それが目的通りの結果をもたらすかどうかは蓋然的だという点にある。目的通りの結果が得られることもありうるだろうが，そうでないこともありうる。だから最大幸福を目的にするような人間の行為であっても，それは「一般的幸福に導く」とは断言できない。仮に，ムーアのこうした功利主義批判が妥当するものとすると，社会観として，そのことに対応する均衡理論的な市場観も妥当しないことになるであろう。

　いずれにしても，第2章以下の諸章で，ムーアは，ベンサム功利主義の基本原理と見なされた上記の命題が，妥当するかどうかという観点で，ミル『功利主義論』の諸問題，諸困難を検討しているのである。我々もしばらくその議論をフォローすることにする。

2.「望む」ことと「望ましい」こと

　ミルは功利主義の功利＝善＝幸福を証明するために，次のような文章を書いている。ミル『功利主義論』の中でも最も有名な文章，しかもムーアによって批判された文章として名高い文章であるから，その箇所の全文を引用してみよう：──「ある対象が見える visible ことを証明するには，人々が実際にそれを見る see ほかない。ある音が聞こえる audible ことを証明するためには，人びとがそれを聞く hear ほかない。さらに，我々の経験のほかの源泉について

---

　　4)　Cf. Bentham (1996), ch. 1, §1, note, p. 11. Cf. Sidgwick (1907), Bk. 1, ch. 3, § 1, p. 26.
　　5)　Cf. Moore (2000), §14.

も同じことがいえる。同じように，なにかが望ましい desirable ことを示す証拠は，人々が実際にそれを望んでいる desire ということしかないと私は思う。」[6] さらに次のような文章も続く。「なぜ全体の幸福が望ましいかについては，各人は，それが達成できると信じるかぎり，自分自身の幸福を望んでいるという以外に，理由をあげられない。」[7]

さて，ムーアのこの文章に対する批判は次のようなことであろう。Visible も see も audible も hear も自然の生理である。これと並べられた desirable や desire も人間の自然的な心理である。このように自然的な心理によって善を説明しようとする説を，ムーアは自然主義的な誤謬といって，批判しているのである。本章ではこの論点には深くかかわるつもりはない。それは倫理学独自の問題であろう。しかし経済思想史と関連づけられる側面を取り上げるとすれば，ムーアの批判の次のような側面が問題にされなければなるまい。

功利主義によれば，desirable な究極目的は社会全体の幸福＝善である。ところでまた，功利主義においては，各人は自分自身の幸福＝利益を追求することが当然のこととして認められている。そうだとすると，上記のミルの証明は，各人の個人的な幸福の追求が，社会全体の幸福を実現するということを意味している。このことを前提しないかぎり，各個人の desire ＝ desirable ということはできない。したがって，個人の利己的な利益追求（仮にそれがフェアプレイに沿うものであっても）が，必ずしも社会全体の利益，あるいは幸福をもたらすとはかぎらないとみなすような社会観を前提にすれば，ミルの証明は妥当しないことになる。むしろ各個人の desire と社会全体にとって desirable なこととは，ムーアの批判する通り1つの矛盾になるであろう。したがってムーアのミル功利主義論批判は，経済思想史の観点からみれば，19世紀末まで経済理論においてなんとか維持されてきた市場の自然的均衡という理論的仮構を，倫理学の側面で批判していることを意味する。あるいは，シジウイックにいたるまで，なんとか維持されてきた経済理論と倫理学との結びつきを，明確に否定するこ

---

6) Mill (1969), P. 234, 訳，496-497 ページ。
7) Mill (1969), p. 235, 訳，497 ページ。

とになったといわねばなるまい。

　ミル自身はまだ楽観的であって，上記のように，「全体の幸福がなぜ望ましいかについては，各人は，全体の幸福を達成できると信じるかぎり，自分の幸福を望むということ以外に，理由をあげられない」といっているわけであるが，ムーアが感じ取っているように，desire と desirable は合致しない，すなわち各人は全体の幸福を達成できるとは信じられないのだとすると，ミルの究極目的の証明は崩壊してしまう。あるいはミルの『功利主義論』はその論証上の基礎を失ってしまうことになるであろう。

　もっともムーアのこうした批判に対しては，人々が desire するということは望ましいことの経験的な基礎をなすという，ウエスト氏による反批判もある[8]。ウェスト氏は，善そのものは直接には証明できないとしても，この善に対する手段の関係によって間接的に目的そのものの善性が証明できるとみている。Visible ← see, audible ← hear, desirable ← desire。「見る」という経験的な事実を基礎にしないでは，あるいはそのような経験的なことを手段としないでは，「見える」ということは証明できない。これと同じように，人々が望むという経験的な事実なしには，望ましいことを言っても仕様がないし，人々が望んでくれないことを，望ましいこととして押し付けても仕様がないだろう。常識的な，日常的な生活道徳を考える上では，人々が実際に望む事柄の中にだけ，望ましいものを提唱することもできるだろう——というのである。この見解は，近代以前の形而上学的・神学的な倫理観の押し付けに対立しているミルの経験論的立場を明らかにしている点では納得のゆくものではあるが，逆に19世紀末から20世紀初めにかけて，資本主義における個人利益と社会的な功利が矛盾するようにみられるようになったことを反映しているムーアの思想史上の立場を，正当に評価したものとはいえないだろう。

8）　Cf. West (1997), pp. 85–98.

3. 高級な快と低級な快——快の質の違い

　以上のようにみてくるとミルは，社会の自然的調和を前提していたかのようにみえるだろう。個人利害と社会の全体的功利とは自然に合致するかのように思われるだろう。しかし，ミルは，諸個人が自分の幸福だけを追求することが，必ずしも社会の全体的な幸福に一致しないことがあることを，認識していた。そのことは彼の『経済学原理』を想起する時に明らかである。彼は，労働と貧富は逆比例するとみている。常々激しく働いている人たちは，多くの場合貧困であり，ゆとりのある生活を楽しんでいる人たちはえてして労働の労苦を免れている。個人資本家企業で働かされている人たちは，多くの場合，人間としての個人的な尊厳を失っている，等々。例をあげればこのような文章をいくつも列記することができるだろう。こうした資本主義認識には，18世紀的スミス的な楽観的・前望的な資本主義認識との段階的な違いがある。実は，このような認識からは，諸個人の自由な幸福追求は社会的功利を自然に実現するという命題は出てこない。したがってこのことは，彼の功利主義の説明の中に，迷いや混乱ないし難問を持ち込むことになった。

　先にあげた desire = desirable を証明しようとした文章のすぐ後に，彼は「各人は，全体の幸福を達成できると信じるかぎり，自分自身の幸福を望む」といって，（私の付した）下線にみられるような，なかなか難しい限定文を付け加えているし，個人の「幸福は，行為の究極目的の 1 つとして資格があること，したがって道徳的基準の 1 つとして資格があることを，証明し終えたのである」という，何か他にも基準がありそうな割り切れない結論を出しているのである。そうした事情を踏まえて，「これだけでは功利説がただ 1 つの判定基準であるということを証明し終えたことにはならない」[9]と断っている。

　このように，一方では個人的利益と社会的利益との間の調和が可能であるという 18 世紀以来の信条を守りながら，他方では両者の間の乖離・矛盾を認め

9）　Mill (1969), p. 234. 訳，497 ページ。

ざるを得なかった点は,経済思想史上,そしておそらくは倫理学史上における彼の位置づけの1つの特徴を示しているであろう。

　ミルは,諸個人が自分の幸福だけを追求することが,必ずしも社会の全体的な幸福に一致しないことがあることを認識していた。彼が,快楽に質の違いがあるという説を立てたのは,この乖離問題を解決しようとする試みに関係している。高級な快楽の中には,低俗な快楽とは区別された徳が含まれているが,この徳は,まさに個人の関心を全体の幸福につなげる働きを持つものにほかならない。だから彼は,徳の育成の必要性を主張したのである。彼は単なる自由放任的な個人快楽追求者ではなかったのである。

　ところで,シジウイックは,倫理学研究経過の当初から,個人の幸福と社会全体の幸福との間の深い矛盾に気づいていた。ある意味では,この矛盾の解決の方途を訊ねることが,彼の倫理学研究経歴を通じての主眼になっているということは,彼の『倫理学の諸方法』第6版に掲載されている彼の研究経過の彼自身による要約をみると,いかにも歴然としている。そしてこの矛盾はもっと厳しい形でムーアの倫理学に受け継がれている関係にある。

　そこでシジウイックが依拠しようとしたのが,直覚主義である。良心の問題である。ヒューウエルを継承しようとしたのである。すなわち,ミルが快楽の質の違い,例えば徳とか高尚とか上品とかをもちだす場合,「その時我々は,明らかに快楽主義と無関係な選好根拠を導入しているのである」[10]——ということになる。明らかに,ミルが快楽の質の相違という快楽主義と無関係な要素をもちこむことによって処理しようとした,個人の幸福と社会全体の幸福との乖離問題を解決するために,シジウイックは快楽の質の相違の代りに,直覚主義的な良心を持ち出しているのである。高い質の快楽は低級な質の快楽よりも選好されるというのではなくて,人びとはある行為を選びとるための良心と直覚的な判断力を備えているというべきであると考えたのである。そしてこの変

---

10) Sidgwick (1907), p. 95. もし質的違いという問題を持ち込むなら,もっぱら快の量的違いだけを問題にするベンサム主義も妥当しなくなるだろう。泉谷(1995)を参照。

更がミルからシジウイックへの倫理学説の変化の1つの特徴的な論点をなしているのである。

質の高い快楽には高貴な感情が含まれる。そこで次のようにいわれる。「高貴さが他人の幸福をまし，世間一般がそれから計り知れない恩恵を受けていることは疑いない。ここからわかるように，功利主義は，高貴な性格を広く社会全体に開発したとき，はじめてその目的を達することができるのである。」[11]社会環境の改善と教育の改善は，こうした高貴な心情を開発するための手助けとなる[12]。そしてミルはこの社会環境の改善に対して，強い意欲と期待をもっていた。個人の幸福の追求と社会全体の幸福の実現とが食い違っている状態は，世の中の仕組みが非常に不完全な状態にある場合に限られる。だから功利主義者ミルはこの社会状態の改善を目指そうとしているのだし，しかもそのことについて強い自信をもっているのである。実際ミルは，経済学においては，分配制度や経済政策や政府の役割の改善を考察した人であり，政治論においては民主主義的な代議制度論の改善を志向した人であり，さらに自ら政治家として功利主義の実現を可能にする制度作りに尽力した人である。

しかし一般的幸福を目的にするのは，「高貴の人」だけではないようにも表現される。次の表現には実質的にスミスの impartial spectator と同類の語が含まれている。「功利主義が正しい行為の基準とするのは，行為者個人の幸福ではなく関係者全部の幸福である。自分の幸福か他人の幸福かを選ぶときに，功利主義者が行為者に要求するのは，<u>利害関係を持たない善意の観察者と同じように厳密に公平であれということである</u>。」[13]ミルは，有徳な行為を，個人の幸福と社会の幸福とをつなぐ環として意味づけただけではなく，そのためには，明らかにスミス同感理論をも援用して自説を補強しようとしているのである[14]。

しかし，徳は，普通の市民に自然に身につくものと期待されてはいない。す

---

11) Mill (1969), pp. 213-214, 訳，72 ページ。
12) Cf. Mill (1969), p. 215, 訳，474 ページ参照。
13) Mill (1969), p. 218, 訳，478 ページ。
14) 和田（2010），第5章参照。

なわち熾烈な競争に明け暮れる資本主義のもとでは，そのような自然的調和は求めにくくなってしまっていたのである。だから徳は人為的に育てることが大事になる。功利主義はミルの場合，全体の幸福を促進するものとして徳を容認するばかりではなく，徳への愛好心を育てることを命令し要求する[15]。有徳の行為に快を感じるような徳ある行為を，幸福の一部だと感じるような人を育成することが必要になる。一般に徳ある行為は常に快を伴うとは限らないから，徳を求める意志を強くすることも必要になる。

どうすれば徳を求める意志を目覚めさせ，それを植え付け，それを強くすることができるだろうか。そのためには，有徳の行為に快を感じさせ，悪行に苦痛を感じさせるような環境を作り出す他ないだろう。そのためには，教育と世論による，あるいは法的，制度的な意味も含めた様々な社会的サンクションが行われることが必要になる。人間はもともと社会的な動物であるから，このような教育は人間性に反したものではなく，したがって成功すべきものである。後天的に獲得された道徳感情は，だからといって自然さを失うわけではない。後天的道徳感情は人間性から自然にカルティヴェイトされたものだから，なお自然的なのである[16]。そのためには，教育と環境の改善と，さらに様々な意味合いでの社会的サンクションが行われることが必要になる。有徳な行為が，社会的なサンクションによって称賛を受けるならば，有徳な行為が快を伴うことも容易になろう。このような環境が確立すれば，後は習慣の支配を受けるようになるだろう。習慣の結果であるものをintrinsicな善とはいえないだろうが，徳を促進する快の連想は，有徳な行為の確実性を高めるであろう。「もしこの学説が真実なら，功利の学説は証明されたことになる。」[17]

注意されねばならないことは，個人利益と社会利益との間に乖離・矛盾を認めたミルにおいては，徳の人為的な涵養によって，はじめて「功利の説は証明された」ということができたという事実である。

---

15) Cf. Mill (1969), p. 237, 訳，500ページ参照。
16) 彼の自然観については和田（2010），第4章参照。
17) Mill (1969), p. 239, 訳，503ページ。

以上のようなミルの証明に対しては，すでにムーアの師であるシジウイックが批判的な見解を出している。シジウイックは，ベンサムにしたがって行為の内在的な善さは「快楽の量に比例する」という量的快楽主義の命題を支持して，前述のように，高尚な質を持つ快楽が選好されるべきだとするミルの言説は，快楽主義とは無関係な要素の導入だと批判した。ムーアも，シジウイックのミル批判に学んで，あるいは彼の批判を転用して，人々が善を求める時，人々は快楽や幸福だけを求めるのではなくて，善と関係してはいるが一応快楽とは別の諸要因，諸要素を合わせて求めるという新しい論を立てた。快楽や幸福は善を構成する一部分でしかないというのである。後述する有機的複合体という考えがそれである。

　それにしても19世紀のミルはまだ，個人と社会をつなぎとめるための方策を具体的に提出するだけの勢いを持っていた。① 法律と社会の仕組みを個人の幸福や利益が全体の利益に調和するように組み立てること，② 教育と世論が各個人に，自分の幸福と社会全体の幸福とが密接不可分であると思わせるようにすることなどというのがそれである。

　シジウイックにしても，個人と社会の利益対立が，ミルの時代よりもいっそう先鋭化したにもかかわらず，まだ，両者の乖離をつなぐための論理を，苦心惨憺の末とはいいながら，ともかく直覚 intuition と良心という倫理学史上の概念によって樹立しようと試みた。

　しかしムーアは，シジウイックのミル批判を踏襲しているにもかかわらず，シジウイックがミルの欠陥と見なした点を立て直そうとした直覚理論は受け付けなかった。言葉を換えると，善は定義不可能である。それは直覚によって感じるほかはないというシジウイックの理論を受け継いだとしても，個人と社会の対立は，直覚的で良心的な行為によって調和されうるというシジウイックの倫理学説は，ムーアの受け入れるところではなかった。すなわちムーアはミルを批判し，さらにシジウイックを批判しているのであるが，逆にミルやシジウイックに代わるほどの力強い解決策あるいは解決理論を出すことができたわけではない。というのは，ムーアの倫理学は，先行理論に対する批判ではあるけ

れども，個人と社会の対立を止揚するための具体的で力強い新しい思想を提示したわけではないのである。資本主義の発展の諸事情との兼ね合いで，この点の特徴は注意をひかないではすまない問題である。資本主義発展にともなう諸矛盾の深刻化が，そうした建設的な思想の提示を困難にしたのであろう。

4. 手段と目的との混同

ミルはいう，「功利説は，幸福が目的として望ましく，しかも望ましいただ1つのものだとする。これ以外のものはどれもこの目的の手段として望ましいにすぎない」と[18]。すなわち彼は，望ましいものは幸福＝目的だけだといいきることができないで，幸福の手段もまた望ましいという。望ましいものに手段が追加されることから，新しい問題点が生じる。

先に述べた徳も，ある意味では幸福への手段として必要とされることである。有徳の行為は周囲の人たちがそれを称賛してくれる場合には快でありうるが，必ずしも常にそのような賛同と称賛を得ることができるとは限らない。したがって有徳の行為は常に望ましい目的であるわけではない。徳については，功利主義者は，「個人にとって徳それ自体が善でありうる可能性 possibility を，心理的事実として認めている。」[19] このような可能性にすぎないにもかかわらず，「功利主義論者は，究極目的の手段として善であるものの筆頭に徳を置く」[20]。しかしその他にも金銭欲や権力欲や名誉欲というようなことがある。これらは多くの場合，幸福への手段である。金銭は「本来きらきら光るひと山の小石以上に望ましいものではなかったはずである。」[21] この点では徳とは意味がちがう。金銭は，金銭以外のものを手に入れるための手段であるにすぎない。権力欲も名誉欲もそれに似た性質をもっているといえるだろう。

しかし，多くの場合，金銭をもつ人は幸福であるから，連想 association の働

---

18) Mill (1969), p. 235, 訳，496 ページ。
19) Mill (1969), p. 235, 訳，498 ページ。
20) *Ibid.*
21) Mill (1969), pp. 235-236, 訳，498 ページ。

きによって，金銭もそれ自体として望まれるにいたる。金銭は本来ただの手段でしかないのに，それによって獲得されるもの（もともとの目的）以上に，強く求められることが珍しくない。手段と目的が転倒している。金銭はもはや手段としてではなく目的の一部として求められる。権力欲や名誉欲についても同様なことが生じる。手段は連想の働きを介して目的の一部になってしまう[22]。

このような次第でミルはいう，「幸福の成分は全く千差万別である。そして，各要素はそれ自体望ましいのであるが，総計 aggregate を大きくするときだけ望ましいのではない」。権力や名声には直接快楽がいくらか付随しているようにみえる。しかし金銭には，それ自体としては何ら快楽は付随していない。しかしどちらも，連想によって，幸福の一部であり，目的の一部として求められる。「音楽といった快楽，健康といった苦痛の回避は，幸福と呼ばれる集合体 a collective の手段と見なされるべきであるとも，そのためにこそ望まれるべきであるとも，功利の原理はいわないのである。音楽や健康は，それ自体において，それ自体のために望まれており，また望ましいのである。これらは手段であるとともに目的の一部なのだ。」[23]

ミルのこのようなつかみ方は，ミル→ムーアの関係を考える上で面白い問題を連想させる。ムーアは，ミルを功利主義の代表者として取り上げ，ミルに対して全面的に対決しようとしていることは疑いない。しかし，以上のミル説明には善＝幸福は，さまざまな要素の「総計」あるいは「集合体」であるという考えが含まれている。しかも諸要素の総計はそのまま各部分の望ましさの合計ではなく，「各要素はそれ自体望ましいのであるが，総計を大きくする時だけ望ましいのではない」と，まるでムーアの有機的複合体の概念を先取りしたような表現さえみられる。このかぎりでは，ムーアの有機的複合体という発想は，ムーアのミル研究と無縁であったとはとてもいえない。私は，倫理学史の専攻者ではないから，これ以上のことをいう資格はないが，専門家がこの点をどのように評価しているかについては，教示を仰ぎたいところだ。

---

22) Cf. Mill (1969), pp. 235-236, 訳, 498-499 ページ参照。
23) Cf. Mill (1969), p. 235, 訳, 498 ページ参照。

しかし以上のミルの説明には，実はムーアと決定的にくいちがう側面があるのであって，そのことのためにムーアは明確なミル批判家なのである。ミルは，上記の引用文及び参照文において，幸福の手段としてのいくつかの要素を「連想」association によって，手段から目的へ移行させている。つまりは，手段はいつのまにか目的に変じている。こうした混同に対して，ムーアは批判的である。このちがいが，ムーアにとって大きな意味をもっていたことは，『倫理学原理』の第 1 章においてムーアが，手段と目的の混同こそは，ベンサム功利主義の基本原理に含まれる誤謬だと断言し，このことが第 2 章以降の功利主義批判の検討課題であることを予告していることからも判明する（前述）。

　ところで，ムーアにとっては，desire するという行為は desirable なものを得るための手段でありうるが，欲求したから欲求するに値するものが獲得される保証はない。したがって desire と desirable とは，区別されるべきなのであった。この点は先に述べた。しかし，同様な論理を，手段としての徳や金銭欲や権力欲や名誉欲に関して，目的としての幸福との関係に適用してみると，手段と目的の間に蓋然的な離齬があることは明らかである。有徳な人が幸せだとは限らない。そうであることをムーアは 1 つの possibility だと表現している。お金持ちが幸福だとはいえない。これはむしろ資本主義のもとでの常識的な経験である。したがって，手段が連想によって目的と同視されるというミルの表現は，いかにも甘い 19 世紀的な資本主義観を反映しているといいたくなる。ムーアの目には資本主義社会の事情はこのようにはみえていなかったのであって，彼がミルを批判し一般に功利主義を批判するのはこの点にかかわる。

　しかしこのようにいいきってしまうだけだと，ミルとムーアとの違いが強調されるだけで，両者の間にあるつながりがみえなくなってしまうだろう。ミルは手段が連想によって目的と同視されるといっているし，desire = desirable とはいっているのだが，手段が目的を達成しうる蓋然性というムーア的な問題に，注意を向けていないわけではないのである。個人と社会との乖離を評価する，その厳しさがちがうだけである。ミルは次のような注意を喚起している，「それでも徳と，金銭欲や権力欲や名誉欲との間には，次のようなちがいがあ

る。徳とちがってこれらの欲望にはどれも，人間を，同じ社会に属する他の人々にとって<u>有害な人物にするかもしれず，またしばしばそうする</u>のである。」[24] ここではミルは，幸福の手段として欲求される金銭欲は，社会的には有害であることがしばしばあると断言している。この命題は，先にみた手段は連想によって幸福の一部とみなされる，つまり手段は目的を実現するものとみなされるという命題と明らかにくいちがっている。論理的に矛盾している。しかしミルは，これら二様の命題の調整をしていない。

そうだとすると，これら二様の命題の調整は，手段と目的の間の関係を蓋然性の関係に置いてみるということによって可能になるだろう。なぜならこの場合蓋然性は，金銭欲という手段は，社会的幸福を実現することもあるが，それを実現しないこともある，どちらになるか断定的なことは予想できないからである。この事態は，上記に引用したミルの叙述の中に，混乱した形においてではあるが，事実上見出される事柄である。そうだとすると，ムーアの蓋然性論は，ミルにおいて論理的混乱のうちに表現されていたことを，論理的に焼きなおしたという関係にあることが判明する。この点は，従来指摘されていなかったことと思われるが，ミル功利主義に対するムーアの関係を見定める上での1つの要点であろう。

5. 有機的複合体について

前節の趣旨を明確にするために，やや解説的になるかもしれないが，有機的複合体というムーアの独自な言葉を説明しておいた方がいいように思われる。ムーア自身は有機的統一とか有機的全体とか有機的複合体という言葉も使っているが，私はムーアの観点を最もよく言い表しているのは，有機的複合体であろうと思う。

この言葉は，いうまでもなくヘーゲルの有機的統一という概念に対抗して使われている。言葉は似ているのだが発想はイギリス的とドイツ的との違いがあ

---

24) Mill (1969), p. 237, 訳，500ページ。下線は引用者による。

る。ヘーゲルにおいては，周知のように，部分は全体的なものを支えているが，全体から切り離されるとその存在意義を失い，全体は1つの統一的な存在としての意味をもっているが，個別の部分はそれ自体としての存在意義をもっていないというように解されている。これに対して，ムーアの有機的複合体の考えは，部分を，全体とは別個に，それ自体の存在意義をもつものとして個別的に捉えようとするものである。

　ムーアは，快もまた1つの有機的複合体であることを説明した例として，プラトンの『ピュレボス』(21A)から次のような文章を1ページ余にわたって詳しく引用している。——快を享受するには，様々な要素が必要である，知性，記憶，知識，真なる意見，等々。もし知識が欠けているのなら，「君は快楽を享受しているかどうかの知識を持つことができないだろう」。もし記憶を持っていないなら，「自分がかつて快楽を享受したことを思い出すこともできないし，ちょうど今，君に生じている快楽の最小の痕跡さえ後に残らないにちがいない」。等々[25]。

　ムーアがこれほど大きなスペースを割いて文章を引用しているのは，『倫理学原理』全巻を通して例外的なのであるが，このプラトンの文章は，有機的複合体についての説明として，全巻を通じて例外的に簡潔で分かりやすい文章になっている。なるほど快楽の享受が成り立ちうるためには，知性も記憶も知識も真なる意見も必要だろう。快楽の享受，すなわち1つの善なるものは，知性や記憶等々の様々な諸要素によって複合されているのであって，快そのものは（もしそのようなことが認識できるとしても），このようにとらえられた善の一部分であるにすぎない。したがって善は快だけだとはいえないし，逆に快はすなわち善だともいえない。善は，1個の複合体である。

　知識や記憶等々と，快楽の享受という善との関係は，ヘーゲル的な意味で部分と全体の関係をなすものではない。知識にしても記憶にしても，全体（この場合には快楽の享受）から切り離しても，それぞれ別個の意味と意義をもってい

---

25) Cf. Moore (2000), §52.

るのはいうまでもない。全体としての善から切り離して考察することができるだけではなく，そうするほかにしようがないような性質をもつものである。このような方法をムーアは彼独自の方法として「孤立化の方法」と呼んでいる。この見方をヘーゲル的な有機的統一体につきつけているのである。

また，知識や記憶等々は，ある特定の快楽の享受という目的のための特定の手段であるともいえない。例えば先にあげたポートワインによって得られる快楽の例をとってみても，知識や記憶はまさかワインの快楽を目的にした手段としてのみ求められているものではなく，知識が何であり記憶力が何であるかは，ワインとは別個に，それに関することとはちがってもっと一般的な能力として問題にしなければならない。

しかしミルが幸福に関して徳や名誉欲や権力欲や金銭欲を，幸福になるための手段であるという理由で，目的と混同したことに対するムーアの批判には，ある国，ある時代においてその国その時代に特有な意味で有徳の人が幸福である保証はないというような事情のほかに，さらにもう1つのちがった意味が含まれている。幸福のあり方は国により時代により様々である。したがって特定の徳や特定の名誉欲が，どのような国，どのような時代においても普遍的に，幸福をもたらす可能性があるとはいえない。ある時代，ある国での徳，例えば武士道は，今の時代には幸福の手段にはなりえないだろう。この意味でも，徳や名誉欲等々は，普遍的な意味においては，幸福を手にいれるための手段であるとはいえなくなる。このようなことは時代的，空間的に限定されているにすぎない。時代的，国別に限定された善でしかない。

そうだとすると，もっとも深い意味での善，ムーアのいう最高善は，あらゆる国，あらゆる時代を通じて普遍的に善だといいうるような善に限られることになる。それはもっとも抽象的な，人間にとって最も基本的な感情に限られることになる。そのようなものとしてムーアは，美の鑑賞と人格的な愛情とをあげているのである。そのどちらも，様々な要素によって構成される有機的複合体であるとされる。あるもの（自然美であれ人工的な美であれ）の美しさに快を感じているということには，様々な諸要素，それを美しいと感じそれに快を感

じとる人間の知性的，感性的な諸能力が関連している。ある人が，ある人あるいはある人たちに対して愛情を感じ，それがまた快の感覚をともなう場合にも，愛情の対象となる人あるいは人たちの感性的，知性的，道徳的，肉体的，等々の諸要素が問題になるだろうし，愛情を感じる人の側においても，その人の知性的，感性的，道徳性等々の諸要素が，愛情の部分要素として関連しているだろう。すなわち前述の有機的複合体として，人格的愛情を摑んでいるのである。この愛情は快を伴う善であるが，しかし快は，善の大事な要素であるとはいえ，善の一部でしかない。

　この有機的複合体という考えには，ミルの影響がひそやかに入り込んでいるように思われる。先に述べたようにミルも，幸福を1つの集合体 (aggregate, a collective, 前出) と考えた。目的としての快が desirable であるだけではなく，目的を実現する様々な手段も desirable だという意味で，1つの collective だとされていた。シジウイックにいわせれば，功利主義の原理とは無関係な諸事項を，この集合体の中に含ませている。しかも各手段は，目的を達成する上での有効性の大小にかかわらず，望まれるとされていた。このミルの考えから，手段を部分に取り換え，さらに諸部分が快とは別個のもの（前述の「孤立化の方法」で考えられるもの）と置き換えるならば，ムーアの有機的複合体の考え方が浮かび上がってくるだろう。この点を指摘した文献を私は知らないが，専門家の批判と検討を期待したいところだ。

　しかし，ムーアの考えを突き進めると，ふたたびミル批判に逢着する。ミルの幸福論は，主として先進資本主義国イギリスに適合的な議論であった。ミルはもちろん，道徳の時代的，地理的多様性を知らないわけではないが，論じられる内容と例証は主として先進資本主義に適合的だというほかはない。金銭欲が幸福という目的への手段とされ，さらに目的以上に強く欲求されるなどという言明は，その最たる例であろう。しかし，ムーアのミル批判を突き詰めてゆくと，彼の普遍的善，その意味での最高善の考えは，明らかに時代的に資本主義に限定されず，地理的に資本主義国に限定されない普遍性を求めている。ムーアは『倫理学原理』の最終章に The Ideal という題名を付けているが，それ

はプラトンがイデアという言葉で普遍性を求めたのに通じるような意味でidealな善を考えたのであろう。美しいものを美しいと感じとる人間の能力とか人と人との間の愛が普遍的な善だというのは，そのことを意味している。

　こうしたムーアの考えを，1907年に出版されたRashdallの著書[26]は，「理想的功利主義」と名付けている。このように名付けた理由は，ムーアが善を有機的複合体として考えたという点にあるが，おそらくムーアの著作の最終章が，「理想」と題されていることにも関係があるのだろう。彼は幸福を1種の集合体と認めたミル的観点で，ムーアの有機的複合体の考えに賛同しているにすぎないようだし，したがって手段→目的の関連もミルの考えを踏襲しているにすぎない。しかしムーアの最終章は，前述の通り，ムーアの有機的複合体の考えが手段→目的に関するミル的見解を取り払ったうえでのものであり，その意味で快は善の一部分でしかないという形で功利主義への限定づけを意味しているのであるから，そのような功利主義批判を「理想的功利主義」と呼ぶのは，語法違反であるようにも思われる。1907年といえば，ムーアの考えはまだ広く注目され検討されていなかった時期であるから，こうしたミル的残滓を残したムーア論もありえないことではなかったのであろう。いずれにしてもこの命名は，その後安易に踏襲されているようであるけれども，以上の分析から明らかであろうように，なお検討の余地を残している。

6. 正義と義務

　ミル『功利主義論』の第5章（最終章）は「正義と功利の関係について」論じている。彼によれば正義というのは，義務と同様に，法的にも道徳的にも強制される行為であって，この点で慈愛とか親切というような好ましいけれど，傍から強要されたり強制されたりすることのない行為と区別される。他人に対する親切は，人々によって好意をもたれる行為ではあるが，親切の度合いが少ないからといって，何らかの処罰の対象になることはない。このような行為を

---

[26]　Rashdall (1907).

ミルは正義と区別している。しかし，私有財産権の侵害や，他人の身体に害をあたえるというような権利の侵害は，人々の憤慨をひきおこすだけではなく，このような憤慨の感情に基づいて，法的にも処罰の対象になる。正義の侵害は，この点で慈愛や親切と区別される。正義を遵守するのは人びとの義務である。正義以外の事柄を行うかどうかは義務とは見なされない。以上の区別立ては，その論拠づけとともに，アダム・スミスの『道徳感情論』での正義とその他の道徳感情との区別と，大方同じである。スミスのいう同感理論は，前述の通り，スミスの名があげられているわけではないが，ミルの叙述の中に明らかに読みとることができる。

ところで，スミスにおいてさえ，人々の同感能力は，それだけで十分に社会的な調和と調整を実現するものとはなっていない。個々の個人の良心と世論とがくいちがうことがありうる。冤罪を着せられて法的に処罰されるということも生じうる。すなわちスミスにおいてさえ，例外的だとはいえ，正義を行おうとする内的なサンクションとしての個人的な良心と社会的な正義の判断とがくいちがうことがありうる。個人の正義感と社会の正義判断との間に乖離が生じうる。

しかし，ミルにおいてはこのような乖離，くい違いは，例外的な事柄ではなく日常的であり，しかもただに個人と社会の偶発的なくいちがいを越えて，階級的な立場の相違や利害の対立と結びついた社会構造そのものに根ざしている。ミルはいう，「何が正しいかについては，何が社会にとって有用であるかについてと同じく，多くの意見があり多くの議論がある。正義の観念が国民により個人によりちがうばかりではない。……だから正義の命令は必ずしも一致せず，どれかを選ぶには外部の基準によるか，個人的な好みによるほかはない」と[27]。

例えば，刑罰をあたえる場合にも，受刑者の更生を目指すべきだという考えがあるが，社会にふたたび害が及ぶのを防ぐためだとする意見もあり，さらに

---

27) Mill (1969), pp. 251-252, 訳，518 ページ.

は，オウエン氏がいうように，人々の社会的な生活環境に犯罪の素因がある点を十分考慮すべきだという見地もある。犯罪にどのような処罰をあたえるべきかという点に関しても，目には目をというやり方を主張する人もあるが，犯罪を予防するにはどの程度の処罰が必要かという発想もある。協同組合的な組織においても，才能や熟練に比例した報酬の差別化が正しいという考えもあるが，すべての人にできるだけ平等な配分をすべきだという主張もある。課税原則に関しても「正義の基準は何と多く，何と矛盾していることか」と，ミルはその悩みを告白している。ある人は動産に比例した税を，他の人は累進課税を，さらに他の人は誰からも同額を取るのが順当だと主張する。このような例示が示すように，ミルにおいては，人によっても，階級が違っても，違った国民においても，そしておそらくはちがった歴史的事情のもとでも，正義に関する見解は「何と多く，何と矛盾していることか」という多様性が見られる[28]。

そこで，ミルがその解決策として提案しているのが，功利主義である。「こういう混乱から抜け出すには，功利主義の方法によるしかない」[29]。「社会的功利だけがその優越性を決めることができる」[30]というわけである。様々な主張にもとづく行為が社会的功利をもたらすかどうかという結果だけが，決め手になるというのである。

そこで残る問題は2つである。1つは，この社会的功利なるものは明確に判断できるものだろうか。第2は，そもそもある行為が最終的な社会的結果として，善なる結果をもたらすか，どの程度善なる結果をもたらすか，あるいは意に反して悪い結果に終わることがないかどうかという，行為とその最終的な結果との関連はあらかじめはっきり確定できるのか，という問題である。実はこの疑問が，ムーアの取り上げた問題にほかならない。というのもミルの解決策は明らかに不十分なものであったからである。ミル→ムーアのつながりと，ムーアによるミル批判との関係を検討するに先立って，ミルの解決策をみておこ

---

28) Cf. Mill (1969), pp. 252-255, 訳，518-522 ページ参照。
29) Mill (1969), p. 255, 訳，523 ページ。
30) Mill (1969), p. 254, 訳，522 ページ。

う。

　まず第1の問題についてミルの議論を振り返ってみよう。社会的功利なるものは，明確，かつ客観的に判断できるものであろうか。ミルの議論の特徴は，正義についての意見が様々に出されていて，その調整が必要な場合に，それを調整しうるおそらく唯一の基準は社会的功利以外にはないという点にあるだろう。そして原理的に問題を立てる限り，あるいは抽象的にいう限り，ミルがこの点で強い自信を持っていたことは疑いない。そうでなければ，あの『功利主義論』を世に問うこともなかったであろう。

　しかし，こういいきってしまうにはなおいくつかの問題が残されている。正義についていろんな議論が対立している時には，社会的功利は調整基準として有効なのであろうか。その効力について，ミル自身が，「基準を適用するのは難しいにちがいないが，全然ないよりマシである」better than none at all[31]といっている箇所もある。社会的功利の基準はないよりマシだといいのけられたら，誰だって（ムーアでなくても）読者は，ミル功利主義が明確な理論だとは思わないであろう。ミル自身は，社会にとって何が正しいか，何が有用であるかについては多くの議論があることをよく知っていたのであり（前述），「功利は不確実な基準であり，人によって解釈がちがう」ということを「始終聞かされる」[32]と自ら書いている。上述のように，ミルは正義観が人により，階級により，国により，歴史時代により多様であるといっているが，このことは社会的効用についての解釈も同じように多様になりうることを示唆しているのではないか。

　にもかかわらず，ミルが社会的効用を正義の判断基準としてもちだすことができたについては，ミルが人々の様々な意見をまがりなりにも社会的な合意にまとめ上げる方法について，一定の考えをもっていたからであろう。倫理学の枠内では，先にあげたスミス的な同感理論や世論などによる道徳的なサンクションなども，ミルはそれなりに有効だと考えている。しかしそれと併せて，彼

---

31) Mill (1969), p. 226, 訳，487ページ。
32) Mill (1969), p. 251, 訳，518ページ。

は，彼の代議制民主主義論が，人々の多様な利害，多様な意見を，最も合理的，非抑圧的な形で社会的合意に仕上げる政治的な方法だと主張している。また経済学においても，彼は分配制度や租税制度や企業形態の改善などについての政策的，法的な提案を行うことによって，功利主義的な合意を成立させるための経済的基盤の整備を考察している。ミルは，『功利主義論』と『代議制論』と『経済学原理』との全思想体系を相互に関連させて，調整基準としての社会的功利を有効ならしめるための諸方策を考案しようとしているのである。しかし，倫理学の枠内では，多様な正義論の調整基準としての功利主義は十分に証明されたとはいえない。したがって，この問題が倫理学者ムーアに残されたといえるだろう。しかし，ムーアも倫理学の枠内ではこの問題を十分に解決可能なものと考えることはできなかったようにも思われる。

　第2の問題に移ろう。すなわちある行為は，仮に善意をもって行われた時でも，その最終結果が社会的善に結果するということを，明確にいいきることができるのかという問題である。

　ミルはハーバート・スペンサーのミルとの私信を紹介して，次のような特徴的な見解を表明している——スペンサーは，「どのような行為が必ず幸福を生み，どの種の行為が必ず不幸を生む傾向を持つかを，人生の諸法則や生存の諸条件から演繹するほかはないと考えている。「必ず」という言葉を除けば，この説に異存はない」と[33]。この文章は，ミルがある行為は必ず幸福という結果をもたらすとは限らないことを認めていると解釈するほかはない。だからある行為が幸福という結果をもたらすといっても，それはそのような「傾向を持っている」にすぎない。さらに詰めると，ある行為が幸福をもたらすかどうかは，確実だとはいえないということが，ミル自身の言明の中に含まれていることになる。

　このミルの見解をさらに突き詰めるとほかならぬムーアの見解に到着する。ミルは前述の文章に見られるように，行為とその結果とを結びつけるスペンサ

---

[33]　Mill (1969), p. 258 note, 訳，527ページ脚注。下線は引用者による。

ーの必然的法則論的な見方を, 部分的ながら批判している。ムーアもまた, スペンサーの進化論が必然的・法則的な進歩を意味していることを批判している[34]。ミルもムーアも, 行為とその結果とが必然的に結びつくとするようなスペンサーの考えを批判しているのである。

さらに, 次の点でもミルとムーアの間には, 経験論的な常識是認という点で, 似ている点を認めなければなるまい。

ミルは一面では上記のように, 善意の行為が必ず善なる社会的結果をひきおこすとはかぎらないという, ある意味ではまったく常識的な見解を表明しているのであるが, 他方では, 人々はある種の行為が社会的幸福をもたらすかどうかについて, 迷ったり躊躇したりはしないと強調している。「人類は, いろいろな行為のいろいろな傾向を経験し, 習得してきた。人生のあらゆる思慮分別, あらゆる道徳がこのような経験に基づいている。……人類はすでに, ある行為が幸福に及ぼす影響について, はっきりした信念を持っているはずである。このようにして受け継がれた信念は, 一般民衆にとって道徳律となる。哲学者にとっても, さらに良いものを見つけ出すまでは, やはりこれが道徳律である」[35]。

ムーアも, こうした常識によって経験的に培われた行為と結果との連関に注目する。過去から現在にいたる経験の積み重ねの中で確かめられたある種の行為とその社会的結果を, 人々は, 現在の行為選択に際して大いに参考にするだろう。多くの人々は, 行為決定に際して常識の枠内にとどまるのが無難だと判断する。人々は, 過去から現在にかけて, ある種の行為が, 社会的な善をもたらしたということを確かめている場合には, 今, そのような行為を行ってもこれまで同様に善い社会的結果がもたらされるだろうと推定するだろう。特にその行為の, 見通しのきくほどの短期的な近未来に関しては, このような推定をすることが多いだろう。ムーアもこういって, 過去の経験に依拠しようとし, したがってまた常識的な見解に同調しようとする。そしてこの点までは, ミル

---

34) Cf. Moore (2000), §§29-33.
35) Mill (1969), p. 224, 訳, 484-485 ページ。

とムーアの間には似たような経験論的・常識論的推理が働いている。実はこの点が後年，ジョン・メイナード・ケインズによって，頻度論的な予見理論として批判された論点である[36]。

しかし，諸事情は常に変動常なきものであるから，過去の経験に頼れないような新しい事情の下での新しい行為をあえて試みようとするときには，過去の経験に依存しようとするこのような頻度論的な予見や行為選択は可能であろうか。そのような新らしい事態については，過去の経験に依拠すべき資料が欠けているのである。この点については，ムーアの見解は大変厳しい。そのような行為を選択しようとする時，行為者が行為の目的として社会的幸福をもたらしたいと意図しているとしても，この善意の意図が実現するかどうかは蓋然的でしかない。確率の度合いも大変低い。ある行為はすぐにもある結果をひきおこすだろう。しかしこの1次的な結果はすぐに次の2次的結果をひきおこす原因になるだろう。2次的結果はさらに次の3次的な結果をひきおこさずにはいないだろう。こうして原因と結果の連鎖が次々に続くだろうが，時間の経過が大きければ大きいほど，最終の結果が，最初の意図通りである確率は小さくなるだろう。したがって，見通しのきく近未来の結果については，いくらかでも行為の結果が予測できるとしても，———とはいってもこのことでさえも大変難しいだろうが，遠い未来の結果がどのようになるかについての予測は，ほとんど不可能である。

ムーアはこのような行為とその結果との不確定な蓋然的関係を強調した。前述のように，ある行為はある目的を果たすための手段であるが，両者の関係は蓋然的なものでしかないから，ムーアは前述のように手段と目的との区別を強調することになった。そして，この点がムーアとミルとを分ける分水嶺であることは，以上に述べてきた議論によって明らかであろう。

先のミルからの引用文からも想像されるように，ミルがその『功利主義論』で主として主張しているのは，幸福が道徳的行為の最終目的だということであ

---

36) 和田 (2010), 第9章参照。

り，善意志を持った人々の行為は社会的な功利をもたらしうるということである。しかし，『功利主義論』では，多くの場合，そのような行為が社会的幸福をもたらすだろうことを，むしろ前提しているか，あるいはそれを期待しているか，あるいは過去から現在にかけての経験によって醸成された常識的判断に依拠してそのことを肯定している。したがって，新しい事情の下での未来に向けての新しい行為が，未来においてどのような結果を生じるかという点については，本格的な考察はなされていない。これと対照的に，ムーアが問題にした行為倫理学において主として問題視されているのは，将来に向けての諸行為が，所期の目的通りに社会的善をもたらしうるかという点である。それによって明らかにされたのは，善意の行為がその目的通りの社会的功利をもたらしうるかどうかは，必ずしも確定的ではないということである。この不確定性に倫理学の論議の集約的力点を置く点でムーアとミルは対照的な関係にある。

　ミル『功利主義論』の最終章は「第5章：正義と功利の関係について」であるが，ムーアは，あたかもミルのそこでの論述を念頭に置いて，それを批判の俎上に乗せているような議論を，『プリンピキア・エティカ』の「第5章；倫理学の行為に対する関係」で展開している。もはや本章の紙数を増やすこともできなくなったので，その章の各セクションの見出しを参照して，ムーアが力点を置いた主張を概観すると，①仮にミルの問題提起を考慮して，ある行為が正しい（したがって義務である）という主張が，その結果が可能な限り最善であろうという主張を意味するとしても（§89），②善意の行為が社会的善という結果をもたらすのは蓋然的でしかない。したがって厳密な意味では，「義務」が何であるかを知ることは不可能である（§91），③したがって，我々にできることは（したがって義務だといいうることは）ある状況の下で，いくつかの行為の選択肢のうちどれが相対的に最善の近未来の結果をもたらしうるだろうかを示すことであろう（§92），④しかしこの予見作業でさえもはかりしれないほど困難である（§93以下）等々——ということになる。

　このような概観からいっても，また本章で上述してきた諸論点からいっても，ムーアの倫理学が，ベンサムやミルの功利主義を限定的に見ており，その

枢要点の1つ（行為と結果との関係）を批判していることは明白であろう。この意味では彼の立場を理想的功利主義と評価するのは，やはりなお問題だというほかないのである。

参 考 文 献

Bentham, J., *An Introduction to the Principles of Morals and Legislation*, ed. by Burns, J. H., Hart, H. L. A., and Rosen, F., Cralendon Press, 1996.

Mill, J. S. (1969), "Utilitarianism", in *Collected Works of John Stuart Mill, Vol. X, Essays on Religion and Society*, Univ. of Toronto Press. 伊原吉之助訳，「功利主義論」『世界の名著，38，ベンサム・J. S. ミル』所収，中央公論社，1971年。

Moore, G. E. (2000), *Principia Ethica*, revised ed., by T. Baldwin, Cambridge Univ. Press. 泉谷周三郎・寺中平治・星野勉訳『倫理学原理』三和書籍，2010年。

Keynes, J. M. (1972), *The Collected Writings of John Maynard Keynes*, Vol. X, Essays in Biography, MacMillan. 大野忠雄訳『ケインズ全集』第10巻，東洋経済新報社，1980年。

Rashdall, H. R. (1907), *TheTheory of Good and Evil*, Clarendon Press.

Sidgwick, H. (1907), *Methods of Ethics*, 7th ed., MacMillan.

West, H. R. (1997), 'Mill's Proof of the Principles of Utility', in Lyons, D. (ed.), *Mill's Utilitarianism,* Rowman & Littlefield Publishing.

泉谷周三郎（1995），「シジウイクからムーアへ」，行安茂編『H. シジウイク研究』，以文社。

和田重司（2010），『資本主義観の経済思想史』，中央大学出版部。

第 5 章

「理想的功利主義」と正義論

> 「倫理学は目的論的でなければならないという功利主義的原理を倫理的目的の非快楽主義的見解と結合する倫理学に関するこの見解を,私は理想的功利主義と呼ぶ。この見解によれば,行為は,それらがすべての人間に対して理想的な目的ないし善を生みだす傾向にあるにしたがって正しいか誤っている。そして,その目的ないし善は快楽をふくむが,快楽には限定さない。」[1]

はじめに

　近代功利主義はベンサムによって体系化され,J. S. ミルや H. シジウィックによって継承・展開され,19 世紀を通じて支配的な思想潮流となった。その意味で,功利主義は 19 世紀における経済学の形成・発展にも深い影響を及ぼした。1930 年代になってライオネル・ロビンズがピグー厚生経済学を科学と倫理ないし価値判断とを混同するものと批判[2]したときでさえ,政策論のレベルでは自らを「暫定的功利主義者」と規定したほどであった。いいかえれば,功利主義は 20 世紀にはいっても,様々な批判にさらされつつ,なお大きな影

---

1) Rashdall (1907), Vol i, p. 184.
2) Robbins (1935), ch. 6, 訳,第 6 章;cf. Robbins (1938), pp. 635-641.

響力をもちつづけたということができる[3]。そうした功利主義に対する批判として，おそらくもっとも重要な影響力をもったのは1971年に出版されたロールズの『正義論』[4]であった。

　ロールズ『正義論』の方法が，カント的構成主義に立脚しつつ，功利主義は目的論的であり，人格の個別性や人格間の相違を無視していることを批判し，道徳論のレベルにおいて人格をその目的から峻別し，人格の自律性を強調するものであったことは周知のところである。ロールズ自身は後に道徳論における正義論を修正し，「政治的リベラリズム」[5]，すなわち政治的レベルにおける正義論に自らを限定することになったが，そうしたロールズの方法や論理に対して様々な批判が加えられ，それらの論争を通じて現代政治哲学ないし社会哲学が発展させられてきたことも周知のところである[6]。ロールズにおける「修正」の意味やこれらの論争に立ち入ることは本章の課題ではないが，いずれにしてもロールズ『正義論』の出版によって功利主義思想が再検討を迫られることになったことは間違いない事実であろう。筆者は前稿で，そうした視点からベンサム功利主義の思想構造と経済学について検討した[7]が，本章ではそれらの作業をひとまずおいて，19世紀末までの功利主義批判や思想の発展をふまえて

---

3) 20世紀にはいって，倫理学においても直感主義の立場からする功利主義批判の強力な潮流が存在した。代表的なものとしてはRoss (1930), Prichard (1949) を挙げることができるだろう。また，ロビンズの批判をめぐって経済学者の応答が次々と現われ，*Economic Journal* 等を中心にして論争が展開された。代表的な経済学者としては，Harrod (1936), Kaldor (1939), Hicks (1939) 等がいる。経済学史の展開という視点から，これらの論争について整理し論争の内容を明らかにしておくことが必要だろう。邦語文献としては，松嶋（1993），松嶋（2005），川俣（2005）等が参考になる。

4) Rawls (1999), 訳（1991）.

5) Rawls (1996).

6) ロールズ正義論の方法的特徴を的確に論じたものとしては，コミュニタリアニズムの立場からではあるがSandel (1998), ch. 1, 訳（2009），第1章が有意義である。なお，ロールズ『正義論』以後の現代アメリカ政治哲学における論争は現代社会が直面する諸問題をめぐってなされており，他の研究領域からも十分参照するにあたいする内容をもっている。この間の論争の整理と問題点の指摘としてはKymlicka (2002), 訳（2006）がすぐれている。

7) 音無編（2007），第2章「ベンサム功利主義の構造と初期経済思想の展開」。

功利主義の再建を試みたH.ラシュドールの「理想的功利主義(Ideal Utilitarianism)」論について整理し，検討することとしたい。

「理想的功利主義」という用語は，ラシュドール(Hastings Rashdall, 1858-1924)『善悪の理論』(1907年)において提起されたものだが，その直前に刊行されたG. E. ムーア(George E. Moore)『倫理学原理』(1903年)[8]も基本的に同様の主張を行っていたといえる。両者ともに，従来の「快楽主義的」功利主義を批判しつつ，功利主義倫理学の新たな展開を試みたものといえるが，その背景にはT. H. グリーン以来のイギリス理想主義の思想潮流の台頭と，そのなかでのカント，ヘーゲルのドイツ観念論哲学にもとづく経験論的な功利主義に対する批判が展開されたというプロセスが存在した。しかし，ムーアの場合，後にも触れるように倫理学の最重要概念とされる「善」の概念はきわめて抽象的かつ単純であったのに対して，ラシュドールの場合，その「善」概念はムーアと共通する一面をもちつつも，多様な構成要素からなるという違いがあった。

以下，本稿では『善悪の理論』を対象として取り上げ，まずシジウィックまでの従来の功利主義に対するラシュドールの批判を整理し，次いでラシュドールの積極的な主張である「理想的功利主義」とそれに密接に関連する正義論について見ていくことにしよう。

1. ラシュドール『善悪の理論』

功利主義思想の歴史において「理想的功利主義」という用語が初めて登場したのは，前述のように，上記ラシュドールの著作第1巻第1編第7章においてであった。ラシュドール自身[9]は，他にヨーロッパ中世の大学史や神学的な諸著作を書いているが，功利主義思想史家スカールによれば，本書は「不当な無視をこうむってきた」[10]著作であった。事実，内外の功利主義研究史ないし倫

---

8) Moore (1996), 訳 (1975), 訳 (2010)。
9) ラシュドールの伝記としてはいくつか存在するが，簡潔で要を得たものとしてはSweet (2010), pp. 548-551 を参照。
10) Scarre (1996), p. 118.

理学史においても，G. E. ムーアの影に押しやられ，脚注その他で言及されることはあっても，従来本格的に研究されることはほとんどなかった[11]。その理由として考えられるのは，第1に，本書がその構成のうえで，神学的な傾向を帯びた著作であるとの印象を与えること，第2に，多岐にわたる論題が取り上げられ，その論述も錯綜していることである。そして，第3に，本書の叙述中に散見されるように，本書がプラトン批判とアリストテレス倫理学を思想的背景としつつ，イギリス理想主義の功利主義批判を克服しようとしており，その意味で本書を十分理解するには，相当に広い思想史的パースペクティブを必要とするという事情が考えられる。しかし，本書が「無視をこうむってきた」背景には，やはりムーア『論理学原理』の影響が大きかったことは否定できないだろう。

　ここで，ムーア『倫理学原理』とラシュドール『善悪の理論』との関係について少し触れおくことにしよう。

　ムーアの同書もまた，イギリス理想主義の功利主義批判をふまえつつ，従来の功利主義を克服しようとするところに，その狙いがあったと見ることができる。実践倫理学（行為理論，同書第5章）のレベルでは，彼ははっきりと功利主義の立場にたっており，メタ倫理学のレベルでも，（理想主義の批判にさらされてきた）従来の功利主義とは異なる論理を確立する必要があった。その場合，ムーアのとった立場はケンブリッジ・プラトニストのそれであり[12]，（プラトンの「イデア」論の構想によりつつ）従来の功利主義が快楽という人間の自然的な感情にもとづいて「善」を定義してきたこと，そして同時に，イギリス理想主義の

---

11) 上記 Scarre (1996), pp. 118-122 は数少ない例といえる。Scarre の同書とほぼ同時期に出版され，1990年代における功利主義研究書として定評のある Goodin (1995)，また比較的最近出版された功利主義の研究書ないしテキスト，例えば，Braybrooke (2004) や Bykvist (2010) 等においても，ラシュドールの名前すら言及されていない。わが国では唯一の例外として大正期に中島力蔵 (1916) がラシュドールを取り上げている（第5章）が，原書が出版されて10年も経過していないことを考えれば注目される。ただラシュドールの学説の正確な分析というより，一部を訳出し若干の解説を付して紹介する域以上にでていない点はやむをえないであろう。

12) Moore (1903), p. xvi. 訳 (2010), 8ページ。

形而上学も「価値」や「理念」を実在によって説明してきたことを批判し，両者ともに「自然主義的誤謬」におちいってきたことを指摘したことは周知のところである。ドイツ観念論の系譜にたつイギリス理想主義からの批判に対して，イギリス経験論の系譜に属する功利主義を擁護し発展させようとする点では，ムーアとラシュドールの狙いはむしろ基本的には共通していたといってよい[13]。その場合，両者とも，最終的にはシジウィック功利主義が未解決のままに残した「実践理性の二元性」の克服を課題としていたということができる。

ムーアに対して，ラシュドールの特徴は，アリストテレスの倫理学思想・善概念をふまえつつ功利主義思想を再建しようとしている点にある。確かに，スカールも指摘しているように，「快楽」を「善」の下位概念に位置づけるラシュドールの見解は，もはや功利主義ではないともいいうるが，ムーアと同様，やはりシジウィックの功利主義（「合理的功利主義」とされている）論に残された課題を克服することが主要な狙いの1つとされていることを考えれば，その思想性格はやはり功利主義といえる[14]。

しかし，そうした問題意識と課題の共通性と同時に，両者のあいだにはいくつかの重要な相違点が存在する。第1に，「善」概念の内容（メタ倫理学）において，「定義できない」とされたムーアの「善」概念は，最終的には「人間的交わりの快楽」と「美的対象の享受」以外にはほとんど内容をもたないきわめて抽象的かつ単純なものに還元された[15]。これに対してラシュドールでは，「善」の概念は抽象的・一般的な善と特殊的・具体的な善とに区別され，後者は多様

---

13) 両者の共通した背景をなしているイギリス理想主義の研究としては，Nicholson (1990) がすぐれている。Sweet (2010) も役だつだろう。Hylton (1990), Part I もイギリス理想主義の解説をふくんでおり有益である。個別研究であるが，Dimova-Cookson and Mander (2006) や Sweet (2007) 等もイギリス理想主義の理解に役だつだろう。

14) 事実，Scarre (1996) もムーアとラシュドールをシジウィックの「直感主義的功利主義」のあとに一括して扱い，「理想的功利主義」として論じている。

15) Moore (1903), p. 237. 訳 (1975), 245 ページ，訳 (2010), 329 ページ。ただし，後者では，「人間的交わりの快楽」は「人格間の交わりからくる楽しみ」と訳されているが，"human intercourse" はやはり「人間的交わり」とすべきだろう。

な要素からなるものと考えられた。第2に、行為論（実践倫理学）において、ムーアでは正義論への論及がきわめて弱いのに対して、ラシュドールでは非常に重視されている。むしろラシュドールの『善悪の理論』では正義論は独立した章（第1編第8章）として論じられ、同書の中でも最も多いページ数を占める章となっている。『善悪の理論』にはムーアへの言及は意外と少ないが、随所にムーアを意識したと思われる文言が散見され、それだけムーアを意識していたともいえる。そして、そうした相違がムーア『倫理学原理』の存在にもかかわらず、ラシュドールに『善悪の理論』を執筆させた理由であったと考えられる。具体的な分析にはいる前に、あらかじめ『善悪の理論』の構成を示しておくことにしよう。

　第1巻。第1編　道徳的規準。第1章　序論。第2章　心理的快楽主義。第3章　合理的功利主義。第4章　直感主義。第5章　定言的命題。第6章　理性と感情。第7章　理想的功利主義。第8章　正義。第9章　処罰と許し。

　第2巻。第2編　個人と社会。第1章　快楽計算。第2章　すべての価値の通約可能性。第3章　自己実現と自己犠牲。第4章　召命。第5章　道徳的権威と道徳的自律。第3編　人間と宇宙。第1章　形而上学と道徳性。第2章　宗教と道徳性。第3章　自由意志。第4章　道徳性と進化。第5章　決疑論、その可能性と限界。

　見られるように、とりわけ第2巻には宗教的な色彩の濃い表題が多く見られるが、それらはイギリス理想主義のなかで論じられたテーマに関連させてラシュドール自身の見解を論じたものである。しかし、功利主義にかかわるラシュドールの主張は主として第1巻で論じられ、第2巻での関連する章はそれらの主張を補完し強化する位置を与えられている。

2. 心理的快楽主義批判——ベンサム、ミル論

2-1. 快楽と欲求

　ラシュドールが先行功利主義としてまず取り上げているのは、「心理的快楽主義」と規定されるベンサムとミルの功利主義である（第1巻第2章）。ラシュ

ドールによれば，ベンサムとその後継者たちは，行為は最大の快楽を生むか否かによって正しいか誤りであるとする倫理学説にたっているが，快楽以外の何ものも欲求の対象とはなりえないとするこの学説のもっともらしさは，次の3つの異なる意味の混同に由来している。

(1) 私はつねに，行う瞬間に私にもっとも快楽を与えることを行う。
(2) あらゆる行為の動機は，ある将来の快楽であるが，その将来の快楽が必ずしももっとも強いものだとはかぎらない。
(3) あらゆる行為の動機はつねに，全体としての快楽の最大量である[16]。

そして，心理的快楽主義者たちによって明示的に主張される学説は，(3)であるが，そのもっともらしさは前者の1つまたは2つとの混同から生じているのである。しかし，第1に，快楽の欲求が人間の行為を生じさせる動機であり目的であることを認めるとしても，欲求されるのは快楽一般ではなく，ある特定種類の快楽である。その場合，人間精神は，公正かつ正確な計算機械でないばかりでなく，より強烈とは考えられない特定種類の快楽を欲求することがありうるのである。そのことは快楽以外の要素が判断にはいりこんでいることを意味し，快楽の欲求のみが人間の行為を鼓舞しうる唯一の動機ではないことが知られる。第2に，欲求の満足には快楽がともなうことは事実であるが，そのことは，ある対象が快適であると考えられるに比例して欲求されると主張することとは非常に異なることである。ラシュドールによれば，欲求によって快楽が生みだされるのであって，快楽によって欲求がつくりだされるのではない。その意味で，快楽主義的心理学の主張は，馬の前に馬車を置くという「倒逆論法」におちいっているのである。例えば，知識に対する欲求をもたない精神には，知識は快適ではない。仁愛の場合，ある人が前もって隣人や人類一般の善を欲求するがゆえに，仁愛は彼に快を与えるのである。しかし，欲求が前もって存在するためには，欲求の対象に対して「関心をもつ (interested)」ことがまず必要である。したがって，「純粋に官能的な快楽」を除いて，心理的快楽主

---

16) Rashdall, p. 8.

義に基づいて快楽を説明することはできないのである[17]。

　以上では，社会が発展した段階における成人の意識についてのみ考察してきた。しかし，「進化」の観念に照らしてみるとき，心理学の領域においてダーウィンの進化論が強調した1つのことは，動物や未開人における傾向性，衝動，本能の存在であり，彼らの行動はそれらから生じてくるということである。このことは，幼児にも当てはまる。本能や衝動の充足は快楽をもたらし，したがってそれらは全体として快適である行為を促進する傾向にあることは事実である。しかし，動物の本能や衝動は，自己保存的であるよりは種保存的であり，それらはしばしば危険にたち向かったり，苦痛の源泉となる。したがって，強調されなければならないのは，幼児や動物の意識行動は心理的快楽主義によってはほとんど説明できないということである。

　利他主義は利己主義から発展したといわれる。しかし，人間と動物が種の保存と自己保存との本能をつねにもってきたことは前述の通りである。発展した人間における利他主義は社会的および種保存的本能から進化したものであり，利己主義は自己保存的本能から進化したものといえる。人間の場合，それらの進化には，低級な動物にはない知的発展をともない，本能や衝動は反省され，思考の対象となり，欲求となるのである[18]。

1-2. 快楽の質の問題

　次いで，周知の（ミルにおける）快楽の質の問題が検討される。ラシュドールによれば，人が欲求するのは快楽一般ではなく，特定種類の快楽である。ここから，人々が快楽のより大きな強度（＝量）以外の理由から快楽を欲求するとすれば，快楽の優れた倫理的な質や地位，尊厳が彼らの選択における決定的な要素となりうる。そうであるとすれば，このことは特定種類の快楽の選択において，たんに快楽の量以外の要素がはいりこんでいることを意味し，したがって快楽の質が主張される場合，その主張はもはや心理的快楽主義ではないこ

---

17) *Ibid.*, pp. 12-17.
18) *Ibid.*, pp. 22-24.

とに（ミルは）気づかなかったのである。

　ここで「心理的」とは，各人は，他の人々の心の中で進行していることが言葉と行為によって示されているかぎりで，その観察に助けられて，自分自身の心の中で進行していることを観察し分析して，独自の選択をするということである。

　心理的快楽主義のさらなる困難は，死後にならなければその結果を享受できないにもかかわらず，その達成に骨折ったり，自己犠牲を払う場合に生じる。例えば，ヒュームやギボンのように，そのライフワークを鼓舞するのに大きな比重を占めていた文芸上の「虚栄心」や「野心」はどのように説明できるのだろうか。――そのような動機によって影響される人は，死後に称賛されることを考えることが，現在快楽を与えるがゆえに，そのように骨折ったり，自己犠牲を払うのだと説明される。しかし，心理的快楽主義の体系では，たんに思考（思惟）に現われるだけで何かが快楽を与えることは説明できないのであり，ここでもまた心理的快楽主義は，快楽によって欲求を説明するという「倒逆論法」におちいっている。さらに，無神論者であるため犠牲になり，自ら進んでギロチンにかけられる場合，将来の意識の状態を信じないのであるから，その場合はとりわけ，心理的快楽主義は現在の快楽のみから行為を説明するという極端な「倒逆論法」におちいり，致命的な誤りを犯していることになる[19]。

1-3. 良心の問題

　ところで，心理的快楽主義の「最後の隠れ場のひとつ」として「良心」の問題がある。「良心」によって道徳的行為の正当化が試みられる場合，そうした道徳的責務を課す良心の快苦が非常に強調されている。（ここでも，ミル『功利主義論』における「良心」論が念頭におかれていることは明らかである。）しかし，この場合も，快楽以外のあるものに対する欲求の存在が仮定されていることは明らかである。例えば，自分自身の道徳性へのその人自身の純粋に内省的な満足

---

19)　*Ibid.*, pp. 25-30.

や誘惑に対する勝利等への欲求である。この場合も，真実は，それらの欲求の満足から快楽が生じ，その逆ではないのである。したがって，このような重要な場合にもまた，心理的快楽主義は快楽から欲求を説明するという「倒逆論法」におちいっているといえる[20]。

1-4. T. H. グリーン学派批判

以上のように，心理的快楽主義が快楽と欲求の関係を反対に把握してきたことを具体例をあげてくり返し指摘してきたラシュドールは，以下のように，自己の主張をまとめ，あわせて心理的快楽主義に反対する側の「誇張」が，かえって心理的快楽主義の受容を助長してきたことを指摘している。その中で，特に注目されるのは，反対側とされるグリーンおよびその学派への言及である。

(1) あらゆる欲求の充足は快楽を与える。したがって，その欲求が達成される前に，観念の中で快適なものと考えられる。

(2) さらに，ある欲求の充足についてのこの思い描かれた快適さは，欲求そのものを説明しないけれども，欲求の強さを大いに増大させる。この事実は，近代の反快楽主義者たちが否定しないまでも無視した真理であり，アリストテレスがプラトン主義者に反対して明瞭に認識した真理である。

(3) 「公平無私な (disinterested)」欲求の重要性はバトラーによって強調されたが，しかし，バトラーの意に反して，その「公平無私な」欲求は悪しき欲求となる場合もありうることに注意すべきである。最高度の公平無私性 (disinterestedness) というのは，道徳的ないし普遍的要素が欲求に入りこみ，善の一部である目的を欲求の対象とする場合である。

(4) 快楽は，欲求の唯一の対象ではないけれども，それにもかかわらず欲求のひとつの可能な対象であり，また，快楽の欲求は，それだけでは行為の源泉を説明できないにしても，人間生活において広く作用するものである。しかし，バトラーは，この事実を無視している。

---

20) *Ibid.*, pp. 29-30.

(5) 近代の反快楽主義者たちは快楽に対する欲求をすべて無視したわけではないにしても，グリーンとその学派は人々が「快楽の総計」を欲求する可能性を否定した。しかし，快楽がある総計として享受されえないという根拠を理解することは困難である。確かに，「快楽の総計」という観念が倫理的基準としてどれほど欠陥があるかについては後に考察しなければならないが，そのような「快楽の総計」を欲求する不可能性を理由として快楽主義的倫理学ないし快楽主義的心理学に反対することはできない。

(6) 最後に，「快楽のパラドックス」と呼ばれるもの——「あなたが快楽を目的とするなら，それをえることはないだろう」，あるいは「快楽をえるには，快楽を忘れよ」——は成り立たないだろう。それは，個人的行動の唯一の導きとしての快楽計算に反対する真面目な議論としては理解しうる。しかし，例えば，旅行に出かけるとき，事前にどのコースを選択すべきかを注意深く考慮したから，休日をエンジョイし損なうということなどありえない[21]。

以上のような要約と関連させて，ラシュドールは，最後に特に節を設けて，グリーンおよびその学派の倫理学説もまた誤っていることを論じている。ラシュドールによれば，グリーンはバトラーの「公平無私な (disinterested)」欲求の存在を受けいれる点でシジウィックに同意しているが，同時にグリーンの諸著作には，それとは両立しえない「自己満足を追及する」という観念が存在する。しかし，この2つの学説は敵対的で明らかに矛盾している。最近のグリーン学派の著者たちはこの事実を認め，むしろより明示的に「自己満足」の観念を採用している。つまり，彼らは，快楽主義者であることなしに，利己主義者なのであり，あらゆる行為は「利害関心的 (interested)」であることを認める。そうした学説では，隣人の善は目的としてではなく，手段——自分自身の魂の高揚のための手段——とみなされる。そのような学説は，古い「魂の救済」観の再現であるが，問題は，彼らの学説もまた先に見たのと同様の倒逆論法をふ

---

21) *Ibid.*, pp. 31-38.

くんでおり，心理学的に誤りであるという点である。言いかえれば，彼らの学説においても，「満足」が欲求の条件とされている。しかし，欲求が満足の条件であるというのが，真実である[22]。

これらの箇所に付した長い脚注において，ラシュドールは上記の主張を裏づけるイギリス理想主義者の具体的人物としてF. H. ブラッドリーとJ. H. ミュアヘッドを取り上げ，さらに批判している[23]。

以上から，ラシュドールによるベンサム，ミルの批判および反快楽主義としてのイギリス理想主義に対する批判は，要約すれば，両者の学説ともに「快楽」ないし「満足」から「欲求」を説明するという転倒（＝「倒逆論法」）を犯しており，論理的には成立しないことが強調されているといえる。

3. 合理主義的功利主義批判――シジウィック論

3-1. ミルとシジウィック

続いて，「合理主義的功利主義」としてシジウィック功利主義について論じられる（第1巻第3章）。ラシュドールによれば，倫理学の究極的基礎に関する合理主義的見解と行為の快楽主義的規準とを結合しようとする著者のうちで，最も卓越しているのはシジウィックである。そして，イギリス功利主義史における彼の位置は，ミルによって残された問題点から出発した点にあるとされる。ミルによって残された点とは，ラシュドールによれば，心理的快楽主義を「利他主義」ならびに「徳の公平無私な愛」と和解させることであり，そのための方便として提示されたのが「快楽計算に，程度の相違には解消しえない種類［質―音無］の相違を導入する」試みであった[24]。すでに言及されたように，快楽に質を導入し，量的に少ない快楽であっても，より質の高い方を選択する

---

[22] 功利主義には，このように欲求をより根源的とみなす "desire theory" と快楽主義的な "happiness theory" とがあり，20世紀になると前者が広く受け入れられるようになったことについては，Brandt (1992), pp. 158-175 参照。

[23] *Ibid.*, pp. 42-43. イギリス理想主義に属する両者については，Nicholson (1990) の末尾に付された Bibliography，および Sweet (2010), pp. 125-132, 486-489 を参照。

[24] Rashdall, p. 49.

ということは，たん快楽のみではない他の判断＝価値基準を導きいれていること意味し，そのような立場はもはや快楽主義ではないということであった。それでは，シジウィックにおいてはどうであろうか，――これが本章の主題をなしている。

ラシュドールによれば，シジウィックはミルが採用した方向，すなわちベンサム主義的快楽主義を利他主義の方向へと拡充しようとした点を完全に「逆転させ (reverse)」ている。シジウィックの功利主義がミルに対して大きな前進を示しているのは，このことによる。シジウィックがそのような方向転換を行っているのは，快楽の種類［質］の相違を容認することは，彼が放棄している快楽主義的心理学とも，また彼が保持している究極的善に関する快楽主義的考え方とも両立しないことを理解しているからにほかならない[25]。

ラシュドールによれば，シジウィックは，道徳的動機として個人の中に「公平無私な感情」の存在，したがって「公平な観察者として世界をながめる理に適った人（理性的な人間 a reasonable man)」の視点が存在する可能性を認め，そうした視点から，自己利益優先的ではなく，他者の利益に配慮する「仁愛」の感情が認められるとする。そこから，利益の得るのが A であるか B であるかにかかわりなく，より多くの善が選好されるべきであること，そして「公平無私な理性」によって，善が平等に分配されるべきであると考える。したがって，シジウィックは個人の道徳的動機に関するかぎり「直感主義者」であり，かつ理性を重視する「合理主義者」である。そして，究極的ないし普遍的善の本性，したがって道徳的規準に関してのみ快楽主義者である。こうして，シジウィックにおける根本問題は，他者の利益ないし善に配慮する義務に関する合理主義的見解と，究極目的に関する快楽主義的見解との両立可能性ということになる[26]。

---

25) *Ibid.*, pp. 50–51.
26) *Ibid.*, pp. 52–54.

3-2.「実践理性の二元性」

　こうして，その2つの見解の両立可能性が検討されることになるが，ラシュドールがシジウィックにおける「実践理性の二元性」という場合，上記の2つの見解のあいだの橋渡し問題を指している。したがって，ラシュドールがここで問題としている側面は，今日，通常シジウィックにおける「実践理性の二元性」として指摘されている問題——個人の私的善＝快楽の最大化と普遍的善＝快楽の最大化との両立可能性——とは，必ずしも同じではない点に注意しなければならない[27]。そして，そうした相違はラシュドールが解決しようとしている課題の相違から生じていることはいうまでもないであろう。ラシュドールによれば，シジウィックの見解に対して以下の5点が反対論として提起されうる。

　(1)　義務に対するシジウィックの態度は，バトラーとカントの態度であるが，善に対する態度は快楽主義者のそれである。シジウィックは，個人の場合，他の人々の善を促進することが義務であると告げるが，その目的は快楽であると告げる。より実践的にいえば，AはBの快楽を促進することが正しく理にかなっている (reasonable) と宣告されるが，他方ではBは自分自身の快楽以外の欲求をもたないものとして取りあつかわれる。しかし，Aのそのような行為が正しく理にかなっているとすれば，Bはなぜそうではないのかという問題が生じる。

　(2)　シジウィックは「実践理性の二元性」を率直に認め，『倫理学の方法』第3版において，「個人が欲求することが理にかなっていることがら」を「彼自身の究極的善」と呼び，「個人が全体の観点を取るとき，欲求されるのが理にかなっている……ことがら」を「普遍的に理解された究極善」と呼んで，両者の区別と関連に言及している。しかし，両者は等しく理にかないうるだろうか。

---

27)　こうした問題をはじめとして現代のシジウィック理解にとって代表的な文献となってきたのはSchneewind (1977) であるが，本書は功利主義の歴史やイギリス理想主義についてもあつかっており，有益である。邦語文献としては奥野 (1999) がもっともまとまっている。他に行安 (1992) 等がある。

(3) 利己主義者が自分自身の善を欲求し、普遍的快楽主義者が一般的な善を欲求するのが理にかなっているといわれるなら、「理にかなっている」という用語は異なる意味で用いられているのではないだろうか[28]。

(4) 利己主義者の行動が真実には理にかなっていないことが認められるとしても、普遍的快楽主義者の精神態度——普遍的快楽の実現——は、少なくとも大多数の人々には実践不可能である。私が私自身の善を犠牲にして、他の人々の善を促進することは「理にかなっている」にしても、「なぜ私は理にかなっているべきなのか」という問題が残る。そのためには、理性は尊敬に値するものとして人々に訴えかける力を、合理的な行動の内在的価値に関する確信から引きださなければならない。この点で、シジウィック派をふくむモラリストたちは道徳的意識の内容を誤り伝えてきた。

(5) しかし、シジウィックは神学的公準（神の存在と魂の不死）を受けいれることなしには理性を一貫させることができないことを認めている。シジウィックは、宇宙は合理的に構成されていると信ずべきことをわれわれに告げているが、第1に、宇宙は、目的が快楽のみであり、しかも理性が日々の快楽の犠牲をもとめる、そのような合理的目的をもちうるだろうか。第2に、宇宙において人間は抜きんでて合理的存在であるから、彼は快適なものより合理的なものを選好することができる。そして、人間がもっとも欲求するものは内在的価値をもっていなければならないが、善の快楽主義的な考え方はそうした信念の根拠を掘り崩すだろう。第3に、シジウィックは実践理性の「究極的二元性」の学説の先行者をバトラーとしているが、バトラーにとっては良心が神学の基礎であって、神学が良心の基礎ではなかった[29]。

以上のようなシジウィック批判の要約の仕方は興味深い点をふくんでいるが、それらは包括的すぎ、問題の核心がむしろあいまいになってさえいるともいえる。事実、ラシュドールによれば、要するに、シジウィックは「善」の快楽主義的概念、したがって道徳の快楽主義的規準と、道徳の「直感的」ないし

---

28) Rashdall, pp. 54-57.
29) *Ibid.*, pp. 59-62.

合理的基礎とを和解させすることに失敗しているとされる。ここで，道徳の快楽主義的規準とは，行為が目指すべき究極目的すなわち普遍的快楽の最大化をさし，道徳の合理主義的基礎とは，個人の行為が目指すべきものは他者の善＝快楽であるとする見地をさしている。ラシュドールがシジウィックにおける「実践理性の二元性」は橋渡しされていないという場合，意味されているのは，上記の2つの側面，すなわち普遍的快楽の最大化原理と他者の善＝快楽を目指すべきであるとする「仁愛」の原理は橋渡しされていないということである。その意味で，ラシュドールが考えるシジウィックにおける「実践理性の二元性」とは，今日，一般に考えられているそれとは必ずしも同一ではないと思われるが，しかし，そのことはラシュドールの課題意識から生じていることを理解しなければならないだろう。その点はここではおくとすれば，ラシュドールによれば，シジウィックにおける（上記の意味での）「実践理性の二元性」が橋渡しされていないことは，徳ないし性格 (character) を人類全体のために促進するのが正しい「善」の一要素，かつ最高の要素として容認することなしには橋渡しされえないことを示唆している[30]。すなわち，シジウィックにおける「善」の概念そのものに問題があるということである。

したがって，ラシュドールは節を改めて（第3章III），「善」の概念とその諸要素に関するシジウィックの見解を検討している。

3-3. 「善」の概念

(1) 性格と良心

まず，シジウィックにおける「性格」と「良心」の捉え方に批判が向けられている。ラシュドールによれば，まず「性格」に関するシジウィックの見解は同節（第3章III）冒頭に引用されているシジウィックの言葉に端的に示されている。シジウィックの見解は，要約すれば次の通りである。――性格とその諸要素（能力，習慣，性向）は，それ自体として価値があるのではなく，行為や感情

---

30) *Ibid.*, p. 63.

として現われる結果のために価値がある。したがって，性格は行為との関連においてのみ考察されるべきものであり，究極的善の構成要素ではない。しかし，ラシュドールによれば，行為は意識の反映であり，意識の構成要素——欲求，注意力，情動——のすべてが性格にふくまれている。さらに，理想的性格には，道徳生活における知的側面——理想，価値判断，知的関心——もふくめられるべきである。性格はこれらすべてをふくむのであり，性格が価値をもつというとき，価値が存在するのは意識においてであって，それ以外ではないことを強調しているのである。そして，有徳な意識とは，意欲と欲求が，それらに随伴する感情や情動と合わさって，生活の合理的な理想によってコントロールされる意識の状態をさすのである。われわれは，たんに快楽の源泉としてのみ有徳な意思の方向を選好するわけではないのである。

同様にして，「良心」についても，たんに快楽主義的根拠から説明することはできない。われわれが良心に帰す価値は，快楽の源泉としてもつ価値ではない。もし良心に快楽がともなうとすれば，それは良心的な行動における価値の意識からであって，快楽が価値の源泉をなすのではない[31]。

(2) 真理と美

ラシュドールによれば，上記の議論の過程で，「真理」と「美」をそれ自体として目的とみなすことに反対するシジウィックの議論にであう。シジウィックが反対する理由は，そのような諸目的にそれらの快適さとは別に価値を帰すことは，意識の外部に存在するそれらに価値を帰すことを意味すると考えられるからである。ここには，シジウィックが，第1に快楽以外に価値はないとする見地，第2に快楽は意識の状態であるとする見地，にたっていることが示されている。第1の見地が成りたたないことは，ラシュドールのこれまでの議論でもすでに示唆されているが，第2の見地に関しては，ムーアによって提起された「内在的価値」論[32]との異同を含めてやや複雑な問題を提起している。そ

---

31) *Ibid.*, pp. 64-67.
32) Moore (1996), pp. 280-298. 訳（1975），297-322 ページ，訳（2010），371-392 ページ。

の点についてのラシュドールの見解は，シジウィックのミル批判に関連させて，価値の認識にかかわることがらとして論じられている。

すなわち，高級な快楽と低級な快楽との選択は，たんに快楽の量によるのではなく，快楽の質によるという見解（ミル）に位置して，シジウィックが提起した見解，——すなわちいかなる快楽が高級であるか低級であるかという判断をふくめて，快楽の選択は人間の意識がおかれた「客観的関係」に関する知識（認識）に依存するというシジウィックの見解に関連させて，ラシュドールは，シジウィックの主張を（快楽の選択から）価値の選択にまで拡大するかたちで論じている。例えば，ある人が妻と子供たちに対する愛におく価値は，結婚もしくは父であることに含意される「客観的関係」に関する知識（認識）を抜きにしては説明することができない。したがって，上記の第2点に関しては，ラシュドールはシジウィックのミル批判の正当性を承認しつつ，その論理を快楽に限定することなく，価値の選択問題にまで広げて考える立場にたっているということができる[33]。彼は，後にある脚注でムーアの「内在的価値」の立場を認める発言をしている[34]が，上記の論述は，たとえラシュドールが価値の客観的存在を認めるとしても，その認識が成立するのは人々のおかれた関係もしくは人びとと事物とのあいだの関係に依存するという立場に立っていることを示唆していると思われる。

(3) 徳

シジウィックに対する「最後の反対論」として論じられているのは，シジウィックが徳を目的それ自体として認めないことに対してである。そのようなシジウィックの立場は，ラシュドールによれば，1) 意識には感情以外の要素はない，あるいは，2) 意識における感情以外の要素は究極的価値をもたない，とする仮定にもとづいている。しかし，この最後の点が事実でないことを証明

---

33) Rashdall, pp. 68-69.
34) シジウィック論の章の最後に付された長い脚注の一箇所でのみ，「絶対的な客観的善に関するムーア氏（と私自身の）概念」という表現が用いられている。*Ibid.*, p. 79n.

することは不可能である。シジウィックは，次のように述べている。「私が隣人の善を選好することは理に適っていることを私は理解する。しかし，この選好は，そのなかにそれ自身のために……内在的に望ましい，あるいは……高貴な，ないし価値ある何ものももっていない。義務は義務であるが，それは善ではない。義務は理に適っているが，快楽のほうが善い。……」ここで，「義務」といわれている言葉は「徳」とおきかえることができ，「理に適っている」という言葉によって理性的立場を表わしているといってよいだろう。しかし，ラシュドールによれば，神学的な諸前提によって義務と快楽，あるいは義務と利害との衝突を橋渡しすることを試みても，結局シジウィック的理性の立場はより理解しうるものにはならないのである[35]。

3-4．徳と幸福

次いで，次節（第3章 IV）では，徳と幸福の関連について言及される。つまり，シジウィックが徳を目的それ自体とみなすことに反対する根拠が検討されている。

ラシュドールは，冒頭で次のように述べている。「われわれは，われわれ自身の善き生（well-being）より，他の人々の善き生の選好を合理的とみなし，そのような選好をわれわれの側でわれわれ自身にとってさえ内在的により善いものとして扱うように導く考慮そのものによって強いられるのを感じてきた。事実，われわれは（カントとともに）2つの一見して合理的な目的——徳と幸福——の存在を認めてきたが，後者［幸福—音無］は徳の優越と両立するかぎりでのみ，人間の真の善き生の一部として扱われる。」[36]ここには，ラシュドールの目的ないし善概念には（近代では）カント的立場が反映されていることが示されているが，ラシュドールによれば，上記のような立場に対して，シジウィックその他の人々によって，2つの異質で「通約不可能」な目的を求めるものだとして異論が唱えられてきた。こうした異論に対して，ラシュドール自身

---

35) *Ibid.*, pp. 69–70.
36) *Ibid.*, p. 71.

は，後に見るように諸価値は共約可能であるとする立場にたっているが，続く文章において徳を目的それ自体として認める根拠として，徳は価値において快楽にまさるとみなす点にあることを強調している。そして，快楽については，道徳性＝徳と両立するかぎりでのみ，内在的に価値があるとみなしている。

ラシュドールによれば，理性は，あらゆる人間行為が促進することを狙いとすべき1つの目的があること，そして，その目的（一般的善）に向けられていない合理的意思の状態は善とはみなされないことを告げる。そして，快楽と徳ないし道徳性との対立を調和的な全体へと融合させることが不可能であるとする立場は，「善」にふくまれる諸要素に関する完全な見解に達していないことによるのである[37]。

ラシュドールによれば，快楽を善の1つと考える見解を否定する必要はない。しかし，徳は善における一要素かつ支配的な要素とみなされなければならない。そして，徳を善の支配的要素とみなす原理は，功利主義的な倫理的規準に関する見解を普通に受けいれられている道徳的観念と調和させるだけでなく，功利主義それ自体のはなはだしい困難のいくつかを除去するのに役だつ。なぜなら，(1)功利主義と普通の道徳的意識との矛盾のうちもっとも顕著なのは，徳の内在的善さを功利主義が否認することにあるからである。(2)目的に徳を含めることは，われわれがそれ自体としては善と認める快楽への過度の耽溺，仁愛の優越と両立しない快楽，例えば残酷さの快楽を排除するからである。そして，(3)仁愛的要素をふくむ快楽にはより高い内在的価値を与えるからである。これらの主張には，快楽は徳に従属するという見地が明瞭に示されている。そして，ラシュドールによれば，徳に従属するそれらの快楽には，仁愛ないし個人的情愛の快楽，小さな程度で社交性と友情の快楽，さらに野心ないし競い合い（emulation）の快楽，および審美的・知的快楽の全範囲をふくめるべきである[38]。

---

[37] *Ibid.*, p. 72.
[38] *Ibid.*, pp. 72-73. このような善の捉え方には，ムーアの善概念との大きな相違が示されている。ムーアによって理想的善とされたのは「人間的交わりの快楽」，「美的

以上のようにして，独自の視点からシジウィックにおける「実践理性の二元性」を検討してきたラシュドールは，快楽を善概念から排除する必要はないとする一方で，しかしシジウィックが究極的には快楽のみ善とみなしたところに「実践理性の二元性」を橋渡しできなかった理由があることを指摘している。そして，徳を善における支配的要素とみなすべきことを強調している。つまり，善概念に問題があるということである。ラシュドールは，以上のような検討の結果，「すでに合理主義的功利主義から分かれてしまっている」としつつ，次いで善が依拠する意識の構造について言及している。

3-5 道徳的意識の構造

ラシュドールによれば，人間の魂（心）は三位一体である。その意味で，人間の意識は，3つの要素，側面ないし活動——思惟（thought），感情（feeling），意欲（volition）——を含み，それぞれは他から完全に分離しては理解しえないものである。知性（思惟），感情，意思それぞれの善い状態と悪い状態とがあり，善は，それらの3つすべての一定の状態に存する。意識の状態の究極的価値について判断する際，われわれはその内容について考える。すなわち，意欲の状態，知性の状態，感情の状態について考え，感情についてはその内容とともにその強度について考える。われわれは，時には意識のそれほど快適でない状態が快適な状態より価値があると言明する。前者はより高度な知的活動をともなうか，より高級な善への意思ないし意欲の方向性を表わしているからである。確かに，思惟，感情，意思によって表わされる諸部分は，同じ行為によって等しい満足をえるとはかぎらない。したがって，われわれはどの部分を満足させるかについて行為を選択しなければならない。しかし，いずれにしても，理想的善は上記3つのすべてをふくみ，思惟の真実と活動，感情の快適さ，意思の善さをふくむのである[39]。

　　対象の享受」であったが，ラシュドールでは，見られるように善は多様な要素から構成されており，それらは徳に従属する下位の善として位置づけられている。
39) *Ibid.*, pp. 75-76.

ラシュドールによれば，ここで再度，強調されなければならないことは，前述のように，われわれが意識のなかに認める価値は，他からの絶対的抽象において理解されるいずれの要素ないし側面にも依存しないということである。ある善を別の善に対してウエイトづけし，衝突する場合にそれらのあいだで選択するために，意識のある側面の別の側面からの抽象を試みなければならないことがありうる。しかし，そのことは，いずれかの側面が排他的な価値をもつこと，あるいは善そのもの (the good) がそれらのうちどれか1つだけで考えられうることを意味しない。人間は理性，感情，意思からなり，人間にとっての理想状態とは，3つの要素すべてが相互に理想的な関係にある状態のことなのである[40]。

以上から，ラシュドールにおける「善」とは意識の状態であり，それは思惟（理性），感情，意思の諸側面から有機的に構成されているものと理解されていることがわかる。次いで，ラシュドールは，第1巻第7章において自己本来の「理想的功利主義」について論じている。その間の第4章～第6章では，(1) 慎慮，合理的仁愛，衡平が功利主義を基礎づける公理でもあること，(2) 道徳的判断は価値の判断であり，その判断は行為の諸目的に関係すること，(3) 道徳判断においては「善」が基本的概念であって，「正」はそれと関連づけて把握されなければならないことが強調されている。「理想的功利主義」論は，それらをふまえて展開されている。

4. 理想的功利主義

4-1. 定　義

しかし，より具体的に検討してみると，第1巻第7章ではラシュドール自身の主張を「理想的功利主義」論として論理的・体系的に展開するというよりも，これまで論じられてきた見地からだけでは説明が困難であると思われる徳と義務の具体的事例にそくして議論を展開するという独特の方法が採用されて

---

[40] *Ibid.*, pp. 77–78.

いることがわかる。彼は、その点について次のように強調している。「本章では」、義務または徳について包括的に論じるのではなく、「すべての徳は究極的には真の社会的善に存するという見解と両立するのが一見するともっとも困難であると思われる義務ないし徳、および社会的善が純粋に快楽主義的意味で理解されるかぎり、その教義と真に両立させることができない（と私に思われる）義務ないし徳に限定する。」[41]

したがって、本章では、おそらく20世紀初頭の段階で道徳的ないし倫理的に答えることが困難な諸事例をあえて取り上げ、著者自身の見解を例証することによって「理想的功利主義」の有効性を示すという方法が採られていると考えられる。そうした点を考慮してのことと思われるが、ラシュドールは本章冒頭で、再度これまでの主張を要約しつつ、「理想的功利主義」について以下のような定義を与えている。すなわち、

「これまでの諸章で、私は次のことを示そうとしてきた。すなわち、ある行為が正しいか不正であるかを見いだす方法は、……その行為が社会一般にとって善き生（福利）、エウダイモニア（幸福）、あるいは善を生みだす傾向にあるかどうかを考えることである。そして、それらの善き生、エウダイモニア、あるいは善とは、異なる価値をもつ多数の諸要素を含み、それらの価値が直感的に識別され、道徳的ないし実践的理性によって相互に比較されるそうした諸要素を含むものである。正しい行為とは、つねに全体としての最大量の善を生みだす行為である。この立場は、すべての善あるいは善の諸要素が共約可能であることを含意している。」

「本章では、すべての道徳的判断は究極的には諸目的の価値についての判断であるという仮定にもとづいて、特殊な徳、とりわけ一見してもっとも功利主義的であるもろもろの徳によって含意されている道徳的判断が、どのように説明できるかを例証することを目的とするだろう。倫理学に関するこの見

---

41) *Ibid.*, pp. 188-189.

解は，倫理学は目的論的でなければならないという功利主義的原理を，倫理的目的に関する非快楽主義的見解と結合するものであり，私はその見解を理想的功利主義と呼ぶことを提案する。この見解によれば，行為は人類すべてに理想的目的ないし善を生みだす傾向にあるにしたがって正しいか誤っているが，それらの目的ないし善は快楽を含むが，快楽には限定されない。」[42]

これらの引用文には，ラシュドールが「理想的功利主義」と考える基本的内容が端的に示されているといってよい。要約すると，第1に，道徳的判断の究極的規準は，快楽ではなく，社会全体の善であること，したがって行為の正不正の規準は社会全体に善を生みだすか否かにあるということ。第2に，その善は多様な要素からなり，善は快楽のみには限定されないこと。第3に，それらの諸要素の価値は共約可能であり，相互に比較しうること。そして，第4に，「倫理学は目的論的でなければならないという功利主義的原理」，すなわち善悪は帰結から判断されるという原理と，目的ないし帰結に関する非快楽主義的見地とを結合するということである。これらが，ラシュドールの「理想的功利主義」と名づけるものの基本的な内容をなしているといってよい。

さて，ラシュドールは，上述の内容の展開として最初に，慎慮，仁愛，衡平の徳を取り上げている。

4-2. 仁愛と衡平

ラシュドールによれば，道徳的判断において最高位を占めるのは慎慮，仁愛，衡平の公理であるが，次のことは自明である。すなわち，1)（他の人のより大きな善と衝突しない場合）私自身の最大の善を追及すべきである。2) 私はより小さな善より，全体してのより大きな善を選好すべきである。3) ある人の善を他のいかなる人の同様の善とも等しい内在的価値をもつものとみなすべきである。この最後の点（衡平の公理）は，正義に関する章で詳論されるべきも

---

42) *Ibid.*, p. 185.

のであるが，善の平等な分配に関係している。2) の仁愛は，分配には関係なく，最大の社会的善を促進することを意味している。そして，そうした善に役だつ行為ないし行為を行う性向が特定種類の諸徳を構成するが，ラシュドールによれば，われわれはある単一の善に役だつ諸々の行為を区別できるだけでなく，それらの行為が促進する善の種類についても区別しうるのである[43]。

4-2　具体的事例の検討

次いで，前述のように具体的事例について考察している。

(1)　幼児殺し

快楽主義的見地だけでなく，「徳は真の社会的善に存するという見解と両立させることが一見するともっとも困難である」事例として，「幼児殺し」が取りあげられる。ラシュドールによれば，われわれが人間本性に内在する人間性（Humanity）の感情や親の情愛に帰す高い価値がなければ，極度に奇形の幼児を取り除くことに対するわれわれの非難を正当化することは困難である。われわれが幼児殺しを非難するのは，それを禁止することが陶冶する感情が，それにともなう善より多くの内在的価値があるからである。しかし，明確な線を引くことができ，保持される生命が快楽主義的見地からも道徳的見地からも無価値であるような奇怪なもの，あるいは人間的知性を完全に欠いている存在の場合は例外となりうる。ラシュドールは，以上との関連でこの箇所に長い脚注を付し，ブラッドリーが嬰児殺しに対する近代の嫌悪感が迷信によるとしていることを批判し，プラトンやアリストテレスが限定的に幼児殺しを認めていたことに言及している[44]。ラシュドールは，「幼児殺し」をめぐる価値判断の問題を提起しているといえる。

次に，「功利主義的な徳および義務であることがそれほど明らかでない」諸事例について検討される。ラシュドールによれば，それらの事例すべてを通して，われわれの本性のたんに動物的・官能的な部分に耽るよりも，より高級な

---

43) *Ibid.*
44) *Ibid.*, pp. 189-191.

——すなわち，知的，審美的，感情的な——諸能力の行使と陶冶により高い価値が帰せられるべきであるという一般的原理が働いていることを確認できる。そして，この一般的原理は，次の2組の徳の根源をなすものである。

1) より高度な知的および審美的諸能力の行使に存する諸徳。

2) より低級な，あるいはより動物的な衝動を適切に統制することに存する諸徳。

ラシュドールは1)に関しては，誠実（正直）と真理愛の徳についてのみ論じ，主として2)の項目に属する諸徳について，節制，謙譲，自殺の禁止，低級な動物に対する人間の義務の順に論じている。以下，それぞれについて簡単に見ておくことにしよう。

(2) 誠実と真理愛

この項目をめぐる問題は周知のところといってよいが，ラシュドールによれば，快楽主義的前提に立てば，真実を犠牲にしても，聞く人に快いこと，あるいは文明化された国民の道徳によって承認されることを告げる傾向に抵抗する理由はない。もちろん，そのことにともなう多くの不都合をあげることができる。とりわけ，道徳的不都合，われわれの欠陥を学ぶ機会の喪失等がそれである。しかし，誠実（正直）の原理をいかなる例外も認めない規則へと高めることは，もっとも良心的な人々の信念および慣行とも調和しないことを示すことは容易である。犠牲者の所在を突きとめようとする山賊に対して，捜査官や私人によってなされる欺きや，誰も文字通りには受け取らない古代からの形式（政治的宣誓や信仰告白）などに対しては，この原理はあてはまらない。それらは，ある場合にはさしあたってはそれらが向けられる特定の人々を欺くけれども，いかなる重要な程度でも，真実に対する敬意，真実を告げる習慣，他の人々の陳述に対する一般的確信をも弱めるものではない。確かに，真実を語ることは善であり，ほとんど変わることなく正しい。しかし，真実は，時としてより大きな善の犠牲にされなければならないことがありうるのである。それぞれの場合に，徳ないし道徳の直感的基礎と諸帰結の考慮にもとづいて，どちらが最大の善をもたらすかを判断し決定しなければならないのである[45]。

(3) 節　　　制

　欲望の適切な従属，それらの統制は，古代ギリシャ以来の節制の徳を構成する。この節制の徳に関連して論じられているのは，一夫一婦制における純潔の問題と飲酒の問題である。前者についてのみ見ておくことにする。ラシュドールによれば，一夫一婦制における純潔の問題で内在的価値があるのは，一夫一婦制外での性的耽溺とは両立しえない感情の一定の状態であり，それが諸価値の比較やルールからの乖離を禁ずるのである。その場合，ルールを緩めることを認めないことは，行為の道徳性がその帰結に依存するという教義とも両立する。しかし，2つの問題が生じる。1つは禁じられる程度の問題であり，他の1つは離婚の問題である。前者に関しては，社会的便宜の考慮によって決定されなければならないことは一般に認められている。他方，後者の問題の道徳的側面は最高度の重要性をもっている。この問題では，快楽主義的功利主義と非快楽主義的功利主義とでは，解決に大きな相違があるが，一般に，快楽主義者は再婚の制限の面を重視し，結婚に関する高度の精神的理想を教えこむ社会的重要性に対しては少ない価値を付与する[46]。

　もう1つの問題は，結婚にともなう出生数の問題である。キリスト教諸国では，最近まで可能な最大数の子供を生むことを道徳的義務とする傾向にあった。しかし，その傾向は，人口問題の緊急性によって著しく修正されている。しかし，人口問題を別としても，家族の過大な増加による道徳的，知的，その他の悪と，反対の慣行による善を比較しなければならないだろう[47]。

(4) 謙　　　譲

　誇りないし高い自己評価は，その基礎として本能的・動物的衝動をもちうるにしても，人間的形態では合理的本性に特有な欲求から生じる。快楽主義的功利主義の見地からでは，謙譲は，たいていの人は自己の過大評価をしがちであり，したがって反対の状態が望ましいという以外の根拠では正当化されない。

---

45)　*Ibid.*, pp. 191-195.
46)　*Ibid.*, pp. 197-200.
47)　*Ibid.*, pp. 200-201.

理想主義者は，真実を目指すのが望ましいと考える。われわれ（理想的功利主義者）は，ある人自身の能力と功績との真実の評価を道徳的進歩，知的な自己発展，および社会的有用性にとって望ましいと評価する一方で，その人がそれらの能力あるいは功績を満足して長々と述べることを否認する。謙譲の義務は，社会全体への個人の服従という一般的原理から生じてくるのであり，謙譲の徳は，真の隣人愛の一側面であるということができる[48]。

(5) 自　　殺

　この項目では，今日「安楽死」ないし「尊厳死」といわれる事項について論じられている。ラシュドールによれば，快楽主義的功利主義の見地では，自殺を承認するのを余儀なくされるのは，ある人の生命が彼自身にとってと同様に他の人々にとっても重荷となる場合のみである。しかし，そうした考慮に適切な比重を認めるとしても，苦痛が悪であることがひとたび認められる場合，近代キリスト教の（自殺を禁ずる）絶対的規則を擁護することが困難となる極端な場合がある。生命が，快楽主義的見地からと同様に，知的および道徳的見地からも，その価値を失ったと思われるときがありうるのである。生命がゆっくりとした苦痛に満ちた死の過程に引きさげられた場合，生命の享受と同様に道徳的努力とも両立しないと思われる無用な苦しみを，われわれはなぜ引き延ばすべきなのだろうか[49]。

　この最後の点は，先の「幼児殺し」の項とも共通していると考えられるが，ラシュドールは，おそらくキリスト教的風土と国民感情を配慮して，この後の比較的に長い論述では抽象的かつ婉曲な表現に終始している。ラシュドールによれば，自殺に反対する強い感情は，キリスト教的生命観と道徳的意識とが結びついて形成されたものであるが，しかしそうした一般的な見地からのみでは対処しえない例外的な種々の場合がありうるのである。そのような場合には，自殺，あるいは自殺から区別することが困難なことがらが是認されるだろう。ここでは，医療技術と看護が生命を延ばしうる最後の瞬間までそれを引き延ば

---

48) *Ibid.*, pp. 204-207.
49) *Ibid.*, pp. 207-211.

すことが，あらゆる事情のもとで絶対的義務であるという観念が極端にまで押し進められているのではないかという疑問を提起しておきたい。確かに，継承されたものや環境，あるいは迷信による先入観にすぎないたんなる感情や嫌悪を真の価値判断から区別することは困難であろう。しかし，その2つは区別されなければならないのである[50]。

見られるように，ラシュドールの議論は，「自殺」という問題をこえて，今日のいわゆる「尊厳死」といわれる問題を先取りして論じているといえる。

以上，ラシュドールは，快楽主義・非快楽主義いずれの見解に照らしても解決が容易ではない問題に限定して，自説を展開してきた，それらは，彼が定義する理想的功利主義の見地こそが，問題解決への視点を示しうることを例証するためであったといえる。最後に，そうした問題の1つとして低級な動物に対する人間の義務について論じられている。

(6) 動物への義務

これまでのところ，道徳的規準は人類の善に対してのみ適用されるものと仮定されてきたが，その適用範囲には——J. S. ミルが主張したように——動物の善もふくめるべきである。動物の知性と彼らの苦難の重要性を最小のものとしてあつかおうとする傾向は，形而上学的精神の伝統的な偏見である。ラシュドールによれば，その偏見は，神学がそれらを取り除いてしまった後も，哲学の分野ではびこりつづけている。それはデカルト学派やスピノザ等に見られる[51]。グリーン学派が動物の苦しみに言及するのは，動物の善き生のためではなく，われわれ自身の人間性のための手段としてである。快楽が人間にとって唯一の目的であるとする立場の誤りについてはすでに述べた通りであるが，しかし少なくとも人間の快楽の場合に当てはまるのと同じ考慮が，動物の場合にもなされるべきである。動物の苦しみが悪でないとすれば，それを生じさせる

---

50) *Ibid.*, pp. 212-213.
51) これらの箇所に付された脚注では，カントも動物を目的それ自体として取りあつかわないことに対して，ショーペンハウアーが批判していることが指摘されている。*Ibid.*, 214.

ことは道徳的に問題とならないだろう。もしそれが悪であるとすれば，それを防ぐことは私たちの義務である。動物の善き生は，明瞭に価値をもっており，倫理的目的を構成する善の一部をなすのである。こうした見地の関連で，ラシュドールは動物の生体解剖の問題に言及しているが，その問題は比較価値の問題であって，いかなる定式も一般的には解決しえない問題であることを強調している。しかし，ラシュドールが動物の苦痛への配慮を人間の義務とみなしていることは明らかである[52]。

　以上で見てきたように，ラシュドールが取り上げて論じている問題はいずれも，（今日ではともかく）少なくとも当時までの倫理思想ないし道徳哲学にとって解決が容易でない問題群だったといってよいだろう。むしろ，そうした問題群を積極的に取りあげることによって，ラシュドールは自らの「理想的功利主義」の論理の有効性を証明しようとしているということができるだろう。

　彼は，第7章「理想的功利主義」を終えるにあたって，過去の倫理思想ないし道徳哲学と対比して自らの思想の位置と特徴について論じている。興味深い内容であると思われるので，少し見ておくことにしたい。

　ラシュドールによれば，功利主義は快楽主義と取り返しのつかないほど結びついている。それに対して，直感主義という言葉は，行為の道徳性はその帰結とは別に決定しうるとする粗野で不合理な理論を示唆している。本章で説明された見解は，プラトンとアリストテレスの見解である。ただし，彼らにおいては，道徳性は非快楽主義的に理解された個人の善き生を追求する傾向にある。本章で説明された見解はまた，比較的古いイギリスのモラリストたちの見解でもあったが，彼らにおいてはプラトン的およびアリストテレス的伝統がキリスト教を媒介として普遍化されていた。それが，カンバーランド，ケンブリッジ・プラトニスト，そして（実質的に）クラークの見解であった。それはまた，道徳感学派の見解でもあったが，ロックにおいて合理主義的傾向がふたたび神学的快楽主義に「沈みこんだ」とき生じたものであった。

---

52) *Ibid.*, pp. 214-215.

他方，カントの倫理学体系は（イングランドではバトラーと彼の後継者たちの影響に助けられて），道徳性はある目的を促進することにあるかどうかという問題とその目的は何かという問題との絶望的な混同を生みだしてきた。しかし，全体としては，17世紀の比較的古い著者たちの見解に立ち返る一般的傾向が見られ，また道徳性は真の人間的善を促進することにあり，しかも快楽はその一要素にすぎないことを主張する一般的傾向にあるのが見られる。しかし，その体系は名称をもっていない。非快楽主義的功利主義もその転換に役だつかもしれないが，「理想的功利主義」という名称が最良であろう。功利主義という用語は，われわれが人間の行為を善を促進するそれらの傾向によって評価するのに役だち，「功利」はその善に快楽をふくむことを示唆する。そして，「理想的」という限定は，われわれが追求する善は，快苦の経験からの抽象によって獲得された概念ではなく，われわれの現実的経験の諸要素すべてを経過した価値に関する合理的判断によって設定されたひとつの理念であることを思いださせる点で有意義なのである[53]。

以上をより簡潔な文言に整理し，ラシュドールの位置を正確に指摘するのは困難であるが，最後の箇所で自らの立場を「功利主義」と命名する利点，「理想的」という語を用いる意味が再度明示されているといえよう。最後に，善がふたつの基本的要素—徳と快楽ないし幸福—からなっているとすることに対するブラッドリーの批判がきわめて恣意的であることを指摘し，厳しい反批判がなされているが，ここでは割愛する。

5. 正 義 論

5-1. 正義の意味

以上のように，具体的事例にそくして理想的功利主義について論じおえたラシュドールは，次いで，「衡平（Equity）」の公理に関連して正義論について詳

---

53) Ibid., pp. 216-218. この箇所に付した長い脚注において，ラシュドールは「理想的功利主義」のドイツにおける支持者として哲学者 Edward von Hartmann をあげ，彼の倫理学と自己のそれとの異同を論じている。

論している。かつて J. S. ミルが指摘したように，正義論は功利主義にとって躓きの石ともいうべき重要な論点をなしているからである。これらをつうじて，ラシュドールは「考慮の平等（equality of consideration）」という考えを強調しているが，これは後に D. ドゥウォーキンが権利論の立場から提起した「平等な配慮と尊重（equal concern and respect）」と実質的に類似した内容を論じているといえる[54]。

ラシュドールによれば，これまで人間社会のために実現するのが個人の義務であるさまざまな善，あるいは善の諸要素について考察してきた。しかし，可能な最大の善を生みだすことがわれわれの義務であるということはひとつの原理であって，それだけでは個々の場合における行為の正しい方向を決定することはできない。「誰の善が促進されるべきか」という問題—善の分配の問題—に関して，われわれはより具体的な原理を必要とするのである。これまでは，「あらゆる人は1人として数え，誰も1人以上として数えてはならない」というベンサムの原理を導きとすることで満足してきた。われわれは，その格率に「あらゆる人の善は，あらゆる他の人の同様の善と等しい価値をもつものとして取りあつかわれるべきである」といういくらか異なる形を与えてきたが，いまやこの修正についてさらに説明しなければならない。すなわち，分配的正義の内容をより具体的にどのように規定するかについて論じなければならない。

さて，「正義」という用語の通俗的な意味は，確立され受け入れられた社会秩序ないし国家構造を前提として，異なる諸個人の平等なあつかいを規定する相対的ないし慣習的な正義である。しかし，われわれがここで取りあつかわなければならないのは，社会秩序ないし国家構造そのものの道徳性がテストされる絶対的正義である。そのためには，たんなる倫理学をこえて「政治哲学」あるいは「政治経済学」にさえ入りこまなければならない。

このように述べたラシュドールは，さらに次のように論じている。

絶対的な意味での正義について考える場合，われわれはふたつの対立する理

---

[54] Dworkin (1977), chs., 6 & 12，訳（2004），第5章および訳II（2001），第11章を参照。

念に直面させられる。ひとつは，あらゆる人は等しい内在的価値をもち，したがって等しく尊重される資格があるという原理である。もうひとつは，人々は彼らの善さないし働き (work) に応じて報いられるべきであるという原理である。われわれは，これら二つの競合しあい，一見すると矛盾する理念——考慮の平等の理念と，正しい補償ないし報償の理念——を検討することによって，正義の本質についての観念にもっともよく達することができるだろう[55]。

5-2. 考慮の平等

まず，考慮の平等の理念について。ラシュドールによれば，ベンサムは「最大幸福の原理」が実際に適用されうるためには，補助的な規準が必要であることを明確に理解していた。例えば，100人からなる共同社会において，25人にわれわれの処分しうる善のすべてを与え，75人を無視することは，最大幸福原理に関するかぎり正当であろう。この場合は，75人を無視して，25人の各人に，平等な分配によって100人の各人に属する幸福の4倍が分配される。そして，もし25人のそれぞれに，平等な分配によって100人の各人に属する幸福の5倍を生みだすことができるとすれば，いっそう正当化されるという奇妙な結果になるだろう。そうした問題の解決策として，ベンサムが提起したのが「あらゆる人を1人として数え，だれも1人以上として数えてはならない」という格率であった。確かに，ベンサムは，そのような格率を経験によって確立することや，アプリオリな判断以外のものにもとづいてそれを導きだすことが不可能であることを十分理解し損ねていた。しかし，彼は社会主義者でもなければ，心底ではたいして民主主義者でもなかったことを考慮すべきであろう[56]。

したがって，その格率は，あらゆる人が富，政治権力，社会的考慮の実質的・現実的に平等な分け前を受け取ることではなく，善の分配において平等な考慮を受けるべきであることを主張するものである。しかし，不平等なための

---

55) Rashdall, pp. 222–223.
56) *Ibid.*, p. 224.

特別な理由がないかぎり，平等が分配的正義の正しいルールであることはいうまでもないだろう。

さて，そうした理論において生じる最初の困難は，善の平等な分配が，分配されるべき善の量を必然的に減少させる場合である。包囲された守備隊で，救援が到達するまで，食料が彼らの半分を生存させるにすぎないとき，平等な分配を行って全員が緩やかに餓死するか，すべてを半数に分配して他の半数が餓死するかする問題が生じるだろう。そうした状態が実際に生じるだろうとか，生じるべきであると主張しているわけではない。しかし，そのような場合，理想的に平等な分配を保証するため全員が餓死することを提案するほど，大胆な人はいないだろう。誰か1人が他の誰よりも少しばかり幸福にされるよりも，すべての人が悲惨であるべきことを主張する種類の社会主義者は，正当にも「熱狂的な社会主義者」と呼ばれてきたが，それほど極端でないにしても，同種の困難は絶えず生じうるのである。

とりわけ，われわれが個人的行為という小さな問題から転じて社会的・政治的行為という大きな問題に向かうとき，同様のケースは例外でなく，むしろ常態であるといえる。現行の社会秩序のもっとも満足した擁護者といえども，多くの人々が彼自身の欠陥ではないにもかかわらず，貧しく悲惨な状態にあることを否定しないだろう。しかし，他方，健全で事情につうじた社会的再構成の極端な擁護者も，所有，幸福，機会の即座の平等を生みだそうとするいかなる企ても，ほどなくして悲惨と欠乏との一般的な死活水準を生じさせ，人々の福利を重大なほど減少させることによって不平等を是正するにすぎないことを認めるだろう。したがって，そのような場合，分配するべきものがありうるためには，現実には不平等な分配が採用されなければならない。平等はひとつの善ではあるが，善そのものではないのである。したがって，平等な考慮の原理は，善き生（福利）もしくはその物質的条件の現実的平等を意味しない。それはまた，適切に理解されるばあい，「人間の権利（rights of man）」のアプリオリないかなる詳細なリストの作成にも賛成しない。平等な考慮への権利を除いて，無条件な「人間の権利」など存在しないのである。むしろ，平等な権利な

いし無条件な「人間の権利」は，平等な考慮への権利に解消することができる。同様のことは将来世代についてもいいうるのであり，まだ生まれていない諸世代もまた平等な考慮への権利をもつのである[57]。

　次いで，「平等な考慮」の具体的内容ついて論じられる。ラシュドールによれば，実践的なモットーとしての平等の信奉者は次のようにいう。「諸条件が平等に分配されるようにせよ。他は，個人が自分自身について配慮しなければならない。」しかし，そのような行為のルールは，現実には平等な考慮の原理を侵害するだろう。というのは，狙いとされる目的は，実際には諸条件の平等ではなく，平等な善き生（福利），分配される善そのものの平等だからである。しかし，いかなる具体的な物の分配の平等も，現実には享受における不平等をともないうる。例えば，異なる諸個人の欲求と必要量を考慮しない食物の平等な分配は，実質的な不平等だけでなく，そこから健康その他における享受の低下をともないうる。子供と大人，未開人と文明人，精神異常者と正常な人々に，同じ尺度にしたがって人格的自由を分配する場合，その自由は一方にとっては大きすぎ，他方にとっては少なすぎるということが生じうる。様々な種類の善に対する人間の能力の多様性はそれ自体，それらの能力と無関係に諸条件を即座に平等化しようとするいかなる企てに対しても十分な非難の根拠となる。ベンサム主義者のルールに対してしばしば反対されてきたのは，勤勉で有能な労働者を，飲んだくれの怠け者と同等にあつかうことをそれが社会に要求するからだということである。しかし，それは完全な誤解である。飲んだくれの怠け者に真面目で勤勉な人の福利に資するのと同等の賃金と自由を与えることは，真実には両者の善を同等に考慮することではない。怠け者に勤勉な者と同等の報償を与えることは，彼を1人としてではなく幾人もの人として数えることである。いかなる社会的取決めが各人の善の真に平等な考慮を保証するのに適しているかを検討することは，ここでの課題ではないが，次のようにいって間違いないだろう。すなわち，人々の物質的条件を彼らが自分自身の善き生

---

57) *Ibid.*, pp. 225-228.

（福利）と社会の善き生（福利）のために用いる能力に比例させる，——そうした社会的取決めが，各人の善に対する真に平等な考慮を保証するだろう，と。

ラシュドールの主張は明らかである。第1に，平等の原理を機械的に現実に適用することは，かえって不平等を結果としてもたらす。第2に，物質的な財の分配をふくめ，善の分配は能力ないし性格に応じて，あるいはそれらに比例してなされるべきである。後者が，「考慮の平等」といわれる場合の内容をなしていることはいうまでもないであろう[58]。

5-3. 機会の平等

ラシュドールによれば，平等の観念に内包される上記の困難——平等の形式性と実質性との乖離——を解消するために，社会的正義の真の観念をなすものとして「機会の平等」が示唆されてきた。確かに，ある限度内でこの理念の実践的価値は十分に認められる。しかし，理論的観点からすれば，その理念は，食料のような大雑把で具体的な問題に適用されるばあい，平等な分配の理念と同じ異論にさらされる。例えば，ある人には余分と思われる食料の分配であっても，別の人には同様の生活をする平等な機会を与えられないだろう[59]。また，愚鈍な人と才能のある人に平等な教育の機会を提供しても，正義に適った分配の理念を実現することにはならないだろう。高等教育によって利益をえることができない人は，それができる人と同じだけの機会を「享受する」と主張されるかもしれない。しかし，それは言葉の綾である。もし「機会の平等」によって，それを利用する個人の能力とは無関係に，外的諸条件のたんなる平等化が意味されるとすれば，またもし自然の贈りもの（＝才能）の不平等をすべて平等化することを目的とするとすれば，そのような原理は，愚鈍な人には義務を果たしたことになるであろうが，才能のある人には彼らが望まない大きな抑制

---

58) *Ibid.*, pp. 229-230.
59) このような例として，本文では日本人兵士にとっては余分と思われる食料の支給でも，イギリス人の人夫にとっては不十分であり，平等な生活の機会を与えられないことが指摘されている。*Ibid.*, p. 231.

となるであろう。才能や能力の違いだけなく，人種や性の区別，病弱な人と正常な人の区別なども，等しく無視されなければならないことになるだろう。したがって，「機会の平等」は，ある限度内ではどれほど価値あるものであっても，先に見た平等の場合と同様の不合理にいたることを指摘せざるをえない。

そして，とりわけ家族制度は機会の大きな不平等の原因となりがちである。母親の手が届かない家族のばあい，国家の養育院や寄宿制度のもとで世話を受けることは可能であるが，そこでの教育者の様々な能力の違いから機会の不平等が生じることは避けられないだろう。確かに，現状よりはるかに大きな「機会の平等」を実現する方策が望ましいことは疑いないところである。しかし，富，文化，したがって機会の一定の優位を享受する世襲的な諸階級の消滅が必然的に公共の利益に役だつとはいえないだろう[60]。

現実の善の不平等な分配によって平等な考慮の原理がどれほど必要とされているかを論じることは，ここでの課題ではない。しかし，次の点を指摘することができる。すなわち，(1) ある不平等は善き生（福利）の条件である。(2) つねに実行可能であり，つねに正しいひとつの種類の平等のみが存在する。それは，考慮の平等である。(3) 善のより実質的な平等を実現する社会的条件を目的とすることが義務である一方，そのような平等がアプリオリに前提されてはならない[61]。

以上から，ラシュドールが社会的正義の観点から平等の実現は抽象的には望ましいにしても，その機械的な現実への適用はむしろ不平等を結果しうること，したがって各人の能力や性格を反映した「考慮の平等」のみが望ましいこと，そして「機会の平等」についても平等の原理の適用のばあいと同様の矛盾を内包しているとみなしていること，を確認することができる。

それでは，より優れた能力をもった人々は優越した考慮への資格をもちうるだろうか。ラシュドールによれば，ここでも考慮の平等それ自体が，実質的平等からの乖離を要求するのであり，それらの能力をもつ人々は，普通の人々が

---

60) *Ibid.*, pp. 230-232.
61) *Ibid.*, p. 233.

享受することのない利益を許されるべきである。長期的に見れば，道徳的進歩と知的進歩は密接に結びついており，多数の人々のあいだでの文化の普及は，少数者のあいだでのはるかに高い文化の維持によってのみ達成しうるからである。そのことは，理論的には証明しえないにしても，少数者のより優越した考慮への資格を正当化するのに十分な根拠をなしている[62]。

5-4. 報償の理論

次いで，正義の第2の理念とされる報償の理論について。ラシュドールによれば，第2の理念は，「あらゆる人は彼の功績（merits）にしたがって」と「あらゆる人は彼の働き（work）にしたがって」というふたつの形式で表わされ，両者は実質的に同一のものと理解されてきた。しかし，真実には，それらのあいだに根本的な相違がある。確かに，両者ともに「誰もが彼の功績にしたがって報償されるべきである」というひとつの形式に還元することができる。しかし，第1の形式においては，功績は道徳的な意味で理解され，第2の形式においては，経済的な意味で理解されている。少し考えてみれば，このふたつの解釈は本質的に異なる結果に導くことがわかるだろう。

第2の形式から検討していくことにしよう。ラシュドールによれば，理想的正義は共同社会に対する働きに比例して各人に支払うことを意味するという理論は，経済的価値が競争によって形成される相対的なもの（相対的価値）であることを忘れている。競争が消滅するとき，われわれは価値を確認する手段をもちえない[63]。つまり，価値は需要と供給をめぐる競争によって確定されるのである。その際，われわれが求めているのは，ある商品の価値と別の商品の価値とを比較する共通の分母である。労働の質を無視するとすれば，その場合の

---

[62] *Ibid.*, pp. 234-240. ラシュドールは，同様にして「考慮の平等」の見地から，以上のような同一社会ないし同一人種内での差別化にくわえ，白人と黒人との差別化，古代アテネや古代ローマにおける奴隷の正当化などを論じており，今日の視点からすると問題が残るといわなければならない。例えば，*Ibid.*, pp. 239, 241 等における記述を参照。

[63] *Ibid.*, pp. 233-234.

唯一の規準となるのは，次のものである。(1) その生産に費やされた労働の量，(2) 土地またはその生産物の量と，その生産に必要とした資本の量。資本は過去労働とそれを消費から節約した「制欲」と耐忍に還元しうる。こうして，われわれが二種類の仕事（work）の価値を比較しうる唯一の方法は，これら (1) と (2) それぞれの量によるのである[64]。

しかし，格率「あらゆる人に彼の働きにしたがって」から生じてくる真実の帰結は，通常，その擁護者たちの一部によって意図されているものとは非常に異なっている。すなわち，より高級な仕事と考えられるもの，最高度の能力を用いる仕事，つまり知的な仕事，芸術的な仕事，精神的な仕事は，低級でより機械的な，より動物的な仕事より高い報酬を支払われるべきである，といわれる。そして，この主張は，次の2つの根拠のいずれかにもとづいている。(1) 共同社会に対してより高級なサーヴィスがなされること。(2) 高級な能力は，それが高級であるがゆえに，より高い報酬を受け取るべきであること。しかし，これらのうち第1の根拠は成りたちえないだろう。例えば，聖書を印刷する人は，「三文小説」を印刷する人より，疑いなく共同社会により高級なサーヴィスをしている。しかし，両者とも社会の必要を満たしていると仮定すれば，前者が後者より高い報酬を受け取るべきであるとは誰も提案しないだろう。

それでは，第2の根拠，つまり活動の道徳的，審美的あるいは知的優越性は，追加的報酬の根拠となりうるだろうか。この場合，例えば，知的優越性は何に負っているのかと尋ねられるだろう。その場合，次のように答えられるだろう。(1) 一部は，他より優越した教育と機会に，(2) 一部は，人類のうちで小さな部分にかぎられる自然的な（生来の）諸能力に，と。第一の点に関していえば，頭脳労働者の地位が教育によるかぎり，彼をこの地位においたのは，明らかに彼の功績ではなく，資本力である。しかし，その資本はほとんどつねに，その人自身によるより他の人々によって蓄積されたものであるから，そう

---

64) *Ibid*., p. 246.

した高い報酬が与えられることが一定の諸条件のもとでどれほど好ましいものであっても，この種の偶然が高い報酬を請求できる根拠とはなりえないのである[65]。

では，自然的諸能力に関してはどうだろうか。ラシュドールの考えでは，そうした能力に対する超過報酬の正義を理解することができない。ある能力のたんなる希少性が例外的なあつかいの根拠となりえないことは，誰もが認めるだろう。確かに，機械的で偶然的な種類の優越性（例えば，他の誰よりも穀物をテストすることができる触覚の繊細さをもつこと）は，競争制度のもとでは，ある人に大きな富の獲得を可能にするだろう。しかし，そうした自然による優越性は，理想的正義の原理にもとづけば，その労働に対してより多く支払われるべき理由とはなりえないのである。

ややあいまいな点を含んでいるが，ラシュドールが教育や機会，自然的な諸能力（生来の諸資質）がいずれも特別な報酬の根拠となりえないとみなしていることは明らかである。こうした主張がロールズ『正義論』における―権利論の立場からする―重要な主張点の１つでもあったことは周知のところであるが，ラシュドールは理想的功利主義論の立場から同様の主張をしているといえる。ラシュドールによれば，ある人が卓越した知的，道徳的，あるいは審美的能力をもっているならば，それらに対して敬意をもってあつかうのが正しい。しかし，自然が与えた卓越性のゆえに，隣人たちより大きな富の分け前を彼に帰属させることが正当であるとは思われない[66]。

そうであるとすれば，真の問題は「優れた人が享受するのが正義に適うものは何か」ということになる。次のことは，疑いなく真実である。すなわち，より高い能力をもった人は，それらの能力を行使しうるためには例外的に有利な外的諸条件を必要とする。例えば，医者が仕事のための馬車を，著述家が書斎を，芸術家がアトリエを必要とする等である。さらに，一定の精神的才能の行使のためには多くの余暇と自由が必要である。しかし，これらの外的諸条件

---

65) *Ibid.*, pp. 248-250.
66) *Ibid.*, pp. 251-252.

は，普通の人々と異なって構成されていることに対する「報償」としてよりも，むしろ発展させられるべきである能力のより完全な発展と享受のために必要であり望ましいのである。そして，そのために，彼の運命を平等な分配にしたがわせるよりも，より多くの富の使用を共同社会に要求しても正しいのである。

こうして，ラシュドールによれば，次のような結果に導かれる。すなわち，「あらゆる人は彼の働きにしたがって」という格率は，「より高度な能力の発展はより低級な能力の発展よりいっそう価値があり，したがってその行使のために必要なすべての条件を与えられるべきである」という意味でのみ受けいれることができる。そして，このことは，「あらゆる人は1人として数え，誰も1人以上として数えてはならない」というベンサムの格率に対する一つの例外をなすものであり，先に採用された「他の事情にして等しければ，あらゆる人は一人として数えられるべきである」，あるいは「あらゆる人の善は，他のいかなる人の同様の善とも等しいものとして数えられるべきである」とともに，ひとつの独立した原理（＝「原理2」)[67]とみなされるべきものである[68]。

最後に，徳は報償の対象となりうるかという問題がある。有徳な人，善き人は報償を与えられるべきか否かという問題である。ラシュドールは，この問題について，比較的長く論じているが，結論としては，徳は物質的報償の対象ではなく，栄誉の対象となりうること，そのばあい栄誉はより低度な種類の非物質的報償（星章，綬，肩書き，新聞紙上等での評判，慣習的な社会的地位）と，より高度な種類のもの（責任のある知的な仕事，権力，影響力，関心をひく協会，最良であるとの評価）の形態をとりうることを指摘している。むしろ，ラシュドールは少数者に限定される，そうした栄誉の必要性を強調している。もっとも，彼は，同時にこれらの非物質的な報償が，物質的利益をともないうることを認めている。しかし，そのばあいも，先の例外的な能力をもった人々の場合と同様に，より善き生の条件のひとつとして認められるのであって，けっしてその本

---

67) *Ibid.*, p. 258.
68) *Ibid.*, p. 255.

質をなすものとしてあつかわれるべきではないことを強調している。そして，次のように述べている。「理想的正義の原理は社会主義的ユートピアにおいてさえ個々の市民への現実の支払いに実際に適用しうるルールとはほとんどなりえないが，より高級な生活が優越した価値をもつという原理は，社会組織と社会政策の諸問題に対してもっとも重要な関係をもっている」と。つまり，より高級な生活——道徳的，知的，審美的生活——が，より高い価値をもつものとしてあつかわれ，そうした方向への社会組織の編成とそのための政策が望ましい，ということである[69]。

5-5. 正義と仁愛

以上のような議論に続き，正義と仁愛の関係について検討されている。「享受されるべき善の総量を減少させることによって，善への平等な要求を満足させることができるにすぎない場合，われわれは何をなすべきか」という問題が生じるとされる。ラシュドールによれば，全体としての最大の善の促進はつねに正しいだろう。他方，全体としての善の小さな犠牲が，分配におけるはるかに大きな平等を確実にしうるならば，その犠牲はなされるべきであることは明らかである。しかし，諸個人のいかなる犠牲も全体としての善の等しい増加によって埋めあわされるという原理を厳格に実行することは，不幸な少数者—精神的または肉体的弱者，病人，不具な人—を犠牲にし，普通の人間性があれば非難するだろう[70]。このように，全体の善を追求する仁愛と衡平ないし分配的正義のあいだに矛盾が生じうるのである。

それでは，このふたつをいかにして調整すべきであろうか。ひとつの方法は，分配の平等はそれ自体ひとつの善であり，したがって平等に適切なウエイトを与えた後に，全体としての最大の善を促進することが正しいとみなすこと

---

69) *Ibid.*, pp. 255-262.
70) *Ibid.*, pp. 264-266. この箇所に付した脚注において，この最後の場合，むしろ正義は少数者への多数者の犠牲を指示するとラシュドールは述べているが，しかし，理論的にも，現実的にもそれほど単純な問題ではないことを指摘しておくべきであろう。

である。つまり，分配の平等（分配的正義）を優先させる考え方である。しかし，そのような理想的な分配の帰結として，全体としての善の減少を認めることに対して異論が唱えられるだろう。もしわれわれが正義と仁愛とをともに実践理性の一貫した判断として擁護すべきであるとすれば，両者の原理を表現する共通の分母か，少なくともそれぞれの要求——分配的正義（平等）の追求と，全体としてのより多くの善の追求——のあいだで決定するに際して，第3の原理を見いだすことが死活問題となる[71]。

　しかし，ラシュドールによれば，その困難は次のことを思いだすことによって免れることができる。すなわち，ここでの目的の見地からすれば，最高の倫理的目的を構成するのは，正しい行為が表わす性格（character）——後に「性向（disposition）」と「善き意思（good will）」と言いかえられている——の諸性質でもある。そして，仁愛だけでなく正義もまた，社会および個々の構成員にとって理想的な生活の一部である，ということである。このようにして，われわれの生活の理想に正義ないし衡平をふくめることは，不平等を犠牲にして善の最大化を促進することを許す限界を設定する。それはちょうど，われわれの目的の諸要素に文化をふくめることによって，同じく目的の要素の一つである快楽に限界を設定するようなものである。それゆえ，上記のような衝突が生じる場合，われわれが主張しているのは，善でないものに善の追求を従属させることではなく，より低級な善のより高級な善への従属の特殊な場合とみなすべきである，ということである。

　ラシュドールの結論は，次の通りである。すなわち，仁愛は全体としての善の価値を主張する。正義は各人の人格の価値を主張する。諸個人の大きすぎる犠牲は，それが社会全体としての最大善の原理によって規定されるばあいでさえ，不正なものである。正義それ自体が，社会と社会にける各人にとっての善の一部として適切な位置を与えられるとき，われわれは全体としての最大善を促進することがつねに義務であるということができる。要するに，個人にとっ

71）　*Ibid*., pp. 266-267.

ての分配的正義を基本としつつ，それとのバランスをはかりながら社会全体としての最大善を促進すべきであるということである[72]。

しかしながら，すでに見たように個人に対する善の分配の即座の平等を理想的正義によって基礎づけようとすることは不合理である。それぞれの個人がその諸能力に比例して善を享受することは1つの理想であり，ユートピアの領域においてさえ遠い接近のみが可能な理想とみなされなければならない。したがって，善の現実的平等を目的とすべきではなく，考慮の平等こそ実現可能な唯一の平等である。善の量を引き下げてまで分配の実質的平等を実現しようとすることは，かえって本質的に平等を侵害することになるだろう[73]。

こうした一般的考慮との関連で，個人における正義の義務について言及しておけば，それは次の点にある。すなわち，(1) 政治的か他の手段によって，より完全な考慮の平等を実現するような政治的社会的組織の改善を実現するように努めること。(2) 現存の諸条件のもとで可能であるかぎり，同胞との関係において平等な考慮の原理を尊重すること。(3) 現存の社会秩序が個人の自発的行為によって改善されえないかぎり，どれほど究極的理想と一致しないとしても，それらの政治的社会的取決めを尊重すること[74]。

5-6. 財産制度の尊重

ラシュドールによれば，財産制度を尊重する義務は，国家 (State) に服従する義務の一部であり，後者はまた社会的な善き生（福利）の諸条件を尊重するより一般的な責務の一部である。ここで，特に財産を尊重する義務について言及しておく必要がある。—財産は法律が作りだしたものであるが，所有が個人的であるべきか集団的であるべきかは，社会的な善き生（福利）の手段という意味で些細な問題である。しかし，個人的所有を集団的所有におきかえる企てには，目的それ自体の性質によって設定されるひとつの限界がある。その目的

---

72) *Ibid.*, pp. 268–269.
73) *Ibid.*, pp. 269–272.
74) *Ibid.*, p. 273.

とは，個人の生の完成ということである。そのためには，個人が行為し，自分自身の理想を追求し，そのための手段を選択し，自分自身の活動を方向づけ，活動の成果を刈り取り，成功と失敗との帰結を経験する余地がなければならない。つまり，富は，その使用において，ある程度の自由なしには，真に道徳的生活に役だつようにはさせられえないのである。これらの点は，ボザンケット教授によって申し分なく発展させられてきた点であり，集団的所有あるいは社会主義的計画のもとでは実現しえないだろう。しかし，私有財産制度が個人的な人格の発展にとって必要なものとみなされなければならないとしても，現行の制度——無制限な競争，無制限な蓄積，無制限な相続の制度——は，それが仁愛と正義をふくむ道徳的理想を発展させるためにより適合した制度へと修正されなければならないことは事実であろう[75]。

　ラシュドールは，最後に「社会有機体説」[76]からの予想される批判に答えるかたちで論述を進めているが，ここでは割愛したい。

要　　約

　以上，正義論について見てきた。ラシュドールの正義論は分配的正義論であるといえるが，その内容は即座の具体的平等を提唱するものではなく，考慮の平等を主張するものであった。しかし，それは仁愛と平等ないし分配的正義の衝突という困難な問題を生じさせる。ラシュドールにおいて，その困難を解決する視点となっているのが「善」概念の多様性であり，低級な善と高級な善を区別する視点であった。高級な善は低級な善より高い価値をもつというのがラシュドールの主張の基本であるが，しかし，ラシュドールはこれまでのところ，知的，道徳的，審美的な諸能力には，それらを発展させる社会的条件への資格を積極的に承認しているが，それらへの高い報酬が当然であるとする見解には本質的な点で同意していないことはすでに見た通りである。ラシュドール

---

75) *Ibid.*, pp. 274-277.
76) この場合の「社会有機体説」の主張者として脚注でくり返し取り上げられているのは，ドイツの社会学者ジンメルである。*Ibid.*, pp. 279, 280.

が自然的諸能力や家族環境による優れた教育が特別な報酬への資格となることを否定している点が注目される一方で，考慮の平等（という正義論）が，ラシュドールに独自な善概念を前提として構想されていることを確認することができる。

6. 価値の通約可能性

6-1 快楽計算

さて，ラシュドールは『善悪の理論』第2巻において，第1巻での主張を補強するために必要とされる論題を取り上げ論じている。本稿との関連で注目されるのは，「快楽計算」（第2編第1章）と「価値の通約可能性」（同第2章）である。前者はいうまでもなく，功利主義批判の根拠のひとつとして提出されてきた問題である。ラシュドールは快楽主義を斥けているとはいえ，「快楽」を善のひとつとみなしていた。そのこととも関連して，快楽計算は不可能であるとするイギリス理想主義の功利主義批判を取り上げ，反批判を行っている。それらの中には興味ある事例や論点もふくまれているが，紙数との関係で，ここではラシュドールの主張の結論のみを記しておくにとどめたい。――すなわち，快苦の計算は，正確な数量計算になじむものではないにしても，人々は日常生活において，例えば，旅行などにでかけるに際しても，どの方面へでかけるのがより快適であるかというような計算をたえず行っているである。功利主義が主張する快楽計算とは，そうした人々の日常的な経験の表現にほかならないのである[77]。

6-2 価値の通約可能性

次いで，ラシュドールは，善を構成する諸要素間での価値の通約可能性について論じている。価値の通約可能性の問題は，ラシュドールの倫理学が成立する要ともいうべき位置を占めている。なぜなら，ラシュドールの場合，様々な

---

77) *Ibid.*, Vol. ii, pp. 1-36.

特定の善の比較とそれにもとづく行為の選択が可能でなければ，およそ倫理学は成立しえないだろうからである。価値の通約可能性は，ラシュドール独自の善概念が成立するために不可欠な条件となるものである。最後に，この点について見ておくことにしよう。

　ラシュドールにとって快楽はひとつの善（a good）ではあるが，善そのもの（the good）ではない。ラシュドールによれば，道徳意識は次のことを告げる。——あるいくつかの善は他より高級であり，内在的にいっそう価値があること，そして，これらの頂点に徳がくる一方で，他の多くのもの——知的陶冶と知的活動，美的陶冶，様々な種類の情動——も善であり，たんなる快楽より内在的価値がある，ということである。

　では，われわれは，いかなる原理にもとづいて，これら異なる種類の善のあいだで選択すべきなのであろうか。いかなる行為も，それが善を生む傾向にあるばあいを除いて，正しくありえないということ，われわれが善のあいだで選択しなければならないとき，より大きな善を選択するのが正しいということは明らかである。そのような教義は，すべての種類の善は比較されうること，すべての種類の善を単一の尺度のうえにおいて，それぞれに他のものに対する相対的価値を帰すことができること，を意味している。

　ところで，異なる種類の善が通約可能であると主張する場合，そのことは次のことを意味しうる。すなわち，一方の善の一定量が他方の善の代替物となりうること，したがって，例えば文化の十分な量は徳の欠如を補塡するものとみなされうること，十分な量の官能的快楽を与えられたものとすれば，徳や文化の欠如は遺憾とされなくなることを意味している。しかし，それは，われわれの意味するところではない。上記の通約可能性によってわれわれが意味するのは，ある高級な善とある低級な善を選択しなければならず，両者を同時に持つことができない場合，われわれはそれらを比較し，一方が他方より多くの価値をもつと言明することである。そして，このことは，競合する善のどれも，徳でさえ，それだけでは善そのものではないこと，人間生活の真の善は徳だけにも，知識だけにも，あるいは快楽だけにも存しないこと，したがって，一方の

種類の善のいかなる量も他方の種類の善の欠如を補うことができないことを意味している。しかし，事情が，それらすべての善を確保できなくする場合，われわれはそれらのどれをつべきかを選択し決定しなければならないし，決定することができる。そして，そうした選択をなしうるということは，それらが通約可能であることを意味しているのである[78]。

確かに，それらの善のどれ1つも，他のものなしには完全には存在しえない。価値に関するわれわれの判断は，それだけで理解されたそれぞれのひとつにもとづくのではなく，全体の要素として理解されたそれぞれに基づいているのである。人間生活に関するわれわれの理想は，低級な善の一定量に機械的に追加された高級な善の一定量ではなく，それぞれが他のものと結合して形成されたひとつの全体である[79]。望ましいのは，食べたり飲んだりすることに快楽を見いだすが，それらがその人のより高級な本性の発展に役だち，同胞の最高善と両立しうるような仕方と程度でそれらを享受することである。前述のように，不都合な事情により，そうした理想が実現できないばあい，われわれは人間生活の様々な要素を区別し，それらのうちどれがより重要であるかについて判断することができる。これらのことを認めることは，不可避的にすべての価値が通約可能でなければならないことを容認することをふくんでいるのである。

続いて，ラシュドールは2節をあてて，高級な善と低級な善の選択に関して

---

[78] *Ibid.*, pp. 37-39.
[79] これらの箇所に付した脚注に，ムーアへの次のような言及が見られる。「結合状態にあるふたつの善の価値は別々に考えられた各々の結合した価値とは非常に異なっているであろうというムーア氏の言葉は，非常に古い真理を述べる新しい印象的な方法である。」(*Ibid.*, p. 40)。これはムーア『倫理学原理』における価値の有機体説をさしているが，同時にここでラシュドールは逆のことも真理であると強調している。すなわち，ひとつの全体における諸要素としてのそれらの価値について判断するためには，別々に理解されたそれぞれにある価値を見いださなければ不可能であるとしている。例えば，赤，青，緑それ自体が美しいことが見いだされなければ，われわれが一枚の絵が美しいのを見いださないのと同じである。これらは，善をきわめて抽象的に考えるムーアに対して，善を多様な要素からなるものと考えるラシュドールの相違を反映している。

生じうる現実的な問題について論じている。ラシュドールによれば，高級な善の最小量でさえ，低級な善の最大量より価値があると，われわれがつねに言明するかどうかという問題が生じる。例えば，労働者階級の子供たちは12歳か13歳で学校から引きあげられる。彼らが16歳までとどまることによって道徳的および知的に利益をえることは誰も疑わない。しかし，彼らを学校に長くとどめておくことは，国と親にとってあまりにも大きな負担となると考えられている。また大学・図書館・研究機関への交付金を削減するなど，議会と政府がそうした知的対象に対して示している無関心をどれほど遺憾とするにしても，われわれの健康と生活水準を切り下げてまで，それらに公共の資金を支出する気でいる人はほとんどいないだろう[80]。つまり，それぞれの善の価値は環境と相関的であり，環境とともに変化することを認めなければならない。しかし，そうだからといって，善のあいだで価値の判断がなされないことや，それらの判断が量的でないことを意味するものではない。

最後に，ラシュドールによれば，快楽と幸福とを同一視するのを否定するとすれば，後者についてどのように考えるべきかという問題が生じる。幸福は，ある人の全体としての存在――現在，過去および未来――に対する満足を表わす。確かに，幸福は快楽と，あるいは高級な快楽ないし洗練された快楽とも同一視されえない。しかし，幸福の観念を快楽の観念から完全に分離することは不可能である。幸福な人生は，ある快楽をふくんでいる。なぜなら，すべての快楽は幸福とはかぎらないけれども，すべての幸福は快適だからである。反対に，大きな量の快楽――高級な価値さえもつ快楽――を生活に取りいれることは可能であるが，満たされない欲求，過去への不満，将来についての不安，実現されない欲望，挫かれた希望等々により，その生活が全体として不幸であることがありうるのである。

それでは，幸福と善の関係はどうであろうか。幸福は快楽よりはるかに重要な要素である。しかし，それだけでは善そのもの (the good) ではない。完全な

---

[80] *Ibid.*, pp. 45-48.

幸福は，疑いなく1つの理想であるが，それは完全な善き生とは異なる理想である。完全な善き生は，疑いなく完全な幸福をふくむだろうが，しかし，それはわれわれが幸福によって意味しているよりはるかに多くのものをふくむだろう。その意味で，幸福は理想的生活の全体ではなく，理想的生活の一要素あるいは一側面である。理想的生活ないし善は，さらに定義を許さない究極的概念であり，その内容はそれを構成する様々な要素ないし側面を列挙し，いかなる仕方でそれらが結合されるべきかを説明することによってのみ表現しうるものである[81]。ここに，ラシュドール善概念の基本的な考え方が示されているといってよい。快楽より幸福が価値において上位に位置するが，幸福も善の一要素にすぎないこと，善の階梯において徳が最上位を占めることはすでに見た通りである。そうした善概念には，近代ではカント，古代ではアリストテレス倫理学の影響が反映されているといえるだろう。

おわりに

以上，ラシュドールの「理想的功利主義」について見てきた。最後に，確認する意味もふくめて，いくつかの点について指摘しておくことにしたい。

(1) まず，「理想的功利主義」の「理想的」とは，ラシュドールにおいては何よりも「非快楽主義的」という意味を強くもっている。にもかかわらず，その説が「功利主義」と名づけられるのは，行為の正・不正の判断は直感による（直感主義＝イギリス理想主義）のではなく，帰結によって判断されるという立場を表現しているということである。その意味で，「理想的功利主義」とは「倫理学は目的論的でなければならないという原理」を「非快楽主義」と結合するものとされている。

(2) すでに言及したように，ムーアの善概念は「善の希薄理論 (thin theory of good)」とでも呼びうるほど抽象的であり，その内容は単純かつ希薄であった（「人間的交わりの快楽」と「美的対象の享受」とが最終的な内容）。そのような単

---

81) *Ibid.*, p. 60.

純希薄な善概念では，有効な実践倫理学を構築できないとするのがラッシュドールの立場であったと思われる。そして，そこから多様な要素からなる善概念を構想し，それにともなって生じる諸問題の解決に取りくむとともに，目的論的・非快楽主義的倫理学を構築しようとしたのが，本稿で取り上げた『善悪の理論』であった。事実，ムーア自身も，後になって功利主義の立場をより重視した『倫理学』[82]を執筆しているのが見いだされるだろう。

(3) 功利主義思想内部の問題としていえば，ラシュドールにとってより重要だったのはシジウィックであった。むしろシジウィックに残されている直感主義の側面と究極目的としての快楽主義を克服することがラシュドールの課題であったといっても過言ではないだろう[83]。ラシュドールの善の理論や分配的正義論は，シジウィック倫理学との対比においてもっともよく理解しうると思われる。そうした点の検討は，本章にとって残された課題である。ただし，本章でも見てきたように，功利主義の内部でさえベンサムやミルの功利主義についての理解は，基本的には「最大多数の最大幸福」あるいは「最大幸福」原理のみからする一元的理解に陥っており，副次的諸目的（ベンサム）あるいは「二次的諸原理」（ミル）に即した功利主義理解となっていないことが共通して見られる点を指摘しておかなければならない[84]。いうまでもなく，シジウィックをふくめ功利主義の歴史を再構成するためには，まずベンサムやミルの功利主義の構造について正確に理解しておくことが前提となるはずだからである。

(4) 最後に，本章で取り上げたのはもっぱら倫理学的内容であり，わずかに分配的正義論との関連で経済に言及されたにすぎない。したがって，本章の内容を直接，経済思想と関連づけることは困難であるにしても，経済思想の基盤をなす道徳哲学として理解することは可能であろう。事実，本章で取り上げられている諸論点は，経済思想や具体的な経済政策の分野でも十分問題となり

---

82) Moore (1912), 訳（1977）。
83) 事実，『善悪の理論』はT. H. グリーンとともにシジウィックに捧げられている。Rashdall, Vol. i, p. [iii.]
84) ベンサムやミルの功利主義について重層的に理解する必要性については，音無（2007），および音無（2003）を参照。

うるテーマである。確かに，ライオネル・ロビンズが指摘したように経済学と倫理学は区別されなければならない。しかし他面では，両者の学問的性格や対象領域の違いをふまえたうえで，両者の相互補完的な機能をむしろ積極的に生かしていくべきであろう。今日，そうした問題こそが問われているのである。

参 考 文 献

Boucher, D. and A. Vincent (2000), *British Idealism and Political Theory*, Edinburgh : Edinburgh University Press.

Brandt, B. B. (1992), *Morality, Utilitarianism, and Rights*, Cambridge, Cambridge University Press.

Braybrooke, D. (2004), *Utilitarianism : Restorations ; Repairs ; Renovations*, Toronto : University of Toronto Press.

Bykvist, K. (2010), *Utilitarianism : A Guide to the Perplexed*, London and New York : Continuum.

Dimova-Cooksaon, M. and W. J. Mander (ed.) (2006), *T. H. Green : Ethics, Metaphysics, and Political Thought*, Oxford : Clarendon Press.

Durand, K. K. J. (2002), *Sidgwick's Utility and Whitehead's Virtue : Metaphysics and Morality*, Lanham [Maryland] : University Press of America.

Dworkin, R. ([1977] 1978), *Taking Rights Seriously*, repr. Cambridge [Mass.] : Harvard University Press. 小林公訳『権利論 II』木鐸社, 2001 年. 木下毅, 小林公, 野坂泰司『権利論［増補版］』木鐸社, 2004 年。

Goodin, R. E. (1995), *Utilitarianism as a Public Philosophy*, Cambridge : Cambridge University Press.

Harrod, R. F. (1936), "Utilitarianism Revised", *Mind*, Vol. 45, No. 178, pp. 137-156.

―――― (1938), "Scope and Method of Economics", *Economic Journal*, Vol. 48, No. 191, pp. 383-412.

Hicks, J. R. (1939), "The Foundations of Welfare Economics", *Economic Journal*, Vol. 49, No. 196, pp. 696-712.

Hylton, P. (1990), *Russell, Idealism, and Emergence of Analytical Philosophy*, Oxford : Clarendon Press.

Kaldor, N. (1939), "Welfare Propositions in Economics and Interpersonal Comparison of Utility", *Economic Journal*, Vol. 49, No. 195, pp. 549-552.

Kymlicka, W. ([2002] 2002), *Contemporary Political Philosophy : An Introduction*, 2nd ed., New York : Oxford University Press. 千葉眞・岡崎晴輝訳『新版　現代政治理論』日本経済評論社, （2005 年), 2006 年。

Moore, G. E. ([1903] [1993] 1996), *Principia Ethica, with the Preface to the Second Edition and Other Papers*, ed. and with an Introduction by Thomas Baldwin, revised ed., Cambridge : Cambridge University Press. 深谷昭三訳『倫理学原理』三和書房, [1973 年], 1975 年, 泉谷周三郎・中平治・星野勉訳『倫理学原理』三和書房,

2010年。
——— ([1912] 2007), *Ethics and 'The Nature of Moral Philosophy'*, Oxford : Clarendon Press. 深谷昭三訳『倫理学』法政大学出版局, [1977 年], 2002 年。
Mulhall, S. and A. Swift ([1992] 1996), *Liberals and Communitarians*, 2nd ed., Oxford : Blackwell Publishing. 谷澤正嗣・飯島昇蔵訳『リベラル・コミュニタリアン論争』勁草書房, 2007 年。
Nicholson, P. P. (1990), *The Political Philosophy of the British Idealists : Selected Studies*, Cambridge : Cambridge University Press.
Prichard, H. A. (1949), *Moral Obligation*, New York : Oxford University Press.
Rashdall, H. (1907), *The Theory of Good and Evil : A Treatise on Moral Philosophy*, 2 vols., Oxford : Clarendon Press.
Rawls, J. ([1971] 1999), *A Theory of Justice*, revised ed., Cambridge [Mass.] : Harvard University Press. 矢島鈞次監訳『正義論』紀伊国屋書店, (1979 年) 1991 年。
——— ([1993] 1996), *Political Liberalism*, paperback ed., New York : Columbia University Press.
Robbins, L. ([1932] 1935), *An Essay on the Nature and Significance of Economic Science*, 2nd ed., London : Macmillan. 中山伊知郎監修, 辻六兵衛訳『経済学の本質と意義』東洋経済新報社, 1957 年。
——— (1938), "Interpersonal Comparison of Utility", *Economic Journal*, Vol. 48, No. 192, pp. 635-641.
Ross, W. D. (1930), *The Right and The Good*, New York ; Oxford University Press.
Sandel, M. J.([1982] 1998), *Liberalism and the Limits of Justice*, 2nd ed., Cambridge : Cambridge University Press. 菊池理夫『リベラリズムと正義の限界』勁草書房, 2009 年。
Scarre, G. (1996), *Utilitarianism*, London and New York : Routledge.
Schneewind, J. B. ([1977] 1986), *Sidgwick's Ethics and Moral Philosophy*, Oxford : Clarendon Press.
Sweet, W. (ed.) (2007), *Bernard Bosanquet and the Legacy of British Idealism*, Tronto : University of Toronto Press.
———. (ed.) (2010), *Biographical Encyclopedia of British Idealism*, London and New York : Continuum.
川俣雅弘 (2005), 「20 世紀の経済学における序数主義の興隆と衰退」『経済学史研究』(経済学史学会), 第 47 巻第 2 号, 108-123 ページ。
松嶋敦茂 (1993), 「効用の個人間をめぐって」『経済学史学会年報』第 31 号, 34-46 ページ。
——— (2005), 『功利主義は生き残るか—経済倫理学の構築に向けて—』勁草書房。
中島力造 (1916), 『英国功利説の研究』大日本學術協會。
奥野真理子 (1999), 『シジウィックと現代功利主義』勁草書房。
音無通宏編 (2007), 『功利主義と社会改革の諸思想』(中央大学経済研究所研究叢書 43), 中央大学出版部, 2007 年, 第 2 章, 99-175 ページ。

第 2 部

経済政策論：自由と公正

第 6 章

ジェイムズ・ステュアートにおける「国民の精神」と経済政策

はじめに

ジェイムズ・ステュアートが経済問題を体系的に扱った大著『政治経済の原理』(以下『原理』と表記する場合がある) では，まず全体の「序言」が述べられた後，第1編では冒頭の「緒論」に続いて第1章「人類の統治について」で統治の基本原則が論じられ，次いで第2章では「国民の精神について」と題して，国家の中で生きる人々の精神についての考察が展開されている。このよう

＊本章におけるステュアートの『政治経済の原理』からの引用は，次の著作集を用いる。
The Works Political, Metaphisical, and Chronological, of the late Sir James Steuart of Coltness, Bart, in Six Volumes, London, 1805. Reprinted by Routledge/Thoemmes Press, London, 1995. Vol. I-IV, *An Inquiry into the Principles of Political Economy*.
邦訳は，小林昇監訳『J. ステュアート　経済の原理』名古屋大学出版会，1993年（第3-5編），1998年（第1-2編），を使用する。引用箇所は引用文の後に表記する。まず原著をPEと表記し，その巻数をローマ数字で，ページ数をアラビア数字で記す。次にスラッシュ (/) の後，訳書の第1-2編部分訳をローマ数字 I，第3-5編部分訳をⅡで表記し，その後にページ数をアラビア数字で記す。なお，訳文は適宜，変更してある。引用文中の傍点は断りのない限り，引用者のものである。
なお，他の著作からの引用箇所の表示も同様に，原著，訳書の順に行う。スミスからの引用では，邦訳のページ数の前に分冊番号を表記する。

に経済問題を対象とする著作で，しかもそのはじめの部分で人間の「精神」を正面から論じることは現代の経済学書ではほとんどなく，またこの著作が刊行された18世紀の経済書においてもきわめて異例であったといってよい。当時は，経済学はまだ確立された学問ではなく，したがってその考察対象に関してもいまだ範型も確立してはいない時代ではあった。しかし，ステュアートの著作以前の18世紀に刊行された代表的な経済論であるリシャール・カンティロンの『商業一般の本質についての試論』でも，またデヴィッド・ヒュームの『政治経済論集』でも，さらにフランソワ・ケネーの『経済表』でも，ステュアートのようには人間の「精神」は1つの章を割いて論ずるほどに主要な論題となってはいないのである。

　こうした事実は，ステュアートの「国民の精神」論が，単なる余論にすぎないものではなかったことを示唆するであろう。『政治経済の原理』には，ステュアート自らが「深刻な歌劇の幕合の茶番のような，精神的な息抜き」（PE I 346/I 239）と呼ぶ章（第2編第13・第14章）が含まれている。しかし，「国民の精神」の章はそのような「息抜き」にとどまるものではなく，はるかに重要な意味を帯びている。「国民の精神」論が第1編第2章におかれていること自体，それが「人類の統治について」とともに，ステュアートが経済学体系を展開するための不可欠の基礎工事と考えたことを示している。「国民の精神」をめぐる議論には，表面に語られた文言の背後に，ステュアートの経済学の性格を理解するうえで，まさに鍵となる重大な意味がこめられているのである。ステュアートにおける「国民の精神」はこれまでも一定の注目を集め，いくつかの研究がなされてきたが[1]，以下においては経済学の著作で登場することはきわめてまれな「精神」論がステュアートの経済学においていかなる意味をもっていたのかという問題を中心において分析することで，その経済学説がもつ基本的特徴の一面を解明することを試みる。

---

1) 例えば，大森（1996）の第1章で，「国民の精神」について検討がなされている。

1.「国民の精神」の概念

ステュアートは「国民の精神」(spirit of people) についての章を，その言葉の意味についての次のような定義的説明から始めている。

「国民の精神は，道徳，統治，生活様式，この3つのものに関して一般に受け入れられているところの，一連のものの考え方のうえに形成される。これらのものの考え方がひとたびある社会によって一般に形成され，長い間の絶えない習慣によって確認され，何らの疑問も呼び起こさなくなった場合，それはすべての法律の基礎を形成し，あらゆる政治の形式を規制し，一国の慣習とふつうに呼ばれるものを決定するのである。
　一国の国民を知るためには，われわれはこれらの一般的項目について，彼らの考え方を検討しなければならない。(PE I 10/I 8)」

この定義が示すように，ステュアートがいう「国民の精神」は道徳，政治，生活様式のそれぞれについて人民が有する3つの観念から合成された複合意識である。これらの観念のなかで道徳については，ステュアートは「彼らの宗教を調べたり，また彼らのあいだに権威をもって説かれているものが何であるかをみることによって，容易にその知識をうる」(PE I 10/I 8) と述べる。これによってステュアートが国民の道徳意識は宗教意識によって大きく影響を受けること，道徳意識はまたその社会の権威の構造を背景に形成されると認識していることが知られる。経済問題を中心的主題とする『政治経済の原理』ではステュアートは「私の主題は道徳論ではない」(PE I 41/I 30) として，道徳について詳論してはいないけれども，国民の道徳意識の形成要因として宗教と権威構造の影響力を見出すステュアートの立場は，18世紀にあっては独自の見地を提起するものである。

第2の政治については，ステュアートは「政治は，一部は国内的な，一部は外国の事由からくるいろいろな事情のため，たえず変化しているから，その真

相をつかむことは一層困難である」としながらも,「彼らの歴史を十分に知ること,彼らの為政者と語ること,これらの助けが得られさえすれば,この部門についてきわめて適切な知識をうることができる」(PE I 10/I 8) と述べている。政治は道徳よりも変化にさらされる対象ではあるが,各国の歴史などを材料にそれを捉えることは可能なのである。ステュアートのこのような立場は,彼の関心が個々の政治的事件ではなくそれぞれの国の政治の背後にある国民の政治意識にむけられていることによるであろう。ステュアートは各国民に特有の政治意識の把握から各国の政治の特質をつかもうとしている[2]。

第3の生活様式については「国民の生活様式についての知識は,もっとも獲得しがたいものであるが,しかもまた,それは誰にでも観察の門のもっとも広く開かれているものである」(PE I 11/I 8) とされる。これはある国の生活様式はその国民にとっては説明不可能なほどに浸透しているために,かえって外国人には理解が困難となるという事情による。しかしそれは「誰にでも観察の門のもっとも広く開かれている」対象であるから,ステュアートにおいて一国民の生活様式を把握しうるかどうかは観察の方法如何によるということになるであろう。

ステュアートが長い時間をかけて定着した「国民の精神」は「すべての法律の基礎を形成し,あらゆる政治の形式を規制し,一国の慣習とふつうに呼ばれるものを決定する」と述べていることが示すように,「国民の精神」は国ごとの精神的特徴をよく表現する概念である。しかも「国民の精神」が「すべての法律の基礎を形成し……」という表現が示唆するように,ステュアートは「国民の精神」を社会の法律,そして法律を制定する政治の基盤となるものとして把握している。つまりステュアートにおいては,「国民の精神」は社会の上部構造に位置するとされる「イデオロギー」のようなものではなく,むしろ反対

---

[2] ステュアートが用いる spirit of people は「人民の精神」とも訳しうるが,それの構成要素の1つが「政治」であり,したがって各国の政治の及ぶ範囲で形成される「精神」であるから,基本的にそれぞれの「国民」の「精神」として現象するという性格をもつ。

に社会の諸制度が成立するための文化的な基礎として認識されている。そうした意味で，「国民の精神」は社会の基層文化をなしている。「国民の精神」が各国の「慣習」を決定するとされていることも，「国民の精神」の基層文化としての性格を示すものである。

しかし，ステュアートは社会をなして生きる人々の精神を「国民」という単位で発揮される精神として把握するだけではない。それはさらに多くの観点から捉えられ，様々な概念で表現される。例えば時代が異なれば人々の精神も異なるところから，ステュアートはそれを「時代の精神」(PE I 40/I 29) と表現する。また，同じ国民でも階級が異なると各階級はそれぞれ独自の精神をもつという認識から，それを「階級の精神」(PE I 86/I 60) と呼んでいる。ステュアートはまた，現代のヨーロッパにはそれを支配する特有の精神があるとして「ヨーロッパの自由の精神」(PE I 227/I 159) に注目している。さらに商業国が貿易において他国よりも優位性を獲得するために国民がもつべき精神として「競争の精神」や「節度の精神」(PE I 353/I 244) を挙げている。このようにステュアートによる経済分析は社会における人々の精神の多面的な把握に基づいて展開されている。ステュアートの経済学の特質のひとつは，社会を支配する精神的要素を重視し，それを経済分析に組み込もうとする方法的態度にあるのである。

このような様々な「精神」のなかで，「時代の精神」はステュアートの経済学の基本的特徴をよく示す概念としてとりわけ注目に価する。このヘーゲルを想わせる言葉は，ステュアートの経済学が歴史主義的な方法意識を基盤として構想されたことを表わすものとして重要な意義を帯びている。実際，この概念は，ステュアートが近代経済を過去の経済と比較することでその歴史的特質を析出しようとするさいに重要な分析的役割を演じている。

それを如実に示すのが，経済活動の原動力である人間の欲望と「時代の精神」との関係である。ステュアートが「今では人々は自己の欲望の奴隷であるから，労働を強いられている」(PE I 77/I 54) と述べているように，ステュアートにおいて近代は人間の欲望が旺盛に作用し，それによって経済活動が促進さ

れる時代である。ステュアートが「万人が自由」である状態を想定し，「この場合には，人類はだいたいにおいてその勤労に比例して増殖すると，私は考えるのである。彼らの勤労は彼らの欲望におうじて増加するであろうし，その欲望はまた時代の精神におうじて様々に変化するであろう」(PE I 47/I 33-34)と述べているのは，ステュアートの欲望把握の特徴をよく語っている。この文章における「勤労」は農業以外の「自由な勤労者」による経済活動である商工業を意味するから，この言明は「万人が自由」である近代社会では人間の欲望の活発化とともに発達する商工業が食糧生産の増加を刺激する結果として人口増大をもたらされるという，近代市場経済の原理を語っている。だが，この文章が重要なのは，人間の欲望が「時代の精神」によって影響されて様々に変容するという思想が明言されていることによる。ステュアートは近代社会の経済活動を人間の本性である欲望の作用を通して理解しようとしているが，その欲望自体はそれぞれの時代の「時代の精神」の影響のもとで作用するとされる。つまりステュアートは，経済活動の原動力である人間の「欲望」を単に本能的なものとしては把握せず，それぞれの「時代の精神」のもとで作用する社会的な動力として把握している。そうした意味で，ステュアートにおいて「時代の精神」は，ある時代の経済活動の基本的性格を規定する社会環境の主要な形成因なのである。

2.「国民の精神」と為政者

すでに触れたように，「時代の精神」という言葉は，人々の精神が時代を越えた普遍性をもつものではなく，各時代にはそれぞれ固有の支配的な精神が存在するとする，歴史家ランケにつながる歴史主義的な思考を表現する。しかもそれは必ずしも国民的な範囲に限定されるものではない。ステュアートの認識では，「自由の精神」は特定の国だけに見られる「精神」ではなく，現代のヨーロッパ全体に広がる「時代の精神」である[3]。それゆえステュアートが各国

---

3) ステュアートが「自由の精神」を近代のヨーロッパ全体の特徴として認識したことについては，例えば小林 (1994) のⅢ「ステュアートのヨーロッパ」を参照。

の境界を越えて広がるトランスナショナルな精神や意識に決して眼をふさいでいないことは明らかである。それにもかかわらずステュアートが「国民の精神」にとくに一章を割いて論じているのは，人々の精神が国の違いによって多様な個性を示すことに重要な意味を見出すからである。ステュアートは「自由の精神」が現代のヨーロッパのすべての国民に浸透しつつあることを十分に認識しながらも，各国それぞれに特有の個性を示す「国民の精神」に大きく注目している。

　ステュアートがこうした「国民の精神」に強い関心を寄せるのは，その精神こそが国家の政治が拠るべき支点であると考えるからである。そうしたステュアートの認識は，一国の統治の原則というべきものを次のように説くところに表現される。

　　「政治上のいっさいの施策は，国民の福祉のために勘案されなければならないということは，基本的格率として当然いいうることであるが，それと同様の確実性をもって言いうることは，国民を幸福にするためには，国民の間に広くゆきわたっている精神にしたがって政治が行われねばならないということである。(PE I 9-10/I 7-8)」

　この統治原則の前半をなす「政治上のいっさいの施策は，国民の福祉のために勘案されなければならない」という統治の「基本的格率」には，それが成り立つためのふたつの要件が前提されている。まずここでの「国民の福祉」は当然に国民全体の福祉のことであり，「社会の一般的福祉」(PE I xviii/I xvi) とも表現されている。だが，為政者がそれを実現するためには，彼は自己の私的利益を越えた無私の精神で行動できなければならない。ステュアートが「公共精神は……為政者の側では，全能なものでなければならない」(PE I 220/I 154) と述べるのはこのためである。為政者の無私の「公共精神」は，「国民の福祉」が実現するための必須の条件なのである。もうひとつは，ステュアートは近代経済を立場の異なる諸階級から成る社会と把握している点である。これは為政

者が治める「国民」が決して同質的な存在ではなく,様々な利害関係をもつ人々の集合体であることを意味する。そうだとすれば,為政者が真に「国民の福祉」を実現するためには,特定の階級のための政治ではなく,すべての階級の利益になる政治をなさねばならない。つまり統治の「基本的格率」が実行されるためには,為政者は自分自身の利益を越えるとともに,特定の階級の利益をも越えることができる高邁な資質を有することが求められる。そうした為政者に必要な資質について,ステュアートは次のように述べている。

「つねにある不断の経験は,人間に次のことを立証した。すなわち,統治する側に徳と正義がありさえすれば,どのような政治形態のもとにおいても,社会を幸福にするのに十分である,ということである。政治に適用される場合の徳と正義とは,とりもなおさず,社会全体に対する優しい愛情と,あらゆる階級の利害に対する精確で公平な配慮とを意味するのである。(PE I 8/I 6)」

ステュアートは『原理』の序言で「本研究はある意味で,終始,為政者に対して話しかけている」(PE I xviii/I xvi)と述べているが,それは単に為政者がとるべき経済政策を提言しようとするものではない。この引用には,「国民の福祉」を実現するために為政者に必要な資質が語られている。ここでいわれている「社会全体に対する優しい愛情」とは無私の公共精神に等しいから,為政者に求められる高い「徳と正義」とは,為政者が自己の利益を越えるとともに,「あらゆる階級の利害に対する精確で公平な配慮」すなわち特定の階級の利益をも越えた国民全体のための政治を実行することであることが明らかである。

統治原則では,「基本的格率」に続いて「国民を幸福にするためには,国民の間に広くゆきわたっている精神にしたがって政治が行われねばならない」と述べられている。この原則は当時の多くの国の政治体制が絶対主義的な君主政であったことを想うならば,重要な意味をもつ発言である。君主がいかに絶対的な権力によって統治しようとも,それだけでステュアートが求める「国民の

福祉」のための施策が実現することはない。どのように強大な政府による政治も「国民の精神」に適合していなければ成功することはできない。いかなる政治も成功するかどうかは，それが「国民の精神」に適合するかどうかにかかっている。この点についてステュアートは「スペイン王国は貞操蹂躙のために滅び，ジェノヴァ市はひとつの殴打のために滅んだ。ナポリ王国やシチリア王国は，つねに反乱が起こりがちであった。それらはみな，国民が多年にわたって外来者の支配下におかれ，彼らがその生活様式の真の精神にもとづいて統治されなかったから起こったのである」(PE I 11/I 9) と述べて，「国民の精神」の構成部分である「生活様式」の精神を無視したために失敗した政治の実例を挙げている。ステュアートにおいては「国民の精神」の理解こそが，政治体制にかかわらず政治が成功するための最大の必要条件なのである。

　このようにステュアートは，為政者による政治は何よりも「国民の精神」に適合すべきであるという統治原則を強調する。けれどもここで注意されねばならないのは，この原則は為政者がただひたすら「国民の精神」に追従し，迎合することを意味するものではないということである。ステュアートが想定する為政者は「国民の精神」に対して決して受け身の存在ではなく，能動的に働きかけ，それに変化をもたらしうる存在である。また「国民の精神」も変化しえない意識ではない。たしかにステュアートが「国民の精神」の定義的説明において，「国民の精神」を構成する道徳，政治，生活様式に関する一定の観念がひとたび確立すると，それは「一国の慣習とふつうに呼ばれるものを決定する」と述べているように，一国の基層文化としての「国民の精神」は基本的に安定的な性格をもっている。けれども「国民の精神」はいったん形成されるともはや不変的で固定的なものであるわけではない。「国民の精神」を構成する3つの要素の1つが「政治」であることは，「政治」の主体である為政者が「国民の精神」に適切に働きかけるならば，それに一定の変化をもたらすことが可能であることを意味している。実際ステュアートは「国民の精神に方向をあたえ，これに働きかけさえすれば，有能な為政者にとって不可能なことは何もない」(PE I 15/I 12) と述べ，また「国民の精神をたくみに指導し，あやつるなら

ば，なにごとも達成できないことはない」(PE I 15/I 12) とも述べて，「有能な為政者」の適切な働きかけによって「国民の精神」の操作が可能であることを認めている。さらにステュアートは「正しい経済計画を確立するためには，国民の精神を適切に誘導する必要がある」(PE I 18-19/I 14) とさえ述べて，経済政策の実現は「国民の精神」の「誘導」が条件となることさえ認めるのである。このように見るならば，ステュアートが統治原則として「国民を幸福にするためには，国民の間に広くゆきわたっている精神にしたがって政治が行われねばならない」と述べているのは，為政者が「国民の精神」の現状に一方的に追従すべきことを主張しているのではないことは明らかである。「国民の精神」に「したがって」政治を行うことは，それに迎合する政治を行う「ポピュリズム」を意味するものではないのである。

こうしてステュアートにおいて「国民の精神」は変化を受け入れないものではない。これは，為政者の適切な働きかけによって国民の意識改革は可能であるということを意味する。と同時にステュアートは，「国民の精神」の変化の特徴として，社会の変化とともに「国民の精神も，もちろんおのずから変化するが，それは徐々に行われる」(PE I 14/I 11) ことに注意をうながす。長期にわたる過程を経て生成し，国民的な「慣習」を決定する基層文化としての「国民の精神」は，当然に伝統的で安定的な性格をもち，したがってその変化は急激なものではありえないというのである。こうした認識から，ステュアートは「新しい段階に進もうとする場合には，つねにまず国民の精神を検討しなければならない。そしてもし，計画の遂行の時期ではないと思われる場合には，それを延期し，かたくこれを秘密にしておくべきであり，そして国民が喜んでその新政策を迎えるように，あらゆる方策をほどこさなければならない」(PE I 14-15/I 11) と，為政者が「国民の精神」を無視して新政策を強行することには弊害が多く，新政策を成功させるためには国民がそれを受け入れるような環境作りを時間をかけて実施することが先行条件となると強調している。

ステュアートにおいては，為政者が新政策を実施しようとするさいには，新政策の内容以上にそれを国民に受け入れさせるための工作が重要性をもつので

ある。こうした立場から，ステュアートは為政者が習得すべき政治の技法の要諦を次のように定式化する。

　「政治という偉大な技術は，特定の意見や，特定の階級や，わけても特定の人物に対する偏見や愛着を捨て去ることであり，国民の精神を顧慮し，表面上はこれに譲歩し，しかもそうすることによって，事情が変わったために必要になった変化を国民が喜んでむかえるような気持ちを，彼らに起こさせうるような方向に人心を向かわせることである。(PE I 16/I 12)」

　ここではまず，ステュアートが政治をひとつの「偉大な技術」(great art) と見なしていることに注目したい。この表現には，ステュアートが「政治」を権力による支配の要素よりも目標達成のための手段の行使の側面に注目して機能主義的に捉えていることが語られている。もちろんステュアートも権力的要素を無視してはいないけれども，それ以上に機能的側面を重視して政治を捉えていることがこの表現に語られている。こうした認識は，18世紀にあっては非常にユニークであり，現代に通じる政治観であるといえよう。
　こうした政治観を背景に提起されている統治の技法は，先に検討した統治原則と関連づけて理解する必要がある。この定式の前半では「特定の意見や，特定の階級や，わけても特定の人物に対する偏見や愛着を捨て去る」ことが「政治という偉大な技術」の要件として説かれているが，これは政治が特殊な利害関係に左右されずに国民全体の利益に奉仕すべきであると主張するものであり，統治原則で述べられている「政治上のいっさいの施策は，国民の福祉のために勘案されなければならない」という「基本的格率」の真意を具体的に説明していると解しうる。すなわち「基本的格率」で言われている「国民の福祉」とは特殊な一部の人民の福祉ではなく，国民全体の福祉であるということをここでも確認できる。すでに別稿で検討したように，ステュアートは近代の市場経済においては，一般人民は法を遵守するならば各自の利己心によって私的利益を追求することが許される一方で，為政者は公共精神によって統治しなけれ

ばならないとして，為政者の行動原理は一般人民とはまったく異なるべきであると認識している[4]。それと同様の認識がこの定式で表明されているのである。また，この定式の後半における「国民の精神」への働きかけの方法は，統治原則で「国民の間に広くゆきわたっている精神にしたがって政治が行われねばならない」と述べられていることの本質的説明となっている。「国民の精神」に適合した政治とは，それに追従したり迎合したりすることではないが，かといってそれを無視して新政策を強行することでもなく，「国民の精神」に表面的には譲歩しつつ実はそれを変化へと誘導する複雑な手法を実践することである。為政者による新たな政治的課題の達成を可能にするのは，国民意識に対する複雑で柔軟でかつ時間をかけた工作だけなのである。ステュアートが政治を「偉大な技術」と呼ぶ理由は，それが「国民の精神」への巧妙な工作をともなう高度なリーダーシップであるからである。

　以上はステュアートにおける政治一般に関して該当する原理であるが，『原理』におけるステュアートの関心はもちろん何よりも経済問題にあるから，ステュアートはこの原理の精神を租税制度の改正という具体的問題に即して，次のように説明している。

　「日常の経験が示すように，租税を課されることほど，国民にとって不本意なものはない。国民が課税に慣れていなければいないほど，これを新たに設けることは困難である。

　税金の運用上における統治者のがわのはなはだしい濫用は，少なからず被統治者の側にこうした反感をそそり，また増大させる。だが，この濫用のほかにも，このような新制度に対する国民の精神を導くやり方があまりに拙劣であるということも往々にしてある。というのは，非常に重い課税も，時宜にかない，国民の生活様式や気質によく合っているならば，国民は喜んでこれに服することがしばしばあるからである。……

---

[4]　八幡（2000）を参照。

為政者が自国の事情を十分に検討しないでおいて，他国の例から新しい課税のヒントを得る場合が往々にしてある。しかし，国内事情に正しく留意するならば，国民の精神，気風，境遇によく適合した方法で，それと同じような計画を遂行する手段がたやすく見いだせる。……

為政者はときとして理性に訴えるよりも術策を弄するものであるが，それはその意図が往々にして正しくないからである。これは彼らと国民との間のすべての信頼を破壊するものである。信頼が必要なのは，何か好意を求めねばならないような場合とか，もしくは少なくとも自分の要求するものが議論の余地なく自分の当然の権利というわけではない場合，とかである。それが国民の繁栄に役立つものであっても，このように騙されて課税されたとなると，国民は後日には，同様の施策に対して，それが自らの存続にとって不可欠な場合であっても，激しく反対するであろう。(PE I 17-18/I 13-14)」

ここには税制改革が成功するための条件として，現代においても非常に示唆に富む考察が展開されている。ステュアートはここで，税制改革という国民の抵抗感が強い事業が成功するための条件として，新税制が「国民の精神，気風，境遇によく適合」していること，すなわち税制改革が国情に適合していることを指摘している。また，為政者が「新制度に対する国民の精神を導くやり方」において，すなわち「国民の精神」への働きかけにおいて巧妙であることの必要性も強調している。これらの点はすでに見た統治原則，統治手法の表明である。だが，ステュアートは為政者が国民意識を改革へ誘導するために「術策を弄する」ことは明確に否定している。そうした「術策」は国民の為政者への「信頼」を破壊し，税制改革への国民の抵抗をかえって強めるから逆効果となるだけである。ステュアートは，国民の抵抗感の強い改革が実現するための鍵を国民の為政者への「信頼」の維持に見出すのである。為政者の「国民の精神」への働きかけは，あくまで国民の為政者への信頼醸成につながるものでなければならない。ステュアートが為政者による税金の運用上の「濫用」は国民の反税意識を増幅させると批判するのも，それが国民の為政者への「信頼」の

低下を招くと見るからである．ステュアートは制度改革の実現のために為政者による国民意識への巧妙な工作の必要性を強調しているが，それは決していわゆる「マキアヴェリズム」の薦めではないのである．

　ステュアートがあるべき政治手法を説明するさいに具体例として税制改革を取り上げているのは単なる偶然ではない．課税問題はステュアートが経済政策上，もっとも重要視する課題のひとつであり，それはステュアートが「近代の経済は租税によって存立させられている」（PE I 424/I 291）と述べて，近代経済の基盤としての租税制度の重要性を承認していることに現れている．租税がこのように重視されていることは，イギリスの近代政治史において課税問題が占めた意味を考えるならば大変注目に価する．イギリスで17世紀に勃発したピューリタン革命の主要原因が宗教問題とならんで課税問題であったことはよく知られている．革命政権崩壊後の王政復古を経て17世紀末に成立した名誉革命体制は，イギリス政治を揺るがした課税問題に一定の落着をもたらすものであった．その名誉革命の精神を学問的に表明した思想家がジョン・ロックである．ロックは主著『統治論二編』の後編第11章第140節で，政府が必要とする経費をまかなうために，それの「保護を享受しているすべての人が，政府の維持のために，その財産から自分の割り当て分を支払うのは当然である」と述べて，財産を所有する国民の納税義務を認めつつも，そのすぐ後で納税には国民の多数者の同意が前提条件となるとして「もしだれかが自分自身の権威によって，国民のそうした同意なしに，国民に税金を課し徴収する権力を主張するならば，それは所有権の基本法を犯し，政府の目的を覆すことになる」（Locke (1967), 380/255-56）と述べ，「同意」による課税の原理を展開した．ロックにおいては，課税のためには課税対象となる国民の「同意」が必要条件であるという課税民主主義の原理が提起されている．

　ステュアートはイギリス政治史における課税問題を直接の材料として議論を展開してはいない．また，ロックの課税論への言及も見られない．しかしステュアートは，実質的にはロックによって提起された課税における同意の問題に取り組んでいるといってよい．税制改革にさいして為政者が国民意識に巧妙に

働きかけて改革へと誘導することは、つまるところ改革への国民の同意を取り付けることだからである。とはいえ、ロックとステュアートでは問題の位相は異なっている。ロックにおいては「同意」はそもそも人々が国家を形成するための基礎条件となる原理であり、同意による課税という思想は国家形成の原理が租税制度にも適用されたものである。だからロックの場合、同意による課税の原理は新たな統治制度の構想の一環をなすものである。一方、ステュアートにおいては、国民の同意の獲得は、為政者が税制改革を実現するために必ず通過しなければならない統治プロセス上の課題として論じられている。17世紀末のロックでは統治制度論として構想された同意による課税というテーマが、18世紀半ばのステュアートでは統治過程論の文脈で考察されている。ステュアートにおいて、課税は近代経済の運営のために枢要な制度なのであるが、税制改革とりわけ新税の導入は非常に困難な事業であるだけに、有能な為政者による統治技術の神髄が発揮されるべき統治過程上の課題なのである[5]。

　ステュアートが税制改革を非常な難事と見ていることは、彼が18世紀半ば頃の為政者をもはや絶対的で万能な権力の保持者ではなくなっていると捉えていることを意味している。「術策」を弄した結果、国民の「信頼」を失うことが為政者にとって致命的な打撃となるとされていることも、国家経済の運営にとって絶大な権力はもはや切り札にはなりえないという認識を表現している。このように現代の為政者の立場が制約されたものであるならば、その行政とりわけ経済政策は必然的にその国家をつくり上げている様々な環境条件に適合したものでなければならない。そしてそれらの環境条件のなかでステュアートがとりわけ重視する環境条件が「国民の精神」なのである。それは次のように述べられる。

---

5) 課税問題は、北アメリカにおけるイギリス植民地の独立の原因となったものであり、ステュアートの『政治経済の原理』が刊行された1767年頃には、1765年の印紙条例（翌年撤回）などによって、しだいにイギリス本国と植民地との間で課税をめぐる対立が深まりつつあったことを考えると、ステュアートの課税論は実は重要な時代的意義をもっていたといえよう。

「国家はすでに形成されてあるものであり、その経済は無数の複雑な事情に左右されるのである。為政者(これは立法府と最高権力を意味する一般的な用語で、政治形態のいかんによっていろいろに表現される)は、たとえ地球上もっとも専制的な君主であるとしても、意のままに経済を樹立する主人ではありえず、また勝手に既成の法律をひっくり返すような卓越した権力を行使する主人でもありえないのである

それゆえに、政治経済という偉大な技術は、まずそれの様々な作用を国民の精神、生活様式、習慣あるいは慣習に適合させることにあり、そしてその後に、一連の新しいいっそう有益な諸制度を導入するような形に、これらの諸事情を調整する点にある。(PE I 2-3/I 3. 傍点は原文イタリック)」

この文章の前段では、現代の為政者はいかに専制的な存在に見えようとも、実はその権力行使において極めて制約された存在にすぎないことが明言され、次いで後段では「それゆえに」現代の為政者が経済政策の遂行において「まず」配慮すべきは「国民の精神」や「生活様式、習慣あるいは慣習」という国民の文化的特徴であることが指摘されている。つまり、経済政策の実施主体である現代の為政者を制約する環境条件と「国民の精神」などの尊重という統治原則とが結びつけられている。

ここでステュアートにおける「統治」と経済政策の大元にある「ポリティカル・エコノミー」との関係について簡略にではあるが見ておこう。実はステュアートは国家における「統治」と「ポリティカル・エコノミー」(これは家族の生計活動である「エコノミー」が国家的規模で実行されたものである)とを本質的に異なる行為として峻別している。「統治」とは国家の諸問題について決定し、法を定めることであり、他方「ポリティカル・エコノミー」は「統治」の決定に基づいてそれを実行することであり、内容的には様々な政策による経済の運営を意味する[6]。しかし、これは国家の「統治」と国家の経済運営において成

---

6) ステュアートの「ポリティカル・エコノミー(政治経済)」の概念については、八幡(2004)で検討を加えている。

功の条件が異なることを意味するものではない。国家経済の運営も所期の目的を果たして成功を収めるためには，やはり「国民の精神」を理解し，それに適合する政策が実行されなければならない。だからこそステュアートは「一国の政治経済（ポリティカル・エコノミー）に関するどんな問題を取り扱うにせよ，その国民の精神についてある想定をもつ実例をともなわない場合はない」(PE I 12/I 9) と断言している。

ステュアートの経済学は当時のヨーロッパの為政者に対して経済運営における有益な指針を提供することを意図するものであったが，彼において「国民の精神」は，どの国にあっても経済政策の成否を左右するもっとも大きな制約条件なのである。一国の経済政策は，「国民の精神」という各国それぞれの基層文化に適合しなければ成功は望めないのである。ステュアートが統治原則のひとつとして「国民の間に広くゆきわたっている精神にしたがって政治が行われねばならない」と述べる背後には，こうした現代の為政者が置かれている文化的な制約条件の認識があったのである。ステュアートには国家の経済活動はその国の基層文化によって制約を受けるという非常に独創的で貴重な認識が見出せるのである。

だが同時に注意すべきことは，ステュアートは当時すなわち18世紀中頃の為政者の権力そのものがかつてと比較して弱体化したとは捉えていないということである。先の引用でも，「政治経済という偉大な技術」の要点は，まず為政者が「国民の精神」などの国民の文化的特徴に適応しながら，「その後に，一連の新しいいっそう有益な諸制度を導入するような形に，これらの諸事情を調整する」ことであるとされているが，これはそうした「調整」を実行する力が為政者にそなわっていることが前提となっている。ステュアートは，現代の為政者が国民の経済活動の様々な局面に介入してそれを一定の方向に誘導することができるいくつもの事例を挙げた上で次のように述べている。

「現代の為政者の権威には，全国民の活動に対するこのように強い影響力が付与されているのだが，これは往時にはどんな絶対的統治のもとでさえ，

全く知られなかったものである。現在のヨーロッパの，いくつかの国の支配力を省察するならば，この見方の正しさが発見できよう。すなわちそれらの国では，主権の恣意的な行使はすべて極度に制限されているが，同時に住民の富に対しては，どんな専制的で恣意的な権威も遠く及ばないほど有効な仕方で，主権がふるわれているのが見られる。(PE I 425/I 292. 傍点は原文イタリック)」

　この一節からはまず，ステュアートが「現代の為政者」すなわち18世紀半ば頃の為政者を，かつて「絶対的統治」を行った為政者すなわち専制君主とは本質的に異なる存在として認識していることを確認できる。しかし同時に明らかなのは，ステュアートが「現代の為政者」の実質的な支配力が専制君主よりも縮小したと捉えてはいないということである。確かに「現代の為政者」は「主権の恣意的な行使はすべて極度に制限されている」存在であり，それは現代には専制君主の時代とは異なって，いわゆる「法の支配」が実現する法治国家が成立していることを意味する。こうした法治主義的行政が確立していることは「現代の為政者」にとって制約条件であるが，それは同時に武器ともなりうるのである。だから「現代の為政者」は権力行使において制度的には専制君主よりも制限されているように見えるとしても，国民への実質的な支配力においてはむしろ優っている。その理由について，ステュアートは「複雑な近代経済の運営における秩序と規則性こそが，ただそれだけが，国民の全力を発揮させる立場に為政者をおくことができるのである」(PE I 425/I 292) と述べている。この「複雑な近代経済の運営における秩序と規則性」とは，整備された法体系によって実現する経済行政の安定した秩序を意味している。「現代の為政者」は，確立した法体系によって専制君主のような権力の恣意的な行使は抑止されているが，他方ではその法体系のもつ効力を活用する法治主義的な行政によって「国民の全力を発揮させる」政策を実現し，それゆえに結果的には専制君主よりも有効に経済政策を推進することができる。ステュアートには，専制的支配を終わらせる法治主義の確立がかえって国家の行政力の向上をもたらすとす

る思想が見られるのである。

　もちろん為政者がいかに強力な行政力を発揮しうるとしても，すでに見たように，その統治が「国民の精神」に適合しなければならないのは当然である。すでに引用したが，ステュアートにとって，為政者が「新しい段階に進もうとする場合には，つねにまず国民の精神を検討しなければならない」(PE I 14/I 11) のであり，「国民の精神」を無視した行政計画は成功を収めることはできない。しかし，これは為政者が「国民の精神」にただ迎合することや順応することではないことも，すでに述べたところである。為政者はその行政計画を「国民の精神」に適合したものにすべく適切に調整するとともに，それが受け入れられるように「国民の精神」を巧みに誘導することで，その目的を達成できる。だからステュアートにおいて，「国民の精神」は行政にとっての単なる障害物としてではなく，むしろ為政者の力量が問われる試金石と捉えられている。すでに引用したが，ステュアートが「国民の精神に方向をあたえ，これに働きかけさえすれば，有能な為政者にとって不可能なことは何もない」と述べていることが示すように，「国民の精神」の誘導に成功するためには「有能な為政者」であることがひとつの条件とされているのである。

　18世紀は「啓蒙の世紀」と言われ，ヨーロッパ各国で，多様な形態をとりながらも，中世の伝統的な価値と世界観からの脱却がしだいに進展した時代であった。主要国の政治形態をみても，イギリスでは17世紀末の名誉革命によっていち早く絶対主義を廃止し，18世紀には議会政治の発達が見られた。大陸の主要な君主国ではイギリスのような実質的な議会主権への移行は進まなかったが，フランスでは絶対王政の矛盾の深まりから最終的には革命が勃発し，プロイセンやオーストリアなどではいわゆる「啓蒙専制君主」のもとで，一定の「上からの改革」が進められた。要するに，18世紀半ばには，各国による相違はあるにせよ，絶対主義体制はその本来の支配構造を旧来のまま維持することは困難となりつつあったのである。ステュアートが「現代の為政者」を，かつて「絶対的統治」を行った君主とは本質的に異なる存在と認識していることには現実的な根拠があったといってよい。ステュアートは為政者像につい

て,「私は,彼がつねに覚醒した意識をもち,自分の仕事に精励し,有能で腐敗せず,自分の治める社会に対して優しい愛情をもち,あらゆる階級の住民に対してまったく公平で寛大であり,様々な個人の利益への配慮が公共の福祉と両立しない場合は,それを無視する人であると想定する」(PE I 200/I 138-139)と発言している。ステュアートが「私は……と想定する」(I suppose) と述べていることから明らかなように,これはあくまで為政者のいわば理想型を述べたものであり,当時の為政者の実際の姿を描写したものではない。ステュアート自身,この発言に続けて「もし私がひとつの実行のための計画を提案しているとすれば,この想定はばかばかしいものであることを認めなければならない」と述べ,この為政者像がひとつの理念の提示であることを自認している。しかし,当時の君主政の変容という歴史的背景に眼を向けるならば,ステュアートが自己の経済学を展開するにあたって,このような理想化された為政者像を提示したことは,必ずしも空虚な想定であるとはいえないのである[7]。

このように見るならば,為政者の推進する経済政策などの行政計画は,何よりも「国民の精神」などの国情に適合したものでなければならないとするステュアートの主張は,現代のヨーロッパでは為政者と国民との関係がかつてとは大きく変化し,「国民の精神」が国家の経済政策に反映されざるをえない時代に向かいつつあるとする時代認識を背景にしていると考えることができる。為政者と「国民の精神」との関係をめぐるこうした時代認識には,フランス革命と産業革命を経た19世紀のヨーロッパでしだいに顕在化することになる,社会の本格的な民主化へのうねりの予兆が見出しうるともいえよう。

3. 市場経済と経済政策

これまでの検討によって,ステュアートが当時の経済書においても論題とされることのなかった「国民の精神」を,主著の導入部である第1編第2章で正

---

7) アダム・スミスの経済学においても,スミスが提起した「自然的自由の体系」を実現するのは「将来の政治家と立法者の英知」(Smith (1976), 606/(3) 201) とされ,高潔な為政者の役割が期待されていることが想起されるべきである。

面から論じたことの意味が明らかにされたであろう。すでに述べたように，『原理』にはステュアート自身が「精神的な息抜き」と呼ぶ章も含まれているが，「国民の精神」の章はそうした余論では全くなく，ステュアートの経済学の基礎構造を構成する要素として，彼の経済学の基本性格を強く規定しているのである。

ステュアートがその経済分析において人々の「精神」の要素をいかに重視しているかを端的に示す一例を，人口問題をめぐる議論に見ることができる。『原理』の第1編は「人口と農業について」と題され，ステュアートはこの編のほぼ全体にわたって，当時ヨーロッパの論壇における一大テーマであった人口問題をめぐる様々な論点について，経済学的見地から独自の考察を展開している[8]。なかでも第18章では一国の人口と「国民の精神」との関係について興味深い分析が見られる。この章は「一国の人口充満の原因と結果について」と題され，一国の人口がもはやそれ以上増加しえない充満状態は何を意味し，またどのようにしてそうした状態となるかなどの諸問題についての考察が展開されている。

そのなかでステュアートは，どのような原因からにせよ，一国の人口が充満状態となってその国の現在の肥沃度では住民の主食を十分に供給できなくなる場合，その結果はどうなるかという設問を立て，「それは国民の精神の違いに応じて異なってくる」（PE I 157/I 109）と断定する。もしその国民が怠惰で保守的であり，古い習慣や偏見に支配されるような精神をもつ場合には，その国の人口増加は停止するであろう。人口増加のためには食糧の追加供給が必要であるが，そうした国ではそれを確保する方法が見当たらないからである。しかし，「勤労の精神」（PE I 157/I 109）が旺盛な国の人口が満杯となった場合には，事情は異なってくる。その国では「自由な勤労者」が営む製造業の物品を外国に輸出して，その見返りに外国から食糧を輸入することで，人口増加のための追加的食糧を確保することができるからである。つまり「勤労の精神」が旺盛

---

8) ステュアートの人口論全般については，竹本（1995）の第1章で詳細かつ明快な分析がなされている。

な国は，国内での食糧増産が困難になっても，農業生産の拡大が可能な国との貿易によって，自国の人口増大を継続することができるのである。だからステュアートの分析によれば，一国の人口増大が国内の農業生産力の限界を越えて可能かどうかは，その国の「国民の精神」がどうであるかに左右されることになる。ステュアートは，人口増大という経済発展のもっとも基本的な原動力も，「国民の精神」の影響を免れないものと認識しているのである。

このように，どの国においても「国民の精神」がその国の経済の動向を強く規定するのであれば，それが各国の主権者による経済運営をも大きく規制するのは当然である。為政者の経済政策が成功するためには，それが「国民の精神」に適合したものでなければならないことはすでに見たが，それはまた，一国の経済運営は「国民の精神」などの各国に特有の諸要因によって影響される結果，各国でそれぞれ異なる性格をもつことになるということでもある。ステュアートはそれを次のように述べている。

「異なった国々に見られる，政治形態，法律，風土ならびに生活様式などの違いからくるところの，財産の分配や，諸階級の従属関係や，人民の気質などの相違を考えると，各国の政治経済は必然的に違ったものでなければならないということになり，諸々の原理はどんなに普遍的に真であっても，国民の精神の側に十分な準備がなければ，その実施にあたって全く効果のないものになりうる，と結論してもよいだろう。(PE I 3-4/I 3)」

ここにはステュアートの経済学のもっとも個性的な特質をなす根本認識が語られている。それぞれの国には自然条件，社会構造，精神風土などにおいて他国とは異なる固有の特徴がある以上，各国の経済運営もそれらの特徴を反映した固有の国民的特徴を帯びざるをえないから，「各国の政治経済は必然的に違ったものでなければならない」。いかに「普遍的に真」な「原理」であろうと，それをそのまま各国の経済政策として採用することはできない。各国の為政者はその経済運営において，どのような経済政策が自国に適しているかをまず見

極めなければならない。それぞれの国はそれぞれの国情に適合した固有の経済政策を必要とするという命題は、ステュアートの経済学における根本思想となっている[9]。

だが、このように各国の経済政策はそれぞれ国民的特徴を帯びると強調することは、経済学の研究に大きな問題を投げかけることになる。それは経済政策が経済の普遍的原理とは無関係であり、後者の知識は前者を立案するための基礎とはなりえないという立場につながりうるものだからである。諸国の為政者に対して有益な政策的指針を提供するために近代経済の体系的解明を企て、その著作を『政治経済の諸原理の研究』という書名で刊行したステュアートが、このように経済政策の国民的特殊性だけを強調するならば自己矛盾におちいることになろう。しかしもちろん、ステュアートは経済の原理的知識が無意味であるとする立場で経済政策の国民的特殊性を主張しているのではない。なぜならステュアートは、『原理』で「国民の精神」を論じたのと同じ章（第1編第2章）で、次のように述べているからである。

「アメリカやインド諸島の発見、産業や学問の勃興、商業や奢侈工芸の導入、公債制度の確立、租税の一般的制度等によって、過去三世紀間に起こったヨーロッパの事態の大きな変化は、いたるところで政治の方式を一変させたのである。

それは封建的で軍事的なものから、自由で商業的なものとなった。私は封建制度と政治上の自由とを対照させるのであるが、それはもっぱら、封建的形態の枢要部分をなしていた臣下の間での従属のくさりが、今日では見られないことを示すためである。封建制度においては、支配者にはほとんど権力がなく、下層の人民にはほとんど自由がなかった。いまや経済的に生活するすべての勤勉な人々は、ほとんどの統治形態のもとにおいて、自由で独立し

---

9) 各国がそれぞれの国情に応じた経済政策を必要とするという点については、A. S. スキナーが指摘している。A. S. Skinner (1999), pp. 146-147. ただし、それはごく簡単な指摘にとどまり、それがもつ意味についての立ち入った考察は見られない。

ている。……

　これだけで政治情勢の大変革，およびヨーロッパの生活様式に及ぼした結果の性質を示すのに十分である。(PE I 13-14/I 10-11)」

　ステュアートは「過去三世紀間に起こったヨーロッパの事態の大きな変化は，いたるところで政治の方式を一変させた」ことに注意を向けている。これだけでもステュアートが特定の国ではなく，ヨーロッパ全体を巻き込んだ長期的な社会変動を視野に入れて経済問題を考察しようとしていることがうかがえるであろう。ステュアートは，『原理』第1編の最後の第21章を各章ごとの内容の要約にあてているが，第2章を要約した箇所にも，同様の認識が語られている。

　「封建的政治形態の解体によって，ヨーロッパに導入された市民的自由と国内の自由の制度は，商業と工業を起こした。それらが富と信用とを生みだし，また後者は公債と租税とを生みだしたのである。そしてこれらのすべてがあいともなって，全く新しい政治経済の体系を樹立したのであって，その体系の諸原理を演繹し検討することが私の意図なのである。(PE I 200-201/I 139)」

　ここには前の引用文よりもさらに具体的にステュアートの時代認識が表明されている。ステュアートはここで，ヨーロッパで確立された「市民的自由と国内の自由の制度」を基盤として発達した「商業と工業」や「富と信用」さらに「公債と租税」が一体となって「全く新しい政治経済の体系を樹立した」とし，さらに「その体系の諸原理を演繹し検討することが私の意図なのである」と明言している。これがヨーロッパにおける近代市場経済の発達とそれにともなう国家経済の運営方式の根本的変容を指していることはいうまでもなかろう。ステュアートの「過去三世紀間に起こったヨーロッパの事態の大きな変化は，いたるところで政治の方式を一変させた」という発言は，市場経済の発達によっ

てひき起こされたヨーロッパ社会全体の根本的な変動を表現している。ステュアートがこの変動をいかに深刻に受けとめていたかは，「現代においては，富は土地のみにあるのではない。いや，時にはもっとも広大な土地の所有者がはなはだ不如意な境遇におかれ，負債を背負い，一エーカーの土地さえもたない彼らの債権者の寛大さにすがっているのを見るのである」(PE I 168/I 116) と，大土地所有者階級でさえ没落することがある18世紀中葉の時代状況を，慨嘆をこめて述べていることに語られている。ステュアート自身が土地所有者階級に属していたことを考えると，これを単なる没落地主への同情からなされた発言と見るべきではない。この引用にある「現代においては，富は土地のみにあるのではない」という言明は，ステュアートが現代の富の源泉が土地から商工業に移行しつつあることを洞察していることを暗示するとともに，困窮した土地所有者たちが「一エーカーの土地さえもたない彼らの債権者の寛大さにすがっている」という言明は，商工業の発達を基軸とする市場経済の発展が旧来からの支配階級である土地所有者の没落と非土地所有者階級の興隆という階級関係の変革をともなった根本的な社会変動をひき起こしている事態を，危機感をもって受けとめていると解されるのである。

　ステュアートがヘーゲルを思わせる表現である「時代の精神」について語っていることはすでに触れたが，市場経済が発達した近代社会にもそれ特有の「時代の精神」が存在するのであって，「自由の精神」がそれに他ならない。「自由の精神」が近代に固有の「時代の精神」となるのは，先の引用にも示されているように，市場経済がヨーロッパにおける「市民的自由と国内の自由の制度」の確立を基盤として発達してきたからである。近代社会が自由の原理によって成立しているとする認識は『原理』の体系を貫く基本的主張となっている。だからこそステュアートは自己の経済学研究を「ヨーロッパの開化し，繁栄しつつあるすべての諸国を通じて日ましに高まりつつある，かの自由の精神をもって」(PE I 6/I 5) 行うことを宣言している。すでに触れたが，ステュアートにおいては，「自由の精神」の発達は特定の国の「国民の精神」として見られるものとしてではなく，市場経済の発達にさらされるヨーロッパ諸国全体に

広がる普遍的現象として捉えられている。

　このようにステュアートの視野は決して各国の特殊事情に限定されてはいない。ステュアートは，現代のヨーロッパに見られる精神を，各国ごとの特殊な「国民の精神」と諸国を通じて広がる普遍的な「自由の精神」との二重性において捉えているのである。また経済的な事象についても，各国に固有の経済事情のもつ特殊性に着目しながらも，それの観察で満足することなく，諸国を巻きこんで発達している市場経済の普遍的な原理を分析することの必要性を自覚している。経済学がこうした特殊性への着目に終わることなく普遍性の洞察へ至る研究方法を必要とすることは，次のように述べられる。

　「実務から離れて，観察と反省からこの科学の諸原理を引き出す思弁家は，一般に承認されている見解が特定の国々について検討した時にはどんなに合理的なものであっても，それを支持しようとする一切の先入観念を，できる限りふり捨てなければならない。すなわち彼は，様々な慣習を比較し，同じように見えても国が異なれば異なった結果をもたらしていることが分かる諸制度を仔細に検討することで，世界市民となるために最善の努力をしなければならない。彼は最大の勤勉と注意とをもって，そのような相違が生ずる原因を検討しなければならない。このような研究によってはじめて，真の諸原理が発見されるのである。(PE I 4/I 3-4. 傍点は原文イタリック)」

　ここでは経済学の課題は，「特定の国々」にしか当てはまらない特殊な性質の事象の観察にあるのではなく，諸国の「様々な慣習」や「諸制度」の比較考察によって，普遍的な性質をもつ「真の諸原理」を発見することであると主張されている。しかも経済学を研究する人は「世界市民」たるべく最大の努力をしなければならないとされている。ステュアートがこのように経済学の原理の普遍的な性質を強調する背景には，各国の経済政策もそうした普遍的な原理にのっとったものでなければならないとする信念が存在する。というのも，ステュアートは「ひとたび勤労の結果に依存して存続し始めるようになる」国の君

主は「いつしか自分の政治経済の準則によって強く拘束されてしまっているので，いやしくもそれらの準則に反すれば，かならず新たな困難におちいる」(PE I 330-331/I 229) と述べて，市場経済が浸透し始めた国の為政者は経済原則に合致した政策を遂行せざるをえない立場におかれていると認識しているからである。

したがってステュアートの「各国の政治経済は必然的に違ったものでなければならない」という文言は，各国の経済政策が市場経済の原理を無視してなされうるということを主張しているのではない。市場経済が浸透しつつある国では，どの国の経済政策も市場経済の原理を離れて成功することはありえないのである。だからヨーロッパ諸国の経済政策は「国民の精神」に代表される各国それぞれの特殊な諸条件に適合するとともに，市場経済の原理という普遍的な条件にも適合するものでなければならない。ステュアートにおいては，市場経済が成立した諸国の経済政策は，各国の特殊性と市場原理の普遍性とを統合する立場で立案されるべきなのである。ステュアートが「国民の精神」について論じた『原理』の第1編第2章で，同時に「過去三世紀間に起こったヨーロッパの事態の大きな変化」についても論及したことの意味はここにある。ステュアートの経済政策論は，各国のナショナリティへの配慮の必要性を強調するものであるが，同時に市場経済の普遍的な原理への適合の必要性をも説く点で，偏狭な経済ナショナリズムを鼓吹するものではない。それはあくまで「世界市民」としての立場からの研究に基づく提言なのである。

とはいえ，ステュアートが各国の経済政策は「国民の精神」に代表される各国それぞれの特殊な国情に適合したものでなければならないと強調したのは，同時代の経済学説のなかでも際立った特徴をなしている。これはアダム・スミスの経済政策観と比較すればとりわけ瞭然とする点なので，以下においてはステュアートとスミスの経済政策観を一部について比較してみよう。

一般に経済的自由主義の古典的表明とされるスミスの経済政策観は，何よりも貿易論にうかがうことができる。スミスが『国富論』で，当時のヨーロッパ諸国で支配的であった貿易学説と政策を「重商主義」と呼んで，それへの体系

的な批判を繰り広げていることは周知の事実である。スミスの重商主義批判は多岐にわたるが，第4編第5章で穀物貿易と穀物法について批判的に検討した余論における次の文章は，ステュアートとの比較でスミスの経済政策観の特徴をよく示すものとなっている。

「諸国民のすべてが輸出入の自由という自由な制度をとるとすれば，1つの大きな大陸が分割されてできている様々な国家は，その点で，1つの大きな帝国の様々な州に似たものになるだろう。一大帝国の様々な州のあいだでは，国内商業の自由は，道理からいっても経験からいっても，欠乏の最良の緩和策であるばかりでなく，飢饉の最良の予防策でもあるが，一大大陸を分割している諸国家間の輸出入貿易の自由も，同様だろう。(Smith (1976), 538/ (3) 74. 傍点は引用者)」

この文章には，貿易政策論だけでなくスミスの経済政策論全般の特徴がよく表現されている。スミスが「輸出入の自由」という政策を主張する背景には，長期にわたって対立と紛争を繰り広げてきたヨーロッパの国際関係に対する独自の分析が存在する。すなわち，スミスの認識ではヨーロッパの国際関係を悪化させてきた主因は為政者たちの野心よりは貿易をめぐる利害対立にある。しかし，それは貿易それ自体が本質的に敵対的な行為ということではなく，ヨーロッパ諸国がとってきた重商主義的な政策の結果なのである。だからスミスによれば「諸国民間の商業は，諸個人間の商業と同様，自然に連合と友情のきずなであるべきなのに，不和と敵意とのもっとも豊かな源泉となっている」(Smith (1976), 493/(2) 373) のである。自由貿易はヨーロッパに「連合と友情」を取り戻しうる政策であり，スミスが自由貿易のもとでの国家関係が「ひとつの大きな帝国の様々な州に似たもの」になるとしているのは，「連合と友情」によって結ばれた国際関係を表現している。

スミスはこうした国際関係観を背景に，穀物貿易の問題についてはそれの自由化が「欠乏」と「飢饉」への最良の対策となることを説いて自由貿易の利点

を主張し,当時のヨーロッパ諸国が穀物貿易を制限するために制定していた穀物法を批判しようとしている。だが,ここでこの文章に注目するのは,一大大陸を分割している諸国家が自由貿易によって「ひとつの大きな帝国の様々な州に似たもの」になるという理由で,自由貿易はすべての国家が採用すべき政策であるとされていることによる。スミスが自由貿易政策は全国家にとって利益となる政策であると理解し,したがって全国家が採用すべき普遍性をもつ政策であると主張していることが明瞭に語られている。もちろんスミスは「スイスの一州やイタリアの小国家中のあるものにあっては,穀物輸出を制限することが,おそらく,必要なこともあるだろう。フランスやイングランドのような大国では,その必要はとうていめったにありえない」(Smith 1976, 539/(3) 75) と述べて,穀物貿易の自由が小国の場合には必ずしも適用できない場合がありうることを認めている。だからスミスも自由貿易政策がすべての国家によって機械的に例外なく採用されるべきであると主張しているわけではない。しかし,ここで「スイスの一州やイタリアの小国家中のあるもの」で穀物輸出の制限の必要がありうるとされているのは,これらの地域では農業生産力が低いため,もし食料が欠乏した隣国にあえて輸出すればその地域自身も同様の欠乏にさらされうるという小国に特有の農業事情があるからである。そのためスミスはフランスやイングランドのように農業生産力の高い大国では穀物輸出の制限はまったく不要であるとするのである。

このように見るならば,スミスが自由貿易政策を例外的に採用する必要がない場合がありうると認めるのは,採用しないことがその国にとって利益になる場合があると判断するからであることが理解されるであろう。この点は,航海法をめぐるスミスの所論によっても確認できる。航海法は,イギリスが一大海運業者であったオランダをイギリス商品の貿易からできる限り締め出そうとして数次にわたって制定した法律であり,典型的な重商主義政策の一つとされる政策である。だからそれは,重商主義の批判者であるスミスにとって経済的な観点からは評価しうるものではなく,「航海法は対外商業にとっても,対外商業から生じうる富裕の増大にとっても,有利なものではない」(Smith (1976),

464/(2) 319）と，航海法がイギリスにとって経済的には不利益となっていることを認めている。にもかかわらずスミスは航海法を経済的側面とは全く別の観点から評価する。それは航海法がオランダの海軍力を削減する効果があるからであって，スミスはこの軍事的な利益がイギリスにとって経済的な不利益を補って余りあると判断するのである。スミスが「国防は富裕よりもはるかに重要であるから，航海法は，おそらく，イングランドのすべての商業上の規制のなかでもっとも賢明なものである」(Smith (1976), 464-465/(2) 320) と結論するのは，こうした判断が根拠となっている。

以上は，スミスが貿易に対する何らかの規制を容認しているケースのうちの代表的なものを抽出したものである。穀物貿易の自由が小国には適用できない場合がありうるとされるのは経済的利益の観点からであり，自由貿易を阻害する航海法がイギリスにとって必要であるとされるのは軍事的利益からであるが，国家にとっての利害関係が判断基準となっている点で両者は共通している。つまりスミスは自由貿易政策が適用できない場合があることを論ずるさいに，一種の功利主義的な観点を判断の基準としているのである。スミスが自由貿易政策の適用除外のケースを認めていることは，それだけでもスミスの経済政策論が単純な自由放任主義ではないことを示して余りあろう。けれども，そうした適用除外のケースがあるとしても，スミスにおいてはそれが自由貿易政策の普遍的な貿易原理としての意義を毀損するものと認識されてはいない。だからこそスミスは「諸国民のすべてが輸出入の自由という自由な制度をとるとすれば，ひとつの大きな大陸が分割されてできている様々な国家は，その点で，ひとつの大きな帝国の様々な州に似たものになるだろう」と述べて，諸国による自由貿易政策の原則的な採用が「連合と友情」に満ちた新たな国際関係をもたらしうるとするヴィジョンを構想しているのである。

ステュアートの貿易論は，こうしたスミスの普遍主義的な貿易論とは基本的な性格において異なっている。ステュアートの貿易論の全容を分析することは本章の課題ではないが，スミスとの対比においてその特徴の一面を析出してみよう。それは次の文章に窺うことができる。

「私の考えでは，同じ法律で統治され，十分な一致をみたひとつの構想に基づいて行政が行われているひとつの普遍的君主国以外には，普遍的に公開された貿易と両立しうるものはない。いろいろな国家が存在する限り，それぞれ異なった利害が存在するに違いない。そしてこれらの利害を統括する1人の為政者がいない場合には，共通の利益のようなものは存在しえない。そして共通の利益が存在しない場合には，あらゆる利害は別個に考慮されなければならない。(PE II 119/I 385)」

ステュアートが「公開された貿易」と呼ぶのは自由貿易のことであり，彼は「普遍的に公開された貿易」は諸国が「ひとつの普遍的君主国」を形成するという，ほとんどありえない条件のもとでしか実現しえないとして，自由貿易が普遍的に採用されうる政策であることを否定している[10]。ステュアートの『原理』はスミスの『国富論』よりも早く刊行されているから，この言明はスミスの貿易論を念頭になされたものではない。この発言は，ステュアート自身が明記しているように，デヴィッド・ヒュームの著作『政治経済論集』の第5論説「貿易差額について」を標的としたものであり，ヒュームによる貿易差額説批判への反論として述べられたものである。ヒュームの貿易差額説批判には保護主義政策の無意味さを証明しようとする意図が含意されていて，それゆえにそれは論理的帰結として，自由貿易への志向を表明するものであった。ステュアートはヒュームの貿易差額説批判のなかに自由貿易への志向を読み取り，それへの批判を展開しているのである。

だが，こうしたステュアートのヒューム批判は，ヒュームを受け継いで自由貿易政策の採用を主張することになるスミスとも対照的な立場の表明となっている。すでに見たように，スミスは「諸国民のすべて」による「輸出入の自

---

10) ステュアートは「公開された貿易」(open trade) という表現をしていて，スミスのように「自由貿易 (free trade)」という表現を使用していない。これは，あるいはステュアートが『原理』を執筆した頃には，「自由貿易」という表現がまだ定着した用語となっていなかったことを示すのかもしれない。

由」の政策がそれを採用する全国家にとって利益をもたらすとして，自由貿易政策の普遍的妥当性を主張している。しかし，ステュアートからの上記の引用文は，スミスに先回りして，自由貿易による普遍的利益の実現性を否定しようとする意図をもっている。ステュアートがそうした判断を下す根拠となっているのは，異なる諸国から構成される国際社会では各国がそれぞれ異なる利害をもち，「共通の利益」は存在しないという認識である。各国がそれぞれ異なる利害をもつのであれば，各国の政策は必然的にそれぞれ異ならざるをえない。したがってステュアートにとって，自由貿易という単一の政策をあらゆる国が採用するのはそもそも不可能なのである。もちろんすでに見たように，スミスも穀物貿易論や航海法をめぐる議論において，自由貿易を採用できない場合があることを認めている。しかしそれは，自由貿易政策が一律には適用できないことを示す事例にすぎず，自由貿易を採用する国々の関係は「ひとつの大きな帝国の様々な州に似たものになるだろう」という言明に表現されているように，自由貿易によってステュアートが否認する「共通の利益」が一般原理としては実現しうることを否定するものではない。ステュアートの「共通の利益が存在しない場合には，あらゆる利害は別個に考慮されなければならない」という文章は，異なる国家はそれぞれ特殊な利害をもつがゆえに異なる貿易政策を必要とするという論理によって，自由貿易政策の普遍的な貿易原理であることを否定する意図を帯びているのである。

このようにステュアートの貿易論は，各国の経済政策がそれぞれ異ならざるをえないことを主張する議論ともなっている。ステュアートがそれぞれの国はそれぞれ固有の経済政策を必要とするという点について，「異なった国々に見られる，政治形態，法律，風土ならびに生活様式などの違いからくるところの，財産の分配や，諸階級の従属関係や，人民の気質などの相違を考えると，各国の政治経済は必然的に違ったものでなければならない」と述べていることは，すでに触れたところである。この場合には各国の経済政策の差異を生みだしている究極の要因として，「政治形態，法律，風土ならびに生活様式」という各国に固有の諸要素が挙げられている。だが，ステュアートが貿易論におい

て各国の経済政策が異ならざるをえない必然性を強調するさいには，そうした各国の国情を形成する諸要素ではなく，国際関係の構造が根拠とされている。すなわち国際社会において各国はそれぞれ特殊な利害関係をもつということが根拠とされている。このことは，ステュアートが，各国の経済政策が異なるものとなる必然性の原因を，国内的なものと国際的なものとの両面において捉えていることを示している。各国の為政者が遂行する経済政策は，「国民の精神」に集約的に表現される各国のそれぞれの国情に適合しなければならないと同時に，諸国の利害が複雑に錯綜する国際関係において自国が占める特殊な利害にも適合するものでなければならない。各国の経済政策がそれぞれ固有の性格をもつことになるのは，それがこうした二重の要因によって強く制約されているからである。各国における経済政策の差異性をめぐるステュアートの見解は，18世紀中葉のヨーロッパに見られた各国の国情の違いに関する洞察と，当時のヨーロッパを支配した諸国の経済ナショナリズムの角逐によって形成された複雑な国際関係への認識とを背景に提起されているのである。

おわりに

「啓蒙の世紀」とされる18世紀は，市場経済の本格的な発達とそれにともなう構造的な社会変動が，ヨーロッパ全体を巻きこみつつ進行した時代であった。それはまさしくカール・ポランニーの言う「大転換」の時代であり，人々がヨーロッパに新たな社会が出現しつつあることを自覚した時代であった。ステュアートが「過去三世紀間に起こったヨーロッパの事態の大きな変化」に注意を向け，また商工業や信用，公債，租税などが結びついて「全く新しい政治経済の体系を樹立した」と断定するのは，ヨーロッパ社会が歴史的な大変動にさらされていることを強く意識しているからである。こうした歴史的な転換の意識がステュアートに近代経済の体系的研究を決意させた要因となっていることは，容易に推察されるであろう。ステュアートの主著『原理』は，単なる経済問題への実務的な関心から書かれたものではなく，このような明確な歴史意識を背景として時代の課題に挑もうとした努力の成果としての性格をもってい

る。ステュアートの「時代の精神」という言葉自体が歴史意識に発するものであり，近代における「時代の精神」が「自由の精神」であるとされるのは，ステュアートの時代認識を表現するものである。

　だが，こうした市場経済の発達を原動力とするヨーロッパ社会の大転換は，なにもステュアートだけではなく，当時のヨーロッパの優れた思想家の多くが意識し，その動向に強い関心を寄せた問題であった。とりわけステュアートの故郷であるスコットランドでは，近代社会の最大の特徴を市場経済の発達に見出し，それを基盤とした近代文明社会の歴史的独自性への問いを核心とする文明史的関心からの社会認識が独自の展開をとげた。ヒュームやアダム・スミスがその代表者であり，スミスが『国富論』の冒頭における分業論の章で，「文明社会」と「未開状態」を比較することにより，分業が発達した「文明社会」を「普遍的富裕」が実現しうる社会として描いているのは，市場経済へのこうした文明史的関心によるアプローチの特徴をよく表している。

　したがって大陸での亡命生活が長く，ほとんど孤立状態で経済学の研究を進めたにもかかわらず，ステュアートには市場経済の発達とそれによる新たな社会の出現への歴史的関心においては，スコットランドの思想家たちと共通する面が認められるのである。ステュアートがそうした認識をもつようになるには，特にヒュームから得たものが大きかったであろう。ヒュームが『政治経済論集』で展開した文明社会観は，スミスに多大な影響を与えたと思われるが，ステュアートもまたヒュームの影響を受けつつ，文明史的観点を背景に近代社会の経済問題への関心を深めていったと考えられるのである。「自由の精神」をヨーロッパ全域に広がる「時代の精神」とする認識も，ヒュームの文明史観に示唆されたところが大きいと考えられる。

　けれどもステュアートには，このような市場経済の発達の普遍的意義への文明史的関心とともに，ヨーロッパ世界を構成する各国それぞれの独自な個性に対する強い関心も存在する。すでに述べたように，ステュアートにおいては「自由の精神」とならんで「国民の精神」が重要な意義を与えられているが，ここにこそステュアートをヒューム，スミスと決定的に分かつ点があると言わ

なければならない。現代のヨーロッパに観察される精神として、全ヨーロッパに流布する「自由の精神」だけでなく、各国それぞれの特有の個性を示す「国民の精神」に着眼し、それの重要性を自覚しつつ市場経済の発達がひき起こす問題の解決にとり組んだところに、ステュアートの重要な学問的個性が認められるのである。

　ステュアートがこのように「国民の精神」の意義に開眼するうえで、フランスのモンテスキューから受けた影響は小さくなかったであろう。モンテスキューの代表作『法の精神』は、世界各地域の自然的・文化的個性と法制度の多様性を強調して、社会認識に新たな視点を提起したのであるが、それはステュアートにも大きな刺激を与えるものであったと思われる。ステュアートはモンテスキューが法の研究において開拓した視点を経済の研究に導入して、独自の学説を構築するための糧としているのである[11]。

　もちろんステュアートが「国民の精神」とそれが基盤となっている各国の経済事情の多様性に注意をむけるにいたった背景には、大陸での長い流浪の生活がある。ステュアートが『原理』の序文で「私は多年にわたって、様々な国を旅したが、その国々を絶えず自分自身の主題に関連づける眼をもって検討してきた」(PE I viii/I ix) と述べているのは、大陸生活での多くの見聞が彼の経済学の成立にとってきわめて重要な意味をもったことを示している。しかもステュアートが、諸国の経済事情の多様性へのそうした着眼を、自己の経済学の長所と考えていたことは明らかである。というのもステュアートは、『原理』の著作集版への序文で、その著作の初版の刊行後に寄せられた書評において、自分がイングランドの現状やイングランド人の気風とは相容れない偏見におちいったと批判されたことに対して反論し、「本書から私が何か功績をひき出せるとすれば、それは私がイングランド的な観念を脱ぎ捨てて、諸外国の国民の感情や政策を、彼ら自身がおかれた状況に関連づけて、公正な観点で説明することができたことによるのである」(PE I viii/I ix) と主張しているからである。

---

11)　確証は挙げられていないが、ステュアートは、大陸滞在中にモンテスキューに会ったとされている。小林、前掲書、34ページ。

すでに見たように，ステュアートはすでに『原理』の初版で，経済学を研究する思弁家は「世界市民となるために最善の努力をしなければならない」としていたが，それは自分自身が英国を離れて長く大陸で生活するなかで，各国それぞれ固有の「国民の精神」と経済事情に通じることによって「世界市民」となりえたとする自負ゆえの発言なのであった。ステュアートが自分は「諸外国の国民の感情や政策を，彼ら自身がおかれた状況に関連づけて，公正な観点で説明することができた」と述べているのは，ステュアートにとって「世界市民」とは，各国それぞれのナショナリティを無視したり唾棄したりすることではなく，全く逆に各国の固有の事情を偏見なく理解し，またそれを尊重することによってはじめてなりうるものであることを意味している。各国はそれぞれ自国の「国民の精神」と国情に適合した固有の経済政策を必要とするという命題が，いかに深くステュアートの経済学の成立事情に根ざした信条として提起されているかが，こうした発言から理解されるであろう。とはいえ，ステュアートが他方で，どの国の経済政策もヨーロッパ全域に貫徹しつつある市場経済の原理固有の法則性を無視して成功することはできず，それにも適合するものでなければならないとしていることも，すでに論じたところである。ステュアートにおいて各国の経済政策は，市場経済の原理のもつ普遍性と各国それぞれの国情の特殊性とが交差する平面で立案されるべきなのである。そうした意味でステュアートの経済政策観は，「自然的自由の体系」を原則としてあらゆる国に通用しうるシステムとして提唱するスミスとは基本的に相容れない立場にあったと言わねばならない。

　現代は「グローバリゼーション」の時代といわれ，経済を中心とするグローバル化が各国を否応なく巻き込んで進展し，世界を大きく変容させつつある。この現象については多くの議論がなされているが，そのなかには経済のグローバル化は何も20世紀末に出現したまったく新たな現象ではなく，近代初期における市場経済の黎明期からすでに始まっていた現象であるとする立場も見られる。こうした見解は，そもそも「資本主義」というシステムがその生成期から一国の内部だけで完結するシステムではなく，国境を越えて展開するグロー

バルなシステムとして成長する本質をもっていたとする認識を背景としている。だが，本章での考察から見るならば，18世紀中葉に成立したステュアートの経済学には，すでにこうした見解をある面で先取りする時代認識が含まれていたことに注意しなければならない。確かにステュアートの経済学の視野は直接にはヨーロッパに限定され，今日の意味でのグローバルな認識が展開されているわけではない。けれども「過去三世紀間に起こったヨーロッパの事態の大きな変化」という認識は，市場経済の発達がヨーロッパ全域にひき起こしつつあった巨大な社会変動を捉えたものとして，今日のグローバル経済をめぐる論議に通じる面をもっていることは明らかであろう。しかもステュアートは，ヨーロッパ各国がそれぞれ固有の事情をかかえながら市場経済の発達の衝撃にさらされている状況に強い関心を寄せ，各国の経済政策はそれぞれの国情に適合した，独自のものでなければならないと強調している。今日でもグローバル経済の衝撃にさらされた諸国がそれへの対応をめぐってそれぞれの国情に適合した方策を模索しているのを見るならば，この点でもステュアートの経済政策論は深い示唆に富んでいるといえよう。

参考文献（ステュアートを除く）

Lock, J.（〔1690〕1967）, *Two Treatises of Government*, ed.,by P. Laslett, 2 nd ed., Cambridge, Cambridge University Press. 伊藤宏之訳『全訳　統治論』柏書房，1997年。

Skinner, A. S. (1999), "James Steuart : aspects of economic policy", in R. Tortajada (ed.) (1999), *The Economics of James Steuart*, London, Routledge.

Smith, A.（〔1776〕1976）, *An Inquiry into the Nature and Causes of the Wealth of Nations*, ed. by R. H. Campbell and A. S. Skinner, London, Oxford University Press.

水田洋監訳・杉山忠平訳（2000-2001），『国富論』4分冊，岩波文庫。

大森郁夫（1996），『ステュアートとスミス』名古屋大学出版会。

小林昇（1994），『最初の経済学体系』名古屋大学出版会。

竹本洋（1995），『経済学の創成』名古屋大学出版会。

八幡清文（2000），「スミスとステュアートの近代的自由論」（『国学院経済学』國学院大学経済学会，第48巻第3・4号）。

八幡清文（2004），「ステュアートにおける「ポリティカル・エコノミー」の概念―ルソーとの比較―」（『経済学論纂』中央大学経済学研究会，第44巻第5・6合併号）。

第7章

デュガルド・スチュアートの穀物貿易論と啓蒙社会の構想

はじめに

1800年代初頭,エディンバラ大学でデュガルド・スチュアート (Dugald Stewart, 1753-1828) は政治経済学講義を行った。彼はそのなかで穀物貿易について論じたが,それは穀物貿易が国民の生存に関わる重要なテーマと考えたからであった。しかし,その内容をより詳細に検討してみると,彼は穀物貿易を必ずしも単に経済理論の問題としてのみ捉えているわけではないことが知られる。それはむしろ政治,経済,社会を密接不可分のものとして関連づける視点から論じられている。

従来,わが国ではスチュアートの穀物貿易論を扱った研究は,きわめて少なく,また国外においても皆無に近いのが実情である。本章では,スチュアートが特に重視している穀物貿易における政治家および「世論」の役割に着目しつつ,穀物貿易論に貫かれている彼の経済思想を明らかにする。その意図は,そうした彼の穀物貿易論の特徴を示すことによって,スミス以後の経済学の変容および展開のされ方を理解する1つの手がかりを見出す点にある。

本論に先立ってまず,デュガルド・スチュアートの人物像について若干触れておくことにしたい。スチュアートは,スミスとリカードウの中間に位置する

人物として知られ，スコットランドの地，エディンバラ大学で1800年から9年間政治経済学についての講義を行った。スコットランド出身の学生だけでなくアメリカや大陸ヨーロッパの学生もスチュアートの講義を聴講したが，彼の講義は学生たちを魅了し，政治経済学にたいする彼らの熱気は教室にみなぎっていたといわれている[1]。毎年一教室に平均40人の国内外の学生が熱心にスチュアートの講義に耳を傾けた[2]。講義を履修した学生たちのなかには，後に『エディンバラ・レビュー』を創刊したフランシス・ジェフリ，ヘンリー・ブルーム，フランシス・ホーナー，シドニ・スミスのほか，ヘンリー・コウバーンやマクヴェイ・ネイピアなどがいた[3]。

シュンペーターは，スチュアートの「講義や著作」がスミスの『国富論』を世に広めるのに大きな役割を果たしたことを指摘している[4]。『スチュアートの伝記』を著し，スチュアートの人物についてもっとも精通していたジョン・ヴィーチが述べているように，スチュアートの『政治経済学講義』（以下『講義』と略記する）は，スミス『国富論』の単なる解説本とみなされるべきではない。ヴィーチによれば，『講義』の内容は，個々に見れば重要な見解が論じられている箇所もあれば，スミスの教義に対するスチュアート独自の批判ならびに修正がなされている箇所もある[5]。ヴィーチによれば，スチュアートが，スコットランドだけでなくイングランドでも「政治的自由」や「経済的自由」について大きな思想的影響を与えた点で，同時代人で彼を凌ぐ人物はいなかったとされる[6]。したがって，スチュアートは，スミス以後の19世紀初頭においてもっとも大きな影響を与えた人物であるということができる。

『講義』は，全体が2部に分かれ，第1部「政治経済学プロパーについて」と，第2部「政治学プロパーあるいは統治の理論について」によって構成され

---

1) Spencer (1992), p. 1163.
2) Veitch (1854-60), p. liin.
3) Brown (1992), p. 657.
4) Schumpeter (1914), S. 54n, 訳, 124-125 ページ。
5) Veitch (1854-60), p. xlix.
6) *Ibid*., pp. xiii-xiv.

ている。前者は，4編から成り，第1編，人口，第2編，国富，第3編，貧民救済，第4編，教育の順に考察されている。一方，後者は，2章から成り，第1章，政府の諸形態，第2章，混合政体について論じられている。このように，スチュアートの『講義』は，目次構成から見るだけでも多岐にわたることが知られる。スチュアートによる政治経済学の定義は，「政治社会の幸福と改善」を目的とするものであり，したがって，経済理論的な問題だけに限られるものではなかった。

　本章で特に考察するのは，『講義』第2編「国富について」の第3章「交易について」である。そこでまず，穀物貿易論が収められている第2編全体の構成について触れておこう。第2編は，第1章から順に，「生産的労働と不生産的労働について」，「流通媒介物としての貨幣について」，「貿易について」，「租税について」という4章から構成されている。スチュアートは，いずれの章においても主として自由な経済取引および自由貿易の有益性を主張している。そうした点を考えれば，第3章の貿易論は，第2編のなかでも重要な意味をもつものであったといえるだろう。以下に第3章の目次を掲げておけば，次の通りである。

第2編　国富について
　第3章　交易について
　　第1節　交易の自由について
　　　(1)　国内商業と勤労に対する抑制について
　　　(2)　さまざまな国民の商業取り引きの制限について
　　第2節　穀物貿易について
　　　(1)　国内の穀物取り引きについて
　　　(2)　国内の消費のために穀物輸入商人によって行われる貿易について
　　　(3)　外国の消費ために穀物輸入商人によって行われる貿易について
　　　(4)　将来の輸出のために穀物の運送商人または商人による貿易について
　　　(5)　穀物貿易にかんする多様な考察

以上の構成に示されているように，スチュアートの貿易論において穀物貿易は大きな比重を占めていた。穀物貿易が重要な主題の1つとなった背景には，フランス革命の影響と18世紀末における断続的な凶作による食糧価格の異常な高騰によって，貧困問題が大きな社会問題となっていたという事情があった。また，政治経済学講義が行われた19世紀初頭においてさえ，グレート・ブリテンでは重商主義政策が行われていたため，自由貿易を妨げる諸政策や諸規制によって国富の進歩は妨げられていた。したがって，穀物貿易の自由をめぐる議論は，人々の必要や生存に関わる重大なテーマだったのである。

スチュアートの穀物貿易論を見ていくに際して，前もって指摘しておかなければならない点がある。それは，『講義』が必ずしも厳密な意味で秩序立てられ論理立てて論じられているわけではないという点である。そもそもスチュアートは同書を出版する意図をもって書いたのではなかった。同書は，1828年にスチュアートが死去した後の1855年に，19世紀半ばのスコットランドを代表とする道徳哲学者であるウィリアム・ハミルトンによって編集され出版された[7]。ハミルトンは，同書を編集するにあたりスチュアートの講義用ノートと補足的に彼の学生ノートを利用している。そのため，同書が厳密な意味で論理的に構成された著作として執筆されたわけではない点に注意しなければならない。

1. スミス自由貿易論の継承とマルサス

スチュアートが穀物貿易にかんして自由貿易を主張する理由についてまず見ていくことにしたい。『講義』第2編第3章「交易について」は，スミス『国富論』第4編第5章の「奨励金」の解説を中心にしたものである。特に，独占，穀物法，および穀物奨励金に対するスチュアートの批判が同章においてその内容のほとんどを占めているといってよい。スチュアートは，スミスに従って，国内の農業生産力の拡大による自由貿易を主張し，自由貿易を妨げている

---

7) 『講義』が出版されるまでの経緯については，Stewart (1800-10), Vol. 8, pp. vii-xxiii を参照。

封建遺制や重商主義政策を厳しく批判している。『講義』同章の冒頭箇所では，自著『アダム・スミスの生涯と著作』を用いながら[8]，スミスに従って自由貿易を確立するためには，「労働とストックの自由な流通および国内商業を妨げる諸規制」を撤廃することが必要であると述べている[9]。次いで，重商主義政策を批判するスミスの見解について，商品価格の構成や自然価格の意味を解説しながら詳しく説明している[10]。その中で，特に注目に値するのは，独占によって経済取引がいかに妨げられてきたかを歴史的な見地から詳細に検討していることである。スチュアートは，ヒューム，ストー，チャールズ・スミス，アダム・スミスらの見解[11]を参照しつつ，13世紀以降のスコットランドにおける穀物価格の変動を精査することによって，穀物商人が穀物を買い占めることによって歴史的に幾度も穀物を高騰させ，その結果，人々の困窮をさらに悪化させたことから，彼らの独占行為に対して厳しく批判している[12]。同様に，17世紀以降の独占や同業組合に対して批判しているジョザイア・チャイルド，ケアリー，およびウィットの見解を強く支持したほか[13]，スミスに従って，「同業組合法」，「徒弟条例」，「定住法」，「独占会社」によって「労働とストックの自由な流通」が妨げられているとし，こうした法の諸規制について「政府の策略（trick）」であると主張している。また，「税関の帳簿の虚偽」や「密輸入」についても，これらが「特定の商人」に有利に働くだけで「国民の利益」に寄与しないとして痛烈に批判している[14]。そうした点から，重商主義期の自由貿易論が，スミスの自由貿易論へと至る上で重要な役割を果たしてきたとされる。貿

---

8) Stewart (1793), pp. 60-61, 訳，69-70 ページ。
9) Stewart (1800-10), Vol. 9, pp. 3-5.
10) Ibid., pp. 5-31.
11) Hume (1754-62), Ch. xliv, xlix, Smith (1766), p. 182, Smith (1776), p. 204, 訳，（一），323 ページ。
12) Stewart (1800-10), Vol. 9, pp. 17-18, 54-60.
13) スチュアートは，彼らのうち，外国人労働者が国富を増大させる点から定住法を批判しているウィットの見解（Witt 1702, p. 66）を特に支持している。Stewart (1800-10), Vol. 9, pp. 18-21.
14) Ibid., pp. 27-31.

易差額説への批判だけでなく，安価な外国商品の輸入と国内における安価な商品生産の拡大をも主張したとするヴァンダーリント[15]から，世界的な商業の拡大と国際的な自由貿易の利点を主張したとするヒュームと，この点を継承するとともに政府の貿易干渉を批判したとするタッカーへと連なる自由貿易論の系譜は，「地球」上の「全人類」における国際分業の利益を説いたとするスミスの自由貿易論へと結実したとされる[16]。こうしたスチュアートによる自由貿易論の展開の論述には，世界的な商業の繁栄に基づく自由貿易が国際的通用性を与えるものとして把握されている[17]。

スチュアートは，このようにして自由貿易論が歴史的に形成されてきたことを示したが，19世紀初頭においても自由貿易を妨げていた重商主義政策や諸法を撤廃することが現代にも通じる課題であると考えている。特に問題とされるのは，穀物商人や投機家などによる「私的な穀物倉庫」を利用した独占行為である。スチュアートは，凶作時に備蓄するための「公共の穀物倉庫」を設置することが必要かつ重要であると考えたが，穀物商人や投機家の手中に置かれる「私的な穀物倉庫」の設置には強く反対している。独占的な投機家たちは，穀物倉庫を利用して不当に穀物価格の操作を行うことによって，国内取引の自由を著しく不完全にしている。穀物商人たちが買った穀物を穀物倉庫に貯め込むことは，凶作時において，彼らが穀物を高い価格で民衆に売ってもそれを買うことができる余裕のある民衆などいないため，逆に彼らに大きな損失を被らせる。スチュアートは，こうした観点から，『上院貿易協議委員会の言明』（1790年）において，私的な穀物倉庫の設置に対して批判的に述べられている内容を評価している[18]。

---

15) ここでスチュアートは，ヴァンダーリントの『貨幣万能論』の一節（Vanderlint 1734, pp. 98-99, 訳，128-130ページ）を取り上げているが，1箇所省いており，原文通り正確に引用していない。

16) Stewart (1800-10), Vol. 9, pp. 31-36. なお，小林（1976, 398-409ページ）は，イギリスにおける工業生産力の国際的優位の視点から，ヴァンダーリントの国内市場の意義を押し進めて，そこからヒュームとタッカーの自由貿易論を経てスミスの自由貿易論に至ったとして考察している。

17) この点については，第3節においてより詳しく検討する。

スチュアートが自由な穀物貿易を強く主張するのには，その背景において，18世紀末から19世紀初頭にかけて，穀物法を撤廃するか否かをめぐって激しい論争が繰り広げられていたという事情があったからにほかならない。スチュアートは，『国富論』の穀物貿易論の解説以外にも，そうした時論的テーマとの関わりで穀物法の是非をめぐる議論に強い関心を払っていた。例えば，穀物法に関して賛否を問う2冊のパンフレットを紹介している。一方は，穀物法に賛成する『小麦粉，粗びき粉，パン製造業を取り扱うロンドン同業者組合』であり，他方は，穀物法に反対する『製粉所の所有者たちと占有者たちおよび小麦粉貿易に関係する他の人々の総会によって刊行された決議』(以下『決議』と略記する)である。スチュアートは両パンフレットのうち，穀物法に反対する『決議』の内容について紹介している[19]。要約すれば次の通りである。① 製粉所の数と生産力の増加・拡大による穀物の流通を促進することが重要である。なぜなら，干ばつなどの天災が起きた際にそれに伴う貧困をかなりの程度軽減することができるからである。② 小麦粉取り引きの自由競争が行われるならば，穀物供給の増大によって小麦価格が下落する一方で，製粉業者たちの広範囲にわたる「熾烈な競争」を引き起こし，製造業一般の支出を引き下げる。現に小麦粉の価格は，こうした競争が行われている結果，ロンドンの市場において安定している。③「同業組合の設立」，「特許状による排他的特権」などの「有害な独占」が競争を妨げることによって，価格を吊り上げ，凶作時に国民の暴動を引き起こしかねない。④ 穀物法は，穀物取引にかんして「法的な保証」の基礎を築いたという前例がないため，確実な方策ではない。

スチュアートは，以上の『決議』の見解を説明する程度にとどまっているが，穀物の自由な輸出入の有益性について次のように結論づけている。穀物の自由な輸入にかんしては，スミスに従って，穀物の輸入による国内における穀物の平均価格の低下から銀の実質価値を上昇させ，穀物以外のすべての商品価格を下落させることによって，穀物価格を安定させ国内の製造業の利益を増大

---

18) *Ibid.*, pp. 60-62.
19) *Ibid.*, pp. 96-99.

させるとともに穀物の国内市場を拡大させると主張する。一方，穀物の自由な輸出にかんしては，スミス『国富論』第4編第5章[20]とチャールズ・スミス『穀物貿易と穀物法に関する三論』[21]の見解を特に参照して，農業者が外国市場で吸収される分だけ生産することから，穀物余剰が国内市場の供給を豊富にし，さらには国内の耕作が拡大される，と述べる。反対に，穀物輸出が禁止されたならば，農業者が国内市場で人々の消費が必要とされるだけしか生産しないため，凶作時には穀物が騰貴し国民に甚大な影響を及ぼすと主張する[22]。

こうした点から，スチュアートは，自由貿易の正当性を主張しているといえるが，この当時に奨励金を擁護していたディロムやマッキーその他の同時代の経済学者たちにも関心を払っていた。そして，彼らのうちでもっとも代表的な人物とされたのがマルサスであった。スチュアートが『決議』の見解から，穀物法の是非について明快な解答を示せなかったのは，奨励金を擁護したマルサスに特別の注意を払っていたからであった。

「マルサス氏は，『国富論』の出版以来，あらわれてきたうちではるかに優れた穀物奨励金の擁護者である。私は，その方策の英知による彼の結論を暗黙に採用していないけれども，マルサス氏がスミス氏の議論の危うい部分[23]をより明確にこれまで指摘したことを認められなければならないと考える。スミス氏に対する彼の反論のいくつかは，1804年10月の『エディンバラ・レビュー』の有能な論文で鋭く反駁されている。しかし，これらの推論の巧妙さを完全に認めるにしても，私は，それらの推論が次のような問いを完全に正当化するには至っていないと思われる。それは，スミス氏が抽象的な議

---

20) Smith (1776), vol. 1, pp. 509-510, 535-537. 訳．（三），21-22，67-71ページ。
21) Smith (1766), p. 33.
22) Stewart (1800-1810), Vol. 9, pp. 100-111.
23) スチュアートは，穀物奨励金の支出が実は国民の700万英貨によって賄われており，その負担が栽培者の土地の改良に何の利益も及ぼさないことを明快に述べたとしてジョージ・チャーマーズの『政治算術』を高く評価している。それに比べて，スミスの奨励金批判の議論については，「私の心（mind）に十分な満足を伝えていない」と述べている。Stewart (1800-1810), Vol. 9, pp. 117-118.

論に基づいて，奨励金の政策に関連する事情と同じように，多様な地方的一時的な状況によって複雑にされている問いを完全に考察したことである。」[24]

ここで，スチュアートは，スミスとは逆の立場として奨励金を支持するマルサスを優秀な人物として讃えている。上の引用文の後においても，奨励金によって「農業生産に有利になることが証明」されたならば，マルサスの提案した奨励金による政策が「原理」として「完全」になると述べている[25]のは，経済学者としてのマルサスへの高い評価を示しているものといえる。だが，上の引用文を読む限り，スチュアートは，マルサスの議論よりもスミスの議論を支持しているように思われる。むしろ，スチュアートが自由貿易を議論するうえで問題にしているのは，「自然的な」側面から考察するか，それとも「人為的な」側面から考察するかであるといえる。スチュアートが，マルサスによる奨励金の議論の「完全」よりも「複雑」な問いに対する「完全」な考察をしたとしてスミスを支持するのは，スミスが，「富裕の自然的進歩」を基にして，農業を起点とする農業と工業による国内市場の豊かな展開こそが各国の富裕の基礎であると主張したからであった[26]。スチュアートは，スミスに従って，「人為的な」諸法や諸規制が撤廃されれば，「自然の行程」が自ずから実現されると論じている。スチュアートが「神聖な正義を侵害する」点から穀物法を批判しているように[27]，彼において，「自然的自由の体系」の実現を阻害する諸事情を取り除くことが，重要な政策になりうると考えられている。本章では取り上げない他の箇所でも，しばしば「自然的調和」について主張されているのはそのためであるといえる。

スチュアートは，こうした「自然」と「人為」との観点から，『人口論』第3版[28]（1806年）におけるマルサスの奨励金擁護の議論を批判的に検討してい

---

24) *Ibid.*, pp. 114-115.
25) *Ibid.*, p. 118.
26) *Ibid.*, pp. 117-118. Cf. Smith (1776), Vol. 1, pp. 530-531，訳，（三），59ページ。
27) Stewart (1800-10), Vol. 9, p. 111.
28) スチュアートは，この箇所で，「『人口論』の新版」（*Ibid.*, p. 118）と述べるにと

る。スチュアートは，同書の中の「奨励金」の章を取り上げ，その中で，「独占とその他の特定の奨励による商業の高利潤が，この物事の自然的行程を変えてきた」ことや，「一般的自由の体系」に基づく自由貿易論を批判して工業輸入品に高関税を課す利点を述べたマルサスの見解[29]を取り上げている。これに対して，「自然の体系」を重んじるスチュアートは，マルサスが「自然的秩序」よりも「人為的な」諸原理に関心を払い過ぎているとして次のように批判している。

　「私は，この［マルサスの奨励金擁護の］推論が，一般に自由貿易を支持して結論づける抽象的な諸原理に基づかれている限りにおいて，この考察の一般的精神を黙認し，それを，奨励金に反対するスミスの推論への完全な答えとして考えている。だがその一方で，奨励金を支持するマルサスとその支持者たちが，わが国の農業資源において現在認められる無秩序にたいする救済として，あらゆる人為的な方策を過度に強調する時，私は，彼らのように決して楽天的ではない。……私は以下のことを言うことで十分満足している。それは，一国の農業の永続的で多大な影響力と比較される時，穀類の輸出入にかんするすべての法的諸規制の影響力はまったくもって微々たるものであるということである。生産と消費におけるこの国の実際の不均衡は，あまりにも大きな弊害なのでこの種の微弱な治療によって正すことができないのである。その最悪な結果の1つは，それらの正当かつ拡大される自由の諸原理――その漸進的な作用によってこのような弊害を唯一除きうる――から政治家の注意を向けさせないことである。」[30]

　　　　どまり，『人口論』のどの版を指しているのか明記していない。『講義』の編者であるウィリアム・ハミルトンは，スチュアートがこの箇所で用いた引用文をマルサス『人口論』の第3版を利用している。したがって，本章ではこれに従うことにする。
29)　Malthus (1806), pp. 234-237, 訳，（三），232-233 ページ，pp. 272-273, 訳，（三），274-275 ページ。
30)　Stewart (1800-10), Vol. 9, p. 120.

見られるように，スチュアートは，奨励金を課すマルサスの提案に対して，決して「人為的な」面から考察することを排除しているわけではないが，より「自然的な」面から国内の農業生産力の拡大を主張している。それは，ブリテンにおいて農業資源が豊富にあると考えられていたからであった。「一国の農業の永続的で多大な影響力」や，「凶作に対する資源をもつわが国」[31]と述べる他に，イングランドの穀物の年々の収穫がその輸出量を除けば国内の消費を賄えるのに十分にあると論じるジェイムズ・スチュアートの見解に強く依拠していたことから[32]，農村における土地の改良を促進することによって，いっそうの農業生産力の拡大が見込まれると確信していた。それゆえ，「富裕の自然的進歩」を重んじていたスチュアートにとって，穀物の自由な輸出入貿易を確立するよりも，国内の土地改良と耕作の拡大を妨げる諸法や諸規制を撤廃することの方が，より優先されるべき課題であった。そのうえ，18世紀末の断続的な凶作によって生じた食糧飢饉を経験したスチュアートにとって，国内の農業部門での生産性の上昇と耕作の拡大によって食糧が増産されることは，飢饉時の困窮を防ぐ上でもっとも重要であった。スミスもまた，穀物貿易よりも国内の農業部門の発展を重んじていたが，食糧飢饉を特に問題にしたスチュアートは，スミス以上に国内の農業生産力の拡大を急務の課題と考えていたということができる。

しかしながら，スチュアートは，このような点から農業の発展を重視するあまり，マルサスの奨励金擁護の議論と関わらせながら穀物の自由貿易を理論的に押し進めて考察することはなかった。上の引用文の最後で述べられているように，国内の生産と消費の不均衡の問題に関して，「政治家の注意」を向けさせることが必要とされるのである。

2. 穀物貿易の政治論

それでは，スチュアートにとって，穀物貿易とは政治的にいかなる意味をも

---

31) *Ibid.*, p. 79.
32) *Ibid.*, pp. 75-79. Cf. Stuart (1767), pp. 143-150，邦訳，100-104ページ。

つのであろうか。彼は，ネッケルの穀物貿易論が政治的に重要な意味をもつとしてこれを検討している。以下では，スチュアートがネッケルの穀物貿易論をいかに評価したかを見ることによって，それを通して穀物貿易におけるスチュアートの意図を明らかにしていくことにしたい。スチュアートのネッケル穀物貿易論の検討において興味深い論点は，その前半部分ではネッケルの貿易政策に対する批判となっているが，後半部分は政治家としてのネッケルの擁護論になっている点である[33]。以下では，ネッケルに対するスチュアートの見解が経済面と政治面においてなぜ分断されているのか，この矛盾ともいえるネッケルに対するスチュアートの評価について，これまであまり詳しく検討されてこなかった点であるが，その理由について検討し明らかにすることにしたい。

　スチュアートがネッケルの貿易政策について考察している内容からまず見ていくことにしたい。そもそも輸入食糧で人口を養うべきではないと考えていたネッケルは，労働の奨励と人口の維持のために，農業の奨励と食糧の自給を目的として農産物をすべて自国の人口扶養に向けたため，穀物の輸出と輸入に反対していた[34]。にもかかわらず，以下で説明するように，ネッケルは，フランス革命が勃発する直前の1789年の初夏に，外国から大量の穀物輸入を行った。スチュアートは，ヤングの報告全てが事実に基づいているとは考えないが，ヤングの『フランス旅行記』を特に参考にして，ネッケルによる穀物の輸入拡大によって貨幣価値が下がり，同年の7月上旬の凶作と結びついて高騰していた穀物価格をさらに高めたことから，その政策が誤りであったと述べている[35]。

　しかし，スチュアートは，ネッケルが窮地に立たされていた状況を考慮に入れ，ネッケルの誤った貿易政策を次のように擁護している。1789年の凶作時において，物価の高騰からパンを購入できずに困窮した民衆の暴力によって，

---

33) 篠原 (1989), 221ページ。
34) なお，この点と関連するネッケルの穀物貿易論については，Necker (1775), pp. 61-73 を参照。
35) Stewart (1800-10), Vol. 9, pp. 72-75. ヤングがここで言及しているナンジにおける穀物価格の上昇にかんするより詳しい考察については，Young (1792), pp. 163-167 を参照。

穀物倉庫への放火といった事態が各地で発生していた。このことから，ネッケルにとって，「パリ周辺の一般民衆の騒動を静めることがもっとも重要だった。」[36] こうした不安定な社会的状況から冷静に政策を指揮するどころではなかったため，不本意にも貿易政策を誤った[37]。要するに，ネッケルは，困窮状態に陥っているパリ周辺の民衆が暴徒化し興奮に包まれている情勢から彼らに食料を与えることを急務と考えたため，「長期的な」穀物貿易政策ではなく，「一時的な」穀物貿易政策（＝穀物の輸入拡大）を「敢行した」とみなされるのであった。

　この点で，スチュアートは，こうした民衆の騒動において，火に油を注いだ人物としてヤングの名をあげている。スチュアートは，ヤングが，フランスの当時の穀物価格が大幅に上昇したことを示した点，穀物価格を高めている原因として重商主義政策を批判した点，次節で見る国民の生存に注意を払った点を高く評価した一方で，ネッケルの貿易政策の誤りを公然と非難したことに対しては強く批判した。ヤングがネッケルに「無限定な非難（unqualified censure）」[38] を加えたことによって，民衆はそれに便乗して穀物価格が高騰した原因をネッケルの責任であると考え，暴動をいっそう激化させることになったからである[39]。そしてその結果，パリ周辺の事態がさらに悪化し，暴動により穀物価格もさらに高騰したとするのがスチュアートの考えであった[40]。スチュアートは，こうした点からヤングを批判した後で次のように述べている。

　「ネッケルの前任者の行政期を通じて，活力を完全に失い絶対絶命の窮地に陥った政府の通常の力は，その折，世論の支配的影響力（the commanding influence of public opinion）と，国民の大多数が愛国心をともなったほとんど普

---

36) Cf. Young (1792), p. 135.
37) Stewart (1800-10), Vol. 9, pp. 80-81.
38) 引用文中の傍点は原著者による強調を表している。なお，以下の引用文中の［　］は筆者の挿入である。
39) Ibid., pp. 83-84. Cf. Young (1792), pp. 334-342.
40) Stewart (1800-10), Vol. 9, p. 80.

遍的ともいえる確信と彼の大臣の能力とによって支えられていた主権者の徳性に敬意を払う熱狂的確信とによって完全に地位を取って代わられた。このような場合において，平穏な時代の国民に当てはまる同じ格率によって採られる対策から判断することは，不公平だろう。そうした平穏な時代の国民のなかで，啓蒙された立法者の賢明で公正な取り決めは，実行力のある行政官の抗し難い手腕によってすぐに確立されうるのである。」[41]

　上で触れられている内容は，ネッケルの前任の財務総監であったブリエンヌが，議会やパリ高等法院に提出した新税の修正案を相次いで拒否され，その後の混乱とフランス各地の反抗を前にして屈伏せざるをえなくなり辞職に追い込まれた一連の出来事を指している。スチュアートがここで主張していることは，ネッケルの政策の誤りをブリエンヌのそれに準えて，危機的な状況に置かれている政治家は，平穏な時代にいる政治家の冷静で正確な判断ができるとは限らないということである。それゆえに，スチュアートはネッケルに対して次のように擁護している。「したがって，私は，賢明な大臣が，通俗的な先入見に対して払うことが彼の義務であるとしばしば感じるに違いない配慮から，彼が輸出貿易を禁止したことに十分正当化されたと理解している。特に，この場合において，彼は，積極的な害を与えたのではなく，単に思索的な原理を放棄しただけなのである。だから私は，彼が穀類の輸入について行った努力に対して手放しに非難する気にさえならないのである。」[42]

　スチュアートがネッケルの貿易政策の誤りを「正当化」したのは，ネッケルがいわば国民のために貿易政策を行ったからであった。そこで，スチュアートは，ネッケルがなぜ国民のために尽力したのか，その根本的な理由について次に考察している。まず，国民の生存に注意を払った人物として，ヤング，スミス，ネッケルをあげ，彼らの見解を以下の順に取り上げている。

---

41) *Ibid.*
42) *Ibid.*, p. 81.

「大都市の大衆は、彼らがどのようにして食料を与えられているかについてはまったく無知である。また、彼らが食べるパンが1本の木からドングリが落ち、あるいは雲から雨が落ちてくるように拾い集められるかどうかについても、彼らはまったくの無知である。全能の神がパンを与えるということと、国民がパンを食べるための可能な限りの権利をもつということは、十分確かめられる。」[43] (アーサー・ヤング『フランス旅行記』)

「穀物にかんする法律は、どこでも宗教にかんする法律と比べることができよう。人々は現世における自分の生計か来世における自分の幸福かにきわめて大きな利害関心をもっているのだから、政府は彼らの先入見に譲歩して、公共の平穏を保つために、彼らが是認する制度を設けざるをえない。この2つの主要問題のどれについても、理にかなった制度が確立されているのをみるのがこれほどまれなのは、おそらくこのためである。」[44] (アダム・スミス『国富論』)

「国民が確実に与えられるパンと国民が安心する宗教は、人間本性と同じくらい分かり易い思想であり、人体の構造から分離できないのである。」[45] (ネッケル『立法と穀類の商業論』)

スチュアートは以上の彼らの見解を紹介しただけで詳しく考察していないが、これらの引用から、上の3人とも、神の存在を考慮に入れながら国民がパンを与えられることを人間の生存の基礎として論じている、と解釈しているように思われる。だが、キリスト教的精神を強く説くヤングと、ヤングほどそれを前面に押し出さないスミスとの間に大きな隔たりがあるように、神の存在に対する彼らの意識は同じではない。ただし、スチュアートは、特にネッケルに

---

43) *Ibid*., p. 82.
44) *Ibid*. Cf. Smith (1776), Vol. 1, p. 531, 訳, (三), 76ページ。
45) Stewart (1800-10), Vol. 9, p. 82.

対しては，キリスト教的精神だけから国民の生存に注意を払ったと考えていたわけではなかった。ネッケルが上の引用文に続けて以下のように述べている内容を引用しているからである。

「国家の繁栄や，その後の世代の利益，さらにその次の世代の利益という言葉は，何ひとつ印象を生まない。なぜなら，国民は，苦痛によって社会と結びつけられ孤立していると感じ，将来という果てしない空間をただ漠然と感じるからである。そのため，国民の欠乏によってもたらされる窮迫は，明日の食糧の心配以上に，彼らの視野を広げることを妨げるのである。」[46]

上の引用文を言い換えれば次のように言うことができる。国家の繁栄や後に続く世代の利益といった言葉は，現実社会における国民の欠乏や窮迫を考えたら空虚なものである。苦痛に満ちた国民は，社会との接点を見出せないことから孤立し将来に希望を抱けず絶望感に浸るしかない。彼らの窮迫は，明日の食糧の心配以上に自身の視野を狭めるのである。ネッケルがこのように述べているのは，『立法と穀類の商業論』（1775年）において，労働者の生活に最低限必要な最低賃金が保障されていなければならないと強く考えていたように，人々の生存を守ることを特に重んじていたからであった[47]。現実の人間が社会的存在であることをネッケルの叙述から深く読み取ったスチュアートは，ネッケルが，単に宗教を人間の生存と結びつけるだけでなく，むしろ現実の人間の「苦痛」をも考慮に入れて国民の生存を守るために尽力したと理解したということができる。そして，ネッケルがこうした欠乏の問題に関して次のように結論づけたとしている。

「こうして穀物価格が国民の生存を不確実にするほど高騰する時には，叫び声が自然かつ必然的に輸出や……あらゆる法に反対して上げられる。自身

---

46) *Ibid.*, pp. 82-83.
47) Necker (1775), pp. 81-88. Cf. 岡田（1969），375-379ページ。

の日々の骨折り労働と日常の困窮の只中で，国民は，富者の怠惰，裕福，および見た目に明らかな幸福を静かに見渡す。そして，彼らは，富者を異なる人種の存在とみなすことに慣れ，また壮観で壮大である神秘的な豪華さによって目をくらませられることに慣れる。しかし，生存手段に関して，根拠が十分であろうがなかろうが，驚愕が想像力を捉え，その運動すべての大きな源泉に触れる場合に，彼らの全エネルギーが目覚め，繁栄の不平等について社会が示す光景のすべて，および一方の欠乏と他方での余剰について彼らが見る対比のすべてを通じて，幼稚な純真さから手引き紐によって容易に導かれがちである同じ人々は，飢饉の恐怖に駆り立てられる場合，統制のきかない野獣の獰猛さを示すのである。」[48]

ここでは，貧者が欠乏によって自分の置かれている状況が危機的な場合に，自身の境遇と比べて富者の豪奢に対して憤怒の感情を引き起こし，そしてそのことが彼らを暴動へと突き動かす原動力になる，と論じられている。暴動の原因は，社会の不平等に対する困窮状態にある貧民の意識によるものである。したがって，スチュアートは，欠乏から暴動へと導かれる国民の憤怒の感情は，何者にも勝り抑制しえない破壊力をもつことから，穀物貿易において，こうした民衆の騒動を考慮に入れた政治経済学が必要だと主張する。「真実は，この［穀物輸出入］対策の便宜に関する問題は，政治経済学のいかなる一般的諸原理によっても決められることができないが，公共精神の実際の状態への方策の適用にかかっているのである。」[49] 要するに，政治経済学とは従来のように一般的諸原理によって穀物貿易政策を考察するだけでは済まされず，「公共精神の実際の状態」，すなわち国民の現実の状態に適った対応策を考慮に入れる必要があるということである。スチュアートは，これに続けて次のように述べている。

---

48) Stewart (1800-10), Vol. 9, p. 83.
49) *Ibid.*, p. 84.

「穀物の輸出入貿易は，フランスやイングランドのような大国の場合には国内で行われるそれと比べれば，それほど重要なものではない。しかしこのことは，国民の生存が本質的に依存するのは国内取引の自由であることと，もし国民が理性のある政府の下にいたならば，輸出入貿易が立法者にはあまり重要な対象にはならないであろうということを論証する。とはいえ，輸出入貿易は，無知で先入見があり荒れ狂う国民の頂点に位置する為政者によって無視されても安全になりうるという結果にはならない。彼らに対して，彼［立法者］は，世論（public opinion）に基づくもの以外の権力をほとんどもっていないのである。逆に，事実から，輸出入貿易は，生み出されることがア・プリオリに予期されうる効果がどんなに些細であったとしても，特定の場合には，一般的な静穏に重大な影響を及ぼすだけでなく，多数者の想像力と情念に影響を及ぼすことによって，価格のきわめて大きな変動をも実際に生じさせうるように思われる。この見地から，輸出入貿易は，算術計算の厳密さを要するかもしれない豊凶によるそうした価格変動の原因と同様に，立法者の注意の対象である。そして，これが事実である限り，輸出入貿易の巧妙な管理がはるかに優れ，いっそう熟練した手を必要とすることは，争いの余地がないだろう。」[50]

　上の文章において，国内取引の自由が輸出入貿易と比べて大きな問題とされているのは，第1節においてスチュアートが国内の農業の発展を特に重んじていたように，輸出入貿易と比べて，国内の農業部門における生産性の上昇によって，国民が必需品を享受することの方がより重要だったからにほかならない。その理由について，ここでは「国民の生存」に深く関わるからであるとされているように，貧困で苦しむ彼らの生活を維持することが優先されるべきと考えられたからであった。穀物の輸出入貿易については，国内取引の自由の次に重要な問題であるとされるが，それもまた「一般的諸原理」によって自由を

---

50) *Ibid.*, p. 85.

確立させればよいのであって,「輸出入貿易は,立法者にはほとんどあまり重要な対象にはならない」のである。しかし,輸出入貿易が安全に行われない場合には,「無知で先入見をもった」国民の憤怒によって生じる暴動が穀物価格の変動に影響することから,それを対処する政治家にとって重要な問題であるとされている。ただし,政治家は,「世論に基づくもの以外の権力をほとんどもっていない」のであって,穀物貿易においては限定された範囲内での権力しか有していないと考えられている。例えば,『講義』の中で,輸出入貿易に関して,「行き過ぎた立法の介入の余地はほとんどない」ことや,「立法者たちの干渉が,弊害をさらに悪化させた」ことなどが強調されている[51]のは,自由な取引が妨げられる元凶として政治家の干渉によるものとされているからである。それは,政治家が体系的な視点から社会のすべてを見渡せられるような全能な存在ではないということを意味している。この点について説明するために,スチュアートは,スミスの『道徳感情論』第6版における「体系の人」と「チェス盤」の考察を取り上げている。そこでは,スチュアートは,「体系の人」を「体系的な政治家たち」と言い換えて次のように引用している[52]。

「体系的な政治家たちにたいして次のように想像することは,ふつうに考えてみても致命的な誤りである。それは,彼らが,彼らの手でチェス盤の上にあるさまざまな駒を配置するのと同じく容易に大きな社会のさまざまな成員たちを配置することができるということである。彼らは,チェス盤の上にある駒が,手がそれらに押しつけるもののほかには何の運動原理ももたないこと,そして人間社会という大きなチェス盤の中では,すべての1つ1つの駒が,立法府がそれに対して押しつけたいと思うかもしれないものとまったく異なった,それ自体の運動原理をもつということをまったく考慮しないのである。もしそれらの二つの原理が,一致し同じ方向に働くならば,人間社会の競技は,容易に調和して進むだろうし,幸福で成功したものである可能

---

51) *Ibid.*, p. 121.
52) Cf. 篠原(1989),222ページ。

性が高いだろう。もしそれらの2つの原理が対立または相違するならば，競技は，みじめに進行するであろうし，社会は常に最高度の無秩序のなかにあるに違いない。政策と法律の完成についてのある一般的で体系的でさえある観念が，政治家の諸見解を方向づけるために，疑いなく必要であるだろう。しかし，その観念が必要とすると思われるあらゆるものごとを確立し，しかもすべてを一時にあらゆる反対にもかかわらず確立することを主張するのは，しばしば最高度の傲慢になるに違いない。」[53]

　上の引用文では，スミスは，「体系の人」が「体系の精神」によって諸個人を思いのままに配置できるチェス盤のように特定の状況や社会を見ることができないと論じている。スミスにおいて，「主権者は複雑な経済に生起する無数の相互作用に気づきえない」ため，スミスにとって政治家や立法者には目的を正しく実現したり，個々の作用因に代わって彼らのなすべきことを的確に指図する力はない[54]といえる。スチュアートもまた，スミスの「体系の人」批判と同じ意味で，主権者が思い通りに複雑な人間社会を把握しえないと考えていた。すでに，1792年に出版された『人間精神の哲学要綱』第1部第4章「抽象について」の第8節「政治学の一般的諸原理の適用と誤用」において，スチュアートは，「統治の技術」が「機械の技術」のように「自然」によって「治癒」できないことを認識し，立法者や政治家が「特有な状況」にたいして精密に分析したりこだわりすぎてはならないと述べていたからである[55]。スチュアートは，上の引用文に見られるスミスの「体系の人」批判の箇所を引用した後で次のように述べている。

---

53) Stewart (1800-10), Vol. 9, pp. 85-86. Cf. Smith (1790), pp. 233-234, 訳，下，144-145ページ。上の引用文のうち，「政策と法律の完成についてのある一般的で体系的でさえある観念が」の箇所は，『道徳感情論』の原文ではここで段落が変わっている。また，この部分で「観念が」の後に，「スミス氏が続けて論じることは」というスチュアートの言葉が挿入されている。

54) 田中 (1993)，268ページ。

55) Stewart (1792), pp. 226-227, 232-233.

「私がネッケルに対してこれまで論じてきたことは以下の通りである。ネッケルがとった貿易政策は，政治経済学の一般的諸原理に一致していないために誤りを引き起こしたのではない。私が示したいことは，彼が誤った貿易政策を行ったのは，公共精神の興奮状態が収まらないどころかむしろ増幅していったからである。この主題に関して，彼［ネッケル］と彼の敵対者たちの双方とも，極端に走っていったように思われる。1つは，一般的諸原理の熟慮を高めるための特定の管理の詳細に過度に夢中になったことであり，2つ目は，物事の実際の行いにおいて現れる障害に対して理論的に何が正しいのかへの彼らの称賛によって盲目的にされている，ということである。」[56]

これまで繰り返し述べられてきたように，ネッケルの穀物貿易政策の誤りは国民の暴徒化に原因があるとされてきたが，上の文章においては，それだけが唯一の原因であるとされているわけでもないことが見出される。当時熱狂したフランス国民だけでなくネッケル自身も，「体系的な視点」から，「一般的諸原理」の「特定の管理」に対して「詳細」に没頭しすぎたのではないか，と言うのである[57]。だが，これを除けば，ネッケルの政治家の資質について申し分ないと考えている。

「私が何年か前に出版した論文［『アダム・スミスの生涯と著作』］の中で，ネッケルの『コルベール賛辞』について述べたことは，『その一般的諸原理については限定され誤っているけれども，それは実践的性質についての多くの正当で重要な見解を含んでいる』[58]ということであった。結局のところ，私は，この著名な人物について読んだり耳にしたりしてきたけれども，彼の性格や能力について同じ好意的な感情をなお抱きたく思っている。また，私

---

56) Stewart (1800-10), Vol. 9, p. 86.
57) Cf. Stewart (1793), p. 64, 訳，73-74ページ。
58) Stewart (1793), pp. 64-65, 訳，74ページ。なお，スミスの「体系の人」をめぐる近年の解釈については，この点と関わらせて検討した篠原（2009），673-684ページを参照。

は，彼の体系的な視点とはまったくといってよいほど異なるが，彼の意図の純粋さを認めたいだけでなく，彼の才能と徳性が彼にヨーロッパの命運を長い間託してきた広範な影響力をなお称えたいのである。」[59]

見られるように，スチュアートは，ネッケルの「体系的な視点」にも問題があったにせよ，それよりも，人物としてのネッケルを高く評価するとともに，ネッケルのヨーロッパ全土に長い間与えてきた影響の大きさを称賛している。それは，ネッケルの穀物貿易政策の誤りが，ネッケルだけに責任を負わせることができないということを意味している。上の引用文に続けて，スチュアートは，自らの考えを補足するために，ギボンが，「政治家としてのネッケルの功績と対策」について高く評価するとともに，フランス革命時に「危険に満ちていた状態」にネッケルが置かれていたことを指摘している内容を取り上げている。そしてスチュアートは，ネッケルがバスチーユ監獄の破壊に見られた騒動を前にして無力であったと述べ，革命後に不名誉の烙印を押されたとしてネッケルに同情してさえいる[60]。これらの点から，スチュアートは，ネッケルの穀物貿易政策の誤りについて，ネッケルよりもむしろ「デマゴーグ」やそれによって扇動され暴動へと突き進んだフランス国民に問題があると考えた。

スチュアートがネッケルの穀物貿易論を通じて理解したことは，ネッケルの現実認識に基づく国民の生存を守るための「努力」や「実践的性質」，ならびに政治家としての秀でた性格や才能は，暴動を前にして無力であったということである。だが，ネッケルのそれらの徳性は——「啓蒙された立法者の賢明で公正な取り決めは，実行力のある行政官の抗し難い手腕によってすぐに確立されうる」や，「輸出入貿易の巧妙な管理がはるかに優れていっそう熟練した手を必要とすることは，争いの余地がないだろう」と述べられていたように——，穀物貿易が安全に行われる上で必要な要素の1つであったといえる。それゆえに，スチュアートは，人物あるいは政治家としてのネッケルの思想にま

---

59) Stewart (1800-10), Vol. 9, pp. 86-87.
60) *Ibid*., pp. 87-88.

で踏み込んで議論したのであった。その中で，スチュアートがネッケルの思想から引き出した考えは2つある。1つは，「世論」の脅威である。フランス国内における「世論」の変化を正と負の両面から感知していたネッケルは，18世紀後半におけるフランスの「世論」が商業の発展とともに有効な意味をももちうることを認識する一方で，政府を打倒しうる力をももつに至り，絶対王政下においてさえ，決して無視しえないことを認識していた[61]。実際に，目の前で繰り広げられたフランス革命の騒動を肌で感じたネッケルにとって，「世論」は，「無知」で「先入見」を持ち「熱狂」的であり政治を脅かすものとして捉えられていた。スチュアートは，ネッケル穀物貿易論の検討を通じて，こうした「世論」の脅威に着目した。政治家がどれほど優れ，平穏時に経済政策が十分に機能していようとも，「世論」が考慮に入れられていなければ，政治家は，欠乏時において困窮した国民から激しい反抗を受けることになるということを把握した。

　2つ目は，「社会」を無視した統治や経済は成り立たないということである。実際に，ネッケルは，フランスにおける同時代のコンドルセやカバニスらのように物理学的なものとして社会を捉えようとはせずに，人々の情念が現実社会を動かすものとして社会事象の複雑さを認識していた[62]。孤立した個人が社会を揺るがしかねないと考えるネッケルにとって，社会は，自動的に調和されるものではなく，諸個人の行動と深く関わるものとして考えられている。18世紀後半のフランス・イデオローグたちとは異なるこうしたネッケル独自の思想は，「自然」と「人為」の対比の重要性を説いていたスチュアートに対して，それらの比較だけでは必ずしも認識できない「社会」に関するものの考え方を提供した。「国民は，苦痛によって社会と結びつけられ孤立していると感じ，将来という果てしない空間をただ漠然と感じる」や，「繁栄の不平等について社会が示す光景のすべてを通じて……人々は……統制のきかない野獣の獰猛さを示すのである」といったネッケルの論述には，それまで「社会」の中で生き

---

61) Harris (1979), pp. 72-98.
62) 田中（2006），64-65ページ，安藤（2010）。

ていた国民が,「社会」との接点から切り離された場合に激しい暴動を起こすように駆り立てられると考えられていた。こうした点からスチュアートがネッケルから学び得たことは,国民の欠乏と暴動との間には,「社会」が主体的で重要な意味をもつということであった。

これらの点から,スチュアートは,現実の人間が社会において生きている点を重視し,その意味で,個人と社会が決して分離しえないと考えた。そこで,政治家と国民との間に「社会」という概念を入れ込むことによって,穀物貿易の安全の議論を「社会」全体の啓蒙の議論へと拡充して考えていくのであった。

3.「世論」の啓蒙と啓蒙社会の構想

スチュアートは,以上のネッケルの穀物貿易論の検討から,国民の憤怒が,有徳な政治家であるネッケルに対しても,政府を打倒しうる力をももつに至ることを深刻に受け止めた。ウィンチによれば,国民のそうした「激憤」や「熱狂」といった感情は,「統治機関の中で作用する流動的で時として揮発性の媒体」をなすものであり,この当時の「世論」を意味していた[63]。「彼［政治家］は,世論に基づかれるもの以外の権力をほとんどもっていない」と述べたほかに,「世論の支配的影響力」のもつ脅威に触れていたように,スチュアートは,「世論」が政治を脅かすことを強く意識していた。そこで,穀物貿易を含めて政治社会が安全に保たれるためには,まず始めに「世論」との関連で考察しなければならないと考えた。そこで,もっとも重要だと考えられたのは,「無知」で「先入見」を持ち扇動されやすい国民を知的に改善させることであった。すなわち,「世論」の啓蒙である。これは,安定した統治が行われるためには「世論」によって支えられる必要があると論じたヒューム[64]からスミスへと通じる共通の考えであった[65]。ホーコンセンは,スミスにおける「世論」に関す

---

63) Winch (1978), pp. 169-170, 訳, 204-205 ページ。
64) Hume (1752), p. 16, 訳, (1), 上, 226 ページ。
65) Winch (1978), pp. 78-79, 169, 訳, 95-96, 204 ページ。

るウィンチの見解を援用して次のように述べている。「権力を分割することによってもたらされる教育的な効果として，統治の基礎たる世論がより洗練され，その結果統治がより安定したものになりうる，とスミスが考えていたことは明らかである。なぜなら，権力の分割によって，『熱狂』，『野心』，『恐怖』といった形態を世論が取ることがより少なくなるからである」と[66]。スミスとスチュアートによる次の引用文では，一定の「公共精神」のある「世論」を考慮に入れながら，政治家や政府が利害や不便を賢明に正すことによって，統治が安定すると考えられている。

「公共精神がまったく人間愛と仁愛によって促進されている人は，既成の諸権力と諸特権を，個々人のものであっても尊重するだろうし，国家が分割されている大きな諸特徴と諸社会のものであれば，なおさらだろう。…彼は，彼の公共的な諸調整を，可能な限り国民の確認された諸慣行と諸偏見に順応させるだろうし，国民が服従したがらない諸規制の欠如から生じうる不便を，可能な限り治すだろう。彼が正しいことを確立しえない場合に，彼は，間違ったことの改良を軽視しないで，ソロンのように，最善の法体系を確立しえない場合には，国民が耐えうる最善のものを，確立しようと努するだろう。」[67]（アダム・スミス『道徳感情論』）

「……弊害[『1799年の凶作』]を和らげ救済する[『政府（Government）』]の努力が公共精神のあり啓蒙されたさまざまな諸個人によって支持される熱意は，公共の方策だけでなく，私的な慈恵の行使に対してもある程度の画一性と体系を与えたのである。」[68]（デュガルド・スチュアート『政治経済学講義』）

上の2つの引用文に共通しているのは，政治家は，国民に配慮した「公共」

---

66) Haakonssen (1978), pp. 168-173, 訳，201-210ページ。
67) Smith (1790), p. 233, 訳，下，143-144ページ。
68) Stewart (1800-10), Vol. 9, p. 122.

の方策を賢明に行い，最善の「体系」を確立しようと「努力」する，ということである。だがその一方で，それらの間において重要な違いも見出される。それは，スミスにおける「公共精神がまったく人間愛と仁愛によって促進されている人」は，スチュアートが述べるような，より積極的な意味での啓蒙された人間が想定されていない，という点である。そこには，スミスとスチュアートにおいて，彼らが見ている国民に対する認識の隔たりがあった。スチュアートは，18世紀末以降の商業および科学の進歩とともに，「教育および出版物の普及」によって一般民衆が知的に改善されることを強く確信していた[69]。これに対して，1790年に亡くなったスミスの場合には，このような繁栄した商業社会をまだ見ていなかったことから，国民が啓蒙されることについて，スチュアートほどの十分な確信を抱いていなかったといえる[70]。むしろ，スミスは，立法者や政治家の賢明な「努力」について，恐怖から生じる一定の不安を考慮に入れており，統治形態を動揺させるものとして「世論」を捉えていた[71]。しかしだからこそ，スミスにとって，安定した統治が築かれる上で，そうした「世論」が洗練されるための国民への教育が非常に重要なのであった[72]。

　国民の啓蒙に対するスミスとスチュアートとの間にはこのような認識の差があったとはいえ，スチュアートは，「世論」の洗練によって安定した統治が築かれると考えていたスミスの理念を継承し，商業社会の発展と関わらせながら「世論」の啓蒙を捉えていたといえる。ロスチャイルドによれば，18世紀後半のイングランドにおいて，「世論」は，商業の進歩と結びついた「インダストリの原理」によって，「個人の勤労」に対する「動機づけ」と「勤勉に働く性質」をも意味していたことから，「イングランドの経済機構の基礎とみなされていた」。つまり，「世論」は，「イングランド経済の成功の規則や原理としてみなされる」ようになったのである[73]。スチュアートは，こうした点から商業

---

69) *Ibid.*, pp. 343-344.
70) 例えば，タイヒグレーバー (2000, pp. 97-100) は，スミスが18世紀末以降におけるブリテンの「印刷文化の勃興」を見ていなかった点を指摘している。
71) Winch (1983), pp. 169-170, 訳，204-205ページ。
72) Winch (1983), p. 170, 訳，205ページ。

社会の進歩的役割の認識に立って，健全な「世論」が形成されると確信するのであった。

　スチュアートにおいて，「啓蒙された世論」は，政治家にも効果的な影響を与えると考えられている。それは，スチュアートの自由貿易思想と深く関わる問題であった。彼は，ヒュームに従って，経済の生産力の基盤をなす「インダストリの原理」によって，「技芸」と「社会生活の改善」とともに「文明諸国民」が知的にも改善され，「商業活動の広範な展開」が「物質的な繁栄のみならず商業社会の知的・道徳的水準を高めていく効果をもつ」と述べているように，自由貿易の思想的基礎としてヒュームの自由な商業思想から影響を受けている。そして，自由貿易の拡大による世界的な商業社会の繁栄が政治的にも重要な意味をもつと考える。そうした見地から，ヒュームの『政治論集』「貿易をめぐる嫉妬について」の中で，国際的な自由貿易の拡大を通じてグレート・ブリテンを含めた全ヨーロッパ諸国の繁栄によって，ヨーロッパ各国の「主権者や大臣が，お互いにこのような幅広く仁愛的な感情（enlarged and benevolent sentiments）を取り入れるならば，これらのすべての国民はもっと繁栄するはずである」[74)]と述べるヒュームの見解に強く同意する。スチュアートによれば，こうした考えをさらに発展させた人物がドイツ人のゲンツである。そこで，スチュアートは，ゲンツが『フランス革命前後のヨーロッパの政治的状態』の中でこの点について論じた内容を引用している。それを整理して示せば以下の通りである。世界的な商業の繁栄と自由貿易を通じて「諸国民間の利益の相互依存が次第に確立される」ことによって，「自然の諸力が生じ」，「インダストリの活発な原理」が築かれる。昨今の「商業の進歩」が著しいことから，現在のヨーロッパは，「最高度の繁栄」した状態にある。「この高い地点から見れば，それは全国民の幸福に関心を持つ博愛主義者の見地だけでなく，わが国の一般的な経済を形成する法の結びつきを理解するすべての啓蒙された政治家の見地も常に願いどおりになるだろう」。そしてこうした「啓蒙された政治家」の下

---

73)　Rothschild (2002), pp. 48-53.
74)　Hume (1752), p. 82, 訳，(2)，87ページ。Cf. Stewart (1800-10), Vol. 9, p. 32.

において,「経済体系」の「改革」を行う必要がある。「ヨーロッパの経済体系における抜本的改革の計画」とは,(1)「国内行政の改善」,(2)「賢明で寛大な立法」,(3)「商業の利益と人々の勤労を促すための配慮」,(4)「諸国民」の「いっそうの知的な改善」である[75]。

　これらの内容を引用した後で,スチュアートは,近年のヨーロッパにおける商業の著しい繁栄から,「啓蒙された政治家」とこれらの「経済体系」の「改革」を結びつけて考える以上のゲンツの考察について,「精神（spirit）を駆り立てるほどの思想を広めるかもしれない」と讃えている。それは,同じ18世紀末以降の商業のいっそうの繁栄を強く認識していたスチュアートにとって,そうしたゲンツの考えが社会を改善する上で重要だと考えられたからであった。スチュアートは,商業の発展を通じて知的道徳的に改善した国民が政治家にも有益な影響を与えると考えていた。彼は,『人間精神の哲学要綱』(1792年)において,「近代文明の進歩」の効果によって「世論」が啓蒙され,啓蒙された「世論」に支えられて政治家も啓蒙されることを強く確信していた[76]。ホーコンセンが述べているように,スチュアートは,「社会の啓蒙」による政府への教育効果によって,政府が「政治活動」を行う際の「道徳的諸力」に有益な効果を与えると理解していたことから,「道徳的に啓蒙された社会において,政府の権力は,国民が啓蒙され道徳性を身につけることによって示される範囲内に制限され,…安全になるだろう」[77]と考えていた。スチュアートが「啓蒙された政治家」による「経済体系」の「改革」の実行の必要を主張したゲンツの考えを称賛したように,「啓蒙された政治家」は,そうした政治活動においてその能力を十分に発揮できる存在として特徴づけられていた。スチュアートは,商業の発展から進歩に対する確信が社会に蔓延すると考えることによって,「啓蒙された世論」を信頼することができたため,啓蒙された政治家はさらに目的意識的にそれに向かって進むことができると感じていた[78]。そして,

---

75) Stewart (1800-10), Vol. 9, pp. 37-40.
76) 荒井 (2009), 388-391 ページ。
77) Haakonssen (1996), p. 241.

こうした「啓蒙された政治家」の手腕は，「啓蒙された世論」によって支えられ，「世論」と相まって社会の改善に寄与すると考えられていた。したがって，穀物貿易におけるスチュアートの意図は，社会の改善を意図した啓蒙社会の構想にあったということができる。

お わ り に

これまで見てきたように，スチュアートの穀物貿易論は，スミスの自由貿易論を忠実に継承するものであったが，19世紀初頭における時論的な問題との関わりで議論されていた。スチュアートは，自由貿易の確立を経済学上の重要テーマであるとしたが，「自然的な」面から考察することを重視したため，自由貿易の利点を理論的に基礎づけることができなかった。「自然的な」面から穀物貿易を見ていたスチュアートは，「人為的な」面から経済理論を追究する必要を感じず，むしろ実践的な見地から，経済学上の諸問題について，「政治家の注意」を向けることが重要だと考えていた。そこで焦点を当てられたのがネッケルの穀物貿易論であった。ネッケルの穀物貿易論の検討を通じて，社会の安全を脅かす国民の憤怒によって生じる暴動がネッケルの穀物貿易政策を誤らせたことから，穀物貿易が人々の生存に関わるだけでなく社会の安全とも深く関わる問題として考察されていた。そのなかで，スチュアートがネッケルの思想から引き出した考えは，「世論」のもつ脅威と「社会」のもつ意味の大きさであった。当時のフランスの同時代人たちとは異なるネッケルの「社会」把握は，現実の人間と社会がかたく結ばれていることを教える点でスチュアートの思想に強く影響を及ぼしていた。スチュアートは，社会の改善を考慮に入れた政治経済学が必要であることをネッケルの穀物貿易論の中に見出した。そこで，穀物貿易の安全の議論を，彼らを含めた社会全体の改善の議論へと展開した。最初に着手したのは，「無知」で「先入見」を持ち扇動されやすい国民を知的に改善させることであった。スチュアートは，「世論」が統治の基礎をな

---

78) Winch (1983), pp. 43-44, 訳, 39ページ。

している上で重要だと考えたスミスの理念を継承し，商業社会の発展と関わらせながら「世論」の啓蒙を模索した。そして，ヒュームとゲンツの政治論に従って，知的に改善され啓蒙された「世論」が政治家の活動にまで影響を与えるとして考察するのであった。

これらの点から明らかにされたことは，スチュアートが，穀物貿易において，フランス革命の脅威から政治社会の安全を守ることのみを重要な問題としていたわけではなかったということである。スチュアートによる政治経済学の定義において「政治社会の幸福と改善」が目的とされていたように，穀物貿易は，為政者を含めて政治社会に関わるすべての人々を啓蒙すべきものとして考えられていた。政治，経済，社会を密接不可分な関連のもとに論じられていたスチュアートの穀物貿易論の論述には，ヒュームやスミスに加えて，フランスのネッケルやドイツのゲンツといった大陸の政治・経済思想が強く反映されていた。そこには，スチュアートの思想において，18世紀末以降のグレート・ブリテンにおける産業革命の進行とともに，文明化と科学の進歩によって商業が著しく発展していたことと深く関係していた。彼の穀物貿易論は，そうした商業の進歩と深く関わらせつつ展開されている点に大きな特徴をもっていたということができる。

＊本章は，拙稿「デュガルド・スチュアートの穀物貿易論と経済思想」『経済学論纂』（中央大学），第49号，第5・6合併号，2009年の内容を基にして，大幅に加筆・拡張したものである。

参考文献

Brown, M. P. (1992), "Dugald Stewart", in *Oxford Dictionary of National Biography*, eds., H. C. G. Matthew and B. Harrison, Oxford, Oxford University Press.

Haakonssen, K. (1981), *The Science of a Legislator : The Natural Jurisprudence of David Hume and Adam Smith*, Cambridge, Cambridge University Press.（永井義雄・鈴木信夫・市岡義章訳『立法者の科学—デイヴィド・ヒュームとアダム・スミスの自然法学—』ミネルヴァ書房，2001年）．

——— (1996), *Natural Law and Moral Philosophy : From Grotius to the Scottish Enlightenment*, Cambridge, Cambridge University Press.

Harris, R. D. (1979), *Necker, Reform Statesman of the Ancien Régime*, Berkeley and Los

Angeles, University of California Press.

Hume, D. [1752] (1994), *Political Essays*, ed., K. Haakonssen, Cambridge, Cambridge University Press.（1，小松茂生訳『市民の国について』上，下，岩波文庫，1982年，2，田中敏弘訳『ヒューム政治経済論集』御茶の水書房，1983年）．

――――― (1754-1762) *The History of England, from the Invasion of Julius Caesar to the Revolution in 1688*, 6vols, Vol. 6, London, A. Millar.

Malthus, R. [1806] (1996) *An Essay on the Principle of Population : Or, a View of Its Past and Present Effects on Human Happiness : With an Inquiry into Our Prospects Respecting the Future Removal or Mitigation of the Evils Which It Occasions*, 3rd ed., vol. 2, London, J. Johnson : repr. London, Routledge and Thoemmes Press.（吉田秀夫訳『各版対照人口論』全四巻，春秋社，1948-1949年）．

Mingay, G. E. (1975) *Arthur Young and His Times*, ed., G. E. Mingay, London and Basingstoke, Macmillan Press.

Necker, J. (1775), *Sur la législation et le commerce des grains*, Paris, Pissot.

Rothschild, E. (2002), "The English Kopf" in *The Political Economy of British Historical Experience, 1688-1914*, eds., D. Winch and P. K. O'Brien, Oxford, Oxford University Press.

Schumpeter, J. A. (1914), "Wirtschaft und Wirtschaftswissenschaft" in *Grundriss der Sozialökonomik*, Tübingen, Mohr.（中山伊知郎・東畑精一訳『経済学史―学説ならびに方法の諸段階―』岩波文庫，1980年）．

Smith, A. [1776] (1976) *An Inquiry into the Nature and Causes of the Wealth of Nations*, 2vols, eds., R. H. Campbell, A. S. Skinner, W. B. Todd, Vol. 1, Oxford, Clarendon Press.（水田洋監訳，杉山忠平訳『国富論』全四冊，岩波文庫，2000-2001年）．

――――― [1790] (1976), *The Theory of Moral Sentiments*, eds., D. D. Raphael and A. L. Macfie, 6th ed., Oxford, Oxford University Press.（水田洋訳『道徳感情論』上，下，岩波文庫，2003年）．

Smith, C. (1766), *Three Tracts on the Corn-trade and Corn-laws : To Which is Added a Supplement Containing Several Papers and Calculations Which Tend to Explain and Confirm What is Advanced in the Foregoing Tracts*, London, Brotherton.

Spencer, M. (1992), "Dugald Stewart", in *The Biographical Dictionary of British Economists*, ed., D. Rutherford, Edinburgh, Scottish Academic Press Ltd.

Stewart, D. [1792] (1994), *Elements of the Philosophy of the Human Mind*, in *The Collected Works*, 11vols. (1854-1860), ed., Sir W. Hamilton, Vol. 2, Edinburgh, Thomas Constable / London, A. Hamilton ; repr. Bristol, Thoemmes Press.

――――― [1793] (1994), "Biographical Memoirs of Adam Smith", in *Biographical memoirs of Adam Smith, William Robertson, Thomas Reid, To Which is Prefixed a Memoir of Dugald Stewart*, in *The Collected Works*, 11vols. (1854-1860), by John Veitch, ed., Sir W. Hamilton, Vol. 10, Edinburgh, Thomas Constable/London, A. Hamilton ; repr. Bristol, Thoemmes Press.（福鎌忠恕訳『アダム・スミスの生涯と著作』御茶の水書房，1984年）．

――――― [1800-1810] (1994), *Lectures on Political Economy*, in *The Collected Works*, 11vols.

(1854-1860), ed., Sir W. Hamilton, Vols. 8-9, Edinburgh, Thomas Constable/London, A. Hamilton ; repr. Bristol, Thoemmes Press.

Stuart, J. [1767] (1995), *An Inguiry into the Prineiples of Political Oeconomy : Being an Essay on the Science of Domestic Policy in Free Nations*, in *The Collected Works* (1805), 6vols, Vol. 1, London, T. Cadell & W. Davies ; repr. London, Routledge and Thoemmes Press. (小林昇監訳『経済の原理―第1・第2編―』名古屋大学出版会, 1998年)。

Teichgraeber III, R. F. (2000), "Adam Smith and Tradition : The *Wealth of Nations* before Malthus", in *Economy, Polity, and Society : British Intellectual History 1750-1950*, eds., S. Collini, R. Whatmore, B. Young, Cambridge, Cambridge University Press.

Vanderlint, J. [1734] (n.d.) *Money Answers All Things, or, an Essay to Make Money Sufficiently Plentiful*, East Ardsley, Wakefield, and Yorkshire, S. R. Publishers ; repr. New York, Johnson Reprint. (浜林正夫・四元忠博訳『貨幣万能』東京大学出版会, 1977年)。

Winch, D. (1978), *Adam Smith's Politics : An Essay in Historiographic Revision*, Cambridge, Cambridge University Press. (永井義雄・近藤加代子訳『アダム・スミスの政治学』ミネルヴァ書房, 1989年)。

─── (1983), "The System of the North : Dugald Stewart and His Pupils", in *That Noble Science of Politics : A Study in Nineteenth-Century Intellectual History*, eds., S. Collini, D. Winch, J. Burrow, Cambridge, Cambridge University Press. (永井義雄訳「北国の学問体系―デュゴルド・ステュアートと生徒たち―」, 永井義雄・坂本達哉・井上義朗訳『かの高貴なる政治の科学―19世紀知性史研究―』ミネルヴァ書房, 2005年)。

Witt, J. D. (1702), *The True Interests and Political Maxims of the Republic of Holland and West-Friesland*, London.

Young, A. [1792] (1950), *Travels in France : During the Years 1787, 1788, 1789*, ed., C. Maxwell, repr. London and New York, Cambridge University Press.

荒井智行 (2009),「デュガルド・スチュアートにおける人間精神の哲学と『政治の科学』―『人間精神の哲学要綱』第4章『抽象について』を中心に―」,『中央大学経済研究所年報』第40号, 11月。

安藤裕介 (2010),「ネッケルの政治経済学における世論・市場・介入主義」経済理論史研究会報告レジュメ (於東洋大学), 5月。

岡田実 (1969),「ネッケルの人口論」『経済学論纂』(中央大学) 第10巻第3・4号合併号, 7月。

小林昇 (1976),『国富論研究 (1)』(『小林昇経済学史著作集 I 』) 未来社。

篠原久 (1989),「ドゥーガルド・スチュアートにおける『正義と便宜』―ポリティカル・エコノミーにおける『理論と実践』をめぐって―」(田中敏弘編『スコットランド啓蒙と経済学の形成』日本経済評論社。

─── (2009),「アダム・スミスにおける『体系』と『体系の人』」『経済学論究』(関西学院大学) 第63巻, 第3号, 12月。

田中正司 (1993),『アダム・スミスの自然神学』御茶の水書房。

田中拓道 (2006),『貧困と共和国―社会的連帯の誕生―』人文書院。

第 8 章

リカードウ『原理』最終章の検討
──第 3 版改訂の契機と意義──

はじめに

　本章の目的は，リカードウ『経済学および課税の原理』（以下『原理』と略す）の最終章に当たる第 32 章を主な対象とし，第 3 版での改訂の契機と意義を探ることである。

　リカードウは「地代に関するマルサス氏の意見」と題した最終章で，安価な穀物が一国の租税支払い能力に与える影響を分析した。この論点は穀物法論争期以来のものであり，マルサス『諸根拠』（1815 年）において公式に提起され，同年にリカードウが『利潤論』でマルサス説を論駁した後，『原理』最終章（初版，1817 年）でも詳細な批判が加えられたという経緯をもつ。しかもこの論点は，『原理』（第 3 版，1821 年）で特に改訂を施された部分でもあった。リカードウ自身，「第 3 版への注意」の中でこう述べている。

　「私は最終章において，農業改良によって穀物を国内で生産するのに必要な労働量が減少するか，その国の製造品の輸出によってその穀物の一部を外国から安価に獲得するかのいずれかの結果として，一国の商品総量の総貨幣価値は下落するけれども，その国は追加的貨幣租税を支払う能力があるとい

う学説を以前よりも有力な見地に置こうと試みた。この考察は非常に重要である，というのもそれは，特に莫大な国債の結果である重い固定的貨幣租税に悩まされている国で外国穀物の輸入を無制限に放任する政策の問題に関わっているからである。私は，租税支払い能力は商品総量の総貨幣価値にも，また資本家や地主の収入の純貨幣価値にも依存せず，各人が通常消費する商品の貨幣価値と比較した各人の収入の貨幣価値に依存する，ということを証明しようと努力した。」[1]

　だが，これを読むと次のような疑問が浮かぶ。なぜリカードウは『原理』第3版の改訂時に安価な穀物によって一国は追加的な貨幣租税を支払う能力をもつという学説を「以前よりも有力な見地に置こうと試みた」のであろうか。本章は，この疑問の考察をつうじて『原理』第3版で示されたリカードウ経済学の最終形態の一端を示し，その含意を読み解くことを目指す。そこでまず，一国の租税支払い能力という主題に関わる過去の研究史を簡単にみておこう。

　一国の租税支払い能力に関するリカードウの見解については，シャウプがその著書の1章をさいて分析している。彼はそこで，『原理』初版・第2版と比べて第3版では（数値例の作成により）穀物の自由輸入が一国の租税支払い能力を高めるという学説が強化されている点を解説した。さらに，外国の消費者に自国の税負担の一部を負わせる可能性にリカードウが言及していたことから[2]，リカードウの一国の租税支払い能力は暗に「諸外国へ移転しうる租税額」を含んでいたとも指摘されている。また別の章では，租税は純所得からのみ支払われるという見解や一国の租税支払い能力というリカードウの観念の起源を重農主義に帰する解釈について，否定的な見方を示している[3]。

　堂目は，穀物法が一国の租税支払い能力に与える影響をめぐってマルサスと

---

1) Ricardo (1951-1973), I, p. 8, 訳, 8 ページ。以下，外国語文献のうち邦訳のあるものに関しては，原文を参照してより適切と思われるように訳文を変えた箇所もある。
2) *Ibid.*, I, p. 240, 訳, 278 ページ。
3) 以上の点については，Shoup (1960), pp. 10, 191-197 を参照。

リカードウが1815年に議論していたことに断片的に言及した。佐藤は『原理』最終章を対象にして穀物輸入を要請するリカードウ理論の基本構造を示す中で，租税支払い能力に関しても一定の考察を行っている[4]。

だが，この主題に関して最も詳細な研究を行ったのは羽鳥であろう。羽鳥によれば，リカードウが『原理』第3版で最終章を改訂した理由は「初版のテクストよりもいっそう説得力豊かな論証を与える」ためであり，具体的には以下の改訂がなされた。すなわち，① 労働者が純所得の一部を獲得して租税を負担しうるという論点の明確化，② 穀物輸入が有利になる条件に関する説明のさらなる充実，③ 安価な穀物により国債所有者は資本家ほどの利益を受けないという論点の追加，である[5]。羽鳥論文によって，リカードウの一国の租税支払い能力に関する研究は大きく前進したといえるであろう。

とはいえ，羽鳥の研究はリカードウ『原理』最終章にほぼ限定されており，一国の租税支払い能力という主題をマルサスやマカロックとの関係であまり掘り下げていない。そこで著者は，『諸根拠』から『人口論』（第6版，1826年）までに散見される一国の租税支払い能力に関するマルサスの所説を再構成した。続いて，『マルサス評注』を主要な分析対象とし，『原理』第3版刊行前の1820年段階での租税支払い能力に関するマルサスとリカードウの議論の応酬を検討した。さらに，マルサス『諸根拠』の議論を援用しつつ提案されたマカロックの国債利子削減案が穀物法論争期の一国の租税支払い能力に関するマルサス＝リカードウ論争の中にどのように位置づけられるか，を論じた[6]。

なお，一国の租税支払い能力は単にリカードウとマルサスのみに関わるテーマではなく，古典派経済学の中でも一定の重要性をもつ主題であったように思われる。実際，マカロックの他にも，トレンズはマルサス『経済学原理』の書評において，同一の資本と利潤率をもつ穀物自給国と穀物輸入国の場合，前者

---

4) Dome (2004), pp. 103, 114n. および佐藤 (2007), 84-85 ページを参照。
5) 羽鳥 (1998), 114-116 ページを参照。
6) これらについては，益永 (2008), Masunaga (2009) および Masunaga (2010) を参照。

のほうが高い租税支払い能力をもつというマルサス説を正しいと認めた[7]。

租税支払い能力論に関する研究史は，大体以上の通りである。前述のように，著者自身はマルサスやマカロックと関連づけてこのテーマに取り組んできた。だが，この主題に関する研究の本丸ともいうべきリカードウ『原理』第3版の最終章を考察対象とし，その全体像および意義を示すという肝心な作業が残されている。

そこで第1節では，リカードウ『原理』最終章の議論の理論的基礎である地代論・価値論に対するマルサスとリカードウの見解を述べる。第2節では，穀物の自由輸入が一国の租税支払い能力に与える影響に関する両者の見方を分けたともいえる穀物価格変動の二要因の効果に注目したい。第3節では，労働者が純収入の一部を取得するという『原理』第3版の改訂で明確にされたケースと絡めて租税支払い能力論を考察し，最終章の議論がマルサスの全般的供給過剰論への批判にもなっていたことを示す。第4節では，マルサスの農業投資重視論との関わりで穀物の自由輸入の効果に関するリカードウの見解を検討する。そのうえで，『原理』最終章に関する第3版改訂の時論的意義を第5節で明らかにし，おわりにで先行研究と比較した本章の分析の特徴を示すことにしよう。

1. マルサスとリカードウの地代・価値把握

リカードウは，『原理』最終章において地代を富の新たな創造とみなすマルサス説を最初に俎上にのせる。そこで，マルサスの地代把握を簡単にみておこう。

マルサスによれば，地代の本質と起源は生産費を上回る原生産物の高価格にある。こうした原生産物の高価格は次の3つの原因から生じる。① 土地で雇

---

7) Torrens ([1820] 2000), pp. 4-5 および久松（2007），9ページを参照。なおオブライエンによれば，租税支払い能力という概念は能力説アプローチ（ability-to-pay approach）と関連していた。そして，（本章の問題設定からみればややネガティヴな評価の仕方であるが）古典派は一般的には租税支払い能力を測る単一の指標をもたず，その測定も不可能と信じていたという。O'Brien (2004), p. 291 を参照。

用される人々の維持に必要な分量以上の収穫物をもたらす土地の性質，②生産される量に応じて需要が増えるという必需品（食物）に特有な性質，③最も肥沃な土地の稀少性，である。①から土地に剰余生産物が発生し，②からその剰余が価値の面でも裏付けられ，③から通常利潤をこえる部分は地代として地主が取得することになる。だが，原生産物の高価格の「主要原因」は特に①の「自然の贈り物」にあった。「自然の贈り物」である以上，土地の剰余生産物は消費者の犠牲なしに発生しうる。その意味で，地代は富の創造であって消費者を犠牲にした地主の利得ではない。換言すれば，地代は「名目価値」でも，国民的収入（価値）の移転でもなかった[8]。

これに対してリカードウは，地代を「価値の創造」ではあるが「富の創造」ではないとみなす[9]。それを示すために，彼は次のような数値例を提示した。

貨幣価値を一定とし，生産の困難のために穀物価格が1クォータあたり4ポンドから5ポンドに騰貴すると，100万クォータの穀物は400万ポンドではなく500万ポンドの価値をもつ。この時，穀物以外の諸商品の総貨幣価値（価格総額）は何ら減少していない。そこで，穀物価格騰貴（その結果としての地代増加）により，諸商品全体の価格総額は増加したことになる。この意味で，地代は「価値の創造」であった。

ただし，この「価値の創造」は名目的なものにすぎない。リカードウの場合，穀物価値を規制するのは最劣等地の投下労働量であり，一物一価の法則のために優等地には実際の投下労働量によって規制される真実価値（個別的価値）以上の名目価値（社会的価値）が適用される。そのため，地代は優等地の穀物価格には含まれるが，優等地の穀物の真実価値の一部ではない。この意味で地代は，市場における一物一価の法則の結果として生じる名目価値であった[10]。

事実，地代は「価値の創造」であるとした後，リカードウはこう述べてい

---

8) Malthus ([1815a] 1986), pp. 118-125, 訳, 113-125ページ, および Malthus（[1820] 1989), pp. 134-150, 訳［上］, 189-212ページ。
9) Ricardo (1951-1973), I, p. 399, 訳, 458-459ページ。
10) この点については, 羽鳥 (1998), 103ページおよび117ページを参照。

る。「しかしこの価値は，富すなわち社会の必需品，便宜品および享楽品に何も付加しない限り，名目的なものである。」[11] 穀物価格の上昇により，その所有者は穀物と交換にヨリ多くの諸商品を得るが，穀物価格上昇が諸商品の分量を増加させなければ，穀物の所有者が獲得できる諸商品量が増えた分だけ他の人々が獲得できる諸商品量は減るであろう。穀物の買い手は，価格の上昇した穀物の購入にヨリ多くを支払う分だけ他の諸商品をヨリ少なくしか購入できないからである。この意味で，穀物価格騰貴（その結果である地代増加）による「価値の創造」は「名目的なもの」であった。

そして地代の増加，つまり地主の実質購買力の増加が他の人々の実質購買力の減少を伴う限り，それは収入の移転であり，国民の租税負担能力の増加にはつながらないであろう。「それゆえ地代は価値の創造ではあるが，富の創造ではない，それは一国の財源に何も追加しない，それによって一国は陸海軍を維持できない，というのは，その土地がヨリ優等な質をもち，地代を発生させずに同一の資本を使用できるならば，その国はいっそう多くの自由に処分可能な基金をもつからである。」[12] 文中の「自由に処分可能な基金」とは事実上，一国の租税支払い能力を指す。この点でリカードウはマルサスとは異なり，名目価値である地代の増加は国富の追加分ではなく消費者の犠牲によって地主を利する富の移転にすぎない，とするシスモンディやブキャナンに同調した。

次にリカードウは，① 土地で雇用される人々の維持に要する以上の収穫物をもたらす土地の性質，② 生産量に応じて需要が増加するという必需品に特有な性質，③ 最も肥沃な土地の稀少性という地代の発生原因に関するマルサス説の批判に移っていく。このうち③についてはリカードウにも異論はなかったから，彼の批判は①と②に向けられた。

①に関しては，肥沃な土地ほど剰余生産物が多いことは事実である。だが，重要なのは生産費を超える原生産物価格の超過額であって，耕作者を維持する

---

11) Ricardo (1951-1973), I, pp. 399-400, 訳, 459 ページ。

12) Ibid., I, 400, 訳, 459 ページ, 傍点著者。この点については，羽鳥（1995), 8 ページおよび羽鳥（1998), 103 ページに明快な説明がある。

以上の量の食物が得られるか否かではない。貨幣地代は原生産物価格＞生産費の差額から生ずるからである。また，マルサスは土地の肥沃度の増大とともに地代が増減しうるかのように論じているが，これも正しくない。地代は劣等地耕作（土地の肥沃度の減少）つまり優等地と最劣等地との地質の差が拡大するほど増加するからである。それゆえ地代は，土地の絶対的肥沃度ではなく土地の相対的肥沃度に依存していた。また②に関しては，リカードウは特に，マルサスの主張を食物の事前の増加（食物供給増加）→人口増加（食物需要増加）という因果連鎖とみなし，通常は商品への需要がその供給に先行するとして，人口増加（食物需要増加）→食物増加（食物供給増加）という逆の因果連鎖を強調した。

　以上のようにマルサス地代論を批判したリカードウは，そこから商品の真実価値の規定に立ち戻り，安価な穀物輸入が一国の租税支払い能力に与える影響に関するマルサス説を根本的に覆そうと試みる。まず，マルサスの価値把握からみてみよう。

　スミスは『国富論』で穀物輸出奨励金を考察した際，次のように主張した。輸出奨励金は穀物の貨幣価格を上昇させるが，それとともに労働と他の諸商品価格も上昇させるから，穀物の真実価格は騰貴しない。生産を奨励するのは真実価格の増大であるから，穀物輸出奨励金は穀物生産を促進させない[13]。

　マルサスはこうしたスミスの所説を批判した。賃金は穀物に加えて「家賃」「燃料」「ろうそく」「茶」「砂糖」などにも支出されるため，労働の価格は穀物価格に比例して即座に騰落しない。また，労働需要が停滞しても労働供給は緩慢にしか減少しえないから，穀物価格が騰貴しても労働の価格は長期間騰貴しないこともある。穀物価格と労働の価格の両者をまったく無関係とみることは誤りであるが，少なくとも穀物価格が即座に労働の価格を左右するわけではない。マルサスによれば，穀物価格の騰落に応じて労働と他の諸商品価格も騰落するというスミス説は，「労働を価値の標準的尺度と考え，穀物を労働の尺度

---

13) Smith ([1776] 1976), 1, pp. 509-510, 訳［Ⅲ］, 209-211ページ。

と考える彼の習慣」に根差す。だが,「穀物」はきわめて不正確な労働の尺度であるし,「労働」を含むいかなる商品も「真実交換価値」の正確な尺度たりえない[14]。

リカードウは,このマルサスの所見に全面的な賛意を示す一方で,次のことを強調した。「穀物も労働も真実交換価値の正確な尺度でないならば,それらは明らかに正確な尺度ではないが,他のどんな商品がそれであるのか——確かにそのような商品はない。そうすると,諸商品の真実価格が何らかの意味をもつとすれば,それはマルサス氏が『地代論』で述べたものでなければならない——すなわち,それは諸商品を生産するのに必要な資本と労働の比較的分量によって測定されなければならない。」[15]

リカードウによれば,諸商品価格の永続的な変動要因は,①商品の生産に要する資本と労働の量の変化と②貨幣価値の変更である。このうち②はあらゆる商品に共通に作用し,すべての商品価格を変動させる。他方,当該商品を穀物とすると①は穀物価格のみを変動させ,(原料として入り込む部分を除いて)他の諸商品価格を変動させない。

リカードウは,これら2つの要因の区別こそが,穀物価格は他のすべての諸商品価格を規制するというスミスの誤った原理を乗り越える突破口だと考えた。と同時に,①生産の難易による穀物価格騰落と,②貨幣価値の変更による穀物価格騰落の区別は,穀物の自由輸入と一国の租税支払い能力という『原理』最終章の中心問題の分析に際しても重要な役割を果たすことになる。次節ではこの点を詳述しよう。

---

14) Malthus ([1814] 1986), pp. 89-94, 訳, 12-22 ページおよび Malthus ([1815a] 1986), pp. 138n-139n, 訳, 151-152 ページ。

15) Ricardo (1951-1973), I, 416-417, 訳, 480 ページ。実際,『地代論』には次の1節がある。「私は躊躇せずに次のように述べる,一国の通貨の不規則性とその他の一時的・偶発的な諸事情を別にすれば,穀物の高い比較的貨幣価格の原因はその高い比較的真実価格に,すなわちそれを生産するために使用されなければならない資本と労働の分量がより多いことにある」(Malthus ([1815a] 1986), p. 135, 訳, 144 ページ)。

2. 穀物価格変動の二要因——一国の租税支払い能力への影響

リカードウは,『地代論』のマルサスがいうように商品の真実価値が生産に要した資本と労働の分量により規制されるならば,それに伴う穀物価格の下落は一国の諸商品の価格総額を同じ割合で下落させないと主張した。その際に彼が用いた数値例[16]を簡略化して示してみよう。

1年間に消費される一国の諸商品価値を3000万（穀物1000万＋製造品2000万）とする。生産が容易になった結果,穀物が50％下落して1000万から500万になったとしても,年間消費額は3000万から1500万に50％下落するわけではない。製造品価値2000万のうち原料部分が20％を占めるとすれば,400万の部分だけに穀物の50％下落の影響が及ぶから,製造品の価値減少分は200万となる。つまり50％の穀物価値下落は,諸商品の年間消費額を3000万から1500万ではなく,3000万から2300万（穀物500万＋製造品1800万）に下落させるであろう。それゆえ,生産に要する資本と労働の分量の減少に伴う穀物価値の下落は,一国の諸商品価値（総収入）を同じ割合で減少させない。

こうしてリカードウは,マルサス『地代論』で容認された真実価値の規定とその帰結との間の矛盾を次のように指摘した。「マルサス氏の先の容認からすれば,彼は原生産物価値の下落の効果をこのようにみなさなければならなかったが,彼はそうはせず,それを貨幣価値の100％騰貴とまさに同じこととみなし,あたかもすべての商品がその以前の価格の半分に低落するかのように論じている。」[17]

この批判は,マルサス『諸根拠』の次の議論を念頭に置いてなされたものである。マルサスは一方で,（上記のリカードウの批判とは異なり）価値尺度である「穀物または銀」の変化はすべての商品価格と所得を比例的に変動させないと主張した。その結果,価値尺度の変化は,諸商品に対する各階級の支配力に有利または不利な影響を及ぼす。実際,「最近20年間に累積した国債の莫大な負

---

16) Ricardo (1951-1973), I, pp. 417-418, 訳, 481ページ。
17) *Ibid.*, I, p. 419, 訳, 482ページ。

担」にイギリスが耐えられた主な原因は，価値尺度の「継続的な減価」と「諸価格の累進的騰貴により社会の勤勉な諸階級に与えられてきた産業と蓄積力に対する大きな刺激」にあった。これが「紙幣の過剰発行」に起因していた限り，「社会の勤勉な諸階級」は，(減価した貨幣で一定額の国債利子を受け取り，価格が騰貴した諸商品を購入した)「国債所有者」の犠牲で不当に利益を得たことになる[18]。

だがマルサスは他方で，「穀物価格が現在1クォータあたり50シリングに下落し，労働と他の諸商品がほぼ比例的に下落するならば」[19]という(まさにリカードウが批判したような)仮定を置き，この場合は逆に，「国債所有者」が「社会の勤勉な諸階級」を犠牲にして不当な利益を得ると主張した。リカードウは，《穀物価格の下落は他の諸商品価格を同じ割合で下落させる》というこの仮定を捉えて，マルサスが穀物価値下落の効果と貨幣価値の100％騰貴の効果を混同していると論難したのである。

そしてマルサスは，穀物価格の下落により他の諸商品価格が同じ割合で下落する場合，一国の租税支払い能力は低下すると論じた。というのも，「社会の勤勉な諸階級および地主」は国債の利払いのために以前と同一の「名目税額」を支払うが，彼らがそこから租税を支払う「名目所得」は「価値尺度の変動」によって減少しているからである。

　「……穀物が1クォータあたり50シリングに下落し，他の諸商品もそれに比例して下落するならば，政府は〔国債に対して　著者〕約5％の代わりに，実際には7％，8％，9％，および最後の2億ポンドに対しては10％の利子を支払うことになるであろう。

　誰によってそれが支払われるのかを考える必要がなければ，国債所有者たちに対するこの異常な寛大さに対して，私はいかなる種類の反論もする気にならないであろう。そして，しばらく内省してみれば，それは単に社会の勤

---

18)　Malthus ([1815b] 1986), pp. 168-169, 訳, 93 ページ。
19)　*Ibid.*, p. 169, 訳, 93-94 ページ。

勉な諸階級および地主によって，すなわち，その名目所得が価値尺度の変動とともに変化するすべての人々によって支払われうるにすぎない，ということがわかるであろう。社会のこの部分の名目収入は，最近5年間の平均と比較して半分に減少するであろう。そして，この名目的に減少した所得から彼らは同じ名目税額を支払わなければならないであろう。」[20]

マルサスはさらに，引用文のような穀物と他の諸商品価格の下落が起これば，「一国は絶対に現在の国債利子の支払いを続けられないであろうということを恐れるべき大きな理由がある」という[21]。この状況下で安価な外国穀物に港を開放すれば，穀物価格はいっそう下落し，租税支払い能力はさらに低下するであろう。こうして彼は，穀物法の維持を唱えた。

確かに，マルサスはその後で穀物輸入により穀物価格が「60シリング」までしか下落しないと仮定し，1815年穀物法で輸入が認められていた価格の80シリングと比較して穀物が「33・1/3％」(80s.-60s./60s.) 下落しても，「穀物が他の諸商品価格をうまく規制しない」ために他の諸商品価格は「25％または20％」しか下落しないというケースを想定した議論を行っている。この意味で，マルサスはつねに穀物価格の下落が他の諸商品価格を同じ割合で下落させると考えていたわけではないし，リカードウもこの点は認めていた[22]。

しかし『諸根拠』のマルサスが，穀物価格の下落により他の諸商品価格も同じ割合で下落するならば一国の租税支払い能力は低下し，この時に穀物の自由輸入によって穀物価格にさらなる下落圧力がかかればイギリスは国債の利払いを続けられない，と主張したことは事実である。リカードウはこうしたマルサスの所説の中に，貨幣価値騰貴による穀物価格下落の影響と穀物輸入による穀物価格下落の影響の混同を嗅ぎ取ったとみてよい。リカードウにとって，他の

---

20) Ibid., pp. 169-170, 訳, 94-95ページ。
21) Ibid., p. 170, 訳, 95ページ。
22) Ibid., pp. 170-171, 訳, 96ページ, および Ricardo (1951-1973), I, 420n, 訳, 484ページを参照。

諸商品価格の比例的な下落を伴う穀物価格の下落は貨幣価値の騰貴によるものであり，それが一国の租税支払い能力に及ぼす影響は，穀物の自由輸入による穀物価格の低下の場合とはまったく異なっていた。そこで彼は，穀物の自由輸入が一国の租税支払い能力を減少させるというマルサス説を以下の3つの根拠から攻撃していく。

第1に，(穀物の自由輸入のケースのような) 生産費の減少に伴う穀物価格低下は，それと同じ割合で一国の諸商品の価格総額 (総収入) を減少させない。実際，上で示したリカードウの数値例では，穀物価格が半減した時，一国の諸商品の価格総額は3000万から1500万に半減するのではなく，3000万から2300万に下落するのみであった。

第2に，『諸根拠』のマルサスは租税負担者を「社会の勤勉な諸階級および地主」のみと想定している。だが，国債所有者自身も国債の利払い用の租税を負担する。そこで，もし貨幣価値が騰貴すれば，一定額の名目利子を受け取る国債所有者はヨリ多くの諸商品を購入しうるが，その一方で彼らが支払う租税の実質負担も増加するであろう。

第3に，「マルサス氏の議論全体」は「一国の総所得が減少するから，それゆえ純所得も同じ割合で減少するに違いない」という「薄弱な根拠」のうえに構築されていた[23]。だがリカードウは，特に穀物の自由輸入の場合，穀物価格と同じ割合で総収入 (総所得) が低下しないだけでなく，総収入と同じ割合で純収入 (純所得) が低下しないことも強調する。彼はそのために以下の数値例を提示し，一国の租税支払い能力の問題を分析した。

1年間に市場にもたらされる国内商品の価値 (総収入) が2000万であり，これらの生産に必要な労働者の絶対的必需品のために1000万の支出を要するとしよう。労働者は (自然賃金以上に市場賃金を引き上げる) 労働需要の増加により1000万以上を受け取るかもしれない。この場合，資本家と地主の純収入がそれだけ少なくなる。だがいずれにせよ，純収入は1000万 (総収入2000万-生産

---

23) *Ibid.*, I, 420, 訳, 484 ページ。

に必要な絶対的必需品1000万）を超えることはない。ここで租税200万が課せられるならば，税引き後の純収入は800万になる。

この際，①10％の貨幣価値騰貴と，②生産の便宜か輸入に伴う穀物の労働コストの10％削減の2つのケースに関して，一国の租税支払い能力への影響は次のように異なるであろう。

①のケース。貨幣価値の10％騰貴は，諸商品価格を10％下落させる[24]。その結果，諸商品の価格総額（総収入）は2000万から1800万，絶対的必需品は1000万から900万，純収入は900万（総収入1800万－絶対的必需品900万）になる。

この時，貨幣価値騰貴分と同じ10％だけ租税を引き下げて200万ではなく180万を課すと，税引き後の純収入は720万になる。だが諸商品価格も10％下落しているから，この税引き後の純収入720万は，貨幣価値騰貴前の税引き後の純収入800万と同じ価値（諸商品の購買力）をもつ。その意味で，貨幣価値騰貴分と同じ割合で税額を引き下げれば，税引き後の純収入の実質価値自体は以前と変わらず，社会への負担は増加しない。

他方，貨幣価値騰貴により諸商品価格が10％下落するが，以前と同額の租税200万を課す場合を考えよう。当初の税引き後の純収入800万（1000万－200万）に対し，10％の貨幣価値騰貴後の税引き後の純収入は，700万（900万－

---

[24] なお，「利潤に対する租税」の章では，「いかなる課税も存在しない国では，稀少または豊富から生じる貨幣価値の変更はあらゆる諸商品価格に対して同じ割合で作用する」が，「諸価格が課税によって人為的に引き上げられている国では，流入による貨幣の豊富または外国の需要によるその輸出とその結果としての稀少はあらゆる諸商品価格に同じ割合では作用しないであろう」という興味深い原理が論じられている（*Ibid.*, I, 208-209, 訳, 240-241ページ）。地金主義によれば，紙幣の過剰発行で貨幣が減価すると諸商品価格はすべて同じ割合で騰貴するはずであったが，現金支払い制限中には他の諸商品以上に騰貴した多くの商品があった。これに対してリカードウは，諸商品が課税されているイギリスにおける貨幣価値の変動はすべての商品価格を同じ割合で変動させるわけではないとし，上記の原理に依拠して地金主義の立場と現実との整合をはかったのである（*Ibid.*, I, 207-210, 訳, 238-242ページ）。この点に関しては，Shoup (1960), pp. 109-114で批判的な分析がなされている。また近年では，この原理の妥当性を明確に疑問視する見解も示されている。Tsoulfidis (2005), pp. 42-45を参照。

200万)である。この時,諸商品価格の下落率(10%)＜税引き後の純収入の減少率(700-800/800＝12.5%)より,税引き後の純収入の実質購買力は減少するであろう。「それゆえ,貨幣価値を変更することにより諸商品の貨幣価値を変更させるが,しかもなお租税によって同一の貨幣額を徴収することは,疑いもなく社会の負担を増加させることになる。」[25] つまり,この場合,純収入の実質購買力が減少するという意味で一国の租税支払い能力は低下するであろう。

②のケース。純収入1000万のうち地代分が500万であり,生産の便宜か穀物輸入により穀物の獲得に必要な労働コストが100万だけ削減されるとしよう。そのため,以前は労働者の絶対的必需品に1000万の支出を要したが,今や900万で済む。こうした穀物価格低下に伴って地代は500万から400万に100万だけ減少し[26],一国の諸商品の価格総額(総収入)も2000万から1900万へ100万だけ減少する。だが総収入から労働者の絶対的必需品を差し引いた純収入は,以前の1000万(2000万〜1000万)に対して,穀物価格の低下後も1000万(1900万〜900万)で数字上は変わらない。

この時,以前と同じ租税200万を課すと,税引き後の純収入は800万で不変だが,諸商品の価格総額が2000万から1900万に5%下落しているため,税引き後の純収入800万は名目額では同じでもその実質購買力は以前よりも増加するであろう。換言すれば,税引き後の純収入800万を有する人々は,諸商品の価格総額の5%下落により,以前と同じ量の諸商品を購入するのに必要な貨幣額を節約でき,その分だけ追加的な租税を支払える。「それゆえ,同一の課税

---

25) Ricardo (1951-1973), I, 423, 訳, 483ページ。
26) シャウプは,穀物獲得に要する労働コスト(＝貨幣賃金)と地代が同じく100万だけ減少するという想定を「欠陥」とし,次のように述べている。「穀物栽培に関する貨幣賃金コストの下落と総貨幣地代の下落との間には,1対1の対応関係が不可避的に存在するわけでは決してない。2つの減少額の関係は,収穫逓減のパターンとともに変動するであろう。例えば当初,貨幣地代が穀物を生産する総賃金コストにたまたま等しいならば,ある一定の改良は地代をまったく消滅させるかもしれないが,穀物を生産する一定の賃金コストは依然として残るであろう。それにもかかわらずリカードウは,通常の場合,貨幣地代の下落分は穀物栽培に関する賃金コストの下落分を超えないであろうと自分は考えているということを暗に意味しようと単に望んでいただけかもしれない」(Shoup (1960), p. 196)。

に耐えられるだけでなく，いっそう大きな租税にも耐えられるであろう」[27]。

　地代が 100 万だけ減少しても税引き後の純収入が 800 万で同じならば，諸商品の価格総額の減少にもかかわらず，他の階級が以前よりも大きな所得を得ているに違いない。実際，穀物価格下落前（総収入 2000 万 = 賃金 1000 万 + 利潤 500 万 + 地代 500 万）と下落後（総収入 1900 万 = 賃金 900 万 + 利潤 600 万 + 地代 400 万）を比べると，資本家の所得が増加したことがわかる。こうして，増加した貨幣所得を受け取ると同時に，穀物（と原生産物が原料として入り込む諸商品の）消費にあてる支出額を節約できるという「二重の利益」を得る資本家階級は，「要求されるならば追加的な租税を負担することもできるであろう。」[28]

　以上の議論を整理しよう。貨幣価値の 10% 騰貴によって穀物価格が下落した時に以前と同じ名目税額が課せられると，税引き後の純収入の実質購買力が減少し，（マルサスのいうような）一国の租税支払い能力の減少が起こる。他方，特に穀物の自由輸入に伴う穀物価格低下の際に以前と同じ名目税額が課せられると，税引き後の純収入は名目額では変わらないが，その実質購買力は増加する。このことは，一国がいっそう多くの租税を負担しうることを意味していた。こうしてリカードウは，穀物の自由輸入と一国の租税支払い能力に関するマルサスの所説が，①貨幣価値騰貴による穀物価格下落と②自由輸入に伴う穀物価格下落の混同に事実上基づいており，穀物法廃止と関連した②の場合には一国の租税支払い能力は（マルサスの見解とは逆に）増加すると主張したのである。

3. 労働者階級による純収入の取得可能性

　リカードウは『原理』第 3 版改訂時に，外国からの自由な輸入に伴う穀物価格低下の際に地代が減少し利潤が増加しないとしても一国の租税支払い能力は増加する，という点を明確化した。

---

27) Ricardo (1951-1973), I, 424, 訳, 488 ページ。
28) *Ibid.*, I, 424, 訳, 488 ページ。

「だが資本家の所得は増加しないであろう，地主の地代から控除された100万は追加賃金として労働者に支払われるであろう！といわれるかもしれない。そうだとしても，これは議論に何の相違ももたらさないであろう。…彼らが900万以上に受け取るものはすべてその国の純所得の一部を形成し，それは一国の収入，幸福または力を増大させることなしには支出されえない。……同一の労働にもかかわらずヨリ多くの商品総量が生産されるであろう，ただし，このような諸商品の貨幣価値総額は減少するであろう。だがその国の純貨幣所得，そこから租税が支払われ享楽品が取得される基金は，現実の人口を維持し，それに享楽品と奢侈品を与え，そしてある一定額の課税に耐えるために以前よりもはるかに十分であろう。」[29]

前節の②のケースに基づいてこの引用文を説明すると，安価な穀物輸入は，穀物価格の下落前（総収入2000万＝賃金1000万＋利潤500万＋地代500万）から下落後（総収入1900万＝賃金1000万＋利潤500万＋地代400万）の状態に変化させる。この際，前節の時とは異なり，地代は減少するが利潤は増えていない。だが，安価な穀物は一国の租税支払い能力を増加させるという原理は成り立つ。穀物価格下落後の賃金1000万のうち絶対的必需品900万を超える100万は「追加賃金」であり，「純所得の一部」となる。ゆえに，「純貨幣所得」（労働者による取得分100万＋利潤500万＋地代400万）は，名目額では以前（利潤500万＋地代500万）と同一でも，穀物価格下落による「諸商品の貨幣価値総額」の減少のためにその実質購買力は増大するから，「ある一定額の課税に耐えるために以前よりもはるかに十分であろう」。

こうして純収入が利潤と地代のみに分配されようが，（『原理』第3版で追加されたケースのように）その一部が労働者にも分配されようが，安価な穀物が一国の租税支払い能力を増加させうるという結論は揺るがない。

では，なぜリカードウは『原理』第3版改訂時に労働者による純収入の取得

---

29) *Ibid.*, I, 424-425, 訳, 488-489ページ, 傍点著者.

可能性を明示的に追加したのであろうか。その背景の1つとして，著者は第3版改訂作業中の1820年10月から11月の書簡での全般的供給過剰に関するマルサスとの議論に注目したい[30]。

この際，マルサスは，「奢侈品と便宜品への嗜好ないし不生産的労働」がなければ「全般的供給過剰」が発生し，「土地からの純剰余」（純収入）は存在しえないと主張した[31]。その根拠は，彼が『経済学原理』で確立していた「必需品の生産に全生産物を用いるという限定のもとでは純収入は絶対に不可能であり，その結果，奢侈品と便宜品に対する適切な嗜好ないし不生産的労働がなければ全般的供給過剰が不可避的に生じるに違いないということを明白に示す新しい議論」[32]にある。実際，資本と労働の全部を「必需品の生産」に用いると必需品の供給過剰が起こり，労働維持基金（必需品）が人口よりもはやく増加するため，剰余を残さないほど賃金が増大するであろう。

他方，リカードウによれば，労働維持基金をなす必需品（労働需要）が人口（労働供給）よりも急速に増加するような資本蓄積は自然賃金を超えて市場賃金を大幅に上昇させ，確かに利潤率の一時的低下をもたらす。だが自然賃金をかなり上回る市場賃金は，当初は現存人口の生活水準の向上に充てられるが，終局的には結婚をつうじて人口を増加させるであろう。労働需要増加に応じて労働供給が増加すれば，自然賃金を過度に超える市場賃金の上昇と利潤率の低下はいずれ解消されていく。その意味で，資本蓄積が利潤率を低下させるのは一時的にすぎない[33]。この後，リカードウは「土地からの純剰余」というマルサ

---

30) これに関連した議論は，1821年7月9日のリカードウからマルサスへの手紙，1821年7月16日のマルサスからリカードウへの手紙，1821年7月21日のリカードウからマルサスへの手紙にもみられる。なおホランダーは，『原理』第3版で追加された労働者による純収入の獲得可能性（＝貯蓄と租税支払いの可能性）とは「救貧手当によって不足分を補われた賃金」を指していたという解釈を示した（Hollander (1979), p. 316n, 訳［上］, 425-426ページ, 傍点はホランダー）。では救貧法廃止後は，労働者は決して純収入の一部を取得しえないのであろうか。その意味でホランダーの見解には疑問が残る。
31) Ricardo (1951-1973), VIII, p. 309, 訳, 348ページ。
32) Ibid., VIII, p. 285, 訳, 320ページ, 傍点はマルサス。
33) しかもリカードウによれば，イギリスでは労働者も奢侈品への嗜好をもっている

スの用語の意味に関して、注目すべき論評を加えた。

「お目にかかった時、土地からの純剰余に付すべき意味について意見の一致をみなくてはなりません——それは総物質物からそれを得た人々を養うために絶対に必要なものを差し引いた後のものを意味することもできますし、または、生産物のうち資本家の分け前あるいは資本家と地主とを合わせた双方の分け前に帰する価値を意味することもできます。第1のものが純剰余だとしますと、それは労働者に与えられようと、資本家または地主に与えられようと、一様に純剰余でしょう。第2のものだとすると、それは資本家に対して彼がそれを得るために支出したものと同じ大きさの価値を与えるものに及ばないかもしれませんし、それゆえ彼にとっては何らの純生産物も存在しないことになるでしょう。」[34]

一国の資本と労働を必需品の生産のみに投入した結果、労働維持基金である必需品（労働需要）が人口（労働供給）よりも急激に増加すると、労働者は自然賃金をかなり上回る市場賃金を獲得し、利潤率は一時的に下落する。ここで純生産物を「第1の」意味にとると、このケースは労働者が純生産物を取得しており、純生産物自体は生み出されている。他方、「第2の」意味では、利潤分を残さないほど市場賃金が増加すれば、資本家にとって純生産物は存在しない。つまり、純生産物が発生しうるか否かは、その定義次第であった。

リカードウは上の引用文に続けて、さらにこう述べている。「この純生産物という言葉はあなたの本〔マルサス『経済学原理』 著者〕では曖昧に使用されており、それが純生産物と総生産物について［私が］述べた所見に対する批評の根拠となっています。この批評は純生産物という言葉に付される意味に応

から、資本と労働がすべて必需品の生産に投下され、労働維持基金（必需品）が人口よりもはやく増加するようなケース自体、実際には起こりえない（Ibid., I, pp. 292-293, 訳, 337-338 ページ；II, pp. 312-313, 訳, 399-400 ページ）。

34) Ibid., VIII, p. 311, 訳, 350-351 ページ, 傍点著者。

じて［正し］くもなり，また正しくなくなりもします。」[35] これは例えば，リカードウ『原理』の「総収入と純収入について」の章に対するマルサス『経済学原理』における次の批評にも現れていた。

　「私は，500万人分の食物と衣服から成る地代と利潤からの純収入をもつ一国は，こうした純収入が500万人よりもむしろ700万人から獲得されるとするならば，彼らが等しく十分に扶養されると仮定して，そのほうが決定的にいっそう富裕かつ強力であろうと述べる際に一瞬たりとも躊躇すべきではない。全生産物はいっそう多くなるであろうし，追加的な200万の労働者のある者たちは，疑いもなく自分たちの賃金の一部を自由に処分しうるであろう。」[36]

　「総収入と純収入について」の章でのリカードウ自身の議論はこうであった。500万人が1000万人分の食物と衣服を生産しうる時，純収入は500万人分の食物と衣服になる。この同じ純収入の生産に500万人ではなく700万人を要するとしても，純収入の大きさは同じだから，陸海軍に一兵も追加できないし，一国の租税支払い能力も増加しない[37]。
　この議論は，前述の第2の意味での純収入（総生産物のうち資本家と地主の分け前に帰する部分）を前提しており，労働者が純収入を取得しうるケースを排除していた。実際，彼は上掲のマルサスからの引用文の傍点部分につけた評注257の中で，こう述べている。「その時，彼らは純収入の一部を得るであろう。賃金が純収入の一部を労働者に与えるようなものでありうることを私は否定しない——私は，賃金が極めて低く絶対的必需品以上の剰余を少しも労働者に与えることができないケースに自分の命題を限定したのだ。」[38]

---

35)　*Ibid.*, VIII, p. 311, 訳, 351ページ。
36)　Malthus ([1820] 1989), I, p. 425n, 訳［下］, 269ページ, 傍点著者。
37)　Ricardo (1951–1973), I, p. 348, 訳, 399ページ。
38)　*Ibid.*, II, p. 381, 訳, 480ページ。

ところが，上掲引用文のマルサスは，① 労働者が絶対的必需品のみを受け取り，500万人分の食物と衣服から成る地代と利潤をもつ場合と，② 労働者が絶対的必需品＋純収入の一部を得たうえに，500万人分の食物と衣服から成る地代と利潤をもつ場合を比較し，② が「いっそう富裕かつ強力」だとしているように読める。この時，マルサスが，① では純生産物を≪総生産物のうち資本家と地主の分け前に帰する部分≫という意味で用いながら，② では≪総生産物から生産に必要な絶対的必需品を差し引いた部分≫という意味でも用いたことは明白であろう。この点でリカードウは，マルサスが純生産物（純収入）に関する曖昧な定義によって自分を批評したと述べたように思われる。

純生産物（純収入）の規定という以上の論点は，『原理』第3版改訂に際して次のように反映されていく。リカードウはまず，「総収入と純収入について」の章で，賃金は「適度なものであれば」租税を支払わないと述べていた箇所に第3版で次の注を追加した。「おそらくこれはあまりにも強く表現されすぎている。というのも，生産の絶対必要経費以上のものが，一般に賃金の名称で労働者に割り当てられているからである。その場合，一国の純生産物の一部は労働者によって受け取られており，彼によって節約または支出されうるであろう。あるいは，彼は国防に寄与しうるであろう。」[39]

この注に呼応して『原理』最終章では，本節の冒頭で引用したような輸入に伴う穀物価格の低下で地代が減少しても利潤が増加しないケースが第3版で新たに提示された。純生産物（純収入）の定義というこれまでの論点と絡めて，

---

39) *Ibid.*, I, p. 348n, 訳，399-400 ページ，傍点著者。なお，この引用文のように労働者が純生産物の一部を受け取るために租税を支払いうるケースとは別に，リカードウは「賃金に対する租税」の章において，『原理』第3版以前から労働者が租税を資本家に完全に転嫁できずにその一部を負担するケースに言及していた（*Ibid.*, I, p. 222, 訳，256-257 ページ）。彼によれば，賃金税や必需品税は基本的に利潤から支払われるが，そのごく一部は資本の減少をつうじて労働需要を減少させる。だが，労働供給はそれに応じて速やかに減少しえない。その結果，賃金は租税分だけ引き上げられず，その分だけ労働者が負担することになるであろう。この点に関して，彼は「あらゆる種類の租税がそういう傾向をもっている」とさえいっている（*Ibid.*, I, p. 233, 訳，270 ページ）。

再度その概要を示しておこう。

　総収入が2000万（絶対的必需品1000万＋純収入1000万），純収入が1000万（利潤500万＋地代500万）であり，輸入に伴う穀物価格低下で絶対的必需品への支出が100万だけ節約できるとする。『原理』第3版で追加されたケースでは，輸入による穀物価格下落の結果，総収入は2000万（絶対的必需品1000万＋利潤500万＋地代500万）から1900万（絶対的必需品900万＋労働者による純収入の取得分100万＋利潤500万＋地代400万）に減少する。他方，穀物価格下落前の純収入は1000万（利潤500万＋地代500万），下落後の純収入は1000万（労働者の取得分100万＋利潤500万＋地代400万）なので，数字上は変わらない。というのも，『原理』第3版で明確化されたように，穀物価格下落により地代が100万だけ減少する一方で利潤が増加しなければ，労働者が絶対的必需品（900万）以上のものを受け取るはずだからである。それは純収入の一部を形成するであろう。

　この時，《総生産物のうち資本家と地主の分け前に帰する部分》という意味では，輸入による穀物価格下落によって，純収入は1000万（利潤500万＋地代500万）から900万（利潤500万＋地代400万）に減少する。だが，《総生産物－労働者の絶対的必需品》という意味では，純収入は1000万のままで変わらない（利潤500万＋地代500万　⇒　労働者の取得分100万＋利潤500万＋地代400万）。

　しかも，安価な穀物輸入により「諸商品の貨幣価値総額」（総収入）は減少するが，諸商品の量（国富）自体は増加する。なぜならば，穀物輸入により農業から製造業への資本移動が起こるが，この移転資本の全部を用いなくても以前と同量の穀物を得るために輸出される製造品量を生産でき，節約された残りの資本は他の「享楽品」の生産に充てられるからである[40]（実際この条件が満たされないと，国内栽培よりも穀物輸入が有利にならない）。ここで輸入前と同額の租税200万を課すと，税引き後の純収入は，1000万－200万＝800万で不変である。だが，穀物輸入に伴い諸商品の価格総額は2000万から1900万に5％下落した。

---

40)　*Ibid.*, I, pp. 418-419, 訳, 482 ページ。

この結果，税引き後の純収入の実質価値は増加するであろう。言い換えると，税引き後の純収入800万を得る人々は，諸商品の価格総額の5％下落によって以前と同量の諸商品を得るために支払う貨幣額を節約でき，その分だけ追加的な租税を支払うか他の諸商品（享楽品）を購入しうる。それゆえ，「租税が支払われ享楽品が取得される基金」である「純貨幣所得」は，「現実の人口を維持し，それに享楽品と奢侈品を与え，そしてある一定額の課税に耐えるために以前よりもはるかに十分であろう」[41]。

したがって，莫大な国債利子負担のための固定的名目租税に苦しむイギリスが志向すべき政策は，穀物輸入自由化への転換であった。しかも，安価な穀物による（享楽品増加の結果としての）国富増加は，それに見合う享楽品の需要増加を伴うから全般的供給過剰を懸念する必要もない。この限りにおいて，リカードウ『原理』（第3版）最終章の一国の租税支払い能力論は，マルサスの全般的供給過剰論への批判的含意も有していた。このことは，第3版改訂時に書き改められた次の文章から最も明白に読み取れる。

「それゆえ，彼〔資本家階級 著者〕の貨幣所得が増加するのと同時に所得の支出に関してなされるこの総節約額は疑いもなく彼にとって二重の利益であり，そのために彼は自分の享楽品を増大させることができるだけでなく，要求されるならば追加的な租税に耐えることもできるであろう。課税諸商品に関する彼の追加的消費は，地主の地代の減少の結果としての彼らの需要減少を補ってはるかに余りあるであろう。」[42]

安価な穀物輸入は，賃金減少による利潤の増加＋穀物（と原生産物が原料として入り込む諸商品）への支出額の節約という「二重の利益」を資本家にもたらす[43]。その結果，彼らは，浮いた金額を「自分の享楽品」の増大か「追加的な

---

41) *Ibid.*, I, pp. 424-425, 訳, 488-489ページ。
42) *Ibid.*, I, p. 424, 訳, 488, 傍点著者。
43) これに対して，リカードウによれば，国債所有者は（資本家と同じく）穀物価格

租税」の負担に回せるであろう。ゆえに，穀物の自由輸入は地代減少に伴う「享楽品」に対する地主の需要減退をもたらすが，それを相殺する以上の資本家による需要を生み出す。または，穀物価格低下による地代減少の一方で利潤が増大せず，労働者が純収入の一部を取得する第 3 版で明示されたケースでは，地主の需要喪失分を補って余りあるほどの資本家と労働者による需要が発生しうる。そしてリカードウは，このケースを「なおいっそう望ましいこと」と考えていた[44]。

こうした主張は，マルサス『諸根拠』の議論とあわせて理解すべきであろう。彼は，土地への投下資本が資本の通常利潤に加えて地代という「追加価値」を生み出すとした後，次のように述べて地代を減少させる外国穀物の輸入に批判的な姿勢を示した。「そしてこの追加価値は，単にある特定個人または諸個人の集団にとっての利益ではなく，・一国の製造業に対する最も安定した国内需要，その金融的基盤のための最も有効な基金，およびその陸海軍のために自由に処分可能な最大の力を与えるものである。」[45] このようにマルサスは，穀物の自由輸入に伴う地代減少をつうじた製造品（享楽品）の需要減少を危惧していた。

それゆえ『原理』第 3 版最終章は，マルサスの全般的供給過剰論へのリカードウの従来の批判的立場を補強する論理を含んでいたといえるであろう。

4．マルサスの農業投資重視論への批判

リカードウは，『原理』最終章の末尾を《等量の資本（生産的労働）が使用される場合，農業は製造業よりも大きな再生産をもたらす》というスミス＝マル

の下落によって消費者として利益を得る。だが，国債所有者が同一の貨幣利子を受け取って安価な穀物を購入する一方で，資本家は増加した貨幣利潤を受け取って安価な穀物を購入しうるであろう。それゆえ，安価な穀物をつうじた国債所有者の境遇改善の程度は，資本家ほど大きくなかった（*Ibid*., I, pp. 425-426, 訳, 489-490 ページ）。

44）　*Ibid*., I, p. 425, 訳, 489 ページ。
45）　Malthus ([1815b] 1986), pp. 167-168, 訳, 91 ページ, 傍点著者。

サス説の検討に充てた。

2人の人が等量の資本を農業と製造業に使用し，農業では1200ポンドの純収入（利潤1000ポンド＋地代200ポンド），製造業では1000ポンドの純収入（利潤）が生じるとしよう（以下ポンドは略す）。ここで穀物の自国栽培よりも輸入が有利になれば，農業から製造業へ資本が移転する。その場合，国内で栽培されると1200の純収入をもたらす穀物と同一量の穀物が，950の利潤をもたらす製造品量の輸出と引き換えに外国から獲得できると仮定しよう。

穀物輸入により，純収入は2200（農業1200〔利潤＋地代〕＋製造業1000〔利潤〕）から2000（既存の製造業資本の利潤1000＋農業から製造業へ移転した資本の利潤1000）に減少する。だが上の仮定より，農業から製造業へ移転して1000の利潤を生む資本が生産する製造品量のうち950の利潤を含む製造品量だけを輸出すれば，以前と同量の穀物を輸入できる。その結果，輸入後は以前と同一量の穀物と製造品に加えて，50の利潤を含む製造品の追加量も新たに存在するであろう。その意味で，安価な穀物輸入は劣等地耕作の放棄により地代を減少させるが，国富を増大させる。こうしてリカードウは，次のように述べた。

「マルサス氏はいう，「製造業で使用される等量の生産的労働は決して農業で使用されるものほど大きな再生産を引き起こすことはできないということがアダム・スミスによって正しく述べられた」と。もしアダム・スミスが価値について論じているのであれば，彼は正しい，しかし，これが重要な点であるが，もし彼が富について論じているのであれば，彼は誤っている，というのは，彼はみずから富を定義して，人間生活の必需品，便宜品および享楽品から成るものとしたからである。」[46]

便宜上，穀物を国内で栽培するケースを①，同量の穀物を外国から輸入するケースを②として説明しよう。前述のように，①の時の純収入は2200（農業

---

46) Ricardo (1951-1973), I, p. 429, 訳, 493-494ページ。

1200〔利潤+地代〕+製造業1000〔利潤〕），②の時のそれは2000（既存の製造業資本の利潤1000＋農業から製造業への移転資本の利潤1000）であり，①＞②となっている。それゆえ，農業と製造業に等量の資本を用いる場合，製造業資本に雇用される生産的労働（②）は，価値の点では，農業資本に雇用される生産的労働（①）ほど大きな「再生産」をもたらさない。他方，富の点では，製造業資本に雇用される生産的労働は，農業資本に雇用されるそれよりも（前述の例では50の利潤を含む製造品量だけ）大きな「再生産」をもたらす。

そしてリカードウは，上の引用文に続けて，「1組の必需品および便宜品は，他の組のそれとの比較を許さない。使用価値は，何らかの既知の標準によって測定することができない，それは人を異にするに応じて異なって評価される」と述べて，『原理』最終章を締めくくった[47]。この文章の意味は次のように理解できる。

上に示したように，穀物輸入（②）の際に実現される「必需品」（穀物）と「便宜品」（製造品）の量は，国内栽培（①）の時の「必需品」と「便宜品」の量よりも多い。富の場合，1単位の穀物は1単位の穀物として，1単位の製造品は1単位の製造品としてカウントするから，①よりも②のほうが富は増大する。逆に，諸商品量が少ない①のほうが富は増大するというならば，それは価値を富の尺度にするからである。なぜならば，稀少ゆえに諸商品の価値は増加し（価値を富の尺度にすると）富は増大するといえるからである[48]。

さらに，国内栽培（①）の場合の「必需品および便宜品」と穀物輸入（②）の場合の「必需品および便宜品」の「使用価値」（効用）の大きさは，人によって「評価」が異なるから「比較」できない[49]。例えば，①の場合の結果のほ

---

47) Ibid., I, p. 429, 訳, 494 ページ。
48) 実際，リカードウは「価値と富，それらの特性」の章でこう述べていた。「諸商品すなわち人間生活の必需品，便宜品および享楽品の分量を減少させることにより富は増加しうると主張されてきたのは，価値と富（wealth）ないし富（riches）の観念を混同したためである。価値が富の尺度であるならば，このことは否定しえないであろう，というのも，稀少性によって諸商品の価値は引き上げられるからである。だがアダム・スミスが正しく，富が必需品と享楽品に存するならば，富は分量の減少によって増加させえない」(Ibid., I, p. 276, 訳, 317 ページ, 傍点著者)。

うが一国にとって有用であるから穀物輸入を制限すべきだという論法はありうるが、それは主観的意見にすぎないであろう。説得的に政策判断を下すためには、国富のような数量化可能な基準によるしかない。こうしてリカードウは、主観的評価に立ち入らず、国富増大をもたらすという客観的観点に基づいて穀物の自由輸入の妥当性を示し、『原理』最終章を閉じたのである。

リカードウは、『原理』の最初で交換価値の尺度としての「使用価値」(効用)を退けた[50]。これをかりに反効用価値説的立場と呼ぶならば、それは『原理』冒頭で商品の交換価値の規制原理を分析する出発点をなしただけではない。それは『原理』末尾では、穀物の輸入制限は自由輸入の場合よりも物質的富裕の点では劣るが「使用価値」(効用)の点からは望ましいといった論法を封じ、『原理』全体を締めくくる終着点をなしていたのである。

5. 『原理』第 3 版改訂の時論的意義

以上の『原理』第 3 版最終章の内容は、初版・第 2 版と比べて何が変わったのであろうか。羽鳥は綿密な文献考証をつうじて、① 純所得の一部を獲得する労働者は租税を負担しうるという論点の明確化、② 穀物輸入が有利になる条件に関する説明の豊富化、③ 国債所有者は安価な穀物から資本家ほどの利益を得ないという論点の追加、という 3 点を指摘した。そして、第 3 版以前の「正確さに欠ける議論や不適切と思われる表現」を修正することが改訂の理由であった、と主張する[51]。このこと自体は疑いえない。だが著者はさらに、第

---

49) リカードウはいわゆる効用の個人間比較の問題も提起していた (*Ibid.*, VII, pp. 241-242, 訳, 283-284 ページ)。この点に関連してミルゲイト゠スティムソンは、リカードウの政治学と経済学の関係を独自の観点から分析したうえで、リカードウは功利主義的ではないという解釈を示す (Milgate and Stimson (1991), p. 144 ; Milgate and Stimson (2009), pp. 51-52)。後述のように、著者はリカードウが反効用価値説的であったことは認めるが、リカードウの政治思想を非功利主義的なものと割り切ってよいかどうかに関しては、さらなる研究が必要だと考えている。この点に関しては益永 (2000) も参照。

50) Ricardo (1951-1973), I, p. 11, 訳, 13-14 ページ。

51) 羽鳥 (1998), 114-116 ページを参照。

3版最終章の改訂は1820年代初頭の農業不況との関連で理解すべきだと考える。

通常，1820年代初頭の農業不況とは，大体1820年秋から1823年春までの穀物・酪農品・畜産物などの農産物全般の価格下落を指す。だが深刻な農業不況を訴え，さらなる農業保護などの救済策を求める声は，それ以前から議会に寄せられていた。その結果，1820年5月には早くも特別委員会の設置が可決されている。1821年にも農業不況は活発な議会討論の主題であった。この時は，1819年のピール法に伴う貨幣価値騰貴，農産物価格上昇をもたらさない穀物法の原理と作用，莫大な課税などが農業不況の原因として槍玉にあがった。その後，リカードウを含む農業委員会が任命され，同年6月に報告書が提出されている。同報告書は，通貨価値の回復を物価下落の一因としたが，低価格の主要因は農産物の全般的豊作にあり，需要に応じた供給の調整以外に救済策はないと結論した。にもかかわらず，1822年には農業苦況の原因として特に重税に批判が集まり，ロンドンデリ卿（カッスルレー）を議長とする委員会が任命され，同年4月に報告書が提出された。穀物の自由貿易を原則支持した1821年の報告書に比べて，1822年の報告書は保護主義的な性格を有していた。さらに，1823年の議会では農業不況の原因として貨幣価値の騰貴が再び攻撃対象となり，支払うべき名目利子額を貨幣価値上昇分だけ削減すべきだとする契約の公平な調整論も一部で唱えられた[52]。

リカードウはこの農業不況をどのように分析したのであろうか。彼は，農産物価格低落の原因の一部がピール法後の貨幣価値騰貴にあることを認めた。だが，貨幣価値の騰貴が農産物を含む物価を下落させた程度は，（イングランド銀行の拙劣な措置を考慮しても）「10％」にすぎない[53]。価格低落の主要原因は，「需

---

52) 以上の1820年代初頭の農業不況とその際の議会討論の模様に関しては，Smart ([1910-1917] 1964), 1, pp. 730-734 ; 2, pp. 1-20, 75-79, 135-141 ; Gordon (1976), pp. 80-101, 122-130, 143-154, 176-184 ; Hilton (1977), pp. 69-169 ; 毛利（2008），307-361ページを参照。

53) Ricardo (1951-1973), IV, pp. 228, 259n, 262, 訳, 273, 309, 311 ページ ; V, pp. 142, 150, 165, 訳, 146, 154, 170 ページ）。なお，リカードウによれば，1819年当時の金1

要以上の供給超過」にある。この供給過剰は、さらに「豊作の連続」「アイルランドからの輸入増加」「戦争中の高価格と輸入に対する諸々の障害が引き起こした耕作の増加」に起因していた[54]。したがって真の救済策は、市場をつうじた需給調整にある。なお、穀物法も農産物の低価格化に拍車をかけた。穀物法は劣等地耕作を進展させ、国内の穀物平均価格を外国のそれよりもかなり高める傾向をもつ。この状況で国内が豊作になると、過剰分をすぐに輸出することができず、価格が大きく下落して国内の生産者を破滅させることになった。

そこでリカードウは、① 穀物価格が1クォータあたり70シリングに達するまでは農業者に国内市場の独占を与える、② 穀物価格がこの水準に達したら既存の保護制度を全廃し、小麦には当初1クォータあたり20シリングの輸入関税（相殺関税）をかけ、それを毎年1シリングずつ減らして最終的には輸入関税を10シリングにする、③ 穀物輸出に際しては1クォータあたり7シリングの戻し税を認める、という方策を唱えた[55]。

では、1820年代初頭の農業不況に関するリカードウの以上の分析は、彼の『原理』最終章の議論とどのように関連づけられるのであろうか。前述のようにリカードウは、農産物価格の低落原因は、一部は貨幣価値騰貴にあるとしても、大部分は農産物の供給過剰にあるとみなす。だが10％とはいえ、貨幣価値の騰貴が課税負担を増大させたことに違いはない。

リカードウは『農業保護論』（1822年）の中で、トゥックの証言に依拠しながらこう述べている。「それが十分に根拠のあるものならば、1819年のピール氏法案通過以来の我が国の通貨価値の増加全体は約10％と推計されるであろ

オンスの価格は約4ポンド2シリングであり、紙幣の価値は旧本位の3ポンド17シリング10・1/2ペンスと比べて5％しか下落していなかった（3ポンド17シリング10・1/2ペンス×1.05＝4ポンド2シリング）。そこで、ピール法に伴う通貨価値の騰貴は本来5％ですんだはずである。だが同法通過後、イングランド銀行が莫大な金の買入れを行って金の価値を釣り上げてしまった。同行のこの不適切な行動により、上昇した金価値にまで通貨価値を10％引き上げることになったのである（Ibid., IV, pp. 223-225, 訳, 267-270ページ）。

54）　Ibid., IV, pp. 259-260, 262, 訳, 308, 311ページ；V, p. 150, 訳, 155ページ。
55）　Ibid., IV, pp. 263-264, 訳, 313ページ；V, pp. 172-174, 訳, 176-177ページ。

う。その額だけ課税は正貨支払い再開のための方策によって増大された。この原因のみが作用した限りにおいて，その額だけ穀物の下落とそれとともにあらゆる他の諸商品の下落が起こった。」[56]

『農業保護論』の結論部分では，以下の具体的数字が挙げられている。「国の債権者および減債基金に支払われる租税総額は 3600 万ポンドである。その他の固定的な諸費用が 400 万ポンドと仮定すると，貨幣価値の変更が作用した課税総額は 4000 万ポンドになる。私はその増加額〔貨幣価値騰貴に伴う税負担増加分　著者〕を 10％または 400 万ポンドと見積もるが，それはあらゆる階級——地主，商人，製造業者，労働者，そして最後ではあるが重要な階級——国債所有者に降りかかるのである。」[57]

このようにリカードウは，10％の貨幣価値騰貴に伴って実質的な税負担が増加することを認めた。とはいえ彼の見解では，当時の農産物価格下落の主原因は供給過剰にあるため，（減税自体は望ましい方策だが）市場をつうじた供給過剰の解消こそが真の救済策である。だが，ここで彼の意を汲んでつけ加えるならば，穀物法の存在ゆえに外国に比べて国内の穀物価格が高く維持され，農産物価格の大下落をへた後でなければ輸出というはけ口を見出せず，イギリス農業は苦境に陥った。今こそ穀物法を漸次的に撤廃すべきである。その結果，国内と外国の平均価格はほぼ同水準となり，国内で豊作が起こった場合にも少しの価格下落で輸出が可能になり，農業階級の苦境を防止しうる。しかし，それだけではない。『原理』最終章での①貨幣価値騰貴に伴う穀物価格低下と②安価な穀物輸入に伴う穀物価格低下の区別に引きつけて考えると，貨幣価値が騰貴した分だけ租税支払い能力が低下している今の状況だからこそ，租税支払い能力を高める穀物の自由輸入がこれまで以上に要請される。というのも，莫大な国債残高を抱えた当時のイギリスは，巨額の利払いのために固定的な名目税額の負担を強いられていたからである。

この著者の解釈は，1822 年の『農業保護論』や同じ年のリカードウの議会

---

56) *Ibid.*, IV, p. 228, 訳, 273 ページ, 傍点著者。
57) *Ibid.*, IV, p. 262n, 訳, 312 ページ。

演説に基づいている。この意味で、深刻化する農業不況の中で貨幣価値上昇による実質的な税負担増加との関連で穀物の自由輸入の必要性をさらに訴える、という『原理』第3版最終章の時論的意義を（少なくとも事後的に）汲み取ることは可能であろう。だがスラッファによれば、リカードウが『原理』第3版の改訂作業に従事したのは「1820年7月」から「次の6カ月間」であった[58]。とはいえ、1821年5月とされる『原理』第3版の出版までの時期に関しても、『原理』第3版での最終章改訂が上記のような時論的意義をもちえたことを指摘しうる。このことを示すために、改訂着手前の1820年5月から第3版刊行の比較的直前に書かれた「第3版への注意」に付された日づけ（1821年3月26日）までの間に絞って、農業不況に関する議会討論をみてみよう[59]。

　農業不況の問題は1820年5月にはすでに議会で取り上げられていた。この時、ロビンソンは、農業不況は穀物法の欠陥ではなく戦時中のブームの反動に起因するとして穀物法の変更には反対したが、「害悪の間の選択」の結果として穀物法自体は支持した。またハスキッソンも、①戦時中に土地に過大投資された資本がこうむる損失、②外国への過度な食料依存に伴う危険、③アイルランド産穀物の輸入可能性という3つの根拠に基づいて穀物法を支持した[60]。こうしたトーリー政府の代弁者による穀物法の現状維持を容認する姿勢が安価な穀物輸入の利益をさらに強調する必要性をリカードウに痛感させ、同年7月以降の彼の『原理』第3版、特に最終章改訂の重要な契機の1つとなったことは疑いない。

　しかも、ピール法後の貨幣価値騰貴を不況の一因とする見解も、1820年5

---

58) Sraffa (1951), p. liii, 訳, lxxii ページ。
59) 当時の議会討論に関しては、特に1820年5月8日、12日、25日、30日、31日および1821年3月7日の討論（*PD*, New Series, I, pp. 166-197, 329-332, 533-536, 635-693, 706-742, 1139-1161）を参照した。なお、イギリス議会関連の資料である *The Parliamentary Debates* からの引用・言及は、*PD* と略記した後に、巻数、ページ数、演説者名を記すこととする。ただし、リカードウの演説からの引用・言及に関しては、これまでどおり Ricardo (1951-1973) から行う。
60) *PD*, New Series, I, pp. 646, 648〔ロビンソン氏〕; *Ibid*., I, pp. 678-679〔ハスキッソン氏〕。

月時点ですでにみられる。例えばミルトン卿は,「我が国の通貨に最近起こった変化」を不況原因の1つとして挙げ,リカードウでさえも旧本位での現金支払い再開に伴う困難を過小評価したと述べた。またベアリングは,戦時中から比べて貨幣価値が25％上昇したと主張し,「通貨の変化はこの国を圧迫した諸事情の1つである」とした。彼はさらに,「かの国債は…我が国の通貨の性格に昨年起こった変更によって実質的に増加して」いるとも論じている[61]。

これに対してリカードウは,「戦時中の後半の数年間」に比べれば貨幣は「25％」減価したといえるが,ピール法が議論された1819年当時は約「4％」の減価にとどまっていたために自分は旧本位での現金支払いが望ましいと考えたと釈明している[62]。

いずれにせよ,貨幣価値上昇による不況の深刻化や国債や税負担への悪影響という点も,リカードウが『原理』第3版の改訂に向かう以前に議会ですでに論じられていた。1820年5月30日の農業不況に関する討論では,リカードウ自身も貨幣価値騰貴による国民の租税支払い能力の低下を国債の弊害として暗示している。「通貨が減少するのと同じ割合で租税が減少するのを妨げるのが国債の弊害の1つであった。例えば,22シリングの価値の服地に1ヤードあたり2シリングの租税が課せられるならば,国民はその価値の11分の1の支払いを予測した。だが貨幣の配分の変更が進み,服地が1ヤードあたり20シリングに下落する時,租税が同じままだとすれば,国民は価値の10分の1を支払った。」[63]

---

61) *PD*, New Series, I, p. 190〔ミルトン卿〕; *Ibid*., I, p. 195〔ベアリング氏〕。なお,通貨価値の変更による国債の負担増加を指摘する意見は,*Ibid*., I, p. 654〔ウェスタン氏〕にもみられる。農業不況の原因としての貨幣価値上昇への言及については,他にも *Ibid*., I, p. 667〔ミルトン卿〕,*Ibid*., IV, p. 1142〔サー・E・ナッチブル〕,*Ibid*., IV, p. 1152〔ベネット氏〕を参照。

62) Ricardo (1951-1973), V, p. 46, 訳, 48ページ。

63) *Ibid*., V, p. 54, 訳, 55-56ページ, 傍点著者。なお,リカードウはマカロックへの手紙の中で,著者が引用した部分を含む当該演説は「多くの点で不完全に報道された」と述べていた(*Ibid*., VIII, p. 196, 訳, 222ページ)。だが『原理』最終章にも,貨幣価値騰貴のケースで名目税額が一定ならば租税支払い能力は低下するという同様の議論が展開されている以上,少なくともここで引用した国債の弊害に関する部

298　第2部　経済政策論：自由と公正

さらに，1821年3月7日の農業不況に関する次のリカードウの演説では，『原理』最終章の基本的内容がきわめて明確に述べられている。

「オックスフォード選出議員〔ロックハート氏　著者〕は，外国穀物の輸入に対する諸港の即時開放のためにこの国は現在の名目税額を支払えなくなるどころか，まさにその事情のためにいっそう多くの名目税額を支払えるであろうという彼（リカードウ氏）が述べた謎と呼びうるものを解決してくれるように求めた。この議員には即座に解答が与えられるであろう。この国が現在の農業制度の代わりに，現制度によって現在栽培されている穀物と同じかそれより多量の穀物をずっと容易にかつずっと少ない経費で生産する制度を発見できると仮定せよ，多量の労働が農業における雇用から投げ出されるであろう。解放される資本の効果を下院に留意させよう。この資本は他の諸商品の生産に用いられないであろうか？…同様に，穀物の自由輸入は資本の解放をもたらし，それは諸商品の生産に用いられてずっと大きな追加的利得をもたらすであろう。というのは，穀物だけでなく諸商品はいっそう安価になるけれども，それらはその分量のために，その生産を償うだけでなく政府によって求められるあらゆる税金を支払うのに十分な価値を含んでいるからである。」[64]

この演説の日づけ（1821年3月7日）とリカードウが最終章を含む改訂箇所について読者の注意を喚起した「第3版への注意」に付された日づけ（1821年3月26日）はきわめて接近しており，両者を関連づけることには無理がない。
　以上より，『原理』第3版出版までの時期で考えても，最終章の改訂は当時の農業不況との関連で理解すべきであり，国債の利払い用に巨額の固定的名目租税を課されていたイギリスにおいて，ピール法後の貨幣価値騰貴に伴う実質的な税負担増加のために，一国の租税支払い能力を増大させる穀物法撤廃の必

　　分に関しては一定の信用が置けるであろう。
　64）　*Ibid.*, V, pp. 83-84, 訳, 85-86 ページ。

要性が従来以上に高まっていることを示すという時論的意義をすでにもちえたと解釈できるであろう。

おわりに

本章では，リカードウが穀物の自由輸入と一国の租税支払い能力の関係を論じた『原理』第3版最終章を分析した。以上の考察により，第1に，第3版改訂時に労働者による純収入の獲得可能性という論点が明確化された経緯が明らかにされた。その結果，純生産物ないし純収入の概念規定の問題を浮上させた全般的供給過剰に関するリカードウとマルサスの議論が『原理』第3版最終章改訂の契機の1つをなしたと考えられる。このことは，『原理』最終章の位置づけに関する従来の見解に一定の修正を迫るであろう。第2に，改訂のもう1つの契機として，1820年5月以降の農業不況に関する議会討論に独自に光を当てた。それにより，これまで注目されてこなかった『原理』最終章の時論的意義を指摘できる。以下，先行研究との違いを示しながら著者の主張点を改めて要約し，本章の結びとしたい。

1821年春に刊行された『原理』第3版には，目次の前に「1821年3月26日」という日づけのある「第3版への注意」が挿入された[65]。その中でリカードウは，①第1章（価値論），②第31章（機械論），③第20章（価値と富の特性），④第32章（一国の租税支払い能力）という4つの改訂箇所を特に挙げている。では，なぜリカードウは第3版でこれらの章を改訂したのであろうか。①に関してはマルサス『経済学原理』（初版, 1820年）でのリカードウ価値論批判，②の場合は機械導入が労働需要に及ぼす効果に関するバートンの批判や『マルサス評注』の執筆，③はセイの『経済学概論』（第4版, 1819年）と『マルサス氏あての手紙』（1820年）の出版が，それぞれ特に重要な契機となった。改訂の厳密な時期・プロセスおよびその意味づけを別にすれば，ひとまずこのようにいえるであろう。

---

65) *Ibid*., I, p. 8, 訳, 8ページ。

だが，④に関しては改訂の契機すら明白でない。『リカードウ全集』の編集者スラッファも，こう述べただけである。「穀物の自由輸入の利益に関して，リカードウはそれ以前の版よりもさらに強調しさえした。彼は「第3版への注意」(第1巻, p. 8) の中で，食物コストの減少の結果として一国の租税支払い能力が増加するという学説をいっそうくっきりと浮き彫りにするために最終章に導入した諸々の変更に読者の注意を向けている」[66]。また羽鳥も，第3版の改訂作業中に『原理』初版にあった「正確さに欠ける議論や不適切と思われる表現」に気づいたため，という理由しか挙げていない。ただし，『原理』第3版の最終章改訂に際して労働者が純収入を取得して租税を負担しうるという論点が明確になったこと自体は，羽鳥が明らかにした[67]。

著者は，『原理』第3版でリカードウがこの論点を明確化させた要因の1つとして，マルサス『経済学原理』の総収入・純収入論 (特に賃金も課税基金になりうるという主張) を指摘したことがある[68]。本章はそこからさらに進み，次の点を強調した。すなわち，労働者も純収入の一部を獲得しうるという論点は，全般的供給過剰に関するマルサスとの議論から派生しており，これに対応して『原理』第3版最終章には，安価な穀物輸入が租税支払い能力を増加させるとともに，増大した国富に対して地主の需要減少分を相殺する以上の資本家と労働者による需要創出をもたらすという全般的供給過剰を否定する立場をさらに補強する論理が読み取れること，である。従来，リカードウ『原理』最終章は，「価値と分配の原理を中核とする「経済学の原理」と「課税の原理」と穀物貿易政策論との三者の結節点」[69]，ないし "外国貿易論" "課税論" "価値論" が交錯する文字通り『原理』の総括章」[70] と理解されてきた。本章の分析結果は，これらに加えて『原理』最終章をマルサスの全般的供給過剰論への批判的応答の一環としても位置づける必要性を示唆するであろう。

---

66) Sraffa (1951), pp. lv-lvi, 訳, xxv ページ。
67) 羽鳥 (1998), 114 ページ。
68) 益永 (2008), 21 ページ。
69) 羽鳥 (1998), 100 ページ。
70) 佐藤 (2007), 63 ページ。

また，深刻な農業不況を訴える声を受けて，議会は1820年5月にはすでに討論を行っていた。この1820年代初頭の農業不況に際して，リカードウは農産物価格の下落の一部をピール法後の貨幣価値上昇に帰し，その分だけ租税の実質負担が増大したことを認めた。だが，農産物価格低下の主要原因は供給過剰であるから，市場をつうじた需給調整をはかり，豊作に伴う値崩れ防止のためにも穀物貿易を自由化すべきである。しかし，穀物法廃止の利点はこれだけではない。『原理』最終章での①貨幣価値騰貴による穀物価格下落と②安価な穀物輸入による穀物価格下落の区別を想起すると，国債の利払い費を賄うために固定的な巨額の名目税額を負担せざるをえない一方でピール法後の貨幣価値騰貴分だけ租税支払い能力が低下した当時のイギリスでは，租税支払い能力を増大させる穀物の自由輸入がいっそう必要であり，穀物法撤廃に消極的な政府の姿勢を念頭に置けば，そのことがこれまで以上に理解されなければならない。この意味で，安価な穀物が一国の租税支払い能力を高めるという学説をリカードウが『原理』第3版の改訂でいっそう強調した背景には，農業不況をめぐる当時の論争状況があった。『原理』第3版での最終章改訂の意味をより深く理解するためには，先行研究で触れられてこなかったこうした点をふまえることが不可欠であろう。

＊本章は，中央大学特定課題研究費の研究成果の一部である。

参考文献

Dome, T. (2004), *The Political Economy of Public Finance in Britain 1767-1873*, London and New York : Routledge.

Gordon, B. (1976), *Political Economy in Parliament 1819-1823*, London : Macmillan.

Hilton, B. (1977), *Corn, Cash, Commerce : The Economic Policies of the Tory Governments 1815-1830*, Oxford : Oxford University Press.

Hollander, S. (1979), *The Economics of David Ricardo*, Toronto and Buffalo : University of Toronto Press. 菱山泉・山下博監訳『リカードの経済学』（上・下）日本経済評論社，1998年。

Malthus, T. R. ([1814] 1986), *Observations on the Effects of the Corn Laws*, in E. Wrigley and D. Souden (eds.), *The Works of T. R. Malthus*, Vol. 7, London : William Pickering. 楠井隆三・東嘉生訳『穀物条例論および地代論』岩波書店，1940年。

────([1815a] 1986), *The Nature and Progress of Rent*, in *The Works of T. R. Malthus*, Vol. 7, London : William Pickering. 楠井隆三・東嘉生訳『穀物条例論および地代論』岩波書店, 1940年。

────([1815b] 1986), *The Grounds of an Opinion on the Policy of Restricting the Importation of Foreign Corn ; Intended as an Appendix to "Observations on the Corn Laws"*, in *The Works of T. R. Malthus*, Vol. 7, London : William Pickering. 楠井隆三・東嘉生訳『穀物条例論および地代論』岩波書店, 1940年。

────([1820] 1989), *Principles of Political Economy Considered with a View to their Practical Application, Variorum Edition*, 2vols, J. Pullen (ed.), Cambridge : Cambridge University Press. 小林時三郎訳『経済学原理』(上・下)岩波書店, 1968年。

Masunaga, A. (2009), "Does the Free Importation of Corn Increase the Taxable Capacity of a Nation? : A Comparative Study of Malthus and Ricardo", *The Journal of Economics* (『経済学論纂』), Vol. 49, No. 5・6, pp. 113-135.

────(2010), "The Nation's Taxable Capacity in Classical Economics : A Study of McCulloch's Proposal for Reduction of Interest on National Debt", *The Annual Bulletin of The Malthus Society* (『マルサス学会年報』), No. 19, pp. 61-87.

Milgate, M. and S. C. Stimson (1991), *Ricardian Politics*, Princeton : Princeton University Press.

────(2009), *After Adam Smith : A Century of Transformation in Politics and Political Economy*, Princeton and Oxford : Princeton University Press.

O'Brien, D. P. (2004), *The Classical Economists Revised*, Princeton and Oxford : Princeton University Press.

The Parliamentary Debates : Forming a Continuation of the Work Entitled "The Parliamentary History of England from the Earliest Period to the Year 1803", Published under the Superintendence of T. C. Hansard, New Series, Vol. I and Vol. 4, London.

Ricardo, D. (1951-1973), *The Works and Correspondence of David Ricardo*, P. Sraffa and M. Dobb (eds.), 11vols, Cambridge : Cambridge University Press. 堀経夫他訳『リカードウ全集』(全11巻)雄松堂, 1969-1999年。

Shoup, C. S. (1960), *Ricardo on Taxation*, New York : Columbia University Press.

Smart, W. ([1910-1917] 1964), *Economic Annals of the Nineteenth Century*, 2vols, New York : A. M. Kelly.

Smith, A. ([1776] 1976), *An Inquiry into the Nature and Causes of the Wealth of Nations*, R. H. Cambell, A.S. Skinner, and W.B. Todd (eds.), 2vols, Oxford : Clarendon Press. 大河内一男監訳『国富論』(Ⅰ-Ⅲ巻)中央公論社, 1978年。

Sraffa, P. (1951), "General Preface", in P. Sraffa and M. Dobb (eds.), *The Works and Correspondence of David Ricardo*, Vol. I, Cambridge : Cambridge University Press. 堀経夫訳『リカードウ全集』(第1巻)雄松堂, 1972年所収。

Torrens, R. ([1820] 2000), "On Mr. Malthus's Work On the Principles of Political Economy", *The Traveller, 1 May 1820.* in G. de Vivo (ed.), *Collected Works of Robert Torrens*, Vol. VIII, Bristol : Thoemmes Press.

Tsoulfidis, L. (2005), "Notes on Ricardo's Theory of Value and Taxation", *Asian-African*

Journal of Economics and Econometrics, Vol. 5, No. 1, pp. 35-47.
佐藤滋正（2007），「リカードウ『原理』第 32 章の研究」，（『尾道大学経済情報論集』第 7 巻 1 号），63-90 ページ。
羽鳥卓也（1995），『リカードウの理論圏』，世界書院。
─── （1998），「リカードウと穀物輸入の自由の効果─『原理』第 3 版の最終章の改訂について─」，（『経済系』第 196 集），99-117 ページ。
久松太郎（2007），「トレンズのマルサス『経済学原理』評論」，（『マルサス学会年報』第 16 号），1-29 ページ。
益永淳（2000），「「リカードウの政治学」に関する近年の研究動向の批判的検討──いくつかの問題点──」，（『経済学論纂』第 41 巻第 3・4 合併号），71-88 ページ。
─── （2008），「マルサスにおける一国の租税支払い能力─穀物法論争の一側面─」，（『マルサス学会年報』第 17 号），1-30 ページ。
毛利健三（2008），『古典経済学の地平─理論・時代・背景─』，ミネルヴァ書房。

第 9 章

F. リストと主著『経済学の国民的体系』

はじめに

　本章で取りあげる F. リストの『経済学の国民的体系』(1841年) は,彼の主著と呼ばれるものであり,これまでにも様々な角度からの研究が行われてきた[1]。他方で,近年におけるリスト研究の活性化に貢献した労作として,パウル・ゲーリンクが1964年に発表した『若きリスト』("Friedrich List・Jugend-und Reifejahre 1789-1825") をあげることができよう[2]。ちなみに,この本は,その表題からも分かるように,アメリカ移住までの「若きリスト」の活動が編年的に綴られ,ここで取りあげることになっている『経済学の国民的体系』(1841年) は,その対象からはずされている。しかし,新たな資料の発掘をともなって書かれたこの本は,これまで十分には明らかになっていなかった「若きリスト」像の形成に飛躍的な貢献をしている。すなわち,この本を通して,市民的自由を基礎とした自治・分権論者としての「若きリスト」像が確立する契機となったのである。したがって,まず第1に,主としてアメリカ移住後に展開されるリストの経済理論,そしてそれらの集大成である『経済学の国民的体系』につ

---

1) 原田哲史 (2006) を参照。
2) Gehring (1964) を参照。

いても,「若きリスト」の政治思想を「導きの糸」として再検討される必要が生じている,といえよう。また第2に,そのことに関連して考える必要があるのは,『経済学の国民的体系』の中で展開されているスミス学派に対するリストの批判の意味である。つまり,リストの批判には,「スミス理論については自分こそが正しく継承している」という,彼なりの自負が垣間見えるのである。したがって,リストが展開する「スミス理論」についてもあらためて再検討する必要が生じている,といえよう。

1.『経済学の国民的体系』の課題

周知のように,リストはこの本の中で,「大陸封鎖」解除後にドイツを襲った壊滅的な窮状を打開するものとしての関税保護政策を基礎づける理論を,明らかにしようとしている。というのも,当時,スミスやセイによって展開された自由貿易論を経済学の普遍的な原理と主張し,ヨーロッパ各国に自由貿易政策を採用するように迫る人々,すなわちスミス学派と呼ばれる人々がいたからである。しかし,彼らの主張にしたがうかぎりではドイツの壊滅的な窮状を打開できない,という疑念が,リストを支えていた。したがって,彼はいう。「20年以上まえ,著者にはじめて(スミスやセイの――引用者)理論の無謬性に対して疑いをおこさせたものは,祖国の状態であった。このとき以来彼に,多くの匿名論説のなかで,やがては署名した比較的大きい諸論文のなかで,理論に対する自分の見解を展開させたものは,祖国の状態であった。のみならず,こんにちにあっても,この本を世に問おうという勇気を著者にあたえたものは,主としてドイツの利害である」[3]と。すでに見たように,リストは1819年段階で,ドイツ全土で進行している事態をそのまま放置することが「ドイツの利害」に反していることを主張していたが,『経済学の国民的体系』が書かれた1841年に段階にあっても,自分の主張の有効性を堅持しているのである。

---

3) List (1841), S. 13. 小林 (1970), 52ページ。

2. リストの経済発展段階説と「ドイツの状態」

そして，ヨーロッパの現状とその中での「ドイツの利害」を知るために，リストは，次のような経済発展段階説を展開することになる。「国民経済の発達にかんしては次のような諸国民の主要発展段階を想定することができる。未開状態，牧畜状態，農業状態，農・工業状態，農・工・商業状態が，これである」[4]と。ここでまず注目する必要があるのは，「農業状態」以降の経済発展段階である。これは明らかに，スミスが『国富論』第2篇第3章で「生産的労働」論を基礎として展開した，農業→（農業・）工業→（農業・工業・）商業という順番での「資本の投下順位論」，したがってスミスの歴史認識が下敷きになっている，ということである。

ついで，こうした経済発展段階説に立って，リストはまず，次のようにいう。「農業諸民族が，農・工・商業諸国民の列へ自由貿易によってひとりでに移行することができるのは，ただ，工業力の興隆に適したすべての国民がおなじ時期におなじ発展過程にある場合，諸国民が互いにその経済発達に妨害を加えない場合，諸国民が戦争や関税制度によってその進歩を阻害しない場合に，限られる」と。しかし，ヨーロッパの現状では，「個々の国民は，特別の事情に恵まれて他国民よりも工業，貿易，海運の点で優位を占めた場合や，また自分がはやくからこれらのものを発達させていて，そのことが他国民に対する政治的優越の獲得と維持とにとって最も有効な手段だと知った場合には，工業と貿易との独占を獲得して後進国民の進歩をおさえることを目的とする諸制度を，むかしもいまも実施してきた」。そのために，「後進諸国民は，他の諸国民に先んじた進歩により，外国の関税制度や戦争によって，農業状態から工業状態への移行を実現する方法を，つまり工業独占を目指して努力している先進諸国民との貿易を——それが上の移行を妨げるかぎり——みずからの関税制度によって制限する方法を，自分自身で求めるように迫られる」[5]と。この文章は，

---

4) List (1841), S. 17. 小林（1970），54ページ。
5) List (1841), S. 18-9. 小林（1970），54ページ。

いちはやく産業革命を経てヨーロッパにおける工業と貿易の独占を目指すイギリスを念頭におきながら「ドイツの利害」，その取るべき道を提示したものである，といえよう。

そして，こうしたヨーロッパの現状認識を踏まえてリストは，あらためて経済発展段階説にもとづいて，「ドイツの状態」を明らかにしようとする。「第10章　歴史の教え」では，段階説の表現に変化をもたせながら，彼は，つぎのようにいう。「最後に歴史は，こう教える。〔……〕はるかに進んだ諸国民との自由貿易によって未開状態から向上して農業を発達させ，それからは制限によって自国の製造業と漁業と海運と外国貿易との興隆を促進し，最後に富と勢力との最高段階にのぼりつめたところで，……自国の農業者や製造業者や商人が怠慢になるのを防ぎ，既得の優越を確保するように彼らを刺激しなければならない。われわれの見るところでは，スペインとポルトガルとナポリが第一の段階にあり，ドイツとアメリカが第二の段階にあり，フランスが最終の段階に接近しているようであるが，この最終段階に到達しているのはいまのところ大ブリテンだけである」[6] と。リストの経済発展段階説は，本来は5段階になっていたはずだが，ここでは後半の3段階だけが語られている。ともあれ，ドイツは北アメリカとともに，「初期の農業・工業状態」にあると考えられ，したがって「制限によって自国の製造業と漁業と海運と外国貿易との興隆を促進」することがドイツの課題であった。

3．リストの生産諸力の理論──①国民的生産力と国民的分業

こうした課題を実現していくうえでリストは，『経済学の国民的体系』という表題からも明らかなように，経済学の普遍的原理ではなく国民的原理を，より具体的には「国民を育成して独立させるという原理」[7] を明らかにしようとする。したがって，彼もいう。「人間の社会は，二重の観点から見ることができる──すなわち全人類を眼中におく世界主義的観点のもとでと特別な国民的

---

6) List (1841), S. 178. 小林（1970），178-179 ページ。

7) List (1841), S. 42. 小林（1970），47 ページ。

利益や国民的状態を顧慮する政治的観点のもとでとである——が，それとおなじように，私人の経済と社会の経済とを問わずあらゆる経済は，二つの大きい観点から見ることができる。すなわち富を生み出す個人的，社会的，物質的諸力を顧慮する場合と，物質的諸財の交換価値を顧慮する場合とである」。したがって，「世界主義経済学と政治経済学，交換価値の理論と生産諸力の理論がある。——それらは互いに本質的にことなり，独立に発展させられなければならない学理なのである」[8]と。概念的な世界にこだわるドイツ人的な特質とはいえ，リストによれば，経済学には普遍的原理を解明しようとする学理である「世界主義的経済学」と，国民的原理を解明しようとする学理である「政治経済学」とがあり，それぞれ「交換価値の理論」と「生産諸力の理論」と呼ぶことができる，というのである。リストの経済学はそれゆえ，「生産諸力の理論」として展開されることになる。

そして，彼の「生産諸力の理論」は，次のような文章からはじまる。「アダム・スミスの有名な著作は，『諸国民の富の性質および諸原因について』という題を持っている。これによって，支配的な学派のこの創始者は，諸国民の経済をも各私人の経済をも，そこから考察すべき，二重の見地を正しく示した。富の原因は，富そのものとはまったく別のものである。個人は，富すなわち交換価値を所有することはあっても，自分の消費するよりも多くの価値を持つものをつくり出す力を所有していない場合には，やがて貧しくなる。個人は，貧しくはあっても，自分のつくり出す力を所有している場合には，やがて豊かになる」[9]と。周知のように，スミスにあっては「諸国民の富の性質と諸原因」は一体的に理解されており，リストがいうように「まったく別のもの」ではなかった。しかしリストはすでに，経済学の国民的原理をつくり出すために，『国富論』を独自に読み替えようとする努力をはじめているのである。そしてそれは，「国民を育成して独立させる」という観点から，富をつくり出す力，したがって豊かさを実現する力である生産諸力に注目することになる。その点

---

8) List (1841), S.19. 小林（1970），56ページ。
9) List (1841), S. 201. 小林（1970），197ページ。

では，スミスが文明社会の豊かさを実現するために，労働の生産諸力の最大の改善に注目したのと同様である。

しかし，その生産諸力の理解に関連して，リストは，つぎのようにいう。「諸民族の生産諸力は，たんに個々人の勤勉，節約，道徳，知能によって，あるいは自然資源および物質的資本の所有によって制約されているだけではなく，社会的，政治的，市民的，制度と法律によっても制約されており，なかでもその国民国家の存続，独立，勢力によって制約されている」[10]と。彼はここで，生産諸力を諸個人のレベルではなく国民的なレベルで考え，その国民的な生産諸力の改善を通じて「国民国家の存続，独立，勢力」を考えようとしている。そして，その国民的生産諸力の改善を制約する要因として，(1)「個々人の勤勉，節約，道徳，知能」といった，国民の精神生活にかかわる「精神的生産力」，(2)「自然資源および物質的資本の所有」といった，国民の物質生活にかかわる「物質的生産力」，そして (3)「社会的，政治的，市民的な制度と法律」といった，国民生活を支える制度面にかかわる「制度的生産力」という，三つの生産諸力をあげている。

そしてリストは，こうした「国民的生産力」の構想に続いて，つぎのようにいう。「個々人がどれほど勤勉，節約，独創的，進取的，道義的，知的であっても，国民的統一がなく国民的分業および生産諸力の国民的結合がなくては，国民はけっして高度の幸福と勢力とをかちえないであろうし，またその精神的，社会的，物質的所在をしっかり所有し続けることができないであろう」[11]と。リストは，彼自身が語っていたように，スミスやセイの「理論の無謬性に対して疑い」をもったにもかかわらず，ここでは，「労働の生産力（原語は複数形であるので「労働の生産諸力」——引用者）における最大の改善……は，分業の結果であったように思われる」[12]という，生産諸力と分業を原因と結果の因果関係において考えるスミスの根本原理を，「国民的生産力」に「国民的分業」

---

10) List (1841), S. 20. 小林 (1970), 56-7 ページ。
11) List (1841), S. 20. 小林 (1970), 57 ページ。
12) Smith (1976), p. 13. 大河内 (1995), 9 ページ。

を因果的に対応させることで，明らかに継承している。加えて彼は，つぎのようにいう。「分業の原理は，これまで不十分にしか理解されなかった。生産性というものは，たんに多くの個人のあいだに仕事のさまざまな作業を分割するところにあるのではなくて，むしろいっそう，こういう個々人を一つの共同の目的のために精神的，肉体的に結合するところにある」[13]と。この点については，スミスも『国富論』の中で工場内分業を念頭におきながら，分業を「さまざまな作業の適切な分割と結合」といっており，リストは，この「分割と結合」というスミスの「分業の原理」をも，正しく継承しているといえよう。

そのうえで彼は，次のようにいう。「国民的規模での分業と生産諸力の結合とは，国民のなかで精神的生産が物質的生産とつりあっている場合に，また，国民のなかで農業と工業と商業とが均整的，調和的に形成されている場合に，成立する」[14]と。ここでも，「分割と結合」というスミスの「分業の原理」を踏まえた展開がなされている。そうした確認のうえに，リストの上記の論述を見てみると，彼が「国民的分業」の成立を2つの場合に分けて論じていることが分かる。すなわち，国民の中で「精神的生産」と「物質的生産」とがつりあっている場合と，国民の中で「農業と工業と商業とが均整的，調和的に形成されている場合」である。この後者については，すでに見た「生産的労働」論を基礎として展開されたスミスの「資本投下の順位（農業→工業→商業）」論とも符合している。ちなみに，後者の場合は，リストの経済発展段階説によれば，経済発展における最高の段階であり，イギリスだけがその段階に到達していた。また，生産諸力と分業との因果的な対応関係からいえば，「精神的生産」は精神的生産力に，「物質的生産」は物質的生産力に対応していることが分かるとともに，「農業と工業と商業」が「物質的生産」に，したがって農業生産力，工業生産力，商業生産力にそれぞれ対応していることも明らかである。しかし，「精神的生産」については，彼はここでは，なにも言及していない。

---

13) List (1841), S. 20. 小林（1970），57ページ。
14) List (1841), S. 20. 小林（1970），57ページ。

4．リストの生産諸力の理論——②リストのいう精神的生産とは

　しかし，ここで想起する必要があるのは，リストがすでに1837年の『経済学の自然的体系』の中で，「精神的な価値の生産者＝生産諸力の生産者」という規定を，スミスの「生産的労働」論との関連で取り上げていたことである[15]。それゆえ，リストの「精神的生産」論を検討するに先立って，ここではまず，スミスの「生産的労働」論を見ておく必要がある。この点について，スミスは『国富論』の中で，次のようにいっていた。「労働には，それが投じられる対象の価値を増加する種類のものと，そのような効果を生じない，もう一つの種類のものとがある。前者は，価値を生産するものであるから，これを生産的労働とよび，後者はこれを不生産的労働とよんでさしつかえない」[16]と。ここでスミスは，労働が投下対象の価値を増大するものかどうかによって，「生産的労働」か「不生産的労働」であるかを区別していることが分かる。しかし，リストの「精神的生産」論との関連でいえば，スミスがさらに続けて，つぎのようにいっていたことに注目する必要がある。「社会の最も尊敬すべき階級中のある者の労働は，家事使用人たちの労働と同じように，なんの価値をも生産しないし，また，労働が終わってしまったあとも持続し，あとになってからそれと引換えに等量の労働を獲得しうるような，固定されたり具体化されたりはしない。例えば主権者，かれのもとで働く司法官や軍将校のすべて，また全陸海軍などは，ことごとく不生産的である。かれらは，公共社会の使用人であって，他の人々の勤労の年々の生産物の一部によって扶養されている。かれらのサーヴィスは，どんなに名誉あるものであろうと，社会にとってどんなに有用なものであろうと，またどんなに必要なものであろうと，あとになって等量のサーヴィスをそれと引換えに入手できるようなものを生産することはない。〔……〕すなわち，最も荘重で最も重要な職業のいくつかと，最も取るにたらぬ職業のいくつかとの両方が，この同じ範疇のなかにはいる。聖職者，法

---

15) 片桐（2005）を参照。
16) Smith (1976), p. 330. 大河内（1995），515-516ページ。

律家，医師，あらゆる種類の文人，俳優，道化師，音楽家，オペラ歌手，オペラ・ダンサーなどがそれである」[17]と。つまり，スミスによれば，「不生産的労働者」の中には「家事使用人」のように主人の私益に奉仕するだけの労働者がいる一方で，「公共社会の使用人」と呼ばれて，社会全体の公益に奉仕する社会的に有用な労働者もいたのである。

　そして，こうしたスミスの「生産的労働」論を明らかに念頭におきながら，リストは，次のようにいう。「学派によれば，豚を飼育するものは社会の生産的な成員であり，人間を教育する者は不生産的な成員である。売るためにバグパイプとかビヤボンとかの楽器をつくる者は生産を行なうのだが，その演奏の最も偉大な名手たちは，彼らの演奏したものが市場へ出せないのだから，生産的ではない。自分の患者の命を助ける医者は生産的階級に属しないが，薬局の徒弟は，彼の生産する交換価値すなわち丸薬がわずか数分間のうちに無価値なってしまうのだとしても，十分生産的階級に属する」。しかし，「J. B. セイがアダム・スミスの学説のこの難点から，非物質的財ないし非物質的生産物という擬制をつくることによってうまく免れたとは思われない。彼はそれによって学説の帰結のばからしさのうわべをつくろっただけであって，それを物質的堕落から救い出したのではない。彼にとっては，精神的（非物質的）生産者は，交換価値で報酬を受けるからこそ，また交換価値の犠牲で知識を獲得したのだからこそ，生産的なのであって，生産諸力を生産するから生産的なのではない」[18]と。しかもこの文言に続けて，リストはさらに，つぎのようにいう。「豚を飼育したりバグパイプや丸薬を製造したりする人々はむろん生産的だが，青年の教師，成人の教師，芸術家，医者，裁判官，行政官はもっとずっと高度に生産的である。前者は交換価値を生産し，後者は生産諸力を生産する。第一の者は将来の世代に生産の能力をあたえ，第二の者は現在の世代にあって道徳や宗教心のおこるのを助け，第三の者は人間の精神にはたらきかけてそれを純化，向上させ，第四の者は患者の生産諸力を救い上げ，第五の者は法律を護

---

17) Smith (1976), pp. 330-331. 大河内（1995），518ページ。
18) List (1841), S. 213. 小林（1970），206ページ。

り，第六の者は社会の秩序をつくり出し第七の者は技芸とそれのあたえる享楽によって交換価値の生産を刺激し，こうしてそれぞれ生産諸力を生産する」[19]と。こうしてリストのいう「精神的生産」者が，スミスのいう「公共社会の使用人」，つまり社会的に有用な労働に従事する人々と同様なものであることが明らかになった。

　しかし，リストのいう「精神的生産」者の役割については，実はスミスによっても期待されていた。この点については，スミス自身が『国富論』の中ですでに，つぎのようにいっていた。「労働がごく細分化されている製造業で使用される機械の大部分は，もとはといえば，普通の職人が発明したものだったのである。これらの職人たちは，各自が非常に単純な作業に従事していたために，その作業がいっそう容易で手っ取り早く行なえる方法を発見することに，自然に思いをめぐらすようになる。このような製造場を何度も訪れたことのある人たちは，たいへんよくできた機械類をしばしば見せられたことがあるにちがいないが，そうした機械類は，このような職人たちが，自分たちの仕事の特定部分を容易にしたりすばやく行なったりするために発明したものなのである。〔……〕しかしながら，機械類における改善のすべてが，そうした機械の使用を必要とした人たちの発明であったわけではけっしてない。多くの改善は，機械の製作が一つの特別な職業の一つになったときに，機械製作者たちの創意によってなしとげられた。またいくつかの改善は，学者または思索家とよばれる人たちによってなしとげられたのであって，かれらは，何事もせずにあらゆる事物を観察することを職業とし，したがってまた最も離れた，しかも異質のものの力をしばしば結合することができる人たちなのである」[20]と。こうしてスミスも，リストのいう「精神的生産」者の社会的な役割について考えていたことは明らかである。しかも，「機械の製作」が，「機械製作者たちの創意」や「学者または思索家とよばれる人たちによってなしとげられ」るようになると，その改善された機械を操作する「熟練，技能，判断力」をもった人材

---

19) List (1841), S. 214. 小林（1970），207ページ。
20) Smith (1976), pp. 20-21. 大河内（1955），18-19ページ。

の養成も，同時並行的におこなわれる必要が生まれてくる。

　したがって，「労働の生産諸力における最大の改善」，とりわけその主体的な契機である「熟練，技能，判断力の大部分は，分業の結果であったように思われる」といったとき，スミスは「生産的労働」者のほかに，こうした人材養成の役割を担う「精神的生産」者，スミス的にいえば「公共社会の使用人」をもその一翼に加えた社会的分業（リスト的にいえば「国民的分業」）を考えていたことは明らかである。しかもこの社会的分業については，「分業をひきおこすのは交換しようとする力であるから，分業の大きさも，この力の大きさによって，いいかえると市場の大きさによって，制限されるにちがいない」[21]とスミス自身もいっているように，局地的分業＝市場から地方的分業＝市場をへて全国的分業＝市場にいたる重層的なものと考えることができるので，「公共社会の使用人」の役割も局地的，地方的，全国民的な生活基盤において期待されていたのである。

5．リストの生産諸力の理論——③国民的分業の担い手たちとは

　こうしてスミスを経由して，リストのいう「精神的生産」者像が明らかになってくることによって，彼の「国民的分業」構想も一段と明らかになってきた。この点を「国民的生産力」の構想と因果的な関係において整理しなおしてみると，精神的生産力の担い手は「精神的生産」者，すなわち「公共社会の使用人」であり，物質的生産力の担い手は「物質的生産」者，すなわち農業生産力の担い手である農業者，工業生産力の担い手である製造業者，商業生産力の担い手である商人ということになる。また，この点に関連して，先に紹介したスミスの「分業＝市場」論を想起する必要がある。それは，局地的分業＝市場から地方的分業＝市場をへて全国的分業＝市場，さらには国際的分業＝市場として，いわば地球レベルで展開される『国富論』体系の理論的な中核部分をなすものであった。そして，この点においては，リストの「国民的分業」構想も

---

21)　Smith (1976), p. 31. 大河内（1955），31ページ。

同様であった。というのも，ツンフト体制が歴史的に果たしてきた役割に関連して，リストは，つぎのようにいうからである。「ツンフト体制に言及するにあたって私たちが明らかにせざるをえないのは，このツンフト体制が以前から局地的保護制度の献身者を代表し，労働者や親方の人数を制限することによってその国の工業需要のほとんどを流通規模の大きなものから守り，製造業者に一定範囲での製品市場をいわば提供し，農業者に対する独占を保証したことである。しかもその一方で，主要生産物に対する自然的独占をもっている農業者の近隣に生産物市場をつくり，加えて局地的分業をその国の全土に広げた」[22]と。つまり，「国民的分業」・「国民的生産力」のそれぞれの担い手は，同時に局地的分業・生産力，地方的分業・生産力のそれぞれの担い手とも考えられていたのである。

　また，このことに関連して，さらに想起する必要があるのは，こうした局地的生産力・分業の担い手とされた人々，すなわち農業者，製造業者，商人，さらには公益的な仕事に従事する人々が，リストがすでに1818年に発表した論文「時代精神は官制組織を諮問する」の中に登場していたことである。ここでそれを再現してみると，この論文では「時代精神」が教師役となって6人の学生に官制組織について口述諮問を行うという形式が採用されていた。まず「時代精神」が1人の学生に向かって，次のように問う。「君は，市民をどのようなものと考え，公僕をどのようなものと考えているか？」。これに対してその学生は，次のように答えていた。「市民とは，自分の勤労の成果によって生活し，統治費用を支払う義務をもつ人間である。たとえば，鋤で土地を耕す農夫，背負い桶をかつぐブドウ栽培者，工房で働く手工業者，商品を取引する商人および工芸家などである。公僕というのは，政府や公共の施設で働き，勤勉な市民の負担で養ってもらっている人間であり，具体的には行政をつかさどり，判決を言い渡し，祖国を防衛する官吏である」[23]と。ここで考えられている市民的な人間像とはまさに農業者，製造業者，そして商人のことであり，公

---

22) List (1840), S. 385. 拙訳（2009），102-103 ページ。
23) List (1818), S. 455.

僕として描かれている人間像も公益的な仕事に従事している人々のことであった．つまり，「若きリスト」がみずからの自治・分権的な政治構想の担い手と考えていた人々と，リストが『経済学の国民的体系』において「国民的分業」，したがって局地的分業や地方的分業の担い手とも考えていた人々とが見事に一致していることが分かるとともに，リストの思想が若き時代から晩年にいたるまで一貫していたことも明らかになった．

そこで再び，国民的生産力と国民的分業との因果的な対応関係に立ち戻ってみると，国民的分業の担い手たちについてはすべて明らかになった．したがって，国民的生産力と国民的分業との因果的な対応関係についても明らかになったが，唯一残されているものがある．それは，「社会的，政治的，市民的な，制度と法律」という意味での「制度的生産力」である．しかし，この点についても，これまでの考察から明らかになっている．つまり，リストのいう「制度的生産力」というのは，農業者，製造業者，商人といった市民たちを中心的な担い手として，「公共社会の使用人」としての「官吏」が局地的，地方的，社会的に有用な労働に従事する，自治・分権的な政治制度を樹立することであった．

6．リストの生産諸力の理論――④国民を育成する原理

ところで，見事に一致していたとはいえ，『経済学の国民的体系』において「国民的分業」の担い手と考えられていた人々と，「若きリスト」がみずからの自治・分権的な政治構想の担い手と考えていた人々とのそれぞれのイメージを比較するとき，後者は明らかに「旧市民層」と呼ばれた人々のイメージと重なり合うところがある．また「官吏」についても，先の論文で「時代精神」は，次のように問うていた．「この2つの階級のあいだの基本的な違いは，どこにあるか？」．これに対して学生は，次のように答えていた．「市民は統治され（税金を――引用者）支払わなければならないので，またこの2つのことは自らの自由あるいは収入のいずれかを犠牲にしなければならないので，なににもまして国家の福祉がおこなわれるかぎりで統治されるであろうこと，また彼らは

できるだけみずから統治するのが当然であることを願っている。公僕はしかし，市民がみずから統治するときには，——それをねたましく思う。彼らはそれを自分たちの職分の侵害と考え，市民を縄張り荒らしと考える」[24]と。ここには，「公共社会の使用人」という「官吏」のイメージとはほど遠いものがある。その意味では，「旧市民層」を近代的な市民層へと，すなわち近代国民国家の担い手である国民へと育成すること，また「公共社会の使用人」としての「官吏」を育成することが求められることになる。

　この点に関連しては，これまで小林昇氏によってリストの「工業優位の思想」と呼ばれてきたものが，その手がかりを与えてくれる。それはリストによって，次のように展開されている。「未開の農業にあっては，精神の鈍重，肉体の不器用，古い観念・習慣・作業方法の固守，教養・福祉・自由の欠如が行きわたっている。これに反して，工・商業国では，精神的および物質的諸財の不断の増加をめぐって努力する精神，競争と自由との精神が特徴をなしている」。そして，「この相違の原因は，ひとつには人民のこのふたつの階級の共同生活の方法の違いと教育との点とにあり，またひとつには彼らの仕事の性質とそれに必要な補助手段との違いにある。農耕をいとなむ人口は農村の全面に分散して生活しており，精神的および物質的な交通の点でも，農業者は互いに遠く離れている」。これに対して，「工業の性質は農業の性質と根本から違っている。工業家はその業務によって互いに引きよせられて，もっぱら社会のなかでしかも社会をつうじて生き，もっぱら交通のなかでしかも交通をつうじて生きる。工業家は必要とする食料と原料とをすべて市場から取りよせ，自分の生産物のなかで自分の消費にあてるのは極少の部分にしかすぎない。農業者がその幸福をおもに自然に俟つとすれば，工業家の繁栄と存在とはおもに交通に存している」。そのために，「たんに農耕だけをいとなむ諸国民にあっては，権力とか迷信とか僧侶支配とかの負わせた軛が，習慣の強い影響のもとにいまもまだいたるところ深く食いこんでいるので，農業国民はとうとうそれを，自分の肉

---

24)　List (1818), S. 455.

体のひとつの構成部分，自分の存在のひとつの条件とみなすまでになったのである」。これに対して，「作業分割と生産諸力の結合との法則は，抵抗しがたい力でさまざまな工業家たちを互いに寄せ集める。〔……〕人間がおなじひとつの場所に集合して生活することの多ければ多いほど，こういう人間のおのおのが仕事の上で他の人たち全部の協力に依存することの多ければ多いほど，こういう各個人の仕事が知識，洞察，教養を必要とすることの多ければ多いほど，また恣意，無法，圧制，違法な越権がこういう個々人全体の活動や福祉目的と両立することの少なければ少ないほど，それだけ市民的諸制度の発達はいちじるしく，それだけ自由の程度は大きく，それだけ自己を形成したり他人の形成に協力したりする機会は多い。だからいたるところ，またいつの時代にも，自由と文明とは都市から生じたのである。」[25] それゆえ，「都市が国民の政治的，市民的状態におよぼす圧倒的な影響は，農村の住民に不利益をもたらすどころではなく，彼らにとってはかりしれない利益となる。都市自身の利益が，農業者を自分の自由，教養，福祉の仲間にまで引き上げることを，自分の義務にするのである」[26] と。ここに明らかなように，リストは，「精神的物質的諸財の不断の増加を求めて努力する精神，競争と自由との精神」を特徴とする都市（工業）との交流を通じて，「農業者を自分の自由，教養，福祉の仲間にまで引き上げることを」，都市自身の社会的な義務と考えていた。

　しかし，こうしたリストのいわゆる「工業優位の思想」，したがって「国民を育成する原理」も，実はスミスによって展開された「都市（工業）と農村（農業）の関係」論，さらにはデイビッド・ヒュームによって展開された「インダストリーの原理」を，その思想的な支柱としていたのである。この点についてスミスは，『国富論』の中で，次のようにいう。「およそ文明社会における大規模な商業といえば，それは，都市の住民と農村の住民とのあいだで行われる取引である。〔……〕農村は都市に生活資料と製造業のための原料を供給する。この供給に対して，都市は製造品の一部を農村の住民に送る。都市では物質そ

---

25) List (1841), S. 284. 小林（1970），258 ページ。
26) List (1841), S. 297. 小林（1970），267 ページ。

れ自体の再生産ということはないし，またありえないから，都市はその富と生活資料のすべてを農村から得ているといってよかろう。けれども，この理由をもって，都市の利得は農村の損失だと考えてはならない。両者の利得は，相互的であり互恵的であって，分業はこの場合も，他のすべての場合と同様，細分化された，さまざまの職業に従事する，あらゆる人びとにとって有利なのである」[27]と。しかしそれは，たんなる物質的な分業関係にとどまるものではない。
「商工業都市の発達とその富とは，次の三つの方法で，都市近隣の農村の改良と耕作とに貢献した。第一に，都市は，農村の原生産物をいつでも売ることのできる一大市場を提供することによって，農村の耕作と，よりいっそうの改良とを振興した。〔……〕第二に，都市の住民によって取得された富は，売り物に出ているような土地の購入に用いられることも多かったが，そうした土地は，しばしばその大半が未耕地だったらしい。商人たちは，通例は田舎の地主になることを熱望しており，そしてひとたび地主になると，かれらは一般にもっとも優れた改良家となるのである。商人というものは，自分の貨幣を主として儲けの多い計画に使うことに慣れている。ところが，根っからの田舎の地主は，貨幣を主として浪費に使うことに慣れている。〔……〕この習慣の差異は，どんな仕事をする場合にも，おのずからかれらの気質や傾向に影響を及ぼす。商人は一般に大胆な企業家だが，田舎の地主は，臆病な企業家なのである」。そして，「最後に第三として，従来はほとんどつねに隣人とは戦闘状態にあり，領主にたいしては奴隷的従属状態におかれて暮らしていた農村住民のあいだに，商業と製造業は徐々に秩序と善政をもたらし，それとともに個人の自由と安全をも，もたらした。この点は，ほとんど注意されていないのだが，商工業がもたらした諸結果のなかで，もっとも重要なものである。私の知るかぎりでは，従来この点に着目した著述家はヒューム氏ただ一人である」[28]と。つまり，スミスによれば，第1に，都市（工業）は農村との分業関係を成立させることによって農村（農業）にとって一大市場となり，農村の住民に安定した生産と

---

27) Smith (1976), p. 376. 大河内（1997），3-4ページ。
28) Smith (1976), pp. 411-412. 大河内（1997），51-53ページ。

生活の基盤を提供する。ついで第2に，都市の住民が地主となって農村部に進出した場合には，彼らが商工業でつちかった経済合理主義を土地の経営にも発揮し，こうした新たな農業経営を農村住民に知らしめることによって農村の住民の意識改革を積極的に推し進めることになる。そして第3に，こうした都市の生活様式および都市の住民との交流を通じて，農村の住民は，近代的な自由の意識に目覚め，これまでの領主に対する隷属状態から脱して，自律した近代的な市民としての自覚をもつようになる，というのである。

7. リストの生産諸力の理論——⑤作業継続の原理と保護関税制度の要求

「国民を育成する原理」によって「旧市民層」と呼ばれた人々を近代的で自由な市民層へと転換させる道筋を明らかにしたリストは，経済発展の最高段階に到達させるために国民に求められる努力の継続ともいえる「作業継続の原理」を展開する。この点について，彼は，次のようにいう。「あらゆる人間の営為の場合と同様に工業においても，重要な仕事の基礎には，作業分割と生産諸力の結合という自然法則と共通するところの多いひとつの自然法則のあることが注意をひく。——こう言うのは，この法則の本質は，連続する多くの世代がその力を一つのおなじ目的に向かっていわば結合させ，そのために必要な努力をいわば相互のあいだに分割するという点にあるからである」[29]と。ここでリストがいっている「作業分割と生産諸力の結合」とは，すでに見た「分業の原理」のことであり，それはまず「国民的分業」の構想として取り上げられた。そして，それと対比する形で彼が語っているのが，この「作業継続の原理」なのである。つまり，経済発展の最高段階に到達するためには，国民の各世代に「分割」された作業課題を継続的に「結合」していく必要がある，ということである。その意味では，「国民的分業」の構想が空間的な分業論であったとすれば，この「作業継続の原理」は時間的な分業論であったということ

---

29) List (1841), S. 410. 小林（1970），352 ページ。

ができる。

これまで見てきたように，リストは，若き時代に展開したみずからの自治・分権的な政治構想の土台部分を支えるために，その担い手となる中心的な市民である農業者，製造業者，商人といった物質的生産者に，「公共社会の使用人」という意味での精神的生産者を加えた人々からなる局地的分業＝市場（地域経済）から，地方的分業＝市場（地方経済）をへて国民的分業＝市場（国民経済）を重層的に形成することの必要性，また経済発展の最高段階に到達するまで世代間でそうした努力を継続することの必要性を，「生産諸力の理論」にもとづいて明らかにしてきた。そのうえで，リストは最後に，こうした世代間の努力の継続を可能にする環境づくりのひとつとして，保護関税制度の採用という政策的な要求を提起する。この点に関連して彼は，次のようにいう。「保護制度が是認されるのは，国内工業力の促進と保護を目的とするときにかぎられ，〔……〕第一級の農・工・商業国民や最大の陸海軍国と対等の地位を主張する資格のある国民に場合にかぎられる」[30]と。ちなみに，ここでリストは，保護制度の採用が認められる国について，ふたつの限定を行っている。すなわち，「国内工業力の促進と保護」を必要としている国と，「第一級の農・工・商業国民や最大の陸海軍国と対等の地位を主張する資格のある国民」の国とである。前者は，「ドイツの状態」を改善するために，これまでリストが主張してきたことであり，発展途上国すべてに該当するものである。しかし後者は，そうではない。この点に関連して見逃してはならないのは，リストがさらに，つぎのようにもいっていることである。「国際的分業も国民的分業も，たいていは気候に，また総じて自然に，制約されている。どんな国にあっても中国でのように茶を，ジャヴァでのように香料を，ルイジアナでのように木綿を，あるいは温帯諸国でのように穀物や羊毛や果実や工業製品を，生産することはできない。ある国民が，その生産に当たって自然に恵まれず，国際的分業すなわち外国貿易によればもっとうまくしかも廉価に手に入れることのできる農産物を，

---

30) List (1841), S. 428. 小林（1970），364ページ。

国内的分業すなわち国内での生産によって調達しようと思うとすれば，それはばかげたことであって，ちょうど，ある国民が国内での需要を満たすために，また自国の土地では自然が生産を拒んでいるものの需要を剰余生産物を使って手に入れるために，その自由にすることのできる自然力のすべてを利用しない場合に，それが国民文化なり国民活動なりの欠陥を示すのとおなじであろう」。それゆえ，「国民的分業にかんしても国際的分業にかんしても地上で自然にもっともよく恵まれた国々は，いうまでもなく，その土地がごく日常的な生活必需品を質の点では最良に量の点では最大に生み出し，その気候が肉体的および精神的緊張にいちばん効果のある国々，すなわち温帯諸国である。というのは，これらの国々では特に工業力が繁栄し，国民はこの工業力によって，たんに最高度の精神的および社会的発達と政治的勢力とに到達するだけではなく，熱帯諸国と文化のおくれた諸国民とをしっかりと隷属させることができるからである。したがって温帯諸国は，他のあらゆる国よりも，国民的分業を最高度に完成させ国際分業を自分の致富のために利用するように定められているのである」[31]と。これほどあからさまな「選良国民」思想も，まれである。これまで見てきたように，若き時代のリストの政治構想と彼の「生産諸力の理論」は，この当時のドイツにかぎられることなく，今日の発展途上国のすべてにも通用するものをもっていたと思われる。しかし，上記のようなリストの主張は，温帯地域以外に生活する人びと，具体的にはアフリカ諸国のように熱帯地域に生活する人々を，自然・生活環境に理由にして，明らかに差別する内容になっている。

おわりに

最後に，この論文では，まず第１に，近年における「若きリスト」の研究の進展によって明らかになった彼の政治思想，すなわち市民的な自由を基礎とした自治・分権的な政治構想＝政治思想を「導きの糸」として，リストの主著

---

31) List (1841), S. 238. 小林（1970），224-225 ページ。

『経済学の国民的体系』を再検討・再評価することをひとつの大きな課題とした[32]。そして，リストの「生産諸力の理論」が，若き時代に展開された彼の自治・分権的な政治構想と密接に関連づけられて展開されていたことが明らかになった。また第2に，リストが『経済学の国民的体系』の中で随所にわたって行っていたスミス学派に対する批判の意味についても，それが『国富論』で展開されたスミスの理論・思想をリスト的に読み替えたためであり，原理的な部分では，むしろ逆にスミスからリストへの理論的・思想的な継承関係を見ることができた。その意味では，リストの「生産諸力の理論」は，「スミス理論のドイツ化」[33]と呼ぶことができるのである。

参 考 文 献

原田哲史（2006），「第1章 F.リスト—温帯の大国民のための保護貿易論—」（八木紀一郎責任編集『経済思想⑦ 経済思想のドイツ的伝統』 日本経済評論社）。

Paul Gehring (1964), Friedrich List・Jugend-und Reifejahre 1789-1825, Tübingen J. C. B. Mohr (Paul Siebck).

Friedrich List (1841), Das nationale System der politischen Ökonomie, in Werke VI, Stuttgart und Tübingen.

小林昇訳（1970），『経済学の国民的体系』（岩波書店）。

Smith, A. (1976), *An Inquiry into the Nature and Causes of the Wealth of Nations*, R. H. Canbell and A. S. Skinner, textual editor W. B. Todd. volume I.

大河内一男監訳（1995），『国富論 I』（中公文庫）。

片桐（2005），「F.リストと『経済学の自然的体系』」（『経済学論纂』（中央大学）第45巻第3・4合併号）。

Friedrich List (1840), Über das Wesen und Wert einer nationalen Gewerbsproduktivkraft, in Werke V.

片桐（2009），「国民的な工業力の本質と価値について」（『経済学論纂（中央大学）』第49巻第3・4合併号）。

Friedrich List (1818), Zeitgeist halt Organisationexamen, in Werke II.

大河内一男監訳（1997）『国富論 II』（中公文庫）。

片桐（2008），「諸田實著『フリードリッヒ・リストと彼の時代』『晩年のフリードリッヒ・リスト』」（『社会経済史学』Vol. 74. No. 4)。

渡辺雅男 責任編集（1998），『高島善哉著作集第二巻 経済社会学の根本問題』（こぶし書房）。

---

32) 片桐（2008），89ページ以下を参照。
33) （1998），『高島善哉著作集』，231ページ。

第 10 章

L. ワルラスの土地国有化政策
──動学理論から社会問題へ──

はじめに

　シュンペーターは『経済分析の歴史』の中で,『純粋経済学要論』(以下『要論』1874-1877年)のレオン・ワルラス (1834-1910) を,「あらゆる経済学者の中で最も偉大」と絶賛し,その返す刀で『社会経済学研究』(1896年) と『応用経済学研究』(1898年) については,「いかがわしい社会正義の哲学とか,彼の土地国有案」は,「純粋経済理論における彼の壮麗な業績とは何の関係もない」と酷評した[1]。

　同一人物の著作に対するこれほどの落差のある評価は,理論研究者から見た標準的なワルラス像ともいえる。2つの『研究』は奇書扱いされ,まじめに検討すべき対象とは見なされない。特に,社会経済学における人間と国家の自然権の思想,土地国有化と租税全廃論は,彼の体系全体からその含意を把握しなければ,そのロジックの奇抜さだけが印象に残る。それゆえ,経済学が実証科学としての進歩を競う時代にあっては,『研究』が失敗作と見られるのも故のないことであった[2]。

---

1) Shumpeter (1954), 訳, 1740-1741 ページ。
2) パレートがワルラスの後任者となる際,純粋経済学と応用経済学講義は引き受け

その一方で『ワルラス父子全集』刊行を機に，1990年代から経済学史研究の対象としてのワルラスを評価する機運も高まりつつある。その代表者であり，社会経済学に関する画期的研究書を著したドケスは，そこに含まれる土地国有化論をこう評価する。

「『地価および国家による土地買戻しの数理理論』［以下『数理理論』］において，ワルラスが実際に80ページもの紙数を費やした問題とは，様々な仮定の下に置かれた債務が償還可能か否かという問題であった。そしてうんざりするような計算（ありとあらゆる数列が必要とされる！）が，読者を辟易させるだけであるにせよ，この様な問題こそ彼が革新者（novateur）であることを示しているのである。」[3]

ドケスは『数理理論』（1883年）の煩雑さに苦言を呈しながらも，そこに「革新者」ワルラスを見出す。ところがこの書ではこれ以上のことは最後まで何も語られぬまま終わってしまう。欧米にはいまだ土地国有化政策に関する研究は存在しない。しかし土地国有化は，父オーギュスト以来の親子二代の「社会正義の哲学」を実現するための最重要政策であり，『数理理論』は，ワルラスが「社会問題の数理的解決策」を与えたと自負する自信作である[4]。それゆえそこには，彼の社会哲学と経済学と政策をすべて総合した経済社会のヴィジョン（「科学的社会主義」）が凝縮されていると予想され，そうである以上ワルラス研究において避けて通れないテーマのはずである。

このような研究事情はわが国でもほぼ同じであり，管見の限りでは立半雄彦と安藤金男の研究を擁するのみである[5]。立半は精緻な読解を通じてワルラスの思想と理論を丹念に描き出した。とはいえ議論の射程が土地国有化に限定さ

たが，社会経済学については固辞し，パンタレオーニ宛の書簡の中で罵倒している。Steiner (1994), pp. 55-56.
3) Dockès (1996), p. 170.［　］は著者の挿入。
4) Walras, L. (1990), p. 4.
5) 安藤金男（1982），立半雄彦（1970）。敬称は省略する。

れており，彼の経済学体系における社会問題解決という位置づけからの分析に欠けるうらみがある。安藤は，『数理理論』のエッセンスを10ページほどの紙数の中で描ききることに成功している。しかしワルラスの思想や政策的含意についてはまったく言及がなされていない。

　このような事情をかんがみ，本章では，社会問題（貧困問題）解決という観点から，ワルラスの土地国有化論を基軸に，3つの書の連関の中に潜む彼のヴィジョンを浮かび上がらせることを課題とする[6]。社会哲学については，土地国有化と租税廃止論の根拠となる「社会正義の哲学」（「条件の平等，地位の不平等」，「個人の自由，国家の権威」）を別稿ですでに検討しているので，ここでは彼の国有化思想の形成を先行者に即して描く[7]。特に，先行研究では触れられていない父オーギュストのレオンに対する決定的な影響を明らかにし，社会問題の認識，動学論，土地国有化のアイデアが，ことごとく父に由来することを明らかにする。理論と政策については，純粋経済学と社会経済学（土地国有化）のリンクに焦点をあてる。これを『要論』の構成の問題に即して敷衍すると，『要論』は第1編から第6編までの一般均衡論（自由競争の効率性の証明）と第7編動学（人口増加と資本蓄積に伴う地代と地価の上昇）の一見二つの矛盾するパートから成立している。ワルラス研究の泰斗W.ジャッフェは，ワルラス＝一般均衡論という定説から，前者に彼の分配的正義のユートピアを見出し，森嶋通夫は後者の成長モデルの構築に彼の本意があるとした[8]。本章はこの論争の当

---

6) 社会問題は，1870年代までは社会経済学（土地国有化）の中だけで扱われていた。しかし80年代になると，応用経済学領域（鉱山や鉄道や発券銀行の独占）の中にも位置づけられるようになる。Potier (2006) p. 1815. 社会問題の分類については，髙橋 (2007a) 47-48ページも参照。

7) 社会正義の哲学については髙橋 (2007b) 232-234ページ。彼独自の自然権論から見ると，土地私有は国家の所有権の侵害であり，租税は個人の所有権の侵害である。土地国有化と租税廃止は，自然権どおりに国家と個人の所有権を回復させる政策である。

8) 御崎 (1998) 第4章と第6章参照。森嶋は，マルクスとワルラスをリカードウの後継者に位置づけている。森嶋 (1993) 第Ⅰ部を参照。彼は，『要論』の成長理論が「通常の一般均衡分析の世界とはまったく異質で，特定商品の需要や供給とは結びつかない」とする。森嶋 (1983)，77-78ページ。また杉本栄一以来のわが国の

否を検討するものではない。とはいえ理論と政策のリンクから、彼の理論体系には、一般均衡論のヴィジョンと並んで時間要素を取りこんだ独自のマクロ動学的な社会理想のヴィジョンも存在することを明らかにする。そして最後に、土地国有化と応用経済学（自由貿易）のリンクの存在を示す。土地国有化と自由貿易とはいかにも奇妙な組み合わせであり、この論点も検討されたことはない。しかし、両者のリンクする経済こそワルラスの理想の到達点なのであり、ここで彼の動学的な社会ヴィジョンの全体像が明らかになるはずである[9]。

1. 先駆者――オーギュスト，J. ミル，ゴッセン

1-1 オーギュスト・ワルラス

父オーギュスト（1801-1866）が土地国有化論者として登場したのは、7月革命の勃発した1830年である。モンペリエからパリにやって来た彼は、1822年エコール・ノルマルに入学する[10]。同窓生には後の経済学者 A. クールノーがいた。学生の気質は自由主義的だったこともあり、この年、ある賞の授与式の最

近代経済学史研究（とりわけ主流のケンブリッジ学派の研究）では、マーシャルの巨視動態的市場とワルラスの微視静態的市場は対照的な市場観として扱われ、時間要素を持つ前者が時間要素のない後者よりも現実的とされるのが常である。杉本（1981），第5章と同書の伊東光晴「解説」参照。なお『要論』では、動学の市場では「常に均衡への傾向を示してはいるが、決して均衡には達し得ない」（Walras, L. (1988), pp. 579-580, 訳，99 ページ）とされている。

9) 土地国有化と自由貿易を論じた晩年の「社会正義による平和」（1907年）によって、彼はノーベル平和賞受賞すらもくろんでいた。Walras. L. (1987), pp. 467-503.

リュジナによれば、純粋理論と社会改革論の間のリンクを理解させるような方法論的ツールがワルラスには欠けている。Rugina (1993), p. 218. ワルラスは財産の問題を完全に道徳的問題として扱っており、そこに経済学の視点は存在せず、交換（真理），富の分配（公正），財の生産（有用性）の間には相互連関が存在しない（Ibid., p. 241）。リュジナは一般均衡論だけをもってワルラスの経済学のすべてと考え、彼の経済学と社会改革論が対立していると解釈する。これに対して本章は、動学論を踏まえることによって、純粋，社会，応用経済学はリンクし、社会改革論が経済学を抜きには語りえないことを示す。

10) 伝記的事実については，Boson, M. (1951)；Dockès et Potier (2001)；Goutte et Servet (1990)；Jaffé (1984), Leroy (1923)；Servet (1997) を参照。ワルラス家は熱心なカトリックかつ王党派であったが、エコール・ノルマルの入学許可が降りた頃，オーギュストはヴォルテールを読んでいた。Jaffé (1984), p. 8.

中に反政府的な騒乱が起こったことによって復古派（ユルトラ）が圧力をかけ，学校は突如閉鎖されてしまう。この騒動に関与しなかったとはいえ，2人も同じ気質を共有していた[11]。

結局この年にオーギュストは教職に就く。しかしカトリック支配のコレージュで反教権主義者が教員を続けることはできず，弁護士になるべく彼はパリ法律学校に入学した。そこで出会った法律家の財産論を誤っていると考えた彼は，はじめてJ.-B. セイらの経済学に目を向けた。のちに彼はサン－シモン主義にも接近し，1829年にタランヌ街の集会にも参加もした[12]。しかし1830年には早くも批判的な論評を著している。レオンへの書簡によると，オーギュストはサン－シモン主義を以下の点から批判している。すなわち経済学の不在と租税廃止論の不在と，労働者と有閑者の区分の誤り（「地主は寄生者であり不法な有閑である。資本家は自らの有閑を勝ち取った，いわば休息の権利を勝ち取った有閑者である」）である。特にサン－シモン主義の分配の格率（「各人の能力に応じて各人に，各人の仕事に応じて各人の能力へ」）では，労働の価値の評価者が分からないので自由競争による評価が正しいとして，自らは「条件の平等，地位の不平等」を採用すると，彼は記している[13]。

このように見ると，ワルラス父子の経済学体系（経済理論の構築，自然権的財産論すなわち土地国有化と租税廃止，社会正義の定式「条件の平等，地位の不平等」）は，サン－シモン主義批判を経由して構築されていることがわかる。

さて同じ1830年9月に，オーギュストは「租税廃止と土地均分法の制定について」を執筆する。この中で彼は，7月革命によってイエズス会と亡命貴族（エミグレ）の支配からフランスが解放されたとはいえ，議会は地主勢力が牛耳

---

11) クールノーは当時を次のように回想する。「学生気質は最も熱心な自由主義のそれであり，いくらか馬鹿げてもいた。われわれが読むことができたのはモニトゥール紙［政府系紙］だけだったけれども，その記事にバンジャマン－コンスタンやマニュエルら左派の雄弁家の論説が掲載されると，奪いあって読んだものである」(Goutte et Servet (1990), pp. CXXVI-CXXVII)。

12) Charlety (1897) 訳6ページにタランヌ街の建物のイラストが掲載されている。

13) Walras, A. (2005), p. 400. Boson (1951), pp. 135-137. サン－シモン主義の教理については，Charlety (1897)，訳，58-59と104-108ページ参照。

っており彼らの支配は続いていると批判してこう述べる。

「私は，近代の社会的影響力と社会的重要性の一切を労働者階級に認める。私は，地主を弱体化させて満足するのではなく，彼らを完全に消滅させることを主張する。私は，彼らの特権を最小限に押さえ込むことには関心がない。この特権を根底から揺さぶり，根こそぎ倒すことを望んでいるのである。」[14]

これに続いてオーギュストは土地が国家に帰属すると説く。ここではじめてワルラス父子二代の土地国有化思想が述べられる。

「土地は破壊も消尽もされないものであり，事物の性質からして永久かつ恒久的である。逆に個人として見た人間は，つかの間の人格であり，死すべき存在であり，此岸から彼岸へまたたく間に通りすぎてしまう。この点からいって，個人は土地を所有することはできないのである。［中略］もし，土地の恒久的権利の主体を設けるために，土地と同じくらい持続性のある人格を見つけようとするなら，人類にまで進まなければならない。または少なくとも国民ないしは民族という名でわれわれが指し示す人類の一大部分にまで進まなければならない。」[15]

個人と国家の所有権の割り当てについては，格別深遠なロジックがあるわけではない。「権利の客体と主体の間にある一定の比例性と一種の類似性」を基準に[16]，財の寿命の長短と個人と国家の寿命を一致させるにすぎない。ただし，言葉こそ激しく地主を批判するものの彼は土地没収に反対する。国家予算の一部を原資に土地を買い上げ，地代収入が増えれば減税を行い，最終的には税は

---

14) Walras, A. (1990), p. 9.
15) Ibid., pp. 9-10.
16) Ibid., p. 9.

全廃できると主張していたのである。

　1840年オーギュストは，ノルマンディ地方カーン市のコレージュ哲学教師に任命される。1844年カーンのアカデミーは貧窮（indigence）問題で討論会を開催し，彼はこれに参加する。このときの手稿「貧窮を予防しかつこれを救済する最良の方策とは何か」によれば，貧困（pauvreté）と貧窮は異なる。前者は生存する上で有用なものをいくつか欠く状態である。これに対して後者は，生存に絶対必要不可欠なものすらこと欠く状態，すなわち究極の貧困である。その対策として彼は，労働の不断の改善（農，工，商業における生産性向上），よき国民教育制度，労働の自由，労働者の道徳教育，労働者アソシアシオン，よき財産制度をあげ，これらによって「貧窮を予防し，可能な限り最大多数の人々の，物質的，知的，道徳的福祉の最大可能な総量を普及する」と述べる[17]。

　その後1846年にオーギュストはカーン大学文学部講師となり，1848年1月には視学官となる。それからまもなくして勃発したのが二月革命であり，ノルマンディは共和派に与した。カーンでも政治クラブがいくつも組織され，その中でも最大のカーン共和主義協会に彼は名を連ねる[18]。しかし共和派の勢いは長続きせず，1848年から49年冬の経済危機にカーンでは失業率が75％に達し，1848年12月の大統領選挙ではルイ・ボナパルトが68％の得票率を得た。また，1848年の6月蜂起後の反動派の勝利により，それまで左派が優勢であった大学ではネオ・カトリック主義が台頭し，オーギュストは危うくその地位を追われそうになる。このころ彼は労働者クラブにおいて経済学の無償公開講義を開こうと奔走し，『一労働者による社会的真理』を執筆し，「社会主義者」を自称する。その冒頭はルイ・ブランの『労働の組織化』を独自に読み換えた

---

17) *Ibid.*, pp. 452-455, Leroy, (1923), pp. 61-62. また，疾病・身体障害・孤児への救済策については，私的慈善よりも国によるサポートの必要性を彼は主張した。Jaffé, (1984), p. 26.

18) レオンはこのとき13-14歳である。すでに啓蒙思想の支持者であり共和主義者であった彼は，革命が実現した普通選挙法を社会の進歩と見ていた。彼にとって普通選挙は，「社会的平等に向けた進歩が，国民教育によってなされ，教育こそは『偏見をゆさぶり根こそぎにする』ことを可能にする力」であった。Boson, (1951), p. 51.

ものであり，労働階級と有閑階級という対立軸から後者を痛烈に批判するものであった[19]。

「労働の組織化は，労働者階級の利益を名目にした社会自体の組織化にほかならない。……労働者階級の利益の名による社会の組織化とは，有閑階級にとっては不利な組織化である。……労働が美徳なら有閑は悪徳である。それゆえ労働のために組織された社会は，有閑者に反対するために組織される。」[20]

オーギュストによれば，法の下の平等の国フランスには依然として特権階級と被抑圧階級が存在する。その階級とは労働者と有閑者であり，後者を一掃することが労働の組織化の必要条件とされる。したがって彼にとって社会問題は，「プロレタリアと地主との間に設定されるべき」であった[21]。ここでいうプロレタリアとは土地を所有しない者である。それゆえ土地国有化が社会問題の根本解決策とされる。その手法は1830年の時点では明らかではなかったが，ここでは市場を介した買い上げが明示されている。

「国家が市場に降りてきて土地を買うことをだれが妨げうるだろうか？ここで私が述べるのは公益を理由とした強制収用についてではない。この方法も正当だと私は思うが，それは抑圧的なものとなるだろう。そしてどんなケースであろうと，実行してもおそらくうまくゆかないだろう。私は自発的かつ自由な取得について語る。地主が自らの資産の売却を決断したら，土地

---

19) 労働階級とは，1農業（借地企業家，労働者，日雇労働者，作男，牧人），2工業（企業家や工場長から最貧の労働者まで），3商人，4自由業（医師，弁護士，公証人，芸術家，画家，詩人，音楽家，作家，ジャーナリストなど），5公務員（大臣，議員，行政官，教員，軍人，聖職者）である。有閑階級とは利子生活者（資本家）と地主である。この分類はサン–シモン主義を踏襲している。Walras, A. (1997), pp. 37-38.

20) *Ibid.*, p. 36.

21) *Ibid.*, p. 37 et p. 84.

の買手が個人であるか国家であるかという問題は，彼にとって何の意味があるだろうか？地主にとって大事なことは，自らに対して正当な価格で支払いがなされることなのである。」[22]

さて，1848年のもう1つの論考「社会的富の理論」には，「進歩する社会」(société progressive) または「繁栄する社会」(société qui prospère) における生産用役（土地，労働，資本）の収入法則が示されている。それによると，土地面積を一定とした場合，進歩する社会では人口が急速に増えるので地価と地代は上昇する。逆に社会が衰退して人口が減少すると，地価と地代は低下する。それゆえ，進歩する社会では地主の状態はますます安楽にかつ有利になる。次に，資本は無限にそれも人口増加以上の速さで増加するので，需要を供給が上回る傾向が常態化し，利子は下落する。したがって，進歩する社会では資本家の境遇は困難かつ不利になる。最後に，労働者の賃金はほぼ変わらない。人間は口（消費）と手（生産）を持って生まれるので，人口増加は生産者と消費者の同数の増加である。それゆえ賃金は，地代上昇や利潤率下落のいずれの動きにも従わず，労働者の状態は良くも悪くもならない[23]。

ここに見た貧困（社会問題）への関心，社会正義の定式（「条件の平等，地位の不平等」），自然権に基づく土地国有化と租税廃止，そのための自由主義的（非強制的）手法は，そのままレオンの国有化思想に受け継がれる。そして「進歩する社会」と「衰退する社会」の収入変動の法則は，純粋経済学の動学理論に継承され，土地国有化の数理モデルに応用されることになるだろう。

1-2　J.ミルとゴッセン

ジェームズ・ミル（ないしはミル父子）の『経済学綱要』（1819年）は，『数理理論』でも参照される書であるが，実はオーギュストの『社会的真理』の中に

---

22)　*Ibid.*, p. 103.
23)　*Ibid.*, pp. 152-158. レオンは1849年にオーギュストの朗読を聞いて，進歩する社会の法則と土地が社会に属すべきものであることを学んだ。Jaffé, (1984), p. 31.

すでに多く抜粋されている。したがってミル父子を通じて，イギリス古典派理論にはレオンも早くからなじんでいたと見られる。

オーギュストは，地代国有化と租税廃止による資本蓄積の促進という視点をミルから学んでいる。彼の抜粋箇所において，ミルは政府支出に地代を充てることは合理的であるとして次のように述べる。

「なぜならこの方法によって，産業は最小限の障害にも妨げられず，だれにも負担をかけずに政府支出が賄われるからである。資本所有者は，その利潤をすべて受け取るだろう。労働者はいかなる天引きもされずに自らの賃金を受け取るだろう。各人は最も有利な仕方で自分の資本を用いるのである。」[24]

結果的に，生産性の高い部門から低い部門への資本移動という租税の悪影響はなくなる。この議論についてオーギュストは，「この考察はまったく正しい。これ以上大胆かつ正確に問題を提起することは不可能」と賞賛する。

レオンは『数理理論』において，父と同じ箇所を引用したのちに，ミルの動学法則（人口増加，不生産的な土地への資本投下が大きくなるにつれて地代は増加，利潤は減少）を引用する。次いで差額地代説を批判しつつも，「この理論は思想の方向性に対してより大きな影響力を及ぼし，この理論によって著者は栄誉の称号を与えられる」と述べる。結論として，地代は，「地主の個々の事情ではなく，社会の事情によって地代を獲得している」として，国有化を正当化する[25]。

さて，レオンは，父以来の土地国有化を著作の随所で述べていたにもかかわらず，数学を用いた理論については長く何も述べることがなかった。その彼が

---

24) *Ibid.*, pp. 74-75. オーギュストの蔵書は仏語版なので原文と異なる箇所がある。
25) Walras, L. (1990) p. 231. ミル父子の国有化論は，地代税を土地資産の一部収容と見なす部分的土地国有化論である。髙橋（2007b），253-255 ページ参照。また，イギリス古典派批判については，御崎（1998），第 3 章がくわしい。

ゴッセンの『人間交易論』(1854年)を入手したのは，彼が45歳になる1879年のことである[26]。当時数多あった国有化論(社会主義思想)には見向きもしなかった彼が，この書にめぐり合ってからはわずかな期間で土地国有化論を仕上げた。それはなぜだろうか。ひとつはゴッセンの理論が科学(＝数理)的であること，もうひとつは国有化といいつつ，私有財産権を侵害しない自由主義的方法が自分のアイデアと完全に合致するものであったからであろう。

「著者[＝ゴッセン]は，革命的共産主義や社会主義が提起する暴力的手段に抗議する。J.ミルよりも周到な彼は，地代上昇を考慮して土地を買った地主は，上昇した地代を手にする権利を有し，この権利を国家は彼から奪うことはできないと明言する。彼は国家の収容権を否定しさえする。国家は，自らが完全になしうることを地主との合意の上で交渉によって獲得しなければならないのである。」[27]

ゴッセンの理論とはいかなるものなのか，簡単に見ておこう。iを利子率，aを国家が受け取る地代，Aを地価とする(表記法はワルラスに従う)。まずiAは，土地購入のために国が発行する債券の利子であり，iA−aは初年度の損失となる。次にこの損失分は借入れによって補塡される。すなわちi(iA−a)である。これが地代上昇によって償還されなければならない。最後に地代上昇率をzで表すとすれば，i(iA−a)＝az つまり地価 $A = a\dfrac{(i+z)}{i^2}$ が，地代上昇による地価償還の条件である。たとえばプロイセンの現実の値として，a＝1，i＝0.0375，z＝0.01をこの式に代入すると，$A = 33\dfrac{7}{9}$ となる。つまり，地代に対して地価が $33\dfrac{7}{9}$ 倍までであれば，政府がその土地を購入しても損失は生じない[28]。

---

26) ワルラスは，ゴッセンの甥H.コルトゥムの住所を探しだす(おそらく官憲にも問い合わせて)ほど，ゴッセンに入れ込んだ。両者の関係については池田(2002)が詳しい。
27) Walras, L. (1990), p. 233.
28) *Ibid.*, pp. 234. 初年度から32年目までの地価A，利子Ai，地代a，地代と利子の差額a−Aiをすべて試算して一覧にした第2表(2°Tableau) *ibid.*, pp. 236-237を参照

ワルラスは，ゴッセンをミルよりも高く評価する。前者は地代上昇分まで地主の所有権と見なして，これも買い上げ価格に含めるからである。そうはいうものの，その一方では不満も覚えていた。ゴッセンには地価決定理論が欠如しており，彼のプランは償還不能のケースだったからである。こうしてワルラスは，ミルの動態論とゴッセンの数理的理論を批判的に学び，自らの土地国有化理論を完成させてゆくことになる。

2. 純粋経済学から社会経済学へ

2-1 「進歩する社会の価格変動法則」

純粋経済学は，『要論』第7編において「静態の状態から動態の状態に移る。」[29] その最後は，資本と人口の増加に伴う地代と地価の著しい上昇が経済的進歩の本質的特徴であるとして，この真理が「応用経済学とならんで社会経済学にも光を当てる」という言葉で閉じられている[30]。これを受けて『社会経済学研究』の冒頭でワルラスは次のように述べる。

「進歩する社会における価格変動法則から演繹された地価決定の定式を用いることによって，…国家による土地買戻しの理論をいわば社会問題の数理的解決策を，私は構築することができたのである。」[31]

社会問題の解決は「進歩する社会」の中でなされる。そこでまずは，『要論』第36章「進歩する社会における価格の一般的変動法則」のうち，今後の議論に必要なポイントを確認することにしよう。

第1に動学とは何か。動学では土地，労働，資本の用役すなわち「流動資本の再生産」が研究の対象となる。静学では，財の初期所有量はその由来を問わ

せよ。i＝3.33％，z＝1％として，償還の試算ケースを見ると，32年目から受け取り地代が支払利子を上回るようになる。
29) Walras, L. (1988), p. 579, 訳，399ページ。
30) Ibid., p. 598, 413ページ。
31) Walras, L. (1990), p. 4.

れることなく与件とされる。これに対して動学が対象とする常設市場 (marché permanent) では,「問題の基本的与件が各瞬間において変化して」いる。動学では，与件(「所有量，生産物と生産用役の効用，生産係数，収入の消費に対する超過額，流動資本の必要量」)は固定されない。人間，資本，貨幣が消滅と再現をくり返し,「あらゆる時間あらゆる瞬間において，循環する資本 (fonds de roulement) の諸部分の一片が消えては再現」する経済である[32]。しかしその中でも土地だけは更新(再生産)が不可能であり，生産のボトルネックとなる。

第2に「進歩」とは何か。『要論』では次のように定義されている。

「進歩とは，人口が増加しつつあるときに，生産物の稀少性すなわち生産物の最後に満たされる欲求の強度が減少することにほかならない。それゆえ進歩は，生産物の増加が可能であるか否かによって，可能または不可能となる。……もし生産物の増加が無限に可能であるとすれば，進歩も無限に可能である。ところで，生産において土地用役の代わりにたとえ全部とまでは行かないにしても，資本用役をますます多く用いることが可能であれば，生産物の無限の増加が可能である。」[33]

進歩とは生産物の稀少性が減少すること，すなわち1人あたりの生産物量が増えることを意味する。進歩する社会には人口増加傾向がある以上，人口増加率よりも生産物増加率の方が大きくなければならない。ただし生産物の増加には限界がある。土地面積不変，人口増加，資本量増加の場合，生産物1単位に含まれる生産用役(労働・土地・資本)の投入比率すなわち生産係数が不変ならば，面積に制限のある土地がボトルネックとなって生産物の増加はいずれ限界

---

32) Walras, L. (1988), pp. 579-580, 399 ページ。ただしワルラスの新資本形成論の動学は，資本財の生産期間を捨象した無時間的な静学均衡の連続として考えられている。御崎，前掲書，第6章を参照。またこの節を指して森嶋は,「ワルラスは，明確に真の動学分析を提唱していたのだが，それを適切な数学的方法で発展することはできなかった」と述べる。森嶋 (1977), 87 ページ。
33) Walras, L. (1988), p. 585, 403 ページ。

にぶつかるはずである。そして生産物には新資本財も含まれるので，資本蓄積もいずれ停止する。

しかし現実にはそのとおりにはならない。ワルラスは進歩をふたつに分けることでその理由を説明する。まず「経済的進歩」である。これは，生産関数は変化せず生産係数が可変の場合である。生産物1単位に含まれる土地用役投入率は低下する一方で資本用役投入比率は上昇する。資本は貯蓄の結果なので，無限の進歩が可能となるかどうかは結局人々の貯蓄量に左右される。もうひとつは「技術的進歩」である。これは，生産係数の性質自体が変化（ある生産用役が採用されると別の用役が放棄される）することによって，生産関数自体が変化する場合である。『要論』では，技術進歩は捨象するとしてこれ以上のことは述べられない[34]。

第3に進歩を可能にする条件とは何か。土地は再生産不可能なので，時間の経過とともに生産物に含まれる土地用役の投入係数が低下するから，これを代替するべく資本の投入係数を増やさなければならない。さらに資本増加量は生産物増加量に比例するだけでは足りない。なぜなら土地用役比率の減少分を補塡するだけでなく，「進歩」というためにはそれ以上に1人当たりの生産物量を増やさなければならないからである。それゆえ資本増加率は人口増加率を上回らなければならない。

「進歩は，土地量の増加がなくても資本量の増加によって可能となる。ただしそれには重要な条件がある。すなわち資本量の増加が人口の増加よりも先行し，さらにこれを上回るという重要な条件の下で進歩は可能となるのである。」[35]

第4に生産物価格と生産用役価格（地代・賃金・利子）の変動はいかなるものか。生産物量と土地・労働・資本量が一斉に2倍に増加すれば，生産物価格・

---

34)　*Ibid.*, p. 585, 403ページ。
35)　*Ibid.*, p. 592, 407ページ。

地代・賃金・利子率は不変である。しかしすべての生産用役を同率で増加やすことはできない。たしかに人口を2倍に増やすことはできる。しかし土地面積は一定なので，1人あたりの土地面積は半分になる。その一方で進歩という以上，生産物量と資本量は人口増加率以上に増える。結局生産物価格は下落し，地代は上昇し，利子は減少し，賃金のみほぼ不変となる。

「進歩する社会においては，労働用役価格すなわち賃金は目だって変化せず，土地用役価格すなわち地代は顕著に上昇を，土地用役価格すなわち利子は顕著な下落を見せる。」[36]

この結論こそが，進歩する社会における社会改革の必要性をより一層高める理由である。もし何もないまま放任されていると進歩の果実はすべて地主が獲得してしまう。これは，地主が衰退する社会ではなく進歩する社会の中に生まれたおかげによるものであり，進歩をもたらしたのは技術進歩すなわち科学のおかげであり，その科学は社会の集合的努力の賜物である[37]。現状のまま進歩にまかせると，リカードウの「陰うつ」な予言どおりにプロレタリアと地主の間の不平等は拡大する一方である。しかしワルラスは進歩する社会を次のように明るいトーンで描いている。

「進歩する社会とは，貯蓄の果実である増加傾向の資本のおかげで，限界のある土地において，増加傾向のある人口がより快適な仕方で生活するすべを見つける社会である。」[38]

この状態は現状の放任では実現しない。そうであるとすれば，進歩する社会

---

36) *Ibid.*, p. 597, 412-412 ページ。森嶋はこの箇所をリカードウ（あるいはマルクス）的とする。森嶋，(1977), 6 ページ。
37) Dockès (2004), pp. 222-223.
38) Walras, L. (1990), p. 411.

において人々が豊かな生活を送る社会を実現するにはどうすればよいのだろうか。ワルラスの答えは土地国有化である。

「地主に土地をゆだねておくことは，寄生階級の無限の富裕化を社会において恒久化させることを意味する。国家の手に土地をゆだねることは社会進歩の果実からの利益を社会にもたらすということである。」[39]

2-2 地価の数理理論
(1) 地価決定論

土地国有化論の全体像をまず示しておく。オーギュストのプランを踏襲して，レオンは次のようにまとめている。

「国家は市場価格で地主から土地を買い上げ，市場利子率の債務債券によってその土地の代金を支払う。国家はこの土地をそこで農，工，商業を営む企業家に賃貸するか，そこに住宅，城，庭，公園を建設して使用する消費者に賃貸する。そのときの唯一の条件は，前者であれ，後者であれ最高額の地代を支払うことである。一定期間内は地代総額が債権利子総額に及ばないだろう。国の債務は毎年その差額分だけ増加するだろう。ある時点になると，地代上昇率の上昇のおかげで地代が利子を支払うに足るものとなり，債務膨張は止むだろう。最終的に地代が利子を上回るまでになり，この時より急速に償還が始まるだろう。こうして国家は1フランも支払わずに土地を買い上げるだろう。」[40]

国家は土地債券を発行して資金を集め，国有化した土地を賃貸に出し，借地人（企業家や消費者）から得た地代で債権利子を支払う。すべては市場の自発的交換によって進行し，強制的手法は存在しない。ここで調べるべき問題は，土

---

39) *Ibid.*, p. 411.
40) *Ibid.*, p. 412.

地の市場価格の決定,地代による地価償還の条件,そして地価変動の性格である。まず地価決定理論を示すことにしよう。『要論』によれば,地価は方程式 $P_t = \frac{p_t}{i}$ によって決定される[41]。大文字 P_t は地価,小文字 p_t は地代,i は利子率（純収入率）である。そして『社会経済学研究』ではこの地価決定理論に変更が加えられる。

「進歩する社会では地価が上昇することが証明された。地価上昇は,地代上昇とそれと並んで進行する純収入率下落に原因がある。しかしこれだけでは十分とはいえない。進歩する社会における地代上昇という事情が,上の［＝地価決定］方程式を大幅に変更することを証明するときが今やってきたのである。」[42]

こうして社会経済学では,地代上昇率を変数に組み込んだ正常地価（prix normal）決定方程式が定式化される。ここでワルラスは自らの表記法を変更して,p_t を a で,P_t を A で表す。そして新たな変数として地代上昇率（土地用役価値の増加率）を導入し,これを z で表す。

彼は二種類の経済主体の行動を数学によって定式化している。第1は,自己貯蓄を元手に土地を買い入れる資本家の行動である。第2は投機家の行動である。彼は,貯蓄を持たずに他人からの借入資本を元手に土地を買い上げ,土地用役使用権を一定期間借地人に貸し出す。ここでは国有化と同じ手法の第2のケースだけを検討する。

さて,地代額 a の土地を購入するためには,金額 $\frac{a}{i}$ を借り入れる必要があり,m年後には $a\frac{(1+i)^m}{i}$ が企業家の借方に計上される。

次に土地用役（使用権）の貸手としての彼は,地代上昇期間の m 年間に,a, $a(1+z)$, $a(1+z)2$, …, $a(1+z)^{m-1}$ の地代を受け取り,この地代を複利で投資す

---

41) Walras, L. (1988), p. 433, 314ページ。
42) Walras, L. (1990), p. 239. 安藤と立半の研究では定式の導出過程がほとんど省略されているので,読者の便宜も考えて本章では極力わかりやすく記すことにする。

る。したがって m 年目終了時の貸方の合計額は次の式となる。

$$a(1+z)^{m-1}+a(1+z)^{m-2}(1+i)+a(1+z)^{m-3}(1+i)^2+\cdots+a(1+i)^{m-1}$$
$$=a(1+z)^{m-1}\left[1+\frac{1+i}{1+z}+\frac{(1+i)^2}{(1+z)^2}+\frac{(1+i)^3}{(1+z)^3}+\cdots+\frac{(1+i)^{m-1}}{(1+z)^{m-1}}\right]$$

[ ] 内を，初項 $\dfrac{(1+i)^{m-1}}{(1+z)^{m-1}}$，公比 $\dfrac{1+i}{1+z}$ とする等比数列の和の公式を用いて計算すると，

$$\frac{\dfrac{(1+i)^{m-1}}{(1+z)^{m-1}}\times\dfrac{(1+i)}{(1+z)}-1}{\dfrac{(1+i)}{(1+z)}-1}=\frac{\dfrac{(1+i)^m}{(1+z)^m}-1}{\dfrac{(1+i)}{(1+z)}-1}=\frac{\dfrac{(1+i)^m-(1+z)^m}{(1+z)^m}}{\dfrac{(1+i)-(1+z)}{(1+z)}}$$

$$=\frac{1}{(1+z)^{m-1}}\times\frac{(1+i)^m-(1+z)^m}{i-z}=\frac{1}{(1+z)^{m-1}}\times\frac{(1+z)^m-(1+i)^m}{z-i}$$

となるから，貸方の合計額は $a\dfrac{(1+i)^m-(1+z)^m}{i-z}$ であり，結局貸方と借方の差額は，

$$a\frac{(1+i)^m-(1+z)^m}{i-z}-a\frac{(1+i)^m}{i}$$

である。さらに，土地が地代 $a(1+z)^m$ 額を m 年後にもたらすならば，この土地は $a\dfrac{(1+z)^m}{i}$ で販売される。これも計算に入れると，次式の利潤が実現する。

$$a\frac{(1+i)^m-(1+z)^m}{i-z}-a\frac{(1+i)^m}{i}+a\frac{(1+z)^m}{i}=az\frac{(1+i)^m-(1+z)^m}{i(i-z)}$$

そしてその割引現在価値は，

$$\frac{az}{i(1+i)^m} \times \frac{(1+i)^m - (1+z)^m}{i-z}$$

である。これは超過利潤ゼロの状態で地価 $\frac{a}{i}$ に加えられる。したがって正常地価の定式は次の二つとなる。

$$A = \frac{a}{i} + \frac{az}{i(1+i)^m} \times \frac{(1+i)^m - (1+z)^m}{i-z} \qquad [1]$$

$$= \frac{a}{i(1+i)^m} \times \frac{i(1+i)^m - (1+z)^m}{i-z} \qquad [2]^{43)}$$

(2) 地価償還の条件

次に地代による地価償還の条件を検討しよう。ここでは，地代上昇率が利子率より大または小（$z \gtrless i$）を仮定した場合の地価決定を見る。地代上昇率は z で固定され，地代上昇期間は恒久的（$m = \infty$）である。このようなケースでの地価を知るために，[1][2] 式を次のように書き換えておく。

$$A = \frac{a}{i} + \frac{a}{i} \times \frac{z\left[1 - \left(\frac{1+z}{1+i}\right)^m\right]}{i-z} = \frac{a}{i} \times \frac{i - z\left(\frac{1+z}{1+i}\right)^m}{i-z}$$

第1の仮定は，地代上昇率 z が正（$z > 0$），かつ利子率より大（$z > i$）のケー

---

43) [1] 式と [2] 式の間の計算は次のとおり。

$$\frac{a}{i}\left[1 + \frac{z}{(1+i)^m} \times \frac{(1+i)^m - (1+z)^m}{i-z}\right]$$

$$= \frac{a}{i}\left[\frac{(1+i)^m(i-z) + z[(1+i)^m - (1+z)^m]}{(1+i)^m(1-z)}\right]$$

$$= \frac{a}{i}\left[\frac{i(1+i)^m - z(1+i)^m + z(1+i)^m - z(1+z)^m}{(1+i)^m(1-z)}\right]$$

$$= \frac{a}{i(1+i)^m} \times \frac{i(1+i)^m - z(1+z)^m}{i-z}$$

スである。この場合，[1]または[2]式は次のように書き換えられる。

$$A = \frac{a}{i} + \frac{a}{i} \times \frac{z\left[\left(\frac{1+z}{1+i}\right)^m - 1\right]}{z-i} = \frac{a}{i} \times \frac{z\left(\frac{1+z}{1+i}\right)^m - i}{z-i}$$

このケースでは，$\left(\frac{1+z}{1+i}\right)^m$ は∞に近づくので，Aも無限大となる。つまり地代上昇率が利子率を上回る場合には，地価は無限大となり，買い戻し価格の算定は不可能になるので，土地国有化は不可能である。

第2は，これとは逆に利子率が地代上昇率を上回る（z<i）ケースである。この場合 $\left(\frac{1+z}{1+i}\right)^m$ は0に近づくので，地価Aと地代 $\frac{a}{A}$ は次式となる。

$$A = \frac{a}{i-z}$$

$$\frac{a}{A} = i - z \qquad\qquad\qquad\qquad\qquad\qquad [3]^{44)}$$

地代率 $\frac{a}{A}$ は，純収入率から地代上昇率を差し引いた額に等しい。この場合には地価を算定できる。そこで今後の議論はz<iの仮定に限定する。ただしこの条件のもとでの国有化が可能かどうかはまだ問わないでおく。

(3) 地代と地価の変動期間

[1][2]式は，地価の価値上昇が始まる時点での割引地価である。価値増加が止むときの地価は $\frac{a(1+z)^m}{i}$ である。初年度から第m年度まで地価は上昇し続けるものとする。そして，両者の間のある任意の年度を第n年度とする。地価上昇が始まってからn年後の地代はa(1+z)^{n}であり，地価上昇の残り期間はm−n年である。第n年度の地価は，[1][2]式のaにa(1+z)^{n}を代入し，地代上昇期間mにm−nを代入して得られる次の[4][5]式となる。

---

44) *Ibid.*, p. 246.

$$A_n = \frac{a(1+z)^n}{i} + \frac{a(1+z)^n z}{i(1+i)^{m-n}} \times \frac{(1+i)^{m-n} - (1+z)^{m-n}}{i-z} \qquad [4]$$

$$= \frac{a(1+z)^n}{i(1+i)^{m-n}} \times \frac{i(1+i)^{m-n} - z(1+z)^{m-n}}{i-z} \qquad [5]$$

[5] 式より価値増加開始から n+1 年後の価格が得られる

$$A_{n+1} = \frac{a(1+z)^{n+1}}{i(1+i)^{m-(n+1)}} \times \frac{i(1+i)^{m-(n+1)} - z(1+z)^{m-(n+1)}}{i-z}$$

$$= \frac{a(1+i)(1+z)(1+z)^n}{i(1+i)^{m-n}} \times \frac{i(1+i)^{m-(n+1)} - z(1+z)^{m-(n+1)}}{i-z}$$

$$= \frac{a(1+z)^n}{i(1+i)^{m-n}} \times \frac{i(1+i)^{m-n}(1+z) - z(1+z)^{m-n}(1+i)}{i-z}$$

そして $\Delta \dfrac{A_n}{a} = \dfrac{A_{n+1}}{a} - \dfrac{A_n}{a}$ なので,

$$\frac{\Delta A_n}{a} = \frac{(1+z)^n}{i(1+i)^{m-n}} \times \frac{i(1+i)^{m-n}(1+z) - z(1+z)^{m-n}(1+i)}{i-z} - \frac{(1+z)^n}{i(1+i)^{m-n}}$$

$$\times \frac{i(1+i)^{m-n} - z(1+z)^{m-n}}{i-z}$$

$$= \frac{(1+z)^n}{i(1+i)^{m-n}} \left[\frac{i(1+i)^{m-n}(1+z-1) - z(1+z)^{m-n}(1+i-1)}{i-z} \right]$$

$$= \frac{z(1+z)^n}{i(1+i)^{m-n}} \times \frac{(1+i)^{m-n} - (1+z)^{m-n}}{i-z} \qquad [6]$$

[6] 式より, $i \gtreqless z$ のどちらであっても, 0<n<m であれば地価増加分 $\Delta \dfrac{A_n}{a}$ は常に正となる。そして [4] 式を次のように書き換える。

$$\frac{A_n}{a}i - (1+z)^n = \frac{z(1+z)^n}{i(1+i)^{m-n}} \times \frac{(1+i)^{m-n} - (1+z)^{m-n}}{i-z}$$

［6］式より，この式の右辺は $\Delta \frac{A_n}{a}$ であるから，$\Delta \frac{A_n}{a} = \frac{A_n}{a}i - (1+z)^n$ となる。すなわち「地価の年々の変動は，土地資本の利益の差額すなわち純収入率と地代率の差額に等しい。」[45]

次に調べるべきは，地価が上昇する場合にそれが逓増的上昇なのかそれとも逓減的上昇なのかという問題である。無限に逓増的であれば，地価は無限大となるので償還は不可能である。そこで，$\Delta \frac{A_{n+1}}{a}$ を求めると，

$$\Delta \frac{A_{n+1}}{a} = \frac{z(1+z)^{n+1}}{(1+i)^{m-(n+1)}} \times \frac{(1+i)^{m-(n+1)} - (1+z)^{m-(n+1)}}{i-z}$$

$$= \frac{z(1+z)^n}{(1+i)^{m-n}} \times \frac{(1+i)^{m-n}(1+z) - (1+z)^{m-n}(1+i)}{i-z} \qquad [7]$$

次に $\Delta^2 \frac{A_n}{a} = \Delta \frac{A_{n+1}}{a} - \Delta \frac{A_n}{a}$ であるから，［7］式から［6］式を引くと，

$$\Delta^2 \frac{A_n}{a} = \frac{z(1+z)^n}{(1+i)^{m-n}} \times \frac{z(1+i)^{m-n} - i(1+z)^{m-n}}{i-z}$$

$z<i$ の場合，$z(1+i)^{m-n} > i(1+z)^{m-n}$ なら $\Delta^2 \frac{A_n}{a} > 0$ となり，$z>i$ の場合なら $\Delta^2 \frac{A_n}{a} < 0$ である。したがって，

$$z(1+i)^{m-n} \gtreqless i(1+z)^{m-n}$$

$$\frac{(1+i)^{m-n}}{(1+z)^{m-n}} \gtreqless \frac{i}{z}$$

---

45) *Ibid.*, p. 255.

両辺の対数を取ると，

$$(m-n)\log\frac{1+i}{1+z} \gtreqless \log\frac{i}{z}$$

$$m-n \gtreqless \frac{\log\dfrac{i}{z}}{\log\dfrac{1+i}{1+z}}$$

不等式の両辺を等しくする n 年目の値を k とすると，第 m 年目に $\Delta^2\dfrac{A_n}{a}=0$ となる。

$$m-k = \frac{\log\dfrac{i}{z}}{\log\dfrac{1+i}{1+z}} \qquad [8]$$

$$k = m - \frac{\log\dfrac{i}{z}}{\log\dfrac{1+i}{1+z}}$$

これは，地代上昇が終わる第 m 年から右辺第 2 項の年数を差し引く（すなわちさかのぼる）と，第 k 年目になるということである。いいかえれば，第 k 年目から地価上昇が始まり，$\frac{\log\frac{i}{z}}{\log\frac{1+i}{1+z}}$ 年後に，$\Delta^2\dfrac{A_n}{a}=0$ となる第 m 年になる。したがって，「一時的価値増加の場合，地価の年々の上昇は，当初は逓増的であったとしても，終了時には必ず逓減的である。」[46] ワルラスによるとここまで

---

46) *Ibid.*, p. 260. なお，年数が恒久（m = ∞）的なら地価上昇は常に逓増的である。

が純粋経済理論である．続けて政策論に入ることにしよう．

2-3 土地国有化の数理理論
(1) 国有化の年数

ここでは，地代を充当した地価償還の年数すなわち国有化にかかる年数を計算する．利子率 i で地価総額 A を借りると，n 年後には借方に金額 $A(1+i)^n$ が計上される．その一方で，地代額 a の土地を購入し，地代上昇率 z，利子率 i でこの地代を投資するならば，先に見た導出手続きから，貸方に次の金額が計上される．

$$a\frac{(1+i)^n-(1+z)^n}{i-z}$$

したがって，n 年後の債務総額は次式で表される．

$$A_n = A(1+i)^n - a\frac{(1+i)^n-(1+z)^n}{i-z} \qquad [9]$$

債務償却が完了するのは何年後であろうか．これは，

$$A(1+i)^n - a\frac{(1+i)^n-(1+z)^n}{i-z} = 0$$

となる指数 n を求めればよい．$A_n=0$ となる債務完済の年 N は，[9] 式から導いた次式によって得られる．

$$N = \frac{\log\left[1-\frac{A}{a}(i+z)\right]}{\log\frac{1+z}{1+i}} \qquad [10]^{47)}$$

---

47) [9] 式と [10] 式の間の計算は次のとおり．n を N とおいて

次に［2］式を解くことによって，地価上昇期間mについては以下の式が成立する。

$$m = \frac{\log \dfrac{i}{z} + \log\left[1 - \dfrac{A}{a}(i-z)\right]}{\log \dfrac{1+z}{1+i}} \qquad [11]^{48)}$$

$$A(1+i)^N - a\frac{(1+i)^N - (1+z)^N}{i-z} = 0$$

$$A(1+i)^N = a\frac{(1+i)^N - (1+z)^N}{i-z}$$

$$A = a\frac{1 - \left(\dfrac{1+z}{1+i}\right)^N}{i-z}$$

$$\frac{A}{a}(i-z) = 1 - \left(\frac{1+z}{1+i}\right)^N$$

$$\left(\frac{1+z}{1+i}\right)^N = 1 - \frac{A}{a}(i-z)$$

両辺の対数を取ると

$$N\log\left(\frac{1+z}{1+i}\right) = \log\left[1 - \frac{A}{a}(i-z)\right]$$

48)　［2］式と［11］式の間の計算は次のとおり。

$$A = \frac{a}{i(1+i)^m} \times \frac{i(1+i)^m - z(1+z)^m}{i-z} = \frac{a}{i-z} \times \frac{i(1+i)^m - z(1+z)^m}{i(1+i)^m}$$

$$= \frac{a}{i-z}\left[1 - \frac{z}{i}\left(\frac{1+z}{1+i}\right)^m\right]$$

$$\frac{A}{a}(i-z) = 1 - \frac{z}{i}\left(\frac{1+z}{1+i}\right)^m$$

$$\frac{z}{i}\left(\frac{1+z}{1+i}\right)^m = 1 - \frac{A}{a}(i-z)$$

$$\left(\frac{1+z}{1+i}\right)^m = \frac{i}{z}\left[1 - \frac{A}{a}(i-z)\right]$$

[10] 式から [11] 式を引くと,

$$N - m = -\frac{\log\frac{i}{z}}{\log\frac{1+z}{1+i}} = \frac{\log\frac{i}{z}}{\log\frac{1+i}{1+z}} \quad [12]$$

$$N = m + \frac{\log\frac{i}{z}}{\log\frac{1+i}{1+z}}$$

これは,地代上昇が終了する第 m 年に右辺第 2 項の年数を加えた(すなわち経過した)第 N 年目に,償還が終了することを意味する。

[8] 式と [12] 式を合わせて考えると,地価上昇期間すなわち第 k 年から第 m 年までの年数と,第 m 年目から償還終了の第 N 年目までの年数は等しい。どちらも $\frac{\log\frac{i}{z}}{\log\frac{1+i}{1+z}}$ 年である。この年数は利子率と地代上昇率のみに依存して決まると述べてワルラスはこう続ける。

「この年数は,地代の充当による買入価格の償還を可能にするのに必要な年数である。またこの年数は,受取地代に対する支払利子の超過分の増加が止み,この超過分がゼロになるまでに経過する年数と厳密に等しい (precisément égal)。」[49]

両辺の対数をとると,

$$m\log\frac{1+z}{1+i} = \log\frac{i}{z} + \log\left[1 - \frac{A}{a}(i-z)\right]$$

49) *Ibid.*, p. 293. ここまでの議論を表したのが,下の図である(*Ibid.*, p. 308)。縦軸は地価 An,横軸は年数 n である。右上がりの曲線は z>i のケース,N で横軸を切る曲線は z<i のケースである。km と mN の長さは同じであり,第 m 年を過ぎると償還が急速に進む。

(2) 国有化の不可能性

さてここで債務を完済する上で重大な問題が発生する。N−mは常に正(N−m＞0)であるから，常にN＞mである。なぜならi＞zを仮定するなら，$\frac{\log\frac{i}{z}}{\log\frac{1+i}{1+z}}$ の分母と分子は常に同じ符号だからである。地代上昇終了年mが債務償還終了年Nよりも小さいということは，償還終了前に地代上昇期間が終了することを意味する。しかし償還を終えるためには，償還期間の間だけでも地代は上昇率zで上昇し続けるか，少なくともmが償還必要年数Nに等しくなければならない。つまりN≦mが償還の必要条件である。したがって，上昇する地代を充当した償還は不可能ということになる。

たしかにz＞iのケースなら償還は可能である。しかし先に見たとおり，この場合地価は無限大となり，国家が土地を買い上げることができない。z＜iのケースでは，Nが実数値をとるためには，[10]式右辺の分子が正すなわち $1-\frac{A}{a}(i-z)>0$ でなければならない。したがって，地代率が，利子率と地代上昇率との差額よりも大であること，すなわち，

$$\frac{a}{A} > i-z \qquad [13]$$

を条件とする場合のみ，地代を償還に充てる方法での土地購入が可能である。

またz＜iなので分母は負である。それゆえNが正であるためには，$\log\left[1-\frac{A}{a}(i-z)\right]$ が負でなければならず，その場合には次の不等式が成立して

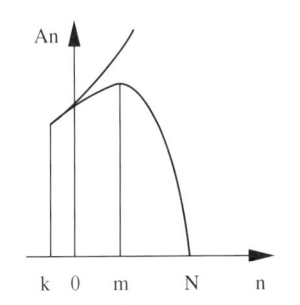

いる。

$$1 - \frac{A}{a}(i-z) < 1$$

$$-\frac{A}{a}(i-z) < 0$$

これは，利子率が地代上昇率を上回る時点で成立する関係である。

この条件に照らして国有化の可能性を検討してみよう。第1の z>i では地価が無限大となるので償還は不可能である。しかし第2の z<i の場合も償還不可能である。なぜなら［3］式より，地価算定上の地代率が，利子率と地代上昇率の差額に等しいのに対して，［13］式では，償還に必要な地代率はこの差額よりも大きいからである。つまり，市場で決定される地代率よりも高い地代率でなければ償還はできないのである[50]。しかし国家は，他の参入者と同等の―プライステーカーにすぎず，地代率を恣意的に引き上げることはできない。

(3) 国有化の条件

それでは国有化はどうすれば可能になるのだろうか。ここまでに見た定式では地代上昇率は z で固定されていた。ここで進歩する社会を想起する必要がある。そこでは地代上昇率が変化するとワルラスは考えるからである。

---

[50] ゴッセンのプランも実は償還不可能のケースである。利子率は4％で固定され，地代率は1％の増加率である。そして100000の地価が初年度地代3000によってもたらされるとすれば，$\frac{3000}{0.04-0.01}=10000$ であり，n 年後の地価を［9］から計算すると次のようになる。

$$An = 100000 \times 1.04^n - 3000 \times \frac{1.04^n - 1.01^n}{0.04 - 0.01} = 100000 \times 1.01^n$$

第 n 年目に債務残高がゼロであること（An=0）が償還条件であるから，これはゴッセンのプランが償還不可能であることを意味する。*Ibid.*, p. 299.

「もしこの率［＝地代上昇率］が不変であるならば，増加価値の利益は第一世代の地主が一度で全額換金しているだろう。進歩する社会ではこの率は上昇してゆく。それゆえすべての世代の地主がこの価値増加に与ることになる。地代上昇率が上がれば上がるほど，現在の増加価値に対する価値増加のほかに，新増加価値の出現に合わせて地価も上昇する。」[51]

地代上昇率が不変であれば，地価は将来の上昇分も含めて厳密に計算しうることになり，第一世代が全額を取得するはずである。これに対して進歩する社会では予想外の地代率上昇が発生し，これは後継世代に代々利益をもたらす。地主はこの部分に対して所有権を主張することはできない。その理由をワルラスはこう述べる。

「なぜならこの利益は予測も計算もされていなかったものだからであり，土地購入時に地主はこの利潤に対する支払をしていないからである。国家が押収しなければならないのはこの利益であり，この利益を元手にすれば地代による地価買戻し価格の償還を国家は実施できるだろう」[52]。

こうは述べるものの，地代上昇率の z から z' への上昇が都合よく起きるかどうかは保証の限りではない。事実のちにパレートは，地代は一律に上昇するとは限らず，統計上では上下に変動していると批判した[53]。しかしワルラスは，地代上昇率の変化は国家によって方向づけられうると主張している。

「［地代上昇率］の上昇は，その開始と速さが国家自身に依存しており，経済的進歩を目標に置いた立法・行政システムの総体によって上昇するといえる。すなわち資本と人口の増加のおかげで，ある時点において地代が利子を十分支

---

51) *Ibid.*, p. 301.
52) *Ibid.*, p. 301.
53) Steiner, (1994), p. 65.

払うに足る額となり，債務の増大が止むだろう。そして最終的に地代が利子を上回るようになると償還が始まるだろう。この時点から償還は急速に進行するだろう。償還終了時点から，地代は公共支出のために自由に用いることができるようになり，すべての税が廃止されるだろう。社会的利益と社会的正義は完全に満たされるだろう。社会理想が実現するだろう。」[54]

地代率上昇が「国家自身に依存」するとはどういうことだろうか。[1] [2]式で決定される地価以下の地価を支払って国有化を実施すれば，地主の私的所有権の侵害となり不正である。ましてや価格を操作すべく国家が介入したり，価格に上限や下限を設けることは論外である。国家のなすことは，自然発生的に地代率が z から z' に上昇するような「巧みな手段と賢明な指揮」を行使して進歩を後押しすることである[55]。

それでは具体的に国家は何をなすのだろうか。これについて社会経済学におけるワルラスは，「新たな価値増加をもたらすために，農業の転換，都市から農村への資本還流，内政・外交政策の変更，行政・政治改革，分権化が必要」と，わずかに示唆するにとどまる[56]。価値の増加すなわち成長の問題は応用経済学の領域に入る。次節では，農業の転換，都市から農村への資本還流，外交政策を明らかにした上で，社会経済学と応用経済学のリンクそして進歩する社会の理想ヴィジョンを示すことにしたい。

---

54) Walras. L. (1990), p. 305.
55) *Ibid.*, p. 304. ワルラスは分配（社会経済学）については父以来の土地国有化論者である。その一方で生産に関しては，F. バスティアの強い影響下にあった1860年頃はウルトラ・リベラルといえるほど自由競争に対して楽観的であった。「生産をあらゆる種類の行政の活動から守るのが適当である。生産を行政に従わせるのはまったく余計なことである。…私的利益は自然にそしておのずと一般利益の満足に貢献するのである」Walras, L. (2001) p. 117. しかし『要論』の発表翌年の1875年頃に自由競争への全面的な信頼から距離を置くようになり，『数理理論』（1883年）の頃の彼は，『要論』が自由放任の無条件擁護の書として読まれるのを案じていた。さらに1895年になると，彼は共産主義でも集産主義でもない半集産主義の立場を取る。Boson, (1951), p. 67. Dockès (2006), pp. 1797-1800. Potier (1999), pp. 55-57.
56) Walras (1990), p. 415.

3. 社会経済学から応用経済学へ

3-1 土地国有化と自由貿易のリンク

　ここでは少し遠回りして，まず「自由貿易論」(1895 年) の理論的骨子を説明し，次いで土地国有化論と自由貿易論のリンクを社会的な利益と正義の規範から示すことにする。ワルラスによれば，自由貿易には完全な自由貿易と不完全な自由貿易がある。前者は輸入産業から輸出産業に向けて生産用役が完全に方向転換し，生産用役所有者 (地主・労働者・資本家) に損失を与えることなく，消費者に利益を与える。後者では転換がなされない。

　不完全な自由貿易とは次のようなケースである。A 国では 1kg あたり 22F (フラン) の小麦が 10 万 kg (= 220 万 F) 売買されている。ここで B 国から小麦 1 万 kg を輸入すると，A 国の小麦の均衡価格は下落して 1kg あたり 20F となり，小麦 11 万 kg が合計 220 万 F 分売買されるとしよう。A 国消費者は，輸入前に比べて 20F の小麦を 1 万 kg 多く手にするので，20 万 F の利益を得る。その一方で 22F から 20F に価格の下がった同国の小麦企業家は同額の損失をこうむる。それゆえ翌年彼らは，生産費を 20F に引き下げて生産用役を需要する。最終的な得失を見ると，輸入国 (A 国) では，消費者の利益と生産用役所有者の損失となる。輸出国 (B 国) では逆に，輸出によって従来の B 国内供給量の一部が A 国に流れて小麦価格が上昇するので，消費者の損失，企業家と生産用役所有者の利益となる。

　しかしこのような一方的な輸出入は例外であり，A 国から B 国に向けて別商品の輸出を伴うのが普通である。その場合には両国において，輸入産業から輸出産業に生産用役が向かう。たとえば A 国が農産物すなわち 20F の小麦 1 万 kg の輸入と交換に，それと同額の工業製品たとえば 5F の布 4 万 m を B 国に輸出するとしよう。貿易開始前には，4F で布 20 万 m (80 万 F 相当) が生産されていたならば，開始後には 4 万 m の輸出によって A 国内への供給量は 16 万 m に減少する。よって輸出前と同じ売上総額 80 万 F を維持するには，均衡価格が 5F に上昇しなければならない。価格は 5F に値上がりし，輸出前より 4

万mだけ国内市場への供給量が減少したので，A国の布消費者の合計の損失は20万Fである。その一方でこの額は企業家の利益となる。最終的な得失を見ると，A国では輸入品（小麦）消費者の利益と生産用役所有者の損失，B国では輸出品（布）消費者の損失と生産用役所有者の利益となり，各国内で消費者と生産者の利益と損失は同額だから相殺される。

さて完全な自由貿易が行われたとしよう。A国では当初220万Fの小麦と80万Fの布が生産されていた。貿易開始後A国は布の生産に特化し，300万F全額が布生産に振り向けられる。そのうち220万FはB国の小麦と交換されたとしよう。他方，B国は小麦生産に特化しているから，A国の22Fの小麦10万kgを輸入することはもはやなくなり，A国はB国からこれより低い価格たとえば18Fの小麦12万2000kg（≒220万F）を輸入できる。布は以前と変わらず4Fで20万m消費できる。得失を見ると，布の生産要素所有者には300万Fが分配されるので利益も損失もない。B国の布消費者の損失はなくなり，A国の小麦消費者の利益だけが残る。そしてワルラスはこう述べる。

「自由貿易は次のような結果をもたらす。すなわちそれは，輸入産業の生産諸用役の輸出産業への方向転換に応じて，輸出生産物消費者の効用の減少なしに，そして一般的に生産用役所有者には利益も損失もなく，輸入生産物消費者には効用の利益という完全かつ最終的な結果だけをもたらすのである。」[57]

生産用役が輸入産業から輸出産業にスムーズに移動できれば，貿易の利益を国民が余すところなく享受することができる。それゆえ国内政策の課題とは，生産用役の移動の摩擦をできるだけ取り除いて完全競争市場に近づけることである。その際の障害はふたつある。ひとつは「土地用役を有効利用せぬまま放置し，自己利益を知らないか，またはそれに無頓着な私人による土地の領有」

---

57) Walras. L. (1987), p. 490 ; Walras, L. (1992), p. 272.

であり，もうひとつは「価格であれ，生産物であれ，生産者用役であれ，この変化を妨げる税（間接税であれ直接税であれ）」である[58]。ワルラスの見るところでは，土地私有と租税は正義に反するだけでなく，生産性から見ても社会問題の原因なのである。ただし彼は，資本と人の移動は容易でも土地の転換はきわめて困難であり，その原因は自然的な原因よりも「競争体制に反する社会諸制度」にあると考え，それゆえ「自由貿易は土地国有化を暗に意味する」と述べる[59]。

したがってワルラスの国有化とは，公益や平等化を直接目指す政策ではなく，逆に競争原理を導入するための政策である。私益追求をする者に十分土地を与え，彼らの行動を媒介にして社会的利益に導こうとする政策である。この見地から現状の社会制度すなわち財産制度と生産方式を見ると，不労所得（地代）で生活し耕作意欲に欠ける大地主か，または生産性の低い小自作農だけが土地を所有しており，生産用役が有効に投下されていない。そこで土地を国有化して長期借地権を耕作意欲のある企業家に与え，彼らの自己利益の追求に任せれば生産性が向上する。また税は生産費を上昇させて資本蓄積を阻害する。そこで仮に税収が地代に一本化されれば，地代は地主のポケットに入らずに，政府を通じて再び生産活動に還流する。具体的には，地代が無償公教育にあてられた場合，これは労働者の教育水準を引き上げ，良質の労働者を増加させることで生産活動に還流して生産性を向上させる[60]。資本家と労働者にとって，地代はもはや社会進歩に必然的に伴う重荷ではなくなる。細分されていた土地は国家を介して集約的かつ大規模に使用する企業家に集まるので，資本蓄積が進む。

さらに，土地国有化と税は，国際レベルの社会的正義の点から言っても必要

---

58) Walras, L. (1990), pp. 416-417.
59) Walras. L. (1987), p. 492 ; Walras, L. (1992), p. 274.
60) 自作農，大規模借地（資本家）経営，土地国有化後の農業生産形態については，髙橋（2007b），240-247，250-256ページを参照。また，資本増加率を人口増加率が上回る場合には人口抑制の必要があり，労働者教育はこの点からも重要である。無償公教育と人口抑制については髙橋（2007a），59-60ページを参照。

である。ワルラスはこう述べる。

　「私はヨーロッパの労働者である。私は自分の徴兵をまっとうし重税も払っている。正義は，このような負担を負わないインド人やシナ人と同じ価格で労働用役を売るように要求するだろうか。すべての税を廃止せよ。その時おそらく勝負は平等となるだろう。あるいは私はイングランドまたはフランスの地主である。私は，一定の価値と生産物価格の結果である生産用役の増加価値に応じて自分の価値を買った。正義は，無償で土地を与えられたアメリカのドイツ系移民やアイルランド系移民と同じ価格で土地用役を売るよう要求するだろうか。もし国家が土地を買い上げるならば，国家は，ある土地の地代損失分を別の土地の地代利益によって補塡することで自由貿易を布告することができるだろう。」[61]

　主張は突飛に見えるが，その理由は難しいものではない。国有化と租税廃止は国際市場における条件の平等化策である[62]。前者が，地代増加価値分まで支払って土地を購入した地主のための平等化策であり，後者は労働者のための平等化策である。

3-2 「農業の転換」と「都市から農村への資本還流」

　それではあらためて，「農業の転換」，「都市から農村への資本還流」の含意を検討してみよう。これは，フランスが自由貿易体制に入る上で条件整備，すなわち理論を現実に実施する際の条件整備の必要性を述べたものといえる。フランスでは，資本不足の自作農に対して保護関税や地代税引き下げによる損失補塡を行うことで，彼らを延命させようとしていた。これに対して国有化によ

---

61) Walras, L. (1992), p. 275.
62) ワルラスの平等策において，国家は，自然的・生理的不平等さらには経済的不平等を緩和するわけではない。ある人が別の人より恵まれているか否かという偶然的事実や，生まれつきの財産の不平等を恣意的に是正ないし緩和するものではない。Rouge-Pullon (2004), p. 240.

る農業の転換は次のような結果をもたらすはずだとワルラスは考える。

「彼らを自分の土地のフェルミエ（借地農）にすることによって，保護関税を廃止しても耕作の改良によって彼らは地代を支払うことができるだろう。それと同様に，彼らが土地を売却すれば，それは貧しい所有者であったイングランドのヨーマン（自作農）を裕福なフェルミエに転換させ，農業で一財産を築く企業家階級を生み出すことになった。」[63]

　国有化の目的は，生産性の低い自作農の保護ではなく，逆に彼らを保護への依存から抜け出させることにある。生産性の低い小土地の私有財産制度にしがみつくよりは，大土地借地企業家と農業労働者として財産を形成した方が農民にとって利益は大きい。地代を保証される地主にも国有化による損失はない。なぜなら彼らには，予想された地代上昇分を含む地価が年金の形で支払われるからである。国家の負債も進歩する社会では償還可能である。結局国有化によって損害を受ける者はいない。また国有化が実現したと仮定して，その上で完全な自由貿易が行われると，それは生産用役所有者に対して損失を与えず，消費者利益だけを増すはずである。
　それでは現実の貿易自由化の帰結はどのようなものであったのだろうか。1860年の英仏通商条約によってフランスは自由貿易体制に入った。自由放任派がこれを歓迎したのに対して，ワルラスは，「犬を泳がせるために川の中に放り込むようなもの」と批判する[64]。自由貿易論者の彼が何ゆえ自由貿易に反対するのだろうか。
　当時のフランス農業の生産形態（小自作農）と分配制度（私有財産）のもとでは，自由貿易は経済成長の追い風となる政策ではなく，逆に階級間の条件の不平等を拡大し成長テンポを弱めるというのがワルラスの診断である。フランスでは，革命後の均分財産法により小自作農が支配的生産となり，生産性が低い

63）　Walras, L. (1990), pp. 413-414.
64）　Walras, L. (1992), p. 276.

まま人口が増加し，食料価格が上昇していた。それもあって，農民には，土地収益の一部を投資に回して専門性を高めたり，規模を拡大するインセンティヴが弱かったのである[65]。

彼は例として次のような値をあげる。1820年から1870年までの50年間のフランスの家計支出を見ると，家賃と食費は相当上昇し，衣料費と調度保守費用は値下がりした。つまり生産物市場では農産物価格が高騰し，工業品価格が下落した。生産用役市場を見ると，地代は150%-200%上昇した。工業労働者の賃金は40%-80%上昇し，農業労働者の賃金は100%上昇した。生産された固定資本価格は33%上昇し，資本用役価格は25%-30%上昇した。その一方で利子率の下落はわずかであった[66]。結果的に，1820年に3000Fの収入を得ていた家計は，地代収入であれば1870年には7000-8000Fの収入となり，賃金であれば6000Fに，利子であれば3500-4000Fとなった。

地代と賃金の2つの収入を得る自作農は，賃金の上昇とそれをさらに大幅に上回る地価と地代の上昇によって収入が大幅に増え，土地を持たない農業労働者の地位も大幅に改善された。しかし，賃金以上に不労所得（地代）が大きく増えたことは，大・小地主の耕作意欲を奪っていた。また工業労働者の賃金上昇率が農業労働者のそれよりも低い。これはフランスが，工業よりも農業に有利な生産条件を有しているということである。したがって，労働者を高賃金産業である農業に向かわせて，耕作方法も大規模集約農業に転換し，そのための資本を都市から農村へ還流させる。これが採るべき政策なのである。

ところが転換が必要なときに，ナポレオン3世のパリ大改造のために，逆に農村から都市に労働者と資本が吸いよせられてしまった。ワルラスは「都市再建の最も大仰な事業に，労働力と資本が人為的に奪われた」と批判する[67]。農業は資本不足となり，食料品価格は高騰した。フランスの生産力では，輸出はおろか国内消費にようやく足りるだけの食糧しか生産できなかった。事前に何

---

65) Pouchol (2002), p. 136.
66) Walras, L. (1992), pp. 229-231.
67) *Ibid.*, p. 276.

の用意もないところで自由貿易を始めても，フランスが小麦を輸出できるわけもなく，逆にロシア・ハンガリー・アメリカ・オーストラリア産小麦の輸入国となり，農業でも工業でもフランスはイギリスに遅れをとってしまった。これは市場メカニズムの問題というより政府の外交の問題である。不適切な生産と分配制度のもとで自由化だけを急いでも，それは生産活動を壊滅させる政策となってしまう。ワルラスは証券市場において市場と国家の関係について次のように言う。

「純粋かつ単純なレッセ・フェールでは，経済のメカニズムを調整するには十分ではない。個人の行動を正しい軌道の上に置き直すべく，国家の推進力（impulsion）が行使されるということもありうるだろう。」[68]

この認識は農業にもあてはまるだろう。個人の利益追求行動が社会にとって有益となるか否かは，市場それ自体の機能（見えざる手）だけでなく，生産と分配の初期条件の整備すなわち国家による市場の組織の仕方や自由化時期の見きわめによって左右される。現状のままでの個人の利益追求行動は，地主の収入増加だけをもたらす。しかし国有化を行い，農地の集約と規模拡大を可能にした頃合いを見て自由化に踏みきれば，イギリスとの間で対等な農・工分業体制を築くことができる。完全な自由貿易は，それが実施されない場合よりも資本蓄積を促し，資本増加率が人口増加率を上回る度合いは大きくなり，人口1人あたりの生産物量も多くなる[69]。つまり貧困が解消される。ワルラスは結論としてこう述べる。

「私は国内と国際間の貿易の便宜と自由の最終的帰結は，生産物量の増大にほかならず，そしてその結果工業と農業の全生産物の価格低下であると固

---

68) ワルラスが進歩の要因としてほかにあげるのは，鉄道などの交通網，農業学校と大規模集約生産を行う協同組合である。*Ibid.*, p. 242.
69) *Ibid.*, p. 240.

く信じるのである。」[70]

おわりに

　ワルラスは，自らの社会問題解決策には科学＝数学による基礎が与えられていると考え，これを「科学的社会主義」と名づけた。彼はまず『要論』において，時間の推移にともなって地主階級は地位を上昇させる一方で，資本家の地位は低下するというヴィジョンを示した。つづく社会経済学において彼は，土地国有化を実施可能にする進歩の方向（地代上昇率上昇）を数学的手法によって明らかにした。そして最終的に彼の動学理論は，資本と労働からなる労働階級を主たる担い手とする経済社会のヴィジョン（土地国有化と自由貿易）を与えるものとなった。

　ワルラスのヴィジョンを振り返ると，それは思想と理論において自ら課した制約をクリアする形で組み立てられているといえる。思想的制約とは，他人の犠牲による自己利益（または個人の犠牲による公益）を認めないという制約である。一連の政策の基調は資本蓄積の促進にあり，彼はそれを妨げる制度や政策を批判し，生産用役の自由移動を主張する。しかし土地国有化と租税廃止論を仔細に検討してみると，自由主義的ルールに則して国有化は実施され，私有財産権に伴う収入は結局無傷となるように制度が工夫されている。

　理論的制約は2つあげられる。第1に人口増加率と資本増加率の関係が進歩の制約となり，第2に地代増加率の上昇が社会改革の制約となる。ワルラスは後者については楽観的であり，土地国有化の実行可能性を疑わない。困難があるとすれば，人口増加率を上回る資本増加率をいかに実現するかという問題であり，土地国有化を起点とする農業の生産形態の転換（大規模耕作）と自由貿易もこの困難を緩和するためのものである。

　結論すると，ワルラスは2つの視線から社会を見つめていたということにな

---

70) Walras, L. (1992), p. 397.

る。彼の政策は，自由貿易論のように均衡論を根拠に消費者や社会全体の利益を唱えるものがある。その一方で，土地国有化と租税廃止のように動学法則が示す階級間の利害対立を踏まえた政策がある。そして政策論にあたっては，社会的利益と正義の強調だけでなく地主・労働者・資本家の個別階級利益への細かな目配りも忘れられていない[71]。

ワルラスの独創的視線すなわち一般均衡理論は，市場競争の資源配分の効率性いわゆるパレート最適を証明する。この視線は，他人の犠牲をともなわない限りでの自己利益または社会利益の増進という自由主義的政策手法とも両立する。しかしこの視線だけであれば，彼にとって社会問題は存在しない。市場メカニズムは社会に利益をもたらすだけのはずだからである。初期保有状態で極端に格差のある者同士の契約も，均衡状態では全当事者の状態は改善または少なくとも現状維持であり，それゆえ例えば均衡賃金が生存水準以下であってもその契約は望ましいという価値判断が引き出される[72]。その一方で，本章で明らかにしたとおり，彼は動学の視線を父から受け継いでいた。これにより彼は，進歩する社会を放置しておくとその恩恵を享受できない階級を生み，さらには社会が衰退することを知った。彼は，すべての人々が進歩の果実を享受する社会を描くべく，静学だけでなく動学理論の完成にも心血を注いだ。その成果が『数理理論』の土地国有化策であった。

一般均衡理論によってワルラスは経済学の「革新者」たらんとし，死後その願いは完全に達せられた。これに比べると『要論』の動学理論は中途半端な古典派の残滓にしか見えない。しかし彼は社会問題解決についても「革新者」であろうとした。これを知れば『要論』に動学が置かれた理由も理解できる。そ

---

71) 犠牲が生じる場合には，補償策を伴うか漸進的に政策を実施する配慮がなされる。本章では地主のケースをあげたが，他にも労働市場自由化によって労働者の不利益となる場合には，賃金税の廃止，無償職業教育，職業紹介所と労働統計の整備，結社（共済，労働組合，協同組合）の自由化などがありうる。髙橋（2007a），50-58ページ参照。なおワルラスの階級観は，一個人で三階級の兼務を可能とする機能的階級観である。御崎（1998），第3章参照。
72) この点については，髙橋（2009）において論じた。

の射程は『要論』から土地国有化論にまで延びており，社会問題の認識手段と解決策を与えている。ワルラスが取り組んだのは資源配分の効率性の問題だけではなく，人口と資本の再生産の問題でもあった。彼の理想は，後者の問題においては進歩する社会の動学的ヴィジョンとして描かれているのである。

ワルラス没後 100 年目の年に執筆。

参考文献

Baranzini, R., A. Diemer, C. Mouchot (2004), *Études Walrasiennes*, Paris : L'Harmattan.

Boson, M. (1951), *Léon Walras : le fondateur de la science économique*, Paris : Librairie génerale de droit et de jurisprudence.

Charlety, S. (1897), *Histoire du Saint-Simonisme (1825-1864)*, Paris : Paul Haltmann. (沢崎浩平，小杉隆芳訳（1986），『サン＝シモン主義の歴史』法政大学出版局）

Dockès, P. (1996), *La société n'est pas un pique-nique : Léon Walras et l' économie sociale*, Paris : Économica.

────── et Potier, J.-P. (2001), *La vie et l'œuvre économique de Léon Walras*, Paris : Economica.

────── (2004), «Léon Walras et le progrès économiques», inBaranzini, Diemer, Mouchot, pp. 211-231.

────── (2006), «Léon Walras : la Vérité, l'Intérêt et la Justice reconsiliées», *Économies et Sociétés*, n°. 38, pp. 1777-1812.

Goutte, H. et Servet, J.-M. (1990), «Auguste Walras de 1801 à 1848», in Auguste et Léon Walras œuvres économiques complètes, t. I, pp. CXXI-CLXXII.

Jaffé, W. (1984), "The antecedents and early life of Léon Walras," *History of Political Economy*, Vol. 16, No. 1, pp. 1-57.

Leroy, L.-M. (1923), *Auguste Walras : sa vie son œuvre*, Paris : Librairie génerale de droit et de jurisprudence.

Potier, J.-P. (1999), «L'économie politique appliquée walrasienne», *Revue européenne des sciences sociales* t. XXXVII, n° 116, pp. 51-72.

────── (2006), «Léon Walras et les exceptions au principe de la libre concurrence», *Économies et Soci*étés, n° 38, pp. 1813-1826.

Pouchol, M. (2002), «Les fondements du libéralisme walrasien», *Les cahiers du CERAS*, hors série, n° 2, pp. 119-139.

Rouge-Pullon, C. (2004), «Léon Walras : Justice procédurale et efficacité économique», in Baranzini, Diemer,. Mouchot, pp. 233-258.

Rugina, A. N. (1982), "Léon Walras : The Pure Scientist versus The Social Reformer," *International Journal of Social Economics*, vol. 9 (3), reprinted in, J. Cunningham Wood (ed.), *Léon Walras Critical assesements*, London and New York, Loutledge, 1993, pp. 218-262.

Servet, J.-M. (1997), «Introduction générale Auguste Walras de 1848 à 1850», in Auguste et Léon Walras œuvres économiques complètes, t. II, pp. 9-26.
Shumpeter, J. A. (1954), *History of Economic Analysis*, George Allen & Unwin, London.（東畑精一訳（1958）『経済分析の歴史』，岩波書店）
Steiner, P. (1994), «Pareto contre Walras : le problème de l' économie sociale», *Économies et Sociétés*, n° 38, pp. 53-73.
Walras, A. (1990), *Richesse, Liberté et Société*, August et LéonWalras Œuvres économiques complétes (Œuvres と略), t. I.
――― (1997), *La Vérité Sociale*, Œuvres, t. II.
――― (2005), *Corréspondence*, Œuvres, t. IV.
Walras. L. (1987), *Mélanges d'économie politique et sociale*, Œuvres, t. VII.
――― (1988), *Éléments d' économie politique pure,* Œuvres, t. VIII.（久武雅夫訳（1984）『ワルラス純粋経済学要論』，岩波書店）
――― (1990), *Études d'économie sociale*, Œuvres, t. IX.
――― (1992), *Études d'économie politique appliquée*, Œuvres, t. X.
――― (2001), *L'économie politique et la justice*, Œuvres, t. V.
安藤金男（1982），「レオン・ワルラスの土地国有化論」（稲毛満春，木村吉男，竹内信二編『現代財政金融の基本問題』）有斐閣，142-153ページ。
池田幸弘（2002），「解題」（ゴッセン『人間交易論』日本経済評論社），319-344ページ。
杉本栄一（1981），『近代経済学の解明』，岩波書店。
髙橋聡（2007a），「市場・国家・アソシアシオン―ワルラス」（平井俊顕編『市場社会とは何か―ヴィジョンとデザイン』，上智大学出版／ぎょうせい），45-66ページ。
――― (2007b)，「J. S. ミルとL. ワルラスのレジーム構想」（音無通宏編『功利主義と社会改革の諸思想』，中央大学出版部），227-262ページ。
――― (2009)，「完全競争理論から社会問題へ―ワルラス再評価に向けて」『現代思想』8月号，第37巻10号，198-210ページ。
御崎加代子（1998），『ワルラスの経済思想』，名古屋大学出版会。
森嶋通夫（1983），『ワルラスの経済学』，東洋経済新報社。
――― (1993)，『思想としての近代経済学』，岩波書店。
立半雄彦（1970），「ワルラスの土地国有化論」『経済研究』大阪府立大学，第15巻第1・2号56-119ページ。

第 11 章

C. A. R. クロスランドの資本主義体制の変容に関する分析
―― イギリス労働党におけるケインズ主義的社会民主主義の前提 ――

はじめに

　C. A. R. クロスランド (Crosland, Charles Anthony Raven, 1918-77) は，1950年代から70年代において，イギリス労働党の社会・経済政策に大きな影響を与えた経済学者であり，政治家であった。本章の課題は，このクロスランドによってなされた第2次世界大戦後のイギリスにおける資本主義体制の変容に関する分析を検討することにある。

　これまで，クロスランドの経済政策思想や体制観は，あまり緻密に検討されてこなかったといっていいであろう。したがって，彼の資本主義体制の変容に関する分析を検討する意義は大きいと思われる。

　本章における検討は，以下の手順で行われる。まず，1において，第2次世界大戦後のイギリスにおける政治経済状況を概観する。次に，2では，クロスランドによる戦後のイギリスにおける資本主義体制の変容に関する分析の内容を検討していく。続く3において，変容した戦後のイギリスにおける資本主義体制に対するクロスランドの評価を考察する。

1. 第2次世界大戦後の政治経済状況

周知のように，いわゆる「ケインズ主義的社会民主主義」(Keynesian social democracy) は，1950年代半ばから1970年代に至るまで，労働党における主流派の経済政策思想であり続けた。今日，このケインズ主義的社会民主主義は，産業国有化によらずとも，国家介入政策を通じて社会主義の理想とする社会を実現し得るとする経済政策思想であると考えられている。そして，クロスランド[1]は，労働党における旧来の社会主義思想を時代の変化に合わせて修正し，このケインズ主義的社会民主主義を基礎づけた人物であると見做されている[2]。確かに，クロスランドは，1956年に出版した主著『社会主義の将来』において，産業国有化推進の是非に関して「今や，所有権は経済的権力の主要な決定要因ではないということである。政府は，必要とする経済的権力のすべて

---

[1] クロスランドは，1918年8月29日にサセックスのセント・レオナード・オン・シーで生まれた。奨学金を獲得してオックスフォード大学トリニティー・カレッジに学び，1946年に「近代科目」(modern grade) の「哲学，政治学，経済学」(Philosophy, Politics, Economics, PPE) 試験で優秀な成績を収めた。卒業後は，オックスフォード大学トリニティー・カレッジでフェローの職に就き，経済学を講じた。その後，フェローの職を辞して政界に進出し，1950年の総選挙で庶民院議員に初当選した。1965年にウィルソン政権の教育相として初入閣したのを皮切りに，その後は環境相や外相等を歴任した。クロスランドは，1977年2月19日にオックスフォードで没した。58歳であった。Cf., Brivati, B. (2001), "Tony Crosland", Dictionary of Labour Biobraphy, (ed., Rosen, G.), Politicco's Publishing, pp. 144-147, Crosland, S. (1982), *Tony Crosland*, Jonathan Cape, Jefferys K. (1999), *Anthony Crosland*, Richard Cohen Books. なお，Harris, J. (2000) は，「彼（クロスランド―引用者）は，福音主義的な非国教主義に起源をもつ教育宗教分離主義者 (secularist) であり，経済学のみならず，哲学の教育をも受けたケインズ主義者であった」と評している。(Harris, J. (2000), "Labour's political and social thought", *Labour's First Century*, (ed., Tanner, D., P. Thane, N. Tiratsoo), Cambridge University Press, p. 34)

[2] Thompson, N. (2006) は，以下のように述べて，クロスランドの経済政策思想を「自由主義的社会主義」(Liberal socialism) と規定している。「広範なマクロ経済総量のケインズ主義的な管理，つまり，熟練した断固たる財政政策を通じて消費や投資と政府支出との間の適切なバランスを得ることが経済計画であると見做す傾向があるクロスランドのような急進的な存在（自由主義的社会主義者）があった。」(Thompson, N. (2006), *Political Economy and Labour Party*, (second edition), Routledge, p. 155)

を握っている——唯一の問題は，政府がそれを用いることを選ぶか否かということである。この観点からして，単なる所有権の変更は，常に決定的な相違を生むわけではない」[3]と述べ，「いずれにせよ，社会関係および経済関係の決定要因としての産業の所有権の重要性の減退のために，よりいっそうの国有化は，今日では，社会主義の達成にとって重要性を減じている」[4]と明言している。一般的には，こうしたクロスランド自身の発言に依拠して，彼は労働党におけるケインズ主義的社会民主主義を代表するイデオローグであり，社会主義政党としての労働党の党是であった産業国有化を否定した人物であると認識されている[5]。

それでは，クロスランドが産業国有化の推進に対して批判的であったとして，何故，クロスランドは1950年代半ばという時期において，産業国有化の推進に対して批判的な態度を採ったのであろうか。端的にいって，クロスラン

---

3) Crosland, C. A. R.. (1994), *The Future of Socialism, The Theories of the Mixed Economy*, vol. VII, (ed., Reisman, D.), William Pickering, p. 468, 関 嘉彦監訳『福祉国家の将来』[2] 論争社，327ページ。なお，この *The Future of Socialism* の翻訳書は，タイトルが『福祉国家の将来』と「意訳」され，[1]と[2]の二分冊という形で出版されている。しかし，本章の本文中では，*The Future of Socialism* は，『福祉国家の将来』ではなく，『社会主義の将来』と記すこととする。なお，翻訳書における文章と本章における引用文とは必ずしも同一ではない。

4) *Ibid.*, p. 516. 同上訳，393ページ。

5) 以下に，クロスランドとそのケインズ主義的社会民主主義に対する一般的な認識を挙げておくこととする。これら一般的な認識に共通するのは，クロスランドをケインズ主義政策を重視し，産業国有化政策を批判した人物であるとする点である。「ちなみに，1956年に出た『社会主義の将来』の中で，労働党右派の若手のホープであったアンソニー・クロスランド（Anthony Crosland）は，国有化政策はかつてのような重要性はもたないと主張していた。クロスランドによれば，彼のいう社会主義の中心的目標である平等の達成のためには，国有化政策ではなく，ケインズ主義的経済運営に基づく経済成長の達成と，それによる福祉国家の充実こそが大切であるとされたのである。」（力久昌幸（1994）「経済政策形成をめぐる政治——イギリスにおけるケインズ主義の拒否と受容——」，269ページ）「1950・60年代の労働党は，後にケインズ主義的社会民主主義の名で呼ばれる改革路線をとっていた。……実際上の路線はクロスランドが『社会主義の将来』（1956年）で示した見解に依拠していた。……そうした修正主義的社会主義論は，生産手段の公的所有と経済の計画化を基本とする従来のそれとは，言うまでもなく決定的に相違していた。」（吉瀬征輔（1997）『英国労働党——社会民主主義を越えて——』窓社，3-4ページ）

ドのケインズ主義的社会民主主義の基礎には，第2次世界大戦後のイギリスにおける資本主義体制の変容に関する分析が据えられていたのであり，その分析がクロスランドをして，労働党内の「左派」が主張する産業国有化のさらなる推進に対して批判的な態度を採らせたのである。換言すれば，クロスランドによる戦後のイギリスにおける資本主義体制の変容に関する分析は，彼のケインズ主義的社会民主主義の前提であった。したがって，クロスランドのケインズ主義的社会民主主義をより深く理解するためには，まずもって彼による戦後のイギリスにおける資本主義体制の変容に関する分析の内容を理解しておかなければならないのである。

まずは，クロスランドによってなされた第2次世界大戦後のイギリスにおける資本主義体制の変容に関する分析を検討するに先立って，ケインズ主義的社会民主主義が形成された際の時代状況，つまり，大戦の終結時から50年代半ばまでのイギリスにおける政治経済状況を概観しておくこととしよう。

周知のように，C. R. アトリーによって率いられた労働党は，1945年7月に行なわれた総選挙に勝利して政権の座に就いた。そして，アトリー政権は，年来の主張に則って電気通信，民間航空，石炭，ガス，電力，国内運輸，鉄鋼といった基幹産業を次々に国有化していくとともに[6]，W. H. ベヴァリッジによって戦時中に構想されていた社会保障制度を整備し，福祉国家体制をも成立させた。労働党が第2次世界大戦の勃発以前から主張し続けてきた諸政策は，そのほとんどがアトリー政権によって実施されたといってもいいであろう。しかし，このアトリー政権によって成し遂げられた諸成果のうち，福祉分野における成果はすぐに後退を余儀なくされた。1950年6月に朝鮮戦争が勃発すると，イギリスは「再軍備」をせざるを得なくなった。ときの大蔵大臣 H. T. N. ゲイツケルは，この再軍備のための費用を捻出するために，医療保険制度の確立に腐心した A. ベヴァンをはじめとする労働党内の左派による反対を押し切って，

[6) 1949年11月に成立した「鉄鋼国有化法」は，1950年の総選挙に労働党が勝利して翌51年に施行された。しかし，51年の総選挙で W. チャーチルの保守党が勝利するに及んで鉄鋼業は再び民営化された。]

無償化されていた眼鏡と義歯を患者本人の負担としたのである。

　労働党は，1951年に行われた総選挙で敗北し，政権をW. L. S. チャーチルが率いるイギリス保守党へ明け渡さなければならなくなった。国民は，第2次世界大戦後の荒廃した状況下でアトリー労働党に期待をかけ，1945年の総選挙では労働党を勝利させた。しかし，アトリー政権の下で戦後復興が進んで疲弊した経済状況からイギリスが脱すると，労働党を支持していた層は相対的に富裕化していった。そして，平等化よりもさらなる経済成長を欲する有権者は，労働党から保守党へと支持政党を変えていったのである。労働党が有権者の不興をかった一因には，その産業国有化政策があった。アトリー政権の実施した産業国有化政策によって，基幹産業の所有権は国家へと移行した。戦前には，産業国有化の実施による生産性の上昇が夢みられていたが，実際に国有化された産業において，特段，効率の上昇はみられなかった。国有化された産業は，議会の統制を細部にわたって受けることはなく，その運営はひどく官僚的なものとなって硬直化していった。今や，労働党の産業国有化政策は，多くの国民から懐疑の眼を向けられ，忌避される対象に堕しつつあった。

　クロスランドは，アトリー政権によって成し遂げられた諸成果をイギリス社会主義の歴史的偉業であると見做していた。しかし，労働党は，1950年代半ばにおいて，新たな歴史的局面に立ち至っている。したがって，この新たな局面に遭遇して，労働党は自己の拠って立つ社会主義思想自体を問い直し，それを時代の変化と要請に合わせて修正しなければならない。クロスランドは，このような認識の下，修正主義的な経済政策思想，すなわち，ケインズ主義的社会民主主義を形づくっていったのである。産業国有化を拡大して私有財産制を廃棄しようとする旧来型の社会主義を志向する勢力は，すでにその支持基盤を失いつつある。多くの有権者は，ケインズ主義に立脚した修正資本主義の方をこそ支持し，福祉国家体制を既成の事実であると見做している。クロスランドは，この点に関して以下のように述べている。

　「現在，労働党内閣の最初の成功した時代が生み出した結果である計画化

された完全雇用の福祉国家は,歴史的基準や戦前の資本主義と比較すると,かなりの功績と質の高い社会であることは真実である。……貧困と不安は消滅しつつあり,生活水準は急激に上昇の一途をたどり,失業の恐れは確実に減少している。そして,普通の青年労働者は,その父親たちが絶対といっていいほどに脳裏に浮かべさえしなかった将来に対する希望を抱いている。社会的不正はますます少なくなり,経済制度は効率的に作動している。有権者には,労働党が前回の選挙の際に知ったように,大規模な変化を望む気分はなく,現在の体制を完全に転覆させることなど望んでもいないことは確実である。1930年代において,貧困と失業に対して人道主義的な抗議をした多くの何ものにも囚われない心の持ち主たちは,本能的に「社会主義者」であったが,今では「ケインズ＋修正資本主義＋福祉国家」(Keynes-plus-modified-capitalism-plus-Welfare-State) が完全にうまく作用しているという結論を下している。」[7]

クロスランドによる旧来の社会主義思想の修正は,マルクス主義にもとづいた社会主義思想の修正のみならず,1930年代半ばから40年代において,E. F. M. ダービンによって主張された「ケインズ主義的社会主義」(Keynesian socialism) の見直しをも意味するものであった[8]。クロスランドのケインズ主義的社会民主主義は,ゲイツケル等の労働党内における「右派」によって共有された経済政策思想であり,体制観であった。周知のように,1955年に労働党の党首の座に就いたゲイツケルは,1959年の党大会で「生産手段の公有化」を謳った労働党綱領第4条項を削除することを試みた。このゲイツケルの提案

---

7) Crosland, C. A. R. (1994), *op. cit.*, p. 115.『福祉国家の将来』[1], 171-172 ページ。
8) ダービンのケインズ主義的社会主義に関する分析は,八田幸二 (2009),「イギリス労働党におけるケインズ主義の受容— E. F. M. ダービンの経済理論と政策論を中心に—」『中央大学経済研究所年報』中央大学,第40号と八田幸二 (2010),「E. F. M. ダービンの産業国有化論について—イギリス労働党におけるケインズ主義的社会主義の形成—」『中央大学経済研究所年報』中央大学,第41号を参照されたい。

は否決されて失敗に終わったが，その党綱領第4条項改訂の試みの背後には，クロスランド的なケインズ主義的社会民主主義が据えられていたのである[9]。

クロスランドは，『社会主義の将来』において，ケインズ主義的社会民主主義の理念を明確に定式化した。今日，この『社会主義の将来』は，ケインズ主義的社会民主主義を確立させたものであり，第2次世界大戦後の労働党における修正主義的な立場を代表する著作であると見做されている[10]。『社会主義の将

---

9) クロスランドは，ゲイツケル派の主要人物の1人であった。関 嘉彦（1969年）は，この点に関して以下のように述べている。「その結果政治家になった後彼（ゲイツケル―引用者）の周囲には思想を同じくする人々がしばしば会合することになった。30年代からの友人であるダグラス・ジェイ，官吏時代の友人ロイ・ジェンキンス，更に若手ではデニス・ヒーリーとかゴードンウォーカー，R. C. A.（C. A. Rの間違い―引用者）クロスランドらの知識階級の人々である。その結果ベヴァナイトに対し，ゲイツケライトあるいはゲイツケルの私宅の町名をとってハムステッド・セットと呼ぶ派閥ができあがった。」（関 嘉彦（1969）『イギリス労働史』社会思想社，326ページ）また，Jones, T.（1996）は，修正主義に対するクロスランドの影響に関して以下のように述べている。「しかしながら，修正主義的な見解を単純に「ゲイツケル主義」，あるいは「ゲイツケル派的」と表現するのは，思想の首尾一貫した内容を個人に帰着させ過ぎるきらいがあるであろう。それは，この新たな政治的影響の背後で，ゲイツケルというよりは，むしろ主要な知的推進力を提供したのがクロスランドであったが故に，部分的には誤解を招きかねないものなのであった。」（Jones, T.（1996），*Remaking the Labour Party : From Gaitskell to Blair*, Routledge p. 26）

10) このクロスランドの『社会主義の将来』は，多くの論者によって非常に高い評価を与えられた著作であった。以下，その高い評価の一端を紹介しておくこととしよう。まず，Mackintosh, J. P.（1978）は，『社会主義の将来』を以下のように評価している。「近年の労働党では，党が政治において，何を追求すべきかということに関する著作も理論も思想もないという声がしばしば聞かれる。戦後にふさわしい社会主義理論を生み出そうとする最後の主要な試みは，1956年に出版された故トニー・クロスランドの『社会主義の将来』である。」Mackintosh, J. P.（1978），"Has Social Democracy failed inBritain?", The *Political Quarterly*, Vol. 49, No. 3, p. 259．また，Jones, T.（1996）は，『社会主義の将来』を評価して以下のように述べている。「クロスランドは，主著『社会主義の将来』において，1945年以降の資本主義の変容に関する検討を洗練させた。1956年に出版されたこの非常に影響力をもった著作は，1945年以降に現われたイギリスの修正主義思想の最も野心的で体系的な表現を構成したものであった。」（Jones,T.（1996），*op. cit.*, p. 29）Reisman, D.（1997）も，「『社会主義の将来』は，中道にとって画期的なマニフェスト」であると高い評価を与えている。（Reisman, D.（1997），*Crosland's Future : Opportunity and Outcome*, Macmillan, p. 1）後にT.ブレアの後を襲って労働党内閣の首相となるG.ブラウン

来』の前半部分では，戦後のイギリスにおける資本主義体制の変容が詳細に分析されている。先述したように，クロスランドのケインズ主義的社会民主主義における前提には，戦後のイギリス資本主義体制は著しく変貌を遂げ，戦前のそれとは全く様相を異にしたものへと変化してしまったという認識がおかれていたのである。そこで，以下では，クロスランドのケインズ主義的社会民主主義の思想的特徴を理解するための基礎として，このクロスランドによる戦後のイギリスにおける資本主義体制の変容に関する分析の内容を検討していくこととしたい。

2. イギリス資本主義体制の変容に関する分析

クロスランドは，労働党における旧来の社会主義思想に修正を施すに先立って，『社会主義の将来』の第1章において，「戦前に社会主義がつくり上げられて以来発生した諸変化の意義を分析」[11]しようとした。最初，このクロスランドによる資本主義体制の変容に関する分析は，1952年に出版された『新フェビアン論集』に所収されている論文「資本主義からの移行」で試みられた。この『新フェビアン論集』は，当時の労働党の左派を代表する人物の1人であったR. H. S. クロスマンによって編集された論文集であった。この論文集には，修正主義的な右派と旧来の伝統的な社会主義思想に立脚する左派の両陣営から多数の論文が寄稿されている。クロスランドが寄稿した論文「資本主義からの移行」における体制分析は，後に『社会主義の将来』の前半部分の諸章において，さらにその内容が深められ，精緻化された。

『社会主義の将来』での第2次世界大戦後のイギリスにおける資本主義体制の変容に関する分析は，マルクス主義に対する批判から始められている[12]。こ

は，1999年において，「『社会主義の将来』が1956年に出版されたが，それは戦後の労働党史に決定的な重要性を刻印した」と述べている。(Brown, G. (1999), "Equality : Then and Now", *Crosland and New Labour*, (ed., Leonard, D.), Macmillan, p. 35)

11) Crosland, C. A. R. (1994), *op. cit.*, p. 13. 『福祉国家の将来』[1], 22ページ。
12) クロスランドは，元々はマルクス主義を信奉していたが，第2次世界大戦後にそ

のクロスランドによる分析は，労働党の指導者たちをマルクス主義から引き離そうとする意図をももっていた。マルクス主義者たちは，国家を資本家階級のためのものであると見做していた。しかし，戦後のイギリス政府は，資本家階級の利益を保守して，それを増大させようなどということを活動の目的としてはいない。それは，むしろ全体としての社会の利益のために活動している。しかも，戦後の資本主義体制は，労働者階級を窮乏化させはしなかった。それは，逆に彼らを富裕化させたのである。古典的資本主義は改良され，修正を施されたのであり，マルクス主義者たちが認識しているのとは著しく異なった体制へと変貌を遂げてしまった。今や，労働党の指導者たちは，マルクス主義の古い教義から脱却し，変容した現実の資本主義体制を直視すべきだというのである。

まず，クロスランドは，1939年に第2次世界大戦が勃発する以前，1930年代の労働党における多くの社会主義者たちは「貧困の除去と社会福祉国家の創設」，「富の均等化の徹底」，「完全雇用と経済の安定のための計画化」という3つの目標が達成されるべきものであるという認識を共有していたと述べている。しかし，彼らは，これら3つの目標は現状の資本主義体制の下では達成し得ないものであり，社会変革のためには資本主義体制自体を暴力でもって転覆させねばならないと考えていた。こうした社会主義者たちの認識の基礎には，マルクス主義，特にその窮乏化論と資本主義崩壊論が据えられていた。

の立場を変化させていった。Beech, M. and K. Hickson（2007）は，このクロスランドの立場の変化に関してドイツの修正主義者であるE.ベルンシュタインからの影響を指摘している。「第2次世界大戦開戦直前，クロスランドは，マルクス主義的な立場を採っていた。……彼は，オックスフォードで自己のマルクス主義的な見解を明らかにしていたのである。戦後，彼は，1950年代の新たな状況において，自分の不十分な初期のマルクス主義的な理念を拒絶するようになった。クロスランドのアーカイヴには，フィリップ・ウィリアムへの非常に長い私信がある。そのなかで，クロスランドは，修正主義的社会主義の主要な作品を書きたいということ，そして，自分が新たなベルンシュタインになりたいということを述べている。クロスランドは，1940年頃にベルンシュタインを読んだようである。」（Beech, M. and K. Hickson（2007）, "C. A. R. Crosland", *Labour's Thinkers : The Intellectual Roots of Labour from Tawney to Gordon Brown*, Tauris Academic Studies, p. 145）

第2次世界大戦後，イギリスの資本主義体制においては，労働者階級の窮乏化や資本主義体制の不可避的な崩壊といった現象は発生せず，マルクス主義的な分析に基づく「予言」は何ら的中しなかった。クロスランドは，戦後のアトリー政権による諸改革によって労働者階級の窮乏化や資本主義体制の崩壊は回避されたと指摘している。クロスランドは，戦後のイギリスの資本主義体制における完全雇用の達成や国民所得の増大を実証的に概観して，現代のイギリスの資本主義体制において，マルクス主義は無効であると考えていた。資本主義体制における内部矛盾によって労働者階級の窮乏化が進行し，最終的には資本主義体制自体が崩壊せざるを得なくなると主張するマルクス主義は，「今では，明らかに誤りであることが証明されている」[13]というのである。戦後のイギリスにおける経済成長，そして，その経済成長をもたらした国家介入政策は，戦前に多くの社会主義者たちが抱懐していたマルクス主義の理念を陳腐化させ，時代遅れなものにしてしまった。

　さらに，クロスランドの批判は，マルクス主義における階級分析へも向けられた。1930年代になされた社会主義的な議論の多くは，経済的権力を保持する資本家階級が経済社会を支配しているという仮定に立脚するものであった。クロスランドは，こうしたマルクス主義的な階級分析にもとづく仮定が1930年代には妥当性を有していたということを認めている。産業における大規模化の傾向，両大戦間期における独占化の傾向は，資本家階級の経済的権力を強化していった。そして，資本家階級は，その経済的権力によって経済社会を支配していたのである。しかし，クロスランドは，すでに資本家階級はその経済的権力を喪失してしまい，マルクス主義的な階級分析はもはや有効性をもち得なくなってしまったと見做したのであった。以下では，この資本家階級が経済的権力を喪失した要因に関するクロスランドの分析について検討していくこととしよう。

　クロスランドは，資本家階級が経済的権力を喪失した要因を「外的要因」と

---

13)　Crosland, C. A. R. (1994), *op. cit.*, p. 21.『福祉国家の将来』[1], 33ページ.

「内的要因」の2つに区分している。まず,彼が外的要因として第1に挙げているのは,「国家への経済的権力の移行」である。彼は,この国家への経済的権力の移行に関して以下のように述べている。

　「最も直接的で明白な経済的権力の喪失は,政府当局に対してであった。政府当局は,現在,戦前よりもいっそう高い割合で経済的決定に対する支配力を振るっている。今日,公共当局は全雇用人口の25%を雇用し,全投資の50%以上に責任をもっているのみならず,企業の諸決定が名目的には個人の手にあるときでさえも,実質的には企業の諸決定に対して,いっそう大きな力を振るっているのである。」[14]

　クロスランドは,アトリー政権が採用した国家介入政策が資本家階級の経済的権力を国家の掌中へと移行させた要因の1つであると見做していたのである。上記の引用文に続けて,クロスランドは,国家が大きな経済的権力を行使しているということは,国家が「完全雇用,成長率,財政収支,所得分配に対する責任を明らかに受け入れている結果である。この責任を果たす主な手段は,財政政策である」[15]と述べている。この引用文からも明らかなように,クロスランドは,ケインズ主義に基づく市場経済への国家介入の増大が経済的権力を資本家階級から国家へと移行させた1要因であると考えていたのである[16]。

---

14) *Ibid.*, pp. 26-27. 同上訳,41ページ。
15) *Ibid.*, p. 27. 同上訳,42ページ。
16) Dell, E.（1999）は,この点に関して以下のように指摘している。「古い自由放任主義の哲学が国家介入主義に取って代わられ,自由放任主義の哲学は,過去の経験とは対照的に,もはやビジネスの助けとはならないのである。クロスランドは,資本主義体制は国家によって封じられ,そして,資本主義体制が過去に自らを醜いものにしていた,例えば,失業のような害悪を発生させないように去勢されたということを確信していた。主要な成功は,完全雇用を確実なものにしたケインズ主義の成功であった。」（Dell, E.（1999）, *A Strange Eventful History : Democratic Socialism in Britain*, Harper Collins Publishers, p. 254）

次に，2番目に資本家階級が経済的権力を喪失した外的要因として挙げられているのは，アトリー政権によって戦後に推進された「基幹産業の国有化」である。クロスランドは，国有に付された産業における「経済的決定は，資本家階級の手から新しく大いに自主的な公的企業の経営者階級の手へと移行した」[17]と述べている。アトリー政権は，1945年から51年までの間に産業国有化政策を断行していった。クロスランドは，このアトリー政権による産業国有化が資本家階級から経済的権力を奪い，国家へとそれを移行させたと見做したのである[18]。

3番目に挙げられている外的要因は，「労働者階級への経済的権力の移行」である。第2次世界大戦後のイギリスでは，完全雇用が達成された。そして，その達成された完全雇用状態は，売手市場を現出させることとなった。クロスランドは，この戦後の完全雇用状態における売手市場が資本家階級の保持していた経済的権力を被雇用者たる労働者へと移行させる要因として作用したと見做したのである。大戦が勃発する以前には，完全雇用は達成されていなかった。完全雇用が達成されていない状況では，解雇は長期的失業の宣告を意味するものであった。しかし，完全雇用が達成された社会では，労働者がある企業で解雇されたとしても，すぐに他の職に就くことは相対的には容易であろう。こうした完全雇用状態における再就職の容易さが，被雇用者である労働者から従順さと解雇に対する恐怖心を失わせていった。翻って，完全雇用が達成された社会において，雇用者側が欠員を補充することは相対的に困難なものとなった。したがって，被雇用者と雇用者の力関係は，戦前と戦後で大きく変化して

---

17) Crosland, C. A. R. (1994), *op. cit.*, p. 30. 『福祉国家の将来』[1], 46ページ。
18) Beech, M. and K. Hickson (2007) は，この点に関して以下のように述べている。「アトリー政権は，産業の約20％を国有化した。これは，鉄鋼業を例外として，損失続きの産業でなされたのであるが，それは社会主義イデオロギーによってというよりは，むしろ効率性という観点からなされ，残りの私的部門も基幹産業に依存した。……加えて，ケインズ主義の技術，特に財政政策の使用は，使用することを選択し得る私的部門に対する相当強大な権力を国家に賦与した。」(Beech, M. and K. Hickson (2007), "C. A. R. Crosland", *Labour's Thinkers : The Intellectual Roots of Labour from Tawney to Gordon Brown*, Tauris Academic Studies, p. 146)

いったのである。

　また，ストライキとロックアウトに対する雇用者と被雇用者の態度も変化していった。不完全雇用状態では，有効需要の不足のために在庫が多く残存しているが故に，雇用者側は長期間のストライキに耐えることが可能であったし，工場のロックアウトを行うこともできた。しかし，完全雇用状態においては，在庫は過少であり，ストライキによる生産休止は利潤の大きな損失をもたらすこととなる。したがって，雇用者は，労働組合による賃上げ要求を認めざるを得なくなる。しかも，完全雇用と結びついた企業の高利潤は，不況期に比して，労働組合による賃上げ要求に対する譲歩へと雇用者を導くこととなる。このように，戦後における完全雇用の達成は，労働組合へ強い交渉力を賦与し，雇用者である資本家階級から経済的権力を奪う要因として作用したのである。

　上記のように，クロスランドは，「ケインズ主義的な国家介入政策の増大」，「基幹産業の国有化」，「完全雇用の達成による労働者階級の力の増大」という3つが資本家階級から経済的権力を喪失させた外的要因であると分析した。次に，彼は，資本家階級における経済的権力の喪失を促した内的要因を分析する。その内的要因とは，「所有と経営の分離の進行」であった[19]。そこで，以下

---

19) Dell, E. (1999) は，ダービンがクロスランドより以前に，所有と経営の分離に着目していた点を指摘している。「ダービンは，所有と経営の分離に強調点をおいていた。それは，今まで権力を有していた所有者ではなく，経営者であり，所有者と経営者は異なった存在であり，異なった利害を有するものであった。株主から経営者は分離したという社会主義思想における伝統は，クロスランドの修正主義における1要素として継続している。」(Dell, E. (1999), *op. cit.*, p. 255) また，Beech, M. and K. Hickson (2007) は，クロスランドにおける所有と経営の分離の進行に関する分析は，A. A. バーリとG. C. ミーンズ，そして，J. バーナムから影響を受けたものであり，労働党の思想家のうち，D. P. T. ジェイやダービンがクロスランドに先駆けて，所有と経営の分離の進行を認識していたと指摘している。「この点に関して，クロスランドは，所有と経営の分離に関するバーリとミーンズの仕事とジェイムズ・バーナムによって唱えられた「経営者革命」論に影響を受けている。加えて，こうした所有と経営の分離という傾向は，彼らの主要な議論の部分ではなかったのであるが，ダグラス・ジェイやエヴァン・ダービンのような戦前の労働党の思想家たちによって認識されていたものであった。これは，産業の所有権の形態に関する量的評価と経営の社会的責任という質的評価の両方を含んだ論争的な命題であった。」(Beech, M. and K. Hickson (2007), *op. cit.*, p. 147)

では、この所有と経営の分離の進行に関する彼の分析をみていくこととしよう。

まず、クロスランドは、所有と経営の分離自体は第2次世界大戦以前から進行していたものであるということを認める。しかし、彼は、戦後の10年間に所有と経営の分離はその進行速度を著しく速めていったと見做していた。つまり、戦後、企業自体は株主によって所有されてはいるが、企業の経営はそれを専門とする経営者によって担われる傾向が急速に進行していったというのである。現代における産業規模の拡大や複雑化の結果、企業の諸決定は次第に専門的性格を帯びるようになっていった。そして、企業において、この「決定をする機能の性格上の部分的変化は、異なった視野と技術をもっている人々、そして、それ故に、当然、伝統的な資本家の利益や動機とは異なったものをもっている人々」[20]が求められるようになり、企業を所有してはいないが、専門的知識を有している人物が給与を受け取る専門的な経営者として重役に任命されるようになっていった。彼は、この所有と経営の分離の進行、そして、それを原因とする資本家階級の経済的権力の喪失について以下のように述べている。

「企業の指導者たちは、今や大体において、利潤によってではなく、給料によって支払いを受けており、彼らの権力は経営組織における彼らの地位に負っているのであって、所有権に負っているのではない。他方、名目上の会社の所有者たちは、彼らが戦前に保持していた支配権の残りさえも大きく失ってしまった。」[21]

第2次世界大戦後、イギリスにおける多くの企業は、繁栄と高利潤を享受した。そして、この多額の利潤は、低率の配当分配と相俟って、金融面における企業の力と独立性を増大させた。経営者たちは、企業の内部に蓄積された多くの利潤によって投資を行うことができるようになったが故に、株主や金融機関

---

20) Crosland, C. A. R. (1994), *op. cit.*, p. 34. 『福祉国家の将来』[1]、51-52 ページ。
21) *Ibid.*, p. 34. 同上訳、52 ページ。

からは相対的に自由な立場に立つことができるようになったのである。クロスランドは，所有と経営の分離が進行し，経営者たちが金融面で株主や金融機関から自由になるにつれて，古典的資本主義の一大特徴であった利潤の役割と意味が変化していったと分析している。現代の企業経営者たちは，獲得した高額な個人所得を自己の消費に使用するために，あるいは株主の報酬を極大化させるために高利潤を追求するなどということはしない。もちろん，経営者たちは，高利潤の獲得を求めはする。したがって，利潤が企業活動の誘因である点では以前と何ら異なるところはないが，しかし，それは資本家階級の特権的な消費や地位のために追求されるというのではなくなったという点で以前とは大きく異なるものとなったのである。彼は，経営者の給与が賞与的な要素を含む場合，少しでも多くの報酬を得るために利潤の極大化を求めるということを否定しはしない。しかし，彼は，経営者たちは主として「心理的動機と社会的動機が入り混じった動機」[22]によって突き動かされるが故に，利潤の極大化を追求すると見做したのである。この心理的動機と社会的動機が入り混じった動機は，以下のように説明されている。

　「彼（経営者—引用者）は，自らを彼の企業と同一視する傾向がある。企業は，彼にとってはそれ自体本物の人格を備えたものであるまでになっており，彼の関心は株主が抱く関心とは全く別個のものなのである。そして，彼の企業に対する団体的な忠誠心ばかりでなく，彼の全ての個人的動機——職業上の誇り，実業界で威信を得るという望み，自己実現，権力への望み——も，また，巨大な生産量と急速な成長，したがって，高い利潤によって満足されるのである。」[23]

経営者たちは，上記のような心理的動機と社会的動機が入り混じった動機に基づいて利潤を追求しはするが，その際に追求されるのは，あくまでも利潤の

---

22) Ibid., p. 424. 『福祉国家の将来 [2]』，262 ページ。
23) Ibid., p. 424. 同上訳，262 ページ。

相対的水準であって,その絶対的水準ではない。企業の力や威信といったものは,生産量や利潤の大きさの年々の成長率,競争相手であるライバル企業との間の利潤の多寡といった相対的なものによって判断される。したがって,クロスランドは,追求される利潤は相対的なものであるに過ぎず,かつてのようにどのような犠牲を払ってでも極大利潤が目指されるというようなことはなくなってしまったと分析している。そして,彼は,上述したような分析にもとづいて,「伝統的な資本家の残酷さは,大体において,姿を消してしまった」[24]とし,かつてみられたような資本家階級における「攻撃的な個人主義は,物腰柔らかで洗練された社交性へと道を譲りつつある」[25]という結論を下したのである[26]。なお,彼のこの所有と経営の分離の進行に関する認識は,彼の産業国有化の是非に関する見解に対しても大きな意義を有するものでもあった。つまり,所有と経営が分離しているのであれば,何も国家が敢えて企業の所有権を保持せずとも,ケインズ主義的な経済政策を通じて社会主義の目標を達成することが可能だと考えられたのである[27]。

先述したように,クロスランドは,資本主義体制の不可避的な崩壊を説いた

---

24) Ibid., p. 37,『福祉国家の将来』[1], 56 ページ.
25) Ibid., p. 37, 同上訳, 56 ページ.
26) 木村雄次郎 (1959) は, P. スウィージーの見解に依拠しつつ,クロスランドの所有と経営の分離の進行による資本家階級の経済的権力の喪失に関する分析を批判して以下のように述べている。「だがかくも私的所有はその重要性を失ったのであろうか。既に述べたように大株主は今日も尚強大な経済的権力の持主であり,利潤極大化の動機もまた資本の法則として自らを貫徹する。資本蓄積,投資は依然として私的な仕事として残っている等々。私的所有の問題を軽視することによって資本主義を理解することは,今日といえども一つの無謀な企てといわねばならない。」(木村雄次郎 (1959),「いわゆる「経営者革命論」について─ C. A. R. クロスランドの所説を中心として─」『経済論集』関西大学, 第 8 巻第 5 号, 376 ページ)
27) クロスランドの所有と経営の分離の進行に関する分析は,ケインズ主義的社会民主主義を信奉する修正主義者たちの産業国有化に対する見解に大きな影響を与えた。Jones, T. (1996) は,この点に関して以下のように述べている。「クロスランドの命題は,全ての修正主義者たちの公的所有に対するアプローチに深い影響を与えた。もしも,もはや所有と産業の統制が不可分のものではないとするならば,公的所有が社会主義の政策と戦略にとって必要不可欠だと見做すのは困難になるからである。」(Jones, T. (1996), op. cit., p. 30)

マルクス主義は時代遅れで誤ったものとなってしまったと見做していた。第2次世界大戦後，労働者階級は窮乏化するどころか，むしろ経済成長がもたらされ，彼らは相対的には富裕化していったのである。クロスランドは，こうした事実に照らして，戦後のイギリスでは貧困や不平等は解消，ないしは少なくとも是正されたと考えていた。こうした貧困と不平等の是正は，戦後のイギリス資本主義体制における大きな変化の1つであった。そこで，次は，この戦後のイギリスにおける貧困や不平等に関するクロスランドの分析についてみていくこととしよう。

　クロスランドは，B. S. ラウントリーによって1936年と1950年にヨークで行なわれた貧困調査に基づいて，第2次世界大戦の前後における貧困状態とその変化を考察している。クロスランドは，「ラウントリーは，この二つの時期の間に，貧困線以下の数は労働者階級人口の31％から3％以下に，全人口の18％から1.6％に減少したことを発見した。こうして，1936年に存在していた貧困の10分の9は消失してしまった」[28]と述べ，戦前と戦後を比較し，戦後に貧困が減少したことを強調する。それでは，この戦後における貧困の減少は，どのような原因によるものなのであろうか。クロスランドは，貧困を減少させた原因としてアトリー政権が実施した諸政策を挙げている。現在のイギリスにおいても，相対的貧困は存在してはいるが，アトリー政権が実施した諸政策によってラウントリーのいう「第1次的貧困」は解消されてしまったというのである。

　また，アトリー政権は，貧困の解消とともに極端な所得の不平等をも是正しようとした。社会主義を標榜する政党である労働党が，国民の手にする所得の平等化を推進しようとしたのは当然のことであった。クロスランドは，所得の不平等を是正するために実施される再分配政策は極端な所得格差を否定する「社会主義的道徳」にその根拠をもつものであると述べている。クロスランドは，アトリー政権が実施した所得課税政策を通じて戦後のイギリス社会におけ

---

28) Crosland, C. A. R. (1994), *op. cit.*, p. 43, 『福祉国家の将来』[1], 66ページ.

る所得の不平等は大いに是正されたという評価を下している。クロスランドは，この点に関して以下のように述べている。

「しかし，あらゆる手加減がなされても，基本的事実は残る——すなわち，金持ちは明らかにそれほど金持ちではないし，貧乏人はずっと貧乏ではないということである。平等化の過程は，消費水準の点からみてさえも現実である。そして，イギリスでは，戦前よりは，あるいは他の政府のときよりは，6年間の労働党政府の後の方が，多少とも，いっそう平等な社会である。」[29]

もちろん，クロスランドは，平等という点に関して改善すべきところがイギリス社会から完全に払拭されてしまったなどと考えていたわけではなかった。あくまでも，アトリー政権による平等化政策によって戦前のような極端な所得の不平等は是正されたというに過ぎないのである。

貧困の是正と所得の不平等の緩和に加えて，アトリー政権におけるもう1つの成果は，失業の払拭であった。クロスランドは，戦後のイギリスにおける喫緊の経済問題はインフレーションであって，雇用問題ではなかったということを認めている。如何にして需要を増大させるのかというのではなく，逆に如何にして需要を抑制するのかということが，政策当局の懸案事項だったのである。しかし，クロスランドは，完全雇用が戦後における既成事実であったとしても，そのことが「労働党の政策が完全雇用を維持するのに，何らの役割をも演じなかったということを意味するものではない」[30]と主張している。つまり，クロスランドは，失業の発生を回避するために労働党によって実施された通貨政策，あるいは新産業の工場を窮乏地区へ誘致する政策等は，すでに達成されていた完全雇用を維持していくうえで効果があったというのである。

上記のように，第2次世界大戦後のイギリス資本主義体制においては，経済成長がもたらされるとともに，完全雇用も達成され，国民所得は増大していっ

---

29) *Ibid*., p. 53. 同上訳, 81 ページ。
30) *Ibid*., p. 53. 同上訳, 82 ページ。

た。労働者階級は，戦前と比較して，相対的には富裕化していった。また，資本家階級は，国家介入政策の増大，基幹産業の国有化，完全雇用の達成による労働者階級の力の増大といった3つの外的要因と所有と経営の分離の進行という内的要因によって，戦前に保持していた経済的権力を喪失してしまった。貧困は解消されつつあり，著しい不平等も是正されつつある。イギリスの資本主義体制は，その様相を戦前とは著しく相違したものへと変貌を遂げたのである。

3. 第2次世界大戦後の経済体制に対する評価

先述したように，クロスランドは，アトリー政権によって実施された諸政策は貧困をほぼ解消し，極端な所得の不平等を是正するとともに完全雇用をも維持するものであったと見做していた。クロスランドは，「もちろん，この改革の全ての名誉を戦後の労働党内閣の諸政策に与えるのは的外れ」[31]であると述べてはいる。しかし，クロスランドは，資本主義体制は20世紀初頭から徐々に変貌を遂げてきたとはいえ，「1939年のイギリスは，根本的には相変わらず旧態依然とした資本主義社会であった」[32]とし，その旧態依然とした古典的資本主義体制の戦後における著しい変容を促進したのは，アトリー政権であったと認識していたのである。

クロスランドは，第2次世界大戦中における軍事的な必要が保守党を中心とする戦時内閣をして，労働党が戦前から主張し続けてきた諸政策，すなわち，完全雇用政策，経済計画化，所得再分配のための課税政策，新たな社会福祉政策等々を導入せしめたと見做していた。そして，そうした諸政策の実施こそが，労働党に1945年の総選挙における勝利をもたらすこととなった。有権者は，旧態依然とした戦前の体制への回帰を唱える反動的なチャーチル保守党ではなく，アトリー労働党の方に期待をかけたのである。クロスランドは，この1945年の総選挙における労働党の勝因に関して以下のように述べている。

---

31) *Ibid.*, p. 56. 同上訳, 84ページ。
32) *Ibid.*, p. 57. 同上訳, 86ページ。

「これらの政策が全く実際的なもので，単なる左派の空想家のユートピアじみた幻想ではなかったという一般的感情が有権者の脳裏に留まって，1945年には，有権者は，保守党は戦中に簡単に実行したことも平時にはなかなか実行しないという理由で，保守党を政権から追放したのである。」[33]

　保守党は，1918年に終結した第1次世界大戦後，急速にその大戦が勃発する以前の経済体制へとイギリスを逆戻りさせてしまった。そこで，有権者は，第1次世界大戦後の保守党を念頭において，1945年の総選挙では保守党の反動に対する拒否感を示し，労働党の改革路線をこそ支持した。クロスランドは，このように1945年の労働党の勝利を解釈した。アトリー政権は，この有権者による支持を背景として，政策綱領『将来に直面しよう』にまとめた諸政策を断行することができたのであった。クロスランドは，今後，保守党がアトリー政権によって樹立された戦後の経済体制を破壊し，再び自由放任主義へとイギリスを回帰させる道を選択することはないと考えていた。保守党はプラグマティックな政党であり，すでに定着したアトリー政権の諸成果をその現実主義によって受容し，過去へと回帰するよりは，むしろ現状を維持しようとするに違いないというのである。有権者は，今やアトリー政権が樹立した社会保障制度や完全雇用状態を既成の事実として捉え，それらを維持するための諸政策に支持を与えている。社会保障制度や完全雇用政策を否定し，経済体制を戦前の状態へと回帰させようと主張する政党は，必ず選挙で大敗を喫するであろう。保守党が社会保障の拡大や完全雇用の維持，ときには国有化産業の運営を成功させることさえも掲げて選挙戦を戦っているのは，こうした理由によるのである。もちろん，保守党は，富裕層を利するために，あるいはこれ以上の損害を富裕層が被らないように努力することであろう。しかし，選挙における競争圧力は，戦後に確立された経済体制を破壊することを保守党に許しはしない。戦前の経済体制への回帰を頑迷に主張する自由放任主義者は，そのほとん

---

33)　*Ibid*., p. 57. 同上訳，86 ページ。

どが姿を消してしまった。戦後における政治闘争は，アトリー政権によって樹立された経済体制を前提として展開されるようになっている。こうしたことは，イギリスの政党政治における一大変化であった。クロスランドは，これから先，ウェストミンスターを支配する者が誰になろうとも，この戦後に樹立された経済体制の基本構造を変更したりはしないと確信していたのである[34]。

　もはや，ほとんど誰も，第2次世界大戦の勃発以前には正当であると考えられていた経済体制への復帰を望んではいない。自由放任主義はケインズ主義的な国家介入主義に取って代わられ，資本家階級はかつて保持していた経済的権力を奪い去られてしまった。また，極端な不平等は是正され，無制限の競争と個人主義への崇拝に基づいた私的利益追求や私的所有権は，国家によって制限されるにようになっている。クロスランドは，あらゆる面において，古典的資本主義は変質してしまい，今や資本主義とは呼ぶことができない体制へと変貌を遂げてしまったと見做したのである。そして，彼は，現今の経済体制を資本主義であると規定し得るか否かという問いを発し，その問いに対して自ら以下のように答えている。

　「それでは，いったい資本主義という言葉によって歴史的に規定された社会と現代のイギリス社会とが依然として同様のものであるかのようにいい続けることに何らかの意味があるのであろうか。その逆であることは確かであ

---

34) 1979年に誕生したM.サッチャー率いる保守党政権は，労働党政権が第2次世界大戦後になした成果の多くを否定した。クロスランドは，1950年代半ばにおいて，もはやF. A. v.ハイエクが『隷従への道』で主張したことに耳を傾ける者はいなくなったと考えていたのであるが，70年代に入るとサッチャーのようにハイエクを信奉する者たちが再び古典的な自由主義の復興を叫び始めたのである。こうしたことを踏まえれば，1950年代におけるクロスランドの認識は，あまりにも楽観的に過ぎたということができるかもしれない。Beech, M. and K. Hickson (2007) は，この点に関して以下のように述べている。「クロスランドは，おそらく戦後の労働党の政権による高揚感に囚われていたのであろう。ストレイチーその他が論じていたように，クロスランドは楽観的であり過ぎたし，1945-51年の改良は，彼が考えていたよりも全く進捗していなかったのである。」(Beech, M. and K. Hickson (2007), op. cit., p. 148)

る。そして，今や現代社会が古典的資本主義とは全く性質を異にしているということは明らかである。……現在の社会は完全に定義され得ると信じているし，別の名称を必要とするくらい，古典的資本主義とは別のものであると信じている。」[35]

　それでは，その新たな経済体制はどのように呼称されるべきものであるのだろうか。クロスランドは，戦後に樹立された経済体制を表現するために使用され始めた「混合経済」や「福祉国家」という名称はあまり満足のいくものではないと考えていた。彼自身，『新フェビアン論集』に所収された論文「資本主義からの移行」において，この新たな経済体制を「国家主義」(statism) という用語でもって表現しようとした[36]。しかし，今日，この用語は「集産主義」(collectivism) と同義のものであると解されるようになったが故に，適切なものではなかったとして，『社会主義の将来』ではその用語を撤回している。
　どのような用語によって形容するかということはおくとしても，クロスランドは，第2次世界大戦後に成立したイギリスの経済体制を古典的資本主義とは著しく相違した体制であると見做していたのである。そして，保守党といえども，この戦後に確立された経済体制を再び自由放任主義的な戦前の経済体制へと回帰させることはできない。彼は，このような評価を戦後のイギリスにおける経済体制に対して下したのであった。

---

35) Crosland, C. A. R. (1994), *op. cit.*, p. 67. (『福祉国家の将来』[1]，99-100 ページ)。
36) クロスランドは，『新フェビアン論集』に所収されている論文「資本主義の移行」において，以下のように述べている。「これらの困難にもかかわらず，何か名称が見出されなければならない。そして，私が示唆し得る1番いい名称は「国家主義」である。その名称は，醜悪であり，あまりに不利な響きをもっている。しかし，資本主義から最も根本的な変化は自由放任から国家統制への変化であり，したがって，この重大な変化にスポットライトを当てた名称をつけても差し支えない。」(Crosland, C. A. R. (1952), "The Transition from Capitalism", *New Fabian Assays*, (ed., Crossman, R. H. S.), Turnstile, p. 43. 社会思想研究会訳『社会改革の新構想―新フェビアン論集―』社会思想研究会出版部，75 ページ。)

おわりに

　第2次世界大戦を境に，イギリスの資本主義体制は，その姿を著しく変容させてしまった。自由放任主義は，正統の座をケインズ主義的な国家介入政策に取って代わられた。そして，そのケインズ主義政策は，経済成長をもたらすとともに完全雇用を維持し続けたのである。国民所得は増大し，労働者階級は富裕化していった。また，ケインズ主義的な国家介入政策の増大，基幹産業の国有化，完全雇用の達成による労働者階級の力の増大といった3つの外的要因と所有と経営の分離の進行という内的要因が，資本家階級の手から経済的権力を奪い去った。しかも，イギリスの福祉国家体制は，イギリス国内における貧困を是正し，極端な不平等をも緩和しつつある。古典的資本主義は，その様相を大戦が勃発する以前とは著しく相違したものへと変化させ，もはや資本主義と呼ぶことさえ困難な体制へと変貌を遂げてしまったのである。

　クロスランドは，こうした第2次世界大戦後のイギリスにおける資本主義体制の変容はアトリー労働党政権の実施した諸政策によってもたらされたものであると見做していた。もはや，保守党といえども，アトリー政権によって確立された戦後のイギリスにおける経済体制を否定することはできない。アトリー政権による成果は，イギリス社会主義が達成した偉業であった。

　クロスランドは，第2次世界大戦後のイギリスにおける資本主義体制の変容を眼前にして，労働党における旧来の社会主義思想を時代の変化と要請に合わせて修正し，それを再定義しようとした。クロスランドは，アトリー政権が実施した諸政策によって状況が変化し，体制それ自体が変容したにもかかわらず，旧来の社会主義思想に固執し続けることは許されないと考えていたのである。つまり，クロスランドの修正主義的なケインズ主義的社会民主主義の基礎には，アトリー政権によってもたらされたイギリス資本主義体制における変容に関する分析が据えられていたのである。戦後のイギリスにおける資本主義体制は著しく変貌を遂げてしまったという認識の下，クロスランドは，修正主義的な経済政策思想，ケインズ主義的社会民主主義の確立を目指し，生産手段の

国家所有，産業国有化のさらなる推進に拘泥し続ける労働党内の左派を批判したのであった。

参考文献

Beech, M. and K. Hickson (2007), "C. A. R. Crosland", *Labour's Thinkers : The Intellectual Roots of Labour from Tawney to Gordon Brown,* Tauris Academic Studies.

Brown, G. (1999), "Equuality : Then and Now", *Crosland and New Labour,* (ed., Leonard, D.), Macmillan.

Brivati, B. (2001), "Tony Crosland", *Dictionary of Labour Biography,* (ed., Rosen, G.), Politicco's Publishing.

Crosland, C. A. R. (1952), "The Transition from Capitalism", *New Fabian Essays,* (ed., Crossman, R. H. S.), Turnstile (社会思想研究会訳『社会改革の新構想―新フェビアン論集―』社会思想研究会出版部).

Crosland, C. A. R. (1994), *The Future of Socialism, The Theories of the Mixed Economy,* vol. VII, (ed., Reisman, D.), William Pickering (関　嘉彦監訳『福祉国家の将来』[1][2] 論争社).

Crosland, S. (1982), *Tony Crosland,* Jonathan Cape.

Dell, E. (1999), *A Strange Eventful History : Democratic Socialism in Britain,* Harper Collins Publishers.

Harris, J. (2000), "Labour's political and social thought", *Labour's First Century,* (ed., Tanner, D., P. Thane, N. Tiratsoo), Cambridge University Press.

Jefferys, K. (1999), *Anthony Crosland,* Richard Cohen Books.

Jefferys, K. (2004), "The Old Right", *The Struggle for Labour's Soul : Understanding Labour's Political Thought since 1945,* (ed., Plant, R., M. Beech, K. Hicson), Routledge.

Jones, T. (1996), *Remaking the Labour Party : From Gaitskell to Blair,* Routledge.

Mackintosh, J. P. (1978), "Has Social Democracy failed in Britain?", *The Political Quarterly,* Vol. 49, No.3.

Reisman, D. (1997), *Crosland's Future : Opportunity and Outcome,* Macmillan.

Thompson, N. (2006), *Political Economy and Labour Party* (second edition), Routledge.

吉瀬征輔（1997），『英国労働党―社会民主主義を越えて―』窓社。

木村雄次郎（1959），「いわゆる「経営者革命論」について― C. A. R. クロスランドの所説を中心として―」『経済論集』関西大学，第 8 巻第 5 号。

関　嘉彦（1969），『イギリス労働党史』社会思想社。

八田幸二（2009），「イギリス労働党におけるケインズ主義の受容― E. F. M. ダービンの経済理論と政策論を中心に―」『中央大学経済研究所年報』中央大学，第 40 号。

─────（2010），「E. F. M. ダービンの産業国有化論について―イギリス労働党におけるケインズ主義的社会主義の形成―」『中央大学経済研究所年報』中央大学，第 41 号。

力久昌幸（1994），「経済政策形成をめぐる政治―イギリスにおけるケインズ主義の拒

否と受容」『法政論集』北九州大学，第22巻第3・4合併号。

第 12 章

J. E. ミードにおけるベーシック・インカム論と協働企業論の相補性

はじめに

　ここ数年，ベーシック・インカムへの関心が急速に高まっている。ベーシック・インカムとは，一定額の現金を，社会構成員の全員に無条件に給付する制度である。すなわち，現行の社会保障制度が，疾病，老齢，貧困など，一定の給付条件を満たした場合に初めて適用される制度であるのに対し，ベーシック・インカムは，病気の有無，収入の有無，さらには就業意志の有無にかかわらず，すべての社会構成員に無条件に適用される最低所得保障制度である。ベーシック・インカムが導入された場合，課税控除と社会保障給付の大部分は廃止されるが，本人による給付の申し出や資格確認調査がほぼ不要になるため，大幅な経費節減と捕捉率の改善が見込まれる[1]。

　他方で，ベーシック・インカムに対しては，その財源問題もさることながら，社会全体における就労インセンティヴへの悪影響を懸念する声がある。特に，ベーシック・インカムは就労意志を示さない者にも等しく適用されることから，すでに一定年数の労働経験を有する者ならともかく，これから就職して

---

1) 山森（2009），30-38 ページ。

社会に出ようとしている若年層に対して、特に大きな負の影響を懸念する意見も多い。ただし後に述べるように、もし実際に、ベーシック・インカムの導入によって就労インセンティヴが低下したとしたら、それは現行制度の下で人々が内心抱いている職場環境への評価が、ベーシック・インカムをきっかけに表面化した結果とも考えられ、もしそうであるなら、それはベーシック・インカムの問題というより、現在の労働環境が抱える問題として認識すべきものだろう。

こうしたなか、ベーシック・インカムとほぼ時を同じくして、今日世界的に、社会的企業への関心が高まっている。社会的企業の定義はベーシック・インカム以上に多様で、また時代により地域により小さからぬ差異を含むものではあるが、ここでは独立採算制を目標にしながら、これまで民間企業からも、中央・地方政府からも、事業対象として認識されてこなかった何らかの社会的需要に革新的な手法をもって取り組み、利潤については出資者への利益分配を最低限に抑え、自社事業への再投資、地域還元、他の社会的企業への支援などにその大部分をあてようとする企業を社会的企業と定義する[2]。すなわち社会的企業とは、その事業目的からすればNPO、NGOに近いが、しかるべき利潤を追求する点では営利企業的な性格を持ち、しかしながら利潤の出資者分配をほとんど行わない点で営利企業とも根本的に異なる性質を持つ企業体である。こうした、従来の資本主義観からすれば、とうてい初期資本すら集められそうにない企業が、アメリカ、イギリス、ヨーロッパを中心に、日本でも急速にその数と事業範囲を広げているのが、現在の市場経済のひとつの光景なのである。

新自由主義経済への批判が高まる中で、あるいは社会保障政策の後退がますます懸念される中で、一見、これまでの経済常識と真逆の性質を期待させるベーシック・インカムや社会的企業に多くの関心が集まるのは、ごく自然な反応かもしれない。しかし、ベーシック・インカムはあくまで個人単位で支給され

---

2) OECD (1999), Borzaga and Defourny (2001), Noya (2009) などを参照。

第12章　J.E.ミードにおけるベーシック・インカム論と協働企業論の相補性　395

るものである以上，家庭や地域内での相互依存関係や相互扶助関係をむしろ弱める可能性もある。また，社会的企業は社会的な支援に依存しないことを以て，自らの存立根拠とする企業体であるからには，両者ともに基本的には個人主義的な志向性の強い，むしろ新自由主義とも共通する思想的基礎を持つものかもしれない[3]。

　他方で，ベーシック・インカムには―ここは論者によって相当意見の開きがあるようだが―賃労働関係を解消する契機，言いかえれば，労働と所得の関係を切断する契機が含まれる可能性がある。それは，就労意志を示さない者にも無条件で支給するという，その基本要件の中にも伺われることである。ところが社会的企業は，もともと社会的マイノリティ（被差別人種，障害者，犯歴者など）の雇用促進を目的に，彼ら・彼女らを労働市場に再吸収する目的で始められたものが多い。つまり社会的企業は，社会的マイノリティを，賃金労働者という同等の資格において社会参加させる事業として始められたものが多いのであって，その意味では，社会的企業は賃労働関係の解消はおろか，むしろその拡張をこそ目指す傾向があるともいえる。だとすれば，ベーシック・インカムと社会的企業は，その出発点においてすでに相反する性格を持つことになり，そのことが近い将来，現実的な対立となって表れてくる可能性もないとはいえない。

　さてしかし，この小論において筆者が検討したいのは，ベーシック・インカム論と社会的企業論の本質的関係のような大きな問題ではない。本章で論じたいのは，ベーシック・インカム論と社会的企業論がいかなる関係になるにせよ，両者が同時期に注目されるようになったことは偶然ではなく，むしろ一種の理論的な相補的関係がその根底にあること，そしてそのことを示唆する一連のテクストが，何人かの人物によってすでに残されていることを示すことである。言い換えれば，ベーシック・インカム論と社会的企業論は，現代経済学が

---

3)　たとえば Van Parijs（1995）は，自らの立場を「真のリバタリアン」と称して新自由主義的リバタリアンとは一線を画しつつ，あくまでベーシック・インカムを個人主義的伝統に立つものとして位置づけている。

真剣に取り組むべき新しい問題群を提供していると同時に，経済学史研究・経済思想研究にとっても，新たな研究領域を拓くものであることを示すことが本章の目的である。

本章は，その何人かの人物の中からJames Edward Meade（1907-1995）を取り上げてみたい。ミードは，特にこの数年，ベーシック・インカム論関係の文献で頻繁に言及されるようになっている。ミードが終生唱え続けた「社会的配当論（Social Dividend）」は，ベーシック・インカムの先駆的モデルとして今日高く評価されている。しかし私見では，ミードはこの社会的配当論を，彼の「協働企業論」と一対の問題として捉えていたと思われる。しかし，そうした文脈に沿って社会的配当論を検討したものは，まだ少ないように思われる。そこで本章では，ミードの社会的配当論と協働企業論の相補的な関係について検討し，そのうえで，両者を軸に展開されたミードの新たな市場経済像を瞥見しつつ，学史的テクストからの現代的示唆について若干私見を述べてみたい。ミードは，これまでの経済学史研究において，奇妙なほど取り上げられることの少なかった人物であり，ケンブリッジ学派研究に的を絞ってみても事情はほぼ変わらない[4]。ミードへの再評価は，経済学に求める内容と方向性の変化を，さらにいえば人々が抱く市場経済像の変化を反映したものかもしれない。本章は，そうした変化について考えるための，ひとつの試論である。

1. 社会的配当論について

1-1 ミードの社会的配当論

ミードは，ベーシック・インカム論，彼の言葉でいえば社会的配当論について，その生涯を通じて検討を続けている。社会的配当論のそもそもの構想はJ. リズ = ウィリアムズに依るとしているが[5]，ミード自身1948年の著作

---

4) Middleton（1998）は，ミードをマーシャル以来のケンブリッジ学派の流れの中に位置づけようとした稀有な試みの1つだが，ミードに特に内在した検討を行ったものではない。Fitzpatrick（1999）は，Van Trier（1995）を参照しつつ比較的多くの紙幅をミードに当てているが，協働企業論との関係に言及したものではない。

Planning and the Price Mechanism においてすでに最初の構想を示しており[6]，その後もまとまった内容を持つものとして，Meade（1964），（1972b），（1975），（1976），（1989），（1995）等の著書・論文を発表している。ミードは，その他の著作でも随所でこの問題に立ち返っており，まさしく彼畢生の課題であったことが見て取れる。以下では，これらのうち最も簡にして要を得た記述と思われるMeade（1989）に則って，彼の社会的配当論を整理検討してみたい。

ミードにとって社会的配当制度の有する利点は，現行制度に多く見られる課税控除＋条件付き社会保障給付制度に比して，①所得再分配効果において勝っていること，②手続き的に簡素であること，すなわち，社会的配当は無条件給付であるから，資格確認調査等の行政経費を大幅に節約することができ，また本人からの給付申請も不要になるため，特に低所得者層の心理的負担を軽くでき，給付漏れなどの事態も減らすことができること，③いわゆる「賃金の罠」「貧困の罠」を回避でき，低所得者層の就労インセンティヴを高める効果があること（但し高所得者層の稼得インセンティヴに対しては，現行制度より抑制的に働く可能性がある），といった点に求められる。これらについて，いま少し詳しく見てみよう。

まず比較のために，図12-1に課税控除＋条件付き社会保障給付の場合を示してみよう[7]。横軸には，課税や給付が行われる前の未調整所得が所得の低い順に並べられている。縦軸には，課税や給付が行われた後の調整後所得が記されている。もし，課税も給付も一切行われなければ両者は当然同じ値になる。それを45度の傾きをもった直線Vで表わす。さて，いま課税最低限所得をMに定めたとしよう。M以下の所得には税金は一切かからず，Mを越えた分については，一律25％の所得税が課されるものとしよう。したがって所得Mに対応するV上の点Bに達するまでは，未調整所得と調整後所得の関係は依然

---

5) J. Rys-Williams (1943), Meade (1972b) in Collected Papers, Vol. II, p. 332. 参照。B. Rys-Williams (1967), Parker (1989) も参照。

6) Meade (1948), chp. III 参照。

7) Meade (1989) in Meade (1993), pp. 172-174. （以下，Meade (1989) についてはMeade (1993) における該当箇所を示すことにする）

図 12-1

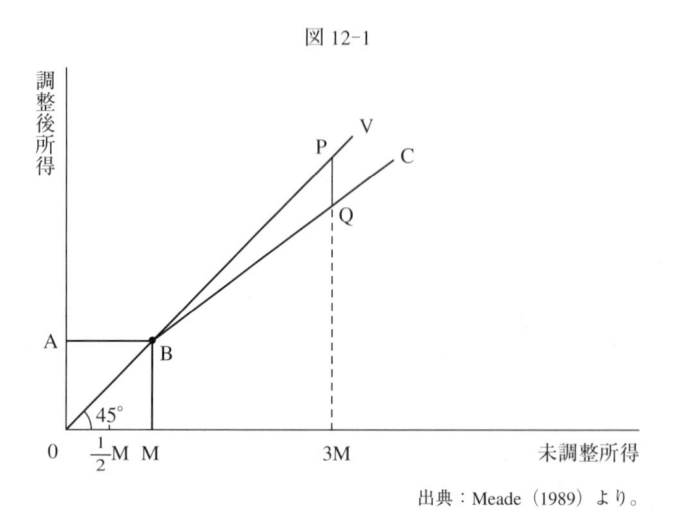

としてVで示され，Bを過ぎて以降は，未調整所得から25％の所得税を差し引いた直線BCによって調整後の所得が表わされることになる（ゆえにOBの傾きは1のまま。BCの傾きは1から25％減じた3/4になる）。ゆえに，課税控除だけが行われる場合の調整後所得はOBCの縦軸で示されることになる。この場合，所得税収はBVとBCの乖離部分の面積で示される。仮に未調整所得3Mまでの範囲で見るとすれば，所得税収はBPQということになる。

さて，ここで課税控除に加え，生活保護の観点から所得Mを最低保証所得とし，これを下回る所得については，Mとの差額が公的に支給されるものとしてみよう。つまり，所得がMを下回ることを条件とする社会保障（生活保護）制度が追加導入されたと仮定しよう。この場合，Mに達するまでの調整後所得は水平線ABで示されることになる（OA＝OM）。所得がゼロの場合は，OAが満額で支給され，何らかの所得を得るに従い，同額分だけ給付額が減額される仕組みである。あるいは，所得Mに達するまでは一律でOAが給付され，それとは別に稼得収入を得た場合は，その収入に対して常に100％の所得税が課税されると考えてもよい。いずれにせよ，この制度の下では，調整後所得はABCの縦軸で示されることになり，新たな社会保障経費としてOABの支出が

図 12-2

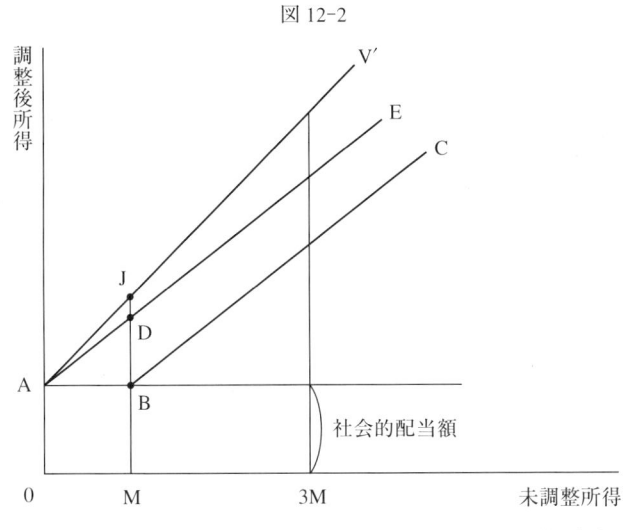

調整後所得／未調整所得のグラフ。縦軸「調整後所得」、横軸「未調整所得」。原点Oから伸びる直線OV'、OE、OC。点A（縦軸上）から水平線が伸び、点J、D、Bを通る。横軸上にMと3M。3Mの位置に「社会的配当額」を示す縦の括弧。

出典：Meade（1989）より筆者作成。

必要になるが，それがBPQで示される所得税収を下回る限り，この制度は財政的には成立するだろう。

この方式では，所得はMを上回る瞬間から課税対象になるが，それでも結果的には最低保障所得OAを上回る所得を残せるので，B点を通過する際にいわゆる「賃金の罠」が発生することは（理論的には）ないとみていいだろう。しかし，問題はそこに達するまでの範囲にあって，この制度の下では，ゼロより1/2Mを，1/2MよりMを得ようとする経済的動機は生じにくいだろう。つまりこの制度の下では「貧困の罠」を回避することは難しいだろう。

これに対して，ミードは次のような社会的配当方式を提唱する[8]。図12-2の横軸，縦軸は図12-1のものと同じ，OV，ABCも図12-1のものをそのまま再掲している[9]。さて，社会的配当方式では，所得Mを上回るか下回るかにかか

---

[8] *Ibid.*, pp. 175-177. 先に掲げた他の社会的配当論文では，これとは若干異なるタイプのものが提示されているが，本質的な差はないとみてよい。

[9] ミード自身は図12-3a 図12-3bを直接用いて図12-1との比較を行っているが，

わらず，全員に社会的配当 OA が支給される（ここでは比較のため，先の最低保証所得 OM＝OA を社会的配当額にしてある）。これに伴い課税控除ならびに条件付き社会保障給付は廃止される。社会的配当は課税されないが，他の稼得収入は，金額の多寡にかかわらず全て課税対象になる。図 12-2 では差し当たり，図 12-1 と同様 25％の一律課税を仮定してある。そうすると調整後所得は，非課税の社会的配当に，25％の所得税を控除した稼得所得を加えたものになるから，それは直線 ADE で示されることになる。ADE は BC と同じ 3/4 の傾きを持つ直線である[10]。

図 12-2 では明らかに，ADE の方が先の ABC よりも，低所得者層を含め高い調整後所得を得ている。しかし，図 12-2 はまだ図 12-1 と比較可能なものではない。なぜなら図 12-2 は明らかに財源不足を来しているからである。図 12-2 の AV′ は，OV を A 点が起点になるように平行移動したもので，AV′ と ADE の乖離部分の面積が，社会的配当制度の下での所得税収を示すことになる。しかしこれは 3M までの所得範囲で見てみても，明らかに社会的配当総額 OA × 3M に達しない。つまり，先と同じ所得税率のままでは，OAB より多くの財政支出が必要な社会的配当政策を維持することは困難なのである。ゆえにミードは所得税率の引き上げを考える。それを示したものが図 12-3a, b である。

図 12-3a, b は図 12-2 と若干作図の方法が違っている。図 12-2 では文字通り，非課税の社会的配当の上に，従来の稼得所得を課税所得として加えるように図示しているが（したがって図 12-1 では非課税であった MB に対しても 25％の税がかかるから，図 12-2 の稼得所得は図 12-1 よりも 25％減少している），図 12-3a では図 12-1 と比較しやすいように，稼得所得部分は図 12-1 と同じままに描き，追加的な所得税は本来非課税である社会的配当から差し引く形で描いてある。

　　図 12-3a, 図 12-3b は社会的配当の表現にやや戸惑うところがあるので，ここではミードとは別に図 12-2 を作図した。
10)　図 12-1 で課税対象外だった OB の部分も図 12-2 では課税対象になるから，社会的配当に加えられた後の OB 部分を表す AD も，その傾きは 3/4 になる。

第 12 章　J. E. ミードにおけるベーシック・インカム論と協働企業論の相補性　401

図 12-3a

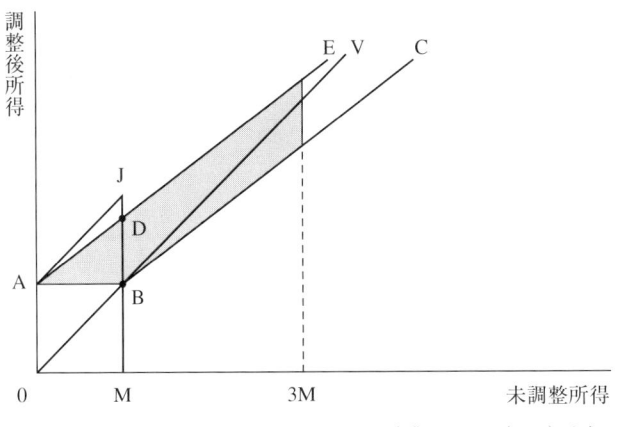

出典：Meade（1989）より。

ゆえに，社会的配当 OA = MB の 3/4，すなわち BD に等しい額が直線 BC の上に加算される形になる[11]。このような作図の仕方をしても，最終的な調整後所得は ADE となって図 12-2 と変わらない。ただし，図 12-2 が社会的配当の全額を図示しているのに対し，図 12-3a では図 12-1 の課税控除＋条件付き社会保障方式と比べて，追加的に必要になる財政経費だけを斜線で示している（これは社会的配当の全額から，図 12-1 でも支出されていた OAB を差し引いたものである）。

図 12-3a が所得税 25％で描かれているのに対し，これを 50％に増税したケースが図 12-3b である。非課税の場合の調整後所得 AV′ に対して 50％減額された傾き 1/2 の直線 AE_1 がこれを示している。AE_1 は BC と F 点で交差している。ミードはここから次のような考察を行う。すなわち，稼得所得に 50％課税する社会的配当方式は，課税控除＋条件付き社会保障方式と比較して，まず

---

11) M より左側の所得については，稼得所得 OB は非課税のままにし，これに社会的配当 OA を加える。単純に加算すると AJ になるが，そこから 25％の税金が差し引かれるので，その結果 AJ は AD になり，かくして ADE は傾き 3/4 の直線になる。

図 12-3b

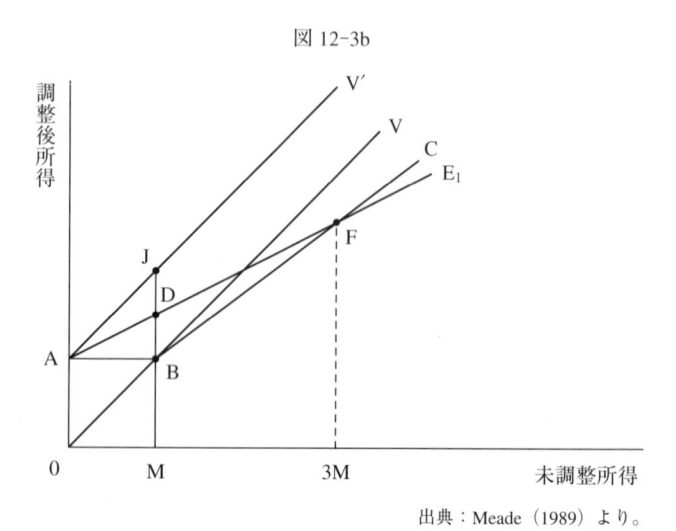

出典：Meade（1989）より。

　F点よりも左側の比較的低い所得層においてAFBの追加的財政支出を必要とする。他方で，F点よりも右側の高所得層においては，社会的配当方式のもとでの所得の方が，条件付き社会保障方式のもとでの所得よりも一貫して低くなる。その結果，FCとF E_1 の乖離部分に相当する財政負担が軽減されることになるから，もしその部分（＋AJD）でAFBを賄うことができるとすれば，課税控除＋条件付き社会保障方式よりも財政条件を悪化させずに，社会的配当方式を導入することができることになる。

　ただし，注意する必要があるのは，図 12-1 から図 12-3b までの図はいずれも，各所得階層にどれだけの人数が含まれているかについて，まったく考慮していないことである。例えば図 12-3b において，AFBとFC・F E_1 の乖離部分（＋AJD）の面積が等しくなったとしても，F点より左側に含まれる人数がF点より右側の人数より圧倒的に多ければ，財政的にはやはり赤字になるわけである。したがって，所得分布の情報なしに面積比較だけ行ってもあまり意味はないわけだが，もし仮に図 12-3b が財政的に維持可能と仮定できるとすれば，これまでの比較検討から，社会的配当制度の基本的特徴を，次のように整理することはできるだろう[12]。

第1に，図12-3bの社会的配当方式は，図12-1の課税控除＋条件付き社会保障方式と比べ，所得の再分配効果においては，はるかに勝っていることがわかる。F点よりも左側の中低所得層において，課税控除＋条件付き社会保障方式ではABFという調整後所得が形成されるのに対し，社会的配当方式ではこれより高いADFという調整後所得が実現される。他方でF点よりも右側の高所得層においては一貫して，社会的配当方式下での調整後所得が，課税控除＋条件付き社会保障方式下での調整後所得を下回っている。社会的配当方式は，課税控除＋条件付き社会保障方式よりも手続き的にはるかに簡素であるにもかかわらず，所得分配の平準化に対しては，はるかに大きな効力を発揮することは注目に値する。

第2に，社会的配当方式では，図12-1のAB部分に見られたような，低所得者層の稼得収入に100％の所得税を課すようなことにはならないので，いわゆる「貧困の罠」を回避することが可能になる。確かにこの部分には，子どもや高齢者あるいは病気療養中の人々など，本人の意思とは別に就労困難な人々が多く含まれるだろうから，そうした人々にとっては，このように就労を促す制度が設けられることで，かえって心理的負担が強められるかもしれない。こうした微妙な問題はなお残るものの，自ら就業を選択していない人々に対して，就労を不利にしない制度を提供することは，経済厚生的には妥当な施策と判断されよう。

ただし，第3に，第1の特徴の裏面として，社会的配当方式は，課税控除＋条件付き社会保障方式よりも，高所得者層の労働インセンティヴを大きく損なう可能性は否定できない。こうした性質は，公平重視の政策の場合，やむを得ざる結果として大目に見られることが多く，場合によっては，成長より公平を優先した証として賞賛される傾向すらあるだろう。しかし，この問題は決して軽視できる問題ではない。社会的配当にせよ，条件付き社会保障にせよ，いず

---

12) Meade, pp. 183-185. ミードはこの他にもリスク負担への影響などについても詳細な分析を行っている。以下の3点は基本的にミードの見解に従っているが，各論点の意味づけ部分には筆者による敷延も含まれている。

れも一定規模の付加価値総額が社会的に，かつ持続的に実現されて初めて実施できる政策である。高所得者層の背景に，高付加価値生産部門の存在があるとしたら，この部分のインセンティヴを損なうことは，社会的配当政策そのものの根幹を揺るがす問題にもなりかねない。効率性を基礎に持たない公平化政策は，決して維持可能なものではない。ミードはこのことに再三注意を促し，このことが実は，社会的配当論と協働企業論の相補性につながっていくのである。

1-2 労働インセンティヴと「職場」

　ここで一旦，ミードから離れよう。このインセンティヴをめぐる問題については，ミードとは少し異なる角度からの検討が必要と思われるからである。社会的配当論を含め，ベーシック・インカム論において最も重要にして，かつ最も不確定要素の多い議論がこのインセンティヴ問題にあることは周知の事実であろう。ミードはさしあたり，金銭報酬に論点を限定してインセンティヴ問題を論じたが，人々の労働インセンティヴが金銭報酬だけで決まるものでないことはいうまでもない。

　ベーシック・インカムによって労働インセンティヴが向上すると考える肯定派は，これによって職業選択の機会が広がることをその根拠に置くことが多い。この立場に立つ論者は，人間はもともと労働を嫌う性向を持つものではないという。しかしながら，生活の糧が，賃金・給与に専ら依存せざるを得ない現行制度の下では，転職・職探しの機会費用が非常に高くなるため，不適応を感じる職場であってもなかなかそこを立ち去れない。そのため時として，労働じたいが苦であるように感じられ，他人にもそのように漏らすことがまま起こるだろう。しかし，仮にベーシック・インカムが導入され，ジョブサーチを行う間の生活費が補填されるようになれば，人々はより自分の適性に合った職場・職業をやがては見つけ出し，そうなれば人間本来の労働観を取り戻して，以前より高いインセンティヴをもって労働に従事することができるようになる。このような傾向が社会的に浸透すれば，社会全体での付加価値総額も増大

するはずだから，ベーシック・インカムは，その財源を自ら強化しつつ，労働移動を容易にすることで，結果的には経済全体をパレート効率に近づける，つまりは，公平性と効率性の両立化が促進されると考える。

　これに対して，ベーシック・インカムが労働インセンティヴを引き下げると考える懐疑派は，人間の労働性向に対してもう少し「現実的」である。肯定派のいうような傾向も一部には現れるかもしれないけれども，またそれはベーシック・インカムの金額によって大きく変わってくるだろうけれども，それが所得として有意味な金額になればなるほど，むしろ現職を固守しながら，労働強度を下げようとする誘惑の方が強くなるだろうと懐疑派は予想する。懐疑派のこの認識は，ある意味で現在の経済学と共通するものといってよい。現在，どの教科書にも必ず出てくる労働供給曲線論は，賃金上昇に伴う所得効果の符号を「所得上昇は余暇を選好させるのが一般的だから……」という経験則に基づいて負と前提する。つまり，一般的・平均的に言って余暇は正常財であると経済学では想定しているわけだが，これは裏を返せば，一般的・平均的に言って労働は劣等財である，つまり所得の上昇とともに，人々は労働を選好しなくなると想定しているに等しい。したがって，この想定に立つ限り，賃金一定のもとでのベーシック・インカム導入は労働供給量を減少させると，標準的な経済学では考えることになる。「余暇は正常財である」といいながら「労働は劣等財である」とは決して言わないのも興味深い事実だが，いずれにしてもこの労働観は，現在の社会的通念として経済学が想像しているものを，そのまま受け入れたものにすぎない。だからそこには，「なぜ労働は劣等財なのか」，もっといえば，「なぜ労働が劣等財のままでいいのか」という問いが欠けている。しかし，ベーシック・インカムが真に問いかけているのは，まさしくこの問題に他ならない。

　あるいは，これらとは若干異なる次のような見方もある。すなわち，労働インセンティヴを高める傾向が出てくるとすれば，それはすでに相応の職業経験を持っている人びとにおいてであって，それと，これから職業を持とうとしている学生などに現われるであろう傾向とは区別する必要があるというものであ

る。すでに何らかの職業を持っていて最低所得が保証されることになった場合と，これから職業を持つか否か，拘束的な職業生活を始めるか否かという選択の時点で最低所得が保証される場合とでは，確かにベーシック・インカムの持つ意味は違ってくるだろう。定職に就こうとしない若者が増えているのは，彼ら・彼女らが労働を嫌うからではなく，職場という未知の世界に入ることに躊躇を感じているからだとすれば，ベーシック・インカムは中高年労働者よりも，若年労働者に偏って負のインセンティヴ効果を現わすことがあるかもしれない。これは無論，1つの想像にすぎないけれども，昨今の情勢を省みるに，あながち軽視できない指摘のように思われる。

　いずれにしても，こうした議論は理論的に決着がつくものではなく，現実にどのような傾向がでてくるかは，結局，実際にベーシック・インカムを導入してみなければわからないことだろう。そのためか，数多いベーシック・インカム研究書を見てみても，このインセンティヴ問題は，意外と取り組まれる比重が小さいように思われ，その分，ベーシック・インカムの意味論的な議論が先行しているようにも見受けられる。しかし筆者は，そうした傾向に対してはいささか疑問の念を禁じ得ない。なぜなら，インセンティヴ問題とは，単にベーシック・インカムの実効性に関わる問題ではなく，ベーシック・インカムが現行制度のどことどのように摩擦するかを問う問題であり，そうした摩擦が生じることで，我々がすでに気づかなくされている現行制度の矛盾点に，我々の意識が今一度指し向けられることになるのである。いい換えれば，インセンティヴ問題とは，現行制度を今一度見慣れないものに引き戻す好機なのであって，その意味では，インセンティヴ問題が実際に起こり，現行制度の矛盾が明るみに出た方が，ベーシック・インカムが無抵抗に定着するよりも，よほど建設的な展開になると筆者は考える。

　というのはこうである。ベーシック・インカム肯定派にしても，ベーシック・インカム懐疑派にしても，いずれも人間の本質的な労働性向に直接訴えて，ベーシック・インカムと労働インセンティヴとの関係を論じようとしているように見受けられる。つまり，人間はそもそも労働を好む存在なのか否かと

いった，人間の本性に関わる議論に直接立脚しようとしている点では両者とも同じなのであって，そこでは日々の労働が実際に行われる「場」の持つ意味に対して，ことさら注意の目を向けようとはしていないように見受けられる。確かに，懐疑派には一種の経験的実感があるのかもしれないが，それとて現実のいかなる要素に基づいての懐疑なのか，具体的な根拠を示しているようには思えない。結局，「今の人間にとって労働とは…」という形で，労働一般の本質論にいきなり飛躍している印象が否めないのである。しかし，人間が労働に抱くインセンティヴを考えるという時，人間が労働を営む「現実の場」を問題にせずに，果たして済むものだろうか。

筆者が，その「現実の場」として念頭に置いているのは，端的に言って「職場」という具体的な場所である。人々の労働インセンティヴにとって，「職業」の内容は無論大きな意味を持つけれども，「職場」のあり方もそれと同じくらい，いや場合によってはそれ以上に，直接の意味合いを持つことがあるはずである。というのも，我々は特殊な個人事業を除き，実際には「職場」において職業を営むのであって，職業経験とはすなわち「職場」経験，あるいは「職場」を通しての協働経験に他ならない。労働者が日々体験しているのは，「職場」における労働なのであって，「職場」での具体的労働とは別に「職業」だけを経験することはあり得ないのである。

ただし，ここでいう「職場」の問題とは，いわゆる職場の雰囲気とか人間関係の問題とか，そういった事柄を指しているのではない。そうした要因が，日々の労働インセンティヴに大きな影響を及ぼすことは，誰もが日々実感することではあるが，それ以上に「職場」の組織形態が，我々の労働インセンティヴに，無意識のうちに影響を及ぼしている可能性をここでは重視したい。「職場」の組織形態こそが，一人ひとりの具体的な仕事内容と範囲を決めてくるのであり，その具体的な仕事内容こそが，自らの「職業」の実態として，各人の自覚するところとなるからである。

現代の会社組織は大体が複数事業部制を取り，取締役以下事業部ごとに何層もの管理職を置き，その下に一般社員が配置されて，全体的に高度な分業体制

を維持しているだろう。現在の営利企業体において，これ以外の「職場」形態が取られることはほとんどないだろう。それが市場競争から来る一元化作用の結果なのか，産業構造の偏りを背景に持つ事柄なのか，それは今問わない。しかし，そうした「職場」の中で個々の労働者が担う仕事の範囲は，極めて限定的なものになる。場合によっては，会社間の製品の違い，あるいは企業の事業目的の違いに関わりなく，管理職は管理職として，一般社員は一般社員として，個々人の仕事内容にほとんど違いがないことも珍しくないだろう。そして「転職」とは事実上，そのように互いによく似た「職場」から「職場」への移動に他ならないことを，現代の労働者はみな内心では承知しているはずである。

　こうした極めて卑近で些細な現実的要素こそが，ベーシック・インカム論にとってはすこぶる重要な意味を持つと筆者は思う。というのは，肯定派がいうように，ベーシック・インカムを導入すれば，確かに自分に適した「職業」探しの機会は増えるだろう。しかし，それは「職場」における労働形態を変えることを決して意味しない。そして，ベーシック・インカムには「職場」の構造を変える力は基本的にない。確かに職場を変えることによって新しい雰囲気なり，新しい人間関係を得ることはできるだろう。それで実際十分な場合も多かろう。しかしながら，業種業界をはっきりと変えたはずなのに，新しい「職場」で任された仕事は，結局以前のものと何も変わらなかったという経験を持つ人も決して少なくないだろう。あるいは，部分化されすぎた仕事内容に疑問を感じて転職を試みた場合も，新しい「職場」で状況が一変する可能性は極めて低いだろう。こうした場合，人々は転職したにもかかわらず，「職業」を変えたという実感をおそらく持てないだろう。

　ここから何か，確定的・断定的なことがいえるわけではない。ただ，労働インセンティヴが「職場」からの影響，特に「職場」の組織構造からの影響を強く受けるものだとしたら，そして，現代の「職業」探しの多くが，事実上「職場」から「職場」への移動に他ならないとしたら，ベーシック・インカムには「職場」のあり方を変える力も，「職場」組織の多様性を広げる力もない以上，

ベーシック・インカムが労働インセンティヴを向上させるという肯定派の見解は，いささか楽観的にすぎる主張にも思えるのである。

同じことは，懐疑派についてもいえるだろう。懐疑派はベーシック・インカムが導入されたら人は働かなくなるという。なぜ働かなくなるのか。それは懐疑派がいうように人間がもともと働くことを好まないからなのか。あるいは経済学がいうように労働が劣等財だからなのか。そうかもしれない。そうでないといい切れるだけの根拠を我々は持っていない。しかし，人々が示したその反応は，果たして「労働」そのものに向けられたものだろうか。それとも「職場」に対して向けられたものだろうか。所得に一定の余裕が生じた途端，人々の労働インセンティヴに陰りが生じたとすれば，それはまず彼ら・彼女らの，現在の「職場」に対する意識の表れとして捉えるのが自然ではなかろうか。だとすれば，労働インセンティヴを引き下げたのはベーシック・インカムではないだろう。労働インセンティヴはすでに下がっていたのであり，それが生活資金を失う恐れが緩和された途端，行動になって現われたのである。そうした潜在意識の露呈を促すことになるからベーシック・インカムは怪しからぬというのなら，それは現在の労働環境が抱える問題を隠ぺいしようとするに等しい言動だといわざるを得ない。

以上の議論から，何か断定的なことをいうつもりはない。しかし少なくとも，次のような整理はできるのではないか。すなわち，自分に合った仕事を探すためには確かに「職場」の移動が必要だろう。そのための機会費用を軽減するベーシック・インカムはしたがって，確かに労働インセンティヴの向上にとって必要な役割を果たすものになるだろう。つまり一言でいえば，ベーシック・インカムは，労働インセンティヴの向上にとって，必要条件の役割を果たすものになるだろう。しかしながら，必要条件はあくまで必要条件であって，十分条件ではない。この場合の十分条件とは，労働インセンティヴを実際に引き上げるもの，つまりは労働インセンティヴを引き上げる新たな「職場」を，実際に提供するものでなければならないだろう。しかしベーシック・インカムには，そうした「職場」を直接創造する機能はない。ベーシック・インカム

は，労働インセンティヴを引き上げる十分条件の役割を果たすものではないのである。十分条件を欠く以上，ベーシック・インカムが労働インセンティヴを高めると，一般的にいうことはできない。このようにベーシック・インカムの意義を限定的に捉えておくことは，ベーシック・インカムを肯定する場合であっても必要なことではないかと筆者は思う。

では，その十分条件の役割を果たすものはあるのだろうか。これまでの行論からすれば，それは従来の「職場」とは違うあり方で，現代の人々が求める方向へ労働インセンティヴを仕向けて行く，そうした新しい「職場」を創造するものでなければならないだろう。筆者はここで，ベーシック・インカムと時を同じくして，人々が社会的企業の存在に目を向け始めたという事実が，どうしても重なって見えてくるのである。

2. 協働企業論について

2-1 社会的企業と協働企業

ベーシック・インカム論は，「職場」という職業・生活単位に対する学問的関心を，改めて喚起する契機になると思われる。そしていま，多くの人々が，新しい「職場」の持ち方として「社会的企業」という存在に関心を寄せている。

先にも言及したように，社会的企業は，① 福祉・環境事業などを中心に，いわゆる社会性のある事業，社会的な意義があると思われる事業を行うこと，② 採算制を度外視するのではなく，可能な限り自らの事業収入による独立採算を目指し，公的助成金や寄付金への依存をなるべく小さくしていくこと，③ 収益金のほとんどを自社事業への再投資，他の社会的企業への出資，地域への還元などにあて，出資者への分配は最小限にとどめること，などを基本的な特徴とする。ただし，社会的企業が株式会社形態を取る場合には，③の条件を純粋に貫徹させることは困難であり，配当利益を確保しようとすれば，② についても営利企業同様の収益性が求められることになるだろう。したがってこの場合，社会的企業としての存在理由は，もっぱら，① における事業

の社会性に求められることになるだろう。これは，そうした資本主義的制約の下で，社会的な事業を実現することに優先的な意義を認めようとするもので，アメリカや，特に日本の社会的企業・社会起業家に比較的多く見られる傾向に思われる。こうした企業は，営利企業の経営技術を継承しながら，これまで採算が取りにくいとされてきた社会的事業を成功させることに，社会的企業としての存在理由を求めることが多いから，「職場」のあり方という面では，従来の企業と基本的には変わらないものが多くなるだろう。「職場」の組織構造としては，一般企業の形態をむしろ意識的に踏襲するはずで，外見的には特に社会的企業を思わせるものはないかもしれない。しかしそれでも，事業目的・事業内容に含まれる独特の性質が，「職場」の意識や雰囲気に独特の個性を与えることはあるだろう。

これに対してヨーロッパの社会的企業は，何らかの理由で労働市場に適応しにくい人々の再吸収を目的とするものが多かったから，そうした企業が一般的な企業と「職場」のあり方を同じくすることは，かえって困難だったに違いない。福祉・環境事業を手がける社会的企業が多いのも，そうした分野が労働市場への再吸収事業として適当と考えられた結果であって，そうした分野に営利性を導入することに目的があったわけではない。したがって，ヨーロッパにおいては，新しい「職場」の創造こそが，社会的企業の最初の仕事であったといってよい。それは従来的な「使用者対従業員」という関係で割り切れるものでは到底なく，労働者の潜在的不満や潜在的欲求に，すこぶる敏感な「職場」が必要とされたに違いない[13]。

社会的企業とはしたがって，従来の企業とは異なる，新しい企業形態を必要とする事業といえるだろう。出資と責任の範囲規定にとどまらず，労使権限の割り振り，従業員の（経営参加も含めた）発言権限，報酬決定方式などのすべてについて，新しい企業形態の創造が必要になるだろう。現に，OECDの社会的

---

13) こうした取り組みが日本で行われなかったわけでは無論ない。谷口（2005）は，社会的企業が「職場」の創造から始まるものであることを，説得力をもって語っている。

企業に関する初期のレポートでは，社会的企業の「社会性」に要求される指標として，次の5点の実現を求めている[14]。

① 市民グループの主導的参加が見られること
② 出資を権限の基本にしないこと
③ 事業によって影響を被る人々を含めての市民参加が見られること
④ 利益分配を制限すること
⑤ 利益の地域還元を明示的な目標におくこと

これらは明らかに，従来的な企業の枠組みをこえた，新たな企業形態の創造を必要とする条件である。社会的企業論が提起しているのは，新しい企業形態の創造を通じた，新しい「職場」の創造だと筆者は考える。ベーシック・インカムによる労働インセンティヴへの負の影響を真剣に懸念するのであれば，ベーシック・インカムの額や財源を心配するよりも前に，労働インセンティヴの真の形成現場である「職場」のあり方について，企業形態論的な観点を含めて，再考を進めるべきではないかと考える。

さて，ここで我々は再びミードに戻ろう。ミードは無論，社会的企業を直接論じることはなかった。しかしながら，社会的企業に期待される要件からして，それは何ほどか，労働者参加型の色彩を強めた協同組合型，もしくは労使協働型の企業形態に近づいていくことが予想される。そうした企業形態の特徴はどのようなものであり，そうした企業が大勢を占めるに至った経済にはどのような性質が備わってくるか。ベーシック・インカムと社会的企業の相補性を考えるとき，これは避けて通れない問題になるだろう。そして，実はミードが，まさしくこれと同じ問題を，社会的配当論と組み合わせる形で論じていたのである。そこで以下では再びミードに立ち返り，彼の所論を検討しながら，本章の課題に一応の見通しを立てることにしよう。

---

14) OECD (1999), p. 10.

2-2 ミードの協働企業論

　ミードは，これまで注目されることこそ少なかったものの，企業形態に関する研究を終世続けていた。社会的配当論同様，Meade (1948) には早くも初期の構想が見られるし，その後も，企業を直接の主題に置いたものとして Meade (1964), (1972a), (1972b), (1974), (1979), (1986a), (1986b), (1989) などがある。すなわち，時期的に見て社会的配当論と重なるだけでなく，少なからぬ頻度で，両者は同じ著作の中で検討されているのである。ただし，社会的配当論がほぼ同一の内容で一貫していたのに対し，企業論の方は，年を追うごとにアイデアが様々に変化している。また後年になるにしたがい，社会的配当論よりも企業論の占める比重が高くなっている印象すら受ける。

　ミードの検討してきた企業論とはしかし，一般的な営利企業や株式会社を題材にしたものではない。その点では，同世代のR. マリス，E. ペンローズ，J. K. ガルブレイス，H. ライベンシュタインらの企業理論あるいは大企業体制論とは区別される。ミードの関心は，従業員持ち株制度，労働者経営組合 (Labour-Managed Co-operative)，労使共同企業 (Labour-Capital Partnership) などに代表される広義の共同企業，もしくは協働企業に一貫して向けられていた。それらは初期においては分配論的な関心に基づいていたが，後年になるにしたがい，これをむしろ効率性の観点から再評価するようになっていく。

　この点はやや意外な印象を与えるかもしれない。周知のとおり，ミードはこれも終世一貫して，確信的な混合経済論者であった。ミードにとって混合経済体制とは，「効率」と「公平」の両立を目指す中で，一人ひとりが「自由」を実感できる経済・社会体制を実現させるものだった[15]。マクロ経済政策が目指すべきは，貨幣タームにおける総所得と物価水準の安定化であり，その下で効率性は「市場」が担い，公平性は「政府」が規則的制度の導入を通じて担うものとされた[16]。したがってミードには，市場メカニズムあるいは競争メカニズムの制約によって公平性を擁護するという発想はない[17]。ゆえに企業は，原則

---

15) Meade (1975), ch. 1. また，Meade (1993) の表題はその端的な表明である。
16) Meade (1958), (1975), ch. 2., (1995) などを参照。

的に小規模のものが好ましいと考える。規模の経済性がどうしても著しい産業分野については，価格管理より一歩進んで所有の国有化（ただし経営には介入しない）を行い，その収益を社会的配当財源に組み入れることが望ましいと考える[18]。

ミードの混合経済体制にあって，公平性を基本的に担うのは社会的配当制度である。無論これは，水平的公平性の推進と同時に，絶対的貧困からの解放を目的にする。さて，もしこれが実現されたら，つまりこうした機能を概ね社会的配当に担わせることができるとしたら，その場合には，その上に加わってくる稼得賃金については，これはもはや他の生産要素と同様に，伸縮的価格調整に委ねてよいとミードは考える。賃金・給与が生活費のすべてである場合にはこうした措置は困難である。ミードはそれゆえに，労働市場の効率化には，社会的配当制度の基礎づけが絶対に必要と考える。何らかの最低所得保証制度があって初めて，限界生産力分配理論は，それ本来の実践的機能を回復することができるのである。

こうした認識の背景には，スタグフレーションに対するミードの強烈な危機意識がある。社会的配当論にせよ，協働企業論にせよ，ミードがこの主題を取り上げるときには，たいていインフレーションがその背景にある。1940年代後半には戦後インフレがあり，1960年代中葉には高度成長期のインフレがあった。そして，ミードがこの問題に集中的に取り組み始める1970年代は，いうまでもなくスタグフレーションの下にあった[19]。ミードはここで，生産性格差を考慮の外においた，一斉横並びの賃上げ要求に非常に大きな危機感を抱く。そして，労使間対立を前提とする一般的企業形態を維持する限り，この経済体質からの脱却は困難だと判断する。労働者の生活不安を取り除きながら，労働市場に本来の合理性を回復させるにはどのような施策が必要か。社会的配当による最低所得保証の発想は，ここから生まれたものといってよい。そして

---

17) Meade (1948), ch. 4., (1964), (1971), (1975), chs. 3, 4., (1989), (1995).
18) Meade (1975), ch. 3., (1989).
19) 注16），17）参照。

その上に立って，一方的な賃上げ要求を回避しながら，かといって労働者の主張をいたずらに抑制するのではなく，むしろ労働者の主体的な発言の機会を保証し，労働者と経営者が互いの立場を交換的に体験し，互いの利害に同感し合いながら適正な分配率を決定できる企業形態として，ミードは広い意味での「協働企業」への全体的な移行が必要と判断したのである。

それはしたがって，企業の業績に賃金が連動して上下することを，労働者も受け入れられる制度でなくてはならない。これは，社会的配当によって最低所得が保証されて初めて現実性を主張できる制度である。その協働企業の具体的な形体をミードは様々に検討していくが，まずJ. ヴァネックの議論に基づいて[20]，労働者経営組合（Labour-Managed Co-operative, 以下LMCと表記する）を集中的に検討し，以下に整理する論点から，次第に労使共同企業（Labour-Capital Partnership, 以下LCPと表記する）を重視するようになる。したがって，ミードの協働企業論そのものを取り上げる場合にはLCPを検討の中心に置くべきだが，本章では社会的企業との関連性から，むしろLMCに重点を置いて検討を加えてみたい。

2-3　LMCと雇用縮小

ミードはヴァネックの議論に基づいて，LMCの基本的特徴を次のように整理する[21]。LMCでは労働者の中から経営者が選出され経営の任にあたる。経常経費は外部からの借入資金に依存するものとし，当面，原材料費等の（ケインズ的タームでいう）使用費用については考えない。そしてここが最も特徴的な部分になるが，LMCにおける各人の報酬は，売上から利子費用を控除した残額を単純に構成員数で除した平均値として，一律に同額に定められる。いま，あるLMCを構成する労働者数をL，資本設備をK，生産量をXとし，$X = X(L, K)$でこのLMCの生産関数を表すことにしよう。生産物の価格をP，資本設備

---

20)　Vanek (1970). 先駆的議論として，Ward (1958) も参照。
21)　以下，LMCに関するミードの見解についてはMeade (1972a), (1974), (1979)に依る。

の単価を P_K, 利子率を i で表わすとすれば，この LMC における「賃金」すなわち，1 人当たり報酬額は $(PX-iP_kK)/L$ で示されることになる。その設立趣旨とは別に，あくまで経済上の目的でいえば，LMC は差し当たり $(PX-iP_kK)/L$ の最大化を目指すことになるだろう。

いま，労働の限界生産物価値を $P(\delta X/\delta L)$, 資本の限界生産物価値を $P(\delta X/\delta K)$ としよう。資本に対する需要に関しては，営利企業と LMC の間にこれといった差異は生じない。両者ともに借入費用は同じ iP_k であるから，資本の限界生産物価値がこれを上回る限り資本増設が行われるであろうし，下回るようになれば規模の縮小が生じるだろう。しかし，労働需要に関しては若干事情が異なる。営利企業については原則通り，市場賃金を労働の限界生産物価値が上回れば雇用量が増え，下回れば減少する。しかし，LMC の場合は一人当たり報酬額が $(PX-iP_kK)/L$ であるから，雇用量が増えるのは，労働の限界生産物価値がこの値を上回る場合，すなわち，$P(\delta X/\delta L) > (PX-iP_kK)/L$ となった場合であり，逆に $P(\delta X/\delta L) < (PX-iP_kK)/L$ となれば雇用量は減少する。

さて，完全競争を前提にした場合，長期においては，営利企業と LMC とのあいだに差異は生じない。資本についての配分条件は同じままだし，労働については当初の配分原理こそ異なるものの，平均報酬額においてより大なる事業分野が存在すればたちどころに参入を招き，価格の下落を通じて結局は，すべての事業分野における限界生産物価値が等しくなるように調整されるだろう。したがって長期においては，民間部門の賃金と LMC の平均報酬額が均等化してパレート効率を達成するだろう。問題は，こうした資本移動が行われない短期において生じる。

LMC の行動目標は $(PX-iP_kK)/L$ の最大化にある。これを短期の想定すなわち K 一定の下で展開した場合，最大化条件は次のようになる。

$$P(\delta X/\delta L) = (PX-iP_kK)/L \quad (K=\mathrm{const}) \tag{3-1}$$

ここで iP_kK/L の値は確実に正値だから，均衡状態においては常に，$P(\delta X/\delta L) < PX/L$ が成立することになる。つまり，平均報酬が最大化されているとき，限界生産力は平均生産力よりも常に小さいのである（$\delta X/\delta L < X/L$）。

ここから次のような展開が導かれる。いま仮に，このLMCの生産物に対する需要が増加し，その結果，製品価格Pが上昇したとしてみよう。通常の利潤最大化企業であれば，価格が上昇して労働の限界生産物価値が上昇したのなら，それが賃金率と再び等しくなるまで労働の限界生産物を低下させる，つまりは雇用量を増加させた方が企業にとって有利になる。しかしLMCの場合はどうだろうか。そこで，いま現在の雇用量が(3-1)に該当する水準にあるとして，Pの上昇が雇用量に及ぼす効果を見てみよう。P上昇の結果，(3-1)が依然として成り立つとすれば雇用量は変わらないだろう。もし，$P(\delta X/\delta L) > (PX-iP_kK)/L$ となれば，新たに1人加入させることによってLMCに加わる価値額が，その加入者に支払う報酬額を上回ることになるから，LMCは新たに人を加えることに，つまり雇用量を増やすことになるだろう。しかし逆に，$P(\delta X/\delta L) < (PX-iP_kK)/L$ という結果が現れた場合には，極めて逆説的ながら，このLMCは自社への需要が増大しているにもかかわらず，雇用量をむしろ減らそうとするだろう。

　Pの上昇は，(3-1)の左辺の値を$\delta X/\delta L$だけ上昇させるだろう。他方，右辺についてはX/Lだけその値を上昇させるだろう。さてしかし，先ほど確認したように，現在の雇用量において両者の関係はすでに$\delta X/\delta L < X/L$である。したがってPの上昇は，現在の雇用量において，(3-1)の条件を，

$$P(\delta X/\delta L) < (PX-iP_kK)/L \tag{3-2}$$

に変えることになる。ということはつまり，Pの上昇は，LMCの雇用量を増加させるのではなく，むしろ減少させる結果を招くのである。これは，いささか驚くべき結論である。Lの減少は，(3-2)の両辺ともにその値を上昇させる。左辺は，限界生産力の回復によって上昇し，右辺はやや込み入っているが，Lの減少によって生産量Xも減少するものの，その減少率はLよりも小さいので1人当たり収入が増加し[22]，それが右辺第2項における1人当たり資本費用の増加にもかかわらず，1人当たり平均報酬の増額をもたらすわけである。

---

22) $\delta X/\delta L < X/L \rightarrow \delta X/X < \delta L/L$ による。これはK一定の短期下におけるLとXの関係として直観的にも肯ける推論だろう。

(3-2) はやがて，左辺の限界生産力が加速的な増加を示すことによって等号関係を回復し，先の均衡状態よりも，少ない生産量と少ない雇用量の下で，新しい均衡状態を実現するだろう。

　これは一見，由々しき事態である。LMC はその趣旨からして，一般の営利企業よりも労働者の雇用を優先する傾向があるものと誰もが思っているに違いない。ところが，このしごく単純な理論的考察は，その直観とはまったく逆の結果を示している。それにもかかわらず，ミード自身は実は，この結論にむしろ楽観的な，あるいは建設的な含意すら読み取っている。その理由として，以上の議論が正しいとすれば，LMC が一般化した経済においては，企業規模に対して自律的な抑制機能が働くことになる。これは，収穫法則に特殊な仮定，たとえば収穫逓減の仮定を今さら設けることを必要としない。LMC における企業規模の抑制はあくまで報酬方式に由来する性質であり，この傾向は収穫一定の下でも，収穫逓増下での不完全競争市場の下でも，（一定の追加的条件を伴いながらも）等しく得られる結論なのである[23]。

　これは，これからの市場経済像にとって非常に大きな含意を持つ内容である。これまでの経済学では，需要の増大あるいは経済成長は，規模の経済性を必ず有利に導くから，企業規模の拡大とそれに伴う市場構造の寡占化は，それ自体は避けられないことと捉えてきた。これに対して LMC は，何らかの公的規制の有無に関わりなく，その企業形態自体に備わる性質として，企業規模の拡張をむしろ不利にする性向を備えていることを，この議論は示している。無論，先の議論は具体的な資本規模について何も規定していないが，設立当初の段階からほとんど規模の拡張が見られないとすれば，それはだいたいにおいて小規模企業を想定して無理はないだろう。そして，小規模化があまりに不利な事業分野については，先にも言及した通り，可能な限り国有化＝資本の社会化を行い，その圧倒的競争力に由来する事業収益を社会的配当原資に加えて，その社会的な活用をはかるべきことをミードは提唱している（ちなみに，ミードは

---

23) Meade (1974), (1979) 参照。

法人税をむしろ廃し,企業に対しては従業員数などを指標とする外形標準課税方式を取るべきことも主張している)[24]。

しかし,それでは雇用の問題はどうするのか。ミードは,LMCが比較的小規模であること,したがって設立費用も比較的小さいことを利用して,失業者どうしで自ら新しいLMCを設立し,新規参入をはかることに可能性を見出そうとしている。そして,新規企業による製品の供給増によって価格が安定してくれば,そのときようやくLMCの雇用調整も一段落することになるのである。

ここにはLMC経済のマクロ的含意にも通じる側面がある。例えばいま,マクロレベルで有効需要が増大したものとしよう。そして,企業の多くがLMCに移行していたものとしよう。各LMCは雇用の抑制をはかり,その結果,いま見たように新規企業が多数設立され,それによって雇用が維持されたものとしよう。しかし,新規企業が各々投資を開始すれば,それによって有効需要はさらに増大する。もしそれに伴う生産力効果が需要創出効果を上回らなければ,製品物価はいっそう上昇し,その結果LMCはさらに雇用を引き下げようとして,スタグフレーションにも似た雇用減少と物価上昇の累積過程が発生することになるだろう。かといって,新規企業の創設と参入がなければ,増大した有効需要に減少した総供給が対応することになるから,物価はやはり上昇して,結局同様の累積過程を発生させるだろう。したがって,新規企業による失業者の吸収と製品供給の増加は,たとえ安定性の回復を保証するものではないとしても,LMC経済においては不可避の選択になるかもしれない。そして,新規企業がそれだけ多数生みだされるということは,LMCの一般化した経済は,現在の市場経済よりも,ある意味でいっそう競争的な経済になることを意味するだろう。ミードはいっている。「これはいささか逆説的ではあるが,私にとっては,わが意を得たりの結論でもある。」[25]

---

24) Meade (1975), ch. 3.
25) Meade (1972a), (1988), Vol. II, p. 169.

2-4 同一労働同一賃金の否定?

 それにしても,LMC経済における雇用縮小の必然化という結論には,何か釈然としないものが残る。失職者たちによる新規LMCの設立というアイデアも話としては理解できるし,社会的企業との関連性からすれば,重要な示唆を含むものではある。しかし,いくら規模が小さいとはいえ,企業を1つ起こすとなれば相当の費用がかかるし,失職者たちが職を失った途端にそうした行動を開始するとは,現実的には想像しにくい。つまりこのアイデアは長期的にはともかく,短期的な雇用吸収策として実効性を持つものとは考えにくいのである。そこでミードは,いま一度LMCにおける雇用縮小の必然性を,これまでとは少し違う角度から検討する。

 LMCにおいて雇用縮小が動機づけられるのは,思い切りひらたいいい方をすれば,「新人」の発揮する生産力が,彼・彼女に支払われる「報酬」よりも低いためである。注意する必要があるのは,これはたまたま生産力の低い「新人」が来てしまった場合のことをいっているのではないということである。(3-1)式が示しているように,LMCのような報酬方式をとった場合,限界生産力が平均生産力を下回る関係は,論理必然的に出てくるのである。では,「新人」だけ報酬を低くすればよいではないかと思うわけだが,いま想定しているLMCでは,その設立の趣旨からしてそれはできない相談になる。LMCとは,賃金―利潤関係を廃し,能力主義的な競争関係もなくして,平等主義的観点から同じ職場で同じ労働をしている者のあいだに,一切の待遇の差をなくすことを眼目に設立されるものだからである。しかし,このLMCの趣旨を守り通そうとする限り,雇用縮小の傾向は避けられない。

 ミードは,この頑なな報酬同一主義にはやはり無理があると考える。そこで次のような修正案を提示する[26]。LMCと同じように,「賃金―利潤」という分配関係は廃止するが,企業の収益額を単純平均して報酬額を決めるのではな

---

26) 以下に述べるLCPの概要は主にMeade (1989)に依拠した。ただし,ミードはLCPに関して少しずつ異なる記述を数次に渡り展開している。それらについては,Meade (1972a), (1986a), (1986b)などを参照。

く，企業収益に対する分配請求権（share certificate）を各人に配分し，その口数に応じて各人の報酬額を決定するのである。例えば，分配請求権を1000口発行するとすれば，1口につき収益の1000分の1が分配される。したがってこれを10口所有するものは，収益の100分の1を報酬として請求する権利を持つことになる。請求権の配分に差異を設けたり，メンバー間での請求権売買を自由にすれば，報酬額は各人ごとに違ってくるだろう。その企業の方針として，分配請求権を全員に常に同率で配分することにした場合は，先のLMCと同じ報酬方式をとることになるだろう。また，出資だけの参加を認めた場合は，この分配請求権は株式と同じ機能を果たすものになり，分配請求権は「資本分配請求権（Capital Share Certificate）」と「労働分配請求権（Labour Share Certificate）」に分けられることになるだろう。その場合，労働分配請求権が従来の「賃金」に相当，もしくはこれに代わるものになる。つまり，この企業形態では，労働者もあくまで企業の利益から報酬を得る形になるのである。そこで，この報酬方式は，従来の合名企業もしくはパートナーシップの形態に近いものになるので，ミードはこれをLabour-Capital Partnership（LCP）と表現している。

　ミードはLCPについて非常に詳細な研究を行っている。しかしここでは，次の一点を確認するにとどめよう。すなわちミードはLCPについて，原則的にはLMCと同じように運営していきながら，「新人」に認める分配請求権の数を既存メンバーより少なくして，その報酬額が限界生産物価値を越えないようにすることを提案する。そうすれば，LMCにおけるような雇用縮小傾向に，一定の歯止めをかけることができるからである。例えば，この企業の収益向上が見込まれるとき，労働市場での平均賃金より高い報酬額を提示すれば，多くの新人労働者を引き寄せることができるだろう。ただし，その報酬額はその新人の限界生産物価値を若干下回るようにし，さらに新人の分配請求権も既存メンバーより少なくする。このようにすれば，新人は市場賃金よりは高い報酬を得られ，既存メンバーは，新人の限界生産物価値と報酬額の差額分を，自分たちの収入に加えることができる。この方法は新人の限界生産物価値と報酬額の

間に差がある限り続けられるから，もしいま多くの失業者が存在するとしたら，そのうちの何人かは，これによって仕事を得ることができるようになるだろう。

さて，以上の分析は，我々にある課題を提示している。それはいうまでもなく，以上の分析は，いわゆる同一労働同一賃金への批判になっているということである。無論，同一労働同一賃金といっても，その定義や範囲，その具体的実施方法は様々である。しかし，LMC における雇用縮小傾向は，LMC がすべてのメンバーに一律の平均報酬を定めたこと，すなわち同一労働同一賃金の原則から生じていることは明らかである。ミードはこの点から，同一労働同一賃金（Equal Pay for Equal Work）の原則にはっきりと疑問を表明している[27]。同一労働同一賃金は，現在の日本でも格差対策の要として大いに期待されている。また，オランダや北欧諸国をはじめ，同一労働同一賃金を成功させた事例も数多く報告され，日本も均衡処遇化の推進を通じてこの方向に進むことが期待されている。しかし，同一労働同一賃金の下では，生産性の低い労働者にとっては採用のハードルが高くなる可能性も否定できない[28]。ミードが懸念したのもこの点である。

ただし，ミードの主張はあくまでも，社会的配当によって最低所得が保障されている経済について行われたものであることを忘れてはならない。先にも触れたように，ミードは，社会的配当によって最低所得が確保されるのであれば，そこにさらに加わる賃金部分については効率的な価格形成原理に委ねても弊害は少ないと考えたのである。彼がなにゆえに，LMC や LCP といった協働企業に関心を向けたかといえば，その方が現行賃金よりも伸縮的な「賃金」を

---

27) それは Meade (89) in Meade (93), p. 119. をはじめ Meade (1972a), (1986a), (1986b) その他随所に散見される。

28) 宮本 (2009) が紹介しているように，スウェーデンでは同一労働同一賃金によって人件費が割高となる低生産性部門から，むしろ人件費が割安になる高生産性部門へ労働力を移動させることで社会全体の平均的生産性を高めていくという，一種の構造調整政策が企図されていたという。これは租税政策でこそないけれども，A. マーシャルが課税・補助金政策で企図していたことと方向性において重なる点で興味深い。

実現しやすいと考えたからである。しかし，LMC のような形で同一労働同一賃金原則を貫いたのでは，これまた限界生産物価値を無視した報酬形成が行われてしまう。そこで LCP を新たに提唱することになるわけだが，それはあくまで，最低所得が保証されていることを前提に行われた主張なのである。

したがって，ミードの批判をそのまま今の日本に持ち込んだのでは，大きな誤りを犯すことになるだろう。実証的な証拠はないけれども，日本における非正規雇用の提唱は，労働の限界生産物価値をはるかに下回る賃金を正当化する方便として用いられた可能性が大であろう。ミードの主張は，あくまで労働の限界生産物価値に等しい賃金形成を求めるものだから，これほど彼の主張からかけ離れた現実もないのである。今の日本においては，同一労働同一賃金を制度化することで，ようやく限界生産物価値に近い賃金形成を取り戻すことができるようになるのではなかろうか。ただしその場合でも，同一労働同一賃金を単に字義どおりに実行しようとすれば，先の LMC と同じように，おそらくは若年労働者に対して雇用の抑制がかかる可能性は小さくなかろう。同一労働同一賃金については，その現実的・歴史的事情に留意しながらも，ここに見られたような，冷静な経済分析の蓄積も必要に思われる。

おわりに

冒頭でも断ったように，本章は，ベーシック・インカム論と社会的企業論の関係を直接に論じようとするものではない。また，ベーシック・インカムと社会的企業とのあいだに，相補的な議論を必要とするような真の理論的関係が存在するかどうかもまだ定かではない。本章で述べ来ったような両者の関係は，あくまで筆者個人の問題意識に基づくものであり，本章が試みたことは，ベーシック・インカムと社会的企業とのあいだに何らかの橋渡しをしようというのであれば，ジェイムズ・ミードの先駆的業績に，なお学ぶべきものが多く残されていることを，これも筆者の私見を相当交えた形で縷々述べてみたものにすぎない。そこで最後に，煩雑の誹りをおそれずに，本章における筆者の見解を箇条書きふうに整理して，全体のまとめに代えることにしたい。

第1に，ミードの提唱する社会的配当方式は，課税控除＋条件付き社会保障給付方式に代表される現行方式にくらべ，高額所得者の労働インセンティヴを損なう可能性は大きいとしても，分配平準化の効果においてははるかに勝るものであり，特に，低所得者の労働インセンティヴを高める効果においては，もっとも優れていると考えられる。

　第2に，社会的配当方式に限らず，ベーシック・インカムに共通して向けられる懸念は，労働インセンティヴに対する負の効果にあるが，ベーシック・インカムの労働インセンティヴに対する影響は，人々が自分の現在の就労形態，職場環境，事業目的をどれだけ肯定的に，あるいは否定的に捉えているかに依存するものと予想される。もし仮に負の影響が予想されるのであれば，それはベーシック・インカムの問題というよりは，現在の労働環境に含まれる問題として認識するべきだろう。かくしてベーシック・インカム論と現代企業論は，たがいに問題を提起しあうものとして，一種の相補的な関係にあるといえる。

　第3に，その現代企業論として，特に人々の労働インセンティヴとの関わりから，筆者が注目したいと考えているのが社会的企業論である。そして，社会的企業論は同時に，企業形態論への問題提起を行っている点に注意が必要である。筆者はここから，ミードが社会的配当論とほぼ併行して協働企業論に取り組んでいた事実に注目した。もとよりミードは社会的企業を念頭に置いていたわけではないが，社会的企業はその事業目的ならびに新たな「職場」づくりへの配慮などから，広い意味で協働企業的な企業形態に適性を持つものと予想される。こうした点から，筆者はミードの行った Labour-Managed Co-operative や Labour-Capital Partnership についての考察が，社会的企業の諸性質を考えるうえで依然として有益であると考える。

　第4に，ミードは雇用吸収力の観点から LMC と LCP を比較するが，ここで重要なのは，各企業形態に対するミードの評価そのものよりも，ミードの行った「同一労働同一賃金」に対する経済学的評価にあると思う。それは確かにいくつかの前提条件とともに理解される必要があるけれども，同一労働同一賃金に含まれる問題点を，ミードのように理論的に，またマクロ的安定性にまで及

ぶ視野で指摘した議論は稀であろう。同一労働同一賃金への社会的支持が高まるなか，ミードのようにその理論的含意を冷静に見つめようとする姿勢もまた忘れられてはならないだろう。

最後に，ミードの構想では，特に LMC が一般化した経済において，排除された労働者たちによる新規企業の創設と価格競争の促進が不可欠の要素になっている。もともとミードが社会的配当論を提唱したのも，分配公平化の促進とともに，社会的配当を基礎に賃金の伸縮化をはかること，そしてそれによる資源配分の合理化と，なによりスタグフレーションの抑制をはかることにその本来の目的があった。したがって，ミードの社会構想において「競争」は緩和されるどころか，最低所得が保証されることになる分，むしろ激化する可能性があるだろう。ただし，この競争における敗者はもはや，生活所得を直接失うことはない。競争をあくまで効率性と新機軸の追求手段として限定的に捉えることで，現行のように，生存への直接的な危機感をバネに経済的活力の維持をはかろうとするような，原始的市場経済観からの脱却が目論まれているのである。その意味で，ベーシック・インカム論は分配論というより，あるいは分配論である以上に，実は，競争論なのである。

筆者は以上の論考を下敷きに，あらためて現代の「競争論」を論じたいと思う。競争の不可避性と，競争の反人間性の，どちらにも目をつむらない思考の整理がいま求められていると思う。ミードの残した社会的配当論と協働企業論は，この錯綜極まりない課題に，一本の思考の道筋を示してくれるものと筆者は思う。

参 考 文 献

Ackerman, B., Alstott, A., Van Parijs, P. (et al.) (2006), *Redesigning Distribution : Basic Income and Stakeholder Grants as Cornerstones for an Egalitarian Capitalism*, London : Verso.

Atkinson, A. B. (1995), *Public Economics in Action : The Basic Income/Flat Tax Proposal*, Oxford : Oxford Univ. Press.

Borzaga, C. and Defourny, J. (eds) (2001), *The Emergence of Social Enterprise*, London : Routledge.（内山哲朗・石塚秀雄・柳沢敏勝訳『社会的企業─雇用・福祉の EU

サードセクター』日本経済評論社,2004年)
Becchetti, L. and Borzaga, C. (eds) (2010), *The Economics of Social Responsibility : The World of Social Enterprise*, London : Routledge.
Fitzpatrick, T. (1999), *Freedom and Security : an Introduction to the Basic Income Debate*, Macmillan Press.(武川正吾・菊池英明訳『自由と保障―ベーシック・インカム論争』勁草書房,2005年)
Meade, J. E. (1948), *Planning and the Price Mechanism : The Liberal-Socialist Solution*, London : Allen&Unwin.(関嘉彦訳『経済計画と価格機構―自由制社会主義の経済理論』社会思想研究会出版部,1951年)
――― (1958), *The Control of Inflation*, Cambridge : Cambridge Univ. Press. Reprinted in *Collected Papers*, Vol. I, ch. 18.
――― (1964), *Efficiency, Equality and the Ownership of Property*, London : Allen & Unwin. Reprinted in Meade (1993).
――― (1971), *Wages and Prices in a Mixed Economy, Second Winscott Memorial Lecture* (IEA Occasional Paper no. 35), London : Institute of Economic Affairs for the Winscott Foundation. Reprinted in *Collected Papers*, Vol. I, ch. 19.
――― (1972a), "The Theory of Labour-Managed Firms and of Profit Sharing", *Economic Journal*, Vol. 82, No. 325, pp. 402-428. Reprinted in *Collected Papers*, Vol. II, ch. 10.
――― (1972b), "Poverty in the Welfare State", *Oxford Economic Papers*, Vol. 24, No. 3, pp. 289-326. Reprinted in *Collected Papers*, Vol. II, ch. 18.
――― (1974), "Labour Managed Firms in Conditions of Imperfect Competition", *Economic Journal*, Vol. 84, No. 336, pp. 817-824. Reprinted in *Collected Papers*, Vol. II, ch. 12.
――― (1975), *The Intelligent Radical's Guide to Economic Policy : The Mixed Economy*, London : Allen&Unwin.(渡辺経彦訳『理性的急進主義者の経済政策―混合経済への提言』岩波書店,1977年)
――― (1976), *The Just Economy (Principles of Political Economy, vol. 4)*, London : Allen&Unwin.(柴田裕・植松忠博訳『公正な経済』ダイヤモンド社,1980年)
――― (1979), "The Adjustment Process of Labour Co-operatives with Constant Returns to Scale and Perfect Competition", *Economic Journal*, Vol. 89, No. 356, pp. 781-788. Reprinted in *Collected Papers*, Vol. II, ch. 13.
――― (1986a), *Alternative Systems of Business Organization and of Worker's Remuneration*, London : Allen&Unwin.
――― (1986b), *Different Forms of Share Economy*, London : Public Policy Centre. Reprinted in *Collected Papers*, Vol. II, ch. 14.
――― (1988), *The Collected Papers of James Meade (ed. by Susan Howson), Vol. I, Employment and Inflation, Vol. II, Value, Distribution and Growth, Vol. III, Great Britain, Economic Policies 1929-1982*, London : Allen&Unwin.
――― (1989), *Agathotopia : The Economics of Partnership*, Aberdeen : Aberdeen Univ. Press (Hume Paper No. 16). Reprinted in Meade (1993).
――― (1993), *Liberty, Equality and Efficiency : Apologia pro Agathotopia Mea*, London : Macmillan.

―――― (1995), *Full Employment Regained? : An Agathotopian Dream*, Cambridge : Cambridge Univ. Press.
Middleton, R. (1998), *Charlatans or Saviours? : Economists and the British economy from Marshall to Meade*, Cheltenham : Edward Elgar.
宮本太郎（2009），『生活保障―排除しない社会へ』岩波新書
Noya, A. (ed) (2009), *The Changing Boundaries of Social Enterprises*, Paris : OECD Publishing.
Nyssens, M. (ed) (2006), *Social Enterprise : at the crossroads of markets, public policies and civil society*, London : Routledge.
OECD (1999), *Social Enterprises*, Paris : OECD
Parker, H. (1989), *Instead of the Dole : An Inquiry into integration of the tax and benefit systems*, London : Routledge.
Rhys-Williams, J. (1943), *Something to Look Forward To*, London : MacDoanld.
Rhys-Williams, B. (1967), *The New Social Contract*, Conservative Political Centre.
斎藤槙（2004），『社会企業家―社会責任ビジネスの新しい潮流』岩波新書
谷口奈保子編著（2005），『福祉に，発想の転換を！―NPO法人ぱれっとの挑戦』ぶどう社
谷本寛治編著（2006），『ソーシャル・エンタープライズ―社会的企業の台頭』中央経済社
Van Parijs, P. (1995), *Real Freedom for All : What (if Anything) Can Justify Capitalism?* London : Oxford Univ. Press.（後藤玲子・齊藤拓訳『ベーシック・インカムの哲学―すべての人にリアルな自由を』勁草書房，2009年）
Van Trier, W. (1995), *Every One a King*, Katholieke Universiteit Leuven : Department Sociologie.
Vanek, J. (1970), *The General Theory of Labor-Managed Market Economies*, Ithaca : Cornell Univ. Press.
Ward, B. (1958), "The Firm in Illyria : Market Syndicalism", *American Economic Review*, Vol. 68, pp. 566-589.
山森亮（2009），『ベーシック・インカム入門―無条件給付の基本所得を考える』光文社新書

第 3 部

方法論的基礎：批判と認識

第 13 章

ヴィクトリア朝中期におけるヘレニズム
―― M. アーノルドの場合――

はじめに

　19世紀中頃のヴィクトリア朝において政治思想，宗教論が分裂し衝突し，思想は二項対立からさらに分岐し，ために状況は複雑であり，かつ曖昧でもあった。また，社会構造は産業革命によって変質してきている。イギリス国教と非国教派が対立し，議会改革運動，労働組合運動も盛んになる。そのために当時の時代思潮は揺れ動き，そこには勢いに乗った進歩論とそれへの懐疑が渦巻き昏迷が生じ，それがしばらく続く。政党支持層の変化と論争がそれまで以上にやかましくなる。そういう混沌状況の改善を詩人・評論家マシュー・アーノルド (1822-88) は考える。1857年オックフォード大学詩学教授就任講演で古典期ギリシア，とりわけペリクレスの良き時代を称賛して，「知的解脱，解放」をとなえ，以後，文学，思想，政治，宗教をめぐって活発な評論活動に入る。
　ところで「ヴィクトリアニズム」なるものが目立って顕著なヴィクトリア朝盛期は1830年から1870年もしくは1880年までと見られている。W.ホートンは社会構造の変化や政治・宗教上の論議の趨勢によって，1850年は「融解と過渡」の時期であり，1870年頃に分岐点があって，以後はそれまでのような思潮が出なくなると見る。W.マッデンはその残滓を認めて1880年まで「ヴィ

クトリアニズム」といえるものが見られるが，以後の傾向は異なるものだが満足のいく名前がついていないという[1]。ともあれ1870年か1880年あたりに時代思潮の境目がある。さてM.アーノルドは1869年に，数年前からの考察に基づき，2年前から力を込めていた雑誌連載論文をまとめて『教養と無秩序 (Culture and Anarchy)』と題して単行本として世に問い，激しい論評を呼ぶ。この本は論壇上の一つの里程標になる。この書においてアーノルドは，政党政治，階級問題，信仰，心情を論じて，世の人に「教養」を勧め，キリスト教における「ヘブライズム（ヘブライ的要素）」の過剰を抑えるべく，ペリクレス時代に由来する「ヘレニズム（ギリシア的要素）」を強く推賞する。

　R. H. シューパー編『M. アーノルド散文全集 (CPW)』全11巻の10番目の巻は『イギリスとアメリカにおける平俗精神 (Philistinism)』と題される。「平俗精神」はヘブライズムの過剰によるもので，それにはヘレニズムによる教養の補給を説いていたのであるが，若年時に始まって，晩年にいたるまで彼の平俗精神批判の姿勢は変わらない。アーノルドは第一詩集を出した1848年から晩年まで「時代精神 (Zeitgeist)」――ゲーテが使い始めた言葉で，時とともに変わっていく思潮の流れ――の中にある平俗精神への批判を，はるばるアメリカに乗り込んでまでも行ったのである[2]。

　以下の節では，若年時の詩，文学批評を経て，その文学批評も数年間休んでもっぱら社会・政治評論家へと変貌するアーノルドの姿を見つつ，彼のギリシア観について考察を試みる。

　なお，「ヘレニズム」なる言葉は，もともとギリシア精神，文化，ギリシア的要素を指すものであったが，アーノルドの『教養と無秩序』刊行以後に，ドイツの歴史家J. D. ドロイゼン (1808-84) によって，アレクサンドロス大王の遠征およびそれ以後の30年間を「ヘレニズム時代」として意味付けられ，その考えがかなり普及している。そのため日本ではアーノルドのいう「ヘレニズ

---

1) Houghton, W. (1957), p. xv.
　 マッデン. W. (1990)。
2) Super, R. H. (ed.) (1974).

ム」を「ギリシア主義」と訳すことが多いが，ここではなるべく原意に近づくべく「ヘレニズム」を使用する[3]。

1. 知性による解放――ヘレニズム

ギリシアへの言及は，若い時のソネット「一友人に（クラフに）」(1848) の，ソフォクレスは「人生を着実に見たし，またそれを全体として見た ("He saw life steadily, and saw it whole") という一行がよく引用される。ジョン・デューイもまたこれを引用した一人で，なかば冷やかし気味に「そんなことが出来る人たちが出るような時代が果たしてあったろうか」とコメントを付けている（『芸術と文化』1931）。代表作の詩「ドーヴァー渚」には，「波が引いては寄せ返す時に／浜の小石をきしらせて鳴らす／悲しみの永遠の響きを／ソフォクレスもずっと昔に／エーゲ海で聞いた」という詩行があり，これもよく知られている。作詩は 1851 年で，発表は 1867 年，『教養と無秩序』の連載を始めた頃である。先の引用は信仰の波の退潮なるを憂うる悲愴な調子のものであるが，その後の方に「文目もわかぬ闇夜に／衝突した軍隊の戦闘と敗走の混乱せる驚愕の声に／満ちた暗黒の平原に，我らもいるかのようだ」という詩行がある。ペリクレス没して間もない時期に，無謀にもアテネ軍をシシリー島征服に行かせて敗北した悲惨な戦闘のことであり，ツキュディデスの『ペロポネソス戦争の歴史』(7 章 44) に記述があり，友人 A. クラフの 1848 年の作品にも言及がある。その混乱を 1851 年もしくは 1867 年におけるイギリスの混迷状況と同じようなものと見るわけである。すでにアーノルドは 1857 年から詩でなくて評論で時代の状況を扱うようになっている。

アーノルドはソフォクレスの名をしばしば出すが，悲劇代表作『オイディプス王』を正面からは論じない。自分の詩劇『エトナ山上のエムペドクレス』(1852) では，〈険しい丘の間に住むスフィンクス〉や〈テバイ〉での惨事に遠まわしに触れているだけだ。また詩「アンティゴネー断片」(1847-48) はソフ

---

3) 古山正人他編訳 (1987), 69 ページ。

ォクレスの当時話題になっていた悲劇『アンティゴネー』の上演によって触発されたものである。この悲劇における〈国家の法律と家族倫理との対立〉という重苦しいテーマはヘーゲルによって『精神現象学』で提示されてから強い関心を呼んでいた。アーノルドはこの趨勢を無視して, 詩「"アンティゴネー"断片」で屈折した私的な恋愛感情を仄めかす詩行を書いて, フェミニスト作家ジョージ・エリオットから睨まれた[4]。アーノルドはソフォクレスの複雑な全体像を摑もうとして, 後々も把握し損ねている。

『エトナ山上のエムペドクレス』は, ヘレニズムの讃美でなく, 早まってその内的分析に走ることになった詩劇であり, 神々の支配と新しい哲学的思惟の間に挟まれてエムペドクレスは苦悩の独白を行う。これはむしろ彼が持ち上げるペリクレスの活躍した時代 (462-429.BC) の後半期とそれ以後の混迷の時代を扱っている作品と見ていい。神になるべくエトナ山火口に身を投じる伝説の結末を利用しているため, ある非国教派の牧師が, アーノルドはキリスト教を捨てて汎神論者になったと批判したが, そうではなくて, 宗教, 神話, 哲学, 時代状況の葛藤, 軋轢を扱うものなのである。

翌年1853年の『詩集』に付けた「序文」で, この劇詩がロマンティシズムの憂鬱にまみれた出口なき閉鎖状況, 行動なき鬱屈の詩として, 自分の作品集から削除するという弁をくりひろげる。その長い「序文」が批評家アーノルドの出発となる。そこで彼は, 我らは部分しか見ないのに, ギリシア人は全体を見る, またその悲劇の表現が優れているといってギリシアを大いに称賛する。アーノルドがエムペドクレスを納得のいくように捉えることが出来なかったことは, 彼がソフォクレスの全体像を捉えようとして出来なかった事情と表裏をなしている。

アーノルドは1857年オックスフォード大学詩学教授になるが, その際の就任講義を「文学における近代的要素」と名付けた。これは文学論というよりも文化論である。この「近代的要素」なる語にはたんに「現代の要素」もしくは

---

4) スタイナー (1989), 6, 221-222ページ.

「今現在の要素」という意味に限られなくて，「近代にも通じる価値ある要素」という意味がこめられている。この講義でペリクレス時代のギリシアを推賞したことが，『教養と無秩序』に繋がっていく。

　アーノルドは『詩集』(1854) の「序文」では，マクベスとオイディプスの名前を出しながら立ち入って論じない。アーノルドはいう，古代の古典作家を模倣するのでなく，それと競うべきだ，古典作家たちは，我らの知性の大いなる悪徳をなくすのを助けてくれる。その悪徳とは，詩文，芸術，宗教，道徳における信じがたい奇行，奇想であり，文学（詩劇，思索論述など）は正気を書くものである。正気は古代文学の大いなる美徳であり，正気の欠如が近代人の大いなる欠点である。このあたりから後年のヘレニズム教養を偏りの矯正として推賞する姿勢が始まる (CPW, I, 16-17))。

　就任講演の初めの方でアーノルドは「解脱／解放」ということをいう。まず，東洋の改革者仏陀の言葉を借りて「倫理的解放」を説く。それは，「高慢，怠惰，怒り，利己心」からの解放である。これはあらゆる個人，時代に望まれることである。ところで，もう一つ重要さの劣らぬ「知的解放」が求められる。二つの解放が結びついてそこに真の自由がある。しかし後者は一般に求められることは少なく，時代によっては殆ど考えられてもいない。しかしこの知的解放が求められていた時代もある。

　「知的解放」は近代的と呼ばれる「時代の特別な要請」である。アーノルドは，これはとりわけ我らの生きている時代の要請だと，強調する。(CPW, I, 19-20)。

　この知的解放は何からの解放か。古代ギリシアの文学こそは，現代にとっても知的解放の最も強力な要因であり，この上ない関心の対象なのだ。この古代ギリシア文学というのは，主に悲劇，歴史書，対話と随論である。文学というよりは言語表現というのに近い。純文学 (belles-lettres) のみをさすのではない。

　現在，知的解放が求められている。アーノルドの「現在の時代」が「豊富で複雑」であり，かつ背後に「豊富で複雑な過去の時代」を持つからそういう要

請が出る。現在の時代は「膨大な量の事実という光景（spectacle）」を提示していて，「解放」はこの現代と過去を理解する点にあるのだ。この「膨大な量の諸事実の法」であるような「一般概念」を手に入れたとき，この解放が始まる。解放が完全なのは，「我らに明白な大いなる光景を見ている際に"心の調和ある黙諾"を感じ取るときであり，我らの好奇心を常に刺激しつつ常に我らの理解をくじく"広大な蠢く混沌たる光景"を目の前にして，我らが感じて苛立つ焦燥がなくなるとき」である (*CPW*, I, 20)。

アーノルドは時代の状況を「広大な渦巻き混乱した光景」と呼ぶ。1848年末のA. クラフあて書簡では，「世界の多数性（the world's multitudinousness）」，最近の言葉でいえば，「複雑系」によって圧倒されないために「世界についての一つの観念」をもって始めなければいけないという。むしろ「混乱した複雑雑多」といった方がよいが，これを摑まされるのは愚だ，という意味のことをいっている。この「多数性」というアーノルドの言葉を，R. オールティックは，ヴィクトリア朝の社会と文化を論じた本で「時代の本質を突いた言葉」として冒頭で引用している[5]。

知的解放とは，このような，蕪雑混沌からの解放である。そこで，一方でこのような眺めるべき「意味ありげな光景」が現存し，また他方でこの光景を注視する真の観点を見出したいという願望がある。このような観点を見出し，光景を適切に把握する者が自分の時代の理解にまで達する。この観点を時代に伝える者，それに照らしてその光景を解釈する者が彼の時代の知的解放者の一人なのだ。「我らの知的解放」は，二つのものの共存，つまり偉大な時代と偉大な文学の共存にあるという (*CPW*, I, 23)。

アーノルドが繰り返し使う「光景」とは，社会の，人間生活の顕著な状況のことであり，諸事件，制度，学問，諸芸術，文学思想といったものの蠢く顕れの集まりであり，単一のものでなく，相互に関係し合った複雑かつ集約的なものである。また，時代と時代を，社会と社会を，個々に見るのでなく，相互に

---

5) Lowry, H. F. (ed.) (1932), p. 97.
　 Altick, R. D. (1973), p. ix.

比較して適切に理解する行き方を彼は取る。

　目前の光景のどんな要素がアーノルドの場合のような発達した時代——完璧な知性による状況の知的解放を求める時代——にとって最も興味があるか。いかなる過去の文学が興味あるものなのか。それは時代のために問題を解決するのに成功し，目前の光景を，自分の時代，自分の国民のために，適切に把握し適切に表現した文学，思想である。アーノルドの「近代」にとって強い興味のある対象，それは一方に「高度に発達した頂点をなす時代」，他方に「包括的で，よく釣り合いの取れた，適切な文学」である (CPW, I, 21, 22)。ソフォクレスこそこの光景を着実に全体として見た人だとアーノルドはいう。

　啓発し，知的解放に最も貢献するのは，偉大な時代と偉大な文学の共存である。ペリクレスのアテネは，古代ギリシアの絶頂期にあった，個人的にも公的にも，肉体的にも精神的にも最高に精力的な頂上にあった，ということをアーノルドはことのほか重視する。「誠に完全な自由，人間に関わる事柄についての誠に偏見なき聡明な観察」が行われていた，という。ペリクレスの演説は「深く思想に満ちて」いる (CPW, I, 23, 26-28)。さらにペリクレスの政治家としての手腕を丁寧に説明するのは，後のクルティウス『ギリシア史』解説 (1868-76) においてである。

　ツキュディデスに拠ってアーノルドは，他と比較して，ペリクレス時代の優れたものを挙げる。すなわちペロポネソス戦争まで（ペルシア戦争以後）戦争がない。この点はアーノルドの注目するエリザベス朝時代と違う。アテネには便利，装飾，贅沢が行き亘っていて，しかもその行き過ぎを抑える好みの妥当さ，完璧さがあった。文明は上昇し，優雅，洗練，単純さが見られた。これに較べるとエリザベス時代には生活の便利さはなく，奇矯で過度な装飾があった。ペリクレスの言葉を引けば「我々は意見，性格の個々人の多様性について自由を持って」いて，趣味や習慣に画一性はないのである。ペリクレス時代のアテネには寛容さがあったが，16世紀イギリスでは厳めしいピュリタンが全盛であった。「近代精神による文明のかかる諸性格」に関しては，エリザベス時代のような他の時代に比較して，ペリクレスの時代が優れている (CPW, V,

24-25)。これがアーノルドの比較文化論の初期のもので、偏りがあるのはいうまでもない。

　これ以後に時代と時代の比較、民族と民族の比較対照をする文明観が展開されるが、ここにそういう評論活動の始動があった。高度に発達した「近代」の優れた特徴は「批評精神の発現、即ち諸事実を合理的に配列し識別しようとする努力」であるといって、ペリクレスと同時代で交友もあったツキュディデスの、諸事実を正しい観点で見て誇張を捨て批評的に吟味するやり方をたたえる。こうした考察を続けていって、清教徒の行き過ぎ、偏狭、逸脱と見たものの源であるヘブライズムを後に批判し、ヘレニズムをもって矯正する道が開けてくる。

　なお、詩学教授の講義は従来すでに死語となったラテン語で行われていたものを、アーノルドが規定にないからと英語で行ったものである。また、従来、詩学教授は英国国教会の牧師である人が就任していたのであるが、アーノルド以後は詩学教授は牧師でなくなった。こうした点などを挙げて、ニコラス・マレーは、アーノルドは「保守的急進主義者」であったといっている[6]。

　J. キャロルは「知的解放」とは「精神的悲痛 (spiritual distress) からの解放」だといっている。確かにローマ時代のルクレティウスが、「近代的」精神の持ち主でありながら、ツキュディデスと違って、「最も近代的な社会の病弊たるアンニュイ」から逃れられなかった人だとアーノルドは見なして、時代の解釈には「適して (adequate)」いないとこの就任講義でいっている (*CPW*, I, 32-33)。アーノルドは若いとき、ルクレティウスを主人公とする詩劇を計画しながら、その草稿を「エムペドクレス」(1852) に転用したが、晩年に再びルクレティウスを主人公とする詩に手を染め、未完のままになった。その「エムペドクレス」もロマンティックな憂鬱にまみれ、充分にギリシア的要素に浸っていないという理由で一度は詩集から外し、その削除の弁を記した自己批判の文「1853年序文」が、批評家としての出発となり、「陰鬱」からの「知的解放」を成し

---

[6]　Murray, N. (1996), pp. 158-162.

遂げた経緯がある。しかし、R. ブラウニングの勧めで、1867年の詩集に再録する。その時点で見ればこの詩劇はロマンティシズムの残滓を引きずった詩劇にとどまるものでなく、先に述べたように、ペリクレス没前後のアテネの、思想・弁論と対外戦略における葛藤、軋轢を扱う作品でもあったことが分ってきたのである。後から見ると1850年前後は盛期ヴィクトリア時代の中の過渡期であって、その後1860年代に時代思潮は変わったのである。(日本ではアーノルドの評論は明治時代から高く評価されながら、この詩劇が長らく等閑に付されたが、それは、ペリクレス時代との関連を見逃したからにほかならない。)

　この講義での「文学」の概念はすでに1868年に説かれる「教養 (culture)」の内容に近い。「批評の機能」(1864) における「批評 (criticism)」はまた「教養」であるといわれるが、それより早く、就任講義において「教養」の概念は内的には出来上がっていた。優れた文学、思想は批評であり、批評は教養である、という方向にアーノルドの考えは進む。教養を身に付けた人々の集まる社会に文化が生まれるといえば、これは都会文化に偏するうらみなしとしないが(耕作 "culture" を行う者の集まる集落から文化が始まったことはいうまでもない)、産業革命後のイギリスにおいて複雑な経緯を経て、教養が文化を培う方向に行く、その中でアーノルドが批判されながらも方向付けを行おうとする。教養は人間性の知性的完成を目指すものであり、また優れた行為、習慣の蓄積した確固としたものである。集約され均衡と統一性をそなえた教養は文化なのだ、という方向に彼の論理は積み重ねられる。文化は、アーノルドに限らず、19世紀後半に成熟し始める概念である。

2. 平俗主義と批評

　『教養と無秩序』(1869) において、アーノルドは当時の貴族階級を「野蛮人 (Bararians)」、中産階級を「平俗人 (Philistines)」、労働者階級を「庶民 (Populace)」と呼ぶ。そして中産階級の行動、習慣、思想について「平俗主義 (Philistinism)」という言葉を使って批判する。アーノルドの評論で「平俗主義」という言葉が最初にでてくるのは「ハイネ論」(1863) である。アーノルドは、ハイネが残

りの数年間，生死を賭けての激しい戦いを平俗主義を相手に行ったと強調する。アーノルドは「英語には平俗主義（Philistinism）などという言葉はなかった，それはこの種のことが余りにも多くあったからだ，ペリシテ人（Philistine）ゴリアテの本拠でも誰も"Philistinism"など口にもしなかったろう」そう皮肉な言い方をしている。歴史上の元のペリシテ人はとうにいなくなっている，ともいっている（CPW, III, 111-12）。目前のイギリスは"Philistinism"が満ち満ちているといいたいわけだ。

『オックスフォード辞典』では「平俗主義（Philistinism）」の一番早い使用例はカーライルで，1831年の「今でもみんながうんざりするほど猛烈に"平俗主義（Philistinism）"を吐き出しているペリシテ人たち（Philistines）」（『衣裳哲学』II, 5）である。二番目が1856年のR．A．ヴォーガンによる「ロマン主義は，ドイツ人が"平俗主義"と呼ぶあの志の低い散文的な偏狭さにとっての不倶戴天の敵にあたる」（『神秘家たち』）である。三番目が先に引用したアーノルドの「誰も"平俗主義"など口にもしなかったろう」（1863）である。つまりアーノルドが中産階級のためにわざわざ編み出した言葉ではないのである。

また元になった「ペリシテ人（あるいはフィリステア人）（Philistines）」という言葉は，旧約聖書では前12世紀頃からパレスティナ南西部に住んだイスラエル人でない種族をさす。好戦的でイスラエル人を圧迫し，追われてその地から姿を消した。すでにゲーテのエピグラム詩に「フィリステル（philister），恐怖と希望の詰まった空っぽ者」という言葉があるのをアーノルドは知っていた。19世紀初めに「フィリステル」が教授，学生でない者の意味でハイネのいたゲッチンゲンで用いられていた（『ハルツ紀行』1926）のをアーノルドは知っている。カーライルが「ドイツ文学論」で"Philister"を用い，初めは「政治的，哲学的啓蒙」の徒党に対する軽蔑を込めた反対の意味で使っていた。アーノルド以前にこれだけの例があって，その上で「平俗人／ペリシテ人」を1860年代初めからしきりに使ってきたのである[7]。

---

7) Honan, P. (1982), p. 344.
　 Hoctor, T. M. (1964), p. 298.

第13章 ヴィクトリア朝中期におけるヘレニズム

『オックスフォード辞典』では1826年に「居酒屋にいる町の人とそうでないペリシテ人 (Philistines)」(ベドーズ)という言い方で用例がある。すでに1864年(?)の用例に「オックスフォード大の教授はルターを自分と同じ教養、知識を持たぬ敵を意味するペリシテ人と呼んでいる」(フルード)というアーノルドに対する当てこすりの例がある。なお、アーノルドの最後のオックスフォード大学講義「教養とその敵」は1866年である。この講義が『教養と無秩序』の発芽となる。さらに1879年の「マコーレイはペリシテ人とされ、この語は高度の知的なものに無関心な者をさすと自分は理解しているが」(L. スティーヴン)という例でアーノルドがマコーレイ批判をしていたのを仄めかしている。いまは一般に「平俗主義 (Philistinism)」はカーライルが使い始めたもので、「平俗人」の意味での「ペリシテ人 (Philistines)」はアーノルドが言い出した言葉ということになっている。アーノルド以後は、「金持ちになることが偉いことと思う人」、「知識教養のない、主に物質的、平俗なことに関心を抱く人」(OED) をさす言葉になった。アーノルドの専売のごとき「平俗主義」批判は以上の経過を経て出てきたものである。

アーノルドが「ペリシテ人／平俗人」と「平俗主義 (Philistinism)」をしきりに用いるのは、ハイネを悼む詩 (1862) を書き、「ハイネ論」(1863) を書いてからで、カーライルの影響は小さい。ただ、いずれにせよ、歴史上のペリシテ人はユダヤ人を圧迫し排撃された非ユダヤ種族であったから、この言葉が元は少々差別的に使われたものであったのは認めなければなるまい。

彼はハイネ論で考えたことを、『教養と無秩序』でイギリス社会についてさらに発展させるのである。この平俗主義を身に帯びたのがイギリス中産階級の非国教徒である。彼らはヘブライズムに満ち、ヘブライ化を進めようとしている。ヘブライズムにはヘレニズムを対置させよう、というのが60年代末期に社会政治評論を書く所以である。この姿勢は急に始まったものではなく、すでに1848年クラフ宛て書簡に出ている。浮ついた革新気分の当時のいわゆる「時代精神 (Zeitgeist)」を批判し始め、清教徒の名は出さないままにアメリカをも巻き添えにしていたのである。それから晩年まで、その姿勢は長く続く。

アーノルドから見れば，バイロンは「イギリス俗物精神の，暗黒にして雲を突く広大無辺の断崖に体当たりして微塵に砕け」たのであった。彼には「教養」は殆どなく，「思想」は全くない。一方，ハイネは「ドイツの教養」を総てものにし，彼の頭の中では「近代ヨーロッパのあらゆる思想」が発酵している（*CPW*, III, 132）。

アーノルドはハイネのユダヤ的要素に触れない説明は不完全だという。ハイネはこだわらずに全く自由に自分の種族を扱う。ハイネが16世紀には二重の復活，すなわち「ギリシア的（Hellenic）復活」と「ヘブライ的復活」とあって，以後両方とも大いに力強いと述べたのは，素晴らしいことだという。ハイネ自身は「ギリシアの精神」も「ユダヤの精神」も持ち合わせていた。「ギリシア的精神」は「美」により，「ヘブライ的精神」は「雄大さ」により芸術総てにおいて最高の高みに昇った。「ハイネ論」では，「ヘレニズム」，「ヘブライズム」という言葉はまだ使わない。ハイネがギリシア的なのは，文学形式の完全，明晰への愛，美への愛による。ヘブライ的であるのは，強烈さ，不従順，口に出せない憧れによる。ヘブライ人に関することをハイネのようにやった人がいたかとアーノルドは問う。この後「ケルト文学」に関する講義で，ケルト人の非俗性，精神性とサクソン人の鈍重な長所とを対照させ二項並列もしくは二項対立の説明をする。その過程を経て，ヘレニズムとヘブライズムの二項対立へと論を展開することになる[8]。

『教養と無秩序』でアーノルドは，ヘレニズムは，説教家F. ロバーツスンらによって矮小化され，ヘブライズムに奉仕するものにされているが，ハイネやその同類の人はこれとは逆にヘブライズムをヘレニズムと対照させてその引き立て役にしている。どちらも間違っている，ヘブライズムもヘレニズムもともに尊い立派な目的をもっているのだから，という（*CPW*, III, 435, V, 164）。間もなくアーノルドはハイネ論での「平俗主義」についての考えと，〈ギリシア精神とヘブライ精神〉の対比とを『教養と無秩序』において発展させることにな

---

8) Murray, N. (1996), p. 230.

る。

　「ハイネ論」でアーノルドは，ペリシテ人 "Philistine" というニックネームを思い付いた人は，これでもって「選ばれたる者ら，光の子らに敵対する，強情で蒙昧な連中」を指したのだという (*CPW*, III, 112)。「光の子」は新約聖書の「ルカ伝」「ヨハネ伝」「エペソ人への書」「テサロニケ人への書」(福音書2点とパウロ書簡2点) に出てくる言葉であるから，この段階では，アーノルドはキリスト教をヘブライズムとしてヘレニズムに対立させてはいない。かつてのペリシテ人の戦闘的な性格が，アーノルドをして16，17世紀の清教徒への疑問を引き出させた。歴史上のペリシテ人はユダヤ種族ではなかったし，19世紀初めにはペリシテ人は「町の住民でない人」であり「教授，学生でない人」だった。それが「強情で手に負えない人」の意味で使われるようになり，カーライルを経てアーノルドにより実利主義の教養なき「平俗人（俗物）」になる。

　アーノルドは，ハイネが容赦なく自由主義者を批判し，保守主義を憎むと同じ，いやそれ以上に平俗主義を憎むという (*CPW*, III, p. 113)。「ハイネ論」以後にアーノルドがこの「平俗主義 (Philistinism)」なる語をしきりに使って議論をしたので，その面での活動が有名になり過ぎて，ついには散文全集 (*CPW*) 11巻の中の1巻の題名 "*Philistinism in England & America*" に使われてしまったという次第なのである。

　アーノルドの見るところハイネに「知的解放 (deliverance)」はあったが，「倫理的解放」が必要だった，それは古臭く骨が折れるが常に必要なものだ。就任講義の趣旨に返ってアーノルドはそう痛感する。ハイネは，ゲーテがいうように愛に乏しいのではなく，それよりも自尊心，性格上の威厳が不足しているのが弱点とだと見る。積極的なことについていえば，ハイネは「近代世界の適切な解釈者」ではなく，「人間解放闘争 (Liberation) の輝かしい兵士」に過ぎない (*CPW*, III, 127)。

　ギリシア的要素とユダヤ的要素の両方ということから，振り返って見ると，「ハイネ論」での議論から『教養と無秩序』での議論へと，大きく広く論理が発展しているのが分かる。二つのものを対立概念として，比較して見ることに

よって，それぞれの本質をあぶり出す。アーノルドにおける "Philistinism" という後半生の大きな概念が「ハイネ論」で成立し，"Philistines" という仲間外れにされていた者をさす語を，ハイネとカーライルを経由して，批判すべき大きな存在として表に押し出すのにつながる。独・仏・英の文化，風俗，気質を比較することによって，イギリス精神の基本をえぐり出す。なお，P. ホーナンは「ハイネ論」と同じ 1863 年の詩「ラシェルⅢ」でキリスト教の情緒，ヘブライの道徳，アテネの形態美を詠み込んだ所に〈ヘブライズムとヘレニズム〉が示されていると指摘する。W. アンダースンは稀代の女優ラシェルにおいて，ドイツ，フランス，キリスト，モーゼ，アテネ，ローマすべてが衝突し合い混じり合う西洋的複合性に読者の注意を向けさせようとする，という[9]。若いときに人気女優の追っかけをした経験がこんな深読みを誘発するのである。

　詩学教授講義をエッセイとして雑誌発表したものを『批評主義の試み (Essays in Criticism)』にまとめるに当って，先ず「現時点での批評の機能」(1864) をアーノルドは書く。ヨーロッパ，とくに独仏の主な努力は「批評的努力」で，これは「知識，神学，哲学，歴史，芸術，科学のあらゆる分野で，物事を現にあるがままに見る努力」である。イギリス人は「政治的動物」と言われていて，「政治的，実践的なもの」を有難がる。「あらゆる問題に精神を自由に働かせるのを私心なしに好むという考え」が大切で，これなくしては，どんな代償があろうとも，「国民の精神は，長い間に活気を失ってしまうのだが，この考えがイギリス人の思想に殆ど」入っていない。あらゆる問題に自由に心を働かせることを「私心を捨てて好む」，これは「好奇心」であるが，これを働かせるのが批評である。好奇心は「知性的な人間を一層知性的にする欲求」（モンテスキュー）にほかならない。また，「批評の仕事は，この世で知られ考えられた最良のものを知る」ことであり，翻ってこのことを知らしめることによって，「真の新鮮な思想を創りだす」のである (CPW, III, 268, 270)。アーノルドはこのエッセイで批評一般の機能をいうのだが，ついでに現在の憂うべきイギリス国

---

9) Honan, P. (1982), p. 110.
　 Anderson, W. (1965), p. 62.

民性に筆が及んでしまう。

　「実践的人間」は精妙に弁別する判断に向いていないが、この弁別において「真実と高度の教養」が重要となる。実践的人間は、そういう「教養」につながる弁別がないから、導き難いのである。「イギリス憲法」も実践の側からみると素晴らしい進歩と効力の機関に見えるが、思索の側からは、理論を恐れ明晰な思想を避けて妥協していれば、我らの「堂々とした憲法」も時々「ペリシテ人／平俗人」の巨大な製造機械に見えてしまう（CPW, III, 275）。批評についての、文学、思想上の純粋な理論から出発しながら、アーノルドの筆は、目前の社会と政治運動に向かってしまう。ここには「教養」と「ペリシテ人／平俗人」なる語は少しだけ顔を出す。『批評主義の試み』の「序文」（1865）の方では中産階級批判、「ペリシテ人／平俗人」批判が強く出てきている。だが「平俗精神（Philistinism）」という語は出ない。

　なお、この「序文」では、当時のベンサミズムへの批判が少しだが述べられている。『サタデイ・レヴュー』誌が、「変化の時代は終わってイギリス国民は精神の安定装置を得た、ベンサミズムに基いて完成された知識の充実をえて安定した」という。これは自己満足であるばかりではなく、アーノルド自身も中産階級であることを認めた上で、ロンドン北部の或る事件に触れて、これは「我が階級の道徳的頽廃」である、という。そしてこう嘆く、中産階級が破廉恥にも快適な俗物（worldling）の生活にしがみつくのは、ベンサムに忠実な者の熱烈な憧れである。アーノルドはベンサム（1748-1832）を正面から論じないで、かかる忠実者は「解剖された偉大な師匠ベンサムの聖骨を得るべく敬虔な巡礼」に出る、と余り品のよくない諧謔を弄している。ベンサム主義者に対しては、『サタデイ・レヴュー』の言いなり通りに、自らを「超越主義者」として対置して開きなおる（CPW, III, 288-289）。後の中産階級批判は、その清教系のヘブライズム過剰について激しいが、ベンサム主義者への批判も込められている。ベンサム主義批判は散発的に行われる。『教養と無秩序』では、ベンサム主義は「人間性の宗教的な面」について不十分な考え方をし、マイアル主義（非国教組合教会派）は「人間の全体性」について不十分な考え方をするもので

あり,「教養」はこの両者を避けるという (*CPW*, V, TN. 534)。

3.『教養と無秩序』におけるヘレニズム

アーノルドはいう,イギリスは個人主義と「自由勝手」という無秩序に悩まされており,産業主義が階級意識を生み出している。また労働者階級は偏狭な非国教派に向かっていて,台頭してきた中産階級またしかり,そう考える。都会の人口が増えて国教会系の教会が不足しているという事情もある。このような在り方をアーノルドはよくは思わないが,すでに現実である。アーノルドは正義と自由と安定を重んじる保守主義者 E. バークの『フランス革命』の影響を受けて,社会はあらゆる分野での「恒久の共同」であり,国家は「集合的,協同性格の民族による,最高の統率力」である,と考える。彼は,貴族階級の旧秩序崩壊はやむをえないと見る。但し,バークのフランス革命を否認する保守主義には同意しない。後にアイルランド教会の非国教化反対の点で共感し,1880 年に書簡,講演をまとめた選集の出版を斡旋している。

アーノルドは 1866 年,「我が同国人」をもって文学批評を 10 年間やめ,社会評論を始め,また最後のオックスフォード講義を「教養とその敵」と題して行い,これは後に『教養と無秩序』の第 1 章になる。その中で,自分は「経験」と「否認」によって練られた政治上の一リベラルである,と述べている。彼は国民に癒しの手段と教養の魅力的な姿を勧めるつもりだった。

貴族階級はといえば,彼らは死にかかっており,労働者階級はまだ政治力を欠き(労働組合運動はかなり高まってはいた),中産階級の大方は当時の忙しい非国教徒であった。中産階級は「銀行家,弁護士,建築家,技師,その他の企業家,職業人」である。アーノルドはこの中産階級に訓告しようとした。彼らの「宗教は欠点だらけで,知性と知識の範囲は狭く,美的感覚は発育不全」である。彼らは政治的には上昇しつつあるが,自分の欠点に気付かない (*CPW*, IX, 276, 285)[10]。

---

10) Honan, P. (1982) pp. 307, 336–338, 345.

彼は直接間接の見聞と先人の書いた書物によって，教養の考えに辿りつく。W. アンダースンによると，アーノルドは W. フンボルトを読み彼を「人間の完成を倦まずに求め成功した一人」として称賛し，「世俗的救済としての教養 (Bildung)」への彼の関心を自分の『教養と無秩序』に反映させた。また，これはフンボルトの考えでもあったが，F. A. ヴォルフが 1807 年に「内的人間と外的人間の良き調和にまで心と魂の諸力を向上させるものとして，全面的人間教育として，ギリシアの伝統に依拠する教養の理想」という定義を述べていて，アーノルドはそれを英訳して読書録『ノート・ブック』の 1866 年の所に書き入れている (*CPW*, II, 312)[11]。

1867 年末から 1868 年に 1 年と数カ月かけて 5 回に亘り，『教養と無秩序』の 2 章から 6 章までを「無秩序と権威」と題して雑誌に連載し，1869 年に「序文」を書いて巻頭につける。最終講義「教養の敵」(*Cornhill*, Dec. 1867) は第 1 章「優美と光明」となる。但し初版には番号のみで章題は付けない。先ず教養とは「知的好奇心，社会に貢献しようという激しい願望，もしくは心的傾向」である。それは「我々に最も関係あるすべての事柄について，この世で考えられ言われた最良のことを知るようになることによって，我々の全面的完全さを追求すること」である。「批評の機能」でいったことの言い換えである。

アーノルドは，この本は現在の難局から救い出す助けとして教養 (culture) をすすめるものである，という。教養とは何か，それは，まわりのすべての問題について，「この世で考えられ言われてきた最良のもの」を知ることによって，またこの知識を通して新鮮にして自由な思想の流れを我々の使い古しの考えや習慣の上に注ぐことによって，「全体的完全」を追求することなのである (*CPW*, V, 233)。そして教養とは「内的な働き」である。そうであるからには，教養は，集団的にせよ個人的にせよ，身につけるべき「教養」の意味であるが，文脈によっては社会的な「文化」の意味になることもある。しかし，たいてい「教養」の意味にとっていい。

---

11) Anderson, W. (1975), pp. 260-261.
　　Lowry, H. F. (1952), p. 40.

教養は，完全性の研究であり，真の人間的な調和ある完成を目指す。そして社会のあらゆる方面を発展させる「一般的完成」に通じるものだ (CPW, V, 233)。清教徒の後継者，代表者である非国教徒がイギリスで大きな存在であるのは事実で，それを否定するのではなく，敬意は表する。アーノルドは彼らの敵ではない。しかし〈ヘブライズムとヘレニズム〉という風に考えてみると，清教徒たちは「最良の光」によって堅実に歩んでいるつもりでいても心掛けが不十分で，偏りがあると，アーノルドは見なさざるをえない。一般的完成は遠くかなたにあり，憂うべき社会の「混乱と困惑」が非国教徒によって増大させられているのである。

アイルランド教会の非国教化運動に自由党の政治家たちが秋波を送っているがこれもよろしくない。イギリス人に「地方人根性」が見られるが，これは国教徒より非国教徒に多い。「全体性」に欠けるのだ。宗教はいうに及ばず，文学，思想，美術，科学においても偏り，一面性が見られる。非国教徒が主流と触れ合わず，自分の選択に固執して他の傾向を顧ないからこういうことなる。アーノルドには主流を言い立て重視する傾向がある。むろん詩人としても自分が主流にいるという自覚を抱く。主流でないものには偏りがあるとみなす。

J. ブライトが，議会制度の改革，自由貿易，教会税の廃止などを進歩改良なりと称して演説をしている。こういう大都市での自由党の運動が現在の不穏な社会情勢を生み出している。また，清教徒の多いアメリカの状況を見ると，精神的な事柄，教養，全体性という点において，イギリスより遅れている。イギリスのみならずアメリカをも同じ基準で批判する。

イギリス国民はすでに三階級に分けられていて，アーノルドが，貴族階級を「蛮人 (Barbarians)」，中産階級を「平俗人 (Philistines)」労働者階級を「庶民 (Populace)」と呼んだことはすでに述べた。「混乱と困惑」が多いのは，中産階級の清教徒がヘブライ化を押し進めているからだとして，ヘブライズムよりも，ヘレニズムを大いに尊重しようというのである。そして，中産階級の「平俗主義 (Philistinism)」を批判するのがこの本の目的である。この平俗主義は宗教上，教育上，政治上の勢力となっていて，これを根本的に批判するには，ヘ

ブライズムとヘレニズムの何たるかを説明しなければならない。ヘブライズムとヘレニズムの究極の目標，目的は，同じく「人間の完成あるいは救済」であり，堂々たる立派なものである。しかし，両者のこの目標の追求の仕方は大いに異なる。ヘレニズムにとって最高の観念は「物事をありのままに見ること」であり，ヘブライズムにとって最高の観念は「行動と服従」である。この相違は大変大きい。ギリシア人は肉体及びその欲望に抗うが，それは正しい思考を妨げるからである。ヘブライ人がこれに抗うのは正しい行動を妨げるからだ。幸福についても両者は違う。人間が幸福なのは，ギリシア人にとっては「正しく考える時」であり，ヘブライ人にとっては「律法を守る時」である。ギリシア人もヘブライ人も，その概念の根柢には，ともに，人間に生得の「理性を求めかつ神の意志を求める願望」がある，「普遍的秩序を求める感情」つまり「神への愛」がある，それは共通している。両者の違いを一言でいえば，ヘレニズムの支配的観念は「意識の自発性」であり，ヘブライズムのそれは「良心の厳格さ」である（*CPW*, V, 164-165）。

　ヘブライズムでは「倫理的徳目」を重んじ律法を定めるが，アリストテレスはそれを知的な徳への入り口と見る。「神的生命への参加」については，ヘレニズムもヘブライズムもこれを最高目的と定めるが，「完全な知的透察」以外の動機でもって自己克服を行う「実践的な徳」の持ち主については，プラトンはこれを拒否する。彼は，「純粋な知識」，「物事を実際にあるがままに見ること」を愛する人――知恵を愛する者――のために，それを取っておく（*CPW*, V, 167）。

　ヘレニズムもヘブライズムも，人間の諸々の要求から生まれ，その要求を満たそうとするが，その「方法」が大いに異なる。無知を脱し，物事をありのままに見ることによって物事をその美の中で見る，それはヘレニズムが人間性の前に差し出す単純で魅力的な理想である。この理想の単純さと魅力から，ヘレニズムとその手中にある人生が，ある種の「霊妙な安らぎ，清潔さ，輝き」を帯びる，つまり「優美と光明」に満たされる。

　このようにヘレニズムが明晰に考え，物事をその本質と美のうちに見ること

を大切と思うのに対して，ヘブライズムは「罪（sin）」の意識に目覚めよと促す。簡単にいえばプラトンと聖パウロの違いであるが，この違った傾向を推し進めれば，大変なことになるとアーノルドは心配する。「罪」意識は「完全性」への障害である（CPW, V, 166-169）。

　しかし人間性についてヘレニズムが考えて目指す「完全性」の基盤が，初めからずっと健全だったわけではない。それはたやすくは手に入らないものであって，試練の数世紀を要した。それ故，ヘレニズムの明るい見込みは消えて，ヘブライズムが世界を支配した。聖パウロはいう「汝ら人の虚しき言葉に欺かるな，神の怒りはこれらの事によりて不従順の子らに及ぶなり」（「エペソ人への書」5章6）。この厳しい言葉によって生き生きとして進取の気に富む人類が，代々苦労し努力を重ねた。これを初期キリスト教の艱難辛苦と中世キリスト教の禁欲主義が歴史的に示している。ヘブライズム支配は重く，かつ長い，これが現実の歴史というものだという実感がアーノルドをして筆に力をいれさせる。聖パウロの書簡に加えて，聖アウグスティヌスの『告白』，『キリストのまねび』をあげ，文学的（文献的）記念碑として敬意を示す。アーノルドはヘブライズムにおける「罪」意識の過剰を批判するが，「己を知り，己を持する」姿勢，自己克己と良心の尊重を高く評価する。しかし，これが人間の歴史の全体ではない，「貢献」であっても「法則」ではない，と力説する。ユダヤ民族の「神の言葉」を受け継いだキリスト教は，ヘブライズムを誇大視し，異教世界から出たヘレニズムを過小評価する。両者とも「貢献」にほかならないにもかかわらずである（CPW, V, 169-171）。

　ヘレニズムの知的衝動，物事をあるがままに見ようとする努力と，ヘブライズムの道徳的衝動，自己克己により平安を得る努力，両者は交代で現れる，そうアーノルドは単純明快に考察する。文芸復興においてヘレニズムと人間の知的衝動は反撃し復活する。宗教改革はヘブライズムの復活である。宗教改革には文芸復興のヘレニズムの複雑微妙なパン種が入っているが，ヘレニズムとヘブライズムの要素を峻別するのは難しい。情熱を受け継いだが知性を受け継がないことは確かで，プラトンのいう，物事をありのままに見る法と学問を追求

するのが文芸復興の中心思想なのに，宗教改革はそれを意識的に捉えてはいない。新教は旧教に対して道徳的優越を誇ってもいいが，知的優越をも主張するのは錯覚である（CPW, V, 172）。アーノルドはここでヘブライズムとヘレニズムを峻別する。改革され浄化された清教主義は，ヘレニズムに対するヘブライズムの反動であるが，その点が十分理解されていない。以後，アーノルドの清教批判に熱がこもる。

アーノルドの歴史観によると，1800年前には時代は原始キリスト教のためにあり，ヘレニズムは敗北した。15世紀になってヘレニズムが勝利して時代の本流に乗り，ヘブライズムは傍流となり，しかも妨げをなすものとなった。しかるにこの二次的なものが主要なものとして扱われ，この自然な秩序の違反は「ある種の混乱，誤った運動」を生み出した。有効性，信用，統率が失われ，今や不便不自由があらゆる方面で感じられ始めている。至るところで「混乱」が始まり「なんらかの健全な秩序と権威」への鍵が必要になっている。その鍵を得るのは，「我々の人生を引っ張っていく現実的な直感と力に立ち戻り，物事を現にあるがままによく見きわめて，物事をその直感と力に関連付け，我らの人生観と規律の全体を拡大する」ことにかかっている（CPW, V, 175）。

以上が第4章「ヘブライズムとヘレニズム」の概略である。

このような二項対立の歴史観に立ってヴィクトリア朝中期の状況を見るとき，そこに様々な形態の「無秩序」を指摘せざるをえなくなる。ヘレニズムによる知的解放が本格的に必要となる。就任講義の考えを発展させるのである。『教養と無秩序』一巻は，この二項対立を軸とする社会政治評論であり，アーノルドはヘレニズムの導入をもって宗教と教育と政治を正そうと考えたのであった。

4．クルティウスとともに

ホートンのヴィクトリア朝精神構造の考察によれば，当時，商業，工業，政治において実績を積み上げた中産階級は「ブルジョワ的必要に敏感」になるが，また一方，時代思潮の混乱を前にして予言的発言もしくは教養による安心

を言論界に求めてもいた[12]。アーノルドは60年代初めから活発に雑誌に評論をのせ，不人気であったが，物議をかもして論敵を作り，67年からは政治，宗教論で広く読まれるようになってきている。

　1868年10月アーノルドは，やかましい批判と如何に教養を身につけるか教えよという要請にこたえるべく，ヘレニズムに関する教養摂取の参考にという考えから，ギリシア詩の訳にエッセイを付けた本を造るのを計画する。エッセイは就任講義「文学における近代的要素」で，まずこれを1869年2月『マクミラン』誌に載せる。しかし非国教徒との宗教論争に引きずり込まれたため，ヘブライズム再検討に乗り出し，その計画をやめ (*CPW*, V, 457-458)，折よく出たばかりのA. ウオード英訳分冊5巻 (1868-73) により，エルンスト・クルティウス (1814-96) 原著『ギリシア史』(1857-67) を紹介するエッセイ「ギリシア新史」を1868年から1876年まで5回に亘って『ペル・メル・ガゼット』誌に連載した。無署名だが書簡での言及もあり，内容，文体から見てアーノルドの筆になるものであるのははっきりしているが，1960年F. ナイマンによって『書簡と評論』に収録されるまであまり顧みられなかった。当時すでにギリシア史はC. ウオールのもの (1835-47) とG. グロートのもの (1846-56) があるが，彼はクルティウスの方が国情に通じ，冷静さと包括的な把握に優れるという。アーノルドは歴史書における包括と統一を重視するが，また一方，彼はこの書を歴史事実の教示としてではなく，年号も示さずに (本章では補った)，思想の書として扱っている。先ずは就任講義で讃えたペリクレス時代のギリシア民主政を紹介し大いに教訓を学んでもらうのが，目的であるが，余り知られていないペリクレス以後の混乱するアテネ民主政においても，ペリクレスに似た，志の高い指導者が現れてアテネの国と政体を守ろうと奮闘した姿をも伝え，かつ民主政の孕む内的困難をも理解させようと意図したものである。

　アーノルドは教養の習得に古代を扱う歴史書の重要性をいう。かなり話を進めてからであるが，かつて自由党のR. コブデンが，マンチェスター・アテ

---

12) Houghton, W. (1957), p. xvii.

ネ・クラブの会合で「"タイムズ紙"一日分にはツキュディデスの歴史書全巻以上に有益な情報が含まれている。これは今日の英米両国の者にとって本当だ」と冗談半分にいったのを取り上げる。自由主義者がヘレニズムの教養を無視する平俗主義の態度を曝した誠によい例というわけである。アーノルドの平俗主義批判がアメリカも含めるのは，若年に始まり，晩年にも亘る。

　アーノルドは進歩の政党の目標の，如何に「不十分不適切」なるかを指摘する。ペリクレス時代には「堅実なもの（Halt）」（ゲーテの言葉）の蓄積，代々の無名の者を通しての積み重なる国民性があり，ギリシア民主主義の新しい強力な活力として頼りになったのである（CPW, V, 281）。蓄積と堅実という筋金の通ったヘレニズムの鏡は，アーノルドと同時代の民主主義批判にも通じる。ツキュディデスを読めばそれがよく分かるはずである。さて，その蓄積が用い尽くされたとき最もギリシアが繁栄したペリクレス時代が終わる。それ以後のアテネ民主政のそれなりの盛衰もまた，ペリクレスの影を引きずっているが故に，批判と郷愁を込めて語られる。アーノルドはクルティウスから頻繁に引用しつつ，自分の考えに合わせて祖述をするので，かなりクルティウスとアーノルドの共同執筆のような面が出る。

　アーノルド自身は国教徒の信者として発言してきた以上，知性の抽象化に陥るわけにはいかない。ギリシアにおける政治史と戦争史が話題の中心になるが，それと絡み合う宗教心にも触れる必要があった。古代ギリシアの始まりにおいて，諸民族の流入があって，そこにアポロンの支配するデルフォイ神官組織が構え，その神域を中心に近隣同盟が形成され，それに基いて政治と文化が発達してきたことを先ず重視する。

　抽象的にではあるがアーノルドは先ずアテネと小アジアのイオニアを比較する。アテネはイオニア系であるが，小アジアのイオニアに似ていない。小アジアのイオニアで「贅沢と過剰」の思潮が育ち，アッチカで「瀟洒，適切の思潮」が育ち，「過剰過多の浄化」という考えが出た。これがヘレニズムの本質であるとして比較対照の考察をする。イオニアでは大きな目的を継続的に追求せず，アテネのような真剣さを持ち合わせるのは隠遁的思想家，学者に限られ

ていたという。ソクラテスよりずっと以前の思索家たちをいうのだが，これは限定がきつい。ともあれアテネにすべてが集中される。相違の原因は，アテネが「デルフォイの規範，訓戒」を強く感じ取っていたからである。話は宗教がらみである。そこでアテネ人は，「特徴的で安定し堅固な性格の諸々の影響を吸収し，その影響は長い間，天性の活発及び可動性を持ち，極めて幸福な形で，釣り合いを採り，融合した」のである (*CPW*, V, 271)。アーノルドはゲーテの発言に由来する「堅固 (Halt)」という言葉をしばしば用い，改革の中にも「堅固」の必要をいう。混乱への防御である。社会，時代，人物について比較しつつ，それぞれの場での特徴を見る。

　ヘロドトスについて，クルティウスは，「情勢発展の過程に行き亘っている目に見えぬ関係の認知を可能ならしめる諸々の情勢の雑多多様の全般的見解を」求めた，という。このような探求が真の歴史家の証左なのであって，クルティウスを特徴付けるものでもあるのをこれまでの考察で見てきた，そうアーノルドはいう。この「諸々の情勢の多様」こそは，アーノルドが若い時に英国の社会情勢について 1848 年のクラフ宛で書簡で指摘した「複雑多数系」と同一のものであることはすでに述べた。無秩序をもたらす要因は，偏狭な宗教心とこの状況の蕪雑混沌にある，それが生涯に亘る固い信念なのである。アーノルドがクルティウスで評価するのは「ギリシア史」において本質的な関連性，生き生きとした発展を求めていて，「真剣さと統一」を得ていることである。軍事史，政治史について，他の歴史家のように，騒々しく断片的で瞬間的印象を残すのでなく，クルティウスは，「一つの全体」という印象を与え，それが長所なのだ，とアーノルドはいう (*CPW*, V, 272-273)。これは「全体として人生を見る」ソフォクレスと共通する姿勢である。クルティウス紹介はヘレニズム理解のためであるが，その中心はペリクレス個人が如何に大きな存在であったかを示す所にある。

　前 462 年にクーデタで始まった民主政にペリクレスは参加する。431 年にペロポネソス戦争が起こり，430 年アテネにペストが広がり，429 年にペリクレスが死ぬ。民主政の政界にいたのは 33 年間である。クルティウスのいうには，

民衆が彼に信従したのは最後の15年間で，正確には14年間だが，有力な反対者なしに自由に国政を運営した。簡単にいえば，ペリクレスは「顕著な一時代，最盛期のギリシアを集約するような人物」（秀村欣次）である。就任講義はこのペリクレス時代を称賛したものであった。ペリクレスにとって民主政はアテネで「長期継続を期待できる唯一の政体」のはずであった。

しかし，ペリクレスと改革党は「彼らのフランケンシュタインを作ってしまった」とアーノルドは解説する。作り手にも手に負えなくなる「フランケンシュタイン」（メアリー・シェリー1818年の作品に拠る）という比喩は，クルティウスではなく，レッテル貼り，キャッチ・フレーズ好きのアーノルドのものである。30余年かけてペリクレスは民主政をうまく作りあげた。手に負えなくなるのは彼の死後である。奇妙なことだが，アーノルドはペリクレスの優れた所は民主政に「独裁者 (dictator)」を提供したことであったという（CPW, V, 276）。この「独裁者」もクルティウスの言葉ではなく，アーノルドの言葉である。アーノルドも「独裁者」で僭主のようなものを指しているのではなく比喩的にいっているのである。ペリクレスは8人の将軍職の1人だったのである。日本のギリシア研究書に「カリスマ指導者」（澤田典子）とか「第一人者によって支配され」（斎藤忍随，秀村欣次）という言い方をよく見る。ペリクレスは当時の知識人との付き合いも多く，自身知性の人であり，「自由な国」をいい，「活動の多面性」をいう人なのだから，I. バーリンのいう「多様性と多元性に敵意」（『理想の追求』）を抱く独裁好きの知性人ではない[13]。

他の指導者が働き者の猛烈官僚ではないのをいいことに，ペリクレスは「人格，個性の力によって常任の最高指揮者，財務大臣，公的事業大臣」をみな兼任してしまう。進歩政党の他の指導者たちとも手を握り，貴族政の影響を断ち切って全ての分野を掌握する公的権限を帯びる大いなる存在となり，「市民たちがその庇護を望む強固な政府を可能にした」のである（CPW, V, 277）。クルティウスは「主権は市民大衆 (the Demos, the masses) に属する。しかし，大衆は自

---

13) 澤田典子（2010），108ページ。
　　マーク・リラ，（2005），227ページ。

分では統治できない，そうペリクレス以上に信じこんでいる人はいない」という。なお，当時のアテネ市民は奴隷を所有していて，ヴィクトリア朝の市民とは違う。ペリクレスが内心考えていたことは，民主政と単独政（monocracy）の結合である。抜群の，貴族ながら一市民による単独支配だが，単なる独裁ではない。これが前からアーノルドがしばしば口にし称賛していた盛期ペリクレス時代の実体であったが，悪しきものではない，そうクルティウスもアーノルドも判断する。アーノルドは，自由党と改革論者たちをうまく手なづけたパーマーストン政府をそう悪くないと見ていた。知性的なよき人格者を第一人者とする民主政を容認するというのは，イギリス国教会――旧教でなく新教である――というよろしきものを主流とし，それに乗った上でのイギリス民主政を肯定しようという考えの現れだといっていい。これはプラトンの『第七書簡』にあるような「哲学の教養をもった僭主はよろしい」（これには解釈が分かれるが）というのとは違う。逆に晩年の，ペリクレス以後の民主政に背を向けたプラトンの頭の中で，ペリクレス像への意識が強くなり過ぎた面も考えられなくはない。ペリクレス以後アテネの民主政は，一時期はシシリー島で（この戦役はアーノルドの「ドーヴァー渚」で扱われた），長期にはスパルタ相手に，対外戦略で成功と失敗を繰り返す。そして最後にマケドニアに屈する。大きな波乱を招くのは外部事情のみならず民主政内部の指導者の姿勢に問題があったのである。

　ペリクレス以後の混乱については，「安定，永続の諸要素が消えて，民主政内部の崩壊させる力が大きく働いたのであり，また疫病はすでに弱まっていた抑制装置の消滅を早めたにすぎず，本当の抑制装置は独裁者としてのペリクレスの個性，人柄であって」それが消えたからだというのがアーノルドの主観まじりの祖述である。アーノルドのいいたいのは，ペリクレスはフランケンシュタインを作り出したが，これを抑制して暴れさせはしなかった，暴れさせたのは，後から来た指導者たちだということである。後から来た民主政指導者たちは主に手工業界出身の富裕層で，史家によっては「成り上がり者」（村田数之亮）といわれる人たち，イギリスなら中産階級上層にあたる人たちだが，そこにアーノルドは触れずに，言わずとも分かるはずいうわけだ。ヴィクトリア朝中期

イギリスにとって「抑制装置」となるのはヘレニズムの教養を身に付けた指導者であるが、そういう人がいなくて抑制が利かず、ためにハイド・パークでの柵の破壊、大音声の演説（1866年）が発生したという意味のことを前にアーノルドはいったが、これは、いささか楽天的道徳的説教家の言に堕する。但し、ここでは、彼はヴィクトリア朝自由主義思潮と民主主義について一切言及しない。ギリシアの話をもってイギリスの現状を考えさせようとする。ペリクレスの成功とそれ以後の一時期の貴族的寡頭政治を除いて、マケドニアに粉砕されるまで100年近く民主政の上昇と衰退を繰り返す穏やかならざる歴史を見れば、これが誠に扱い難いものと見えてくるのも無理はない。

　クルティウスを紹介するのはただ単に歴史の学習をしようというのではない。軍事上、内政上の問題、また指導者の思想にも見られる複雑混沌にまで立ち入って、その上で全体として古典期以後のギリシア史を統一的に見る。目を向けるのはやはりアテネが主である。それはスパルタにはデルフォイの威光が弱く、宗教の拘束も祝祭もなく、ために文化の花が育たなかったからだ。ペリクレスに関してはアテネの民衆は正しく巧みに指導者を選び、かつ指導者への信従の仕方も正しい判断に基いている点で、他のポリスより疑いなく優れていた、そうクルティウスとアーノルドは評価する。アテネの最盛期たる所以である。

　前431年にペロポネソス戦争（404年まで）が始まり、429年にアテネでペストが流行し、同年ペリクレスは病死する。ペストのためにアテネ市内は「本質的変化」を蒙る。ペリクレスは市民の心に「高潔で活発な衝動を掻き立てる」ことによって支配したが、彼の後継者たちは市民大衆におもねることで評判を得て、市民も指導者を選ぶ判断がよろしくなくて、国を破綻させることになった。後に来たのはクレオン、クレオフォンで、彼らはデマゴロスであり、手工業者である（ソクラテスを死に追いやった者も）。一時は状況が好転しても機会を活かし回復を果たすことができない。それは堅固な拠り所をもたないからだと、「堅固（Halt）」が重要だという持論を繰り返す。主流になるには蓄積された教養と偏らぬ正統性が必要だといいたいのである。

スパルタの失策，ペルシアの都合で，コノンが成功し（前395-387），そのお陰で，アテネは機会を得た。よき政策をもってすれば再び強大国に帰り咲きそうであったが，しかしそうはならなかった。民主政の唯一の教理は「自由にして独立」ということだが，無制限の自由やそれによる国政運営などというものは，それだけでは不十分で，市民の側にも，「よき美徳」が欠けてはならず，正しいものを尊敬し従う力強さが必要なのだ。そういう批判には，アーノルドを代表とするヴィクトリア朝道徳主義の説教臭が漂うが，先ずは「時代精神」へのアーノルドの批評意識の発露である。従来「時代精神」を狭く咎める一方の目で見ていたのが，『教養と無秩序』とクルティウスの『ギリシア史』紹介を通して，広く深く，時には寛容にも見ようとするようになってきている。それはペリクレス再評価をした影響も一因である。初めにペリクレスのような人を最良の人として長に選んだのは，当時人民がまだ規律を尊重し信従する習慣をもっていたからだ。それがアーノルドの解釈である。市民の自由独立と習慣の蓄積を対比させ，前者に強い弾みを，後者に堅実さをアーノルドは見る。「自由独立」と「習慣の蓄積」を折り合わせる。そういう中庸折衷の改革精神，反動でない自由主義が後にヴィクトリアニズムの本流と見なされるようになり，アーノルドがその代表とされる。

　前371年テバイが興隆して，寡頭派政権を斥けた民衆派が勢いを得て，エパミノンダス（-362）がアテネと提携し新戦術でスパルタを失墜させ，アテネが指導権を得るよき機会が生じたが，又してもそれを活かせず「興奮と混乱」を増幅させただけだった。エパミノンダスとペリクレスは他に例のないほどよく似ており，「独裁者」であったのも似ているのをアーノルドは強調する。前者はより道義的であるが，後者ペリクレスの方が洗練され，より知的であるため後世の関心をより多く引く，とアーノルドはいう（*CPW*, V, 285-286）。

　エウブロス（前354-338）は穏健な和平派だが，人間性の低級俗悪な傾向に基づいて政策を決め，アテネ民主政の偉大崇高を消滅させた。これはまさに「平俗人」のタイプである。弁論家イソクラテス（前436-338）にアーノルドは触れない。マケドニアによる統一を期待するような者は，ヘレニズムの本流にはい

ない、と見ているわけだ。後の「平等論」(1878) で「アテネはヘラスの学舎である」というアテネ礼賛の発言をイソクラテスのものとしているが、それは誤りで、ペリクレスの発言であると、W. アンダースンが指摘している[14]。

当時盛期アテネの光芒はそこまで衰えていて、それにアーノルドは不満を覚える。ペリクレスと対比されるデモステネス（前 384-322) をアーノルドは重視する。富裕な手工業者の家柄の出で、つまり優れた中産階級であるが、「平俗人」などではない。デモステネスは、エウブロスの時代に支配的だった弁論術や哲学の傾向に反対で、反マケドニア派のアテネの弁論家、政治家としてポリスの政治的自由のために殉じた。亡命後も反マケドニア活動をやめず、失敗して毒を飲む。卑俗を嫌い、道義を重んじる人で、カーライルなら「英雄」と呼ぶ人物といっていい。彼はアテネ復興を不可能と見る主知的なプラトンの弟子たちには反対で、実践的有効を重んじた。だが「タイムズ紙」に軍配を上げたコブデンと違い、彼にとってツキュディデスの歴史書は、「アテネ精神の正典であった」という所をアーノルドはよしとする (CPW, V, 292-293)。但し、デモステネスが親マケドニア派のアイスキネスと争った裁判と、分裂した反マケドニア派の急進派によって穏健派のデモステネスが追われる裁判は、ともに重要なものであるが、それにはアーノルドは触れない。法廷弁論に興味はなかったのである。

アテネとテバイ（デモステネスが「ヘラスの名において」熱弁で口説いて同盟を結ばせた）側の連合軍は、前 338 年ボイオティアのカイロネイアの戦いで敗北を喫し、マケドニアが支配者となる。ここでクルティウスのギリシア史は終わる。

アーノルドの紹介は、大部分が民主政史、戦争史であるが、終りに近い所でごく簡略ながら、ペリクレス時代の哲学と悲劇に触れる。これを語らずしてヘレニズムの精髄を示したことにならない。ソクラテスは単なる保守家ではなく、大変新鮮で大胆で変化を好む人である。正義と忍耐と、自己認識というデ

---

14) Anderson, W., (1965), p. 260.

ルフォイ神殿に彫られた格言をギリシア人に説いて倦まなかった。やかましい弁論が飛び交うなかで宗教心は失っていないと見る。民主的綱領とソフィストの教えが人心を捉えていて，アーノルドは両者をリベラリズムと呼ぶが，これが「自由と運動」ということになる。ソクラテスとプラトンの仕事の基本の考えは「救済のためのリベラル綱領は不完全」ということだ。アーノルドは，自由主義は，続行する前進とその日その時の勝利を目指すが，その十全な発達には長期を要すると考えるソクラテスとプラトンが正しいと見ている (*CPW*, V, 287)。

　ペリクレス時代が終る前後のアテネの文芸を扱う所で，クルティウスは宗教，詩劇，音楽，思想に変化が起きたのを示す。他の二人の先輩悲劇詩人をさし措いて特にエウリピデスを「思索と芸術の間の解けざる葛藤に生涯苦しんだ人」とクルティウスがいう箇所をアーノルドは大きく扱う。この「思索と芸術の間の解けざる葛藤」こそは，1852 年発表の「エトナ山上のエムペドクレス」を書いていた当時のアーノルドの置かれた状況と全く同じものであったからだ。エウリピデスは「詭弁術の犠牲者」で，彼は，すべての個人に，人間と神々に関するあらゆることに「詮索的瞑想で接近する」権利があるとして奮戦した。しかし同時に彼はこの傾向に危険があることに気付かなかったわけではない。彼はその危険を公然と口にし，警告を発し，非難し，最後に完全な悲劇『バッコスの信女』(前 408 〜 406) を書いたが，その目的は「神々の体系に理性を対立させようとする人間の悲惨な終り」を示そうとすることにほかならなかったとアーノルドはいう。「神々の体系に理性を対立」させるのは，この時期の真剣な詩人と哲学者にとって，深刻で重い問題であったはずで，今なおギリシアにおける非合理と理性の問題は，うまく解かれてはいないようだ。アーノルドは自分の詩劇「エムペドクレス」においてこの問題に取り組んだが，解決に成功していない。『バッコスの信女』はディオニュソスあるいは宗教一般に対する「抗議または批判」として書かれたものではなく，「純粋に美的な観点から」見るべきだと松平千秋はいう (翻訳解説)。しかし，この劇は作者最晩年に書かれ，死後に上演されたものであり，ペリクレスなき後の，ペロポネソス

戦争末期の，民主政も揺れて短期ながら400人寡頭派政権（前411-410）が出現した騒然たる時代を思えば，クルティウス=アーノルド説も当っていないわけではないと思う。アーノルドの『ノートブック』の1866年の所に，ペリクレス時代の芸術は「非常に明確な宗教的使命を受けていた，人間の意識の進歩をその宗教的表現において満足させ，過去の伝統と現在の理性を和解させるために」というF. A. ヴォルフの言葉を記入している[15]。愛知と詭弁の盛り上がるときにも消えない宗教心の本質をアーノルドは考える。理知的思惟と神々の支配は，簡単に調和させられるものではなく，緊張した葛藤のなかにあったはずだというのがアーノルドの1852年と1872年の内省であった。

エウリピデスが素朴に神話を信じていたわけではなく，神学論議を仕掛けたふしもあるが，バッコス信女に八つ裂きにされるペンテウス王自身も申し分なく理性的だったのではないから，解釈は難しい。しかし，アーノルドがそういう面に深く立ち入らずにただこの劇を傑作扱いで済ませているのは，よほど扱いが容易でなかったからであろう。物足りないが，19世紀末に盛んになるプリミティヴィズム研究以前という事情もある。ソクラテスとプラトン紹介は余りにも手軽すぎる。要するに，ヴィクトリア朝中期の民主制の負の面との対比で歴史を見る鏡にしようとするのに急であり過ぎたのである。

トリリングは「アーノルドが文明を評価する基準として全面的に依拠した，あの合理的で秩序あるギリシア，アテネをニイチェの『悲劇の誕生』(1872)がぶち壊しにした」いうが，W. アンダースンはそれはニーチェを買い被り過ぎだと判定する[16]。確かにアーノルドはもっぱらギリシアのアポロン的な面を強調している。知性的なペリクレスを讃え，無謀なアルキビアデスを無視し（『教養と無秩序』では触れるが），民主政を怪物フランケンシュタインと見たてながら，ペリクレスと似た後の指導者たちのみを重視する。アーノルドはアポロンに導かれる知性的なものを尊重し，ディオニュソス的なものを避け，この二

---

15) Anderson, W. (1965), p. 267.
    Lowry, H. F. (1952), p. 40.
16) Anderson, W. (1965), p. 266.

項対立には深入りしない。それはディオニュソス的なものが「複雑系」の中に思惟の混迷とロマンティックな憂鬱をもたらすと感じているからでもある。

おわりに

クルティウス『ギリシア史』解説の筆を置くに当ってアーノルドは，カイロネイアの戦い（前338年）での敗北の時期をもってクルテュウスの歴史書は終るが，それは正しいという。それから16年後にアテネ民主政は終らされ，寡頭政を押しつけられるが，そこまでは筆が行かない。ゲルマン系民族であるドイツ人，イギリス人にとって，偉大な「光明」であるような「倫理観念」に，彼の歴史書は忠実である，と結論を下す（CPW, V, 294）。彼は，ギリシアのポリスがギリシア文化を生み出し，アレクサンドロスの世界がそれを拡大再生産したのであって，ヘレニズムの本体についての話はそこまで見ているのである。

『教養と無秩序』と『ギリシア史』解説の数年間はともかく，それに続く評論の活発な数年間はヘレニズムそのものに浸ることは多くなかった。もっぱら政治，社会，宗教に関わる70年代とそれ以前，以後にはヘレニズムによく浸り，これをもって文学者，思想家を論じる批評文で活かしたのである。

1875年に「イザヤ書」など予言書を扱う冊子の改訂版を出し，その序論でアーノルドは，「世界の救済はイスラエルの神に頼る」という際のヘブライ予言者たちの「ひるまず大胆で崇高な力強さ，彼らの抱く誤りなきヴィジョン」を称賛する。これについて，F. ナイマンは，ソフォクレスの『オイディプス王』の中に「神は威力があって老いないという法」が貫いているのに，アーノルドはこの「ギリシア的な（神の）肯定をヘブライ・ヴァージョンに変えてしまった」と解釈する[17]。ヘブライズム矯正のためにヘレニズムを縁の下の力持ちにしてしまったのである。アーノルドは1870年代に宗教問題に忙しくなるがヘレニズムに対する考えが変わるわけではなく，偏らずに本流に入るべき非国教徒への批判と矯正として新約，旧約聖書への取り組みが多くなる。アポロ

---

17) Neiman, F. (1975), p. 23.

ンとヤハウェを融合させることはできない。中世神学はギリシア哲学を巧みに利用したのであって，対等の融合ではないとアーノルドは認識している。いかに両者の調和ある並行をもたらすべきか，という問題意識があっても，問題は彼の批評における難問としてとどまったままである。

参 考 文 献

Altick, R. D. (1973), *Victorian People and Ideas*, Norton.
Anderson, W. (1965), *M. Arnold and the Classical Tradition*, Michigan U. P.
――― (1975), "Arnold and the Classics", *M. Arnold* (ed. by Allott, K.) Bell and Sons.
Hoctor, T. M. (ed.) (1964), *M. Arnold's Essays in Criticism*, Chicago U. P.
Honan, P. (1982), *M. Arnold : A Life*, McGraw-Hill.
Houghton, W. (1957), *The Victorian Frame of Mind*, Yale U. P.
Lowry, H. F. (ed.) (1932), *The Letters of M. Arnold to A. H. Clough*, Oxford U. P.
――― (1952), *The Note-Books of M. Arnold*, Oxford U. P.
Murray, N. (1996), *A Life of M. Arnold*, Hodder & Stoughton.
Neiman, F. (1975), "A Reader's Guide to Arnold", *M. Arnold* (ed. by Allott, K.), Bell and Sons.
Super, R. H. (ed.) (1960-1977), *CPW : The Complete Prose Works of Matthew Arnold*, 11Vols, Michigan U. P.
澤田典子（2008），『アテネ 最期の輝き』岩波書店。
―――（2010），『アテネ民主政』講談社。
スタイナー・G.（1989）『アンティゴネーの変貌』，海老根宏，出本史郎訳，みすず書房。
古山正人他編訳（1987），『古代西洋史料集』東京大学出版会。
マーク・リラ（2005），『シュラクサイの誘惑』，佐藤貴史ほか訳，日本経済評論社。
マッデン・W.（1990），「ヴィクトリア朝の感性と感情」(『西洋思想史大事典』Ⅰ，平凡社)。

第 14 章

J. M. ケインズと帰納法

はじめに

　J. M. ケインズ (1883-1946) は彼以前の論理学が前提としていた「因果関係」や「法則性」を否定して「蓋然性の世界」を論じた。この彼の「蓋然性的な認識論」は後の経済的著作に引き継がれたとするのが，アンナ・カラベリ (1988)，ロッド・オドネル (1989) らの主張であった。彼らは特に，『蓋然性論』(1921)[1]

---

[1] 浅野栄一氏 (2005) は主著『ケインズの経済思考革命』以下のように述べている。「これまでわが国では，本書（蓋然性論―引用者）は『確率論』の訳名で親しまれてきた。しかし，この訳名は誤解を与える危険がある。ふつう，この訳名からは数量的確率の問題を扱った数学書という印象を与えやすいが，実は，本書は，ケインズが自ら述べているように，むしろ，数量化しえない，命題間の論理関係の問題を扱った論理学に関する書物なのである」(浅野栄一 (2005) 37 ページ)。そして浅野氏は 'A Treatise on Probability' を『蓋然性論』と訳している。また，塩沢由典氏 (1983) は「(『確率論』という―引用者) 題名は誤解のもとである。原題 A Treatise on Probability の Probability を『確率』と訳すのは誤りで，正しくは『確からしさ』『蓋然性』と訳すべきであろう。かれの言葉でいえば，Logics of Probable Argument (蓋然的議論の論理学) とでも題すれば分かりやすい」(塩沢由典〔1983〕76 ページ) と述べている。ケインズは論理学の重要な一部門として 'Probability' を規定しており，命題相互の「議論（推論，論証）の蓋然性」関係は数量化できず直観的にのみ把握できる場合も数多く存在するという事を示唆している。また，確定的でない議論（推論）の際にも「蓋然性判断」を用いる用意があると説いている。

第3部の「帰納法と類推」こそケインズ認識論のうち中核的な部分を担っている部分であると主張する[2]。また，ビル・ジェラード（2003），ヨヘン・ルンデェ（2003）らも『蓋然性論』とケインズの経済的著作との間に論理的関連性を見出している[3]。

　これとは対照的に，デイビス（1994）やベイツマン（1996）らはケインズ経済学にとって，『蓋然性論』はさほど重要ではなく，その『蓋然性論』執筆時と経済学執筆時とではケインズの思想は大きく異なると述べている[4]。

　また，伊藤邦武氏（1999）はラムジーの批判以降ヴィトゲンシュタインの『論理哲学論考』批判を契機としてケインズは（自身が『蓋然性論』で描いていた）「直覚主義」から「規約主義」「共同体的プラグマティズム」に至ったという意

　　この為，彼自身が描く'Probability'のイメージには，「確率」よりも「蓋然性」という訳語を充てる方が適当であるように思われた。尚，この著作は1921年にマックミラン社より刊行された。本章での参考箇所は同社より1973年に出版された『ケインズ全集　第8巻』のページに対応している。

2) アンナ・カラベリは「彼（ケインズ―引用者）の帰納法に対する心的態度は，彼の経済学への認識論的な接近法において重要な役割を演じたのである」（Carabelli, A. (1988), p. 61）と述べている。また，オドネルも「帰納法は……『蓋然性論』の主要な適用分野を示している」（O'Donell, R. M. (1989) p. 2）と述べており，「（『蓋然性論』の―引用者）第3部（帰納法について論及した部分―引用者）は帰納法が蓋然性理論の一分野であるとの……ケインズの蓋然性理論の核心である」（Ibid., p. 46.）と述べている。

3) Bill Gerrard (2003) "Keynesian uncertainty : what do we know?", *The Philosophy of Keynes's Economics,* ed. by Jochen Runde and Sohei Mizuhara, Routledge.
　Jochen Runde (2003) "On Some Explicit Links Between Keynes's A Treatise on Probability and the General Theory", *The Philosophy of Keynes's Economics,* ed. by Jochen Runde and Sohei Mizuhara, Routledge. 参照．
　Charles R. McCann Jr. (2003) "On the nature of Keynesian" *The Philosophy of Keynes's Economics,* ed. by JochenRunde and Sohei Mizuhara, Routledge. も参照のこと．

4) デイビスとベイツマンについては以下の参考文献が存在する。
　Davis, J. B. (1994) *Keynes's Philosophical Development,* Cambridge University Press.
　Davis, J. B. (1994) *The State of Interpretation of Keynes,* Kluwer Academic Publishers.
　Bateman, B. W. (1991) "The Rules of the Road : Keynes's Theoretical Rationale for Public Policy", *Keynes and philosophy,* ed. by Bateman, B. W. and Davis, J. B. Edward Elger.
　Bateman, B. W. (1996) *Keynes's Uncertain Revolution,* The University of Michigan Press.

見を持っている[5]。つまり伊藤氏はケインズの『蓋然性論』と後の経済的著作との間には哲学的な立場での「断絶」があると主張しているのである。ただ，伊藤氏も「ケインズの帰納法」の重要性を認識しており，その主著『ケインズと哲学』においても「ケインズの帰納法」に紙面の多くを割いている。伊藤氏は①『確率論』の後半全体が帰納法の問題に充てられていること，②『一般理論』の出版後の経済学をめぐる論争によってケインズが生涯一貫して（帰納法に関して）興味を持っていたこと，を指摘している[6]。その他に浅野栄一氏もケインズの『蓋然性論』と「経済的著作」との間に「断続性」を認めている[7]。

　他方で平井氏（2007）は，これらの意見（すなわち連続説か断絶説かの二者択一）については慎重な態度をとっている。そして，『蓋然性論』の根底を流れる基本的な哲学的スタンス（とりわけ第Ⅰ部から第Ⅲ部）をケインズは放棄したと見ているが，第Ⅴ編に示されている「レクシスの方法」は維持された可能性はあると見ている。しかしながら，「哲学者ケインズ」がどのように変わったにせよ，それは「経済学者ケインズ」を解釈する上で必要のないことであると論じている[8]。

　このように様々な議論が交わされている背景には，ケインズ自身が20代のほとんどを蓋然性論研究に捧げていたにもかかわらず，『蓋然性論』出版以降

---

5) 伊藤邦武（1999），107-108 ページ参照。
6) また，伊藤氏（1999）によれば，「帰納法」はベイコンとヒューム，ミルの名前と結びついているが，ケインズはこれらの帰納法はいずれも誤りであるとし，これとは異なってヒューエル，ジェヴォンズは帰納法と蓋然性との密接な関係を強調しており，これら2人はヒュームとミルの実証主義的傾向に対抗しようとしたと指摘している。前掲書，114-115 ページ参照。
7) 浅野栄一氏（2005）は「ケインズは自らの『蓋然性』の考え方を否定」（浅野栄一（2005），40ページ）したと主張している。ただ，この浅野氏も「（『蓋然性論』でケインズが提示した―引用者）『議論の重み』という概念は…，特定の意味において（『一般理論』における―引用者）『確信』の指標として役立つという点で重要性を持っているのだ」とケインズが述べていることを指摘しており，「彼（ケインズ―引用者）がこのように（『蓋然性論』―引用者）本書で取り上げたこの議論の重みという概念は，後の『一般理論』で登場する『確信』の概念に直結するものであり，意に止めておく必要がある」（同書，40-41 ページ）と述べている。
8) 平井俊顕（2002）157-158 ページ参照。平井俊顕（2007），200-201 ページ参照。

は経済学の分野に研究対象を移しており，1931年にラムジーに宛てた書簡の中で「論理学は叙情詩と同じく中年のやる仕事ではない」と述べている状況がある[9]。そして，『蓋然性論』執筆以降において体系的な哲学書を彼自身が執筆していないという事実は上記のように様々な解釈を呼んでいる。

　このような流れの中で，ケインズ自身が『蓋然性論』執筆時点において「帰納法」に関してどのような見解を持っていたかを詳細に検討する事は有益であろう。というのも，特に国内では，この「帰納法とケインズとの関係」が詳細に語られた形跡がいまだもって見られたことがなかったからである。ところが近年になり，齋藤氏（2001）は，ケインズの弟子であったハロッドの論理学の側面から「ケインズと帰納法」を詳細に検討しつつある[10]。また彼女は，「ケインズの帰納法と経済学」（2002）において多く「帰納法」の重要性とケインズ経済学との関連性を主張しており，「ケインズは経済学に不確実性概念を明示的に導入した。ケインズが描いた不確実性の経済人の行動は，新古典派経済学が想定するものとは顕著な違いを示している。このようなケインズの経済学の方法論は，ケインズの初期著作『確率論』における認識論を受け継ぐものである。」[11]と述べており，「帰納法に対する考え方，また『確率論』における認識論は，後期のケインズの経済学に接続し，その哲学的基盤を形成しているものといってよいだろう。」[12]と主張している。また，柴山氏（2000）は，ケインズの『蓋然性論』を，ヒュームに代表されるイギリスの伝統的な道徳哲学—経験論のパラダイムの中で解釈し，ヒュームとケインズとの連続性と僅差を探っている[13]。

---

9) Cf. O'Donnell, R. M., (1989), p. 138.
10) 齋藤（2001）では，「ケインズ（の論理学—引用者）では不確実性に直面した行為者が存在し，その知識の変化量を扱えるが，ハロッドには不確実性に直面した行為者が存在せず，その知識量の変化は問題とされない」（齋藤隆子（2001）139ページ）ことと，経済学において「ケインズは不確実性の存在から，少なくとも確実にいえる短期の理論を提出したが，ハロッドは長期の理論を作った」（同書，141項）として，うまく両者を対照化している。
11) 齋藤隆子（2002），127ページ参照。
12) 齋藤，前掲書，135ページ参照。

『蓋然性論』冒頭部でケインズ自身が主張しているように，蓋然性に関わる議論は合理的 rational だが確定的でもなく，実証的でもない議論の範疇に含まれていた[14]。同様に，『蓋然性論』第3部「帰納法と類推」中18章冒頭部でも，合理的であるが確定的でもなく実証的でもない議論の範疇に入るものとして帰納法に言及している。このような確定性と実証性を常に必要とはしないが合理的であることを求められる議論領域に属すもののうち，彼は特に帰納法に注意を払っているのである[15]。

「私は蓋然性について合理的だが確定的でない議論 (argument) を扱う論理学の部分を構成するものとして説明してきた。そのような議論のうち最も重要な種類の議論は帰納法と類推 (analogy) に基づく議論である。ほぼ全ての経験科学はそれら帰納法と類推を頼りにしてきた。そして，日常行為において経験によって下される諸決定はそれら帰納法と類推とに基づいている。更に，生活上の普通の行為において，経験によって決定される結論もそれら〔帰納法と類推と——引用者〕を頼りにしているのである。それらの方法分析と論理的正当化のために以下の章が充てられる。」[16]

---

13) 柴山桂太 (2001), 37ページ参照。
14) J. M. Keynes (1921), p. 3. 参照。「合理的 rational」な蓋然性判断の種類について，ケインズはいくつか定義を行っている。ある前提 h からある結論 a を導く際に合理的と思えるような「論理的蓋然性判断」を我々は日常行っている。ある前提（根拠）premise とある結論 conclusion との間に，あるいはある命題 propositions と他の命題との間に何らかの「蓋然性」関係が認められれば，私達はその命題同士の関係について「合理的信念 Rational belief」を持つことができる。だが，この蓋然性関係の結論について関係のある，relevant な根拠や証拠に基づいて正当な論理的判断が行われたのでなければ，私達は合理的な信念を持ったり合理的な判断を行ったとは言えない。泉 (2003) も参照。また，ビル・ジェラード (2003) は以下のように述べている。「『蓋然性論』において，ケインズは蓋然性に関わる論理的理論を提示した。蓋然性関係は信念の度合いに相当するものであり，その信念の度合いは利用できる証拠を基礎にしてある命題において個人が抱くのが合理的であるというものである。」

  cf. Gerrard, B., (2003), p. 240.
15) Carabelli, A., (1988), p. 61.
16) Keynes, J. M., (1921), p. 241. また，ヒュームについて以下のようにも述べている。

この節からはいくつかの示唆が得られる。まず，（学問分野に限らず）日常行為においても帰納法の援用が考えられるということ。次に，帰納法と類推は合理的ではあるが確定的でなく実証的でもない議論のうち重要なものであるということ。さらに，この帰納法と類推の分析と論理的な正当化について『蓋然性論』第3部全体が使われるということが示唆されている。以下の節では，このケインズ『蓋然性論』(1921)の観点から，彼の帰納法理解の輪郭を描いていきたい。

1．ケインズの帰納法の適用範囲について

まず，『蓋然性論』(1921)の観点から，帰納的議論（推論）の適用範囲に着目することにする。一般的には帰納法の位置は特に自然哲学 natural philosophy と経験的な自然科学に属しているものであると考えられていたものとして解されている[17]。この見解によれば，帰納的議論（推論）が不明瞭な分野に適用されることは考えられていないし，日々の生活に関わるものとしても考慮されることはない[18]。帰納法はもっぱら一部の哲学者や数学者のみの議論対象とされていたと考えられるのである。

ところがケインズによれば，帰納的議論（推論）は論理的議論（推論）と数学的議論（推論）の両方に入り込む可能性を持つものであり，また，演繹的議論（deductive argument）にも適用されるものであると主張されるのである。そして，帰納法は実証主義者ら（positivist）が主張するように経験的な自然の斉一性（uniformity of nature）や普遍的因果関係の法則性（laws of universal causation）と何の

「ヒュームは確信を持って，一般化が置かれる様々な諸事例の間に，類似性 resemblance のいくらかの度合いが存在するに違いないと主張している。…それ故，類推（アナロジー）のいくつかの構成要素は，あらゆる帰納的議論（推論）の根底にあるに違いない。本章においては，私は正確に類推の意義を明らかにしようと試みるものである。」(Ibid., p. 247)．

17) アンナ・カラベリはこれを実証主義者の帰納法の捉え方であると解釈している。また，実証主義思想家の例としてはジョン・スチュアート・ミルが例に挙がっている。Cf. Carabelli. A., (1988), p. 61.

18) Ibid., p. 61.

関連も持たないものであると主張されているのである。彼の主張によれば、帰納的議論（推論）は日常生活の行為にも適用されるべきであるし、社会科学においても適用されるべきであり、さらに、極めて抽象的な諸議論や形而上学的な議論にも帰納的議論は適用されるべきであると考えられている[19]。このように、特定の領域にその適用を限るのではなくて、もう少し裾野を広げた学問体系として帰納的議論を位置付けようと試みていたことがうかがえる。

彼は帰納法という用語について、それを必然的に自然現象の経験 phenomenal experience や経験主義的な問題とだけ結びつけて論じるつもりはないし、抽象的な研究や形而上学上の研究に帰納法が使われる可能性を最初から排除するつもりではないと述べているのである[20]。

「帰納的手続きは、もちろん、いつの時代にも心の働きの決定的な部分、あるいは習慣的な部分を構成してきた。我々は、経験から学ぶときにはいつでもこの手続きを援用しているのである。しかしながら、学校の論理学の授業では、それは遅ればせながらやっとその適正な場所を得たところである。それについての明確な、あるいは満足のいく説明は、どこにも見出され得ない。形式論理学の範囲内で、しかもそれをはみ出す部分を持つものとして、また明らかに精神哲学と自然哲学との境界線上にあるものとして、帰納法は科学的論証の体系に組み入れられることを認められたのではあるけれども、その際、論理学者のおおきな助力を受けたわけではないし、またいつ認められたかを誰も知らない状況である。」[21]

このように、帰納法の地位は非常に曖昧な学問相互の境界線上にあるわけであり、経験科学とか自然哲学とかいうような特定の分野にその適用範囲を限ることはできない。そして、あらゆる諸科学にも帰納法を適用することができ、

---

19) *Ibid.*, pp. 61-62.
20) KeynesJ. M., (1921), p. 242.
21) *Ibid.*, p. 241.

さらに日常生活の平凡な行為を決定する際にも帰納法を援用する用意があることをケインズは主張しているのである。

次に，冒頭の引用文では帰納法と蓋然性は合理的であるが確定的でも実証的でもない議論の範疇に入るものとして定義されていた。この確定的ではないが合理性を求める帰納法においてはどのような論理的手続が採られることになるのだろうか。私達は蓋然的議論を考察した際に直面したのと同種のケインズ独自の思考形式を汲み取ることになろう。また，帰納的議論の妥当化をはかるためにはどのような論理的手続が採られるのであろうか。これらの問題を考えるにあたって，従来の帰納法とケインズの見解は著しく異なるはずであるから，第1に従来の帰納法はどのようにケインズによって解釈されていたのかを定義付けなければならない。そして次に，ケインズが考える帰納的議論の妥当化はどのようにはかられるものであるかの考察を行いたい。

2．純粋帰納法 (Pure Induction) について

まずケインズは，普通に考えられてきた意味での帰納的という用語は，諸事象の反復 repetition of instances から生じる議論領域をカバーする純粋帰納法 (Pure Induction) という用語で表現されているものであると解釈している[22]。そして，その純粋帰納法では諸事象の増加によって議論の妥当性がはかられるということがしばしば考えられていたのである[23]。なぜならば，その純粋帰納法は全ての諸事象が全く同一の性質であるとの「斉一性 uniformity」の考えに立っているのであり，諸事例の個数を増加させれば議論の妥当化をはかることができると考えられているからである。さらに，この純粋帰納法は物理的な因果関係に立って論じられるものであるということにもなる。

ケインズの解釈によれば，自然の斉一性や物理的因果関係をその前提に置く純粋帰納法の手続きでは現実世界の性質によって妥当性をはかることができるとされている[24]。

---

22) *Ibid.*, pp. 242-243.
23) *Ibid.*, p. 259.

「もっともな道理があろうとなかろうと,様々な根拠に基づいて,帰納法と類推法の妥当性はある仕方で,現実世界の性質によって決まるとしばしば考えられてきたように,これらの方法(帰納法と類推法―引用者)がそれに基づいて展開される実質的な諸法則(material laws)を論理学者達は探し求めてきた。普遍的な因果関係の諸法則(the laws of universal causation)と自然の斉一性(the uniformity of nature),すなわち,あらゆる諸事象(events)が何らかの原因を持っており,同一の原因の総計が常に同一の結果をもたらすという諸法則は,一般に通用する法則である。しかしながら,これらの諸原理(principles)は,時間的に後に生じる事象を推測させうるような前件(data)が存在しているということを単に主張しているだけである。それらの諸法則は私たちが帰納的な問題を適切に解決するにあたって,すなわち,部分的な資料(前件)からどのようにして蓋然性の議論が可能であるのかを確定するにあたって,多くの援助を与えるようには思われない。」[25]

このように,現実世界の性質は前件の性質を規定するけれども,私たちが帰納的議論を行う議論過程そのものを合理的に支持するものではない。例えば,ある場所の落雷死に関する統計データがあるとする。そのデータ(あるいは情報)と関連付けて,わたしたちが散歩に出てから生きて家に帰ることのできる蓋然性を数量的に言い表すことは可能ではない。私たちが散歩に出ている時に雷が鳴り響いているとして,その場所を通って家に帰る際に落雷死するという蓋然性(確率)はどのくらいかを測定する事はほぼ不可能である[26]。ある場所での落雷死の件数データは,私たちが議論を行う際の参考資料とはなるけれど

---

24) J・Sミルは『論理学原理』第21章「普遍的因果関係の法則の証明」で,「すべての論理的操作の基礎は因果関係の法則であり,すべての帰納法が成立するための基礎になっている仮定は,あらゆる事象,すなわち,あらゆる現象の開始には,ある原因またはある前件があって,それから普遍的かつ無条件的に継起するということである。」(J. S. Mill (1843), p. 562.(大関将一訳,489ページ)と述べている。
25) Keynes, J. M., (1921), p. 276.
26) Ibid., p. 31.

も議論そのものの性質を規定するものではない。この場合，事故死の数をただ数え上げるということで帰納的推論（議論）の一般化がはかられるとは考えにくい。このような考えに立つならば，帰納法は当時一般に認められていたように，現実世界が提示する諸事例や証拠を数え上げたり物理的因果関係と必然的に結びつけられて論じられる問題ではなくて，論理学の中で（特に蓋然性に関連付けて）論じられるべき問題であると主張される。

もし帰納的議論（推論）自体が自然の斉一性や物理的因果関係によって確実に規定されるのであれば，純粋帰納法論者がいうように，我々が行う帰納的手続き（inductive procesure）は諸事象の反復を数えることに終始するのであり，議論過程というものは必要なくなる。

ところがケインズは，蓋然性と同様に帰納的議論（推論）に関してもその議論過程を重視しているから，帰納的議論（推論）を論理学的な手続と関連付けているのである。そのため，彼が考えるところによれば，帰納的議論（推論）は自然の斉一性や物理的因果関係と必然的な関わりを持つものではないということになる。

むしろ，帰納法の手続きは諸事例を数え上げることではなくて，議論（推論）過程を解明するために蓋然性と関連付けて説明されるべきものであるということになる。帰納的議論（推論）の一般化は斉一性を持った諸経験とは関係なしに蓋然性関係の存在によって正当化されるのである。それどころか，経験によって決定される諸結論について主張する場合でさえも帰納法を必要とする場合があり経験から帰納が導かれるよりもむしろ帰納的議論（推論）によって経験的議論（推論）が影響を受けるということも指摘されている[27]。つまり，彼の提案する帰納的議論（推論）では諸経験に頼ることではなくて，むしろ経験を頼りにする議論の場合にも帰納法が必要とされるという帰納的議論の優位性が説かれている。また，帰納的一般化の妥当性を如何にはかるかという問題は形式論理学（特に蓋然性論について）の範疇に置かれており，物質的な問題の範疇

---

27) 「我々は，経験から学ぶ時にはいつでも帰納的手続きを援用しているのである」
（*Ibid.*, p. 241.）

には置かれていない。

このようなケインズの考えは次のように述べられている。

「帰納的一般化の妥当性と道理性の問題は論理学の問題であって経験の問題ではなく，形式的な問題であって実質的な諸法則（material laws）の問題ではない。現実世界を実際に構成しているものは確かに私たちが持つ証拠の性質[28]を規定するかも知れない。ところが，現実世界を実際に構成しているものは，与えられた証拠がどのような結論を合理的に支えているかを規定しないのである。」[29]

このように彼の考えるところによれば，蓋然性に関する彼自身の見方と同様に，ある前提（あるいは根拠）からある結論を合理的に引き出せるかどうかの議論過程に帰納的議論の本質がある。そして，議論の妥当性はその「合理性」にかかっている。このようなわけで，帰納的議論は論理学の一分野である蓋然性に強く関わってくるのである[30]。

また，この議論過程を重視するケインズの帰納的議論では，1つの証拠（前件）が1つの結論（後件）だけを規定するのではなくて，1つの証拠に基づいて様々な結論が導き出されることがある。その帰納的議論では1つの証拠から1つの結論に至る単一な因果関係ではなくて様々な議論過程が存在するのである。ところが，そのような多種多様な議論過程を考慮することなく，結果や諸事象の生起を数え上げることに専心していたものとして数々の学派について批判が加えられている[31]。

---

28) 『蓋然性論』第6章では，証拠の性質に影響を与えるが蓋然性判断には全く影響を与えないものとして，「議論（推論，論証）の重み weight of argument」という概念が提示されていた。
29) Ibid., p. 246.
30) この論理学と関連付けるケインズの考え方は経済学に関するケインズの見方と共通するものである。「ハロッドへの手紙」J. M. Keynes (1938) Letter to R. F. Harrod. in JMK. Vol. 14, pp. 296-297. 参照。
31) 経験主義者や頻度理論学派，実証主義哲学者を指す。なお，Charles R. Mccann jr

特に，それら諸学派が方法の基礎に置いていた「純粋帰納法」に対してケインズの批判は向けられているといえる。上述のように，純粋帰納法においてはあらゆる諸事象 Events には斉一性が認められている。そして，ミルでさえも，純粋帰納法学者や実証主義者と共にケインズの批判対象とされてしまったのである[32]。

ケインズの指摘にあるように，実証主義者たちは現実には無限に広がっているはずの諸事例を限定された諸要素に限って帰納を行っていたのであるが，そのような実証主義者達の純粋帰納法と彼自身の帰納的議論手続は異なるのである。また，純粋帰納法においては証拠にできる斉一な諸事例の数が増加すればするほど，議論の強さが増すと考えられていたのであるが，ケインズはこのようには考えていない。次項では，ケインズが提示したいくつかの帰納的議論の手段と，帰納的議論に強みを付け加える諸要素について考察していきたい。

3．帰納的議論（推論）と類推

帰納的論理手続を踏むにあたってケインズは，経験的な議論（推論）が頼りにしている3つの根本的な論理的原理を分析している。その3つの論理的原理とは，ポジティブ・アナロジー positive analogy，ネガティブ・アナロジー negative analogy，一般化の範囲 The scope of the generalisation である。

まず，ポジティブ・アナロジーとネガティブ・アナロジーからなる「類推」と純粋帰納法とは区別されており，18章冒頭部でも出されたヒュームの卵の類似性を例にとってケインズはこのように述べている。「私達は卵の類似性を

〔2003〕は "On the nature of Keynesian probability" において「ケインズが蓋然性の主題について著作を行っていた頃，蓋然性は頻度理論主義者 frequentist の著作，最も著名なものは 1888 年に『偶然の論理』を著したジョン・ヴェンによって支配されていた」(Charles R. Mccann jr, (2003), p. 37.) と述べており，これが有力な説となっている。つまり，ジョン・ヴェンに代表される頻度理論学派に対してケインズは反旗を翻していたことになる。

32) Keynes, J. M., (1921), p. 302. ただし，ケインズが『蓋然性論』執筆にあたって参考文献に挙げているのはミルの『論理学体系』第 3 巻 18・23 章の箇所だけである。今後も慎重な検討が必要とされる。Cf. *ibid*., p. 496.

頼りにする限りにおいては類推から議論（推論）を始め，諸経験の数を頼りにする限りにおいては純粋帰納法から議論（推論）を始める。」[33]

　この言い回し方はかなりわかりにくい点を含んでいるが，第3部全体での帰納法と類推との関わりを論じるにあたって非常に意義深い節であるように思われる。ヒュームは経験を「卵」になぞらえて論じていた[34]。この例を考える時，「経験相互が似ている」という類似性に着目すれば私達の議論は「類推 analogy」から始まることになるし，「経験数」に着目すれば私達の議論は「純粋帰納法」の範疇に含まれるとケインズはいうのである。

　さらに，この類推のうち「ネガティブ・アナロジー negative analogy」を定義付けている。

　「諸経験の数が増加することは，諸事例のうち本質的でない性質の間に見い出される多様性 variety を増加させるか増加させそうな場合にのみ，意義深いことになる。このように，諸事例の間に多様性を認めることはネガティブ・アナロジーを強めることになる。」[35]

　この節によれば，諸事例のうち議論にとってあまり本質的と思われない性質を取り除くことが「ネガティブ・アナロジー」の役割であるように思われる。

---

33)　*Ibid.*, p. 242.
34)　『蓋然性論』の第3部「帰納法と類推」の序文において，ケインズは以下のヒュームの文章を引用している。「卵ほど互いに似ているものはない。しかしこの外見上の相似性のために，それらのすべてに同一の味や風味を期待するものは誰もいない。われわれが個別的な出来事に関して確固たる信頼と安心とを得るのは，いかなる種類であれ，ただ斉一的な経験の長い過程を経た後のことである。一体，1つの事例から，それと少しも変わらぬ多くの事例から推理した結論とは大いに異なる結論を引き出すような推論の方法が，どこに存在するであろうか。私はこの質問を，異議を述べる意図からと同時に，参考のために提起するのである。私はこのような推論を，見いだすことも，想像することもできない。しかし何人かが私にそれを与えて下さると云うのであれば，私は何時もその教えにたいして心を開いて置くであろう。」(Hume, D., p. 36. 渡部峻明訳『人間知性の研究, 情念論』哲書房，1990年，55ページ).
35)　Keynes, J. M., (1921), p. 243.

議論にとってあまり本質的でない性質が取り除かれれば，諸事例相互の「差異性」が目立つようになる。そして，このように諸事例の間に差異性や多様性を見出せる場合にのみ，諸事例を増加させることは意味のあるものとなる。逆にいえば，諸事例の間に「違い」や「多様性」が全く見出されないとすれば諸事例の数を増やすことは全く意味のない行為であるとケインズはいっているのである。

ところが，さらにケインズは進んで，ネガティブ・アナロジーの行為が完全であるならば諸事例を増やす必要性もなくなるし，逆に，ネガティブ・アナロジーが不完全であれば諸事例の増加に頼らざるを得ないとも論じている。

「もしネガティブ・アナロジーが知られているならば，諸事例の数を数え上げる必要はなくなる。だが，私達の統制力が不十分で，諸事例が相互でどのような形で異なっているかを正確に知らないならばただの諸事例数の増加も推論の助けとなる。というのも，諸事例が完全に斉一であることを私達が確実に知らないのであれば，各々の新事例はネガティブ・アナロジーを強めることになるからである。」[36]

いささか逆説的で分かり難い文章ではあるが，ケインズのいいたいことは，ネガティブ・アナロジーが有効であれば観察される諸事例をそれ以上増やす必要はなくなるが，私達が現在のところ充分にネガティブ・アナロジーを行なうことができないとすれば，当面の間は諸事例の数を増加させるしかなくなるということである。諸事例の数を増加させるうちに性質が異なった諸事例がいくつか観察されるようになるだろう。その場合には，諸事例が斉一であるということはなくなるから「ネガティブ・アナロジー」を私達は行使できるといえる。

---

36) *Ibid.*, p. 243.

「そのため，帰納的議論（推論）においては，いくつかの点で似ているABから〔議論（推論，論証）を―引用者〕始め，他のCとは似ていない諸事例の数から〔議論を―引用者〕始める。私達は各々の事例が似ている点Aを1つか複数取り上げる。そして，Aに似ている他のいくらかの点Bがいまだ点検されていないAの性質と似ていると論じる。」[37]

ここでケインズがもくろんでいる「帰納的一般化」の手続は「純粋帰納法」のそれとは明らかに逆の考え方に立つものである。「純粋帰納法」によれば，諸事例の数を増加させることは帰納的一般化のために有効な手段であるとされていた[38]。ところが上のようなケインズの考えでは，ただ単に諸事例の数を増やすことではなくて諸事例の間に多様性を見出すことの方が重要な手段であるとされている。

ところでケインズは，経験的な推論から生じる帰納的一般化 generalization の種類を2つに分けて考察している。1つは普遍的帰納法 universal induction でありもう1つは帰納的相関関係 inductive correlation である[39]。

「経験的議論から起こる一般化について，私達は2つの種類に区別することができる。最初のものは普遍的帰納法と呼ばれるものである。この帰納法は何らかの蓋然性度合いの影響を受けるが一定不変の関係を主張するものである。それら帰納法が主張する一般化は普遍性を主張するものであって，もし1つの例外が露見すれば駄目になる。それにもかかわらず，非常に精密な科学においてのみ，私達は普遍的な帰納法を確立しようともくろむのである。大多数の場合，私達は別の種類の帰納法で満足している。その帰納法は私達が一般的に頼っている諸法則へと導くものである。ところが，その帰納

---

37) Ibid., p. 244.
38) 「帰納的議論（推論―引用者）の本質は諸事例の増加にあるとしばしば考えられてきた」Ibid., p. 259.
39) Cf. ibid., p. 244.

法は正確に証明されているのではあるが,帰納的蓋然性関係[40]以上の法則を何も主張しようとしないのである。」[41]

　この普遍的帰納法とは別の種類の帰納法が「帰納的相関関係」であり,この帰納法は普遍的な帰納法を確立するのではなくて,ある程度の蓋然性が存在するということしか主張しない。そしてケインズはこちらの帰納的相関関係を主張する立場にあるといえる。そのため,ケインズの示唆する帰納的推論の正当化は普遍性に関連付けられるのではなくて蓋然性に関連付けて行われるのである。

　普遍的帰納法は,その結論は蓋然性度合いの影響をいくらか受けるのであるが一定不変の関係 Invariable relations を確定しようともくろむものである。そして,この帰納法は普遍的であることを要求するものであるからもし1つでも例外が見つかれば駄目になる[42]。つまり,普遍的帰納法は蓋然性度合いの影響下にあるが一定不変の関係を確定するものであるから例外には対処できないのである。

　他方で,帰納的相関関係は蓋然性関係のみを導くものであり,普遍的一般化を求めることはない。

　例えば,「全ての白鳥が白い」という結論は普遍的帰納法の一例である。他方で,「おおよその白鳥か若干の白鳥が白い」という結論は帰納的相関関係を表す。全ての白鳥が白いという「ポジティブ・アナロジー」だけを用いるのが普遍的帰納法であり,中には白でない白鳥もいるという「ネガティブ・アナロジー」を用いるのが帰納的相関関係である。普遍的帰納法では白でない白鳥もいるという事例が出てくればその結論は誤りとなる。ところが,帰納的相関関係では,全く同一の性質が事象の間に見受けられない場合であっても議論の一

---

40)　ケインズはこの帰納的蓋然性関係をミルがおおよその一般化 approximate generalizations と呼んだものと関連付けている。
41)　Keynes, J. M., (1921), p. 244.
42)　Cf. *ibid.*, p. 244.

般化に差し支えはない。もともと帰納的蓋然性関係以上のものを必要としているわけではないから「普遍化」をはかることができなくとも問題はないのである。この帰納的相関関係を用いる側にケインズは立っている。

この帰納的相関関係においては，私たちは当該とされているうちでいくつかの事例に有利となるような蓋然性が存在していると証明するだけでよい。あらゆる事例に有利となるような蓋然性が存在しているかどうかを問う必要はなく，いくつかの事例に有利となるような蓋然性が存在していればそれでよいのである[43]。上述のように，1つでも例外が見つかれば普遍的帰納法は駄目になってしまうのであるから，正しい結論は，普遍的帰納法よりもむしろ帰納的相関関係によって導かれるということになる。そのため，普遍的帰納法が適用されるのは厳密な科学のみに限られる[44]。

例えば，自然科学や物理科学においては，ある一地点で観察した自然科学の現象ないし物理学の現象は他の時点や場所でも同様に観察することができる。日本で起きた「リンゴが落ちた」[45]という物理現象はアフリカやイギリス，フランス，アイルランド，ブラジルなど，地球上であればどこでも同じく観察することができるので，1つの帰納法によって得られた結論は普遍的に用いることができる。ところがこの帰納法を用いることができるのは自然科学や物理科学といった特定の分野に限られるのである。上述のように，ケインズの考える帰納法の適用範囲はこの特定分野に限られるものではなかったから，帰納的相関関係が有効な手段となるのである。

ところで，この帰納的相関関係は「おおよその白鳥は白い」という結論に対応するものである。この「おおよその白鳥は白い」という結論は「白い」という類似性に着目して白鳥の種類を区分した場合に「白ではない白鳥も存在す

---

43) *Ibid.*, p. 244.
44) Cf. Carabelli, A., (1988), p. 261. Note. 1. cf. Keynes, J. M., (1921), p. 244.
45) ケインズは「人間ニュートン」において，ニュートンが真剣に扱っていたのは「錬金術」「魔術」であり，ニュートンは実は「ユニテリスト」であったと述べている。熊谷尚夫・大野忠男訳『ケインズ人物評伝』，岩波書店，1959年，322-324ページ参照。

る」という結論を含んでいる。このように，ケインズは類似性に着目して類推を行う場合と非類似性に着目して類推を行う場合とを区別している。彼によれば前者は「ポジティブ・アナロジー」と定義され，後者は「ネガティブ・アナロジー」と定義されている。以下では，このうち「ネガティブ・アナロジー」について詳しく考察することにしたい。

4．ネガティブ・アナロジーについて

ネガティブ・アナロジー（Negative Analogy）はケインズが純粋帰納法に対抗して提示した新しい手段であると考えられている[46]。

諸事例の間に類似性を見出す作業をポジティブ・アナロジー（positive analogy）とケインズは呼んでいるが，それとは対照的に，ネガティブ・アナロジーは諸事例の間に差異性を認めるものである[47]。

ネガティブ・アナロジーは，諸事例相互の性質を点検して議論（推論，論証）にそれほど重要でない類似した性質を省き，ポジティブ・アナロジーとは逆に，諸事例間に相違点（差異性）を認めるものである。このネガティブ・アナロジーは諸事例間の多様性を浮き彫りにすることを狙いとしている。

他方で，純粋帰納法においては諸事例の間に斉一性（あるいは類似性）が前提されていた。例えば「2羽の白鳥が白い」という事例があれば，2つ以上の複数例に対しても類推を適用して「すべての白鳥が白い」という斉一性を基に一般化（generalizasion）を行うことができる。このように諸事例の間に類似性を見出す方法をケインズは「ポジティブ・アナロジー」という用語で定義付けている。そしてこの類推に基づくならば，過去において膨大に存在する経験の数と斉一性を頼りにして将来予測が可能となる。

ところが，現実において，すべての白鳥が白であるとは限らない。また，過

---

46) そのネガティブ・アナロジーは帰納的議論を強めるための必須の要素（Crucial Element）であるとして，その重要性をアンナ・カラベリは指摘している。Cf. Carabelli, A., (1988), p. 64.

47) Cf. Keynes, J. M., (1921), p. 244.

去に起こった経験と全く同じ経験が繰り返されるということはほとんどあり得ない。ここで,「ポジティブ・アナロジー」だけを頼りにする純粋帰納法が壁にぶつかるのである。つまり,「白鳥」と一口に言ってもその性質は様々であるので,ただ単純に2羽の白鳥が同じ大きさで同じ色であるという事実認識から,すべての白鳥が全く同じ色形であるというような予測を持つ事は妥当であるとはいえない。むしろ,将来において全く同じ色形の白鳥が観察される場合の方が希である。「ポジティブ・アナロジー」によれば「白い」という類似性に着目して類推を行えばそれで事足りるのである。ところが,現実においては「おおよその白鳥が白い」のであるから,白ではない白鳥の存在も無視することはできない。「白い」「やや白い」「灰色がかっている」という事例の多様性を認めなければならない。一概に「白である」といいきって「斉一性」のみを認めようとすれば,私達の結論は事実認識から程遠くなってしまう[48]。

このことは「経験」の例にも当てはまる。過去の経験と全く同一の経験が引き起こされるということは非常に希であり,必然的に1つの原因から同一の結果が引き起こされるとは考えにくい。ケインズ自身「宇宙において全く同じ事象が起こると言うことは有り得ない。」[49]という認識を持っているが,自然の斉一性を否定して純粋帰納法よりも特にネガティブ・アナロジーを帰納的推論の基盤としたことはそのような認識によるものである。

諸事例の間にはっきりとした斉一性が認められないとすれば,私たちに可能な事は1つの事例が起こった際に,過去の経験を省みて似たような諸事例や似ていない諸事例とを関連付けて類推（analogy）を行う事だけである。このような類推（analogy）は上述のように,似ている諸事例同士を関連付けて行うポジ

---

[48] Guido Fioretti（2003）も,ケインズが帰納法を2つのタイプに分けて考察していることを指摘している。1つのタイプは「全ての白鳥は白い」という普遍的帰納法 universal induction であり2つめのタイプは「たいていの白鳥は白である」という統計的帰納法 statistical induction あるいは帰納的相関関係 inductive correlation としている。

　　Cf. Fioretti, G. (2003). 133.
[49] Cf. Keynes, J. M., (1921), p. 272.

ティブ・アナロジー（＝「おおむねの白鳥は白である」という類推）と諸事例の間に似ていない事柄を見出すネガティブ・アナロジー（＝「大体の白鳥は白であるが，場合によっては白でない白鳥も存在する」という類推）とに区別されるのであるが，特に後者のネガティブ・アナロジーによって差異性を見出す事に重要性が認められている。

「あらゆる新事実は事実同士の（議論にとっては―引用者）さほど重要とならない類似点を低減する事があるし，新たな相違点を取り入れる事によってネガティブ・アナロジー negative analogy を増大させるかも知れない。この理由によって，そしてこの理由だけによって，新事実は評価できるものとなる。」[50]

ところが，純粋帰納法の論者達が諸事例については多様性（variety）よりも斉一性（uniformity）を認めていたことは周知の事実であり，この点においてもケインズとの違いが際立っている。ネガティブ・アナロジーは諸事例相互の類似性を見出すのではなく，非類似性を見出すことによって諸事例相互の多様性を認めようとするものである。

ケインズ自身は，諸事例の間に多様性を認めようとする根拠を，ニュートン理論的一般化の例に求めながら以下のように述べている。

「ニュートン理論的一般化が満たされる事情の多様性は，それら事情の個数がいくらかという事よりも事情が多様であるという方が，私たちの理性的な能力（reasonable faculities）に感銘を与えると思われるほどのものである。」[51]

ケインズが批判している純粋帰納法は諸事例の数の多さと斉一性を頼りとしていたのだが，実際のところ私達の理性的な能力で考えれば，諸事例同士の間には斉一性よりもむしろ多様性が認められるという方がはるかに納得のいくものに違いない。

「もし私達の前提が，もともとは直接的な経験から導かれていた記憶や慣習の大部分から構成されるならば，そして，もし私達が打ちたてようと努め

---

50) Cf. *ibid.*, p. 259.
51) Cf. *ibid.*, p. 260.

ている結論が太陽系に関わるニュートン的理論であるならば，ニュートン的理論が経験の諸要素と同じくらい持っている諸結論の個数を指し示すことでニュートン的理論を支持する限りにおいては，私達の推論は純粋帰納法の1つとなる。航海暦の予報はニュートン理論の1つの帰結であるが，これら航海暦の予報は1日に何千回も確かめられたのである。しかしながら，この場合でさえも推論（議論，論証）の有効性は単に年鑑の予言数にではなくて，非常に膨大な量の重要な観点において，年鑑の予言が満たされる諸状況が相互に異なるということを知っていることに強く依存している。」[52]

純粋帰納法の考えではニュートン理論の重要性は諸結論の数の多さに終始すると解釈される。ところがケインズの考えでは，ニュートン理論の真髄は数の多さではなくて諸事例の多様性にあると解釈される。そしてこの考えに基づいてネガティブ・アナロジーの正当性を主張しているのである。

さらに，ヒュームを例にとって，ヒュームは諸事象に対して多様性を認めていなかったとケインズは指摘している。ヒュームは様々に異なった場所や時に応じて実験を行うべきであり，そうすれば諸事例の間に差異性を認めることができたはずであったとケインズは述べている。

「諸事例の重要ではない性質の中に見出される多様性（variety）を増加させる，あるいは，ひょっとすると増加させるかも知れない限りにおいてのみ，諸経験数の増加量は評価できるものとなり，〔その諸経験数の増加は―引用者〕ネガティブ・アナロジーを強めるのである。たとえヒュームの実験が全く同形であったとしても，その〔実験がもたらす―引用者〕結論について彼は当然に疑念を持ったであろう。もしも100の事例から推測される結論は1つの事例から引き出される結論と違うということがあり得ないとしたら，また，後者（結論）が前者（諸事例）と少しも違っていないことが知られている

---

52) Cf. *ibid.*, p. 259.

ならば，議論（推論，論証）過程はそもそも存在しないだろう。ヒュームは知らず知らずのうちに典型的な帰納的議論（推論，論証）を誤り伝えたのである。その実験に対する私達の抑制力が全く完全なものであり，諸実験の行われる条件がよく知られているのであれば，純粋帰納法の援助の余地はあまりないだろう。もしネガティブ・アナロジーが理解されているならば，諸事例を数え上げる必要はないだろう。」[53]

このように，各々の推論から引き出される各々の結論がそれぞれの推論ごとに全く違っていないという純粋帰納法のフィクションに立てば，「議論過程」を主とする帰納的議論の論理過程は成り立たないのである。ところが実際には諸事例が同じであるということはほとんどなく，ネガティブ・アナロジーが有効な手立てとなる。そして，「議論（推論，論証）過程」を重視する帰納的議論は有効な推論となる。

さらに，このように諸事例の数を増加させようという意図は私たちがほとんど常に諸事例間の若干の違いに気づいているという事実から生じる。

「事例の数を増やしたいという狙いは，私たちがほとんど常に事例相互の若干の違いに気づいているという事実から生じる。また，認識された相違点がごくわずかで，特に私たちの事実認識が非常に不完全な場合であっても，さらに多くの相違点があるかも知れないと私たちが疑いを持つという事実から生じる。あらゆる新事実は事実同士の［議論（推論，論証）にとっては―引用者］さほど重要とならない類似点を低減する事があるし，新たな相違点を取り入れる事でネガティブ・アナロジー negative analogy を増大させるかも知れない。この理由によって，そしてこの理由だけによって，新事実は評価できるものとなる。」[54]

---

53) Cf. *ibid*., p. 243.
54) Cf. *ibid*., p. 259.

このように，諸事例の数を増加させる意義は相違点を認識することを（つまり諸事例に多様性を認めることを）その原動力にしているのである。

ヒュームは確かに「懐疑論」を抱いていたものの，諸経験についてはほぼ類似性 resemblance を認めており，そのようなヒュームのやり方は不完全なものとしてケインズは考えているのである[55]。そしてそのような懐疑論に陥らないためにも，ケインズのネガティブ・アナロジーが提示されたのである。というのは，私たちの理性ある能力で考えれば，諸事象が全て斉一であるとの前提は納得のいくものではないからである。

5．帰納的議論（推論）の妥当性

帰納的一般化が妥当であるかどうかを確証する際の手順についても，純粋帰納法とケインズの方法とは異なっている。純粋帰納法においては，前例（previous Instances）に関わる知識を増大することと，付加された諸事例を数え上げることとの二方法によって帰納的一般化は行われるとされた。つまり，諸事例の知識を増やす事と諸事例の数え上げによって純粋帰納法の一般化は行われると考えられているのである[56]。

ところが，ケインズ自身の方法においては，このような「純粋帰納法」のやり方ではなくて，諸事例を数え上げる前に上で述べた類推によって推論が行われることが必要とされており，類推の純粋帰納法に対する論理的な優先性が説かれている[57]。ケインズは帰納法にとって重要となる蓋然性について述べているが，そこで類推の重要性についても述べている。

「実質的議論（推論）を支えるために純粋帰納法が有効に援用されるのに先んじて見出されるのが常であるはずの重要な蓋然性認識は，最も通常の場

---

55) Cf. *ibid.*, p. 243.
56) G. Fioretti（2003）は「ケインズによれば，帰納法は僅かに異なる諸事例の繰り返しとそれら諸事例が似ているという事を認識することにより生じるのである」（G. Fioretti (2003), p. 133.）と述べている。
57) Cf. Carabelli, A., op. cit., p. 65.

488 第3部 方法論的基礎：批判と認識

合においては—どのような理由付けによるかという議論は残るけれども—類推を検討することから生じる。」[58]

　ケインズの考えでは全ての帰納法は第1に「類推から引き出される蓋然性」を必要としており[59]、たとえ、推論を強める手順（Process）において、経験蓄積と新事例の収得がふさわしい役割を担うとしても、その役割は「類推」のうちでもネガティブ・アナロジーを強める方法を抜きにしては果たされ得ないと述べているのである[60]。つまり、経験蓄積や新事例の獲得という純粋帰納法の手順に価値が見出されるとしても、ネガティブ・アナロジーはそれに優先すると彼は主張しているのである。このネガティブ・アナロジーが帰納的議論を正当化させる第1の手段である。

　他方で、純粋帰納法は諸事例数の増加を奨励しているものの、諸事例間の相違点を全く俎上にのせていない。そのように類推がない純粋帰納法だけでは帰納的議論は全く役に立たないものであると考えられる。もし、一般的な帰納問題の本質に迫るために類推が行われなければ、純粋帰納法によって私たちは十分な援助を受けることはないのである[61]。上述のように、私たちの認識の初めや私たちの知識がごく僅かな場合には純粋帰納法は重要な手段となる場合があるかも知れない。つまり、非常に知識が乏しい段階においては諸事例を増加させるという純粋帰納法の手立てが必要となる。ところが、たいていの場合は諸事例を増加させることはもっとも満足のいかない手段である[62]。

　次に、実証主義者[63]（あるいは経験主義者）の後天的（A Posteriori）な基準に依れば、帰納的推論が妥当であるかどうかということは、その帰納的議論（推論）

---

58)　Cf. Keynes, J. M., op. cit., p. 265.
59)　Cf. *ibid.*, p. 298.
60)　Cf. *ibid.*, p. 253.
61)　Cf. *ibid.*, p. 261.
62)　Cf. *ibid.*, pp. 267–268.
63)　上述のように Charles R. McCann jr によれば、「実証主義者」とは具体的にジョン・ヴェンといった名前が挙がっている。

によって得られた予知（Prevision）が結果として成功したかどうかによって確証される。つまり，予見が後に起こった事実（fact）に当てはまったかどうか，予見が実際に当ったかどうかによって帰納的議論（推論）の妥当性が確かめられるという。しかしながらケインズによれば，帰納的議論（推論）の妥当性は必ずしも結果そのもので確証されるべきものでもないし，また，経験的な確証（Empirical Confirmation）によって決まるものでもない[64]。

　ケインズが提示する帰納的推論の妥当化は，ア・プリオリな蓋然性関係 Probability Relation が存在するかどうかによって決まるのである。

　「帰納的議論（推論）はある事実問題がそのようであるということを確証するのではなくて，ある証拠に関連して，証拠に有利となるような蓋然性が存在しているということを確証するのである。」[65]

　このように，事実がそのようであるとかいうような現実問題に照らして帰納的議論（推論）の問題が捉えられるべきではなくて，その帰納的推論自体に「蓋然性（Probability）が存在したかどうか」によって帰納的推論の合理性がはかられるとケインズは考えている。あらゆる帰納的推論の妥当性 Validity や信頼性 Plausibility，道理性（妥当性）Reasonableness は経験や事実，経験の確証によるのではなくて，蓋然性関係によって決まるとされているのである。

　ケインズは『蓋然性論』の序文で，蓋然性を「論理学の一分野」として定義していたが，この章では帰納的議論（推論）をその蓋然性と同じ推論領域に置いていることが明らかであり，このように述べている。

　「帰納法の妥当性は，その予言が実際に当たったかどうかによって決まるのではない。確かに，これまで繰り返されてきた帰納法の失敗によって，私たちは付け加えられる証拠を手に入れるかもしれないし，その付け加えられ

64） Cf. Carabelli, A., (1988), p. 66.
65） Cf. Keynes, J. M., (1921), p. 245.

る証拠を考慮に入れて改めて判断しなおすことはその後になされる帰納の力を修正するであろう。だが，古い証拠から引き出された古い帰納法の影響力は〔付け加えられる証拠の—引用者〕影響を受けない。過去において自らの経験によって私たちが習得した証拠が間違った結論を導くものだったということが分かってしまうかも知れないが，私たちがその当時目の前にあった証拠から合理的に引き出すべきであった結論が何であるかという問題については，これは全く関係ないものである。それ故，帰納的一般化の妥当性と合理性は，論理学の問題であって経験の問題ではなく，形式の問題であって物質的な諸法則の問題ではない。」[66]

　過去の経験と異なった事例が，現在や未来において数多く出現することは十分に考えられることであり，全く予想しなかった事例が出現した場合には過去の古い証拠に関連した帰納的な結論は現状に適合しなくなるかも知れない。ところが，それは過去に立てた推論の合理性を損なうことはない。その際には新たに付け加えられる証拠を判断材料に採り入れて新たな議論（推論）を立てればよいのである。
　ケインズの考えでは，結果としてたまたま予想が当たったとしても合理的に議論（推論）が行われていなければ帰納的推論の妥当性は成り立っていないということになる。というのも帰納的議論の妥当性は結果に適合するかどうかによって決められるのではなくて議論過程に合理性（その場に応じて合理的と思えるような結論を出す手続きを行ったかどうか）が存在したかどうかによって決まると彼は考えていたのであり，過去の経験ではなくて先験的な蓋然性によって結論を引き出すことを主張しているからである。この場合，結論が結果として正しかったかどうかという事が問題になるのではなくて，いかにして合理的な結論を導き出したのかというような議論の手続き自体が問題とされるのである[67]。

---

66)　Cf. *ibid*., p. 245.
67)　カラベリは，ケインズの帰納的議論（推論）に関するこのような解釈について，

この蓋然的な議論（推論，論証）によれば，新しい事実 New fact は新しい証拠に関連して新しい蓋然性をもたらすものであり，新たにもたらされる推論は古い証拠とは何の関連も持たなくなる。そして，その時々に立てた議論（推論，論証）が合理的であればよしとされる。

その為に，蓋然的な議論（推論，論証）と同様に帰納的議論の妥当性は，その結論 Conclusion に関わる実際の真理や誤謬には影響を受けないのである[68]。

「程度において，確実性よりも低い諸蓋然性に関わる知識はどんな結論が真理であるかについて私達が知る助けとはならないということと，命題の真理と命題の蓋然性との間に直接的な関係が存在しないということはすでに指摘されてきた。蓋然性は蓋然性に始まり蓋然性に終わる。蓋然性に基づく科学的な探求が，一般に誤謬に導かれるよりは真理に導かれるということは，せいぜい蓋然的なことに過ぎない。最も蓋然的な諸考察によって導かれる一連の行為が，一般に成功へと導かれるであろうという命題は必ずしも真理ではないし，その蓋然性以外に何も推奨するものはない。蓋然性の重要性は，行為に関してそれによって導かれるのが合理的であるという判断から引き出され得るのみである。そして，蓋然性への実際上の依存関係は，行為にあたっていくぶんともそれ [蓋然性―引用者] を考慮するかのように，私達が行動すべきであるという蓋然性を多少とも考慮するように行為すべきだという判断によって正当化されうるのみである。この根拠によって，蓋然性は私達の『生活の指針』となる。」[69]

このように，どのような結論が真理であるかということを知るために蓋然性の知識が存在するのではないし，確実性よりも低い蓋然性は結論の真理性を示

「論理的な蓋然性関係を基に確証される蓋然的な推論 probable reasoning とも称されるものである」と述べている。Cf. Carabelli, A., (1988), p. 67.
68) Cf. Keynes, J. M., (1921), p. 270.
69) Cf. *ibid*., p. 356.

すのではない[70]。蓋然性は蓋然性に終始し，真理とは直接的な関連を持たない。科学的な研究が真理を導くと考えた蓋然性もせいぜいのところありそうなこと (probable) に過ぎないのである。有望な考察によって導かれる行為指針は，命題が成功へ導くという真理性ではなくて蓋然性しか示さない。行為決定にあたっての蓋然性は合理的な判断から引き出される（確実性とか真理性から引き出されるのではない）のであり，私達がその蓋然性を念頭に置いた上で行動するのが当然であるという判断によって正当化されるのである。

　以上のように，帰納的議論は蓋然性関係によってその正当化がはかられるとケインズは強く主張しているのだから，自ずと帰納的議論の性質は蓋然性によって規定されるということが明らかとなる。この帰納的推論を正当化するにあたって蓋然性にはどのような性質が求められているのだろうか。カラベリによれば，帰納的議論の背後には有限の蓋然性 Finite probability がなくてはならないと指摘される[71]。

　純粋帰納法は単なる経験的な帰納法であると考えられていたから，純粋帰納法の支持者によれば，各々の連続する検証 successive verification やさらに多くの例が帰納的一般化を強めるであろうと想定されていた。ところが，ケインズはこうした考えをある疑わしい原理と称しており，独自の見解を述べている。

「ある疑わしい原理が持っている，各々の連続する検証 succesive verification がそれ（推論の正当化—引用者）を強めるという一般的な概念は，形式的に証明されるのであるが，それは法則 Law や因果 Causality の概念に何も訴えることがなくとも証明することができるのである。しかしながら，検証 Verification や諸事例の数が無制限に増加する場合には，この蓋然性が最大限の蓋然性としての確実性に近づいていくということを私達は証明していないし，私達の結論がおそらく確実性に近づいていくであろうということさえ私

70）ケインズは真理と確実性とを別なものとして扱っている。『蓋然性論』第1章参照。
71）Cf. Carabelli, A., (1988), p. 73.

達は証明していないのである。」[72]

このように，連続的な検証は法則や因果関係に拠らなくとも証明することはできるが，諸事象が無限に広がっていく場合には連続的に検証を行うことによって帰納的一般化を推し進めることはできないとケインズは考えている。そのため，対象とされる諸事例は数に限りがなくてはならない。

そこで，実際に諸事例の数が無制限に増大していく場合には，一般化に関わる蓋然性が増加していく割合が確実性に近づいていくために満たされなければならない条件は何であろうかとケインズは問うている[73]。そして，その答えは，先験的な蓋然性が有限（数に限りがある）でなければならないという条件であると述べている[74]。

「私は第3章で，全ての蓋然性が厳密な数値を持つわけではないし，若干の場合には，それら蓋然性が確実性に達していないか不可能性を上回っているかをいえないのと同様に，それら蓋然性と確実性との関係や蓋然性と不可能性との関係についていうことができないと主張した。しかしながら，私が数に関わる部類に入るであろうと考えた唯一の蓋然性の種類が存在する。その数的な蓋然性命題（members，集合）の各々が確実性に近づいていく比率（割合）は統一体よりも少ない何らかの数によって表現することができる。そして，多いか少ないかについて，数量的でない蓋然性と数量的な蓋然性との比較を行なうことが可能である。これによって，数量的な蓋然性比較と同じく数量的でない蓋然性比較にも適用することができる『有限の蓋然性 finite probability』の定義付けを私達は行うことができる。私は『有限の蓋然性』を若干の数的な蓋然性よりも多い蓋然性として定義する。その有限の蓋然性が確実性に近づいていく比率は有限の数で表現される。ある蓋然性推論

---

72) Keynes, J. M., op. cit., p. 263.
73) Cf. *ibid.*, p. 263.
74) Cf. Carabelli, A., op. cit., p. 73.

をある推論過程によって証明できるための最も重要な方法は，その推論過程の結論が選択肢のうち数に限りがあり，それら選択肢を合わせても数に限りがあると示される場合に起こるか，あるいは，少なくとも有限の蓋然性を持っている場合のどちらかに起きる。そして，無差別原理が適用可能である」[75]。

『蓋然性論』第3章の図を思い起こせば，確実性と不可能性との間の直線上にある蓋然性同士の比較だけが可能であるとされていた事が確認できる，そして，その直線上にない点同士は計測不可能であるとされていた[76]。この同じ直線上に立つという意味で蓋然性関係は有限であるといえる。直線上にないそのほかの点は無限に存在するが，ケインズの『蓋然性論』ではそのような無数にある蓋然性同士を比較することはもとより目的とされていない。何らかの基準や類似性に着目して蓋然性同士を整えることが提示されていたのであるから，蓋然性は数に限りがあるものとされる。

同様に，帰納的議論（推論）の妥当化をはかる場合にもそれを裏付ける蓋然性は有限なものでなければならない。無限に広がって確実性と不可能性との限定された直線状にない蓋然性によって裏付けられるのであれば，帰納的一般化の妥当性をはかることはできないのである。

以上のように，ケインズの帰納法に関わる見解は蓋然性と強く結び付けられて論じられていた。このケインズの蓋然性論的な見方は，ケインズ自身の「行為理論」に強く影響を及ぼしているであろうし，認識論的な経済学への見方に通じているとカラベリ，オドネルらは主張している。この点は今後に残された課題である。

参 考 文 献

ケインズ全集はマックミラン社から出版されており，これまで未発表であったケイ

---

75) Keynes, J. M., op. cit., pp. 263-264.
76) Cf. *ibid.*, p. 42.

ンズペーパーを含めて今なお刊行が続いている。以下ではこのケインズ全集を JMK と略記する。

Keynes, J. M. (1921) *A Treatise on Probability*. in JMK. Vol. 8.
――― (1936) *The General Theory of Employment Interest and Money* in JMK. Vol. 7.（塩野谷祐一訳『（普及版）雇用・利子および貨幣の一般理論』東洋経済新報社，2001 年）
――― (1937) "The General Theory of Employment," in *The General Theory and After Prt II : Defence and Development*, in JMK. Vol 14, Reprinted from the *Quaterly Journal of Economics*, 51, 1937 : pp. 209-223.
――― (1938) Letter to R. F. Harrod in JMK. Vol. 14. pp. 295-297. 熊谷尚夫・大野忠男訳『ケインズ人物評伝』岩波書店，1959 年。
Bateman, B. W. (1991) "The Rules of the Road : Keynes's Theoretical Rationale for Public Policy" *Keynes and Philosophy,* Edward Elgar.
Bateman, W. (1996) *Keynes's Uncertain Revolution* The University of Michigan Press.
Carabelli, A. (1988) *On Keynes's Method*. Macmillan.
――― (1991) "The Methodology of the Critique of the Classical Theory : Keynes on Organic Interdependence," *Keynes and Philosophy,* Edward Elger.
Davis, J. B. (1994), *Keynes's Philosophical Development*, Cambridge University Press.
――― (1994) *The State of Interpretation of Keynes*, Kluwer Academic Publishers.
――― (1991) "Keynes's" View of Economics as a Moral Science, *Keynes and philosophy,* Edward Elgar.
Donald Gillies (2003) "Probability and Uncertainty in Keynes's The General Theory," *The Philosophy of Keynes's Economics,* Ed. by Jochen Runde and Sohei Mizuhara, Routledge.
Fitzgibbons, Athol (1991) "The Significance of Keynes's Idealism" *Keynes and Philosophy,* Edward Elgar.
Hume, David (1739) *An Enquiry Concerning Human Understanding*, Sect. IV, Part II, p. 36, C.Aselby-Bigge.（渡部峻明訳『人間知性の研究，情念論』哲書房）
Jochen Runde (2003]"On Some Explicit Links Between Keynes's A Treatise on Probability and General Theory" *The Philosophy of Keynes's Economics,* Ed. by Jochen Runde and Sohei Mizuhara, Routledge. 水原総平訳「『確率論』と『一般理論』のあいだ」（『経済セミナー』，日本評論社，1998 年 8 月号）
O'Donnell, R. M. (1989) *Keynes,* Macmillan.
――― (1991) "Keynes's Weight of Argument and Its Bearing on Rationality and Uncertainty" *Keynes and Philosophy,* Edward Elger.
Mill, J. S. (1843) 'A system of logic, Ratiocinative and Inductive : Being a Connected View of the Principles of Evidence and the Methods of Scientific Investigation. 大関将一訳『論理学体系：論証と帰納：証明の原理と科学研究の方法とに関する一貫せる見解を述ぶ』春秋社。
浅野栄一『ケインズの経済思考革命』，勁草書房，2005 年。

泉慎一「J. M. Keynes の『蓋然性論』(1921) の基礎概念について」(『中央大学大学院研究年報』, 33 号, 2003 年) 111-125 ページ。
伊藤邦武『ケインズの哲学』, 岩波書店, 1999 年。
―――「ケインズの哲学思想の発展」(『哲学研究』, 1997 年)。
―――「ケインズの科学方法論」(『科学哲学』, 1998 年 2 月号)。
伊東光晴『現代に生きるケインズ―モラル・サイエンスとしての経済理論』, 岩波新書, 2006 年。
齋藤隆子「ハロッドの『経験の原理』と帰納法」(『経済学史学会年報』, 2001 年 5 月号)。
―――「ケインズの帰納法と経済学の方法」(『神戸女学院大学論集』, 神戸女学院大学研究所, 第 4 巻第 1 号, 2002 年 7 月号)。
柴山桂太「ケインズの道徳哲学における蓋然性の観念―ヒュームとケインズ―」(『相関社会科学』, 東京大学大学院, 2001 年 第 10 号)。
塩沢由典「『確率論』からみたケインズ―確からしさの論理学」(『別冊経済セミナー』, 日本評論社, 1983 年)。
鈴木登「ケインズ, ラムゼイ, およびポパー」(『立命館経済学』, 1998 年)。
小畑二郎「不確実性の論法」(『筑波大学経済学論集』, 2005 年)。
菱山泉「ケインズにおける不確定性の論理」(『思想』, 1967 年 4 月号)。
平井俊顕「『確率論』と「若き日の信条」」(『経済学史学会年報』, 2002 年 11 月号)。
―――『ケインズの理論 複合的視座からの研究』, 東京大学出版会, 2003 年。

第 15 章

効用の個人間比較
──論争で何が明らかになったか？──

はじめに

　本章の目的は，効用の個人間比較をめぐってなされた論争における，各陣営の理論的構造を分析することを通じて，対立する議論が本質的に何を示すものであったか，ということを明らかにすることである。したがって，効用の個人間比較が可能か否かということを確定すること，あるいはその論争を検討することを通して，どちらかの議論に依拠した経済学の方法論を擁護することや，それらと対立する方法論を批判する，というような試みを目的とするものではない。

　周知の通り，効用の個人間比較をめぐる議論は，ライオネル・ロビンズ (Lionel Robbins) が『経済学の本質と意義』(1932) において，効用の個人間比較の可能性を「価値判断」に関わるものとして (すなわち，非科学的なものとして) 経済学から排除することを宣言して以来，いわゆる「経済学」においては，効用の個人間比較の「科学的」不可能性が半ば常識となり，効用という曖昧で主観的な (ものとされる) 概念を用いずに，実証科学としての客観性を担保した「純粋経済学」が追究されていくこととなった[1]。

　しかし，その一方で，効用の個人間比較の可能性を完全に排除すると，究極

的にはいかなる社会的な合意形成も不可能ということになり，経済学が現実の必要に応えることのできないものとなってしまうということを懸念して，効用の個人間比較の不可能性を主張するロビンズを批判する見解も少なくない[2]。そこには，「純粋経済学」に対する「政治経済学」あるいは規範理論を含む「モラル・サイエンスとしての経済学」を求める声が反映されている。

　このように，効用の個人間比較をめぐる論争は，経済学の性格をどのように規定するかをめぐってなされた論争でもあり，両陣営の分水嶺は，実証理論と規範理論をどのように関係づけるかという点に存在する。「純粋経済学」を志向する論者は，両者の区別を議論の出発点に置き，実証理論に固執することで経済学の独立性・自立性を担保し，規範理論との完全な分離を志向する。それに対し，「モラル・サイエンスとしての経済学」を志向する論者は，両者の統一を出発点に置き，規範理論に固執することで社会理論としての経済学を要請し，実証理論との統一を志向する。この対立図式は，近代哲学・社会科学の抱える個別性と普遍性の対立と統一というアポリア，あるいは端的にアトミズムとホーリズムの対立と統一のアポリアとして表現することもできるであろう。

　本章では，以上のような点を念頭におきながら，対立する議論の相互批判を徹底することで浮かび上がってくる事態が意味するものを明らかにしていくが，構成は以下の通りである。まず1において，効用の個人間比較の可能性を

---

1) 効用の個人間比較の不可能性が論じられる際に，効用の「基数」性が否定され，「序数」性が対置されたが，以後，経済学は比較を必要としない「序数」を用いることで，抽象的主体による選択の形式を論じる学となっていく。「序数」的効用理論に基礎を据えて展開されたいわゆる「新厚生経済学」の展開およびその終焉のプロセスを描いたものとして，以下のものを参照されたい。鈴村興太郎（2000），3-42ページ。

2) 「パレート原理（を採用するロビンズ―引用者）は個人間の効用比較を価値判断とみなして，これを避け，分配問題に対して中立的な態度をとっている。……しかし，社会状態が人々の分配状態を含むものである限り，人々の間の効用や財の分配が相互に比較されなければ，社会状態を順序づけることはできない。功利主義やロールズの原理が社会状態の順序づけを与えることができるのは，いかなるタームによるにせよ，個人間の比較を行っているからである。しかも，個人間の効用比較をとってみても，これまで考えられてきたように，それが経験的に意味のない価値判断であるという通説には疑問がある」（塩野谷祐一（1984），376-377ページ）。

否定する論者の代表であるロビンズの主張を確認し (1-1)，実証理論と規範理論を厳格に区別するという彼の主張の理論的根拠を明確にする (1-2)。続く2では，効用の個人間比較は可能であるとする複数の論者たちの主張を検討し，肯定論の理論構造を明らかにする (2-1)。そして，肯定論者の主張の論拠がいかなるものであり，それがロビンズの批判に対してどのような意味を持つかということを考察する (2-2)。最後に3では，ロビンズへの批判を検討することで，ロビンズの理論に内在する矛盾を指摘し (3-1)，論争を通して示された実証理論と規範理論の関係をどのように位置づけることができるかについて論じる (3-2)。

1. 効用の個人間比較――否定論の理論構造

1-1 ロビンズの主張

効用の個人間比較についての議論は，古くはJ. S. ミル（Mill）やシジウィック（H. Sidgwick）の議論においても見られるが，それが一般的に論じられるようになってくるのは，限界革命期以降のことであり，特に功利主義の流れを汲むイギリスの経済学者の間において広く論じられるようになった[3]。当時のイギリスにおいては，わずかな例外を除いて，効用の個人間比較は可能であるという立場に立ち，異なる個々人の限界効用を同一の尺度に還元して，その大きさの違いから所得の再分配を正当化するという立場に立つ論者が多数を占めていた[4]。

---

[3] 限界革命期（19世紀中葉）から1930年代末までになされていた「効用の個人間比較」に関する議論を，学説史的観点から分析した労作として，松嶋敦茂（1993）がある。氏は当論文において，「効用の個人間比較」論を3つの基本的類型（①否定論，②肯定論，③制限的肯定論）に分類し，その相互関係，学史的特質を明らかにしている。

[4] 「限界効用逓減の法則は，分配に影響するあらゆる形式の政治的社会的活動の基準を与えるものであると考えられている。およそヨリ大きな平等に寄与することはいかなることでも，もしそれが生産に不利な影響を与えないならば，すべてこの法則によって正当化される，といわれている。……これらの命題はきわめて高い権威の支持をうけてきた。それは国家財政の理論について書かれている多くのものの基礎である。……イギリスの経済学者の大多数はそれを公理として受け入れていると

そうした学界の風潮に対して，真っ向から批判を投げかけたのがロビンズであった。まずロビンズは『経済学の本質と意義』の第 6 章において，「分配に影響するあらゆる形式の政治的社会的活動の基準を与えるものであると考えられている」[5] 限界効用逓減の法則から所得移転の正当化がどのようになされているかを確認することから始める。

「限界効用逓減の法則は，人がなにかを多く持てば持つほどその付加単位をますます小さく評価する，ということを意味する。それゆえ，人はヨリ多くの実質所得を持てば持つほど所得の付加単位をますます小さく評価する，といわれる。それゆえ，富んだ人の所得の限界効用は貧しい人の所得の限界効用よりも小さい。したがってもし移転がなされるならば，そしてこれらの移転が生産にさしたる影響を与えないならば，総効用は増大するであろう。それゆえ，かような移転は『経済学的に正当化』される。証明終り。」[6]

続けて，この議論が「もっともらしさ」を持っているとしても，「見かけ倒しにすぎない」[7] として次のような批判を展開する。

「この議論は逓減的限界効用という概念を，それが全く非論理的であるような領域へ拡張したものに依存している。ここで訴えられた『限界効用逓減の法則』は経済財の根本概念からは全くでてこない。そしてそれは，正しいにせよ誤っているにせよ，観察あるいは内省によって決して証明されえないような仮定をするのである。われわれが吟味しつつある命題は，異なった個々人の経験を科学的に比較しうるか否かという形而上学的大問題を，証明なしに暗に仮定して論じている。」[8]

いってもさしつかえない。」(Robbins (1935), p. 136, 訳 (1957), 205 ページ〔傍点は訳者（原文では強調）のもの〕を参照）。

5) *Ibid.*

6) *Ibid.*, p. 137, 訳, 206 ページ〔傍点は訳者（原文では強調）のもの〕。

7) *Ibid.*

ここでロビンズが「非論理的であるような領域へ拡張」と批判しているのは，「人はヨリ多くの実質所得を持てば持つほど所得の付加単位をますます小さく評価する」という限界効用逓減の法則が，「富んだ人の所得の限界効用は貧しい人の所得の限界効用よりも小さい」という「観察あるいは内省によって決して証明され得ないような仮定」を含む領域へと拡張されているという点である[9]。すなわち，限界効用逓減の法則から所得移転の正当化が論理必然的に導かれるのではなく，両者を結びつける論理として，異なる個々人の効用は比較可能であるという命題が暗に用いられていることを批判しているのである。

　ロビンズによると，「富んだ人の所得の限界効用は貧しい人の所得の限界効用よりも小さい」という比較は，「Aの選好は，重要さの順序においてBのそれよりも上位にたつ」あるいは「Aは限界においてBよりも大きい満足を得る」と主張するようなものである。しかし，「Bは，これと反対に，Aよりも大きい満足を得ると主張するかもしれない」のであり，そのような比較は「本質的に規範的」であり，「純粋科学の中に全くあり場所をもっていない」。したがって，「Aの満足をBの満足と比較してその大きさを検査する手段は全くない」のであって，「内省によって，AはBの心の中に起こっていることを測定することはできないし，またBはAの心の中に起こっていることを測定することはできない」と主張する[10]。

　以上のように，ロビンズは，効用の個人間比較の「科学的」不可能性を論じたが，効用の個人間比較という仮定がなされるべきではない，と主張しているわけではない。分配問題に関して，何らかの政策提言を行おうとするのであれば，効用の個人間比較は避けられない仮定であるし，日常生活においてもそのような仮定がなされているということをロビンズは認めている。

---

8) *Ibid.*, p. 137, 訳，206-207 ページ〔傍点は訳者（原文では強調）のもの〕。
9) *Ibid.*
10) *Ibid.*, pp. 137-140, 訳，206-210 ページ〔傍点は訳者（原文ではイタリック）のもの〕を参照。

「もちろん，われわれは日常の生活において実際つねに，この比較をなしうると仮定している。けれども，種々様々の時と所において実際になされる仮定の多様性こそは，それらの仮定が慣例的な性質のものである証拠である。西欧の民主諸国においては，われわれは，ある種の目的のために，同じような境遇にある人々は相等しい満足を得ることができる，と仮定する。あたかもわれわれが，正義の諸目的のために，法的主体の間に，同じような事態における責任の平等を仮定するのと同様に，われわれは，国家財政の諸目的のために，経済主体の間に，同じような境遇において相等しい所得から満足を経験する能力は相等しい，という仮定をすることに意見が一致している。しかしながら，これを仮定することは便宜であるかもしれないが，この仮定が，確かめられる事実に基づいているということを証明する方法は全然ない。」[11]

　このように，ロビンズは，効用の個人間比較の可能性を明確に否定したとはいえ，その主眼は，比較が可能であるか否かということ自体に向けられていたわけではなかったといえるであろう。彼は，効用の個人間比較は可能であるとする仮定が「事実」に基づくものではなく，「規範」に基づくものであり，「『べき』を含む命題は，『である』を含む命題とは全く異なった平面にある」[12]のであって，「純粋理論の実証的な仮定からは全然でてこないものである」[13]と主張しているのである。つまり，ロビンズは，実証科学としての経済学と，規範的な命題を含む道徳科学（あるいは倫理学）とを明確に区別することを要請したまでであり，「異なった個々人の異なった満足を総計したり比較したりするのは，事実の判断ではなく価値の判断を含んでいるということ，および，かような判断は実証科学の範囲をこえるものであるということ」[14]を主張したまで

---

11) *Ibid.*, p. 140, 訳, 210-211 ページ。
12) *Ibid.*, pp. 142-143, 訳, 214 ページ。
13) *Ibid.*, p. 141, 訳, 212 ページ。
14) *Ibid.*, p. vii, 訳, ix-x ページ。

であった。

1-2　実証理論と規範理論の区別

　経済学の主題が，規範的な諸研究を含むように拡張されるべきであると主張する経済学者に対して，ロビンズは厳しい批判を投げかける。経済学と倫理学は分離せられないとする彼らに対して，両者の厳格な区別を主張する。

　　「不幸にしてこの2つの学問を，およそ，たんなる並置以外のいかなる形式においてでも連合させるということは，論理的に可能であるとは思われない。経済学は，確かめられる事実を取扱う。倫理学は，価値判断と義務を取扱う。この2つの研究分野は論議の同一の平面にない。実証的研究の一般法則と規範的研究の一般法則との間には，いかなる巧妙さをもってしても擬装することのできない，そして空間または時間におけるいかなる並置をもってしても架橋することのできない，こゆべからざる論理的障壁があるのである。」[15]

　ここで明らかなように，ロビンズは経済学を実証理論として，倫理学を規範理論として区別しているわけであるが，倫理学そのものを批判の対象としているわけではない。ロビンズにとって，経済学は「事実」のみを取扱う学問であり，そこに「価値判断」を必要とするような概念が導入されれば，経済学の科学としての性格が損なわれることを懸念しているのである。彼にとっては，「経済学の客観性を守ることだけが問題であり，そのために，価値判断を経済学の外部へ追い払わねばならなかった」[16]のである。

　価値判断を経済学から排除するという考えは，社会科学の客観性を追い求め，価値判断を事実判断から駆逐する理論の構築を目指した，マックス・ウェーバー（Max Weber）の価値判断論（『没価値論』）から影響を受けていることを

---

15)　*Ibid.*, p. 148, 訳, 222-223 ページ。
16)　清水幾太郎（1969），113 ページ。

ロビンズは認めている[17]。ここで社会科学の客観性に対置されている価値判断とは，諸個人の主観性であることはいうまでもない。

では，ロビンズの主張する実証科学としての経済学は，価値判断から完全に自由な，すなわち主観性を排した客観的な理論といえるであろうか。

ロビンズは，当時のイギリス経済学において主要な考え方であった「物質主義的定義」の不十分さを指摘し，「全ての非難から免れるような定義」として「希少性定義」を示した[18]。

「経済学は，諸目的と代替的用途をもつ希少な諸手段とのあいだの関係としての人間行動を研究する科学である。」[19]

ロビンズは，「実質所得の生産と余暇の享受とのあいだに自分の時間を配分している孤立人」[20]を想定し，その諸個人が自身の欲求にしたがい，多様に存在する目的に対して，その選好の順序を付するという選択の形式だけが問題であると論じる。つまり，個々人の多様な目的に対しては，無限の色合いを認めるということによって特殊性を排し（価値判断に関わる領域であり，経済学の対象ではないので目的の内容を問う必要はないということ），すべての個人に共通する一般的な特質として，選択を行うという抽象的な形式を提示し，そこに現れた客観的な希少な諸手段の代替関係を分析することが，科学としての客観性を担保することになる，ということである。

---

17) 『経済学の本質と意義』の中で，ロビンズが経済学と倫理学を明確に区別すべきと述べている箇所（本章の注15を参照）における注で，以下のように論じている。「以上すべての点に関しては，マックス・ウェーバーの説明が完全に決定的なものであるとわたくしには思われる。わたくしは，マックス・ウェーバーの方法論のこの部分に異論を唱えることがいかにして可能であると考えられうるのか，わたくしには全く理解し得ないことを白状する。〔社会学および経済学の「没価値性」の意味〕（『科学論論文集』451-502ページ）をみよ〕。」（Robbins (1935), p. 148, 訳，224ページ）。

18) *Ibid.*, p. 12, 訳，18ページを参照。

19) *Ibid.*, p. 16, 訳，25ページ。

20) *Ibid.*, p. 12, 訳，18ページ。

こうして見ると，ロビンズによる経済学の定義は，主観性を排した客観的な科学としての性格を十分に備えたものに見える。しかし，その主張が，目的（あるいは選好）の内容を問わないという点では価値判断から自由であるといえるが，「合理的な選択を行う経済人」[21]が想定されているという点で，1つの価値判断が行われてもいる。この点についてロビンズは，それが「究極的な価値判断」[22]として，認められるべきであると次のように述べている。

　「経済学は，その存在のためにではなくても少なくともその意義のために，まさに究極的な価値判断——合理的なこと，および，知識をもって選択しうること，が望ましいという断言——に依存する。もし非合理的なことが，もし時々刻々の，外界の刺激と調整されていない衝動，という盲目的な力に身をゆだねることが，他のすべての善にまして選好さるべき善であるならば，経済学の存在理由がなくなるということは真実である。」[23]

　ここでは明確に「究極的な価値判断」としての「合理的な選択をする経済人」に対するロビンズの強固な信念が垣間見えるが，それに続く論述では，その信念を強調することの意義も記されている。

　「この究極的な否認，すなわち，意識的となってきた選択の悲劇的な必然性からのこの逃亡，を支持せんとする人々が現われてきたことは，血にまみ

---

21) ロビンズ自身は，「合理的な選択を行う経済人」という表現を使っているわけではないが，以下のロビンズ自身の論述に照らせば，そのように表現することも許されるであろう。「時間および目的達成のための諸手段が限られており，かつ代替的使用が可能であり，しかもそのいくつかの目的に重要性の順位がつけられうるというのであれば，そのときには，行動は必然的に選択という形式をとることになる。一つの目的を達成するために時間と希少なる手段とを投入する一切の行為は，他の目的達成のためにそれらを使用することを断念することを意味する。それは経済的側面をもっている。」(*Ibid.*, p.14, 訳，22ページ〔傍点は引用者のもの〕)。
22) *Ibid.*, p.157, 訳，237ページ。
23) *Ibid.*

れて同胞相争い当然知的指導者たるべきであった人々によってほとんど信じられないほどに裏切られた，われわれの時代の悲劇である。すべてのかような人々に対してはいかなる論議もあり得ない。理性に対する反逆は，本質的には生それ自身に対する反逆である。しかしながら，いっそう積極的な価値を依然として肯定する人々に対しては，他のいかなるものにもまして，社会的配置における合理性の象徴であり護衛であるところのこの知識の分野は，来るべき憂慮される時代において，それが表しているものに対する右の脅威がまさに存在するという理由によって，特殊のそして増大した意義をもたねばならぬのである。」[24]

ロビンズは，この「究極的な価値判断」を否認することを「理性に対する反逆」「本質的には生自身に対する反逆」であると，厳しく批判するが，それが具体的に何に対して（どういう立場に対して）なされているのかについては，ここで明確に言及していない。

その点については，ロビンズの経済学が，オーストリア学派やローザンヌ学派といった大陸経済学から構成されていたと指摘する，木村雄一氏の論考[25]が示唆的である。氏によると，ロビンズの「このような合理的な選択の擁護が，社会主義や国家主義，計画政府といったイデオロギーによって左右されない個人の自由な選択を前提としたもの」[26]であり，「ここにロビンズが経済学の中立性と主張しつつも，計画経済に対して個人の選択を擁護するという彼の意図が隠されていたと見ることができる」[27]と分析している。つまり，この場面においては，すでに，実証理論としての経済学の内部における価値判断の問題（目的や選好についての価値判断の問題。ロビンズはこの場面においては価値判断を捨象しなければならないと主張している。）から，別の次元における価値判断の問題（経済

---

24) *Ibid.*, pp. 157-158, 訳, 237-238 ページ。
25) 木村雄一 (2004), 51-72 ページ。
26) 同論文, 63 ページ。
27) 同論文, 63 ページ。

理論を構築する際に不可欠な価値判断の問題。ロビンズはこの場面においては,「合理的な選択を行う経済人」という価値判断を行うことの正当性を主張している。）へと議論が移行していることが分かる[28]。

さらに木村氏は，ロビンズが「計画経済に対して個人の選択を擁護する」という点において，彼が政府の市場への介入を極力排し，個人の自由な選択による競争を擁護するという，イギリス古典派経済学の伝統的なレッセ・フェール（Laissez-faire）哲学を継承していると分析している[29]。これは，政府に大きな権限を持たせることによって，諸個人を国家や社会といった「普遍的なもの」の単なる媒介物に貶めてしまうような，ファシズムやいわゆる「社会主義」体制に対するロビンズの対決姿勢を示したものであるともいえる。また，こうした見解は，ロビンズが個々の「事実」を出発点にして社会認識を進めるイギリス経験論的な立場を踏襲し，「普遍的なもの」や「絶対的なもの」に依拠して社会認識を進める大陸合理論的な立場に対する批判と見ることもできる。ここに，「はじめに」で言及した，個別性と普遍性の対立図式のアナロジーを見ることも許されるであろう。

このように，ロビンズが実証理論と規範理論の明確な区別を訴えたのは，経済学内部における価値判断と，経済学を構築する際に必要不可欠な価値判断とは，別の次元における問題であり，両者を混同してはならないということ，そして前者においてはいかなる価値判断も介在させてはならないということの要請であった。また，その要請には，「計画経済に対して個人の選択を擁護する」[30]というロビンズの明確な価値判断も含まれていた。効用の個人間比較の

---

[28] 多様性と同一性の問題として言及することもできる。ロビンズは，一方で効用の個人間比較を行う論者たちが，異なる諸個人の効用を共通のものに還元することで，結果として同一性を前提することになるという事態に対しては，多様な効用を比較することはできないと主張することで，諸個人の多様性を擁護する立場に立つ。他方で，自身の経済理論を構築する際には，多様な属性を持つはずの諸個人を，「合理的な選択を行う経済人」という同一性に解消する立場に立つ。明らかに立場が転回（あるいは矛盾）しているといえる。

[29] 木村，前掲論文，67-68ページを参照。

[30] 同論文，63ページ。

可能性を認めるということは，異なる個々人の満足享受能力を画一的に捉えるということを前提にしている。それは諸個人の多様性を恣意的に一元化しているという意味で，全体主義的な発想につながっていく危険性を常に兼ね備えており，ロビンズはそのことも危惧していたのではないか。つまり，実証理論と規範理論の区別の要請は，個別的なものと普遍的なものの区別を要請することのみならず，後者によって前者が包摂されてしまうことによる危険性を意識し，実証科学としての経済学の独立した地位を守るという意図があったのではないかと考えられる。

2. 効用の個人間比較——肯定論の理論構造

本章でも対象としているように，効用の個人間比較の可能性を否定する論者の代表として，ロビンズはあまりにも有名であるが，その双璧となる代表的な肯定論者として特定の人物を挙げることは難しい。それは，ロビンズも指摘しているように，効用の個人間比較の可能性を認める論者は，そのことを暗黙のうちに前提した上で，具体的な再分配政策についての議論を展開するからであり，効用の個人間比較がいかに可能であるということ自体についての主張を展開しているわけではないからである。また，その政策勧告の内容から，効用の個人間比較の可能性を肯定していることが伺える論者であっても，無条件に効用の可測性や個人間比較の可能性を認めているとはいいきれない場合も見受けられるからである（後述）。

そこで本節では，効用の個人間比較に関する議論を，否定論，肯定論，制限的肯定論と3つの基本的類型に分類し，その相互関係，学史的特質を明らかにした松嶋敦茂氏の研究成果[31]に倣い，ロビンズの主張に対置する形で特定の肯定論者の議論を検討するということではなく，複数の肯定論者の主張を確認することで，肯定論の理論構造を明らかにする (2-1)。そして，肯定論者の効用の個人間比較の可能性を認める論拠がいかなるものであり，それがロビンズの

---

31) 注3) 参照。

批判に対してどのような意味を持つものなのかを考察する (2-2)。

2-1　肯定論者の主張——松嶋氏による整理をもとに[32]

　まず，松嶋氏は，効用の個人間比較の否定論者とその主張を紹介した後で，肯定論者として J. S. ミル，シジウィック，マーシャル（A. Marshall），エッジワース（F. Y. Edgeworth）を挙げ，それぞれの主張を検討している。

　ここで興味深いことは，松嶋氏によって肯定論者に分類されているミルとシジウィックが，否定論者としての顔も併せ持っており，同じく肯定論者とされているマーシャルやエッジワースの立場との違いが指摘されている点である。その点から確認してみよう。

　ミルは，「生活必需品」と「奢侈品」あるいは「便益品」が，同一の割合で奪われた場合を想定して，両者の苦痛が量的に異なることを明確に認めることで効用の比較を行っており，肯定論者としての顔を持つ。その一方で，「比例税」を擁護する際には，後に「所得の限界効用逓減の法則」（と呼ばれることになる考え）を批判している。その点でミルはロビンズと同じ立場に立っており，否定論者として振る舞っている，と松嶋氏は指摘する[33]。シジウィックは，ミルと反対に，「所得の限界効用逓減の法則」（と呼ばれることになる命題）を明示的に支持し，「累進税」による所得分配を唱える点で肯定論者に分類されるが，実際には「富者の金銭的犠牲と貧者のそれとの間に，なんらかの確定的な（definite）量的比較を行うことは不可能」[34]であることを認め，否定論者と同じ主張にまで後退しているとされる[35]。

　このように，ミルとシジウィックの立場は二面的であるとはいえ，肯定論者

---

32)　松嶋，前掲論文，34-38 ページを参照。松嶋氏は，効用の個人間比較に関する広範な議論を包括的に分かり易くまとめられており，肯定論，否定論といった複雑な当該論争を整理する上で，著者は氏から大変多くの示唆を得た。ここでは，特に，松嶋氏による肯定論者の主張の整理に依拠し，そこから肯定論者の共有する理論構造の分析に努めた。ただし，有りうべき誤謬の責任は著者にある。

33)　同論文，35 ページを参照。

34)　Sidgwick (1901), p. 566.

35)　松嶋，前掲論文，36 ページを参照。

としての側面に焦点を当てて評価するならば，そこに見られる主張には，貧者の苦痛を取り除き，その状態を改善することによって社会的厚生の総和を増大させるという功利主義的（あるいは規範的）な「価値判断」が含まれているといえる。しかし，その「価値判断」と彼らの「経済学」がどのような関係にあるかということについては，ここでは論じられていない。したがって，ロビンズが肯定論者を批判したように，ミルやシジウィックは「実証理論と規範理論を混同している」と指摘することもできるし，両者を混同しているのではなく，「区別しつつも統一しなければならないと考えている」，というように矛盾した姿を現したものとして評価することもできるであろう。

では，彼らと立場を異にするとされるマーシャルやエッジワースの主張には，同様の二面性は見られるだろうか。

松嶋氏によると，マーシャルの効用の個人間比較に対する見解は，明らかに肯定論者のそれといえるものである。マーシャルは，「(一) 諸個人（「貧者」と「富者」）の効用（満足）は相互に共約的で比較可能である。(二) 所得の限界効用は逓減する。」[36]という想定をしており，ジェヴォンズやウイックスティードとは明らかに立場を異にするものの，シジウィックとの間には質的な相違は見られない，と氏は分析している[37]。そして，シジウィックとの質的な違いが生じてくるのは，「これらの概念が現実の政策を領導する—つまり『富裕者の財産の若干を貧困者の間に……分配する』ことを容認する—ものとなるときであろう」[38]と述べ，シジウィックが「富者の金銭的犠牲と貧者のそれとの間に，なんらかの確定的な (definite) 量的比較を行うこと」[39]を断念したのに対し，マーシャルが比較を前提にした「累進課税」をはっきりと支持していた点に求めている。しかし，マーシャルが「諸個人（「貧者」と「富者」）の効用（満足）は相互に共約的で比較可能である」としていることや，「所得の限界効用は逓減

---

36) 同論文，36ページ。
37) 同論文，36ページを参照。
38) 同論文，36ページ。
39) Sidgwick, *loc. cit.*

する」との主張が，実証理論に依拠して導き出されたものなのか，あるいは規範理論に依拠して導出されたものなのかは，ここでは明らかにされていない。

　松嶋氏が，マーシャルよりも肯定論者としての理論的完成度を高く評価しているのがエッジワースである。エッジワースが効用の個人間比較について論じている箇所として最初に引用されているのは，以下の部分である。

　「快楽のアトムは区別することも識別することも容易ではない。それは砂よりも連続的で，流体よりも非連続的である。」[40]

　「我々には人生の金色の砂を数えることはできないし，山なす愛の『数かぎりない』微笑を数え上げることもできない。しかし，ある場合にはより大きな，他の場合にはより小さな快楽単位の集まり，幸福の量があるということが観察できるように思われる。そしてそれで十分なのだ。」[41]

　このように，エッジワースの効用の個人間比較についての見解には，ジェボンズの影響が見られ，効用の比較は不可能であることを認めているような，あるいは効用の「基数」性を否定し，個人間比較を不要とする「序数」的効用理論の擁護者であるパレートやロビンズと同じ立場に立っているような点が見られると松嶋氏は指摘する[42]。しかし，その一方でエッジワースが，効用の個人間比較が必要であり，可能であることを明確に論じている部分として次の点を紹介し，彼が明らかに肯定論者であることを確認している。

　「道徳的解析学のために，いま1つの次元が必要である。すなわち，ある人の幸福と他の人の幸福との比較，そして一般的には相異なる構成メンバーをもつグループの幸福，ならびに相異なる平均的幸福との比較が必要である。このような比較は，いやしくも何らかの体系的な道徳性があるべきであ

---

40) Edgeworth (1881), p. 8. 松嶋，前掲論文，37ページを参照。
41) *Ibid.*, pp. 8-9. 松嶋，同論文，37ページを参照。
42) 松嶋，同論文，37ページを参照。

るなら，もはや避けることはできない。それは分配的正義によって前提されているし，人口問題によって前提されている。」[43]

この他にも，松嶋氏はJ. グリーディ（Greedy）やハロッド（R. F. Harrod）の証言を引き合いに出して，エッジワースが効用の個人間比較の可能性を認めているという点を根拠づけている[44]。

以上の点をふまえると，マーシャルやエッジワースには，ミルやシジウィックのような二面性は見られないというよりも，現実の問題（特に分配に関する問題）に答えるためには，ミルやシジウィックの立場を徹底して，効用の比較は避けられないという立場に帰結したといえるだろう。そのことは，松嶋氏の次の指摘に端的に表れている。

「『純粋経済学』に安住しているなら，マーシャルの場合と同様エッジワースにとっても基数的効用もICU（Interpersonal Comparison of Utility―引用者）もおそらく必要ではなかった。しかし彼らにとって経済学はモラル・サイエンスであったし，何よりも日々生起する現実的問題に答える学でなければならなかった。そして日々生起する問題は，彼らに古典的レッセ・フェールのシステムと『社会主義』的要素との結合を不可避にした。マーシャルやエッジワースのICU論をジェボンズやウィックスティードのそれとも，ミルやシジウィックのそれとも違ったものとしたのは，このような事情であった。」[45]

ここで「純粋経済学」と対比的に述べられている「モラル・サイエンス」とは，ロビンズが実証理論としての経済学との明確な区別を要請した，価値判断を含む規範理論を意味していることは明らかである。つまり，彼らの考える経

---

43) Edgeworth (1881), pp. 7-8. 松嶋，同論文，37ページを参照。
44) 松嶋，同論文，37ページを参照。
45) 同論文，38ページ。

済学は，規範理論を含むものである。とはいえ，ここで検討した肯定論者の主張だけでは，実証理論と規範理論がどのような関係にあるのかということは，明確には汲み取ることができない。それゆえ，両者を混同していると見なされてしまう危険性や，両者の統一の論理がいかなるものであるのか示されていないといった指摘を受ける限界も露呈している。

このように，肯定論者の理論的構造を分析することで明らかになることは，彼らが経済学から価値判断を捨象するのではなく，それを積極的に導入しているということ，すなわち，実証理論と規範理論の統一という論理がその主張の中には含まれているが，その統一の論理の必然性については明確には論じられていないということである。

そこで次に，経済理論の構築において，なぜ価値判断を含む規範理論が必要となるのか，また，実証理論と規範理論の統一という事態が何を意味しているのか，ということについて考察する。

2-2　実証理論と規範理論の統一

松嶋氏が述べているように，肯定論者にとって経済学は「純粋経済学」にとどまるものではなく，「モラル・サイエンス」としての性格を併せ持っていなければならないものであった。そこには，「純粋経済学」が対象として限定するところの「配分的効率性」だけを追求しては，経済的厚生のみならず，社会的厚生の総和の増大は達成できないという，功利主義的認識の伝統に沿った見解が垣間見られる。つまり，経済学は「分配的正義」の問題をも扱わなければ，いかなる政策勧告も行うことはできず，現実の必要性に答えることができなくなり，経済学そのものを捨て去ってしまうことになるという認識である。

このような「モラル・サイエンス」としての経済学は，マーシャルに始まるケンブリッジ学派の経済理論に見られる特徴の1つである。ケンブリッジ学派の経済学者たちは，「価値判断の問題は世界観学に任せ，経済学は価値の問題を回避すべしとすることには賛成しない……価値の問題と経済的秩序の問題とが無関係なものであるとみず，価値の問題を経済的秩序の解明のうちに摂取す

ることができる，と考えている」[46]のである。

そのマーシャルの後継者で，『厚生経済学』の著者として知られるピグー（A. C. Pigou）も，実証理論と規範理論の統一を意識していた経済学者の1人であり，両者の区別を厳格に主張したロビンズの批判が彼に向けられたのも当然のことであった。そこで，ピグーがいかなる意味において，両者の統一的な理解を求める立場に立つのかという点を描き出し，実証理論と規範理論の統一という事態が意味するところのものについて考察してみる。

ピグーは，自身の有名な3命題のうち，「他の事情にして等しいかぎり，国民分配分のうち貧者に帰属する割合の増加は，経済的厚生を増大する傾きをもつ」という第2命題を証明するために，限界効用逓減の法則を応用して，富者から貧者への所得移転の正当性を論じた[47]。その主張の中で，効用の個人間比較が行われており，その前提として「諸個人の満足享受能力の平等性」[48]という価値判断が暗黙の内に下されているという批判をロビンズから受けることになるのであるが，なぜピグーは，そのような規範的なものとされる価値判断を自身の主張の中に採り入れたのであろうか。

まず，主観的な理由として，本郷亮氏による次の指摘が興味深い。氏はピグーの教授就任公演で語られていた部分を引用しつつ，以下のように述べる。

「経済学が人間という問題に挑むならば，『経済学そのものの領域を越えたもの』，つまり倫理的価値評価が不可欠となり，『それゆえ道徳哲学の領域に踏みこむ。』だから『経済学が孤立するはずはない。……経済学と倫理学は，相互に依存的である。社会に奉仕するための実践の術 practical art of social service には，両者を要する。前者は後者の侍女である。……経済学者が同時に倫理学者でもあることは差し迫った必要性を有する，と私は言いたい』（1908b: 8-14，傍点追加）と。」[49]

---

46) 杉本栄一（1981），278ページ。
47) 清水，前掲論文，115-117ページを参照。
48) Robbins (1938), p. 636.

「彼の厚生経済学は『富と厚生』(1912a) によって初めて体系化されたが，この書のタイトル自体が前述の立場を示唆しており，『富と厚生』とはすなわち，『経済と倫理』『手段と目的』『豊かさと人間』ないし『マーシャルとシジウィック』といったような様々なニュアンスをもつ。だがいずれも結局は1つのこと──経済学と倫理学との結合──に帰着する。主著『厚生経済学』(1920a) のタイトルもまた同様であり，これらの著作名自体が，『彼の基本的アプローチを如実に示している』(Noel-Baker 1959：1090) のである。」[50]

これらの指摘からも明らかであるように，ピグーにとって，経済学の対象は「人間そのもの」であり，経済的合理性にしたがって行動するだけでなく，道徳的，感情的，非合理的な精神にしたがって行動することもある人間を総体的に理解するためには「倫理的価値評価が不可欠」となるので，「経済学と倫理学の結合」はいわば必然的なことであると考えていたようである。また，「経済学者としてピグーは，……『貧者のための受託者 trustees for the poor』としての強い使命感をもっていた」[51]ようであり，それ故倫理的な問題を無視することはできなかったのであろう。

次に，客観的な理由として挙げられるのが，当時のイギリスの社会状況を反映した結果であるというものである。ピグーの主著，『厚生経済学』が出版されたのは1920年であるが，それは第1次世界大戦終了前後のイギリス資本主義を対象にしたものといわれている。その当時のイギリスは，それまでに確立していた世界的経済覇権の地位が，徐々に動揺し始めてくる頃であり，産業資本家階級の力が以前より衰え，労働者階級の力が台頭してくる時期でもあっ

---

49) 本郷亮 (2007)，ⅱページ。「1908b」で示されている文献は，Pigou, A. C., *Economic Science in Relation to Practice*; An Inaugural Lecture, Oct. 30, 1908, Macmillian, 1908, pp. 8-14.
50) 同書，ⅱページ。尚，「1912a」で示されている文献は，Pigou, A. C. (1912), *Wealth and Welfare*, Macmillan，「1920a」で示されている文献は，Pigou, A. C., *The Economics of Welfare*, Macmillan, 1st edn., 1920, 2nd edn., 1924, 3rd edn., 1929, 4th edn., 1932（気賀健三・千種義人・鈴木諒一他訳 (1953)『厚生経済学（第4版）』東洋経済新報社。）
51) 同書，ⅱページ。

た。そうすると，前者は後者の要求を受け容れなければならなくなる場面も増えてくる。ピグーが，「他の事情にして等しいかぎり，国民分配分のうち貧者に帰属する割合の増加は，経済的厚生を増大する傾きをもつ」という第2命題を提起したのも，そうした労働者階級の要求を反映してのものであり，その限りにおいてピグーの価値判断は，単に規範的なものであるとはいいきれないという指摘もなされている[52]。

このようにピグーは，実証理論としての経済学と規範理論としての倫理学の統一を，主観的・客観的理由によって正当化しているようであるが，いずれの理由からも規範的な要素によって統一がなされるというニュアンスが強く感じられる。また，先に引用した「前者（経済学―引用者）は後者（倫理学―引用者）の侍女である」という表現からも，ピグーが倫理学によって経済学を包摂するという関係を意識していた様子が伺える。

このことから，ピグーに対しては，彼が実証理論としての経済学と規範理論としての倫理学を同格に扱っているというより，後者に優越性を持たせることを前提にして，両者の統一を論じているという疑念が向けられる。つまり，ピグーの頭の中においては，実証理論としての経済学の自立性を否定して，規範理論による両者の統一がすでに出来上がっているのではないかという批判が，常に沸き起こってくるということである。そして，そのような態度を取らざるを得なかったのは，実証理論と規範理論を厳格に区別することによって生じる問題に，ピグー自身は気づいていたからではないかと考えられる。その問題とは以下のようなものである。

ロビンズのように，実証理論と規範理論を区別し，両者の自立性を前提にすると，次のような問題を抱えることになる。ある社会状態を前にして，複数の価値判断がある。それは経済学の外部においてなされる価値判断である。実証理論としての経済学の中では，価値判断を極力捨象しなければならないから，経済学の外部でなされたその価値判断にしたがい，経済学は理論を構築するこ

---

[52] 杉本，前掲書，257-260ページを参照。

とが望ましいことになる。そうすると，経済学の外部で行われた多様な価値判断に対応する数だけ，多様な経済理論が存在するということになる。これは，どちらの経済理論が現実を分析するのに妥当であるかをめぐって，マックス・ウェーバーの洞察した「神々の永遠の争い」[53]的な状況が生まれることになるという問題である。つまり，実証理論としての経済学の客観性，正当性はいつまでたっても暫定的なものにとどまらざるを得ないのであり，相対主義という批判を常に受けることになるという問題である。

以上のような状況を回避するためには，予め統一の論理が超越論的に想定されていなければならないのであり，ピグーはそれを規範理論としての倫理学に求め，統一の論理を前提した上で，経済学と結合するという方法を導出したのではないだろうか。こうした方法は，実証理論としての経済学の客観性や妥当性をめぐる「神々の永遠の争い」的な状況を回避できるが，超越性を前提している限り，その点を形而上学的であるという批判に絶えずさらされるという問題を抱えることになる。ロビンズの批判も，その点に向けられたと解釈できるであろう。

このように，肯定論者の主張の背後には，実証理論と規範理論の統一，あるいは経済学と倫理学の統一というより，後者において統一の論理を予め前提した上で前者を媒介しようという意図が隠されている。ロビンズを始め，両者の区別を主張する立場は，その統一の論理の超越性，神秘性を絶えず批判するのであり，両者を統一するという議論が自己完結できないことを示している。

3. 論争の核心

3-1 ロビンズへの批判

1において確認したように，ロビンズは，効用の個人間比較は可能であるとする仮定が「事実」に基づくものではなく，「規範」に基づくものであり，それは「純粋理論の実証的な仮定からは全然でてこないものである」[54]として退

---

53) Max Weber (1968), S. 592.
54) Robbins, *loc. cit.*

け，純粋理論としての経済学の中立性を論じた。そしてそれ以降，ロビンズの影響のもと，経済学は価値判断に関する領域から完全に分離して，純粋な実証科学としての理論構築を追究するようになっていった。

しかし，当時のイギリスの経済学界においては，マーシャルやエッジワース，ピグーといった，効用の個人間比較の可能性を認める論調が強かったのも事実であり，そうしたロビンズの主張に対しては，当然ながら批判が加えられた。その中でも，効用の個人間比較は必ずしも価値判断を含むものではないという批判と，たとえロビンズのいうように，効用の個人間比較は科学的に不可能であることが正しい指摘であるとしても，そのような厳密さを経済学に求めることで生じる問題を懸念する批判がよく知られている。前者はハチスンによるものであり，後者はハロッドによるものである[55]。また，1-2でも言及したように，ロビンズは経済学から価値判断を捨象すると主張しているが，実際は「合理的な選択を行う経済人」を前提にした経済理論を構築するという価値判断を行っているという鋭い批判も向けられている[56]。

ハチスンは，ロビンズの主張するように，効用の個人間比較は可能であるという仮定が「慣例的」なものであることを認めつつも，それは観察や内省によって十分に検証可能な仮定であり，反証されない限りは科学的認識にとって有用な仮定として採用されるべきものであると主張する[57]。つまり，効用の個人間比較は価値判断を含む規範的なものであるというより，反証可能性を持った実証科学の範囲に属するものであるということである。

ロビンズの主張にハチスンが正面から批判を展開したのに対して，ハロッドはロビンズの主張の意義を認めつつも，効用の個人間比較の不可能性を経済理論に厳密に適用することで生じる弊害を指摘している。

「この異議（効用の個人間比較は科学的に不可能であるというロビンズの主張—引

---

55) 松嶋，前掲論文，42-44ページを参照。
56) 杉本，前掲書，203-205ページを参照。塩野谷，前掲書，377-378ページを参照。
57) Hutchison (1965), pp. 150-155. 松嶋，前掲論文，42-44ページを参照。

用者）はもし経済学そのものが成熟し精密な科学であるとすれば大変重要なものとなろう。しかし実際には経済学が達成したものは限られた領域を除けば単に推測のみを容れるような事柄によって取り囲まれているのである。だから経済学者が高度な方針をとるとすれば，それは笑うべきことである。」[58]

ハロッドは，経済学によって明らかになる事柄は限られており，そこにロビンズの主張のような厳密さが求められるのであれば，「厚生学派の処方が除外されるだけでなく，いかなる処方も除外されてしまい，政策勧告者としての経済学者は完全に無能化されてしまう」[59]として，経済学に「弱い規定」を与えるほうが実践的であると考えている。その「弱い規定」とは，ハチスンと同様に，反証されない限りは，たとえ「慣例的な」仮定であっても適用されなければならないというものである[60]。

このように，微妙なズレはあるとしても，ハチスンとハロッドの批判に共通して見られることは，ロビンズの指摘する「事実に基づく仮定」と「規範に基づく仮定」の区別が妥当なのかどうか，という疑念である。つまり，効用の個人間比較は可能であるという見解は，ロビンズのいうように「規範的な」価値判断であるといいきれるのか，あるいは仮にそうだとしても，実証的な経済学の範囲から完全に駆逐されなければならないものなのか，という実証理論と規範理論の関係を改めて問うものであるといえる。

ロビンズは，純粋理論としての経済学内部においては，いかなる価値判断も介在させてはならないと論じる一方，経済理論を構築するにあたってなされる「合理的な選択を行う経済人」という「究極的な価値判断」を前提していることについては先に述べた。しかし，それが何ゆえ「究極的な」ものと主張しうるのか，その正当化についての論拠は明確に示されてはいないという点につい

---

58) Harrod (1938), p. 396.
59) *Ibid.*, p. 397.
60) 同様の指摘が，ピグーの叙述にも見られる点は興味深い。Pigou (2002), p. 850 を参照。

ても指摘した。これらの点こそ，ロビンズ自身も価値判断から完全に自由な理論を構築し得ていないのであり（したがって主観的なものであり），また仮にそれが，いかなる社会科学においても理論を構築する際には避けることのできない最低限の価値判断であるとしても，それを正当化する論理が十分に示されなければならないという批判であった。

その批判に対して，ロビンズは，自身の前提する価値判断が主観的なものであることを認めつつ，次のように述べている。

「たとえわれわれが，経済学の対象を価格のような観察可能なものの説明に限定するとしても，われわれは，主観的ないし心理的な性質をもった要素に訴えるのでなければ，それを説明することは実際に不可能である，ということを見出すであろう。」[61]

「もしわれわれが経済学者として自己の仕事をなすべきものであるとすれば，すなわち，もしわれわれが経済学の主題のあらゆる定義が必然的に包摂する問題を十分に説明すべきものであるとすれば，われわれは心理的な要素を含まざるを得ないことになるのである。」[62]

この主張を見る限り，純粋理論としての経済学内部においては，いかなる価値判断も介在させてはならないと論じるロビンズ自身の主張とは明らかに矛盾が生じている。その点だけをとってみても，ロビンズの前提する「合理的な選択を行う経済人」を前提するという「究極的な価値判断」を十分に正当化できているとはいいがたい。なぜなら，ロビンズが批判した効用の個人間比較の背後に潜む「諸個人の満足享受能力の平等性」という価値判断も，同じ理由で正当化できることになるからである。

また，実証理論と規範理論の区別という主張に関連して，別の問題も生じてくる。すなわち，ロビンズの定義における「純粋経済学」が成り立つために

---

61) Robbins (1935), p. 88, 訳，134ページ〔傍点は訳者（原文は強調）のもの〕。
62) Ibid., p. 89, 訳，135ページ〔傍点は訳者（原文は強調）のもの〕。

は,「純粋経済学」の外部において,「合理的な選択を行う経済人」という価値判断が前提されなければならないのであり,「純粋経済学」は,その性格を規定するにあたって,自身の内にその根拠をもたないということが明らかになっているという問題が生じているのである。経済学の性格を規定するものは,経済学自身の内部にはない。そうであるなら,ロビンズの主張する実証理論としての「純粋経済学」は,理論構造的に自己完結不可能な理論であることを自ら暴露しているといえる。したがって,必然的に,自己の性格規定を行うために,規範理論との関係が問題にならざるを得ないのであり,実証理論と規範理論の区別は,その統一への関心を廃棄することはできないということが,ロビンズの区別の要請から導出されるのである。つまり,実証理論と規範理論は,「区別しつつも統一しなければならない」という矛盾を抱えており,ハチスンやハロッドの批判も,両者の区別は完全には成し得ないということを示唆していたものと受け取ることができるであろう。

3-2　実証理論と規範理論の区別と統一という矛盾

　実証科学としての経済学の領域において,効用の個人間比較を非科学的なものとして排除するほどの厳密さを求めることに警鐘を鳴らしたハロッドの批判に対して,ロビンズは1つの論文でもって応えている[63]。論文の中でロビンズは,依然として効用の個人間比較が科学的には不可能であるという自身の立場に変わりがないことを強調した上で,ハロッドとの間にある「相違の性質」と「これらの相違の実践的な含意が実際にはいかにわずかなものであるか」ということを明確に述べている。

　「私は依然として,効用の個人間比較が科学的基礎―すなわち,観察または内省に基づくかのように語ることは有用であると信じることはできない。私はおそらく,価値の哲学全体を取り巻く異常な諸困難に対して,以前より

---

63)　Robbins (1938), pp. 635-641.

もっと敏感である。しかし、私は個人間比較をする際（例えば、2人の非常に活発な子どもたちの満足に影響を与える要求に対して私が決断をするときのように）、依然として次のように考える。すなわち、私の判断は実証可能な事実に関する判断であるよりも、むしろ価値に関する判断に似ている、と。にもかかわらず、私と違うように考えている友人たちに対して、私は、我々の相違が実際にはそれほど重要ではない、というであろう。彼らは、平等の仮定にもとづく諸命題は本質的に経済科学の一部であると考える。私は、平等という仮定は外部から来るのであり、その正当化は科学的であるよりもむしろ倫理的なものであると考える。しかし、われわれは、そのように仮定がなされ、それらの含意は経済学の技法の助けをかりて探究されるのが適切であることに同意する。われわれの論争は、定義と論理的地位に関するものであり、人間としてのわれわれの責務に関するものではない。ともあれ、行為の領域では、意見の実際の相違は、科学的という形容詞によって名づけられ正確な領域に関して論争する人々の間にあるのではなく、人間は平等であるかのように扱われるべきであると考える人々と、そうすべきではないと考える人々との間にあるのである。」[64]

このように、ロビンズは、効用の個人間比較を行う際には「諸個人の満足享受能力の平等性」[65]が暗黙のうちに想定されているが、その想定は価値判断を含む規範的な領域においてなされるものであり、実証科学としての経済学の内部においてなされるべきものではない、という立場は変らないことを確認している。しかし、その想定はなされるべきであるという点については、ハロッドとの間に相違はない。つまり、実証理論と規範理論は統一すべきであるという点に対して、ロビンズに異論はないということである。むしろ、彼自身も、自らを「暫定的功利主義者」[66]と称して、何らかの政策勧告を行う際に、両者の

---

64) *Ibid.*, pp. 640-641.
65) *Ibid.*, p. 636.
66) *Ibid.*, p. 635.

統一を図ることを躊躇しないと宣言している[67]。

　こうして見ると，ロビンズは，自身に対する批判を，実証理論と規範理論の区別を固定化しているという点に向けられたものであったと解釈しているようである。それ故，自身の立場は，両者の区別を固定化し互いに相容れないものとするものではなく，区別を明確にした上で両者を統一すべきであるということを強調しているのである[68]。そして両者を統一すべきであるという点については，ハロッドらとの間に何ら「相違」は見られないという主張でもって批判に応えている。

　しかし，3-1で確認したように，ロビンズに対する批判の本質は，実証理論と規範理論が統一されるべきであるか否かということにあったのではなかった。批判の本質は，ハロッドらが効用の個人間比較に際して前提する「諸個人の満足享受能力の平等性」という仮定が規範的なものであるならば，ロビンズが自身の「純粋経済学」を構築する際に前提する「合理的な選択を行う経済人」という仮定も同様に，規範的なものであるという批判を免れ得ないのではないか，というものである。つまり，ロビンズは，効用の個人間比較の可能性を否定する時は，実証理論と規範理論を明確に区別した上で，両者の統一を促す立場に立ちながらも，「純粋経済学」を構築する際においては，予め実証理論と規範理論を統一させており，そこに区別は存在していないのである。このような実証理論と規範理論を予め統一させるという態度は，「諸個人の満足享受能力の平等性」という規範的な価値判断を実証理論に暗黙のうちに導入しているとして，ロビンズ自身が退けた態度そのものであった。こうして，ロビンズによる批判の論理を徹底すると，それが今や，自分自身に対して突きつけられているという矛盾が露呈しているのである。

　以上のことから，実証理論と規範理論を明確に区別するというロビンズの主

---

67) 木村，前掲論文，64-65ページを参照。
68) 木村氏はこの点について，ロビンズにおける「純粋理論としての経済科学と様々な価値判断を含む政策科学としての政治経済学」という「二重構造」として捉えられるということを提唱している（木村，同論文，63-70ページを参照）。

張は，予め両者の統一を前提し，その統一の論理を神秘化してしまう主張に対しては，有効な批判となるものであることが分かる。しかし，その区別の根拠を明らかにしようと，彼に対する批判をもとに探究してみると，ロビンズ自身の主張の背後にも，予め統一の論理が隠されていることが判明し，彼の批判は自己批判となって帰結するということが明らかになる。

このように，効用の個人間比較を認める主張に対するロビンズの批判と，その批判を徹底することで明らかになるロビンズの自己批判という事態が示していることは，効用の個人間比較に関する論争を，実証理論と規範理論の区別を要請するものと見るか，あるいは両者の統一を要請するものと見るか，といった二項対立的に捉えるのではなく，「区別しつつ統一もしている」という矛盾の現象としてその事態を捉えることを要請しているということである。

おわりに

本章で示されたことは，効用の個人間比較に関する論争は，否定論・肯定論のどちらの陣営においても，相手に対する批判を徹底すると，それが自己批判となって返ってくるという矛盾の現象として捉えることができるということであった。すなわち，どちらの陣営においても，その批判を徹底することによって生じる認識の自己崩壊という限界の露呈である。

ロビンズは，肯定論者の前提する「諸個人の満足享受能力の平等性」という仮定が，実証理論の領域においては捨象されなければならない規範的な価値判断であると断罪し，「純粋経済学」としての実証理論と，価値判断を含む規範理論を明確に区別した上で，両者の統一を求めた。その批判の意図は，両者を混同することによって，科学としての経済学の自立性・客観性が損なわれることに対する懸念であり，さらには規範的な領域においてなされた価値判断が実証理論に浸透することで，「計画経済」や，いわゆる「社会主義」体制を擁護するような状況に進んでしまうことに対する危機感でもあった。ここに，ロビンズがアトミズムの立場に立ち，ホーリズムを退けるという図式を見ることもできるであろう。

実証理論における価値判断の捨象というロビンズの批判は，肯定論者のような予め1つの価値判断を前提する立場に対しては，その価値判断の超越性，神秘性を鋭く突いたものであり，確かに有効なものであった。しかし，ロビンズ自身も，自身の経済理論を構築する際に，「合理的な選択を行う経済人」という1つの価値判断を暗黙の内に前提しており，それはロビンズ自身が退けた規範的な価値判断を無批判の内に導入していることと何ら変わりがない，という批判を受ける。その批判に対してロビンズは，それが「究極的な価値判断」であり，いかなる科学においても避けられない主観的な価値判断として正当性を主張するが，そうであるならば，同じ理由で肯定論者の行う価値判断も認められなければなくなり，ロビンズの批判の論理は自己解体を遂げることになるのであった。

　さらに，このようなロビンズにおける認識の自己崩壊過程は，ロビンズの肯定論者に対する批判が，自己批判に帰結するという点からも指摘することもできる。肯定論者の前提する「諸個人の満足享受能力の平等性」という仮定は，異なる個々人を共通の尺度に還元しているという意味で，その多様性を否定することになり，多様な諸個人を一元的に捉えるという誤りを犯している，というのがロビンズの批判であった。つまり，ロビンズは異なる諸個人の多様性を擁護する立場に立っている（統一に対して区別を重視する立場であり，端的にアトミズムの立場）。しかし他方で，自身の経済理論を構築する際には，「合理的な選択を行う経済人」という仮定を前提するのであるが，この仮定こそ，異なる諸個人を一元的に捉えているのであり，諸個人の多様性を否定する立場に立っている（区別に対して統一を重視する立場であり，端的にホーリズムの立場）。これは，ロビンズ自身が肯定論者を批判した論理であり，今やそれが自己批判となって返ってきていることは明らかである。つまり，ロビンズのアトミズムの立場を徹底すると，具体的な内容を一切捨象した抽象的普遍の原理の導出を求めるホーリズムの立場へ転回するということである（勿論，ロビンズがその抽象的普遍の原理の導出および正当化に成功しているかどうかは，別の問題である）。

　このように，ロビンズの肯定論者に対する批判が，自己批判に帰結し，その

論理は自己解体を遂げざるを得ないことが本章を通じて示されたわけであるが，一方の肯定論者の主張は，果たして自己完結し得るものであったであろうか。否，であることは本論において示された通りであるが，今一度確認してみよう。

肯定論者に共通していたことは，経済学者が具体的な政策勧告を行うためには，何らかの価値判断を行わなければならず，実証理論と規範理論は統一されなければならない，というものであった。しかし，その統一の論理が明確には示されておらず，規範理論の領域において予め前提された道徳的な価値判断によってそれが成されるものと捉えられていた。つまり，実証理論と規範理論を同格に扱うのではなく，後者に優越性を持たせることで前者を包摂するという関係を暗黙の了解として承認しているということである。

こうした態度は，実証理論と規範理論を区別することによって生じる問題を回避するためであったと考えられる。すなわち，ロビンズのように，両者を厳格に区別して，互いの自立性を認めた場合，常に両者の関係が問題になるのであるが，そうすると規範理論の領域においてなされる価値判断の数だけ，それらに対応して実証理論としての経済理論が構築されることになる，という問題である。つまり，どの経済理論が客観的で正当性をもつのかをめぐって，いわゆる「神々の永遠の争い」が展開されるのであり，いつまでたっても両者の統一を正当化しえない相対主義的な状況に陥ってしまうという問題である。

このような状況を回避するために，両者の統一を求める肯定論者は，予め統一の論理を前提することに躊躇しない。とはいえ，確かに統一の論理が共有されているならば，「神々の永遠の争い」的な状況を脱することはできるが，その統一の論理の超越性，神秘性が常に批判にさらされる。ここで再び問題は繰り返され，今度は統一の論理の正当性をめぐって「神々の永遠の争い」が生じるという循環が見られるのであり，肯定論者の論理構造も自己完結しないことが示されている。これは，ロビンズの理論と同様，自己批判的な理論であるといえるであろう。

以上のように，効用の個人間比較をめぐってなされる否定論・肯定論のそれ

ぞれの主張を徹底してみると，そこには共通の問題を抱えていることが示された。すなわち，相互批判は自己批判であるという矛盾した理論構造である。

　本章を通して，効用の個人間比較に関する論争を，実証理論と規範理論の区別を要請するものと見るか，あるいは両者の統一を要請するものと見るか，といった二項対立的に捉えるのではなく，「区別しつつ統一もしている」という矛盾の現象としてその事態を捉えることの必要性が提起されたわけであるが，今後の課題は，この矛盾の産出構造と，論争を矛盾の現象として捉えることでどのような意義があるか，ということを明らかにすることである。この点の解明については，残された課題として別稿に譲りたい。

参考文献

Edgeworth, F. Y. (1881), *Mathematical Psychics*, London.
Harrod, R. F. (1938), "Scope and Method of Economics", *The Economic Journal*.
Hutchison, T. W. (1965), *The Significance and Basic Postulates of Economic Theory*, New York : Augustus M. Kelley.
Max Weber (1968) : Gesammelte Aufsätze zur Wissenschaftslehre, Tübingen : J. C. B. Mohr.
Pigou, A. C. (2002), *The Economics of Welfare*, 4th edn., New Brunswick and London : Transaction Publishers.（気賀健三・千種義人・鈴木諒一他訳（1953），『厚生経済学（第 4 版）』東洋経済新報社）.
Robbins, L. C. (1935), *An Essay on the Nature and Significance of Economic Science*, 2nd edn., Macmillan.（中山伊知郎監修，辻六兵衛訳（1957），『経済学の本質と意義』東洋経済新報社）.
——— (1938), "Interpersonal Comparison of Utility, A comment", *The Economic Journal*.
Sidgwick, H. (1901), *The Principles of Political Economy*, London : Macmillan.
木村雄一（2004），「ライオネル・ロビンズと効用の個人間比較」（『経済論叢（京都大学）』第 173 巻第 2 号）.
塩野谷祐一（1984），『価値理念の構造』東洋経済新報社.
清水幾太郎（1969），「効用の個人間比較―倫理学ノート（4）―」（『思想』No. 536）.
杉本栄一（1981），『近代経済学の解明（上）』（岩波文庫）岩波書店.
鈴村興太郎（2000），「厚生経済学の情報的基礎：厚生主義的帰結主義・機会の内在的価値・手続き的衡平性」（岡田章・神谷和也・黒田昌裕・伴金美編『現代経済学の潮流 2000』東洋経済新報社）.
本郷亮（2007），『ピグーの思想と経済学』名古屋大学出版会.
松嶋敦茂（1993），「効用の個人間比較をめぐって」（『経済学史学会年報』第 31 号）.

第 16 章

帰納と経験
―― R. F. ハロッドにおける帰納法の展開 ――

はじめに

　本章は，経済学の諸類型において，イギリス経験論の系譜に位置する経済学に着目し，その中でも経験論的志向の強い人物として R. F. ハロッドを取り上げる。

　ハロッドは，経済動学理論の創始者として一般に知られている。しかし彼の業績は，狭い意味での経済学にとどまらない。例えば現代功利主義論においては，規則功利主義の提唱者としてその名を刻んでいる。また彼は，帰納の正当化などの哲学的諸問題にも積極的に取り組んでおり，1956年には『帰納論理の基礎』を公刊している[1]。

　同書の序文によれば，ハロッドは，幼少期から一貫して哲学に関心をもちつづけ，特に J. S. ミルや B. ラッセルに影響を受けてきた。オックスフォード大学在学中は，J. ロック，G. バークリ，D. ヒュームの古典に大いに刺激を受けただけでなく，ケンブリッジの A. N. ホワイトヘッドのもとへ出向き，F. P. ラムジーや R. B. ブレイスウェイト等と議論を重ねていた。オックスフォードで

---

　1) Harrod (1956) を参照。

教職を得てからも，同僚の哲学者，特にA.エイヤーと活発に意見を交換していた。そして1930年代には，純粋に哲学的な問題を主題とした論文を発表している[2]。

このような経歴を見れば，経済学者であったはずのハロッドが，哲学的著作を発表していたとしても，それほど驚くべきことではないだろう[3]。彼が同書を著した動機を知るには，彼じしんの言葉を見るのがもっともよいと思われる。

「19世紀の進歩への偉大な信念はしばしば嘲笑されるが，しかしある意味では，われわれは依然としてその信念によって創造された資本の上で生きている。当時よりもはるかに豊かな果実を生み出している偉大な技術発展のそもそもの原動力は，19世紀的希望であった。その希望は，哲学者間で共有された過剰ともいえる自信と無関係ではなかった。われわれはいま，彼らの思想のまさに基礎に位置する根拠に，欠陥を見ている。20世紀の哲学者は，欠陥に直面し，降参してしまったかのように思われる。われわれはいまだに新たな希望の資本を創造していない。私の確信は，抵抗なき降参があり，プラグマティズムないし懐疑主義という安易な道への逃避があったということである。一連の問題は困難ではあるが，それらを解決不能と判断することはひとつの自己満足にすぎない。かかる理由のため，私は，ひどく僭越であることを自覚しながらも，帰納論理の再構築が，専門的な哲学的関心をひき起こすだけでなく，社会の善（the good of society）に対して大きな重要性をもたらすと主張するのである。」[4]

---

[2] Harrod (1936) およびHarrod (1942) を参照。前者は功利主義の再建を目指したものであり，規則功利主義の嚆矢となったものである。後者は，記憶の情報性は証明できるのかという問題に取り組んだものであり，彼の帰納論理の原型を見ることができる。さらに，いずれの論文もG. E. ムーアの直覚主義への反発によって動機づけられている点は注目に値するだろう。

[3] 哲学への関心にも配慮されたハロッド評伝としては，Brown (1980) を参照。

[4] Harrod (1956), pp. vii-viii.

ここでいう「欠陥」とは，帰納法の正当性に関する疑念，別言すれば，われわれの経験的知識の合理性への懐疑のことを指している。ハロッドの判断では，この欠陥が，現代哲学の核心部に「極度の懐疑主義」をもたらし，プラグマティズムへの道を用意したのである。そこでハロッドは，われわれの経験的知識に関する19世紀的希望ないし自信を取り戻すために，帰納の正当化という問題に取り組もうとした，とさしあたり考えることができるだろう。

　ではハロッドは，具体的にどのような帰納論理を展開したのだろうか。そもそもハロッドはいかなる哲学をもっていたのだろうか。ハロッドが経済学者であった以上，彼の経済学と哲学との関係が，真っ先に問われるべきではある。しかしながら，『帰納論理の基礎』は，哲学者はもちろん，経済学者によっても十分な検討を受けていないように見受けられ，今日にあってもハロッド帰納論理の全容は不明確のままに残されているように思われる[5]。そこで本章は，『帰納論理の基礎』を中心として，ハロッド帰納論理の基本的構造を解明することを目的とする。この検討は，ハロッド経済学，ならびに彼の功利主義論をより深く理解するために必要な作業であるだけでなく，彼の帰納論理が，今日の経験科学はいかなる意味で「経験」を基礎としているのか，という問題を改めて提起する上での足かがりとなりうるという点で，意義をもつと思われる。

　以下では，まずハロッドが帰納論理の基礎の確立を課題とするに至った経緯について，上述の引用を補足する意味も含めて，整理しておきたい。そこでは，ハロッドがケインズ『確率論』およびラムジーの『確率論』批判に大きな影響を受けていたことに注目する。その後，『帰納論理の基礎』における代表

---

5) 『帰納論理の基礎』を検討対象とする文献として，例えばBronowski（1958）；Popper（1958）；Ayer（1970）；斎藤（2001）；中村（2008）があげられる。これらの研究の中心的論点は，ハロッドが帰納の正当化に成功しているかどうかであるが，中村氏以外のいずれも否定的見解をだしている。彼らが指摘する問題点のいくつかは本論中に触れてゆく。中村氏は，ハロッド帰納論理の成否よりはむしろ彼の問題意識の析出に主眼をおくことによって，ハロッドの思想像を明示することに成功している。本章もまた同氏の研究におおくを負っている。本章は，中村氏の議論をふまえつつ，ハロッド本来の議論の内在的検討を通じて，ハロッドがなぜ帰納論理の確立に取り組んだのかという問題の解明に接近するものといえる。

的な帰納的推論として「経験の原理」と，「サンプリング帰納」の2つを取り上げ，それらの基本な論理構造を解説する。そして最後に，ハロッドがなぜ帰納論理の確立という課題に取り組んだのかという問題を再検討することにしたい。

1. ハロッド帰納論理の成立背景

『ケインズ伝』に収められた「確率論に関する覚え書き」に沿って，ハロッド帰納論理の成立背景を簡潔に整理しよう[6]。この「覚え書き」によれば，ハロッドの思考に大きな影響を与えたのは，ヒューム，ケインズ，そしてラムジーであった。

ヒュームは，次のような問題を提起したことで知られている。それは，事実問題についての命題の導出に用いられる推論，すなわち帰納的推論はどのようにして正当性をもちうるのかという問題である。ここで正当性とは，真なる前提から形式論理によって導かれた結論は真である，ということを意味するものと考えられる。だが帰納的推論は，前提が真であっても，そこから導かれる結論が真であるとは限らない。したがってこの意味では，帰納は正当化されえない。そこでヒュームは，いっさいの自然法則は「経験」によってのみ知られるが，そのような「経験」によった推論は，どのような論理によって基礎づけられるのか，という問題を提起した。そして彼は，この問題に肯定的に答えようとする試みは，循環論に陥らざるをえないと主張した。例えば「これまで観察された対象Aは対象Bとつねに連接していた」という前提から，「現前のAはBと連接するであろう」と推論するとき，この推論を可能にするのは，「未来が過去に類似する」という「自然の斉一性」の前提である。しかし，この前提じたいが証明を要する仮説にすぎない。そしてその証明のためには帰納を用いらざるをえないから，結果的に循環に陥ってしまう。つまり帰納的推論には，真なる前提と真なる結論とを結びつける論理的規則が存在しないという問

---

6) Harrod (1951a), appendix を参照。

題がある。

ハロッドはヒュームの問題を次のように表現する。

「われわれはまず最初に，われわれはいかにしてaがそもそもhに対して何らかの確率関係をもつということを認めるようになるかを自問しなければならない。……なぜあるものは他のあるものの証拠となるのであろうか。特定の場合にxがyと結びついて生じたという理由が，なぜそのことが将来再び生ずることの証拠となるのであろうか。」[7]

ヒュームによれば，観察された2つの事象の結合的生起は，類似の2事象の観察範囲外での結合的生起の証拠となるものではない。すなわちヒュームは「経験的推理の論理的妥当性」を否定する。「観念間の比較」という絶対的知識と区別されるものとしての事実に関する蓋然的知識とは，例えば2つの事象が結合して生起するように見えるならば，他の場合にもそれらは結合して生起するだろうと考える心的傾向によって得られるにすぎないのである。

ハロッドによれば，ケインズ『確率論』は，この「抹殺的な力をもった懐疑論」からわれわれを救いだすことを目的の1つとしていた。ケインズは，経験的推理，すなわち一般化による法則の導出のためには，「独立多様性有限の原理（principle of limited independent variety）」を仮定することができるならば，十分であろうと考えていた。別言すれば，ケインズは「世界についての存在論的前提」を明示化することが，帰納の原理を確立するため，ひいては正当化するために必要であると考えたのであった[8]。

ケインズ『確率論』はいわゆる確率の論理説の立場に立つ。確率は，前提から結論への推論に対して付与されるものであり，前提による結論の部分的含意

---

7) Ibid., 訳，下巻，716ページ。
8) 「存在論的前提」という表現は，例えば伊藤（1998）に見られるものである。同氏によれば，それは「われわれが世界について帰納的一般化を行うに際して了解している世界像」である。

の度合いを表す。この部分的含意の度合い，いいかえれば命題間の確率関係は，推論者において直接的に知覚される。確率は直覚されるのみであり，定義不可能な単純概念である。ハロッドはこの点を，ムーアのケインズへの影響として重視し，後述のように批判の対象とする。

『確率論』における帰納的推論の論理そのものは，論理主義の立場から逆確率の定理を用いるという一種のベイズ推論であるといってよいだろう[9]。ケインズによれば，帰納的推論に関する誤謬の1つは，推論の基礎を「自然の斉一性」という外部世界の性質に求めることであった。ケインズにおいては，帰納的推論は外的物体の性質とは独立して成り立つものである。すなわち確率は，物理的な現象そのものに帰属させられるものではなく，あくまで証拠と結論という命題間の論理関係である。したがって，帰納的推論の妥当性は，推論の結論としての予測と事実との一致に依存するのではなく，形式論理によって，いわばア・プリオリに成立するのである。

とはいえ，逆確率の定理を用いて帰納的推論を行うためには，結論に対して「事前確率」が設定される必要があり，そのためには何らかの「存在論的前提」がとにかく必要である。ケインズにおいてその前提となるのが，上述の「独立多様性有限の原理」である。それによって，任意の仮説に多少の事前確率を付与することができる。ハロッドによれば，この原理は，「事物の経験された諸性質は，それを生み出す「有限」数の諸性質から生じるということを意味する。この制限は，2つの性質の結合に有利な有限の——もっとも最初は低い——確率をわれわれに与える。」[10]

ケインズの課題は，「われわれがいつでも最初のaがhに対して有利な証拠であるということができる正当な理由を見いだすこと」であった[11]。しかしそ

---

9) ハロッドによれば，証拠と仮説の関係に着目する帰納的推論には，2つの系譜がある。1つはロック，ヒューム，ミルの経験論の系譜であり，もう1つは，ベイズ=ラプラスの定式化を用いる系譜である。後者にはケインズやR.カルナップが含められる。かかる分類については，例えばHarrod (1960a), p. 43を参照。
10) Harrod (1951a), 訳, 下巻, 717ページ。
11) *Ibid.*, 訳, 下巻, 718ページ。

の前に,「なぜaとhとの間に何らかの確率関係が存在する必要があるのか」という問題がある。そしてケインズは,「独立多様性有限の原理」という公準を「帰納の合理的基礎」に据えたのであった。

ハロッドは,命題間の論理的関係としての確率,ならびにこの確率概念にもとづく帰納的推論の論理的基礎づけの可能性を,ケインズ『確率論』から継承したといえる。しかしハロッドは,「独立多様性有限の原理」を公準とする帰納的推論の正当化には満足していなかった。彼によれば,ケインズは,「われわれの一般的経験」がこの公準の妥当性の証拠であると主張するのであり,結局のところ,一般的経験から「独立多様性有限の原理」に至るケインズと,一般的経験から「自然の斉一性」に至るミルとの間には,類似性があった。

ついでハロッドは,ケインズの確率概念に対する強力な批判者として,ラムジーを取り上げる。ラムジーは,1926年「真理と確率」[12]の中で,われわれが命題間の部分的含意関係を直観する能力をじっさいにもっているとは考えられないと述べ,結論に関する合理的信念の度合いとしての確率は,推論に対してではなく個々の命題に付与されるものであると主張した。そして彼は,確率の論理説にかわるものとして主観説を提唱したのであった。ハロッドは,ラムジーの主観説および彼の帰納に関する見解を次のように解釈する。

「ラムジーは,帰納の妥当性のための合理的基礎を発見しようというケインズの試みを拒否して,プラグマティズム的基礎を提供した。帰納はわれわれの生活の実際的行為において成功的であることを証明したのであって,このことが,帰納に対していわれるべきいっさいの事柄である,というのである。私はプラグマティズムが生きのびるであろうとは信じない。それに,もしわれわれが帰納の理論を展開し,良い帰納と悪い帰納とを区別しようとするならば,たしかに帰納のための合理的基礎が必要である。」[13]

---

12) Ramsey (1926) を参照。
13) Harrod (1951a),訳,下巻,718ページ。

おそらくラムジーの帰納に関する見解は，ハロッドのプラグマティズム批判の根源の1つに位置するものと考えられる[14]。ハロッドは，プラグマティズムの問題点として，良い帰納と悪い帰納を判断するための合理的基礎，そして帰納的推論の限界を知ることができないことを指摘する。ケインズのいうように，「たんにそれが有用な知的習慣であるというだけでは，帰納法の原理の根底にまで達するとはいえない」のである[15]。

ハロッドじしんは，確率の論理説の立場からヒュームの懐疑論に立ち向かおうとする。ハロッドは，自然の斉一性や無差別の原理，あるいは独立多様性有限の原理といった公準を必要としない，帰納的推論の論理を確立しようとするのである[16]。つづいて『帰納論理の基礎』の内容を検討してゆこう。

---

14) Harrod (1951b) に見られるように，さらにハロッドは，プラグマティズム的思考の現れとして，ベイズ主義者H.ジェフリーを明示的な批判対象に据えている。科学法則に関してジェフリーは，単純性という概念が帰納的一般化の妥当性を確立するのに根本的役割を担うことを指摘したが，彼の議論は，単純法則が複雑法則よりも高い事前確率をもつという究極原理に依存していた。彼は，この究極原理の擁護のため，現に科学は成功しているのだから「科学者の手続きを観察し，それを正しいと仮定するほかはない，科学者の手続きが正しい結果を生む理由を問題にすることは無駄なことである，というプラグマティズム的主張」に訴える。しかしハロッドによれば，科学者の手続きが正しいということの理由がわからないならば，その手続きに含まれる限界を明らかにすることはできないのであり，慣習的な手続きの正しさを解明するためには，帰納のための合理的基礎が必要なのである。なお，たとえばHarrod (1971) においてプラグマティズム批判が散見されるように，ハロッドは終生プラグマティズムへの嫌悪をもちつづけた。W. O. クワイン以降のネオ・プラグマティズムの観点から見ると，彼のプラグマティズム批判は一面的にすぎるといわなければならないと思われるが，ここではその妥当性を問わないでおきたい。

15) Keynes (1933), 訳，240ページ。

16) 『帰納論理の基礎』の検討に進む前に，次の点を指摘しておこう。周知のように，帰納は20世紀前半にK. R. ポパーによって検討を受け，科学から追放されるべきとの判決を受けた。さらに萌芽期にあった科学哲学の陣営からも，C.ヘンペルやN.グッドマンによって帰納の新たな問題が提起されていた。すなわち「カラスのパラドクス」，「グルーのパラドクス」と呼ばれる問題が，1940年代後半から1950年代前半にかけて提起された。帰納を主題とする以上，これらを看過するわけにはいかないのであるが，『帰納論理の基礎』においてハロッドは，ポパーの反証主義ならびにこれらの逆説にいっさい言及していない。ハロッドによれば，同書は「ヒュームの反駁」として特徴づけられるのであるが，それはあくまでヒュームの認識

2. 経験の原理

　まず，帰納的推論の第1の型として「経験の原理」ないし「単純帰納」を取り上げよう。ハロッドのいう「経験の原理」とは，ロックに由来するものである。「世界を理解しようと思ったら，私たちは経験の原理を基礎とせねばならぬ」とロックは主張した。ロックによれば「私たちの経験の内部の事物がある仕方で運動してきたのなら，事物はその運動をつづけるであろうと考えてよい」[17]。事物が長期にわたってある明確な仕方で運動をつづけてきたとすれば，われわれは，それがいま停止することは「ありそうにない」と考える。この思考形式が「経験の原理」であり，こうした推論に合理性を付与する論理が「単純帰納」ということができる。

　ところで「ありそうにない」という言葉は，ある事態の生起に関する蓋然性を意味するのであるが，それは定義を必要とする。ケインズは，この言葉の意味が直覚によって理解されるから定義の必要はないと考えた。これはハロッドによれば「『確率論』の大きな欠陥」であった。そこでまず，ハロッドは確率を定義することに進む。

　帰納的推論は，前提からただ蓋然的な結論を導くことができるだけであるから，証拠との関係において結論に確率が付与される必要があり，前提と結論との関係は「確率関係」となる。ここまでは，ハロッドはケインズの論理説を継承している。しかしハロッドは，前提と結論との間につながりを与えるものとして，ある特徴Aの存在に注目する。

　すなわち「特徴Aは，当の特徴をもつある事象が発生し，A事象の特性によって決定される他の種類の事象は発生しないということが，あまり起きない

　　論に依拠しながら，彼の懐疑論を超克するという意味であり，またケインズおよびラムジーとは異なる方法で帰納の正当化を目指すという意味である。そのため，同書において同時代の科学哲学への反論という意図は薄いと見るべきだろう。だとしても，やはりラムジー以降に提起された帰納の問題とハロッド帰納論理との関係は無視できない論点ではあるが，この検討については別稿に譲りたい。

17) Harrod (1971), 訳, 50ページ。

というようなものである。」[18] 特徴 A は，一組の諸事象を特徴づけ，これに属する任意の事象は「証拠的価値」をもつと見なされる。他方，特徴 X をもつ各事象は，A をもつ各事象に「論理的に相関」すると見なされる。たとえば，クラス A に属する事象 N が X_n を論理的に「内包（entail）」するという表現は，N が事実であれば，X_n も同じく事実であるということを意味する。N が「証拠」によって X_n を支持するということは，N が特徴 A のクラスに属することを意味する。そして A に属する事象 N が生起するとき，X_n の出現は「蓋然的」と見なされる。

このようにハロッドは，前提ないし証拠と結論との論理的関係として，確率概念を特徴づけるわけであるが，確率を定義するためには，N と X_n とを結びつける特徴 A とは何かを明らかにする必要がある。すなわちハロッドによれば，こうした特徴 A を指し示すことによって，はじめて確率は定義できる。

特徴 A とは何であるかを考える前に，「経験の原理」を再述しておこう。それは「事物が，経験の中でしかじかだと見いだされているたんなる事実が，それじたいにおいて，そしてそれじたいによって，それらがしばらくしかじかでありつづけるだろうと主張するための妥当な理由を与えるということを意味する。」[19] これを上述の記号で表現すれば，過去において N と X_n の恒常的な連接が見いだされていたならば，その経験が，その後も N と X_n の連接がつづくであろうという証拠になるということである。そして N が X_n を論理的に内包するというためには，N と X_n とを結びつける特徴 A が存在しなければならない。ヒュームによれば，ある 2 つの事象がつねに連接して経験されるとき，これらの関係の法則化は，たんに「習慣」ないし「心の決定」によるものにすぎず，論理的に正当化されうるものではなかった。ケインズによれば，N と X_n との関係は，ただ直覚されるのみであり，定義不可能であった。ハロッドは，特徴 A を直示することによって，確率を定義し，さらに N と X_n との連接に合理的基礎を与えようとするのである。

---

18) Harrod (1956), p. 29.
19) *Ibid.*, p. 50.

ハロッドは,「われわれは全体的無知の条件から出発している」という仮定上で, 経験が特徴 A の事例を与えることを示そうとする。彼は,「特定の斉一的な特徴—色, パターンなど—の持続」として定義される「旅」という概念を導入する[20]。特徴 A は「この特定の連続体, たとえば斉一的な色の細長い一片, の上の旅」という事実である。旅がつづくかぎり, われわれの経験は特徴 A を保持するのであり, それは連続体上での旅に含意されている。連続体上の旅行者は, 目下の経験をもっているという自覚, そして相応の時間的長さにわたる連続に関する記憶だけをもち, それを超えて, 任意の事実にもとづく知識をもたない。この前提は, われわれが経験的知識の妥当性を正当化するために経験的知識を用いるという循環を回避するために必要である。

　連続体の知覚が始まってから, 現在まで進んだ距離を x 等分すると, 旅行者は,「すでにそれがつづいている時間の少なくとも $1/x$ の間さらにつづくだろう」という仮説を形成できる。旅を通じてこれを信じつづけるならば, 彼は「誤りの各 1 回に対して x 倍正しい」。「すでに旅行した距離の少なくとも $1/x$ の間, 旅をさらにつづけることができるだろうか」という問いは, 連続体上の最後の x+1 番目以外のすべての部分で, 肯定的答えを得る。連続体がつづくかぎり, 旅行者は, 既存の旅の長さの少なくとも $1/x$ の距離の連続を経験しつづける。

　すなわち, 過去の各時点において経過した旅を x 等分し, 次の x+1 番目まで旅がつづくかどうかを問いつづけていたならば, 現時点において上述の問いは過去に x 回肯定されており, 結果が不確かなのは次の x+1 番目だけである。仮に次の x+1 番目が旅の終点であり, 問いが否定されると想定するならば, 現時点において x 回の肯定に対する 1 回の否定というオッズが得られる。かくして, いま連続体上にいるという前提から, それが既存の距離の少なくとも $1/x$ の間さらにつづくという結論に対して, $x/(x+1)$ という確率を得ることができる[21]。連続体上の任意の箇所において, 上述の問いが肯定される確率は少な

---

20) *Ibid*., p. 53.
21) ここで「少なくとも」という表現が多用されることに注意しよう。ハロッドによ

くとも x/(x+1) である[22]。

　以上の議論を，上述の記号を用いて整理しよう。特徴 A は，連続体上での旅という性質が割り当てられる。N は特徴 A をもつクラスに属する事象である。X_n は，いままで経過した距離の少なくとも 1/x の間さらに継続するという性質が割り当てられる。要するに，A は連続体という性質，N は連続体上にいるという経験，X_n はその持続である。N と X_n との結合的生起の経験が，現時点における N と X_n の結合，すなわち現在から見て次の 1/x における連続体の継続に対して，確率を与えるのである。特定の連続体が存在するという命題が，連続体が既存の長さの特定の割合の間さらにつづくという命題を内包しているのであり，連続体の存在は，「厳密な論理的内包」として蓋然的結論を導くのである。

　かくしてハロッドは，連続体という概念を，確率の定義のため，ならびに「単純帰納」の論理的基礎として提起する。まず確率の定義は次のようになる。連続体が各時点で x 等分されるとき，任意の時点で次の 1/x の区間において連続体が終わるという事態はつねに起こりうる。連続体が次の 1/x において終わるという 1 回の事象に対して，連続体の経験は x 回であり，この状況は，次の 1/x において連続体が終わることの（厳密にいえば最大で）1/x の確率があると表現できる。これがハロッドの確率の定義である[23]。かくしてハロッドは，連続

　　れば，この表現には次のような意味がある。連続体上を旅しているということは，連続体が終点をもつという証拠を与えない。その連続体が無限につづく可能性がある以上，旅がつづく確率を 1 から差し引くことによって，旅が終わる確率を得ることはできない（*ibid.*, p. 243）。したがってこのことを考慮すれば，確率はあくまで最低限の値ということになるから，確率に対して「少なくとも」という語を付け加える必要がある。要するにハロッドは，確率の公理 $P(H)+P(\neg H)=1$ を否定する立場をとるのである。
22）ハロッドの議論は，連続体の分割可能性に依存している。連続体が「最小限のセンシビリア（minima sensibilia）」の長さしかもたない場合，ならびに「すでに移動された期間の 1/x」の長さが「最小限のセンシビリア」以下である場合には，彼の定式化は成立しない。この点はハロッドも認めている。
23）Harrod (1971) においてハロッドは，彼の確率概念が特殊な事例を用いて定義されていることを認めている。しかし彼は，より一般的な確率の定義が困難であることを認めながら，次のように述べている。「連続体上の旅行を持ち出して確率を定

体という概念がもつ性質を用いて確率を定義する。連続体じたいは，われわれの経験において容易に見いだされるものであるから，確率を命題間の論理的関係として直覚されるものと考える必要はないのである。

さらに確率の定義は，帰納的推論の論理的基礎を与える。というのは，期間 n の間連続体がつづいていることを知るならば，n の 1/x の間それがさらにつづくだろうという命題が，少なくとも x/(x+1) の確率をもつということを「確実さ」をもって推論できるからである。これが「われわれは経験を信頼すべきである」というロックの言葉の形式的表現であり，ハロッドのいう「単純帰納」である。かくして，連続体上で N と X_n という 2 つの事象の連接がつづいているという事実に，連続体がさらに続くという蓋然的な結論が含意されていることを示すことによって，ハロッドは，帰納は正当化されたと主張するのである[24]。

義する利点は，それが必要条件が満たされたと考えられる唯一のケースであるという点にあります。つまり，表面上同じ性質をもつ経験が同じ回数起こるであろうこと，X という隠された性質があるのは多くても私たちの経験の 1 つであろうということ，これらの経験のいずれが右の隠された性質をもっているかまったく手がかりがないということ，それを私たちはよく知っているからです」（ibid., 訳，55-56 ページ）。

24) ハロッドの確率定義および単純帰納は，一般に受け入れられなかったように見受けられる。例えばポパーは，Popper (1958) においてハロッドの議論を「賭け」の観点から次のように解釈している。

A と B が次の賭け契約に同意するとしよう。砂漠に入ってから m 分後において，砂漠の端が次の m/x 分の内に達せられる場合，A は B に x/(x+1) ペンスの負債を負う。ここで x は任意の数であり，それによって経過時間が分割される。そして砂漠の端がこの時間内に達せられない場合，B は A に 1/(x+1) ペンスの負債を負う。砂漠の端に達するとき，賭け契約は満了し，負債は決済されるとする。負債の決済時，A と B はともに負債をもたないという意味で，この賭けは「公平な賭け契約」である。このことは次を意味する。次の期間中に端に達しないことに対する x：1 のオッズは「公平なオッズ」である。期間中に砂漠の端に達しないことの確率は x/(x+1) である。

ポパーの例を用いると，ハロッドの単純帰納は，「私が砂漠に m 分前に入り，それがいつまで続くかを知らずに旅をする」ならば，砂漠の任意の地点で「次の m/x 分の間に砂漠の端に達しない」という命題は，x/(x+1) の確率をもつということになる。このとき確率は，「不完全知識の度合い」として解釈されている。しかしポパーは，この確率解釈は誤りであるという。なぜならば，賭け契約が公平であるた

「単純帰納」について，次の2点が指摘できる。第1に，外挿を小さくすること，いいかえればxを大きくとることにより，連続体をより細かく等分すれば，確率 x/(x+1) はより大きくなる。第2に，xに関する決定が与えられれば，この確率は旅行中一定であるから，連続体がより長くつづくほど，この所与の確率が割り当てられる距離はより大きくなる。

ところでハロッドは，こうした定式化じたいは，経験から導かれるものではないと述べている。ケインズは，「われわれの経験は不完全であり，われわれがそこから確率判断を引き出すには，直観か，あるいは別のア・プリオリな原理の助けを借りなければ不可能」であると主張した[25]。ハロッドもまた，ア・プリオリな原理によって帰納的推論を基礎づける。確率の導出は，「すでに旅行された距離の1均等部分というタームから予測を表現するというわれわれの最初の決定に依存する。」[26] すなわち上記の公式は，経験に先立って決められて

めには，AとBのいずれかあるいは両方が，砂漠の端にいつ到達するかを正確に知っていなければならないからである。それゆえハロッドの確率概念は，「不完全知識の度合いとして解釈されうる確率ではありえない」ということになる（ibid., p. 223）。かくしてポパーは，公平な賭けという観点からハロッドの議論を定式化することによって，ハロッドの確率概念が「砂漠の端への到達に関する不確実な仮説に帰属されうる確率」としては解釈できないことを指摘する。

これに対してハロッドは，Harrod (1960b) において次のように反論している。賭けによる定式化は，砂漠が無限の範囲をもつことを考慮できない。ハロッドの議論は，砂漠の大きさに関して未知であることを前提としている。そのため m/x 分で砂漠が終わらないことの確率は「少なくとも x/(x+1)」なのであり，それを1から差し引くことによって砂漠が終わる確率を得ることはできない。「「X」と「非X」の帰納的確率の和は通常1にならない」のである（ibid., p. 309n）。

ハロッドによれば，砂漠に大きさに関する事前の知識なしで，予測あるいは賭けの条件を定式化できるということじたいが，まさに帰納を正当化している。このことは「過去の経験は将来に起こることのよい指針であるという，哲学者が数世紀にわたり抱いてきた確信に対する基礎として，たんなる直感 (hunch) に対して理性 (reason) をもって代替する」（ibid., p. 310）。ポパーはハロッドの確率概念が当然確率の公理を満たさなければならないものと見なし，「公平な賭け」によってハロッドの議論を定式化したのであるが，ハロッドの確率概念は，確率の公理を満たすことを意図せず，あくまで帰納的推論の中ではじめて成り立つ概念だといえる。いわばハロッドにおいては，確率という概念それじたいが，帰納的推論を含意しているのである。

25) Keynes (1921), p. 86.

いる。公式は，われわれが将来を予測しようとする性向，ならびにその予測を過去の一部分というタームで定量的に表現しようとする性向から，ア・プリオリに与えられるといえる[27]。そして特徴Aの発見，すなわち「私はひとつの連続体上を旅している」という自覚が「確率の内包の源泉」となる。

ここで注意すべきは，「単純帰納」は，予測結果の成否を問わず，成立するものであり，予測の成功によって正当化されるものではないという点である。それは，ア・プリオリな論理によって導出されるという意味で，正当化されるのである。

ハロッドの確率定義を，「より日常的なターム」でいいかえると次のようになる。「広大な区域を旅行し，そのどの辺りにいるのかまったく無知であるならば，その極端（extreme edge）にいるということはありそうにない。」[28]この日常的感覚を定式化したものが，「単純帰納」である。

単純帰納の適応範囲については，次のように述べることができる。「将来に関するあらゆる言明は単純帰納に依存し，それだけに依存する。」[29]次節で検討されるサンプリング帰納は，観察可能な範囲内における既知から未知への推論を正当化するための論理であるが，将来はその適用範囲外となる。時間軸上の事象に関しては，単純帰納のみが推論の基礎となりうるのである。

---

26) Harrod (1956), p. 61.
27) エイヤーは，Ayer (1970) において，ハロッドの単純帰納が「無差別の原理」を暗黙に前提していると批判している。エイヤーによれば「旅行者が連続体の端の近くにいることはありそうにない」という言明の唯一の基礎は，「ラインの端に近い地点は，旅行者が占めることのできる地点数の小さな断片になるにすぎないという事実」である（ibid., p. 33）。しかしこの事実は，旅行者が任意の地点にいるということが，事前的に，連続体上で等確率的であるという仮定を必要とする。そしてこれはまさに「無差別の原理」にもとづく均等の事前確率の仮定であり，その仮定が，旅行者は連続体上の端近くにいそうにないという結論を含意する，とエイヤーはいう。しかしながら，ハロッドの単純帰納は，ただ連続体の存在と，既存のその長さの分割可能性に依存するのみであるから，「無差別の原理」とは無関係といえるだろう。
28) Ibid., p. 63.
29) Ibid., p. 69.

3. サンプリング帰納

つづいて第2の帰納的推論，すなわちサンプリング帰納を検討しよう。サンプリング帰納とは，逆確率の定理を用いて，観察下の証拠との関係の中である特定の仮説の確率を確立するという形式の推論である。

逆確率の定理の代表としては，ベイズの定理があげられる。ハロッドは，「ベイズ型の定理は，特定の事実からより広い知識を生み出すための，確率論における唯一の厳密に証明された定理であった」と評価している[30]。しかしハロッドは，ベイズ推論が，特定の仮説に対して「初期事前確率」を割り当てることを要求するという点を問題視する。

まず，仮説に事前確率を与えるためには，何らかの背景知識が必要である。しかし「生得的観念」をもたないまったく無知の人間は，事前確率を得ることができないだろう。その一方で「無差別の原理」あるいは「無知の均等分布」（ないし不充足理由律），または「独立多様性有限の原理」を前提すれば，任意の仮説に対して事前確率を割り振ることができる[31]。しかしこれらの手つづきは，自然に関して事前的な知識を要求する。そのため，こうした仮定は，「自然の斉一性」の仮定と同じく，帰納の正当化を目的とする上で避けられなければならない。

ハロッドによれば，ロックによる「生得的観念」の否定は，経験に先立ち，自然における特徴Aが特徴Bとつねに，あるいは必然的に結びつくという知識をもつことの否定として再述できる。人間が「生得的観念」をもつことを否定するならば，自然に関しての何らかの確かな知識を形成するにあたり，「部

---

30) *Ibid.*, p. 17.
31) 例えば次の叙述に見られるように，ハロッドは，ケインズの「独立多様性有限の原理」が無差別の原理の一種であると考えている。「ケインズは，有限数の究極的なジェネレータ・プロパティが存在するという仮定から演繹される，特定の初期事前確率の仮定にもっともらしさを与えようと努めなければならなかった。……これは，注意深い手法において，かつ洗練された意味においてであるが，無差別の原理の適用を意味する。それは19世紀には，無頓着かつ誤った仕方で用いられてきた」(Harrod 1960b, p. 44)。

分 (particulars) からの推論」を正当化するための論理的な手つづき，すなわち帰納論理が存在しなければならない。なぜならば「われわれの自然に関する経験は部分からのみなる」からである[32]。しかしながら，帰納の方法に関して，ロックはほとんど何も語らなかった。ヒュームは帰納の論理的正当化が不可能であると結論し，帰納をたんなる人間の心的傾向と見なした。ミルは，ヒュームの懐疑論を超克し「経験的アプローチ」を正当化しようとしたが，彼の推論は「自然の斉一性」を前提としていた。

「われわれの経験を分析し組織化することで，自然の中に多くの斉一性を発見することは，ほとんど否定されえない」ということは，事実であろう[33]。われわれの経験は，自然が種々の斉一性をもつことを示しており，そのため経験から何らかの教訓を学び取ろうとするとき，つまり経験を一般化しようとするとき，経験の範囲外での斉一性の存在を，暗黙裡に仮定している。しかしこの前提としての斉一性は，経験世界に関する情報を含むものであるにもかかわらず，経験的に基礎づけられているとはいえない。ハロッドによれば，ミルの問題点は，「斉一性の公理」が「生得的観念」に含まれてしまうという点である。「公理は，経験的調査において有益でありうるならば，経験的世界の性質を記述することを主張し，そして記述しなければならない。いかなる斉一性も示さない事象ないし物的世界が存在するかもしれない。したがって，これらの公理を端から仮定することは，経験的手法の著しい侵害であろう。」[34] いいかえれば，公理は，ア・プリオリな観念でないならば，帰納論理によって基礎づけられていなければならない。ミルはこのことを認識し，「自然の斉一性」を帰納的推論によって確立できると主張した。しかし彼の推論は循環であった。循環を回避するためには，妥当な帰納論理を確立することがまず必要である。「生得的観念」をもたない「無知の初期状態」からの知識の形成過程を検討することによって，「斉一性の公理とは独立した，ある帰納的方法」が存在すること

---

32) Harrod (1956), p. 9.
33) *Ibid.*, p. 11.
34) *Ibid.*, pp. 10-11.

を確かめなければならない[35]。

　さらにまた「事前確率」は，ハロッドの考える確率概念と不整合である。ハロッドにおいて確率は，前提ないし証拠からの推論によって結論に与えられるものである。だが特定の仮説に「事前確率」を付与する場合，証拠は存在しないから，「確率」という語の使用は不適当である。すなわち「初期事前確率の帰属は，前提が何も存在しないとき，もっとも厳密な意味で無意味である。」[36] かくして「初期事前確率」という概念は，生得的観念をもたない無知の人間にとっては意味をもたないといえる。

　そこでハロッドは，事前確率を要するベイズ推論から離れ，新たな「逆確率の理論」を確立することを目指すのである。

　ハロッドは，次のように述べている。「私は，確率における妥当な意見の大半が，本質的には，正反対の事物の起こりえなさにもとづいていると信じている。」[37] 単純帰納の場合には，ある連続体を見つけたとき，その発見の直後に連続体が終わるということはありえないという日常的な感覚がその基礎にあった。サンプリング帰納においては，次のような感覚が基礎となる。「性質 q がじっさいに性質 P とつねに結合しているわけでないならば，P が見られる数千，おそらく数十万の機会すべてにおいて，それが q と結合していることがつねに見られるということは，奇妙なことではないか。」[38] そこで P と q の結合が頻繁に観察されるという経験的証拠を，P はつねに q に結合するという仮説を支持するものと見なす「常識的な傾向」が「論理的に正しい」ということを論証するのが，ハロッドの課題となる。

　こうした形態の帰納は，サンプリングにもとづくものである。サンプリングにおいては，観察される事象が，観察されていない諸事象の代表と見なされる。ここでサンプリング帰納によって確立されるのは，仮説の確率であって，

---

35)　*Ibid.*, p. 11.
36)　*Ibid.*, p. 18.
37)　*Ibid.*, p. 79.
38)　*Ibid.*

仮説に示される統計的頻度ではないという点に注意しておこう。ハロッドによれば、「いうまでもなく、自然における統計的頻度を主張する仮説の確率は、それじたい、自然における統計的頻度でも、あるものの反映でもない。しかしながら、帰納の大部分は、統計的頻度を確立することではなく、斉一性、法則、あるいは特定の事実を確立することに関心をもっている。」[39] つまりハロッドは、帰納の問題として、生得的観念をもたない人間が、日常生活の中で見つけるような自然の斉一性や法則性、特殊な事実に関して、確からしいといえる合理的信念を確立してゆく過程に関心をもっている。彼の別の表現を用いれば、「われわれはここで、統計的頻度の確率ではなく、規則的な随伴を断言する一般化を確立することに関心をもつ。」[40] こうした経験的信念は、まず仮説として述べられ、観察される事実との関係の中で確率を与えられることになる[41]。

例として、事象Pと性質qとの随伴という現象を考えよう。サンプリング帰納は、次の3つの段階から構成される。(1) Pがほぼつねにqと結合するという仮説上では、観察されるPはすべてqをともなうということが蓋然的である。(2) Pがほぼつねにqと結合していないという仮説上では、観察されるPのすべてがqと結合していることは起こりえないといえる。(3) 観察において、Pのすべてがqと結合していることが見いだされる。以上のことから、Pはほぼつねにqと結合するという仮説は、Pがそれほど頻繁にはqと結合しないという仮説よりも、より蓋然的であると推論することが、求められている。

ハロッドは、観察から、他方と競合的な一方の仮説のより高い確率の確立へという「推論の鍵となるステップ」を「帰結の逆転 (reversing the consequents)」

---

39) *Ibid.*, p. 242.
40) *Ibid.*, p. 88.
41) したがってハロッドのサンプリング帰納は、日常生活や科学における基礎的知識となりうるような全称命題の論理的基礎づけを主要目的とするものであり、統計学的な仮説検定とは範囲や目的を異にしているといえる。ただし仮説の確率の確立という点では、ベイズ推論と共通点がある。ハロッドもまた、上述のように、ベイズ推論との差異を意識している。ハロッドのベイズ推論への批判については後述される。

と名づける[42]。そして，かかる推論の論理構造を明らかにするため，ハロッドは「公正なサンプリング公準（the fair sampling postulate）」を設定する。それは彼によれば「思考の道具」であり，推論の過程を明確化するための作業仮説である。のちに，この公準は不要であることが示される。この点を踏まえて「公正なサンプリング公準」を説明しよう。

特定の種類の，観察された現象の集合体をサンプルと，同一種の観察可能な現象すべてを，その母集団と呼ぶ。母集団は諸サンプルの「超母集団」をもつ。「超母集団」は，サイズごとに分類された可能的サンプルすべてによって構成される。所与のサンプルにおいて事象Pが性質qをもつ割合が，母集団におけるその割合に近似するならば，サンプルは「公正」といえる。しかしサンプルの多くは，この意味で「公正」ではないと考えられる。というのは「種々のサンプリング推論において，われわれは通常，全母集団の構成に関する知識に到達しない」からである[43]。したがってサンプルが「公正」であるとは仮定できない。

しかしながら，あくまで仮説として母集団の構成を仮定するならば，サンプル・サイズを所与として，特定のサンプルのその超母集団における「レアリティ」の度合いを計算できる。例えば，母集団において「Pの95%がqをもつ」と仮定しよう。そこから540のメンバーをもつサンプルが取り出されるとする。このとき任意のサンプルにおいて，Pのすべてがqをもつという確率は，二項分布の公式を利用して1/1,080,000,000,000と計算できる[44]。このことは次のようにいいかえることができる。すべてのPがqをもつ各1サンプルに対して，ひとつ以上のPがqをもたない約1兆のサンプルが存在する。

---

42) *Ibid.*, p. 86.
43) *Ibid.*, p. 118.
44) 「Pの95%がQをもつ」という無限母集団から抽出された540のサイズをもつサンプルにおいて，Pのすべてがqをもつ確率は次のように計算できる。$_nC_p \times (95/100)^p \times (5/100)^{n-p}$。nはサンプルの項目数，pはqをもつ項目数を表す。上の例では，nとpはともに540であり，n=pだから，$(95/100)^{540}$ = 1/1,080,000,000,000。なおこの文脈での「確率」概念は，前節で見たハロッド本来のそれとは異なるものであり，厳密には「論理的頻度」というべきものであろう。

「公正なサンプリング公準」とは，「Pの95％がqをもつ母集団に直面する場合，Pの少なくともひとつがqを欠くという540の1サンプルに遭遇する各1兆回に対して1度，Pのすべてがqをもつという540の1サンプルに遭遇するにすぎない」ということを保証するものである[45]。別言すれば，「公正なサンプリング公準」は，その超母集団においてレアである種類のサンプルは，じっさいの観察においても同程度にレアであり，超母集団において高い頻度をもつサンプルは，観察においても同程度の頻度で出現するということを意味する。要するに「公正なサンプリング公準」は，サンプルの公正さではなく，サンプルのサンプルが公正だということを意味する[46]。

つづいてハロッドは「欺きやすい (deceptive)」という用語を導入する。Pの95％がqをもつという仮説との関係において，540すべてのPがqをもつ1サンプルは，「1兆倍欺きやすい」と特徴づけられる。ハロッドは，「それを欺きやすいと呼ぶことの意味」を次のように説明する。母集団においてPの95％がqをもつということが真であるとしよう。この場合，上述のように，すべてのPがqをもつサンプル各々に対して，1つ以上のPがqをもたない1兆のサンプルが存在する。したがってすべてのPがqをもつサンプルは，きわめてレアであり，もし存在するとすれば，真なる仮説との関係において「欺きやすい」ものといえる[47]。

---

45) *Ibid.*, p. 90.
46) ハロッドは，「無差別の原理」と，サンプリング公準との基本的相違として，次の点をあげている。「無差別の原理」は「自然」に関して仮定をつくる。しかし「サンプリング公準は自然の構成には関係をもたず，自然に関するわれわれの調査にのみ関係をもつ」(*ibid.*, p. 102)。すなわちそれは，「われわれの観察の相対頻度」が「観察物の相違なる種類の相対頻度」とある関係をもつという仮定であり，「自然それじたいの構成に関する仮定」ではない。
47) この仮説との関係では，qをもつPの割合が95％を超えるサンプルすべてが「欺きやすい」といえると思われるが，ハロッドは「欺きやすい」ものとして，すべてのPがqをもつサンプルだけに着目する。その理由をハロッドは説明していないが，おそらく第1に，それが極度に起こりえないという点で注目すべきサンプルであること，第2にそれが「すべて」という特性をもつことから観察しやすいことが，理由となると思われる。第2の点は，後述の議論に関連している。

いま，目下のサンプルが「1兆倍欺きやすい」ものだとしよう。公正なサンプリング公準をおくと，われわれは，非常に起こりえないというべきものに直面していることになる。というのは，超母集団において $1/1{,}080{,}000{,}000{,}000$ の発生率をもつと計算されるサンプルは，サンプルのサンプルが公正であれば，現実の観察下でも同じ頻度で現れることになるからである。このように目下のサンプルが非常に起こりえないものであるとすると，われわれは，「Pの95％がqをもつという仮説」を棄却し，「Pの99％がqをもつ」というような他の代替的仮説を立てることによって，このきわめてレアな現象を「救う」ことができる。別言すれば，観察される事象が特定の仮説上できわめてレアであるとすると，その仮説の確率じたいに疑いがもたれることになり，観察事象のレアリティがより低い程度となるような仮説が「より蓋然的」だと考えられるようになる。このよりもっともらしい仮説への移行とその確率の確立が，ハロッドのいう「帰結の逆転」である。その基礎となる論理は次のようなものである。

新たな用語を導入しよう。「母集団において95％のPがqをもつ」という仮説との関係で「1兆倍欺きやすい」サンプルは，「qをもつPの割合は95％よりも高い」という仮説との関係において「1兆倍示唆的 (suggestive)」である。すなわち，1兆倍欺きやすいサンプルは，同じく1兆倍示唆的となりうる。

目下のサンプルが1兆倍示唆的であるとし，このサンプルが，じっさいにわれわれの経験において発生している率を確かめることができるとしよう[48]。この発生率を1000サンプルあたり1としよう。この場合，公正なサンプリング公準を用いれば，次の結論が得られる。「この種の証拠によって支持される仮説を信じるならば，1回の誤りに対して10億回正しいだろう」(ibid., p. 93)。この結論は，次のような推論の結果として得られる。

非Hは「Pの95％がqをもつ」という仮説，Hは「Pの95％以上がqをも

---

48) ハロッドにおいて，特定サンプルの「一般的経験における発生率」は，その評価の難しさの認識も含め，決定的に重要なものとなるため，慎重な検討が必要である。しかしこの点については後に検討することにし，いまは観察者が目下のサンプルの発生率を適切に評価できるものとして議論を進めてゆく。

つ」という仮説を表すとする。上述の結論は，次の2つの前提から導かれる。(1)非H上で起こりえないという意味で，Hを示唆する1サンプルが存在する。(2)このサンプルは，同じ度合いの示唆性をもつサンプルの1クラスに属し，それはわれわれの経験において所与の頻度で発生している。この頻度を，xサンプルあたり1と表現しよう。xは「デフレータ」，その値の評価は「デフレーション」と名づけられる。

　観察下での示唆的サンプルの発生頻度が，非H上で計算されるその論理的頻度よりも大きいならば，示唆的サンプルのうち，いかなる割合が欺きやすいものであるかを「公正なサンプリング公準」にもとづいて推論できる。それは次のように導出される。「同程度の示唆性をもつ諸サンプル間での欺きやすいサンプルの発生率は，その度合いの示唆性をもつ示唆的サンプルのじっさいの発生率によって除された，所与の度合いの欺きやすさをもつサンプルの発生率の理論値に等しい。」[49] 非H上での目下のサンプルの「発生率の理論値」，すなわち非Hとの関係で欺きやすいサンプルの論理的頻度は，サンプリング公準によって，それが現実に観察される頻度に等しいと見なすことができる。そこで，示唆的サンプルの現実の発生頻度に対する欺きやすいサンプルの頻度の比率を求めれば，示唆的なサンプルの中での欺きやすいサンプルの発生率を知ることができる。d を欺きやすさの度合いとすれば，「$1/d$＝非H上のサンプルの発生率＝同一サイズのサンプルすべての中でこの度合いの欺きやすさをもつサンプルの発生率」である。示唆的サンプルの発生率は $1/x$ であったから，「示唆的サンプル間での欺きやすいサンプルの発生率」は x/d となる。ハロッドは，この値を1から差し引くことによって，仮説Hを支持する確率を導く。それは $(1-(x/d))$ に等しい。

　上述の例では，d は約1兆，x は1000であるから，それらを代入すれば，1：約10億のオッズでHが支持される。かくして「この種の証拠によって支持される仮説を信じるならば，1回の誤りに対して10億回正しいだろう」と

---

49) *Ibid.*, p. 94.

いう結論が導かれる[50]。以上の議論からハロッドは，ベイズ推論とは別個の，「初期事前確率」を不要とする「逆確率の原理」を確立したと主張するのである。

ハロッドのサンプリング帰納にとって決定的に重要なのは，「示唆的サンプル」および「デフレーション」という概念と「公正なサンプリング公準」である。まず前者について，ハロッドは次のように議論する。

ハロッドが「単純枚挙による帰納，すなわちサンプリング帰納」という表現を用いていることに注目しよう[51]。この表現が示唆するように，彼の基本的な発想は，「諸観察が支持すると想定される仮説に対する観察の証拠的価値は，示唆的な種類の観察が，ある範囲の経験内で発生している頻度に依存する」というところにある[52]。しかしここに大きな問題がある。それは「デフレータ」の評価である。

「一連の思考が，示唆的なサンプルによって着手される場合，それらの証拠的価値のために調べられる他のサンプルだけでなく，等しく調べられるのがもっともである他のサンプルも取り上げることが，適切な「デフレータ」を見積もるさいに必要となるだろう。」[53]

---

50) ハロッドは，自身の推論を「二項拡大によって与えられる分布の利点を用いるアプローチ」と呼んでいる（*ibid*., p. 254）。二項分布を利用すると次のことがいえる。「すべてのPがqをもつ」あるいは「Pはまったくqをもたない」という種類のサンプルが，母集団の構成がこれらの比率（すべて，または全くない）と異なるときに存在しうる数は，「Pの50％がqをもつ」または「Pの80％がqをもつ」という種類のサンプルが，同じく母集団の構成がこれらの比率とは異なるときに存在しうる数よりも，ずっと少ない。ハロッドはこの「論理的レバレッジ」を用いるべきだという。要するにハロッドは，「Pの55％がqをもつ」というようなサンプルではなく，「あらゆるPがqをもつ」というサンプルに着目するのであり，母集団の構成がこのサンプルの構成と異なると想定される場合，二項分布の適用によってこのサンプルの発生率はきわめて低いといえることを「論理的レバレッジ」として利用するのである。

51) *Ibid*., p. 254.
52) *Ibid*., p. 97.
53) *Ibid*., p. 98.

ハロッドは，適切なデフレータを見積もる難しさを指摘する。取り上げられるサンプルは，示唆的であるために，調査に利用可能なサンプルの中から選ばれているかもしれない。観察可能な範囲で，特定のサンプルは，示唆的であるから人目をひきつけることがありうる。したがって示唆的なものだけでなく，pとqの随伴という点で類似の論理的構造をもつサンプルをすべて取り出し，その中での示唆的サンプルを数え上げるという行為の中に，取捨選択に関する何らかの恣意性が含まれうるという危険がある。この「示唆的サンプルの危険性」を免れるためには，「一連の調査に対するあらかじめ決められた計画」，「体系的調査」などが必要である。観察に先立ち，観測方法が明示的に規定されているなら，「デフレータを評価するさいに考慮されるべきサンプルの総数は，たんにこの特定の調査内で発生する諸観察の総計である」ということができるだろう[54]。しかしいずれにせよ，「所与の論理構造をもつ諸サンプルの発生率は，正確に評価することが異常に困難――実験室外部ではじっさいに不可能――である」ことは認めなければならない[55]。

　これに対してベイズ推論は，デフレータの評価という手つづきを要しない。だがそれは「事前確率の知識」を必要とする。ハロッドによれば，論理学者は，仮説非H上での現象Xの起こりえなさと，Xの発生は，非Hの起こりえなさを確立するのに十分ではないと考えている。それゆえにHの事前確率が導入される。特定のサンプルの発生率という概念を導入すれば，事前確率の仮定を回避できるが，サンプルの発生率を正確に評価するのが困難という問題が

---

[54] Ibid., p. 99.
[55] Ibid. ここでT. クーンの理論と観測，事実観察の相互関係に関する議論（Kuhn 1962）を想起すれば，研究室内の実験，あるいは研究者による体系的調査が，構造的類似性という観点から取り上げられるべきサンプルの蒐集にさいして，恣意性を免れることができるかどうかは，疑問の余地のある問題といわなければならない。とはいえ，サンプリング帰納に関する議論は，ハロッドにおいては，帰納の「妥当性」を立証することではなく，帰納の「基本的構造」を解明することを目的とするものとして位置づけられている（Harrod 1960a, p. 42）。このことをふまえると，「示唆的サンプルの危険性」という問題は，帰納の正当化における難点なのではなく，帰納の基本構造に内在する危険性であるといえよう。

ある。ベイズ推論にはこうした問題が存在しないという利点がある。ハロッドは，ベイズ推論の問題点は，「たんに初期事前確率の仮定を受け入れることができないということにすぎない」という[56]。上述のようにハロッドは，「初期事前確率の仮定」は「知識の蓄積の初期段階」では不適当であることを強調していた。ハロッドは，自身のアプローチが，推論に「あいまいさ」を導入するとしても，「現実的（realistic）」として推奨されると主張する。彼によれば「あいまいさは，妥当性の欠如と混同されてはならない。たとえそのタームが厳密さをもって定義されえなくとも，思考の運動は正しいかもしれない」[57]。

つづけてハロッドは，「初期事前確率」との関連で，彼の推論とベイズ推論の差異について次のように述べている。ハロッドにおいては，サンプルが全体的に「Pのすべてがqをもつ」という見解を支持するかぎり，「1つのPがqを欠く」という見解に対して特定の確率を与える必要はない。しかし，ベイズ推論では，「ひとつあるいはそれ以上のPがqを欠く」という仮説は，どれだけ低くても，確率をもちつづける。というのは，ベイズの定理において，「Pのすべてがqをもつ」という仮説を立てるならば，対立仮説として「Pのすべてがqをもつわけではない」という種類の仮説も同時に立てる必要があり，すべての仮説に対して事前確率を割り当てる必要があるからである。後者の事前確率は，Pのすべてがqをもつという大きな1サンプルによって大幅に減少するかもしれないが，完全には消滅しない。ここにハロッドは不整合性を見いだす。すなわち，「Pの一部がqを欠く」という仮説を支持する証拠が存在しないならば，「Pの一部がqを欠く」ということの確率が存在するのは，矛盾である。

かくしてハロッドは，ベイズ推論に対する彼の推論の優位性を主張する。しかしながら，ハロッドにおいては，類似の論理的構造をもつ諸サンプルを蒐集し，その中での示唆的サンプルの発生率を確かめるという，恣意性が入り込む余地のある手つづきが，推論の過程に含まれている。この「示唆的サンプルの

---

56) Harrod (1956), p. 102.
57) *Ibid.*

危険性」は，サンプリング帰納に固有の問題として析出されるのである。

　つづいて「公正なサンプリング公準」に関するハロッドの議論を検討しよう。この公準は，特定の仮説上で計算される任意のサンプルの発生率が，われわれの経験におけるそのサンプルの発生率に一致する，つまりサンプルのサンプルが公正である，というものであった。ハロッドによれば，上述のようにそれは作業仮説にすぎず，「公正なサンプリング公準」は，「経験の原理」を応用することによって，除去することができる。

　サンプリング推論は，サンプリング公準の上で，「Pのすべてがqをもつ」というサンプルが観察されることを通して，「われわれの宇宙の大きな安定性と斉一性の存在」の一側面を支持する確率を確立できる。しかしながら，この「見かけ上の安定性と斉一性」は，「われわれの証拠を構成する諸サンプルのサンプルにおけるバイアスによる」ものであるかもしれない[58]。サンプリング推論は，自然の斉一性を示すような全称命題を示唆するサンプルの現実の発生頻度に依存するが，示唆的サンプルは，たまたまわれわれの観察下において現れているにすぎないかもしれない。別言すれば，本来の自然が「ヘラクレイトス的」といいうるほどに無秩序であるならば，目下のサンプルは，たまたまわれわれの観察下に偏って発生しているだけかもしれない。

　公正なサンプリング公準が真であることのア・プリオリな理由は存在しないのである。したがってそれが真ではなく，しかしそれを用いることで，自然が本来的にもつよりも大きな斉一性を推論するように導かれるならば，諸サンプルのサンプルは斉一性を示すように偏っていなければならない。真の自然が全体的に不規則的であるならば，サンプリング・バイアスは，われわれの経験の中で自然が規則性をもつように見せる程度にシステマティックであるはずである。

　つまり，見かけ上の斉一性が，自然本来のものであるのか，たんにサンプリングのバイアスによって惹起されたものなのか，ということが問題となる。し

---

58) *Ibid.*, p. 112.

かしとにかく，われわれの経験上，自然は部分的かつ表面的に斉一性を示している。この見かけ上の斉一性が，サンプルのサンプルにおけるシステマティックなバイアスによるものだとしたら，次のような質問を提起できる。「このバイアスが，いま急にぴったりと止まることはありそうなのか」。単純帰納によれば，そのような急停止は起こりえないと推論できる。したがって「表面的な規則性が，真の規則性によるのか，バイアスによるのかは，問題ではない。」[59] すなわちサンプリング帰納と「公正なサンプリング公準の真理」とは，独立的である。かくしてハロッドは次のようにいう。

「われわれは，諸サンプルのサンプルが公正だと仮定することによって，そしてそれにより自然の特定の規則性を推論することによって，期待するように導かれるはずの現象が，たとえ諸サンプルのサンプルが，自然がじっさいにまったく規則性をもたないような仕方で偏っているとしても，やはり生起するだろうと，厳密に論理的な基盤の上で正当に信じることができる。」[60]

われわれのサンプリング推論の背後にある真の自然が，目下のサンプルの発生頻度がその姿を反映するように規則的であろうとも，本来的に無秩序であり偶然われわれのサンプリングにおいて規則性を見せるにすぎないとしても，それは証拠との関係で得られる結論の確率に影響を及ぼさない。われわれの宇宙がいかなるものであったとしても，経験の範囲内で，論理的に確かな推論としてサンプリング帰納を行うことができる。このことを保証するのが，単純帰納である。したがって，単純帰納は，サンプリング帰納の基盤を支えるものとして，帰納的推論の中心に据えられるべきものといえる。

以上，サンプリング帰納の構造を説明してきた。要約すれば次のようにいえる。仮説非H上でめったに現れないはずのサンプルが，じっさいには頻繁に現れているから，仮説Hが蓋然的に支持される。眼前のサンプルの「レアリ

---

59) *Ibid.*, p. 115.
60) *Ibid.*, p. 254.

ティ」ないし「欺きやすさ」を計算するという手つづきを経て，観察における相対頻度，すなわちxを測定することによってサンプルの示唆性を確定し，Hを支持する確率を導出するのである[61]。

　サンプリング帰納に関して次の3つの点に注意しておきたい。第1に，ハロッドの目的は，すべての事象Pが性質qをもつというような，自然の部分的な斉一性や特徴的な事実が観察されるとき，その観察事実を一般化し，日常生活や科学のための基礎的知識を確立するための論理の基本構造を解明することにあった。第2に，ハロッドの手つづきは，類似の論理的構造をもつ諸サンプルをじっさいに観察し，その中での示唆的なサンプルの発生率を確かめることを必要とする。この点は「単純枚挙」という初歩的手つづきを軽視できないという彼の姿勢を表すものといえる。第3に，サンプリング帰納は「公正なサンプリング公準」を必要とするが，公準が偽であったとしても，サンプリングから得られる結論は妥当性を保持できる。すなわち，自然の見かけ上の斉一性が，サンプリング・バイアスによるものであっても，単純帰納によってサンプリング・バイアスの継続を確証できるならば，結論の確率はバイアスの影響を受けない。

4．帰納と経験

　以上の単純帰納とサンプリング帰納が，ハロッド帰納論理の基本的原理である。ハロッドは，ミルのような「帰納的推論のさまざまな種類のカタログを提示しようとする試み」は差し控えたいと述べている[62]。ハロッドによれば，人

---

61) ハロッドが取り上げなかった問題としては，相異なる独立的な証拠が，特定の結論との関係で相異なる確率，あるいは同一の確率を生み出す場合に，いずれの推論がより確かなものと判断できるか，という問題があげられる。とりわけ，独立的な証拠がともに重要と見なされるとき，この問題は重大となる。証拠の「重み」から得られる推論の重みは，前提から結論への導出の確かさという意味での確率とは別の次元に属するものであり，別個の検討を必要とする問題といえよう。Harrod (1960a), p. 312 においてハロッドは，こうした問題が未解決のままに残されていることを認めている。

62) Harrod (1956), p. 240.

間知識の発展段階に応じて多様な推論形態が現れるかもしれないが，そのいずれも彼のいう基本的原理からその論理的妥当性を引き出すことになるだろう。そしてまた『帰納論理の基礎』では，帰納の基本的原理以外にも，記憶，真理と知識の定義，他我の存在証明など重要な問題が論じられているが[63]，ハロッド帰納論理の内容を理解するという本章の目的に照らせば，ひとまず同書の検討を終えてよいと思われる。そこで以下では，結びにかえて，単純帰納とサンプリング帰納との関係を，帰納の意義と限界という観点から再検討し，ハロッドがなぜ帰納論理の確立という課題に取り組んだのかという問題を改めて考えることにしたい。

まず2つの帰納的推論の論理構造を要約しよう。帰納論理のもっとも基礎的なものは，単純帰納であった。単純帰納は，連続体という概念を用いて説明される。事象Nが事象X_nの証拠であるという場合，Nは特徴Aをもつ。Aとは，Nが特定の頻度でX_nと同時に起こるという性質である。連続体を形成する事象NはX_nを論理的に内包する。連続体の存在は，連続体が$x/(x+1)$の頻度で既存の長さの少なくとも$1/x$だけさらにつづくという事象X_nの「論理的基礎」である。すなわち，連続体上の旅行じたいが，過ぎ去った長さの一部分の間のさらなる持続に関する確率を内包する。かくして単純帰納は論理的に正当化される。単純帰納は，たんにわれわれが連続体上にいるという経験から，未来に関する合理的信念を形成するための論理であり，生得的観念をもたない無知なる人間が，経験的知識を獲得するための基盤，すなわち「経験の原理」なのである。

サンプリング帰納は，「現象のある限定された集合の特徴から，より大きな観察されざる宇宙の特徴を推測する場合のあらゆる推論の基礎」に位置する。目下の母集団においてPの大部分がqをもつという仮説H上を除くと，すべ

---

63) これらの問題に関するハロッドの議論は，印象と観念，生気と複写，第一性質と第二性質などの概念を用いるものであり，全体的にロックおよびヒュームの認識論に依拠するものである。前述のように，ハロッドは『帰納論理の基礎』が「ヒュームの反駁」として特徴づけられると述べているが，正確には伝統的なイギリス経験論に則った「ヒューム的懐疑論の超克」というべきである。

てのPがqをもつというような特定のサンプルの発生率は極度に低いということから，Hを示唆するサンプルが現実において頻繁に現れる場合にはHを採択するように推論できる。すなわち仮説の確率は，仮説が真でない場合の，目下のサンプルの超母集団におけるその「レアリティ」に依拠する。「レアリティ」は当初の仮説非H上で計算される。それは「公正なサンプリング公準」上では，われわれが目下のサンプルに現実に遭遇する頻度に等しいとされる。そして，目下のサンプルが極度に低いレアリティをもつにもかかわらず，観察下で頻繁に生起しているという事実の起こりえなさにもとづいて，「帰結の逆転」が行われるのであった。

　ハロッドは，単純帰納を用いて，公正なサンプリング公準の真偽を問わず，サンプリング帰納が妥当であることを示した。われわれが現に知覚している自然の規則性ないし斉一性は，大なる宇宙の構成を反映するものか，あるいはサンプリングにおけるバイアスよってたまたまわれわれの感覚的経験に立ち現れたものか，のいずれかである。バイアスがあるとするならば，単純帰納によって，それがつづきそうだと推論できる。したがって，サンプルのサンプルが公正であるか否かは，仮説の確率には影響を及ぼさない。かくして単純帰納は，サンプリング帰納の妥当性を支えるという役割を担う。それによって，公正なサンプリング公準の真偽にかかわらず，サンプリング帰納は妥当な推論であるといえる。

　むろん，宇宙が完全に無秩序だと考えることはできないだろう。じっさいにわれわれは，種々の規則性，連続体，反復，単純法則を自然の中に見いだすことができる。しかしながら，「規則的な経験が，類似の，じっさいにより大きな，規則性を提示するより大きな宇宙の一部である」と想定するならば，サンプリングのバイアスによって欺かれる可能性がある[64]。ならば，証拠との関係においてある命題，とくに自然の部分的な斉一性を記述する全称命題が，われわれの観察下において高い確率をもつことができるにもかかわらず，サンプリ

---

64) *Ibid.*, p. 226.

ングに体系的なバイアスが存在しているということは，いかなる世界観を含意するのだろうか．

　経験の「私的領域」外においてあらゆるものが完全に無秩序であるということは，可能的である．本来的に自然は規則性をもたない，ひいては「私的領域」外に宇宙は存在しないという「形而上学的立場」に立てば，われわれの感覚的経験に規則性が立ち現れるとき，その規則性は，サンプリングのバイアスによるものにすぎないと考えなければならないだろう．ハロッドによれば，見かけ上の規則性をバイアスによるものと見なすことは，「私が特定の行動をとるならば，特定の感覚的経験をもつだろう」という仮言命題だけによって構成される世界を含意する[65]．さらに彼によれば，こうした世界観をもつことは「バークリ的存在論」の立場をとることに等しい[66]．

　バークリ的立場に立つとしても，サンプリング公準を仮定し「規則的な自然の概念」を確立した後に，「経験外部の自然がじっさいにまったく非規則的であれば，存在しなければならないのは，諸サンプルにおけるいかなる複雑さのバイアスなのか」を推測できるだろう[67]．推論から得られる仮説の確率は，公正なサンプリング公準を真とする場合と同じである．上述のように，仮説の確率という観点から見れば，公正なサンプリング公準を措定し，本来の自然に部分的な斉一性を見いだすか，「自然」の本性を無秩序ないし不可知として，見かけ上の斉一性をサンプリング・バイアスの継続にもとづかせるかは，観察下の自然における斉一性を主張する特定仮説の確率には影響を及ぼさないのである．

---

65) *Ibid.*, p. 238.
66) ハロッドは明言していないが，反対にサンプリング公準を認める立場は，感覚的経験に投射される自然が，より大きな，類似の規則性を備えた自然の一部であるということを前提するといえる．とすれば，サンプリング公準をおくことは，「自然の斉一性」を仮定することに等しいように見える．しかしながら，サンプリング帰納の妥当性じたいは，この公準の真偽に依存しないことを想起する必要がある．公準の真偽とは独立的である以上，ハロッドの推論は，「自然の斉一性」を前提していないといえよう．
67) *Ibid.*, p. 228.

以上の議論から，帰納的推論は，われわれがいかなる世界観をもとうとも，妥当な推論として承認できるといえる。つまり，われわれの経験を超える世界が，安定的かつ斉一的でありつづけると考えるとしても，あるいはそれは本質的に無秩序でありつづけると考えるとしても，「われわれは経験を信頼すべきである」というロックの言葉は正しい。ハロッド帰納論理は，われわれの世界観，あるいは存在論的前提のいかんにかかわらず，経験から導かれる推論，すなわち帰納的推論は，論理的に妥当であるということを主張するのである[68]。

ただし，ハロッドのラムジー批判に示されるように，帰納の「合理的基礎」を構築するということは，帰納の限界を知るということでもある。帰納の限界について，ハロッドは次のように述べている。

「経験の原理を信頼することが正しく論理的に証明されたとしても，私たちが将来の短い期間に関する予測の論理的基礎を得たことを意味するにすぎません。この期間のサイズは，過去における私たちの経験のサイズに依存します。未来へ向かって私たちの視野を広げてゆこうとすると，部分を構成する比率を大きくしてゆかねばなりません。この比率が大きくなるに連れて，

---

[68] 伊藤（1996）によれば，『確率論』におけるケインズは，経験的一般化による法則の導出には，その経験の対象となる領域に関して「われわれが了解する世界像」，ないし「存在論的前提」が必要と考えていた。すなわち，帰納は「独立多様性有限の原理」や「原子的斉一性の仮説」を公準としてはじめて論理的に正当化されるのであり，帰納的推論の有効性は，「現象宇宙が実際にこうした原子論と有限の多様性という特殊な特徴を示している場合」に限定されるのである（Keynes 1921, p. 427）。それゆえ，われわれの世界が有機的構成体からなり，種々の法則が相互作用して新たな法則を打ち立てるということが頻繁に見いだされる場合には，帰納の適用範囲や有効性は極度に限定されるであろう。つまり，ケインズにおいて帰納の正当化は，われわれが了解する世界像に依存する。その一方でハロッドは，われわれの世界観を問わず，われわれの経験の中に連続体があるかぎり，帰納は正当化されると主張する。ケインズは，論理的原子論に立って帰納論理を定式化し，それから現実世界に照らし合わせてその限界を示すという手つづきをとるのに対して，ハロッドは，帰納的推論ひいては知識の進歩は，可変的で複雑な自然の中で「われわれがその安定的要素に印象づけられる」ことから始まると考えるのである（Harrod 1942, p. 59）。

私たちが最後の比率に達したという確率が大きくなります。私たちが前方の地平線を広げようとすると，地平線上の物体の知覚はあいまいになり，やがては，すべての確率がゼロへ向かって小さくなってゆきます。現在のところ，科学の成果は驚嘆すべきものでありますが，その彼岸には，計り知れぬ神秘が見えるのです。」[69]

単純帰納は，連続体の既存の長さの $1/x$ が，現時点からさらにつづくという信念に対して少なくとも $x/(x+1)$ の確率を与えるのであるが，そこから先については何も語ることができない。われわれの前方は未知であり，不確実性が支配している。このようにハロッドは，帰納論理の基礎を確立することは，われわれの経験的知識の限界を明らかにすることでもあることを強調する。経験的知識の限界は，経済学，あるいはその他の経験科学の限界でもある。ハロッドは，「良い帰納と悪い帰納」を区別するために，帰納の合理的基礎が必要であると述べていた。経験科学と呼ばれるものが，何らかの意味で経験を基礎としているのであれば，それはいかなる意味で経験を基礎としているのか，そして特定の命題はいかなる経験を引き受けているのか，それを明示化しその限界を見極めるために，帰納論理の確立が必要なのである。

しかしながら，帰納論理は，経験的知識の限界を明らかにするものであると同時に，その基盤でもある。「経験の原理」によれば，不確実な世界においても，われわれは連続体を見つけだし，連続体の経験を信頼することによって，蓋然的な知識を確かさをもって構築できる。そして，われわれの経験下に現れるサンプルを信頼することによって，経験的一般化を確かさをもって定立することができる。われわれの感覚的経験を超えた世界が原則として不可知であるとしても，あるいは哲学者によってわれわれの世界観がいかに揺さぶられようとも，帰納論理の基礎が確立されていれば，われわれは少なくとも，われわれの感覚的経験を信頼することは合理的であると自信をもっていうことができ

---

69) Harrod（1971），訳，58ページ。

る。かくしてハロッドは，帰納的推論の論理的基礎の確立によって，不確実な世界における限定的だが確固とした基盤を，われわれに提供しようとしたのである[70]。

参 考 文 献

Ayer, A. J. (1970), "Has Harrod Answered Hume ?", in W. A. Eltis, M. F. G. Scott and J. N. Wolfe (eds.), *Indution, Growth and Trade*, Oxford : Clarendon Press, pp. 20-37.

Besomi, D. (1999), *The Making of Harrod's Dynamics*, London : Macmillan.

Braithwaite, R. B. (1958), "*Foundations of Inductive Logic*. By Roy Harrod", *Economic Journal*, Vol. 68, No. 269, pp. 146-149.

Bronowski, J. (1958), "The Scandal of Philosophy", *British Journal for the Philosophy of Science*, Vol. 8, No. 32, pp. 329-334.

Brown, H. P. (1980), "Sir Roy Harrod : A Biographical Memoir", *Economic Journal*, Vol. 90, No. 358, pp. 1-33.

Harrod, R. F. (1936), "Utilitarianism Revised", *Mind*, Vol. 45, No. 178, pp. 137-157.

―――― (1942), "Memory", *Mind*, Vol. 51, No. 201, pp. 47-68.

―――― (1951a), *The Life of John Maynard Keynes*, London : Macmillan（塩野谷九十九訳『ケインズ伝　改訳版』上下巻，東洋経済新報社，1967年）．

―――― (1951b), "Induction and Probability", *Philosophy*, Vol, 26, pp. 37-52.

―――― (1956), *Foundations of Inductive Logics*, London : Macmillan.

―――― (1960a), "The General Structure of Inductive Argument", *Proceedings of the Aristotelian Society*, Vol. 61, pp. 41-56.

―――― (1960b), "New Argument for Induction : Reply to Professor Popper", *British Journal for the Philosophy of Science*, Vol. 10, No. 40, pp. 309-312.

---

70) 本章には，ハロッドにおける経済学と帰納論理ひいては哲学との関係を問うという課題が残されている。それらの関係としては，まず第1に，ハロッド哲学は，彼の経済学の方法論的基礎として位置づけられるべきものと考えることができよう。しかしながら，ハロッド哲学を経済学方法論として捉えるよりはむしろ，彼が経済学という経験的かつ実践的な学問の立場から，一般的な知的雰囲気を醸成する力をもつ哲学を，批判的に検討しようとしたと考えるほうが，ハロッド解釈としてはより適切であるかもしれない。例えば，連続体を旅行に例える彼の議論に対するBraithwaite (1958) の批判を見よう。旅行者は，視覚をもつのであれば，先を見渡すことによって旅行が終わりそうかどうかを知ることができる。したがってこのメタファーは，過去の経験だけから蓋然的知識を構築するための論理的基礎の確立というハロッドの目的にとっては不適切ではないか。この批判は妥当であろう。そこで次の問いを考えてみたい。どのようにしてハロッドは，連続体上の旅行という概念に思い至ったのだろうか。私見では，連続体上の旅行という概念は，彼の経済動学に由来するものであるように思われる。

――― (1963), "Sense and Sensibilia", *Philosophy*, Vol. 38, pp. 227-241.
――― (1971), *Sociology, Morals and Mystery*, London : Macmillan（清水幾太郎訳『社会科学とは何か』岩波新書，1975 年）.
Hume, D. (1748), *An Enquiry concerning Human Understanding, in Enquiries concerning Human Understanding and concerning the Principles of Morals by David Hume*, edited by L. A. Sellby-Bigge, 3rd ed. revised by P. H. Nidditch, Oxford : Clarendon Press, 1975（斎藤繁雄・一ノ瀬正樹訳『人間知性研究―付・人間本性論摘要』法政大学出版局，2004 年）.
Keynes, J. M. (1921), *A Treatise on Probability*, reprinted in *The Collected Writings of J. M. Keynes*. Vol. 8, London : Macmillan, 1971（佐藤隆三訳『確率論』ケインズ全集第 8 巻，東洋経済新報社，2010 年）.
――― (1933), *Eassays in Biography*, *The Collected Writings of J. M. Keynes*. Vol. 10, London : Macmillan, 1972（熊谷尚夫・大野忠男訳『人物評伝』岩波書店，1959 年）.
Kuhn, T. (1962), *The Structure of Scientific Revolutions*, 3nd ed. , Chicago : University of Chicago Press, 1996（中山茂訳『科学革命の構造』みすず書房，1971 年）.
Popper, K. R. (1958), "On Mr Roy Harrod's New Argument for Induction", *British Journal for the Philosophy of Science*, Vol. 9, 35, pp. 221-224.
Ramsey, F. P. (1926), "Truth and Probability", reprinted in D. H. Mellor(ed), *Philosophical Paper*, Cambridge : Cambridge University Press, 1990.
Warnock, G. J. (1969), *English Philosophy since 1900*, Oxford : Oxford University Press（坂本百大・宮下治子訳『現代のイギリス哲学―ムーア・ウィトゲンシュタイン・オースティン―』勁草書房，1983 年）.
伊藤邦武（1996），「ケインズとラムジー―確率と合理性をめぐって―」（『京都大學文學部研究紀要』第 35 巻）27-108 ページ．
――― (1998)，「ケインズの科学方法論」（『科学哲学』第 31 巻，第 2 号）75-87 ページ．
――― (1999)，『ケインズの哲学』岩波書店．
内井惣七（1995），『科学哲学入門―科学の方法・科学の目的―』世界思想社．
斎藤隆子（2001），「ハロッドの「経験の原理」と帰納法―ケインズの帰納法と比較して―」（『経済学史学会年報』第 39 号）128-145 ページ．
清水幾太郎（1972），『倫理学ノート』岩波書店．
中村隆之（2008），『ハロッドの思想と動態経済学』日本評論社．
服部裕幸（2006），「いわゆる帰納の正当化の問題について」（『アカデミア，人文・社会科学編』第 83 巻）1-22 ページ．
原田明信（1994），「J. M. ケインズの「統計的帰納論」とベイズ推論」（『統計学』第 66 号）10-19 ページ．
――― (1995)，「20 世紀前半のケンブリッジ蓋然性論」（『経済と経営』第 26 巻，第 1 号）49-65 ページ．
馬渡尚憲（1990），『経済学のメソドロジー』日本評論社．

執筆者紹介（執筆順）

板井広明　客員研究員（青山学院大学経済学部非常勤講師）
土方直史　客員研究員（中央大学名誉教授）
山崎　聡　客員研究員（高知大学教育学部准教授）
和田重司　客員研究員（中央大学名誉教授）
音無通宏　研究員（中央大学経済学部教授）
八幡清文　客員研究員（フェリス女学院大学国際交流学部教授）
荒井智行　準研究員（中央大学大学院経済学研究科博士後期課程）
益永　淳　研究員（中央大学経済学部准教授）
片桐稔晴　研究員（中央大学経済学部教授）
髙橋　聡　客員研究員（中央大学商学部兼任講師）
八田幸二　研究員（中央大学経済学部准教授）
井上義朗　研究員（中央大学商学部教授）
中川　敏　客員研究員（中央大学名誉教授）
泉　慎一　準研究員（中央大学大学院経済学研究科博士後期課程）
比嘉文一郎　準研究員（中央大学大学院経済学研究科博士後期課程）
伊藤正哉　準研究員（武蔵野大学政治経済研究所客員研究員）

功利主義と政策思想の展開　　　中央大学経済研究所研究叢書　51

2011 年 3 月 30 日　発行

編著者　音無通宏
発行者　中央大学出版部
代表者　玉造竹彦

東京都八王子市東中野 742-1
発行所　中央大学出版部
電話 042(674)2351　FAX 042(674)2354

© 2011　　　　　　　　　　　　　　　　　　　　　　　大森印刷

ISBN 978-4-8057-2245-9

■ 中央大学経済研究所研究叢書 ■

6. 歴史研究と国際的契機　　中央大学経済研究所編　A5判　定価1470円
7. 戦後の日本経済——高度成長とその評価——　中央大学経済研究所編　A5判　定価3150円
8. 中小企業の階層構造　　中央大学経済研究所編　A5判　定価3360円
　　——日立製作所下請企業構造の実態分析——
9. 農業の構造変化と労働市場　　中央大学経済研究所編　A5判　定価3360円
10. 歴史研究と階級的契機　　中央大学経済研究所編　A5判　定価2100円
11. 構造変動下の日本経済　　中央大学経済研究所編　A5判　定価2520円
　　——産業構造の実態と政策——
12. 兼業農家の労働と生活・社会保障　中央大学経済研究所編　A5判　定価4725円〈品切〉
　　——伊那地域の農業と電子機器工業実態分析——
13. アジアの経済成長と構造変動　　中央大学経済研究所編　A5判　定価3150円
14. 日本経済と福祉の計量的分析　　中央大学経済研究所編　A5判　定価2730円
15. 社会主義経済の現状分析　　中央大学経済研究所編　A5判　定価3150円
16. 低成長・構造変動下の日本経済　中央大学経済研究所編　A5判　定価3150円
17. ME技術革新下の下請工業と農村変貌　中央大学経済研究所編　A5判　定価3675円
18. 日本資本主義の歴史と現状　　中央大学経済研究所編　A5判　定価2940円
19. 歴史における文化と社会　　中央大学経済研究所編　A5判　定価2100円
20. 地方中核都市の産業活性化——八戸　中央大学経済研究所編　A5判　定価3150円

中央大学経済研究所研究叢書

21. 自動車産業の国際化と生産システム	中央大学経済研究所編 A5判	定価2625円
22. ケインズ経済学の再検討	中央大学経済研究所編 A5判	定価2730円
23. AGING of THE JAPANESE ECONOMY	中央大学経済研究所編 菊判	定価2940円
24. 日本の国際経済政策	中央大学経済研究所編 A5判	定価2625円
25. 体制転換──市場経済への道──	中央大学経済研究所編 A5判	定価2625円
26. 「地域労働市場」の変容と農家生活保障 ──伊那農家10年の軌跡から──	中央大学経済研究所編 A5判	定価3780円
27. 構造転換下のフランス自動車産業 ──管理方式の「ジャパナイゼーション」──	中央大学経済研究所編 A5判	定価3045円
28. 環境の変化と会計情報 ──ミクロ会計とマクロ会計の連環──	中央大学経済研究所編 A5判	定価2940円
29. アジアの台頭と日本の役割	中央大学経済研究所編 A5判	定価2835円
30. 社会保障と生活最低限 ──国際動向を踏まえて──	中央大学経済研究所編 A5判　定価3045円 〈品切〉
31. 市場経済移行政策と経済発展 ──現状と課題──	中央大学経済研究所編 A5判	定価2940円
32. 戦後日本資本主義 ──展開過程と現況──	中央大学経済研究所編 A5判	定価4725円
33. 現代財政危機と公信用	中央大学経済研究所編 A5判	定価3675円
34. 現代資本主義と労働価値論	中央大学経済研究所編 A5判	定価2730円
35. APEC地域主義と世界経済	今川・坂本・長谷川編著 A5判	定価3255円

━━━━━ 中央大学経済研究所研究叢書 ━━━━━

36. ミクロ環境会計とマクロ環境会計　A5判　小口好昭編著　定価3360円
37. 現代経営戦略の潮流と課題　A5判　林昇一・高橋宏幸編著　定価3675円
38. 環境激変に立ち向かう日本自動車産業　A5判　池田正孝・中川洋一郎編著　定価3360円
　　――グローバリゼーションさなかのカスタマー・サプライヤー関係――
39. フランス――経済・社会・文化の位相　A5判　佐藤 清編著　定価3675円
40. アジア経済のゆくえ　A5判　井村・深町・田村編　定価3570円
41. 現代経済システムと公共政策　A5判　中野 守編　定価4725円
42. 現代日本資本主義　A5判　一井・鳥居編著　定価4200円
43. 功利主義と社会改革の諸思想　A5判　音無通宏編著　定価6825円
44. 分権化財政の新展開　A5判　片桐・御船・横山編著　定価4095円
45. 非典型労働と社会保障　A5判　古郡鞆子編著　定価2730円
46. 制度革命と経済政策　A5判　飯島・谷口・中野編著　定価4725円
47. 会計領域の拡大と会計概念フレームワーク　A5判　河野・小口編著　定価3570円
48. グローバル化財政の新展開　A5判　片桐・御船・横山編著　定価4935円
49. グローバル資本主義の構造分析　A5判　一井 昭編　定価3780円
50. フランス――経済・社会・文化の諸相　A5判　佐藤 清編著　定価3990円